ESPIRITUALIDADE
REFORMADA

JOEL BEEKE

ESPIRITUALIDADE REFORMADA

*Uma Teologia Prática para
a Devoção a Deus*

TRADUZIDO POR VALTER GRACIANO MARTINS

FIEL
Editora

B414e Beeke, Joel R., 1952-
　　　　　Espiritualidade reformada / Joel R. Beeke ; [tradução: Valter Graciano Martins]. – São José dos Campos, SP : Fiel, 2014.
　　　　　600 p. : il. ; 23cm.
　　　　　Tradução de: Puritan reformed spirituality.
　　　　　Inclui bibliografia, referências bibliográficas e índice.
　　　　　ISBN 978-85-8132-199-8

　　　　　1. Teologia cristã. 2. Teologia devocional. 3. Doutrina cristã. I. Título.
　　　　　　　　　　　　　　　　　　　　　　　CDD: 230

Catalogação na publicação: Mariana C. de Melo – CRB07/6477

Espiritualidade Reformada: Uma Teologia Prática para a Devoção a Deus
Traduzido do original em inglês
Puritan Reformed Spirituality - A practical theological study from our reformed and puritan heritage
Joel R. Beeke
Publicado por Evangelical Press
© Copyright 2006

■

Evangelical Press
Faverdale North Industrial Estate,
Darlington, DL3 0PH England

Copyright © Editora Fiel 2012
Primeira Edição em Português: 2014
Primeira Reimpressão: 2016

Todos os direitos em língua portuguesa reservados por Editora Fiel da Missão Evangélica Literária

PROIBIDA A REPRODUÇÃO DESTE LIVRO POR QUAISQUER MEIOS, SEM A PERMISSÃO ESCRITA DOS EDITORES, SALVO EM BREVES CITAÇÕES, COM INDICAÇÃO DA FONTE.

■

Diretor: Tiago J. Santos Filho
Editor: Tiago J. Santos Filho
Tradução: Valter Graciano Martins
Revisão: Sabrina Sukerth Gardner
Diagramação: Rubner Durais
Capa: Rubner Durais

ISBN: 978-85-8132-199-8

FIEL Editora
Caixa Postal 1601
CEP: 12230-971
São José dos Campos, SP
PABX: (12) 3919-9999
www.editorafiel.com.br

Com afetuosa apreciação, para
John R. Beeke
&
James W. Beeke,
irmãos na carne, na mente, no coração e em Cristo;
nascidos para a adversidade e participantes de júbilo inexprimível.

SUMÁRIO

	Lista de Ilustrações	9
	Apresentação à edição em português	13
	Prefácio	17
1.	Calvino sobre a Piedade	23
2.	Dando Sentido aos Paradoxos de Calvino sobre a Segurança da Fé	61
3.	João Calvino: Mestre e Praticante da Evangelização	85
4.	A Prática Puritana da Meditação	109
5.	O Uso Didático da Lei	145
6.	O Erudito Dr. William Ames e O Âmago da Teologia	175
7.	Evangelização Radicada na Escritura: O Exemplo Puritano	197
8.	Anthony Burges sobre a Segurança	229
9.	A Vida e Escritos de John Brown de Haddington	263
10.	A Vida e Teologia de Thomas Boston	297
11.	A Vida de Ebenezer e de Ralph Erskine: Dissidentes com uma Causa	315
12.	Ebenezer e Ralph Erskine: Pregadores com uma Mensagem de Promessa	345
13.	A Segurança da Fé: Comparação do Puritanismo Inglês com o Nadere Reformatie	381
14.	Willem Teellinck e A Vereda da Genuína Piedade	405
15.	A Vida e Teologia de Herman Witsius	431
16.	Theodorus Jacobus Frelinghuysen: Precursor do Grande Despertamento	457
17.	Justificação pela Fé Somente: A Relação da Fé com a Justificação	489
18.	Cultivando a Santidade	519
19.	O Poder Perene da Pregação Reformada Experiencial	551
	Bibliografias em Capítulos Selecionados	575

LISTA DE ILUSTRAÇÕES

1. Interior da Catedral de Genebra — 34
2. Calvino pregando seu sermão de despedida antes do banimento — 36
3. Calvino recusando a Ceia do Senhor aos Libertinos — 40
4. João Calvino — 43
5. Fac-símile de manuscrito de Calvino — 49
6. Calvino falando ao conselho da cidade de Genebra pela última vez — 58
7. A última visita que Guilherme Farel fez a Calvino em seu leito de morte — 59
8. Ulrich Zwinglio — 63
9. O jovem Calvino explanando a Bíblia a uma família em Bourges — 64
10. Reintegração de Calvino em Genebra — 95
11. Vista da cidade de Genebra (1641) — 96
12. Calvino ameaçado na igreja de Rive — 97
13. Farel pregando na praça do mercado de Neuchâtel — 98
14. Retrato do líder francês calvinista, Gaspard de Coligny — 101
15. Richard Sibbes — 115
16. Richard Baxter — 115
17. William Bates — 120
18. Thomas Gouge — 120
19. James Ussher — 124
20. Página de rosto da primeira edição da Versão King James — 126
21. Edmund Calamy — 129
22. John Lightfoot — 129
22. Joseph Hall — 134
24. William Bridge — 138

25. Philip Melanchthon	151
26. Martinho Lutero	153
27. William Ames	177
28. O décimo oitavo século da igreja inglesa em Hague	183
29. Cotton Mather	192
30. As Ilhas Britânicas durante a Guerra Civil de 1642-1649	199
31. Evangelista levando Cristão à porta dos ímpios	202
32. Página de rosto de um catecismo do século XVII	222
33. Robert Murray M'Cheyne	227
34. A igreja de Haddington	270
35. A mansão de Haddington	271
36. John Brown de Haddington	275
37. "A Bíblia de Brown"	280
38. Fac-símile de uma página de "Short Memoir of My Life" de Brown	281
39. Partidários do culto pelo Whitadder River	299
40. Thomas Boston	301
41. Pais da Secessão	327
42. George Whitefield	330
43. Ralph Erskine	350
44. Episcopius falando aos membros do Sínodo de Dort	385
45. Thomas Goodwin	399
46. John Owen	399
47. Willem Teellinck	404
48. A igreja de Banbury no século XVIII	407
49. John Dod	409
50. Arthur Hildersham	409

51. O interior da igreja reformada de Haamstede	410
52. A nova igreja de Middelburg	412
53. William Perkins	413
54. Herman Witsius	430
55. Wilhelmus à Brakel	436
56. Gisbertus Voetius	436
57. O Novo Mundo de Frelinghuysen	460
58. Henricus Boel	462
59. Gualtherus DuBois	462
60. Martinho Lutero descobrindo a justificação pela fé	490
61. Thomas Manton	504
62. Jonathan Edwards	521
63. Stephen Charnock	526
64. Um encontro secreto numa colina	534
65. John Knox pregando	559
66. Partidários do culto em campo aberto	564

APRESENTAÇÃO À EDIÇÃO EM PORTUGUÊS

A FÉ REFORMADA E A VIDA PIEDOSA QUE GLORIFICA A DEUS

É inegável que Joel Beeke é um dos mais importantes palestrantes e escritores cristãos da atualidade. É evidente a bênção de Deus sobre suas pregações e palestras. Ainda tenho na memória seus estudos sobre a teologia e prática da evangelização no Novo Testamento, em João Calvino e nos puritanos ingleses e norte-americanos, que ele proferiu na Igreja Presbiteriana do Rio de Janeiro, em 1995, num simpósio do Projeto Os Puritanos, e que foram publicados como *A tocha dos puritanos*.[1] Ouvir essas exposições pessoalmente foi importantíssimo em meus primeiros passos na tradição reformada. Foi a partir delas que passei a valorizar a prática catequética como uma das marcas definidoras do ministério pastoral.

Suas várias obras publicadas no Brasil se tornaram sinônimo de boa prosa, pesquisa profunda, paixão pela fé reformada e por uma piedade madura e

---

1 *A tocha dos puritanos: evangelização bíblica* (São Paulo: PES, 1996).

firmada na Palavra de Deus. Livros como *A busca da plena segurança*,[2] *Vivendo para a glória de Deus*,[3] *Vencendo o mundo*,[4] *Adoração no lar*,[5] *Herdeiros de Cristo*,[6] *Paixão pela pureza* (escrito em coautoria com Randall Pederson)[7] e *Harmonia das confissões de fé* (organizado juntamente com Sinclair Ferguson)[8] tem se tornado referência para o estudo da história, teologia e piedade reformadas no contexto evangélico brasileiro.

Um fator chave na fé reformada é o equilíbrio na busca pela precisão teológica que anda ao lado do amor e devoção ao Deus uno e trino, como revelado na Escritura Sagrada. Por exemplo, o *Catecismo de Heidelberg* começa com a pergunta essencial, "qual é o seu único conforto na vida e na morte?" A resposta evidencia este balanceamento entre conhecimento doutrinal baseado na Escritura e confiança devota centrada no único salvador, o Senhor Jesus Cristo:

> O meu único conforto é que – corpo e alma, na vida e na morte – não pertenço a mim mesmo, mas ao meu fiel Salvador, Jesus Cristo, que ao preço do seu próprio sangue, pagou totalmente por todos os meus pecados e me libertou completamente do domínio do pecado. Ele me protege tão bem que, contra a vontade do meu Pai do céu, não perderei nem um fio de cabelo. Na verdade, tudo coopera para o meu bem e o seu propósito é para a minha salvação. Portanto, pelo seu Espírito Santo ele também me garante a vida eterna e me torna disposto a viver para ele daqui em diante, de todo o coração.[9]

Este livro é uma coletânea de ensaios biográficos, históricos, teológicos e práticos, contendo mais de 60 ilustrações, que tem por alvo mostrar que a teologia reformada não somente tem o poder de oferecer uma estrutura doutrinal

---

2 *A busca da plena segurança: o legado de Calvino e seus sucessores* (Recife, PE: Os Puritanos, 2003).
3 *Vivendo para a glória de Deus: uma introdução à fé reformada* (São José dos Campos, SP: Fiel, 2010).
4 *Vencendo o mundo* (São José dos Campos, SP: Fiel, 2008).
5 *Adoração no lar* (São José dos Campos, SP: Fiel, 2012).
6 *Herdeiros de Cristo: os puritanos sobre a adoção* (São Paulo: PES, 2010).
7 *Paixão pela pureza: conheça os puritanos* (São Paulo: PES, 2010).
8 *Harmonia das confissões de fé* (São Paulo: Cultura Cristã, 2006).
9 *Confissão Belga e Catecismo de Heidelberg* (São Paulo: Cultura Cristã, 2005), p. 39.

"arquiteturalmente bonita e teologicamente exata" (Gregory Bolich) firmada na Palavra de Deus, mas também tem a capacidade de guiar a comunidade da fé, a que, por meio da Sagrada Escritura, tenha um relacionamento mais rico com o Deus trino e uno.

Importantes temas da espiritualidade, como evangelização, justificação, fé, lei moral, segurança, santificação, piedade, avivamento e pregação, são tratados a partir dos escritos de, entre outros, João Calvino, William Ames, Anthony Burgess, John Brown, Thomas Boston, Ebenezer e Ralph Erskine e Theodorus Freylinghuysen, o precursor do "Grande Despertamento" nos Estados Unidos, no século XVIII.

O capítulo sobre "a prática puritana da meditação" é primoroso. Beeke examina com profundidade, tendo "os puritanos como mentores", a "natureza, dever, método, temas, benefícios, obstáculos e autoexame da meditação". Esta é central para o crescimento na santidade, pois, em suas palavras, "a meditação facilita o diligente uso dos meios de graça (ler a Escritura, ouvir sermões, orar e todas as demais ordenanças de Cristo), aprofunda as marcas da graça (arrependimento, fé, humildade) e fortalece as relações de uns para com os outros (amor para com Deus, para com os irmãos de fé, bem como para com o próximo em geral)". Na verdade, a obra inteira é um banquete espiritual para aqueles que querem uma direção segura no campo da devoção e espiritualidade cristã, firmemente estabelecida na Escritura Sagrada.

Que este livro sirva de auxílio para, como Beeke escreve em sua apresentação, unirmos "o conhecimento bíblico com a piedade profundamente sincera", e que, em resposta à primeira pergunta do *Breve Catecismo de Westminster*, "qual é o fim principal do homem?", respondamos convictamente que "o fim principal do homem é glorificar a Deus, e gozá-lo para sempre".[10]

Franklin Ferreira
Diretor geral e professor de Teologia Sistemática e História da Igreja
no Seminário Martin Bucer, SP

---

10 *O Breve Catecismo de Westminster* (São Paulo: Cultura Cristã, 2006), p. 7.

PREFÁCIO

Espiritualidade é um tema recorrente nas mentes das pessoas modernas. Com o seu secularismo e materialismo prevalecentes, a cultura moderna tem falhado em satisfazer seus consumidores. Muitos estão se dando conta da veracidade do que disse Moisés aos filhos de Israel: "Não só de pão viverá o homem" (Dt 8.3). Com Cristo, em seu Sermão do Monte, indaga-se: "Não é a vida mais do que o alimento, e o corpo, mais do que as vestes?" (Mt 6.25). O resultado é um novo interesse em descobrir e abraçar com apreço as dimensões interiores e espirituais da vida humana.

O cristianismo histórico sempre partilhou deste interesse. Fundamental à fé cristã é a convicção de que "Deus é Espírito" (Jo 4.24), e que os seres humanos são criados à imagem de Deus (Gn 1.26,27). Avaliando o estado do homem caído, o apóstolo Paulo declarou que os homens estão "alheios à vida de Deus por causa da ignorância em que vivem, pela dureza do seu coração" (Ef 4.18). Cristo mesmo declarou "se alguém não nascer de novo, não pode ver o reino de Deus" (Jo 3.3).

O cultivo da vida espiritual se tem direcionado por caminhos diferentes e por tradições cristãs diferentes. O catolicismo romano tem oferecido uma espiritualidade de ritualismo e administração sacramental e, alternativamente, as disciplinas da vida monástica e a busca do misticismo. A tradição metodista wesleiana, o movimento de santidade e, mais recentemente, o pentecostalismo e o movimento carismático têm oferecido uma espiritualidade com menos conteúdo cerimonial ou intelectual e uma grande porção de emoção e subjetivismo.

O problema com grande parte da espiritualidade atual é que ela não está atada solidamente à Escritura e com muita frequência se degenera em misticismo antibíblico. Em contraste, o Cristianismo Reformado tem seguido uma vereda propriamente sua, fortemente determinada por sua preocupação em testar todas as coisas pela Escritura e em desenvolver uma vida espiritual moldada pelos ensinos e diretrizes bíblicos. A espiritualidade reformada é a solidificação da convicção de que "Toda a Escritura é dada por inspiração de Deus e útil para a doutrina, para a repreensão, para a correção, para a educação na justiça" (2Tm 3.16). Em plena dependência do Espírito Santo, ela almeja empreender o que John Murray chamou de "a piedade inteligente", unindo o conhecimento bíblico com a piedade profundamente sincera. Dos pregadores, estudiosos e escritores que têm fomentado este tipo de espiritualidade bíblica, nenhum jamais excedeu os puritanos ingleses e seus contemporâneos escoceses e holandeses. Seu legado supera em embasar na Bíblia toda a espiritualidade, a experiência e os afetos.

Hoje se faz extremamente necessária a dupla ênfase de promover a nutrição tanto da mente quanto da alma. De um lado, confrontamos o problema da ortodoxia reformada árida, que possui o ensino doutrinário correto, porém carente da ênfase no viver vibrante e santo. O resultado é que as pessoas se curvam diante da doutrina de Deus sem aquela união vital e espiritual com o Deus da doutrina. Do outro lado, um cristianismo pentecostal e carismático oferece emocionalismo em protesto contra um cristianismo formal e sem vida, porém não está radicado solidamente na Escritura. O resultado é que as pessoas se curvam diante do alimento humano, e não diante do Deus Trino.

Este livro promove a espiritualidade bíblica através de um estudo da herança reformada e puritana. Os primeiros três capítulos tratam dos vários aspectos da espiritualidade de Calvino, enquanto os próximos cinco mostram as dimensões espirituais dos puritanos, especificamente na obra de William Ames (cap. 6) e Anthony Burges (cap. 8). Os capítulos 9-12 consideram a espiritualidade puritana da tradição escocesa, através das vidas de John Brown de Haddington, Thomas Boston, e Ebenezer e Ralph Erskine. O capítulo 13 introduz a espiritualidade da Segunda Reforma Holandesa, seguido de estudos de alguns de seus principais representantes (capítulos 14-16): Willem Teellinck, Herman Witsius e Theodorus Jacobus Frelinghuysen. O livro termina com estudos sobre a justificação pela fé somente, a santidade e o ensino experiencial reformado (capítulos 17-19), todos eles focados na espiritualidade puritana.

O capítulo 13 deste livro foi usado como discurso dirigido ao *Interdisziplinäres Zentrum für Pietismusforschung*, em Halle, Alemanha, em 1997. Ele não foi impresso previamente em um periódico ou livro. Outros capítulos foram revisados e/ou ampliados, e todos eles foram editados a partir de sua impressão original. Desejo agradecer de coração às seguintes fontes pela permissão para a publicação: Capítulo 1, *The Cambridge Companion to John Calvin*, editado por Donald K. McKim (Cambridge: University Press, 2004), 125-52; capítulo 2, *Calvin and Spirituality*, editado por David W. Foxgrover (Grand Rapids: CRC Product Services, 1999), 13-30; capítulo 3, *Reformation and Revival* 10, 4 (Fall, 2001): 107-32; capítulo 4, *Reformed Spirituality: Communing with Our Glorious God*, editado por Joseph A. Pipa, Jr. and J. Andrew Wortman (Taylors, S.C.: Southern Presbyterian Press, 2003), 73-100; capítulo 5, *Trust and Obey*, editado por Don Kistler (Morgan, Penn.: Soli Deo Gloria, 1996), 154-200; capítulo 6, *The Devoted Life: An Invitation to the Puritan Classics*, editado por Randall C. Gleason and Kelly M. Kapic (Downers Grove, Ill.: InterVarsity, 2004); capítulo 7, *Whatever Happened to the Reformation?*, editado por Gary L. W. Johnson and R. Fowler White (Phillipsburg, N.J.: Presbyterian & Reformed, 2001), 229-52, 320-25; capítulo 8, *The Answer of a Good Conscience* (Westminster Conference papers, London: Tentmaker, 1998), 27-52; capítulo 9, *The Systematic Theology of John Brown of Haddington* (Ross-shire: Christian Focus, and Grand Rapids: Reformation Heritage Book, 2002), e-x;

capítulo 10, *Complete Works of Thomas Boston* (Stoke-on-Trent, England: Tentmaker, 2002), 1:I-1 to I-16; capítulos 11-12, *The Beauties of Ebenezer Erskine* (Ross-shire: Christian Focus, and Grand Rapids: Reformation Heritage Books, 2001), i-liii, 617-22; capítulo 14, *The Path of True Godliness by Willem Teellinck* (Grand Rapids: Baker, 2003), 11-29; capítulo 15, *An Analysis of Herman Witsiu's Economy of the Covenants* (Ross-shire: Christian Focus, 2002), iii-xxi; capítulo 16, *Forerunner of the Great Awakening: Sermons by Theodorus Jacobus Frelinghuysen* (Grand Rapids: Eerdmans, 2000), vii-xxxviii; capítulo 17, *Justification by Faith Alone*, editado por Don Kistler (Morgan, Penn.: Soli Deo Gloria, 1995), 53-105; capítulo 18, *Reformation and Revival* 4, 2 (1995): 81-112; capítulo 19, *Feed My Sheep: A Passionate Plea for Preaching*, editado por Don Kistler (Morgan, Penn.: Soli Deo Gloria, 2002), 94-128.

Cada capítulo é uma unidade independente com a exceção dos capítulos 11 e 12. Consequentemente, as notas de rodapé, em cada capítulo, registram as fontes sem referência aos capítulos anteriores. Os capítulos que foram originalmente escritos como introdução a livros não são apensos com notas. Onde fontes antiquarias foram citadas, a nomenclatura é atualizada. Foi mantido um mínimo de repetição entre os capítulos independentes. Igualmente, uns poucos capítulos se dirigem a ministros diretamente em suas aplicações, quando foram enunciados pela primeira vez como discursos nas conferências aos ministros. As bibliografias são apensas aos capítulos 1, 4, 11-12 e 16, para aqueles que desejam seguir estudo posterior.

Dedico este livro aos meus dois irmãos mais velhos, John e James, que "amam a nosso Senhor Jesus Cristo sinceramente" (Ef 6.24), e se constituem para mim modelos da essência da espiritualidade puritana reformada. São para mim dádivas de Deus – amigos reais que têm provado ser irmãos espirituais fiéis na prosperidade e na adversidade. Não posso expressar com palavras o que significam para mim.

Agradeço ainda aos seguintes amigos por colaborarem comigo em alguns capítulos: Ray B. Lanning (cap. 5), Jan van Vliet (cap. 6), Randall Pederson (caps. 9 e 10), e Cornelis Pronk (cap. 16). Sou grato a Phyllis TenElshof, Ray

Lanning, Kate Timmer e Kristen Meschke por sua hábil revisão, e a Gary e Linda den Hollander por sua conscienciosa composição. Sinto-me profundamente grato aos alunos do seminário que já ouviram muitos destes capítulos em preleções, têm estado comigo "como ferro que afia ferro". Sou ainda grato à equipe da *Reformation Heritage Books* por seu fiel apoio e dedicação. Muitas graças também ao meu amoroso rebanho, *Heritage Netherlands Reformed Congregation of Grand Rapids*, Michigan, sem o qual o tom pastoral deste livro não teria sido possível. Acima de tudo, tenho uma grande dívida à minha querida esposa, Mary, e aos nossos três filhos, Calvin, Esther e Lydia, por seus amorosos sacrifícios durante os anos enquanto este livro era escrito.

Se Deus usar este livro no fortalecimento de alguns, para que percebam mais claramente a visão e o valor da tradição espiritual puritana reformada, e especialmente para mover-nos mais profundamente à amizade íntima com Ele, através de nosso Irmão mais velho, o Senhor Jesus Cristo, então meu júbilo será completo. *Soli Deo Gloria!*

Março de 2004
Joel R. Beeke
2919 Leonard N.E.
Grand Rapids, Michigan 49525

CAPÍTULO 1

CALVINO SOBRE A PIEDADE

As Institutas de João Calvino têm-lhe garantido o título "a preeminente sistematização da Reforma Protestante". Sua reputação de intelectual, entretanto, é frequentemente vista à parte do vital contexto espiritual e pastoral, no qual ele desenvolveu sua teologia. Para Calvino, compreensão teológica e piedade prática, verdade e utilidade, são inseparáveis. Antes de tudo, a teologia trata do conhecimento – conhecimento de Deus e de nós próprios –, mas não existe verdadeiro conhecimento onde não existe verdadeira piedade.

O conceito que Calvino tinha de piedade (*pietas*) está radicado no conhecimento de Deus e inclui atitudes e ações que são direcionadas à adoração e serviço a Deus. Além disso, sua *pietas* inclui um grande volume de temas correlatos, tais como piedade filial nas relações humanas, e respeito e amor para com a imagem de Deus nos seres humanos. A piedade de Calvino é evidente nas pessoas que reconhecem, através da fé experiencial, que fomos aceitos em Cristo e enxertados em Seu corpo pela graça de Deus. Nesta "união mística", o Senhor os reivindica como propriedade na vida e na morte. Tornam-se o povo de Deus e membros de Cristo pelo poder do Espírito Santo. Esta relação restaura sua alegria de comunhão com Deus; ela recria suas vidas.

O propósito deste capítulo é mostrar que a piedade de Calvino é fundamentalmente bíblica, com ênfase no coração mais do que na mente. Cabeça e coração devem trabalhar juntos, mas o coração é mais importante.[1] Após uma olhada introdutória na definição e alvo da piedade no pensamento de Calvino, mostrarei como sua *pietas* afeta as dimensões teológica, eclesiástica e prática de seu pensamento.

Definição e importância da piedade

Pietas é um dos maiores temas da teologia de Calvino. Sua história é, no dizer de John T. McNeill, "sua piedade descrita por extenso".[2] Ele é determinado em confinar a teologia dentro dos limites da piedade.[3] Em seu prefácio dirigido ao rei Francisco I, Calvino diz que o propósito de escrever as *Institutas* era "unicamente transmitir certos rudimentos pelos quais os que são tocados com algum zelo pela religião fossem moldados à verdadeira piedade [*pietas*]."[4]

Para Calvino, *pietas* designa a atitude correta do homem para com Deus. Esta atitude inclui conhecimento genuíno, culto sincero, fé salvífica, temor filial, submissão no espírito de oração e amor reverente.[5] Conhecer quem e o que é Deus (teologia) é abraçar atitudes corretas para com Ele e fazer o que Ele quer (piedade). Em seu primeiro catecismo, Calvino escreve: "A verdadeira piedade consiste em um sincero sentimento que ama a Deus como Pai, enquanto O teme e O reverencia como Senhor, abraça Sua justiça e teme

---

1 Serene Jones, *Calvin and the Rhetoric of Piety* (Louisville: Westminster/John Knox Press, 1995). Infelizmente, Jones exagera o uso que Calvino fazia da retórica no serviço da piedade.

2 Citado em John Hesselink, "The Development and Purpose of Calvin's Institutes", in *Articles on Calvin and Calvinism, vol. 4, Influences upon Calvin and Discussion of the 1559 Institutes*, ed. Richard C. Gamble (Nova York: Garland, 1992), 215-16.

3 Ver Brian A. Gerrish, "Theology within the Limits of Piety Alone: Schleiermacher and Calvin's Doctrine of God" (1981), reimpresso em *The Old Prestantism and the New* (1982), cap. 12.

4 Jonhn Calvin, *Institutes of the Christian Religion* [doravante, Inst.], ed. John T. McNeill e traduzido por Ford Lewis Battles (Filadélfia: Westminster Press, 1960), 1:9.

5 Cf. Lucien Joseph Richard, *The Spirituality of John Calvin* (Atlanta: John Knox Press, 1974), 100-101; Sou-Young Lee, "Calvin's Understanding of Pietas", in *Calvinus Sincerioris Religonis Vindex*, ed. W.H. Neuser & B.G. Armstrong (Kirksville, Mo.: Sixteenth Century Studies, 1997), 226-33; H.W. Simpson, "*Pietas* in the *Institutes* of Calvin", *Reformational Tradition: A Rich Heritage and Lasting Vocation* (Potchefstroom: Potchefstroom University for Christian Higher Education, 1984), 179-91.

ofendê-Lo mais que a morte."⁶ Nas *Institutas*, Calvino é mais sucinto: "Chamo 'piedade' aquela reverência unida ao amor de Deus ao qual o conhecimento de seus benefícios induz."⁷ Este amor e reverência para com Deus é um concomitante necessário a qualquer conhecimento dEle e abarca toda a vida. No dizer de Calvino, "Toda a vida dos cristãos deve ser uma espécie de prática da piedade."⁸ Ou, como afirma o subtítulo da primeira edição das *Institutas*, "Abarcando quase toda a suma da piedade e tudo quanto é necessário saber da doutrina da salvação: Uma obra mui digna de ser lida por todas as pessoas zelosas pela piedade."⁹

Os comentários de Calvino também refletem a importância da *pietas*. Por exemplo, ele escreve em 1 Timóteo 4.7,8: "Mas rejeita as fábulas profanas e de velhas caducas. Exercita-te, pessoalmente, na piedade. Pois o exercício físico para pouco é proveito, mas a piedade para tudo é proveitosa, porque tem a promessa da vida que agora é e da que há de ser."¹⁰ Comentando 2 Pedro 1.3, ele diz: "Visto como, pelo seu divino poder, nos têm sido doadas todas as coisas que conduzem à vida e à piedade, pelo conhecimento completo daquele que nos chamou para sua própria glória e virtude."¹¹

O supremo alvo da piedade: soli deo gloria

O alvo da piedade, bem como de toda a vida cristã, é a glória de Deus – glória que esplende nos atributos de Deus, na estrutura do mundo e na morte

---

6 John Calvin: *Catechism 1538*, editado e traduzido por Ford Lewis Battles (Pittsburgh: Pittsburgh Theological Seminary), 2.

7 Inst., Livro 1, capítulo 2, seção 1. Doravante se usará o formato 1.2.1.

8 Inst. 3.19.2.

9 *Institutes of the Christian Religion: 1536 Edition*, trans. Ford Lewis Battles, rev. ed. (Grand Rapids: Eerdmans, 1986). O título latino original reza: *Christianæ religionis institution total fere pictatis summam et quidquid est in doctrina cognitu necessarium complectens omnibut pietatis studiosis lectu dignissimum opus ac recens editum* (Joannis Calvini opera selecta, ed. Peter Barht, Wilhelm Niesel, e Dora Scheuner, 5 vols. [Munich: Chr. Kaiser, 1926-52], 1:19 [doravante, OS]. Desde 1539, os títulos passaram a ser simplesmente Institutio Christianæ Religionis, mas o "zelo pela piedade" continuou a ser uma grande meta da obra de Calvino. Ver Richard A. Muller, *The Unaccommodated Calvin: Studies in the Foudation of a Theological Tradition* (Nova York: Oxford University Press, 2000), 106-107.

10 *Calvin's New Testament Commentaries*, ed. David W. Torrance and Thomas F. Torrance, 12 Vols. (Grand Rapids: Eerdmans, 1959-72), *The Second Epistle of Paul the Apostle to the Corinthians, and the Epistles to Rimothy, Titus and Philemon*, trans. Thomas A. Smail (Grand Rapids: Eerdmans, 1964), 243-44. Doravante, Commentary [on text].

11 Para as raízes da piedade de Calvino, ver William J. Bouwsma, "The Sirituality of John Calvin", in *Christian Spirituality: High Middle Ages and Reformation*, ed. Jill Raitt (Nova York: Crossroad, 1987), 318-33.

e ressurreição de Jesus Cristo.¹² Glorificar a Deus excede a salvação pessoal de cada pessoa realmente piedosa.¹³ Calvino escreve assim ao Cardeal Sadoleto: "Não pertence à sã teologia confinar em demasia os pensamentos de um homem em si próprio, e não pôr diante dele, como motivo primário de sua existência, o zelo de magnificar a glória de Deus... Estou convencido, pois, que ninguém há imbuído de genuína piedade, que não considere insípida aquela tão longa e áspera exortação ao zelo da vida celestial, zelo este que mantém um homem inteiramente devotado a si próprio, e que, mesmo por uma só expressão, não o eleve a santificar o nome de Deus."¹⁴

O propósito da nossa criação é que Deus seja glorificado em nós, o alvo da piedade. E assim a aspiração dos regenerados é viver o resto de seus dias segundo o propósito de sua criação original.¹⁵ O homem piedoso, segundo Calvino, confessa: "Somos de Deus: vivamos, pois, para ele e morramos para ele. Somos de Deus: então que sua sabedoria e vontade governem todas as nossas ações. Somos de Deus: que todas as partes de nossa vida se empenhem concomitantemente em prol dele como nosso único alvo legítimo."¹⁶

Deus redime, adota e santifica Seu povo para que Sua glória resplandeça neles e os livre de uma ímpia busca egoísta.¹⁷ Portanto, a mais profunda preocupação do homem piedoso é o próprio Deus e as coisas de Deus – a Palavra de Deus, a autoridade de Deus, o evangelho de Deus, a verdade de Deus. Ele aspira conhecer mais de Deus e a comunicar-se mais com Ele.

Mas, como glorificamos a Deus? Calvino escreve: "Deus já nos prescreveu um modo no qual Ele será glorificado por nós, a saber, a piedade, que consiste na obediência à Sua Palavra. Aquele que excede estes limites não con-

---

12 Inst. 3.2.1; Calvin, *Ioannis Calvini opera quæ supersunt omnia*, ed. Willelm Baum, Edward Cunitz, e Edward Reuss, Corpus Reformatorum, vols. 29-87 (Brunsvigæ: C.A. Schwetschke and Son, 1863-1900), 43:428, 47:316. Doravante, *CO*.

13 *CO* 26:693.

14 *OS* 1:363-64.

15 *CO* 24:362.

16 Inst. 3.7.1.

17 *CO* 26:225; 29:5; 51:147.

segue honrar a Deus, mas, ao contrário, O desonra."[18] Obediência à Palavra de Deus significa buscar refúgio em Cristo para o perdão de nossos pecados, conhecê-Lo através de Sua Palavra, servi-Lo com um coração amoroso, realizar boas obras como gratidão por Sua bondade e exercer uma abnegação que chega ao ponto de amarmos nossos inimigos.[19] Esta resposta envolve uma total rendição a Deus mesmo, à Sua Palavra e à Sua vontade.[20]

Calvino declara: "Eu ofereço a Ti meu coração, ó Senhor, pronta e sinceramente." Esta é a aspiração de todos quanto são realmente piedosos. Entretanto, esta aspiração só pode ser concretizada através da comunhão com Cristo e a participação nEle, pois fora de Cristo, mesmo a pessoa mais religiosa, vive para si mesma. Somente em Cristo, os pios podem viver como servos voluntários de seu Senhor, fiéis soldados de seu Comandante e obedientes filhos de seu Pai.[21]

DIMENSÕES TEOLÓGICAS

A raiz profunda da piedade: união mística
"A doutrina de Calvino da união com Cristo é um dos aspectos mais consistentemente influentes de sua teologia e ética, se não o ensino mais importante que anima a totalidade de seu pensamento e sua vida pessoal", escreve David Willis-Watkins.[22]

A intenção de Calvino não era apresentar a teologia do ponto de vista de uma doutrina unilateral. Não obstante, seus sermões, comentários e obras teológicas se acham tão permeados com a doutrina da união com Cristo, que ela se torna seu foco para a fé e prática cristãs.[23] Calvino diz muito quando es-

---

18 CO 49:51.
19 CO 26:166, 33:185, 47:377-78, 49:245, 51:21.
20 CO 6:9-10.
21 CO 26:439-40.
22 "A União Mística e a Certeza de Fé segundo Calvino", in *Calvin Erbe und Aufrag: Festchrift für Wilhelm Heinrich Neuser zum 65. Geburtstag*, ed. Willem van't Spijker (Kampen: Kok, 1991), 78.
23 E.g., Charles Partee, "Calvin's Central Dogma Again", *Sixteenth Century Journal* 18, 2 (1987): 194. Cf. Otto Gründler, "John Calvin: Ingrafting in *Christ*", in *The Spirituality of Western Christendom*, ed. Rozanne Elder (Ka-

creve: "Aquela união da Cabeça e os membros, aquela habitação de Cristo em nossos corações – em suma, aquela união mística – são tidas por nós no mais elevado grau de importância, de modo que Cristo, uma vez se tornando nosso, nos faz participantes com Ele nos dons com que nos dotou."[24]

Para Calvino, a piedade está radicada na união mística (*unio mystica*) do crente com Cristo; assim, esta união deve ser nosso ponto de partida.[25] Tal união é possível porque Cristo assumiu nossa natureza humana, enchendo-a com Sua virtude. A união com Cristo, em Sua humanidade, é histórica, ética e pessoal, porém não essencial. Não existe mistura crassa (*crassa mixtura*) de substâncias humanas entre Cristo e nós. Não obstante, Calvino declara: "Ele não só adere a nós por um laço indivisível de companheirismo, mas com uma maravilhosa comunhão, dia a dia, tornando-se cada vez mais um só corpo conosco, até tornar-se completamente um conosco."[26] Esta união é um dos maiores mistérios do evangelho.[27] Por causa da fonte da perfeição de Cristo em nossa natureza, os piedosos podem, pela fé, lançar mão de tudo aquilo que lhes é necessário para sua santificação. A carne de Cristo é a fonte da qual Seu povo deriva vida e poder.[28]

Se Cristo houvesse morrido e ressuscitado, e não aplicasse Sua salvação aos crentes para sua regeneração e santificação, Sua obra teria sido ineficaz. Nossa piedade mostra que o Espírito de Cristo está operando em nós o que já foi consumado em Cristo. Este administra Sua santificação à igreja através de Seu sacerdócio real, a fim de que a igreja viva piedosamente para Ele.[29]

---

lamazoo, Mich.: Cistercian, 1976), 172-87; Brian G. Armstrong, "The Nature and Structure of Calvin's Thought According to the *Institutes*: Another Look", in *John Calvin's Magnum Opus* (potcheefstroom, South Africa: Institute for Reformational Studies, 1986), 55-82; Guenther Haas, *The Concept of Equity in Calvin's Ethics* (Waterloo, Ontario: Wilfred Laurier University Press, 1997).

24 Inst. 3.11.9. Cf. *CO* 15:722.

25 Howard G. Hageman, "Reformed Spirituality", in *Protestant Spirutal Traditions*, ed. Frank C. Senn (Nova York: Paulist Press, 1986), 61.

26 Inst. 3.2.24.

27 Dennis Tamburello ressalta que "ocorre ao menos sete casos nas *Institutas*, onde Calvino usa a palavra *arcanus* ou *incomprehensibilis* para descrever a união com Cristo" (2.12.7; 3.11.5; 4.17.1, 9, 31, 33; 4.19.35; *Union with Christ: John Calvin and the Mysticism of St. Bernadr* [Louisville: Westminster/John Knox, 1994], 89, 144). Cf. William Borden Evans, "Imputation and Impartation: The Problem of Union with Christ in Nineteenth-Century American Reformed Theology" (Ph.D. dissertation, Vanderbilt University, 1996), 6-68.

28 *Commentary* on John 6.51.

29 Inst. 2.16.16.

O tema principal da piedade: comunhão e participação

A pulsação da teologia e piedade práticas de Calvino é a comunhão (*comunio*) com Cristo. Isto envolve participação (*participatio*) em Seus benefícios, os quais são inseparáveis da união com Cristo.[30] O *Confessio Fidei de Eucharistia* (1537), assinado por Calvino, Martin Bucer e Wolfgang Capito, endossou esta ênfase.[31] Entretanto, a comunhão com Cristo, vista por Calvino, não foi formada por sua doutrina da Ceia do Senhor; antes, sua ênfase sobre a comunhão espiritual com Cristo ajudou a formar seu conceito do sacramento.

De modo similar, os conceitos de *comunio* e *participatio* ajudaram a formar a compreensão de Calvino da regeneração, fé, justificação, santificação, segurança, eleição e igreja. Ele não podia falar de qualquer doutrina à parte da comunhão com Cristo. Este é o cerne do sistema da teologia de Calvino.

Duplo vínculo da piedade: o Espírito e a fé

Calvino ensina que a comunhão com Cristo só é concretizada através da fé operada pelo Espírito. É comunhão real não porque os crentes participam da essência da natureza de Cristo, mas porque o Espírito de Cristo une os crentes tão intimamente a ele, que se tornam carne de Sua carne e ossos de Seus ossos. Da perspectiva de Deus, o Espírito é o vínculo entre Cristo e os crentes; enquanto de nossa perspectiva, o vínculo é a fé. Essas perspectivas não se colidem uma com a outra, visto que uma das principais operações do Espírito é operar fé em um pecador.[32]

Somente o Espírito pode unir Cristo, no céu, com o crente, na terra. Precisamente como o Espírito uniu o céu e a terra na Encarnação, assim, na regeneração, o Espírito eleva os eleitos da terra para comungarem com Cristo no céu e trazer

---

30 Willem van't Spijker, "*Extra nos* e *in nos* by Calvin in a Pneumatological Light", in *Calvin and the Holy Spirit*, ed. Peter DeKlerk (Grand Rapids: Calvin Studies Society, 1989), 39-62; Merwyn S. Johnson, "Calvin's Ethical Legacy", in *The Legacy of John Calvin*, ed. David Foxgrover (Grand Rapids: Calvin Studies Society, 2000), 63-83.

31 OS 1:435-36; Willem van't Spijker, "*Extra nos* e *in nos* by Calvin in a Pneumatological Light", 44.

32 Inst. 3.1.4.

Cristo para os corações e vidas dos eleitos na terra.³³ Comunhão com Cristo é sempre o resultado da obra do Espírito – uma obra que é mais surpreendente e experiencial do que compreensível.³⁴ E assim o Espírito Santo é o elo que une o crente a Cristo e o canal através do qual Cristo é comunicado ao crente.³⁵ Como Calvino escreve a Pedro Mártir: "Crescemos juntamente com Cristo em um só corpo, e Ele partilha seu Espírito conosco, por cuja operação secreta Ele se torna nosso. Os crentes recebem esta comunhão com Cristo concomitantemente com sua vocação. Eles, porém, crescem a cada dia, mais e mais, nesta comunhão, à medida que a vida de Cristo vai aumentando dentro de nós."³⁶

Calvino vai além de Lutero nesta ênfase sobre a comunhão com Cristo. Calvino ressalta que, por Seu Espírito, Cristo capacita os que são unidos com Ele pela fé. Sendo "enxertados na morte de Cristo", escreve ele, "derivamos dela uma energia secreta, como o galho recebe da raiz". O crente "é animado pelo poder secreto de Cristo; de modo que se pode dizer que Cristo vive e cresce nele; pois como a alma dá vida ao corpo, assim Cristo comunica vida a seus membros".³⁷

Como Lutero, Calvino crê que o conhecimento é fundamental à fé. Tal conhecimento inclui a Palavra de Deus, bem como a proclamação do evangelho.³⁸ Visto que a Palavra escrita é exemplificada na Palavra viva, Jesus Cristo, a fé não pode ser separada de Cristo, em quem todas as promessas de Deus se cumprem.³⁹ Calvino ensina que a obra do Espírito não suplementa ou substitui a revelação da Escritura, e sim a autentica. "Remove a Palavra, e a fé deixa de existir", diz Calvino.⁴⁰

---

33 Inst. 4.17.6; *Commentary* on Acts 15.9.
34 *Commentary* on Ephesians 5.32.
35 Inst. 3.1.1; 4.17.12.
36 "Calvinus Vermilio" (#2266, 8 Aug 1555), CO 15:723-24.
37 CR 50:199. Cf. Barbara Pitkin, *What Pure Eyes Could See: Calvin's Doctrine of Faith in Its Exegetical Context* (Nova York: Oxford University Press, 1999).
38 *Institutes* 2.9.2; *Commentary* on 1 Peter 1:25. Cf. David Foxgrover, "John Calvin's Understanding of Conscience" (Ph.D. dissertation, Claremont, 1978), 407ff.
39 *The Commentaries of John Calvin on the Old Testament*, 30 vols. (Edinburgh: Calvin Translation Society, 1843-48), on Genesis 15:6. Doravante, *Commentary* on text. Cf. *Commentary* on Luke 2:21.
40 Inst. 3.2.6.

A fé une o crente a Cristo por meio da Palavra, capacitando o crente a receber Cristo como Ele é provido no evangelho e graciosamente oferecido pelo Pai.[41] Pela fé, Deus também habita no crente. Consequentemente, Calvino diz: "Não devemos separar Cristo de nós mesmos, nem nós dele", e sim participar de Cristo pela fé, pois esta "nos vivifica da morte para fazer-nos uma nova criatura".[42]

Pela fé, o crente possui Cristo e cresce nEle. Além do mais, o grau de sua fé exercida através da Palavra determina seu grau de comunhão com Cristo.[43] Calvino escreve que "tudo o que porventura a fé contemple, nos é exibido em Cristo".[44] Ainda enquanto Cristo permaneça no céu, o crente, que excele em piedade, aprende a assenhorear-se de Cristo tão firmemente, pela fé, que Ele habita intimamente em seu coração.[45] Pela fé, os piedosos vivem pelo que encontram em Cristo, e não pelo que encontram em si mesmos.[46]

Portanto, buscar em Cristo a segurança, significa olhar para nós mesmos em Cristo. Como escreve David Willis-Watkins: "A certeza da salvação é um autoconhecimento derivativo, cujo foco permanece em Cristo quando unidos ao seu corpo, a Igreja, da qual somos membros."[47]

A dupla purificação da piedade: justificação e santificação

Segundo Calvino, os crentes recebem de Cristo, pela fé, a "dupla graça" da justificação e santificação, as quais, juntas, provêm uma dupla purificação.[48] A justificação oferece pureza imputada; e a santificação, pureza atual.[49]

---

41 Inst. 3.2.30-32.
42 Inst. 3.2.24; *Commentary* on 1 John 2:12.
43 *Sermons on the Epistle to the Ephesians*, trans. Arthur Golding (1577; reprint Edinburgh: Banner of Truth Trust, 1973), 1:17-18. Doravante, *Sermon* on Ephesians on text.
44 *Commentary* on Ephesians 3:12.
45 *Sermon* on Ephesians 3:14-19.
46 *Commentary* on Habakkuk 2:4.
47 "The Third Part of Christian Freedom Misplaced", in *Later Calvinism: International Perspectives*, ed. W. Fred Graham (Kirksville, Mo.: Sixteenth Century Journal, 1994), 484-85.
48 Inst. 3.11.1.
49 *Sermons on Galatians*, trans. Kathy Childress (Edinburgh: Banner of Truth Trust, 1997), 2:17-18. Doravante, *Sermon* on Galatians text.

Calvino define justificação como "a aceitação com que Deus nos recebe em seu favor como homens justos".[50] Ele segue dizendo que "posto que Deus nos justifica pela intercessão de Cristo, ele nos absolve não pela confirmação de nossa própria inocência, e sim pela imputação da justiça, para que, não sendo justos em nós mesmos, fôssemos reputados como tais em Cristo".[51] A justificação inclui a remissão dos pecados e o direito à vida eterna.

Calvino considera a justificação como uma doutrina central da fé cristã. Ele a denomina "o eixo principal em torno do qual a religião gira", o solo sobre o qual a vida cristã e a substância da piedade se desenvolvem.[52] A justificação não só serve para honrar a Deus, satisfazendo as condições da salvação; ela também oferece à consciência dos crentes "repouso pacífico e tranquilidade serena".[53] Como diz Romanos 5.1, "Portanto, sendo justificados mediante a fé, temos paz com Deus por meio de nosso Senhor Jesus Cristo." Este é o cerne e a alma da piedade. Os crentes não preocupam-se com seu status junto a Deus, porque são justificados pela fé. Podem renunciar espontaneamente a glória pessoal e receber diariamente sua própria vida da mão de seu Criador e Redentor. Diariamente, batalhas podem significar perdas para o inimigo, mas Jesus Cristo já venceu a guerra por eles.

Santificação se refere ao processo no qual o crente paulatinamente é conformado a Cristo, no coração, conduta e devoção a Deus. É a contínua renovação do crente operada pelo Espírito Santo, a crescente consagração de corpo e alma a Deus.[54] Na santificação, o crente se oferece a Deus em sacrifício. Isso não sucede sem grande luta e lento progresso; requer purificação da poluição da carne e renúncia ao mundo.[55] Ela demanda arrependimento, mortificação e conversão diária.

Na opinião de Calvino, a justificação e a santificação são inseparáveis.

---

50 Inst. 3.11.2.
51 Ibid.
52 Inst. 3.11.1; 3.15.7.
53 Inst. 3.13.1.
54 Inst. 1.7.5.
55 *Commentary* on John 17:1717-19.

Separar uma da outra é fazer Cristo em pedaços,[56] ou como tentar separar a luz do sol do calor que ela gera.[57] Os crentes são justificados para o propósito de cultuar a Deus em santidade de vida.[58]

DIMENSÕES ECLESIOLÓGICAS

A piedade através da igreja

A *pietas* de Calvino não é independente da Escritura nem da igreja; ao contrário, está radicada na Palavra e fomentada na igreja. Enquanto junta armas com o clericalismo e absolutismo de Roma, Calvino, não obstante, mantém um elevado conceito sobre a igreja. "Se não preferirmos a igreja a todos os demais objetos de nosso interesse, somos indignos de sermos contados entre seus membros", escreve ele.

Agostinho certa vez disse: "Não pode ter Deus por seu Pai aquele que não tem a igreja por sua mãe." A isso, Calvino agrega: "Pois não há outro meio de entrar na vida, a menos que esta mãe nos conceba em sua madre, nos dê à luz, nos amamente em seu seio e, por fim, a menos que nos guarde sob seu cuidado e orientação, até que, despindo a carne mortal, nos tornemos como os anjos." Calvino escreveu: "À parte da igreja, há pouca esperança para o perdão dos pecados ou salvação. É sempre desastroso abandonar a igreja."[59]

Para Calvino, os crentes estão enxertados em Cristo e Sua igreja, porque o crescimento espiritual ocorre dentro da igreja. A igreja é mãe, educadora e quem cuida de cada crente, pois o Espírito Santo age em seu seio. Os crentes cultivam a piedade pelo Espírito através do ministério pedagógico da igreja, progredindo desde a infância espiritual até a adolescência e terminando na plena maturidade em Cristo. Eles não recebem o diploma da igreja até que

---

56 Inst. 3.11.6.
57 *Sermon* on Galatians 2:17-18.
58 *Commentary* on Romans 6:2.
59 Inst. 4.1.1, 4.1.3-4; cf. Joel R. Beeke, "Glorious Things of Thee Are Spoken: The Doctrine of the Church", in *Onward, Christian Soldiers: Protestants Affirm the Church*, ed. Don Kistler (Morgan, Pa.: *Soli Deo Gloria*, 1999), 23-25.

Interior da Catedral de Genebra

morram.⁶⁰ Esta educação perene é oferecida dentro de uma atmosfera de genuína piedade na qual os crentes amam e cuidam uns dos outros sob a liderança de Cristo.⁶¹ Ela fomenta o desenvolvimento dos dons e do amor uns nos outros, quando se vê "constrangida a emprestar de outros".⁶²

O crescimento na piedade é impossível à parte da igreja, pois a piedade é nutrida pela comunhão dos santos. No seio da igreja, os crentes "se congraçam na mútua distribuição dos dons".⁶³ Cada membro tem seu lugar próprio e seus dons para o devido uso no seio da igreja.⁶⁴ Idealmente, o corpo inteiro usa

---

60 Inst. 4.1.4-5.
61 *Commentary* on Psalm 20:10.
62 *Commentary* on Romans 12:6.
63 *Commentary* on 1 Corinthians 12:12.
64 *Commentary* on 1 Corinthians 4:7.

esses dons em simetria e proporção, sempre reformando e se desenvolvendo rumo à perfeição.⁶⁵

Piedade da palavra

A Palavra de Deus é central ao desenvolvimento da piedade cristã no crente. O modelo relacional de Calvino explica como.

A verdadeira religião é um diálogo entre Deus e o homem. A parte do diálogo que Deus inicia é a revelação. Nesta, Deus desce a encontrar-nos, a falar-nos e a fazer-Se conhecido a nós na pregação da Palavra. A outra parte do diálogo é a resposta do homem à revelação de Deus. Esta resposta, que inclui confiança, adoração e santo temor, é a que Calvino chama *pietas*. A pregação da Palavra nos salva e nos preserva quando o Espírito nos capacita a nos apropriarmos do sangue de Cristo e a Lhe respondermos com amor reverente. No dizer de Calvino, pela pregação dos homens e pela capacitação do Espírito, "concretiza-se a renovação dos santos, e edifica-se o corpo de Cristo".⁶⁶

Calvino ensina que a pregação da Palavra é nosso alimento espiritual e nossa medicina para a saúde espiritual. Com a benção do Espírito, os ministros são médicos espirituais a aplicarem a Palavra às nossas almas, como os médicos terrenos aplicam a medicina aos nossos corpos. Com o uso da Palavra, esses doutores espirituais diagnosticam, prescrevem e curam a doença espiritual naqueles que são flagelados pelo pecado e pela morte. A Palavra ensinada é empregada como instrumento para curar, purificar e fazer frutíferas nossas almas propensas a doenças.⁶⁷ O Espírito, ou o "ministro interior", promove a piedade pelo uso do "ministro exterior", que é a pregação da Palavra. No dizer de Calvino, o ministro exterior "anuncia a palavra vocal, que é recebida pelos ouvidos", mas o ministro interior "realmente comunica a coisa proclamada... que é Cristo."⁶⁸

---

65 *Commentary* on Ephesians 4:12.
66 *Commentary* on Psalm 18:31; 1 Corinthians 13:12; Inst. 4.1.5, 4.3.2.
67 *Sermons of M. John Calvin, on the Epistles of S. Paule to Timothie and Titus*, trans. L.T. (1579); reprint facsimile, Edinburgh: Banner of Truth Trust, (1983), 1 Timothy 1:8-11. Doravante, *Sermon* on text.
68 *Calvin: Theological Treatises*, ed. J.K.S. Reid (Filadélfia: Westminster Press, 1954), 173. Cf. Brian Armstrong,

Calvino pregando seu sermão de despedida antes do banimento

Para promover a piedade, o Espírito usa não só o evangelho para operar a fé no âmago das almas de seus eleitos, como já vimos, mas também usa a lei. A lei promove a piedade de três formas:

1. Ela restringe o pecado e promove a justiça na igreja e na sociedade, impedindo ambas de virem a ser um caos.
2. Ela disciplina, educa e nos convence, desviando-nos de nós mesmos e conduzindo-nos a Cristo, o cumpridor e fim da lei. A lei não pode guiar-nos a um

---

"The Role of the Holy Spirit in Calvin's Teaching on the Ministry", *Calvin and the Holy Spirit*, ed. P. DeKlerk (Grand Rapids: Calvin Studies Society, 1989), 99-111.

conhecimento salvífico de Deus em Cristo; ao contrário, o Espírito Santo a usa como um espelho a exibir-nos nossa culpa, a barrar-nos da esperança e a conduzir-nos ao arrependimento. Ela nos leva à necessidade espiritual da qual nasce a fé em Cristo. Este uso convincente da lei é crítico para a piedade do crente, pois ele impede a ímpia autojustiça que é propensa a reafirmar-se inclusive no mais santo dentre os santos.

3. Ela se torna a norma de vida para o crente. "Qual é a regra de vida que [Deus] nos deu?", Calvino pergunta no catecismo genebrino. Eis a resposta: "Sua lei." Posteriormente, Calvino diz que a lei "exibe o alvo que devemos almejar, a meta rumo à qual devemos apressar, para que cada um de nós, em conformidade à medida da graça que lhe é outorgada, se empenhe em modelar sua vida na mais elevada retidão; e, mediante estudo constante, avançar continuamente, sem cessar."[69]

Calvino escreve sobre o terceiro uso da lei, na primeira edição de suas *Institutas*, afirmando: "Os crentes... tiram proveito da lei porque dela aprendem mais plenamente, a cada dia, qual é a vontade do Senhor. ... É como se algum servo, já preparado com plena solicitude do coração, a encomendar-se ao seu senhor, busca e vela pelos caminhos de seu senhor, a fim de conformar-se e de acomodar-se a eles. Além do mais, por mais que sejam estimulados pelo Espírito e anelem obedecer a Deus, são ainda fracos na carne e servem mais ao pecado do que a Deus. Para esta carne, a lei é como um chicote para um asno preguiçoso e birrento, a impeli-lo, a instigá-lo e a despertá-lo para o trabalho."[70]

Na última edição das *Institutas* (1559), Calvino é mais enfático sobre como os crentes tiram proveito da lei. Primeiro, diz ele, "Eis o melhor instrumento para que aprendam mais plenamente, a cada dia, a natureza da vontade do Senhor à qual aspiram, e para confirmá-los na compreensão dela." E, segundo, leva a "frequente meditação sobre ela, com vistas a despertar obediência a ela, a fortalecer-se nela e a retroceder-se da escorregadia vereda da trans-

---

69 *Selected Works of John Calvin: Tracts and Letters*, ed. Henry Beveridge and Jules bonnet (1849; reprint Grand Rapids: Baker, 1983), 2:56, 69.
70 *Institutes of the Christian Religion: 1536 edition*, 36.

gressão". Calvino conclui que os santos devem insistir nisto. "Pois, o que seria menos louvável à lei do que se, com apenas importunação e ameaça, atribulasse as almas pelo medo e os angustiasse através da luta?"[71]

Considerar a lei primeiramente como um estímulo para o crente apegar-se a Deus e à obediência a Ele é outro exemplo onde Calvino difere de Lutero. Para Lutero, a lei é, antes de tudo, negativa; ela se acha estritamente associada ao pecado, à morte ou ao diabo. O interesse dominante de Lutero está na segunda utilidade da lei, mesmo quando ele considera o papel da lei na santificação. Por contraste, Calvino vê a lei primariamente como uma expressão positiva da vontade de Deus. No dizer de Hesselink, "o conceito de Calvino poderia ser chamado deuteronômico, pois, para ele, a lei e o amor não são antitéticos, e sim correlatos".[72] O crente segue a lei de Deus, não movido por obediência compulsória, e sim por grata obediência. Sob a tutela do Espírito, a lei inspira no crente gratidão, a qual o guia à obediência amorosa e aversão ao pecado. Em outros termos, para Lutero, o propósito primário da lei é ajudar o crente a reconhecer e a confrontar o pecado. Para Calvino, seu propósito primário é dirigir o crente a servir a Deus movido pelo amor.[73]

A piedade nos sacramentos

Calvino define os sacramentos como testemunhos "da graça divina para conosco, confirmada por um sinal externo, com atestação mútua de nossa piedade para com ele".[74] Os sacramentos são "exercícios da piedade". Fomentam e fortalecem nossa fé e nos ajudam a nos oferecermos a Deus como um sacrifício vivo.

---

71 Inst. 2.7.12. Calvino compila dos salmos davídicos considerável endosso para sua terceira utilidade da lei (cf. Inst. 2.7.12 e seu *Comentário sobre o Livro dos Salmos*, tradução de James Anderson, 5 volumes (Grand Rapids: Eerdmans, 1949).

72 "Law – Third use of the Law", in *Encyclopedia of the Reformed Faith*, ed. Donald K. McKim (Louisville: Westminster/John Knox, 1992), 215-16. Cf. Edward A. Dowey, Jr., "Law in Luther and Calvin", *Theology Today* 41, 2 (1984): 146-53; I. John Hesslink, *Calvin's concept of the Law* (Allison Park, Pa.: Pickwick, 1992), 251-62.

73 Joel Beeke and Ray Lanning, "Glad Obedience: The Third Use of the Law", in *Trust and Obey: Obedience and the Christian*, ed. Don Kistler (Morgan, Pa.: Soli Deo Gloria, 1996), 154-200; W. Robert Godfrey, "Law and Gospel", in *New Dictionary of Theology*, eds. Sinclair B. Ferguson, David F. Wright, J.I. Packer (Downers Grove, Ill.: InterVarsity Press, 1988), 379.

74 Inst. 4.14.1.

Para Calvino, como para Agostinho, os sacramentos são a Palavra visível. A Palavra pregada vem através de nossos ouvidos; a Palavra visível, através de nossos olhos. Os sacramentos anunciam o mesmo Cristo que a Palavra pregada, porém O comunica por um método diferente.

Nos sacramentos, no dizer de Calvino, Deus Se acomoda à nossa debilidade. Quando ouvimos a Palavra proclamada indiscriminadamente, podemos indagar: "Isto, para mim, é real? Realmente me alcança?" Entretanto, nos sacramentos, Deus nos alcança e nos toca, individualmente, e diz: "Sim, é para *você*. A promessa se estende a *você*." E assim os sacramentos ministram à fraqueza humana, personalizando as promessas para os que confiam em Cristo para a salvação.

Deus vem ao seu povo nos sacramentos, capacita-o a conhecer Cristo melhor, encorajando, edificando e nutrindo-o nEle. O batismo promove a piedade como um símbolo de como os crentes são enxertados em Cristo, renovados pelo Espírito e adotados na família do Pai celestial.[75] De igual modo, a Ceia do Senhor mostra como esses filhos adotados são alimentados por seu amoroso Pai. Calvino se deleita em mencionar a Ceia como nutrição da alma. Ele escreve: "Os sinais são pão e vinho que representam para nós o alimento invisível que recebemos da carne e sangue de Cristo." "Cristo é o único alimento de nossa alma e, portanto, nosso Pai celeste nos convida a irmos a Ele [Cristo], para que, refrigerados pela participação dEle, cobremos, reiteradamente, força até que tenhamos alcançado a imortalidade celestial."[76]

Como crentes, carecemos constantemente de nutrição. Jamais chegaremos a um ponto onde não mais necessitaremos de ouvir a Palavra, orar ou nutrir-nos pelos sacramentos. Devemos crescer e nos desenvolver constantemente. Uma vez que continuamos a pecar em razão de nossa velha natureza, vivemos em constante necessidade de perdão e graça. Assim, a Ceia, juntamente com a pregação da Palavra, nos lembra reiteradamente que necessitamos de

---

75 Inst. 4.16.9; Ronald S. Wallace, *Calvin's Doctrine of the Word and Sacrament* (Londres: Oliver and Boyd, 1953), 175-83. Cf. H.O. Old, *The Shaping of the Reformed Baptismal Rite in the Sixteenth Century* (Grand Rapids: Eerdmans, 1992).

76 Inst. 4.17.8-12.

Calvino recusando a Ceia do Senhor aos Libertinos

Cristo, e necessitamos ser renovados e edificados nEle. Os sacramentos prometem que Cristo está presente para receber-nos, abençoar-nos e renovar-nos.

Para Calvino, a palavra conversão não significa apenas o ato inicial de abraçar a fé; significa também renovação e crescimento diários em seguir a Cristo. Eles nos informam que carecemos da graça de Cristo a cada dia. Devemos receber a força de Cristo, particularmente através do corpo que Ele sacrificou por nós na cruz.

Como Calvino escreve: "Pois como a eterna Palavra de Deus é a fonte de vida, assim sua carne é o canal pelo qual nos é derramada a vida que reside intrinsecamente em sua divindade. Pois em sua carne se consumou a redenção do homem, nela se ofereceu sacrifício para expiar o pecado e a Deus se rende obediência para reconciliá-lo conosco. Foi também plenificada com a santificação do Espírito Santo. Finalmente, tendo vencido a morte, ele foi recebido na glória celestial."[77] Em outras palavras, o Espírito santificou o corpo de Cristo, o qual Ele ofereceu na cruz para expiar o pecado. Aquele corpo foi ressuscitado dentre os mortos e recebido no céu. Em cada estágio de nossa re-

---
77 Ibid.

denção, o corpo de Cristo é o caminho para Deus. Na Ceia, pois, Cristo vem a nós e diz: "Meu corpo é ainda dado por vocês. Pela fé, vocês podem comungar comigo e com o meu corpo e todos os seus benefícios salvíficos."

Calvino ensina que na Ceia Cristo Se dá a nós, não apenas Seus benefícios, justamente como Ele nos dá a Si mesmo e Seus benefícios na pregação da Palavra. Ele também nos faz parte de Seu corpo quando nos dá a Si mesmo. Calvino não pode explicar precisamente como isso ocorre na Ceia, pois é melhor experienciado do que explicado.[78] Entretanto, ele diz que Cristo não deixa o céu para entrar no pão. Antes, na Santa Ceia somos chamados a erguer nossos corações ao céu, onde Cristo está, e não nos aferrarmos ao pão e vinho externos.

Somos soerguidos através da obra do Espírito Santo em nossos corações. Como Calvino escreve: "Cristo, pois, está ausente de nós com respeito ao seu corpo; porém, habitando em nós por meio de seu Espírito, ele nos eleva ao céu para estarmos com ele mesmo, transfundindo em nós o vigor vivificante de sua carne, justamente como os raios do sol nos revigoram por seu calor vital."[79] Participar da carne de Cristo é um ato espiritual, em vez de um ato carnal, que envolve a "transfusão de substância".[80]

Os sacramentos podem ser vistos como escadas pelas quais subimos ao céu. "Por não sermos aptos a voar alto o bastante para achegar-nos a Deus, ele ordenou que os sacramentos fossem como que escadas", diz Calvino. "Se alguém deseja dar um salto bem alto, ele quebrará seu pescoço na tentativa; mas, se tiver degraus, será capaz de seguir em frente com confiança. Assim também, se quisermos chegar ao nosso Deus, temos de usar os meios que ele mesmo instituiu, já que ele sabe o que nos é apropriado. Então, Deus nos deu este maravilhoso suporte e encorajamento e força em nossa fraqueza."[81]

Calvino diz que nunca devemos adorar o pão, porque Cristo não está *no* pão, mas o encontramos *através* do pão. Justamente como nossas bocas rece-

---
78 Inst. 4.17.24, 33.
79 Inst. 4.17.12.
80 CO 9:47, 522.
81 Inst. 4.14.18.

bem o pão para alimentar nossos corpos físicos, assim nossas almas, mediante a fé, recebem o corpo e o sangue de Cristo para a nutrição de vidas espirituais.

Quando encontramos Cristo nos sacramentos, crescemos em graça; eis por que são chamados meios de graça. Os sacramentos nos encorajam em nosso avanço para o céu. Promovem confiança nas promessas de Deus através da morte redentora de Cristo, "significadas e seladas". Visto que são alianças, contêm promessas pelas quais "a consciência pode ser elevada à certeza da salvação", diz Calvino.[82] Os sacramentos oferecem "paz de consciência" e "uma certeza especial" quando o Espírito capacita o crente a "ver" a Palavra gravada nos sacramentos.[83]

Finalmente, os sacramentos promovem a piedade, inspirando-nos a agradecer e a louvar a Deus por Sua profusa graça. Eles requerem que "atestemos nossa piedade para com ele". No dizer de Calvino, "O Senhor evoca à nossa memória a grande liberalidade de sua bondade e nos impele a reconhecê-la; e, ao mesmo tempo, Ele nos admoesta a não sermos ingratos por uma liberalidade tão pródiga; mas, ao contrário, a proclamá-la com louvores apropriados e a celebrar [a Ceia do Senhor], rendendo-lhe graças."[84]

Duas coisas ocorrem na Ceia: a recepção de Cristo e a rendição do crente. Calvino diz que a Ceia do Senhor não é eucarística da perspectiva de Deus, pois Cristo não é oferecido de novo. Nem é eucarística em termos de mérito humano, pois nada podemos oferecer a Deus à maneira de sacrifício. Mas ela é eucarística em termos de nossa ação de graças.[85] O sacrifício é uma parte indispensável da Ceia do Senhor, a qual, diz Calvino, inclui "todos os deveres do amor".[86] A Eucaristia é uma festa *de amor* na qual se comunica carinho recíproco e se testifica do vínculo que se desfruta uns com os outros na unidade do corpo de Cristo.[87]

Oferecemos este sacrifício de gratidão em resposta ao sacrifício de Cristo por nós. Rendemos nossas vidas em resposta ao banquete celestial que

---

82 *Commentary* on 1 Corinthians 11:25.
83 *Commentary* on Mathews 3:11; Acts 2:38; 1 Peter 3:21.
84 *OS* 1:136, 145.
85 Inst. 4.18.3.
86 Inst. 4.18.17.
87 Inst. 4.17.44.

João Calvino

Deus nos estende na Ceia. Pela graça do Espírito, a Ceia nos capacita como um sacerdócio real a nos oferecermos a Deus como um sacrifício vivo de louvor e ação de graças.[88]

E assim, a Ceia do Senhor nos proporciona, respectivamente, piedade da graça e piedade da gratidão, como demonstrado por Brian Gerrish.[89] A liberalidade do Pai e a grata resposta de Seus filhos são um tema recorrente na teologia de Calvino. Calvino nos admoesta que "devemos reverenciar tal pai com grata piedade e ardente amor, a ponto de nos devotarmos totalmente à sua obediência e honrá-lo em tudo".[90] A Ceia é o decreto litúrgico dos temas de Calvino sobre a graça e a gratidão, as quais se encontram no cerne de sua piedade.[91]

Na Ceia do Senhor, os elementos humanos e divinos da piedade de Calvino são mantidos em tensão dinâmica. Nesse intercâmbio dinâmico, Deus vai ao crente enquanto Seu Espírito consuma a união baseada na Palavra. Ao mesmo tempo, o crente vai a Deus contemplando o Salvador que o renova e o fortalece. Nisto, Deus é glorificado e o crente, edificado.[92]

A piedade e o saltério

Calvino vê os Salmos como o manual canônico da piedade. No prefácio de seu comentário, em cinco volumes, sobre os Salmos – sua maior exposição de qualquer Livro da Bíblia –, Calvino escreve: "Não há outro livro em que somos mais perfeitamente ensinados sobre a maneira de orar a Deus, ou em que somos mais poderosamente estimulados à realização deste exercício da piedade."[93] A preocupação de Calvino com o Saltério foi motivada por sua

---

88 Inst. 4.18.13.
89 "Calvin's Eucharistic Piety", in *The Legacy of John Calvin*, ed. David Foxgrover (Grand Rapids: CRC, 2000), 53.
90 OS 1:76.
91 Brian A. Gerrish, *Grace and Gratitude: The Eucharistic Theology of John Calvin* (Minneapolis: Fortess Press, 1993), 19-20.
92 Lionel Greve, "Freedom and Discipline in the Theology of John Calvin, William Perkins and John Wesley: An Examination of the Origin and Nature of Pietism" (Ph.D., discertation, Hartford Seminary Foundation, 1975), 124-25.
93 CO 31:19; tradução extraída de Barbara Pitkin, "Imitação de Davi: Davi como uma Paradigma para a Fé na Exegese que Calvino faz dos Salmos", *Sixteenth Century Journal* 24: 4 (1993): 847.

convicção de que os Salmos ensinam e inspiram a genuína piedade, das seguintes maneiras:

- Como a revelação de Deus, os Salmos nos ensinam sobre Deus. Por serem teológicos e igualmente doxológicos, eles são nosso credo cantado.[94]
- Ensinam claramente nossa necessidade de Deus. Eles nos informam quem somos e por que necessitamos do auxílio de Deus.[95]
- Oferecem o divino remédio para nossas necessidades. Apresentam Cristo em Sua pessoa, ofícios, sofrimentos, morte, ressurreição e ascensão. Anunciam o caminho da salvação, proclamando a bem-aventurança da justificação pela fé somente e a necessidade de santificação pelo Espírito com a Palavra.[96]
- Demonstram a espantosa bondade de Deus e nos convidam a meditar sobre Sua graça e mercê. Eles nos conduzem ao arrependimento e ao temor de Deus, a confiarmos em Sua Palavra e a esperarmos em Sua mercê.
- Eles nos ensinam a buscar abrigo no Deus da salvação através da oração e nos mostram como levarmos nossos rogos a Deus.[97] Eles nos mostram como orarmos confiantemente no meio da adversidade.[98]
- Eles nos exibem a profunda comunhão que podemos desfrutar com nosso Deus que guarda a aliança. Mostram como a igreja viva é a noiva de Cristo, os filhos de Deus e o rebanho de Deus.
- Proveem um veículo para o culto público. Muitos usam pronomes na primeira pessoa do plural ("nós", "nosso") para indicar este aspecto gregário; mas, mesmo aqueles com pronomes na primeira pessoa do singular, incluem todos os que amam o Senhor e são confiados a Ele. Eles nos levam a confiarmos e a louvarmos a Deus e amarmos nossos semelhantes. Promovem a confiança nas promessas de Deus, no zelo por Ele e Sua casa, e compaixão pelo sofrimento.

---

94 James Denney, *The Letters of Principal James Denney to His Family and Friends* (Londres: Hodder & Stoughton, n.d.), 9.
95 Ver James Luther Mays, "Calvin's Commentary on the Psalms: The Preface as Introduction", in *John Calvin and the Church: A Prism of Reform* (Louisville: Westminster/John Knox Press, 1990), 201-204.
96 Allan M. Harman, "The Psalms and Reformed Spirituality", *Reformed Theological Review* 53, 2 (1994), 58.
97 *Commentary* on the Psalms, 1:xxxxvi-xxxxix.
98 Ibid. Psalm 5:11, 118:5.

- Eles cobrem a fileira completa da experiência espiritual, incluindo fé e descrença, alegria em Deus e pesar pelo pecado, a divina presença e a divina ausência. No dizer de Calvino, eles são "a divina anatomia de todas as partes da alma".[99] Vemos ainda, nas palavras dos salmistas, nossas enfermidades e doenças. Quando lemos acerca da experiência deles, somos levados, pela graça do Espírito, ao autoexame e à fé. Os salmos de Davi, especialmente, são como um espelho no qual somos levados a louvar a Deus e achar descanso em Seus soberanos propósitos.[100]

Calvino esteve imerso nos Salmos ao longo de vinte e cinco anos, como comentarista, pregador, estudioso bíblico e um líder litúrgico.[101] Desde o início, ele começou a trabalhar nas versões métricas dos Salmos para que fossem usados no culto público. Em 16 de janeiro de 1537, pouco depois de sua chegada em Genebra, Calvino solicitou de seu conselho que se introduzisse o canto dos Salmos na liturgia da igreja. Ele recrutou os talentos de outros homens, tais como Clement Marot, Louis Bourgeois e Theodoro Beza, para que produzissem o Saltério genebrino. Esse trabalho levaria vinte e cinco anos para ficar completo. A primeira coleção (1539) continha dezoito salmos, dos quais, Calvino participou na metrificação de seis. O resto foi feito pelo poeta francês Marot. Uma versão ampliada (1542), contendo trinta e cinco Salmos, foi a próxima, seguida por uma de quarenta e nove Salmos (1543). Calvino escreveu o prefácio de ambas, comentando a prática do canto congregacional. Após a morte de Marot, em 1544, Calvino incentivou Beza a metrificar o resto dos Salmos. Em 1564, dois anos antes de sua morte, Calvino expandiu sua alegria ao ver a primeira edição completa do Saltério de Genebra.[102]

---

99   Ibid., 1:xxxix. Ver James A. De Jong, "An Anatomy of All Parts of the Soul": Insights into Calvin's Spirituality from His Psalms Commentary", in *Calvinus Sacræ Scripturæ Professor* (Grand Rapids: Eerdmans, 1994), 1-14.

100 *Commentary* on the Psalms, 1:xxxix.

101 John Walchenbach, "The Influence of David and the Psalms on the Life and Thought of John Calvin" (Th.M. thesis, Pittsburgh Theological Seminary, 1969).

102 Foram impressas mais de 30.000 cópias da primeira [edição] completa do Saltério genebrino, de 500 páginas, feitas por cinquenta editores diferentes, franceses e suíços, no primeiro ano; e, no último, 27.400 cópias foram publicadas em Genebra, nos primeiros poucos meses (Jeffrey T. VanderWilt, "John Calvin's Theology of Liturgical Song", *Christian Scholar's Review* 25 [1996]; 67. Cf. Le Psautier de Genève, 1562-1685: *Images, commentées est essai de biblio-*

O Saltério Genebrino está munido com uma notável coleção de 125 melodias, escritas especificamente para os Salmos, por eminentes músicos, dentre os quais, Louis Bourgeois é o mais conhecido. Os tons são melódicos, distintivos e reverentes.[103] Eles expressam claramente as convicções de Calvino de que a piedade é melhor promovida quando se dá prioridade ao texto musicado, enquanto reconhece que os Salmos merecem sua música própria. Visto que a música deve ajudar na recepção da Palavra, Calvino afirma que ela deve ser "grave, dignificante, majestosa e modesta" – atitudes próprias para uma criatura pecadora na presença de Deus.[104] Isto protege a soberania de Deus no culto e conduz à conformidade própria entre a disposição interior do crente e sua confissão externa.

Calvino cria que cantar os Salmos é um dos quatro principais atos do culto da igreja. Ele é uma extensão da oração. É também a mais significativa contribuição vocal do povo na liturgia. Os Salmos eram cantados nos cultos dominicais matutinos e vespertinos. Partindo de 1546, uma tabela impressa indicava os Salmos que deveriam ser cantados em cada ocasião. Os Saltérios se destinavam a cada culto, de acordo com os textos que eram pregados. Por volta de 1562, três Salmos eram cantados em cada culto.[105]

Calvino cria que o canto coletivo subjugava o coração desfalecido e restringia os afetos instáveis no caminho da piedade. Como a pregação e os sacramentos, cantar os Salmos disciplina os afetos do coração na escola da fé e eleva o crente a Deus. Cantar os Salmos amplia o efeito da Palavra no coração e multiplica a energia espiritual da igreja. Calvino escreve: "Os Salmos podem estimular-nos a elevarmos nossos corações a Deus e a despertar-nos a um ar-

---

graphie, intro. D.D. Candaus (Geneva: Bibliothèque publique et universitaire, 1986), 1:16-18; John Witvliet, "The Spirituality of the Psalter: Metrical Psalms in Liturgy and Life in Calvin's Geneva", in *Calvin's Study Society Papers*, 1995-1997, ed. David Foxgrover (Grand Rapids: CRC, 1998), 93-117.

103 Diferente de Lutero, Calvino tentou evitar um misto de tons seculares e canto sacro, e cria que todos os Salmos musicados devem estar no vernáculo. Calvino dizia que os motivos para se cantar Salmo litúrgico se encontram na evidência bíblica e nas práticas da igreja antiga (VanderWilt, "John Calvin's Theology of Liturgical Song", 72, 74.

104 Prefácio ao Saltério Genebrino (1562) (Charles Garside, Jr., *The Origins of Calvin's Theology of Music: 1536-1543* [Filadélfia: The American Philosophical Society, 1979], 32-33.

105 Cf. *John Calvin: Writings on Pastoral Piety*, editado e traduzido por Elsie Anne McKee (Nova York: Paulist Press, 2001), Parte 3.

dor, seja na invocação, seja na exaltação com louvores, a glória de seu nome."[106] Com a diretriz do Espírito, cantar os Salmos sintoniza os corações dos crentes com a glória.

O Saltério Genebrino foi uma parte integrante do culto calvinista durante séculos. Ele estabelece o padrão para os livros salmódicos franceses de cunho Reformado, bem como os ingleses, holandeses, alemães e húngaros. Como livro devocional, ele aqueceu os corações de milhares, mas as pessoas que cantavam nele entendiam que seu poder não estava no livro ou em suas palavras, e sim no Espírito que imprimira essas palavras em seus corações.

O Saltério Genebrino promoveu a piedade, estimulando a espiritualidade da Palavra que era coletiva e litúrgica, e que derrubou a distinção entre liturgia e vida. Os calvinistas cantavam livremente os Salmos, não só em suas igrejas, mas também nos lares e nos ambientes de trabalho, nas ruas e nos campos.[107] Cantar os Salmos se tornou um "meio de os huguenotes se identificarem".[108] Este pio exercício veio a ser um emblema cultural. Em suma, como escreve T. Hartley Hall, "Nas versões bíblicas ou métricas, os Salmos, juntamente com as solenes melodias às quais foram inicialmente estabelecidas, são claramente o coração e a alma da piedade reformada."[109]

DIMENSÕES PRÁTICAS

Embora Calvino visse a igreja como a sementeira da piedade, também enfatizava a necessidade de piedade pessoal. O cristão busca a piedade com esforço, porque ele ama a justiça, anela viver para a glória de Deus e se deleita na obediência à regra divina da justiça lavrada na Escritura.[110] Deus mesmo é o

---

106 CO 10:12; citado em Garside, *The Origins of Calvin's Theology of Music*, 10.
107 Witvliet, "The Spirituality of the Psalter", 117.
108 W. Stanford Reid, "The Battle Hymns of the Lord: Calvinist Psalmody of the Sixteenth Century", in *Sixteenth Century Essays and Studies*, ed. C.S. Meyer (St. Louis: Foundation for Reformation Research, 1971), 2:47.
109 "The Shape of Reformed Piety", in Robin Maas and Gabriel O'Donnell, *Spiritual Traditions for the Contemporary Church* (Nahiville: Abingdon Press, 1990), 215. Cf. Reid, "The Battle Hymns of the Lord", 2:36-54.
110 Inst. 3.6.2.

ponto focal da vida cristã[111] – uma vida que é, portanto, vivida em abnegação, especialmente expressa no levar a cruz, como fez Cristo.[112]

Para Calvino, tal piedade "é o princípio, o meio e o fim do viver cristão".[113] Ela envolve numerosas dimensões práticas para o viver cristão diário, as quais são explicadas exaustivamente nas *Institutas* de Calvino, nos comentários, nos sermões, nas correspondências e nos tratados. Temos aqui a substância do que Calvino diz sobre a oração, o arrependimento e a obediência, bem como sobre o viver cristão pio, nos capítulos 6-10 do Livro 3 das *Institutas* de 1559.[114]

Oração

No dizer de Calvino, a oração é o principal e perpétuo exercício da fé e o elemento primordial da piedade.[115] A oração exibe a graça de Deus ao crente,

Fac-símile de manuscrito de Calvino

---

111 Inst. 3.6.3.

112 Inst. 3.7, 3.8.

113 *Commentary* on 1 Timothy 4:7-8.

114 Esta seção foi traduzida pela primeira vez para o inglês em 1549, como *A Vida e Conversão de um Homem Cristão*, e foi impresso várias vezes como *O Livro de Ouro da Verdadeira Vida Cristã*.

115 Ver R.D. Loggie, "Chief Exercise of Faith: An Exposition of Calvin's Doctrine of Prayer", *Hartford Quarterly* 5 (1965): 65-81; H.W. Maurer, "An Examination of Form and Content in John Calvin's Prayer" (Ph.D. dissertation, Edinburgh, 1960).

como o crente, por sua vez, oferece louvores a Deus e faz súplicas por sua fidelidade. Ela comunica piedade, seja privativamente, seja comunitariamente.[116]

Calvino dedicou o segundo maior capítulo das *Institutas* (Livro 3, cap. 20) à oração, provendo-lhe seis propósitos: buscar refúgio em Deus em cada necessidade, colocar todas as nossas petições diante de Deus, preparar-nos para recebermos os benefícios de Deus com humilde gratidão, meditar sobre a bondade de Deus, instilar o espírito próprio de deleite nas respostas de Deus à oração e confirmar Sua providência.[117]

Dois problemas vêm à tona, plausivelmente, com a doutrina de Calvino sobre a oração. Primeiro, quando o crente se submete obedientemente à vontade de Deus, necessariamente, ele não renuncia sua própria vontade. Antes, através do ato da oração submissa, o crente evoca a providência de Deus para que aja em seu favor. Assim, a vontade do homem, sob a diretriz do Espírito, e a vontade de Deus operam conjuntamente em comunhão.

Segundo, à objeção de que a oração parece supérflua à luz da onisciência de Deus e onipotência de Deus, Calvino responde que Deus ordenou a oração ao homem mais como um exercício da piedade do que para Ele mesmo. Providência deve ser entendida no sentido de que Deus ordena os meios juntamente com os fins. E assim a oração é um meio de receber o que Deus planejou outorgar.[118] A oração é uma via pela qual os crentes buscam e recebem o que Deus determinou fazer-lhes desde a eternidade.[119]

Calvino trata a oração como um legado, em vez de um problema. A oração correta é governada por regras, diz ele. Estas incluem orar com:

- um sincero senso de reverência;
- um senso da necessidade e arrependimento;

---

116 Devido às limitações de espaço, aqui a oração é considerada em sua dimensão pessoal; para Calvino, porém, a oração era também de vasta importância em seu aspecto comunitário. Ver McKee, ed., *John Calvin*, Part 4, para uma seleção de orações individuais e familiares que Calvino preparou como modelos para as crianças, adultos e ensino doméstico genebrinos, bem como um grande número de orações de seus sermões e preleções bíblicas. Cf. Thomas A. Lambert, "Preaching, Praying, and Policing the Reform in Sixteenth Century Geneva" (Ph.D. dissertation, University of Wisconsin-Madson, 1998), 393-480.

117 Inst. 3.20.3.

118 Inst. 3.20.3.

119 Charles Partee, "Prayer as the Practive of Predestination", in *Calvinus Servus Chisti*, ed. Wilhelm H. Neuser (Budapest: Pressabteilung des Raday-Kollegiums, 1988), 254.

- uma rendição de toda a confiança em si e uma humilde súplica por perdão;
- uma esperança confiante.

Todas as quatro regras são reiteradamente violadas até mesmo pela pessoa mais santa. Não obstante, por amor a Cristo, Deus não abandona os pios, mas nutre misericórdia por eles.[120]

A despeito da deficiência dos crentes, demanda-se oração para o aumento da piedade, pois ela diminui o egoísmo e multiplica a dependência de Deus. Como o devido exercício da piedade, a oração une Deus e o homem – não em substância, mas em vontade e propósito. Como a Ceia do Senhor, a oração eleva o crente a Cristo e rende a Deus a glória legítima. Essa glória é o propósito das primeiras três petições da Oração do Senhor, bem como as demais petições tratam de Sua criação. Visto que a criação visa a glória de Deus para a preservação dela, toda a Oração do Senhor é direcionada para a glória de Deus.[121]

No dizer de Calvino, na Oração do Senhor, Cristo "põe as palavras em nossos lábios".[122] Ela nos mostra como todas as nossas orações devem ser controladas, formadas e inspiradas pela Palavra de Deus. Somente esta pode prover santa ousadia na oração, "a qual se harmoniza com o temor, a reverência e a solicitude".[123]

Temos de ser disciplinados e firmes na oração, pois a oração nos mantém em comunhão com Cristo. Na oração somos reafirmados nas intercessões de Cristo, sem as quais nossas orações seriam rejeitadas.[124] Somente Cristo pode converter o trono de Deus, de terrível glória, num trono de graça, ao qual podemos aproximar-nos em oração.[125] Assim, a oração é o canal entre Deus e o homem. É a forma na qual o cristão expressa seu louvor e adoração a Deus, e roga o auxílio divino em submissa piedade.[126]

---

120 Inst. 3.20.4-16.
121 Inst. 3.20.11.
122 Inst. 3.20.34.
123 Inst. 3.20.14; Ronald S. Wallace, *Calvin's Doctrine of the Christian Life* (Londres: Oliver and Boyd, 1959), 276-79.
124 *Commentary* on Hebrews 7:26.
125 Inst. 3.20.17.
126 Greve, "Freedopm and Discipline in the Theology of John Calvin", 143-44. Para como a ênfase de Calvino sobre

Arrependimento

O arrependimento é o fruto da fé e da oração. Lutero disse em suas *Noventa e Cinco Teses* que toda a vida cristã deve ser marcada pelo arrependimento. Igualmente, Calvino vê o arrependimento como um processo que dura a vida inteira. Ele diz que o arrependimento não é o ponto de partida da vida cristã; ele é a vida cristã. Ele envolve confissão de pecado e também o crescimento em santidade. O arrependimento é a resposta que o crente dá, ao longo da vida, ao evangelho no viver externo: mente, coração, atitude e vontade.[127]

O arrependimento começa com um volver-se para Deus, a partir do coração, e procede de um temor a Deus, puro e solícito. Ele envolve um morrer para o ego e o pecado (mortificação) e um ir à justiça (vivificação) em Cristo.[128] Calvino não limita o arrependimento a uma graça interior, mas o vê como o redirecionamento de todo o ser do homem à retidão. Sem um temor puro e solícito para com Deus, uma pessoa não será cônscia da hediondez do pecado ou do querer morrer para ele. A mortificação é essencial porque, ainda que o pecado cesse de reinar no crente, ele não cessa de habitar nele. Romanos 7.14-25 mostra que a mortificação é um processo ao longo de toda a vida. Com o auxílio do Espírito, o crente deve fazer com que o pecado morra diariamente através da abnegação, do portar a cruz e da meditação sobre a vida futura.

Não obstante, o arrependimento é também caracterizado por novidade de vida. Mortificação é o meio para a vivificação, a qual Calvino define como "o desejo de viver de uma maneira santa e dedicada, um desejo que vem do novo nascimento; como se dissesse que o homem morre para si mesmo a fim de começar a viver para Deus".[129] A verdadeira abnegação resulta numa

---

a oração impactou a tradição reformada, ver Diane Karay Tripp, "Daily Prayer in the Reformed Tradition: An Initial Survey", *Studia Liturgica* 21 (1991): 76-107, 190-219.

127 Inst. 3.3.1-2, 6, 18, 20.

128 Inst. 3.3.5, 9.

129 Inst. 3.3.3; Randall C. Gleason, *John Calvin and John Owen on Mortification; A Comparative Study in Reformed Spirituality* (Nova York: Peter Lang, 1995), 61.

vida devotada à justiça e à misericórdia. Respectivamente, os pios "cessam de fazer o mal" e "aprendem a fazer o bem". Através do arrependimento, eles se curvam no pó diante de seu santo Juiz, e então são erguidos dali à participação da vida, morte, justiça e intercessão de seu Salvador. Como Calvino escreve, "Pois se realmente participamos de sua morte, 'nosso velho homem é crucificado por seu poder e o corpo do pecado perece' (Rm 6.6), para que a corrupção da natureza original não mais viceje. Se partilhamos de sua ressurreição, através dela somos soerguidos à novidade de vida que corresponde com a justiça de Deus".[130]

As palavras que Calvino usa para descrever a vida cristã piedosa (*reparatio, regeneratio, reformatio, restitutio*) retrocedem ao nosso estado original de justiça. Indicam uma vida de *pietas* uma restauração que remonta à natureza. Através do arrependimento operado pelo Espírito, os crentes são restaurados à imagem de Deus.[131]

Abnegação
A abnegação é a dimensão sacrificial da *pietas*. O fruto da união do crente com Jesus Cristo é a abnegação, a qual inclui o seguinte:

1. A compreensão de que não somos propriamente nossos, mas pertencemos a Deus. Vivemos e morremos para Ele, em conformidade com a norma de Sua Palavra. Assim, a abnegação não é centrada no ego, como se dava com frequência no monasticismo medieval, e sim centrada em Deus.[132] Nosso maior inimigo não é o diabo, nem o mundo, e sim nós mesmos.
2. O desejo de buscar as coisas do Senhor ao longo de nossas vidas. A renúncia não deixa espaço ao orgulho, à concupiscência e ao mundanismo. Ela é o oposto do altruísmo, porque ela equivale amor para com Deus.[133] Toda a orientação de nossa vida deve ser em direção a Deus.

---
130 Inst. 3.3.8-9.
131 John H. Leith, *John Calvin's Doctrine of the Christian Life* (Louisville: Westminster/John Knox Press, 1989), 70-74.
132 Inst. 3.7.1.
133 Inst. 3.7.2.

3. O compromisso de rendermos a Deus a nós mesmos e a tudo o que temos como um sacrifício vivo. Então estamos preparados a amar os outros e a estimá-los mais do que a nós mesmos – deixando de vê-los como realmente são em si mesmos, e vendo a imagem de Deus neles. Isso erradica nosso amor por contenda e egoísta, substituindo-o por um espírito de mansidão e solidariedade.[134] Nosso amor para com outros então flui do coração, e nosso único limite de ajudá-los é o limite de nossos recursos.[135]

Os crentes são encorajados a perseverar na abnegação por meio da qual o evangelho promete acerca da futura consumação do reino de Deus. Tais promessas nos ajudam a vencer todo obstáculo que se opõe à abnegação e nos assiste a enfrentar a adversidade.[136]

Além do mais, a abnegação nos ajuda a encontrar a verdadeira felicidade, porque ela nos ajuda a fazer aquilo para o quê fomos criados. Fomos criados para amar a Deus acima de tudo e ao nosso semelhante como a nós mesmos. A felicidade é o resultado de se ter esse princípio restaurado. No dizer de Calvino, sem renúncia podemos possuir tudo sem possuir sequer uma partícula da felicidade real.

Levando a Cruz

Enquanto a abnegação focaliza a conformidade interior com Cristo, o levar a cruz se centra na externa semelhança com Cristo. No dizer de Calvino, os que vivem em comunhão com Cristo precisam preparar-se para uma vida difícil e turbulenta, saturada com muitos tipos de mal. Isto não se deve simplesmente ao efeito do pecado sobre este mundo apóstata, mas é por causa da união que o crente tem com Cristo. Porque Sua vida foi uma cruz perpétua, a nossa também deve incluir o sofrimento.[137] Participamos não só dos bene-

---

134 Inst. 3.7.4-5.

135 Inst. 3.7.7; Merwyn S. Johnson, "Calvin's Ethical Legacy", in *The Legacy of John Calvin*, ed. David Foxgrover (Grand Rapids: CRC 2000), 74.

136 Inst. 3.8.1-2.

137 Richard C. Gamble, "Calvin and Sixteenth-Century Spirituality", in *Calvin Studies Society Papers*, ed. David Foxgrover (Grand Rapids: CRC, 1998), 34-35.

fícios de Sua obra expiatória na cruz, mas também experienciamos a obra do Espírito que nos transforma na imagem de Cristo.[138]

No dizer de Calvino, o levar a cruz testa a piedade. Através do levar a cruz somos despertados a esperar, treinados à paciência, instruídos na obediência e corrigidos no orgulho. Levar a cruz é nossa medicina e nosso castigo; revela a fragilidade de nossa carne e nos ensina a sofrer em prol da justiça.[139]

Felizmente, Deus promete estar conosco em todos os nossos sofrimentos. Inclusive, Ele transforma o sofrimento, associado com perseguição, em conforto e benção.[140]

A vida atual e a futura

Através do levar a cruz, aprendemos a sentir desprezo pela vida atual, quando comparada com as bênçãos celestiais. Esta vida nada é em comparação com a que há de vir. Ela é como uma fumaça ou sombra. Calvino indaga: "Se o céu é o nosso lar, o que mais é a terra senão nosso lugar de exílio? Se a partida do mundo equivale a entrar na vida, o que mais é o mundo senão um sepulcro?"[141] E conclui: "Ninguém jamais faz progresso na escola de Cristo, que também, jubilosamente, não aguarde o dia da morte e a ressurreição final."[142]

Tipicamente, Calvino usa o *complexio oppositorum* quando, explicando a relação que o cristão tem com este mundo, apresenta os opostos a fim de encontrar um meio termo entre eles. Assim, de um lado, levar a cruz nos crucifica para o mundo e o mundo para nós. E, do outro, o cristão dedicado desfruta esta presente vida, se bem que com a devida restrição e moderação, pois ele é ensinado a usar as coisas deste mundo para o propósito que Deus lhes destinara. Calvino não era asceta; ele desfrutava a boa literatura, o bom alimento e as belezas da natureza. No entanto, rejeitou todas as formas do excesso terreno. O crente é chamado à moderação de Cristo, a qual inclui modéstia, prudência, abstenção

---

138 Inst. 3.8.1-2.
139 Inst. 3.8.3-9.
140 Inst. 3.8.7-8.
141 Inst. 3.9.4.
142 Inst. 3.9.5.

de ostentação e o contentamento com nossa sorte,[143] pois é a esperança da vida por vir que nos fornece o propósito e o desfrute de nossa presente vida. Esta vida é sempre um treinamento para uma vida melhor e celestial.[144]

Como, pois, é possível que um cristão realmente pio possa manter um equilíbrio próprio, desfrutar as dádivas que Deus dá neste mundo, enquanto se evita a armadilha da hiper-tolerância? Calvino apresenta quatro princípios diretivos:

1. Reconhecer que Deus é o doador de toda dádiva boa e perfeita. Isto restringiria nossos desejos ambiciosos, porque nossa gratidão a Deus por Suas dádivas não pode ser expressa por uma mesquinha recepção delas.
2. Entender que, se temos poucas possessões, então que suportemos nossa pobreza com paciência, a fim de não nos enredarmos por desejo desordenado.
3. Lembrar que somos ministros no mundo onde Deus nos colocou. Tão logo teremos de prestar-Lhe contas de nossa administração.
4. Saber que Deus nos chamou a Si e ao Seu serviço. Em razão dessa vocação, esforcemo-nos em realizar nossas tarefas em Seu serviço, para Sua glória e sob Sua vigilância e olhos benevolentes.[145]

Obediência

Para Calvino, obediência incondicional à vontade de Deus é a essência da piedade. Esta vincula o amor, a liberdade e a disciplina, sujeitando tudo à vontade e à Palavra de Deus.[146] O amor é o princípio dominante que impede a piedade de degenerar-se em legalismo. Ao mesmo tempo, a lei provê conteúdo para o amor.

A piedade inclui as normas que governam a resposta do crente. Privativamente, essas normas assumem a forma de abnegação e levar a cruz; publicamente, são expressas no exercício da disciplina eclesiástica, como Cal-

---

143 Wallace, *Calvin's Doctrine of the Christian Life*, 170-95.
144 Inst. 3.9.3.
145 Inst. 3.10.
146 Greve, "Freedom and Discipline in the Theology of John Calvin", 20.

vino implementou em Genebra. Em ambos os casos, a glória de Deus compele à obediência disciplinada. Para Calvino, o cristão pio não é fraco nem passivo, mas dinamicamente ativo na busca da obediência, muito semelhante a um corredor a distância, a um diligente estudante ou a um herói guerreiro, a se submeter à vontade de Deus.[147]

No prefácio de seu comentário sobre os Salmos, Calvino escreve: "Eis a verdadeira prova de obediência, quando, sendo convidados a dizermos adeus aos nossos afetos pessoais, nos sujeitando a Deus e permitindo que nossas vidas sejam de tal modo governadas por sua vontade, que as coisas mais amargas e abruptas – porque elas vêm dEle – se nos tornem doces."[148] "Doce obediência" – Calvino acolhia com prazer a tais descrições. De acordo com I. John Hesselink, Calvino descreveu a vida pia com palavras tais como "*doce, docemente, doçura* centenas de vezes em suas Institutas, comentários, sermões e tratados. Calvino escreve sobre a doçura da lei, a doçura de Cristo, a doçura da consolação em meio à adversidade e perseguição, a doçura da oração, a doçura da Ceia do Senhor, a doçura da livre oferta que Deus faz da vida eterna em Cristo e da doçura da glória eterna."[149]

Ele escreve também sobre o doce fruto da eleição, dizendo que, finalmente, este mundo e todas as suas glórias passarão. O que nos dá a certeza da salvação, aqui, e a esperança da vida por vir é que já fomos "escolhidos em Cristo antes da fundação do mundo" (Ef 1.4).[150] "Nunca seremos claramente persuadidos... de que nossa salvação flui dos mananciais da livre mercê de Deus até que passemos a conhecer o doce fruto da eterna eleição de Deus."[151]

---

147 Leith, *John Calvin's Doctrine of the Christian Life*, 82-86.

148 Battles, *The Piety of John Calvin*, 29.

149 I. John Hesselink, "Calvin, Theologian of Sweetness" (ensaio não publicado, enunciado como The Henry Meeter Center for Calvin Studies Spring Lecture, March 9, 2000), 10-16.

150 Para a certeza em Calvino, ver Randall Zachman, *The Assurance of Faith: Conscience in the Theology of Martin Luther and John Calvin* (Minneapolis: Fortess Press, 1993); Joel R. Beek, "Making Sense of Calvin's Paradoxes on Assurance of Faith", in *Calvin Studies Society Papers*, ed. David Foxgrover (Grand Rapids: CRC, 1998), 13-30, e *The Quest for Full Assurance: The Legacy of Calvin and His Sucessors* (Edinburgh: The Banner of Truth Trust, 1999), 39-72.

151 Inst. 3.21.1.

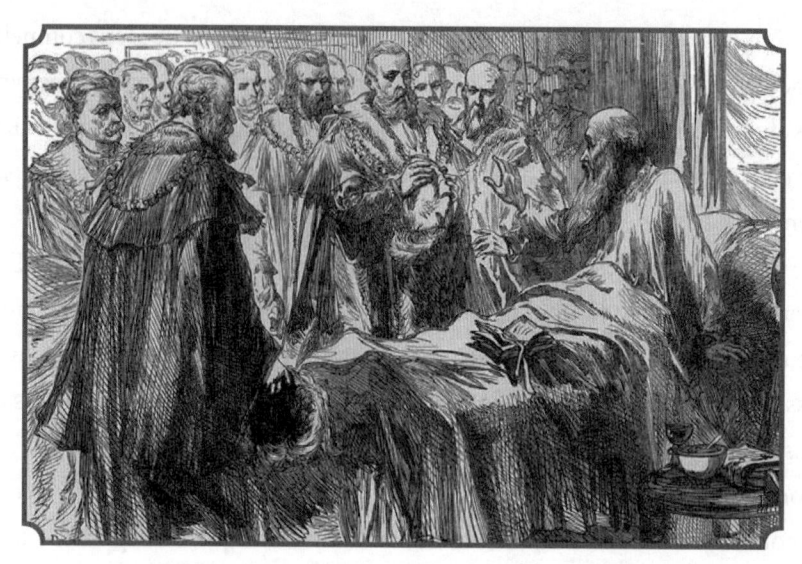

Calvino falando ao conselho da cidade de Genebra pela última vez

Conclusão

Calvino se esforçou em viver pessoalmente a vida de *pietas* – teológica, eclesiástica e praticamente. No fim de seu livro, *A Vida de Calvino*, Teodoro Beza escreveu: "Havendo sido uma testemunha ocular de sua conduta, ao longo de dezesseis anos, ... agora posso declarar que nele todos os homens podem ver um exemplo mui belo do caráter cristão, um exemplo tão fácil de denegrir e tão difícil de imitar."[152]

Calvino nos revela a piedade de um teólogo reformado de coração ardente, que fala a partir do coração. Havendo provado a bondade e a graça de Deus em Jesus Cristo, ele saiu em busca da piedade, procurando conhecer e fazer a vontade de Deus a cada dia. Ele comungava com Cristo; praticava o arrependimento, abnegação e o levar a cruz; e se deixou envolver por vigorosas melhorias sociais.[153] Sua própria teologia era elaborada no espírito de profunda piedade e centrada em Cristo.[154]

---

152 Em *Selected Works of Calvin*, ed. e trad. Por Henry Beveridge (Grand Rapids: Baker, 1983), 1:c. Para a piedade na própria vida de Calvino, ver Ford Lewis Battles, *The Piety of John Calvin* (Grand Rapids: Baker, 1978), 16-20.

153 Merwyn Johnson, "Calvin's Ethical Legacy", 79-83.

154 Cf. Erroll Hulse, "The Preacher and Piety", in *The Preacher and Preaching*, ed. por Samuel T. Logan, Jr. (Phillipsburg, N.J.: Presbyterian and Reformed, 12986), 71.

A última visita que Guilherme Farel fez a Calvino em seu leito de morte

Para Calvino e os Reformadores da Europa do século dezesseis, doutrina e oração, bem como fé e culto estão integralmente conectados. Para Calvino, a Reforma inclui a reforma da piedade (*pietas*), ou espiritualidade, tanto quanto uma reforma da teologia. A espiritualidade que ficou enclausurada por detrás dos muros dos mosteiros, durante séculos, foi derrubada; a espiritualidade medieval foi reduzida a uma devoção celibatária, ascética e penitencial, no convento ou no mosteiro. Calvino, porém, ajudou os cristãos a entenderem a piedade em termos de viver e agir, a cada dia, de acordo com a vontade de Deus (Rm 12.1-2) no seio da sociedade humana. Através da influência de Calvino, a espiritualidade protestante focava em como se podia viver a vida cristã na família, nos campos, na oficina e no mercado.[155] Calvino ajudou os protestantes a mudarem todo o foco da vida cristã.

O ensino, a pregação e a catequese de Calvino fomentavam o avanço da relação entre os crentes e Deus. Piedade significa experimentar a santificação como uma obra divina de renovação expressa no arrependimento e na retidão, a qual progride através de conflito e adversidade de uma forma que gera seme-

---

155 Hughes Oliphant Old, "What is Reformed Spirituality? Played Over Again Lightly", in *Calvin Studies VII*, ed. J.H. Leith (Davidson, N.C.: n.p., 1994), 61.

lhança com Cristo. Em tal piedade, a oração e o culto dos crentes são centrais, quer privativos, quer comunitários.

O culto divino é sempre primordial, pois a relação de alguém com Deus assume precedência acima de todas as demais coisas. Entretanto, esse culto é expresso em como o crente vive sua vocação e como ele trata seus semelhantes, pois a relação de alguém com Deus é vista de uma maneira mui concreta na transformação da relação humana de cada um. Fé e oração, porque transformam todo o crente, não podem ficar ocultas. Portanto, finalmente devem transformar a igreja, a comunidade e o mundo.

CAPÍTULO 2

DANDO SENTIDO AOS PARADOXOS DE CALVINO SOBRE A SEGURANÇA DA FÉ

A doutrina de João Calvino sobre a segurança da fé está saturada de paradoxos que mui frequentemente têm sido mal entendidos, até mesmo pelos estudiosos de Calvino. Por exemplo, William Cunningham (1805-1861), um dedicado erudito calvinista, escreve: "Calvino nunca se contraditou, tão clara e palpavelmente, como nisto: [quando], em imediata conexão com a definição que faz da fé salvífica, ele fez afirmações, com respeito à condição mental que pode existir nos crentes, as quais não podem conciliar-se bem com a definição formal."[1]

Após apresentar sucintamente a compreensão que Calvino tinha da fé e da segurança, bem como a relação paradoxal delas, focarei quatro princípios a partir dos quais Calvino trabalha. Cada um deles ajudará a dar sentido às aparentes contradições de Calvino sobre a segurança. Combinados, estes princípios confirmam a tese de que Calvino realmente desenvolveu uma doutrina bíblica da segurança que confirma as experiências iniciais e decorrência espiritual na vida de fé.[2]

---

1 *Reformers and the Theology of the Reformation* (1856; repr. Londres: Banner of Truth Trust, 1967), 120. Cf. Robert L. Dabney, *Lectures in Systematic Theology* (1871; repr. Grand Rapids: Zondervan, 1972), 702; Paul Helm, *Calvin and the Calvinists* (Edinburgh: Banner of Truth Trust), 25-26; Cornelis Graafland, *De zekerheid van het geloof: Een onderzoek naar de geloofbeschouwing van enige vertegenuwoordigrs van reformatie en nadere reformatie* (Wagningen: H. Veenman & Zonen, 1961), 21-22n.

2 Obras que tratam exclusivamente da doutrina da fé segurança, formulada por Calvino, incluem S. P. Dee, *Het gel-*

Natureza e definição da fé

A doutrina de Calvino da segurança afirma os dogmas básicos de Martinho Lutero e Ulrich Zwinglio e desvenda ênfases em sua própria [doutrina]. À semelhança de Lutero e Zwinglio, Calvino diz que a fé nunca é mero assentimento (*assentus*), porém envolve, respectivamente, conhecimento (*cognitio*) e confiança (*fiducia*). Ele afirma que conhecimento e confiança são dimensões salvíficas da vida de fé, em vez de questões especulativas. Para Calvino, a fé não é conhecimento histórico mais assentimento salvífico, como ensinariam alguns de seus sucessores, mas a fé é um conhecimento salvífico e certo associado com uma confiança salvífica e certificada.[3]

Calvino mantinha que o conhecimento é fundamental à fé. O conhecimento repousa sobre a Palavra de Deus, a qual, essencialmente, é a Santa Escritura, tanto quanto o evangelho e sua proclamação.[4] A fé tem sua origem na Palavra de Deus. A fé repousa solidamente na Palavra de Deus; ela sempre diz amém às Escrituras.[5] Daí, a segurança deve ser buscada *na* Palavra e emana *da* Palavra.[6] A segurança é tão inseparável da Palavra como os raios são do sol.

---

oofsberijp van Calvinijn (Kampen: J. H. Kok, 1918); W. E. Stuermann, "A Critical Study of Calvin's Concepto f Faith" (Ph.D. Dissertation, University of Tulsa, 1952); K. Exalto, *De Zekerheid des Geloofs bij Calvijn* (Apeldoorn: Willem de Zwijgerstichting, 1978); Victor A. Shepherd, *The Nature and Juction of Faith in the Theology of John Calvin* (Macon, Ga.: Mercer University Press, 1983).

Ainda que sejam conhecidos os esforços de Lutero em alcançar fé e segurança, documentados copiosamente por ele mesmo e por outros, J.H. Merle D'Aubigne fornece evidência de que em Calvino "seu aposento se tornou o teatro de lutas tão ferrenhas como aquelas [que se deram] na cela em Erfurth" (*History of the Reformation in Europe in the Time of Calvin* [Londres: Longman, Green, Longman, Roberts & Green, 1863], 1:522). Cf. o prefácio de Calvino ao seu comentário aos Salmos (*Calvin's Commentaries* [repr. Grand Rapids: Baker, 1979], 4:xxxvii-xlix [doravante: *commentary*]); C. Harinck, "Geloof en zekerheid bij Calvijn", De Saambinder 68 (1990) #38:5-6; H. J. Couvee, *Calvijn en Calvinisme: Een studie over Calvijn en ons geestelijk em kerdelijd leven* (Utrecht: Kemink em Zoon, 1936), 70-95.

3 João Calvino, Instituição da Religião Cristã [doravante, Inst.], ed. por John T. McNeill e trad. Por F. L. Battles (Filadélfia: Westminster Press, 1960), Livro 3, capítulo 2, seção 14 (doravante, 3.2.14). Para as obras de Calvino em latim, ver *Opera quae supersunt omnia*, ed. por Guilielmus Baum, Eduardus Cunitz e Eduardus Reuss, vols. 29-87 em *Corpus Reformatorum* (Brunsvigac: C. A. Schwetschke et filium, 1863-1900; doravante: *CO*).

4 Para Calvino, a "palavra do Senhor" pode também referir-se à palavra falada, especialmente à "proclamação da graça de Deus manifestada em Cristo" (Inst. 2.9.2; *Commentary* on 1 Peter 1:25). Cf. David Foxgrover, "John Calvin's Understanding of Conscience" (Ph.D. dissertation, Claremont, 1978), 407ff.

5 *Commentary* on John 3.33; Psalm 43.3. Cf. Exalto, *De Zekerheid des Geloofs bij Calvijn*, p. 24. Edward Dowey equivocadamente dicotomiza as Escrituras e a segurança quando assevera que o centro da doutrina de Calvino sobre a fé é a segurança, em vez da autoridade das Escrituras. Para Calvino, a separação da Palavra de Deus da segurança é inimaginável (*The Knowledge of God in Calvin's Teology* [Nova York: Columbia University Press, 1965], 182).

6 *Commentary* on Matthew 8:13; John 4:22.

Ulrich Zwinglio

A fé é também inseparável de Cristo e da promessa de Cristo, pois a totalidade da Palavra escrita é a Palavra viva, Jesus Cristo, em quem todas as promessas de Deus são "o sim e o amém".[7] A fé repousa no conhecimento bíblico e nas promessas que se direcionam a Cristo e se centram em Cristo. A verdadeira fé recebe Cristo como é provido no evangelho e graciosamente oferecido pelo Pai.[8]

A verdadeira fé se concentra nas Escrituras, em geral, e particularmente na promessa da graça de Deus em Cristo. Calvino dá grande importância às promessas de Deus como a base da segurança, pois estas promessas têm por base a própria natureza de Deus, o qual não pode mentir. Posto que Deus promete aos pecadores Sua mercê, na miséria deles, a fé se ancora em tais promessas.[9] As promessas são cumpridas por Cristo; portanto, Calvino dirige os pecadores a Cristo e às promessas, como se fossem sinônimas.[10] Corretamen-

---

7 *Commentary* on Genesis 15:6; Luke 2:21.
8 Inst. 3.2.32.
9 Inst. 3.2.29, 41. *Commentary* on Acts 2:39.
10 Inst. 3.2.32. *Commentary* on Romans 4:3, 18; Hebrews 11:7, 11.

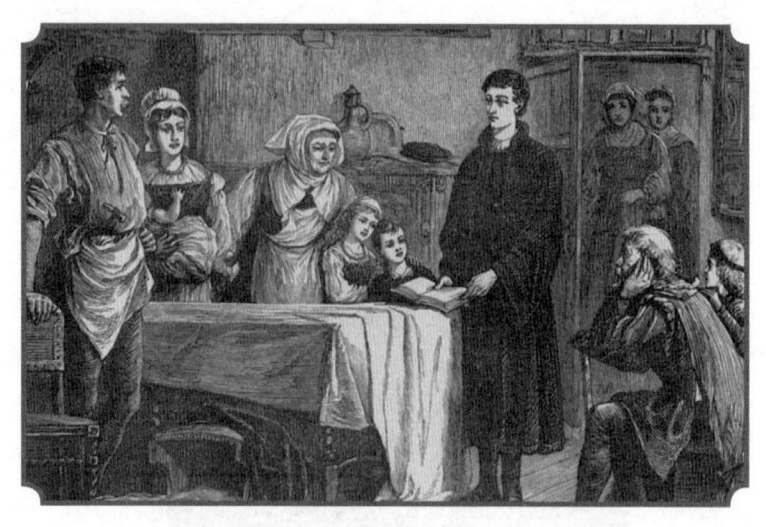

O jovem Calvino explanando a Bíblia a uma família em Bourges

te entendida, a fé repousa e se apropria das promessas de Deus, em Cristo, notabilizadas na Escritura.[11]

Visto que a fé assume seu caráter da promessa sobre a qual ela repousa, ela se assenta no infalível selo da própria Palavra de Deus. Consequentemente, a fé possui segurança em sua própria natureza. Segurança, certeza, confiança – essa é a essência da fé.

Esta fé, segura e confiante, é uma dádiva do Espírito Santo [dada] aos eleitos. O Espírito persuade o pecador eleito da confiabilidade da promessa de Deus em Cristo e outorga a fé que abraça essa Palavra.[12]

Em suma, para Calvino, fé confiante envolve necessariamente conhecimento salvífico, as Escrituras, Jesus Cristo, as promessas de Deus, a obra do Espírito Santo e a eleição. Deus mesmo é a segurança dos eleitos. A segurança está fundada graciosamente em Deus.[13]

Consequentemente, a definição formal que Calvino faz da fé reza mais ou menos assim: "Ora, teremos posse de uma definição correta de fé se a denominarmos de o conhecimento sólido e certo da benevolência de Deus para

---

11 Inst. 3.2.6; 3.2.16; Commentary on 1 John 3:2.
12 Inst. 3.2.16.
13 *Commentary* on Romans 8:16; 1 Peter 1:4; Hebrews 11:7, 11.

conosco, fundado na veracidade graciosamente dada da promessa em Cristo, respectivamente, revelada às nossas mentes e selada em nossos corações por intermédio do Espírito Santo."[14] Em essência, Calvino ressalta que a fé é a certeza da promessa de Deus, em Cristo, e envolve o homem por inteiro no uso da mente, na aplicação ao coração e a rendição da vontade.[15]

A segurança da essência da fé

Mais especificamente, o argumento de Calvino é que a fé envolve segurança pessoal e subjetiva. Ao crer na promessa de Deus aos pecadores, o crente genuíno reconhece e celebra que Deus é gracioso e benevolente particularmente para com ele. A fé é um conhecimento certificado "da benevolência de Deus para conosco... revelada às nossas mentes... selada em nossos corações".[16] A fé abraça a promessa evangélica como sendo mais que abstração impessoal; ela é inseparável da certeza pessoal. Calvino escreve: "Aqui, deveras, está o gonzo em torno do qual a fé gira, a saber, que não consideremos as promessas de misericórdia que Deus nos oferece como sendo verdadeiras não apenas exteriormente, porém não em todos nós; ao contrário, as tomemos como nossas, abraçando-as interiormente."[17]

Assim, como observa Robert Kendall, Calvino descreve reiteradamente a fé como "certeza (*certitudino*), uma firme convicção (*solido persuasio*), segurança (*securitas*), sólida segurança (*solida securitas*) e plena segurança (*plena securitas*)".[18] Enquanto a fé consiste de conhecimento, ela é também caracterizada por sincera segurança, que é "uma posse indubitável e segura daquelas coisas que Deus nos prometeu".[19]

---

14   Inst. 3.2.7.
15   Cf. Inst. 1.15.7; 3.2.8; A. N. S. Lane, "Calvin's Doctrine of Assurance", *Vox Evangelica* 11 (1979): 42-43, 52n; Robert Letham, "Saving Faith and Assurance in Reformed Theology: Zwingli to the Synod of Dort" (Ph.D. dissertation, University of Aberdeen, 1979), 2:70n.
16   Inst. 3.2.7.
17   Inst. 3.2.16; cf. 3.2.42.
18   Robert T. Kendall, Calvin and English Calvinism to 1649 (Nova York: Osford University Press, 1979), 19; cf. Inst. 3.2.6, 3.2.16, 3.2.22.
19   Inst. 3.2.41; 3.2.14.

Calvino enfatiza também, por todos os seus comentários, que a segurança é integral à fé.[20] Ele diz que aquele que crê, porém é carente de convicção de que está salvo por Deus, não é absolutamente um crente genuíno. Ele escreve:

> Em suma, não há nenhum outro verdadeiramente fiel senão aquele que, persuadido por sólida convicção de que Deus é seu Pai propício e benévolo, por sua benignidade lhe promete todas as coisas; e aquele que, confiando nas promessas da divina benevolência para consigo, antecipa infalível expectativa de salvação... Afirmo que ninguém é fiel senão aquele que, arrimado na certeza de sua salvação, zomba confiadamente do Diabo e da morte.[21]

Calvino diz que os crentes genuínos devem fazer-se e se fazem conhecidos como tais: "Que esta verdade, pois, se mantenha firme – que ninguém pode ser chamado filho de Deus, se porventura ele mesmo não tem tal ciência... Esta tão grande segurança, que ousa triunfar sobre o diabo, a morte, o pecado e os portões do inferno, deve estar profundamente alojada nos corações de todos os santos; pois nossa fé nada é, se não sentirmos a certeza de que Cristo é nosso, e que o Pai é nele propício a nós."[22] Ao analisar 2 Coríntios 13.5, Calvino inclusive declara que, os que duvidam de sua união com Cristo, são réprobos: "[Paulo] declara que são réprobos todos quantos nutrem dúvida se professam a Cristo e fazem parte de seu corpo. Portanto, concluamos que a única fé que pode ser considerada genuína é aquela que nos leva a repousar seguros no favor de Deus, não com uma opinião oscilante, e sim com uma sólida e inabalável segurança."

Esse tipo de afirmação levou William Cunningham e Robert Dabney a gravá-la como descuido.[23] Entretanto, um apanhado nas *Institutas*, comentários e sermões de Calvino também apresenta um formidável número de afirmações igualmente veementes e restringentes.

---

20 *Commentary* on Acts 2:29 e 1 Corinthians 2:12.
21 Inst. 3.2.16.
22 *Commentary* on Romans 8:16, 34; Inst. 3.2.2.
23 Cunningham, *Reformers*, 119ff.; Robert L. Dabney, *Discussions: Evangelical and Theological* (1890; repr. Londres: Banner of Truth Trust, 1967), 1:216ff.; idem, Systematic Theology, 702, 709.

Fé e certeza versus incredulidade

Por toda a sua sublime doutrina sobre a fé, Calvino reitera estes temas: a incredulidade teima em sobreviver; a segurança costuma ser contestada pela dúvida; tentações severas, competições e porfias são normativas; Satanás e a carne assaltam a fé; a confiança em Deus é tolhida pelo temor.[24] Calvino reconhece espontaneamente que não se retém a fé sem severa luta contra a incredulidade, nem permanece pura se misturá-la com a dúvida e a ansiedade. Ele escreve: "A incredulidade, em todos os homens, está sempre misturada com a fé. ... Pois a incredulidade está tão profundamente radicada em nossos corações, e somos tão inclinados a ela, que, sem uma luta renhida, cada um de nós não é apto a se persuadir do que todos confessam com a boca, a saber, que Deus é fiel. Especialmente quando entra em cena a própria realidade, a vacilação de cada homem revela sua fragilidade oculta."[25]

De acordo com Calvino, a fé deve infundir certeza, porém não existe nesta vida nenhuma certeza perfeita. O crente nunca será plenamente curado da incredulidade antes de morrer. Ainda que a fé em si mesma não comporta a dúvida, ela é constantemente perseguida pela tentação da dúvida.[26] O cristão se esforça, porém nunca obtém total certeza ininterruptamente.

Calvino admite graus variantes de fé. Embora fontes secundárias costumem denegri-la, Calvino usa conceitos tais como "infância da fé", "começos da fé" e "fé frágil" com mais frequência do que mesmo Lutero.[27] Calvino afirma que toda a fé começa na infância. Ele escreve: "A paciência de Cristo é grande em considerar como discípulos aqueles cuja fé é por demais pequena. E deveras esta doutrina geralmente se estende a todos nós; pois a fé que agora já atingiu a plena maturidade, inicialmente teve sua infância, e não é tão perfeita em alguém que não seja necessário que tudo no homem faça progresso ao crer."[28]

---

24 Inst. 3.2.l7; Commentary on Matthew 8:25; Luke 2:40.
25 Inst. 3.2.4, 3.2.15.
26 Inst. 3.2.18-20.
27 Cf. Inst. 3.2.17-21; *Commentary* on Galatians 4:6.
28 Ibid. 89-90.

Explanando o processo de maturação da fé mais que seus começos secretos ou realização final, Calvino assevera que a certeza é proporcional ao desenvolvimento da fé. Mais especificamente, ele apresenta o Espírito Santo não apenas como o iniciador da fé, mas também como a causa mantenedora de seu crescimento.[29] Fé, arrependimento, santificação e certeza são todos progressivos.[30]

Ao explanar João 20.3, Calvino parece contradizer sua asserção de que os verdadeiros crentes se conhecem como tais quando testificam que os discípulos não tinham consciência de sua fé ao se chegarem ao túmulo vazio: "Havendo uma fé tão pequena, ou, melhor, quase nenhuma fé, seja nos discípulos, seja nas mulheres, é espantoso que tivessem um zelo tão grande; e, de fato, não é possível que sentimentos religiosos os impelissem a buscar Cristo. *Portanto, alguma semente de fé permanecia em seus corações, porém apagada por certo tempo, de modo que não tinham consciência de possuir o que possuíam.* Assim, o Espírito de Deus frequentemente opera nos eleitos de uma maneira secreta" [ênfase minha].[31]

Isso nos impele a perguntar: Como é possível que Calvino diga que as afirmações da fé sejam caracterizadas por plena certeza, contudo ainda admita o tipo de fé em que falta certeza? Os dois conceitos parecem antitéticos. A certeza é isenta de dúvida, porém não livre. Ela não hesita, contudo pode hesitar; ela contém segurança, mas pode ser cercada por ansiedade. Os fiéis têm certeza, contudo vacilam e tremem.

Dando sentido às oposições recíprocas

Calvino operava a partir de quatro princípios que levam a este complexo resultado. Cada um deles dá sentido às suas aparentes contradições.

---

29 Inst. 3.2.33ff.
30 Inst. 3.2.14, 3.3.9; *Commentary* on John 2:11; 1 John 5:13. Stuermann nota corretamente que, embora Calvino não fosse perfeccionista, a ideia de crescimento e desenvolvimento é geral em seus escritos ("A Critical Study of Calvin's Concepto f Faith", 117).
31 Cf. Inst. 3.2.12.

- **Fé e experiência**

Primeiro, Calvino considera necessário distinguir entre *a definição de fé e a realidade da experiência do crente*. Após explicar fé nas Institutas como que abarcando "grande certeza", Calvino escreve:

> Com efeito, alguém dirá: 'Os crentes experimentam algo muito diferente. Ao reconhecerem a graça de Deus para com eles, são não só tentados pela intranquilidade que às vezes lhes sobrevém, mas são reiteradamente abalados pelos mais graves terrores. Pois tão violentas são as tentações, que oprimem suas mentes, que de modo algum parecem compatíveis com a certeza de fé.' Por isso mesmo teremos que resolver estas dificuldade se quisermos que a doutrina supracitada prevaleça. Seguramente, enquanto ensinamos que a fé *deve* ter certeza e ser certificada, não podemos imaginar alguma certeza que não seja maculada com dúvida, ou alguma segurança que não seja assaltada.[32]

Mais adiante Calvino escreve: "E não esqueci o que já disse previamente, cuja memória é *reiteradamente renovada pela experiência*. A fé é abarcada por várias dúvidas, de modo que as mentes dos pios raramente ficam em paz."[33]

Essas citações, e outros escritos (mais notadamente ao tratar da corroboração sacramental da fé[34]), indicam que, ainda quando Calvino esteja ansioso em definir a fé e a certeza conjuntamente, também reconhece que o cristão cresce gradativamente numa fé mais plena nas promessas de Deus. Este reconhecimento está implícito no uso que Calvino faz de expressões tais como "fé plena" nas promessas de Deus, como se fizesse distinção entre o exercício da fé e o que ele chama "fé plena". Em suma, Calvino distingue entre o "dever" da fé e o "ser" da fé na vida diária. Ele escreve: "Com estas palavras, Paulo, obviamente, mostra que não existe *fé certa* exceto quando ousamos, com corações tranquilos, permanecer diante de Deus. Esta ousadia só nasce de uma

---

32 Cf. Inst. 3.2.16-17; ênfase minha.
33 Cf. Inst. 3.2.51; ênfase minha.
34 Cf. esp. Inst. 4.14.7.

confiança segura na divina benevolência e salvação. Isto é tão verdadeiro que a palavra *fé* é usada com muita frequência para confiança. ... Quando algo é definido, devemos... buscar sua própria integridade e perfeição. Ora, isto não significa negar um lugar para o crescimento."[35]

A definição que Calvino dá de fé serve como recomendação sobre como seus leitores devem "hábil e apropriadamente imaginar a fé".[36] A fé deve almejar sempre a plena certeza, mesmo que ela não possa alcançar a perfeita segurança na experiência. Em princípio, a fé granjeia a vitória (1Jo 5.4); na prática, ela reconhece que ainda não apreendeu plenamente (Fp 3.12,13).

Não obstante, a prática e a experiência da fé – frágil como costuma ser – validam aquela fé que confia na Palavra. Calvino não está tão interessado em experiências como para validarem a fé fundada na Palavra. No dizer de Calvino, a experiência confirma a fé. A fé "requer plena e sólida certeza, tal como os homens costumam ter das coisas experimentadas e provadas".[37] Tanto o objeto da fé como a validação da fé, por meio da experiência, são dons de Deus que confirmam Seu gracioso caráter por meio de Sua Palavra.

Assim, a mera experiência (*nuda experientia*) não é o alvo de Calvino, e sim a experiência fundada na Palavra, fluindo do cumprimento da Palavra. O conhecimento experimental da Palavra é essencial.[38] Para Calvino, tornam-se necessários dois tipos de conhecimento: conhecimento mediante a fé (*scientia fidei*) que é recebido da Palavra, "ainda que não seja plenamente revelada", e o conhecimento da experiência (*scientia experentiæ*) oriundo do cumprimento da Palavra".[39] A Palavra de Deus é primordial a ambos, pois a experiência nos ensina a conhecer Deus como Ele Se declara ser na Palavra.[40] Experiência que

---

35 Inst. 3.2.15, 3.3.8.
36 Helm, *Calvin and the Calvinists*, 26.
37 Inst. 3.2.15.
38 Inst. 1.7.5.
39 Cf. Charles Partee, "Calvin and Experience", *Scottish Journal of Theology* 26 (1973): 169-81 e W. Balke, "The Word of God and *Experientia* according to Calvin", in *Calvinus Ecclesiæ Doctor* (Kampen: Kok, 1978), 23ff, para a compreensão do que Calvino pensava da experiência. Balke ressalta que os escritos de Calvino estão saturados de expressões tais como "*experintia docet, ostendit, clamat, confirmat, demonstrat, convincit, testatur*" (ibid., 20).
40 Inst. 1.10.2.

nunca se harmoniza com a Escritura nunca é a experiência da fé genuína. Em suma, ainda que a experiência que o crente tem da fé genuína seja muito mais frágil que seus desejos, há uma unidade essencial na Palavra entre a percepção da fé (a *devida* dimensão da fé) e a experiência (a *real* dimensão da fé).

• **Carne versus espírito**

Calvino escreve que o segundo princípio que nos ajuda a entender a tensão existente no dever/ser na fé é o princípio de carne versus espírito:

> É necessário voltar àquela divisão de carne e espírito que já mencionamos em outro lugar. Ela se revela com toda clareza neste ponto. Portanto, o coração pio sente em si uma divisão, porque ela em parte está imbuída com a doçura de seu reconhecimento da divina bondade, em parte se atormenta com amargura pela consciência de sua calamidade; em parte, repousa na promessa do evangelho; em parte, treme ante a evidência de sua própria iniquidade; em parte, se regozija na expectativa da vida; em parte, se estremece ante a morte. Esta variação provém da imperfeição da fé, posto que, no curso da presente vida, nunca sucede tão bem conosco, que sejamos totalmente curados da doença da incredulidade e inteiramente saturados e possuídos pela fé. Daí surgiem aqueles conflitos, quando a incredulidade, que repousa nos resquícios da carne, se ergue para atacar a fé que já foi interiormente concebida.[41]

Como Lutero, Calvino põe a dicotomia dever/ser contra a tela de fundo da luta de espírito/carne.[42] Os cristãos experimentam esta tensão espírito/carne com toda prudência, porquanto ela é instigada pelo Espírito Santo.[43] Os paradoxos que permeiam a fé experimental (ex. Rm 7.14-25, na clássica interpretação reformada) encontram solução nesta tensão: "De maneira que eu, de mim mesmo, com a mente [espírito], sou escravo da lei de Deus, mas,

---

41 Inst. 3.2.18.
42 Cf. C. A. Hall, *With the Spirit's Sword: The Drama of Spiritual Warfare in the Theology of John Calvin* (Richmond: John Knox Press, 1970).
43 Cf. Shepherd, *Faith in the Theology of John Calvin*, 24-28.

segundo a carne, da lei do pecado" (v. 25). Razão pela qual Calvino escreve: "Nada impede os crentes de temerem e, ao mesmo tempo, possuírem a mais segura consolação... Temor e fé [podem] habitar na mesma mente... Seguramente, isto é assim: Não devemos *separar* Cristo de nós mesmos, ou nós dele. Ao contrário, *devemos* manter bravamente firme com ambas as mãos aquela comunhão pela qual ele ligou-se a nós."[44]

Calvino põe a infalível consolação do espírito lado a lado com a imperfeição da carne, pois são estas que o crente encontra em seu próprio interior. Posto que a vitória final do espírito sobre a carne só se cumprirá em Cristo, o cristão se encontra em perpétua luta nesta vida. Seu espírito se enche "de deleite ao reconhecer a divina bondade", mesmo quando sua carne ativa sua natural propensão à incredulidade.[45] Ele se vê cercado com as "lutas diárias da consciência", enquanto restar vestígios da carne.[46] Calvino escreve que "o presente estado do crente está muito perto da glória dos filhos de Deus". "Fisicamente, somos pó e sombra, e a morte está sempre diante de nossos olhos. Estamos expostos a mil misérias... de modo que sempre encontramos um inferno em nosso mundo interior."[47] Enquanto ainda na carne, o crente pode até mesmo ser tentado a pôr em dúvida todo o evangelho.

Os réprobos não têm tais lutas, pois não amam a Deus nem odeiam o pecado. Calvino afirma que se entregam aos seus próprios desejos, "sem o temor de Deus". Mas, quanto mais sinceramente o crente "se devota a Deus, justamente por isso ele é muito mais severamente inquietado pelo senso de sua ira".[48] Entretanto, a certeza do favor de Deus e o senso de Sua ira são contrários só na aparência. Na realidade, um espírito reverente de temor e tremor ajuda a estabelecer a fé e prevenir a presunção, pois o temor emana de um senso próprio de indignidade, enquanto a confiança provém da fidelidade de Deus.[49]

---

44 Inst. 3.2.24; ênfase minha.
45 Inst. 3.2.18, 3.2.20.
46 *Commentary* on John 13.9.
47 *Commentary* on 1 John 3.2.
48 *Commentary* on Psalm 6:6.
49 Inst. 3.20.11.

Esta tensão espírito/carne guarda o crente de entregar-se à carne e de ceder ao desespero.[50] O espírito do crente jamais se desesperará totalmente; antes, a fé cresce na própria margem do desespero. A porfia fortalece a fé. Ela leva o crente a viver com discernimento, e não com desesperança.[51] Com o auxílio do Espírito Santo, a fé celestial sobe acima de todas as porfias, confiante de que Deus será fiel à Sua própria Palavra.

Mesmo quando atormentado pelas dúvidas carnais, o espírito do crente confia na mercê de Deus, invocando-O em oração e descansando sobre Ele através dos sacramentos. Através desses meios, a fé tira vantagem de suas lutas com a incredulidade. "A fé finalmente triunfa sobre aquelas dificuldades que a cercam e... a põe em risco. [A fé é como] uma palmeira [que] luta contra o próprio peso e se ergue ao alto."[52]

Em suma, Calvino ensina que do espírito do crente nasce a esperança, a alegria e a certeza; da carne, o temor, a dúvida e a desilusão. Ainda que o espírito e a carne operem simultaneamente, a imperfeição e a dúvida são integrais somente à carne, não à fé. As obras da carne costumam rodear a fé, porém não se misturam com ela. O crente pode perder batalhas espirituais ao longo da vereda da vida, porém não perderá a última guerra contra a carne. A oração e os sacramentos ajudam o espírito de fé a ganhar a vitória final.

• **Gérmen da fé versus consciência da fé**

Em terceiro lugar, a despeito das tensões entre definição e experiência, espírito e carne, Calvino mantém que fé e certeza não se misturam com a incredulidade a ponto de o crente ser deixado com probabilidade em vez de certeza.[53] O mais ínfimo gérmen de fé contém certeza em sua própria essência, ainda quando o crente nem sempre seja capaz de apreender esta certeza em razão da fraqueza. O cristão pode ser abarcado com dúvida e perplexidade, porém a semente da fé, implantada pelo Espírito, não pode perecer. Precisa-

---

50 Inst. 3.2.17.
51 Inst. 3.2.22-23.
52 Inst. 3.2.17.
53 Cf. Graafland, *Zekerheid van het geloof*, 31n.

mente porque é a semente do Espírito, a fé retém a certeza. Esta aumenta e diminui em proporção à elevação e declínio dos exercícios da fé, mas a semente da fé jamais pode ser destruída. No dizer de Calvino, "A raiz da fé jamais pode ser arrancada do peito piedoso, porém adere às partes mais recônditas que, por mais que a fé pareça ser abalada ou inclinar-se a esta ou àquela vereda, sua luz nunca é de tal modo extinguida ou abafada que ao menos não se mova secretamente, por assim dizer, debaixo das cinzas."[54]

E assim Calvino explica que "certeza fraca, em termos de fé fraca, nem com isso enfraquece o elo entre a fé e a certeza".[55] A certeza é normativa, porém varia em grau e constância na consciência que o crente tem dela. Portanto, em resposta à certeza fraca, um pastor não deve negar o vínculo orgânico entre fé e certeza, mas deve insistir na busca de uma fé mais forte pelo uso dos meios de graça mediante o Espírito.

• **Estrutura Trinitária**

Através de um quarto princípio abrangente, a saber, uma estrutura trinitária para a doutrina da fé e certeza, Calvino põe em evidência a propensão que o crente tem para a dúvida. Tão certamente como a eleição do Pai deve prevalecer sobre as obras de Satanás, a justiça do Filho, sobre a pecaminosidade do crente e o infalível testemunho do Espírito, sobre as enfermidades da alma, assim, seguramente, a fé vencerá e deve vencer a incredulidade.

O arranjo que Calvino faz do Livro III das Institutas revela o movimento da graça da fé, de Deus para o homem, e do homem para Deus. A graça da fé é do Pai, no Filho e através do Espírito, pela qual, por sua vez, o crente é introduzido na comunhão com o Filho, pelo Espírito e, consequentemente, reconciliado com o Pai.

Para Calvino, um complexo jogo de fatores estabelece a certeza, sendo que a eleição do Pai e a preservação em Cristo não são os menores dentre eles. Razão por que ele escreve que "a predestinação devidamente considerada não

---

54 Inst. 3.2.21.
55 A. N. S. Lane, "The Quest for the Historical Calvin", *Evangelical Quarterly* 55 (1983): 103.

abala a fé, mas, ao contrário, propicia confirmação mais sólida dela",[56] especialmente quando vista no contexto da vocação: "A firmeza de nossa eleição se une à nossa vocação [e] é outro meio para estabelecer-se nossa certeza. Pois todos aqueles a quem [Cristo] recebe, diz-se que o Pai lhe tem confiado e entregue à guarda para a vida eterna."[57]

A eleição decretiva é um seguro fundamento para a preservação e segurança; a eleição não é friamente causal. Na observação de Gordon Keddie, "A eleição nunca é vista, em Calvino, numa luz meramente determinista, na qual Deus... é visto como 'um ídolo horripilante' de 'causalidade determinista mecânica' e a experiência cristã é reduzida ou a uma passividade acovardada ou a um ativismo frenético, enquanto alguém aguarda alguma 'revelação' do decreto secreto de Deus. Para Calvino, como de fato se acha na Escritura, a eleição não ameaça, mas, ao contrário, intensifica a certeza da salvação."[58]

Tal fundamento só é possível num contexto cristocêntrico; daí a constante ênfase de Calvino sobre Cristo como o espelho da eleição "através do qual devemos e, sem auto ilusão, podemos contemplar nossa própria eleição".[59] A eleição volve os olhos do crente, de sua desesperadora incapacidade de encontrar quaisquer condições de salvação para focar a esperança de Jesus Cristo como o fiador do amor e da mercê imerecidos de Deus.[60]

Através da união com Cristo, "a certeza da salvação vem a ser real e efetiva como a certeza da eleição".[61] Cristo se torna nosso em cumprimento da determinação de Deus de redimir-nos e ressuscitar-nos. Consequentemente, não devemos pensar que Cristo "permanece à distância e não habita em nós".[62]

---

56 Inst. 3.24.9.

57 Inst. 3.24.6.

58 Gordon J. Keddie, "Unfallible Certenty of the Pardon of Sinne and Life Everlasting': the Doctrine of Assurance in the Theology of William Perkins", *Evangelical Quarterly* 48 (1976): 231; cf. G. C. Berkouwer, *Divine Election*, trans. Hugo Bekker (Grand Rapids: Eerdmans, 1960), 10ff.

59 Inst. 3.24.5; cf. John Calvin, *Sermons on the Epistle to the Ephesians* (repr. Edinburgh: Banner of Truth Trust, 1973), 47; idem, *Sermons from Job* (Grand Rapids: Eerdmans, 1952), 41ff; *CO* 8:318-321; 9:757.

60 Inst. 3.24.6; William H. Chalker, "Calvin and Some Seventeenth Century English Calvinists" (Ph.D. dissertation, Duke, 1961), 66.

61 Wilhelm Niesel, *The Theology of Calvin*, trans. Harold Knight (1956; repr. Grand Rapids: Baker, 1980), 196. Cf. Inst. 3.1.1; Shepherd, *Faith in the Theology of John Calvin*, 51.

62 Inst. 3.2.24.

Uma vez que Cristo é por nós, realmente contemplá-Lo é vê-Lo formar em nós o que deseja dar-nos, Ele mesmo, acima de tudo. Calvino afirma que Deus Se fez "pequeno em Cristo", a fim de podermos compreender e fugir tão-somente para Cristo, o qual pode pacificar nossas consciências.[63] A fé deve começar, descansar e terminar em Cristo. No dizer de Calvino, "A fé genuína está de tal modo contida em Cristo, que não conhece e nem deseja conhecer algo além dele".[64] Portanto, "não devemos separar Cristo de nós mesmos, nem nós dele".[65] A união com Cristo incorpora certeza objetiva e subjetiva; olhar somente para Cristo em busca de certeza significa também olhar para nós mesmos, em Cristo, como Seu corpo. Como observa Willis-Watkins, "Seria inteiramente improvável que a fé focasse a nós mesmos à parte de Cristo – e seria inteiramente improvável que a fé focasse a Cristo à parte de seu corpo. ... A certeza de salvação é um autoconhecimento derivativo, cujo foco permanece em Cristo como unido ao seu corpo, a Igreja da qual somos membros".[66]

Nesta forma cristológica, Calvino reduz a distância entre o decreto objetivo de Deus da eleição e a falta de certeza subjetiva do crente de que ele é eleito. Para Calvino, a eleição responde, em vez de suscitar, a questão da certeza. Em Cristo, o crente vê sua eleição; no evangelho, ele ouve de sua eleição.

Não obstante, Calvino é atentamente cônscio de que uma pessoa pode pensar que o Pai o confiou a Cristo quando esse não é o caso. Uma coisa é sublinhar a tarefa de Cristo na economia salvífica trinaria como o recipiente e guardião dos eleitos; o centro, o autor e o fundamento da eleição; a garantia, a promessa e o espelho da eleição e salvação dos crentes. Mas é totalmente outra saber como inquirir se uma pessoa já está unida a Cristo mediante uma fé genuína. Muitos parecem ser de Cristo, porém Lhe são estranhos. No dizer de Calvino, "Diariamente sucede que, os que pareciam ser de Cristo, apostatam

---

63 *Commentary* on 1 Peter 1:20.
64 *Commentary* on Ephesians 4:13.
65 Inst. 3.2.24.
66 David Willis-Watkins, "The Third Part of Christian Freedom Misplaced, Being an Inquiry into the Lectures of the Late Rev. Samuel Willard on the Assembly's Shorter Catechism", in *Later Calvinism: International Perspectives*, ed. W. Fred Graham (Kirksville, Mo.: Sixteenth Century Journal, 1994), 484-85.

dele. ... Tais pessoas nunca aderiram a Cristo com a sincera confiança na qual a certeza da salvação, repito, foi estabelecida para nós".[67]

Calvino pregou para consolar seu rebanho em falsa segurança da salvação.[68] Muitos estudiosos minimizam a ênfase de Calvino sobre a necessidade da concepção subjetiva e experimental da fé e eleição, referindo à prática de Calvino de abordar sua congregação como ouvintes salvos. Estão equivocados. Ainda que Calvino praticasse o que ele chamava "julgamento da caridade" (i.e., falar como salvos àqueles membros da igreja que mantinham um estilo de vida externo recomendável), também asseverava com frequência que somente uma minoria recebe a Palavra pregada com fé salvífica. Diz ele: "Pois ainda que todos, sem exceção, a quem a Palavra de Deus é pregada, são ensinados, contudo raramente um em dez a degusta em sua inteireza; sim, raramente um em cem tira proveito na medida de ser capacitado, com isso, a prosseguir no curso certo até o fim."[69]

Para Calvino, muito do que parece fé falha em seu caráter salvífico. E assim ele fala de fé informe, fé implícita, a preparação da fé, fé temporária, uma fé ilusória, uma falsa exibição de fé, tipos obscuros de fé, fé transitória e fé sob uma máscara de hipocrisia.[70]

No dizer de Calvino, auto ilusão é uma possibilidade real. Porque os réprobos costumam sentir algo muito parecido com a fé dos eleitos,[71] torna-se necessário um autoexame. Ele escreve: "Aprendamos a examinar-nos e a averiguar se aquelas marcas interiores pelas quais Deus distingue seus filhos dos estranhos nos pertencem, a saber, a raiz viva da piedade e da fé."[72] Felizmente,

---

67 Inst. 3.24.7.
68 Cf. Cornelis Graafland, "Waarheid in het Binnenste': Geloofszekerheid bij Calvijn en de Nadere Reformatie", in *Een Vaste Burcht*, ed. K. Exalto (Kampen: Kok, 1989), 65-67.
69 Commentary on Psalm 119:101. Mais de trinta vezes, em seus comentários (p.ex., Atos 11.23 e Salmo 15.1), e nove vezes dentro do escopo da Inst. 3.21.24, Calvino se refere ao pequeno número dos que possuem fé vital.
70 Inst. 3.2.3, 5, 10-11. Para Calvino, acerca da fé temporária, ver "Temporary Faith' and the Certainty of salvation", *Calvin Theological Journal* 15 (1980): 220-32; Lane, "Calvin's Doctrine of Assurance", 45-46; Exalto, *De Zekerheid des Geloofs bij Calvijn*, 15-20, 27-30.
71 Inst. 3.2.11.
72 *Commentary* on Ezekiel 13:9. David Foxgrover mostra que Calvino relaciona a necessidade de autoexame com uma grande variedade de tópicos: conhecimento de Deus e de nós mesmos, julgamento, arrependimento, confissão, aflição, Ceia do Senhor, providência, dever, o reino de Deus etc. ("John Calvin's Understanding of Conscience",

os realmente salvos são libertados da auto ilusão através do devido exame dirigido pelo Espírito Santo. Calvino afirma: "No ínterim, os fiéis são ensinados a se examinarem com solicitude e humildade, para que a segurança carnal não se insinue, no lugar da certeza de fé."[73]

Mesmo no autoexame, Calvino ressalta Cristo. Ele diz que devemos examinar-nos a fim de vermos se estamos depositando nossa confiança em *Cristo somente*, pois este é o fruto da experiência bíblica. Anthony Lane diz que, para Calvino, o autoexame não é tanto "estou *confiando* em Cristo?", quanto "estou confiando em *Cristo*?"[74] O autoexame deve dirigir-nos sempre a Cristo e à Sua promessa. Ele nunca deve ser feito separadamente do auxílio do Espírito Santo, que é o único que pode derramar luz sobre a obra salvífica de Cristo na alma do crente. Calvino diz que à parte de Cristo, da Palavra e do Espírito, "se você se contempla, eis a condenação indubitável".[75]

E assim, a linha de raciocínio de Calvino segue sendo esta: (1) O propósito da eleição abarca a salvação. (2) Os eleitos não são escolhidos por algo existente neles mesmos, mas unicamente em Cristo. (3) Visto que os eleitos estão em Cristo, a certeza de sua eleição e salvação nunca pode ser encontrada neles mesmos, ou no Pai à parte de Cristo. (4) Ao contrário, sua certeza só pode ser encontrada em Cristo; sendo vital a comunhão com Ele.

Entretanto, permanece a questão: Como os eleitos desfrutam de tal comunhão, e como isso produz certeza? A resposta de Calvino é pneumatológica: O Espírito Santo aplica Cristo e Seus benefícios aos corações e vidas dos pecadores culpados e eleitos, através dos quais são assegurados, mediante a fé salvífica, de que Cristo lhes pertence, e eles a Ele. O Espírito Santo especialmente confirma, em seu íntimo, a fidedignidade das promessas de Deus em Cristo. Assim, a segurança pessoal nunca está divorciada da eleição do Pai, da redenção do Filho, da aplicação do Espírito e dos meios instrumentais da fé salvífica.

312ff.). Cf. J. P. Pelkonen, "The Teaching of John Calvin on the Nature and Function of the Conscience", *Lutheran Quarterly* 21 (1969): 24-88.

73 Inst. 3.2.7.
74 "Calvin's Doctrine of Assurance", 47.
75 Inst. 3.2.24.

No dizer de Calvino, o Espírito Santo tem um papel imenso na aplicação da redenção. Como consolador pessoal, selo e penhor, o Espírito Santo assegura o crente de sua adoção: "O Espírito de Deus nos comunica um testemunho tal, que, quando Ele é nosso guia e mestre, nosso espírito é assegurado da adoção divina; pois nossa mente, de si mesma, sem o testemunho precursor do Espírito, não poderia comunicar-nos essa certeza."[76] A obra do Espírito Santo sublinha toda a certeza da salvação, sem depreciar o papel de Cristo, pois o Espírito é o Espírito de Cristo que convence o crente, conduzindo-o a Cristo e às Suas benesses, e operando essas benesses em seu interior.[77]

A unidade de Cristo e o Espírito tem implicações abrangentes para a doutrina da certeza. Estudiosos mais recentes têm minimizado a ênfase de Calvino sobre a necessidade da obra do Espírito que garante ao crente as promessas de Deus. A *base* da certeza, supostamente, são as promessas de Deus, em Cristo e/ou na Palavra de Deus, enquanto a *causa* da certeza é o Espírito, o qual a opera no coração. Entretanto, o argumento de Cornelis Graafland é que esta distinção é simplista demais, posto que o Espírito sempre age como o Espírito de Cristo. Razão por que os elementos objetivos e subjetivos, na certeza, não podem ser facilmente separados; a salvação objetiva em Cristo, está atrelada à selagem subjetiva [feita] pelo Espírito. Graafland conclui que "Cristo, em e através de Seu Espírito, é a base de nossa fé".[78]

Além do mais, para Calvino, a confiança objetiva do crente nas promessas de Deus como a base primária para a certeza deve ser subjetivamente selada pelo Espírito Santo para a genuína certeza. Os réprobos podem reivindicar as promessas de Deus sem experimentar o sentimento (*sensus*) ou a consciência dessas promessas. O Espírito às vezes opera nos réprobos, porém de uma maneira inferior. Calvino diz que as mentes dos réprobos podem ser

---

76 *Commentary* on Romans 8:16 and 2 Corinthians 1:21-22. Cf. Inst. 3.2.11, 34, 41; *Commentary* on John 7:37-39; Acts 2:4; 3:8; 5:32; 13:48; 16:14; 23:11; Romans 8:15-17; 1 Corinthians 2:10-13; Galatians 3:2, 4:6; Ephesians 13-14, 4:30; *Tracts and Treatises*, 3:253ff; J. K. Parratt, "The Witness of the Holy Spirit: Calvin, the Puritans and St. Paul", *Evangelical Quarterly* 41 (1969): 161-68.

77 Inst. 3.2.34.

78 "Waarheid in hetg Binnenste", 58-60.

momentaneamente iluminadas, de modo que parecem ter um início de fé; não obstante, "nunca recebem tudo, senão uma confusa consciência da graça".[79]

Em contrapartida, os eleitos são regenerados com semente incorruptível.[80] Recebem benesses subjetivas que os réprobos nunca degustam. Somente eles recebem as promessas de Deus como verdade nas partes íntimas; somente eles recebem o testemunho que pode ser chamado "a iluminação do Espírito"; somente eles recebem o conhecimento experimental e intuitivo de Deus como lhes é oferecido em Cristo.[81] A fé operada pelo Espírito nas promessas de Deus efetua a união com Cristo.[82] Calvino diz que somente os eleitos são levados a "extasiar-se e a inflamar-se totalmente no amor a Deus"; são "arrebatados ao próprio céu" e "admitidos aos mui secretos tesouros de Deus".[83] "O Espírito, estritamente falando, sela o perdão dos pecados somente nos eleitos, de modo que o aplicam, por uma fé especial, ao seu próprio uso."[84] Somente os eleitos chegam a conhecer a fé especial e um especial testemunho interior.

De acordo com Heribert Schutzeichel, teólogo católico-romano, a ênfase de Calvino sobre a fé especial e um testemunho especial são reminiscentes da insistência do Concílio de Trento de que a certeza é sempre revelada de uma maneira especial.[85] Entretanto, para o Concílio de Trento, a certeza é especial e rara; para Calvino, a certeza é especial e normativa, porquanto ela é a essência da fé.[86] Para Trento, a certeza é separada da Palavra; para Calvino, ela está sempre envolvida com a Palavra. O testemunho convincente do Espírito não agrega à Palavra através de alguma visão mística ou voz audível;[87] ao contrário, Ele acompanha a Palavra. O selo do Espírito é um testemunho pessoal,

---

79 Inst. 3.2.11.
80 Inst. 3.2.41.
81 Inst. 1.4.1; 2.6.4, 19.
82 Balke, "The Word of God and *Experientia* according to Calvin", 26.
83 Inst. 3.2.41.
84 Inst. 3.2.11.
85 *Katholische Beitrage zur Calvinforschung* (Trier: Paulinus-Verlag, 1988).
86 *Tracts and Treatises*, 3:135ff. Cf. Michael A. Eaton, *Baptism with the Spirit: The Teaching of Dr Martyn Lloyd-Jones* (Leicester: InterVarsity Press, 1989), 44-55.
87 *Commentary* on Acts 7:31; 9:15; 23.11.

por meio do evangelho, de que as promessas de Deus são pessoalmente para o crente. Diz Calvino: "A certeza... é algo que está acima da capacidade da mente humana, é a parte do Espírito Santo para confirmar em nosso íntimo o que Deus promete em sua Palavra."[88] Os réprobos jamais experimentam tal certeza, pois jamais degustam a união da veracidade objetiva da promessa de Deus e a selagem subjetiva do Espírito.

Entretanto, finalmente, ao distinguir os eleitos dos réprobos, Calvino fala mais sobre o que o Espírito faz *em nós* do que o que Cristo faz *por nós*, pois aqui a linha de demarcação é mais sutil. Ele fala muito de experiência interior, de sentimento, de iluminação, de percepção, inclusive de "emoção violenta".[89] Ainda que cônscio dos perigos de introspecção excessiva, Calvino também reconhece que as promessas de Deus são suficientes somente quando mantidas pelo Espírito dentro do desígnio, experiência e obediência da fé.[90]

Sumariando a posição de Calvino, os três membros da Trindade estão envolvidos na segurança da fé do crente. Além do mais, a obra de Cristo e do Espírito Santo são complementares. Quando Calvino replica a Pighius que "Cristo é mil testemunhos para mim", ele está dizendo que Cristo lhe é uma fonte esmagadora, fundamental e primária da certeza, precisamente por causa da aplicação que o Espírito lhe faz de Cristo e Seus benefícios. Uma vez mais, quando Berkouwer diz que as *Institutas* de Calvino nunca se cansam "de repetir a advertência contra toda e qualquer tentativa de granjear a certeza à parte de Cristo e de Sua cruz",[91] isto deve ser entendido em termos da obra do Espírito, posto que ninguém jamais pode ser certificado de Cristo sem o Espírito.[92] O Espírito Santo revela ao crente, através de Sua Palavra, que Deus é um Pai plenamente disposto e o capacita a abraçar as promessas de Cristo pela fé.

---

88   *Commentary* on 2 Corinthians 1:22.
89   "Bem poucos estudiosos têm estado dispostos a reconhecer a natureza intensamente experimental da doutrina de Calvino sobre a fé" (M. Charles Bell, *Calvin and Scottish Theology: The Doctrine of Assurance* [Edinburgh: Handsel Press, 1985], 20).
90   Inst. 3.1.1. Cf. Randall C. Zachman, *The Assurance of Faith: Conscience in the Theology of Martin Luther and John Calvin* (Minneapolis: Fortress, 1993), 198-203.
91   *Faith and Perseverance*, trans. Robert Knudsen (Grand Rapids: Eerdmans, 1958), 61.
92   Inst. 3.2.35.

Conclusão

Estes quatro princípios operativos em Calvino – fé e experiência, carne versus espírito, o gérmen da fé versus a consciência da fé e a estrutura trinitária – permitem-nos traçar várias conclusões:

Primeiro, o conceito que Calvino tem de fé inclui a certeza na essência e quintessência da fé, sem demandar que o crente sinta certeza o tempo todo. Muitos estudiosos de Calvino, inclusive William Cunningham, têm passado por alto esse conceito. Cunningham afirma que a única forma de remover a aparente contradição de Calvino é agir "na suposição de que a definição pretendia não tanto afirmar o que era essencial à verdadeira fé e basear sempre nela, a fim de descrever qual é a verdadeira fé, ou incluir em sua mais perfeita condição e seu exercício mais elevado".[93] Para Calvino, porém, a certeza é, respectivamente, essencial à fé e está contida em todos os seus exercícios, sem levar em conta a consciência que o crente tem dela.

Segundo, através desta combinação de princípios, deve-se rejeitar qualquer descontinuidade entre Calvino e os calvinistas com respeito à fé e a certeza. A despeito de ênfases variantes, Calvino e os calvinistas concordam que a certeza pode ser possuída sem que seja sempre conhecida.[94] Quando Calvino define como a incluir certeza, ele não está contradizendo a distinção que a Confissão Westminster faz entre fé e certeza, pois ele e a Confissão não têm em mente a mesma preocupação. Calvino está definindo fé em seu caráter convincente; a Confissão, o que é certeza como um fenômeno autoconsciente e experimental.[95]

Terceiro, ainda que Cunningham assevere corretamente que Calvino não elaborava todos os detalhes da relação da fé e a certeza, ele, Robert DAbney e Charles Hodge vão longe demais quando afirmam que a doutrina de Calvino é contraditória ou ignorante dos resultados que emergiriam no século

---

93 *Reformers*, 120; cf. Gerrit H. Kersten, *Reformed Dogmatics*, trans. J. R. Beeke e J. C. Westrate (Grand Rapids: Eerdmans, 1983), 2:404.

94 *Commentary* on John 20:3. Cf. Peter Lewis citado em Errol Hulse, *The Believer's Experience* (Haywards Heath, Sussex: Carey Publ, 1977), 128-29.

95 *Westminster Confession of Faith*, ch. 18. Cf. Sinclair Ferguson, "The Westminster Conference, 1976", *The Banner of Truth* no. 168 (1977): 20.

por vir.⁹⁶ Ainda que o clima espiritual do século dezessete variaria consideravelmente do século dezesseis, um estudo compreensível de Calvino sobre a relação fé/certeza revela uma doutrina fortemente entrelaçada e integrada que é genuína à Escritura e à experiência. A ênfase de Calvino sobre a certeza provam exaustivamente suas *Institutas*, comentários e sermões que o resultado da certeza pessoal estava muitíssimo vivo em sua geração. Frases como "isto é como obter a certeza", "este é o tipo de certeza que temos" e "isto é onde nossa certeza repousa" mostram que Calvino está falando a um auditório que pouco conhecia de certeza.⁹⁷ Ele está se dirigindo a indivíduos quase libertados da servidão de Roma, os quais haviam aprendido que certeza é sinônimo de heresia. Ao ensinar que a certeza deve ser normativa, ainda que a incredulidade não morra facilmente, Calvino almeja construir a certeza na igreja sobre bases sólidas e bíblicas. Ele diz que a incredulidade não passa de uma doença e uma interrupção da fé, e que não exerce domínio sobre a fé, com base na vida diária, nem finalmente triunfará.⁹⁸ Ao contrário, Deus "deseja curar a doença [da incredulidade] para que entre nós Ele haja plena fé em suas promessas".⁹⁹ Porque é de Deus, a fé deve triunfar, pois Deus usará até mesmo as dúvidas e assaltos para fortalecer a fé. Através de triunfos perpétuos da fé em Deus, Calvino encoraja os filhos de Deus que frequentemente duvidam, apontando-lhes em direção a Deus para que encontrem o princípio seguro da fé.

---

96 Cunningham, *Reformers*, p. 120; Dabney, *Discussions*, 1:216; Charles Hodge, *Expositions of 1 and 2 Corinthians* (repr. Wilmington, Del.: Sovereign Grace, 1972), 367.
97 Inst. 3.2.22.
98 Inst. 3.2.24.
99 Inst. 3.2.15.

CAPÍTULO 3

JOÃO CALVINO: MESTRE E PRATICANTE DA EVANGELIZAÇÃO

Muitos estudiosos discordariam do título deste capítulo. Alguns diriam que o catolicismo romano manteve acesa a tocha evangelística do Cristianismo, com as poderosas forças do papado, dos mosteiros e do monarca, enquanto Calvino e os reformadores tentaram extingui-la.[1] Outros, porém, asseverariam que João Calvino, o pai da doutrina e teologia reformadas e presbiterianas, foi grandemente responsável em acender a tocha do evangelismo bíblico durante a Reforma.[2]

Também alguns creditam a Calvino como sendo um pai teológico do momento missionário reformado.[3] Opiniões da atitude de Calvino para com o evangelismo e missões têm se oscilado de apoio sincero e moderado do lado positivo,[4] e de indiferença a ativar oposição do lado negativo.[5]

---

1 William Richey Hogg, "The Rise of Protestant Missionary Concern, 1517-1914", in *Theology of Christian Mission*, ed. G. Anderson (Nova York: McGraw-Hill, 1961), 96-97.

2 David B. Calhoun, "John Calvin: Missionary Hero or Missionary Failure?", *Presbiterion* 5, 1 (Spr 1979): 16-33 – a quem sou grandemente devedor na primeira parte deste artigo; W. Stanford Reid, "Calvin's Geneva: A Missionary Centre", *Reformed Theological Review* 42, 3 (1983): 65-74.

3 Samuel M. Zwemer, "Calvinism and the Missionary Enterprise", *Theology Today* 7, 2 (July 1950): 206-216; J. Douglas MacMillan, "Calvin, Geneva, and Christian Mission", *Reformed Theological Journal* 5 (Nov 1989): 5-17.

4 Johannes van den Berg, "Calvin's Missionary Message", *The Evangelical Quarterly* 22 (1950): 174-87; Walter Holsten, "Reformation und Mission", *Archiv für Reformationsgeschichte* 44, 1 (1953): 1-32; Charles E. Edwards, "Calvin and Missions", *The Evangelical Quarterly* 39 (1967): 47-51; Charles Chaney, "The Missionary Dynamic in the Theology of John Calvin", *Reformed Review* 17, 3 (Mar 1964): 24-38.

5 Gustav Warneck, *Outline of a History of Protestant Missions* (Londres: Oliphant Anderson & Ferrier, 1906), 19-20.

Uma opinião negativa da evangelização de Calvino geralmente resulta de:

- Falha em estudar os escritos de Calvino antes de extrair conclusões;
- Falha em entender a visão que Calvino teve da evangelização dentro de seu próprio contexto histórico;
- Noções doutrinais preconcebidas sobre Calvino e sua teologia. Alguns críticos, ingenuamente, asseveram que a doutrina de Calvino da eleição virtualmente nega a evangelização.

Para avaliar corretamente a visão que Calvino tinha da evangelização, temos de entender o que o próprio Calvino tinha a dizer sobre o tema. Em segundo lugar, temos que visualizar todo o escopo da evangelização de Calvino, quer em seu ensino, quer em sua prática. Podemos achar traços de referências ao evangelismo nas *Institutas* de Calvino, em seus comentários, sermões e cartas. Então podemos visualizar a obra evangelística de Calvino (1) em seu próprio rebanho; (2) em sua própria cidade de Genebra; (3) na Europa maior; e (4) nas oportunidades que ele teve de exercer missão além-mar. Como veremos, Calvino foi mais evangelista do que comumente se tem reconhecido.

CALVINO: MESTRE DA EVANGELIZAÇÃO

Como era o ensino evangelístico de Calvino? De que maneira sua instrução forçava os crentes a buscar a conversão de todas as pessoas, os de dentro da igreja, bem como os do mundo fora dela?

Juntamente com outros Reformadores, Calvino ensinava a evangelização de uma maneira geral, proclamando energicamente o evangelho e reformando a igreja de acordo com os requerimentos bíblicos. Mais especificamente, Calvino ensinava a evangelização focalizando a universalidade do reino de Cristo e a responsabilidade dos cristãos em ajudar a estender esse reino.

A universalidade do reino de Cristo é um tema sempre recorrente no ensino de Calvino.[6] Calvino afirma que as três pessoas da Trindade estão envolvidas na difusão do reino. O Pai mostrará, "não só em uma região, qual a verdadeira religião... mas enviará sua voz aos limites mais remotos da terra".[7] Jesus veio "para estender sua graça ao mundo inteiro".[8] E o Espírito Santo desceu para "alcançar todos os confins e extremidades do mundo".[9] Em suma, a inumerável progênie "que se espalhará por toda a terra" nascerá para Cristo.[10] E o triunfo do reino de Cristo se fará manifesto por toda parte entre as nações.[11]

Como o Deus trino estenderá Seu reino pelo mundo inteiro? A resposta de Calvino envolve, respectivamente, a soberania de Deus e nossa responsabilidade. Ele diz que a obra de evangelização é obra de Deus, não propriamente nossa, porém Deus nos usará como Seus instrumentos. Citando a parábola do semeador, Calvino explica que Cristo semeia a semente da vida por toda parte (Mt 13:24-30), congregando Sua igreja, não por meios humanos, e sim pelo poder celestial.[12] Não obstante, o evangelho não cairá das nuvens como a chuva", mas é "trazido pelas mãos dos homens para onde Deus o enviar".[13] Jesus nos ensina que Deus "usa nosso trabalho e nos intima a sermos seus instrumentos no cultivo de seu campo".[14] O poder de salvar repousa em Deus, mas Ele revela Sua salvação através da pregação do evangelho.[15] O evangelismo de Deus é a causa de nosso evangelização.[16] Somos Seus cooperadores, e Ele nos

---

6 John Calvin, *Commentaries of Calvin* (Grand Rapids: Eerdmans, 1950ff.), sobre Salmos 2.8; 110.2; Mateus 6.10; 12.31; João 13.31. (Doravante se usará o formato *Commentary* on Psalm 2:8.)

7 *Commentary* on Micah 4:3.

8 John Calvin, *Sermons of M. John Calvin on the Epistles of S. Paule to Timothy and Titus*, trans. L. T. (Edinburgh: Banner of Truth Trust, 1983), sermon on 1 Timothy 2:5-6, 161-72.

9 *Commentary* on Acts 2:1-4.

10 *Commentary* on Psalm 110:3.

11 T. F. Torrance, *Kingdom and Church* (Londres: Oliver and Boyd, 1956), 161.

12 *Commentary* on Matthew 24:30.

13 *Commentary* on Romans 10:15.

14 *Commentary* on Matthew 13:24-30.

15 John Calvin, *Institutes of the Christian Religion*, ed. John T. McNeill and trans. Ford Lewis Battles (Filadélfia: Westminster Press, 1960), Livro 4, capítulo 1, seção 5. (Doravante se usará o formato Inst. 4.1.5.)

16 *Commentary* on Romans 10:14-17.

permite participar da "honra de constituir seu próprio Filho governador sobre o mundo inteiro".[17]

Calvino ensinava que o método ordinário de "formar uma igreja" é pela voz externa dos homens; "pois ainda que Deus conduza cada pessoa a si por uma influência secreta, contudo emprega a agência dos homens, a fim de despertar neles uma ansiedade pela salvação uns dos outros".[18] Ele chega ao ponto de dizer: "Nada retarda tanto o progresso do reino de Cristo como a escassez de ministros."[19] Todavia, nenhum esforço humano tem a palavra final. No dizer de Calvino, é o Senhor que "faz com que a voz do evangelho ressoe não só em um lugar, mas por todas as partes do mundo".[20] O evangelho não é pregado ao léu a todas as nações, mas pelo decreto de Deus.[21]

Segundo Calvino, esta associação da soberania divina e a responsabilidade humana, na evangelização, propicia as seguintes lições:

1. Como evangelistas reformados, devemos orar diariamente pela extensão do reino de Cristo. No dizer de Calvino, "devemos desejar diariamente que Deus junte igrejas para si de todas as partes da terra".[22] Já que o agrado de Deus é usar nossas orações para consumar Seus propósitos, devemos orar pela conversão dos pagãos.[23] Calvino escreve: "Deveria ser o grande objetivo de nossos desejos diários, que Deus reúna igrejas para si de todos os países da terra, que aumente seu número, enriqueça-as com dons e estabeleça entre elas uma ordem legítima."[24] Ao orarmos pelo reino futuro de Deus, "professamos que somos servos e filhos de Deus profundamente comprometidos com sua reputação".[25]

---

17 *Commentary* on Psalm 2:8.
18 *Commentary* on Isaiah 2:3.
19 Jules Bonnet, ed., *Letters of Calvin*, trans. David Constable and Marcus Robert Gilchrist, 4 vols. (Filadélfia: Presbyterian Board of Publications, 1858), 4:263.
20 *Commentary* on Isaiah 49:2.
21 *Commentary* on Isaiah 45:22.
22 Inst. 3.20.42.
23 *Sermons of Master John Calvin upon the Fifthe Book of Moses called Deuteronomie*, trans. Arthur Goldin (Edinburgh: Banner of Truth Trust, 1987), sermon on Deuteronomy 33:18-19. (Doravante, Sermon on Deuteronomy 33:18-19.)
24 Inst. 3.20.42.
25 Inst. 3.20.43.

2. Não devemos permitir que sejamos desestimulados pela falta de sucesso visível no esforço evangelístico, e sim continuar orando. "Nosso Senhor exercita a fé de seus filhos, de modo que ele não demora a realizar as coisas que lhes prometeu." E ele escreve que "isto deve aplicar-se especialmente ao reino de nosso Senhor Jesus Cristo". "Se Deus passar um dia ou um ano [sem produzir fruto], não nos cabe desistir, mas devemos, no ínterim, orar e não duvidar de que Ele ouve nossa voz."[26] Devemos continuar orando, crendo que "Cristo exercerá publicamente o poder que lhe foi dado para nossa salvação e para a do mundo inteiro".[27]
3. Devemos trabalhar diligentemente pela difusão do reino de Cristo, sabendo que nosso trabalho não será infrutífero. Nossa salvação nos obriga a trabalhar para a salvação de outros. Calvino afirma: "Somos chamados pelo Senhor sob esta condição: que alguém doravante se esforce para conduzir outros à verdade, restaurar o perdido ao caminho reto, estender uma mão de socorro aos caídos, ganhar os que são de fora."[28] Além do mais, não basta que cada um se ocupe com outros meios de servir a Deus. "Nosso zelo deve estender-se ainda mais longe a atrair outros homens." Devemos fazer tudo o que pudermos para atrair para Deus todos os homens da face da terra.[29]

Há muitas razões pelas quais devemos evangelizar. Calvino oferece as seguintes:

- Deus nos ordena a fazer isso. "Recordemos bem que o evangelho é pregado não só em virtude da ordem de Cristo, mas também por sua insistência e liderança."[30]
- Deus nos leva pelo exemplo. Como nosso gracioso Deus que Se condói de nós, devemos ter nossos "braços estendidos, como de fato os têm, para os que estão fora" de nós.[31]

---

26 *Sermon on Deuteronomy* 33:7-8.
27 *Commentary* on Micah 7:10-14.
28 *Commentary* on Hebrews 10:24.
29 *Sermon on Deuteronomy* 33:18-19.
30 *Commentary* on Matthews 13:24-30.
31 John Calvin, *Sermons on the Epistle to the Ephesians*, trans. Arthur Golding (Edinburgh: Banner of Truth Trust, 1973), sermon on Ephesians 4:15-16.

- Queremos glorificar a Deus. Os verdadeiros cristãos anelam por difundir a verdade de Deus por toda parte a fim de que "Deus seja glorificado".[32]
- Queremos agradar a Deus. Como Calvino escreve, "é um sacrifício mui agradável a Deus apressar a difusão do evangelho".[33] Aos cinco estudantes que foram sentenciados à morte por pregar na França, Calvino escreveu: "Visto que [Deus] emprega suas vidas numa causa tão digna, que é a de serem testemunhas do evangelho, não tenho dúvida de que elas devem ser-Lhe preciosas."[34]
- Devemos isso a Deus. "É mui justo que trabalhemos... a apressar o progresso do evangelho", diz Calvino;[35] "é dever nosso proclamar a bondade de Deus a cada nação".[36]
- Devemos isso aos nossos amigos pecadores. Nossa compaixão para com os pecadores deve ser intensificada mediante nosso conhecimento de que "Deus não pode ser sinceramente invocado por outros, a não ser a quem, mediante a pregação do evangelho, sua bondade e brandos tratamentos se tornem conhecidos".[37] Consequentemente, todo encontro com outros seres humanos deve motivar-nos a levá-los ao conhecimento de Deus.[38]
- Somos gratos a Deus. Os que são devedores para com a mercê de Deus se veem obrigados a tornar-se, no dizer do salmista, "arautos que proclamam a graça de Deus" a todos os homens.[39] Se a salvação me é possível, um grande pecador, então é possível a outros. Devo a Deus meu esforço pela salvação de outros; se não o fizer, então sou uma contradição. No dizer de Calvino, "Nada poderia ser mais inconsistente acerca da natureza da fé do que aquela demência que conduz uma pessoa a desconsiderar seus irmãos e a guardar a luz do conhecimento... em seu próprio peito".[40]

---

32 Bonnet, *Letters of Calvin*, 4:169.
33 Bonnet, *Letters of Calvin*, 2:453.
34 Bonnet, *Letters of Calvin*, 2:407.
35 Bonnet, *Letters of Calvin*, 2.453.
36 *Commentary* on Isaiah 12:5.
37 Inst. 3.20.11.
38 *Sermon on Deuteronomy* 33:18-19.
39 *Commentary* on Psalm 51:16.
40 *Commentary* on Isaiah 2:3.

Devemos, movidos de gratidão, levar o evangelho a outros [que se encontram] em angústia, ou aparentaremos ingratidão para com Deus por nossa própria salvação.⁴¹

Calvino nunca assumiu que a tarefa missionária foi completada pelos apóstolos. Ao contrário disso, ele ensinava que cada cristão deve testificar, por palavra e ato, da graça de Deus a todos que tiver contato.⁴² A afirmação de Calvino do sacerdócio de todos os crentes envolve a participação da igreja no ministério profético, sacerdotal e real de Cristo. Ela [a igreja] comissiona os crentes a confessarem o nome de Cristo a outros (tarefa de um profeta), a orar por sua salvação (tarefa de um sacerdote) e a disciplina-los (tarefa de um rei). Esta é a base para a poderosa atividade evangelística de toda a igreja viva "até os confins do mundo".⁴³

CALVINO: PRATICANTE DA EVANGELIZAÇÃO

Calvino cria que devemos fazer pleno uso das oportunidades que Deus propicia para evangelizar. Ele escreve que, "quando se apresenta uma oportunidade para edificação, devemos compreender que uma porta se nos abriu pela mão de Deus a fim de introduzirmos Cristo naquele lugar, e não devemos deixar de aceitar o generoso convite que Deus assim nos dá".⁴⁴

Em contrapartida, quando as oportunidades são restringidas e as portas da evangelização são fechadas ao nosso testemunho, não devemos persistir, tentando fazer o que não pode ser feito. Ao contrário, devemos orar e buscar outras oportunidades. Ele escreve: "A porta se fecha quando não há esperança de sucesso. [Então] temos que seguir um caminho diferente em vez de nos cansarmos em vão tentando continuar por ele."⁴⁵

---

41 *Sermon on Deuteronomy* 24:10-13.
42 Inst. 4.20.4.
43 *Sermon on Deuteronomy* 18:9-15.
44 *Commentary* on 2 Corinthians 2:12.
45 Ibid.

Entretanto, dificuldades em testemunhar não servem de escusa para parar de tentar. Aos que sofriam severas restrições e perseguições na França, Calvino escreveu: "Que cada um se esforce por atrair e conquistar para Cristo tantos quanto possa."[46] "Cada homem deve cumprir seu dever sem render-se a qualquer impedimento. No fim, nossos esforços e nossos labores não fracassarão; receberão o sucesso que ainda não parece."[47]

Examinemos a prática de evangelização de Calvino em sua própria congregação, em sua própria cidade de Genebra, na Europa (particularmente França), e nos esforços missionários além-mar (particularmente Brasil).

Evangelização na congregação

Hoje, com muita frequência pensamos na evangelização apenas como a obra regeneradora do Espírito e o consequente ato do pecador quando recebe a Cristo pela fé. Com isto, rejeitamos a ênfase de Calvino sobre a conversão como um processo contínuo que envolve a pessoa como um todo.

Para Calvino, a evangelização envolvia um chamado contínuo dirigido ao crente para o exercício da fé e o arrependimento, no Cristo crucificado e ressurreto. Este apelo consiste num comprometimento de toda a vida. Evangelização significa apresentar Cristo para que as pessoas, pelo poder do Espírito, venham a Deus em Cristo. Mas significa também apresentar Cristo para que o crente O sirva como Senhor na comunhão de Sua igreja e no mundo. Evangelização demanda edificar os crentes na santíssima fé segundo os cinco dogmas-chave da Reforma: somente a Escritura, somente a graça, somente a fé, somente Cristo e somente a glória de Deus.

Calvino foi o praticante por excelência deste tipo de evangelização no seio de sua própria congregação. Sua evangelização começava com a pregação. William Bouwsma escreve: "Ele pregava regularmente e com frequência: no Antigo Testamento, de manhã, nos seis dias da semana (sete no inverno), dia sim, dia não; no Novo Testamento, nas manhãs dominicais; e, nos Salmos,

---

46 Bonnet, *Letters of Calvin*, 3:134.
47 *Commentary* on Genesis 17:23.

nas tardes dominicais. Durante toda sua vida, ele pregou, neste horário, cerca de 4.000 sermões, após seu regresso a Genebra; mais de 170 sermões em um ano." Pregar era tão importante para Calvino que, quando ele foi rever as realizações de sua vida, em seu leito mortuário, primeiramente ele fez menção de seus sermões, em seguida, seus escritos.[48]

A intenção de Calvino, quando pregava, era evangelizar e ao mesmo tempo edificar. Em média, ele costumava pregar em quatro ou cinco versículos no Antigo Testamento, e dois ou três versículos no Novo Testamento. Ele costumava considerar uma pequena porção do texto por vez, primeiramente explanando o texto, e então aplicando-o às vidas de sua congregação. Os sermões de Calvino nunca eram curtos na aplicação; ao contrário, em seus sermões, a aplicação costumava ser mais longa que a exposição. Ele escreve que os pregadores devem ser como pais "que dividem o pão em pequenos pedaços para alimentar seus filhos".

Ele era também sucinto. O sucessor de Calvino, Teodoro Beza, disse da pregação do Reformador: "Cada palavra pesava meio quilo."

Com frequência, Calvino instruía sua congregação em como ouvir um sermão. Ele lhes dizia o que procurar na pregação, em que espírito devem ouvir e como devem ouvir. Seu alvo era ajudar as pessoas a participarem do sermão o máximo que pudessem, de modo que alimentassem suas almas. Calvino dizia que, para se ter acesso a um sermão, deve-se incluir "disposição em obedecer a Deus completamente e sem reserva".[49] Calvino agregava que "não temos que nos achegar ao sermão meramente para ouvir o que ainda não sabemos, e sim para sermos incitados a cumprir com nosso dever".[50]

Através de sua pregação, Calvino alcançava também os não-salvos, impactando-os com a necessidade de fé em Cristo e o que isso significava. Calvino deixou claro que não cria que todos os que estavam em seu rebanho

---

48 William Bouwsma, *John Calvin: A Sixteenth-Century Portrait* (Nova York: Oxford, 1988), 29.
49 Leroy Nixon, *John Calvin, Expository Preacher* (Grand Rapids: Eerdmans, 1950), 65.
50 John Calvin, *Opera quæ supersunt omnia*, ed. Guilielmus Baum, Eduardus Cunitz, and Eduardus Reus, in *Corpus Reformatorum* (Brunsvigæ: C. A. Schwertschke et filium, 1895), 79:783.

fossem salvos. Ainda que fosse amoroso para com os membros de igreja que mantinham um estilo de vida recomendável e externo, ele também se referiu mais de trinta vezes em seus comentários e nove vezes em suas *Institutas* (computando referências somente dentro de 3.21 a 3.24) aos membros menores dos que recebiam a palavra pregada com fé salvífica. Ele dizia: "Se o mesmo sermão for pregado a cem pessoas, vinte o recebem com pronta obediência de fé, enquanto o resto continua a considerá-lo sem valor, ou com riso, ou com aversão".[51] Ele escreve: "Pois ainda que todos, sem exceção, a quem a palavra de Deus é pregada, são ensinados, contudo raramente um em dez o degustam como prazer; sim, raramente um em cem extraem aquele proveito que os faz capazes, com isso, de prosseguir num curso reto até o fim."[52]

Para Calvino, as tarefas mais importantes do evangelismo eram as da edificação dos filhos de Deus na fé santíssima e convencer os incrédulos da hediondez do pecado e dirigi-los a Jesus Cristo como o único Redentor.

A Evangelização em Genebra

Calvino não confinava a pregação à sua própria congregação. Ele também a usava como ferramenta para difundir a Reforma em toda a cidade de Genebra. Aos domingos, as Ordenanças Genebrinas requeriam sermões em cada uma das três igrejas ao alvorecer e às 9 horas. Ao meio-dia, as crianças iam às classes de catecismo. Às 15 horas, outra vez se pregavam sermões em cada igreja.

Escalavam-se sermões semanais várias vezes nas três igrejas: segundas-feiras, quartas-feiras e sextas-feiras. À época da morte de Calvino, pregava-se um sermão em cada igreja todos os dias da semana.

Isso ainda não era suficiente. Calvino queria reformar os genebrinos em todas as esferas da vida. Em suas ordenanças eclesiásticas, ele requeria três funções adicionais além da pregação que cada igreja oferecesse:

---

51 Inst. 3.24.12.
52 *Commentary* on Psalm 119:101.

1. Ensino. Os doutores em teologia explicariam a Palavra de Deus, antes de tudo com preleções informais; a seguir, fazendo exposição mais formal na Academia de Genebra, estabelecida em 1559. Na época em que o sucessor de Calvino, Teodoro Beza, se retirou, a Academia de Genebra havia preparado 1.600 homens para o ministério.
2. Disciplina. Aos presbíteros designados em cada congregação, com a assistência dos pastores, cabia a disciplina cristã, velando sobre a conduta dos membros da igreja e seus líderes.
3. Caridade. A tarefa dos diáconos de cada igreja era receber as contribuições e distribuí-las aos pobres.

Inicialmente, as reformas de Calvino enfrentaram acirrada oposição. Particularmente, as pessoas apresentaram objeções ao uso que a igreja fazia da excomunhão para reforçar a disciplina eclesiástica. Após meses de amarga controvérsia, os cidadãos locais e refugiados religiosos que apoiavam Calvino conquistaram o controle da cidade. Nos últimos nove anos de sua vida, o controle de Calvino sobre Genebra já era quase completo. Não obstante, Calvino queria fazer em Genebra mais do que mera reforma; ele queria que a cidade viesse a ser um tipo de modelo para o reinado

Reintegração de Calvino em Genebra

Vista da cidade de Genebra (1641)

de Cristo em todo o mundo. Aliás, a reputação e influência da comunidade genebrina se difundiram na vizinha França, então na Escócia, Inglaterra, Países Baixos, partes da Alemanha ocidental e seções da Polônia, Checoslováquia e Hungria. A igreja genebrina se tornou um modelo para todo o movimento reformado.

A Academia de Genebra assumiu também um papel criticamente importante quando rapidamente se tornou mais que um lugar para se aprender teologia. Em "John Calvin: Director of Missions", Philip Hughes escreve:

> A Genebra de Calvino era muito mais que um céu e uma escola. Ela não era uma torre de marfim teológica que vivia para si e por si mesma, desatenta às suas responsabilidades no evangelho para com as necessidades dos outros. Vasos humanos eram equipados e refinados neste céu... a fim de se precipitarem no circundante oceano da necessidade do mundo, encarando bravamente cada tempestade e perigo que os aguardavam, a fim de levarem a luz do evangelho de Cristo àqueles que viviam na ignorância e trevas das quais eles mesmos originalmente vieram. Eram ensinados nesta escola a fim de que, por sua vez, pudessem instruir outros na verdade pela qual foram libertados.[53]

---

53 Philip Hughes, *The Heritage of John Calvin*, ed. John H. Bratt (Grand Rapids: Eerdmans, 1973), 44.

Influenciado pela Academia, John Knox levou de volta a doutrina evangélica para sua nativa Escócia. Os ingleses foram preparados para estabelecer a causa na Inglaterra; os italianos tinham o que necessitavam para ensinar na Itália; e os franceses (que formavam a grande leva de refugiados) difundiram o calvinismo na França. Inspirados pela visão legitimamente ecumênica de Calvino, Genebra se tornou um núcleo do qual se difundiu a evangelização por todo o mundo. De acordo com o Registro da Companhia de Pastores, oitenta e oito homens foram enviados de Genebra, entre 1555 e 1562, a diferentes lugares do mundo. Infelizmente, essas figuras são incompletas. Em 1561, que parece ter sido o apogeu da atividade missionária, registra-se o envio de apenas doze homens, enquanto outras fontes indicam que quase doze vezes esse número – não menos de 142 – saíram em respectivas missões.[54]

Eis um espantoso empreendimento para um esforço que começou com uma pequena igreja se digladiando dentro de uma minúscula cidade republicana. Sim, o próprio Calvino reconhecia o valor estratégico do esforço. Ele escreveu a Bullinger: "Quando considero quão importante é este canto

Calvino ameaçado na igreja de Rive

---

54 Ibid., 45-46.

Farel pregando na praça do mercado de Neuchâtel

[Genebra] para a propagação do reino de Cristo, tenho boas razões de viver ansioso para que ela seja cuidadosamente vigiada."[55]

Em um sermão sobre 1 Timóteo 3.14, Calvino afirmou: "Atentemos bem para o que Deus nos ordenou: que lhe aprouve exibir sua graça, não só em uma cidade ou num pequeno grupo de pessoas, mas que Ele reine sobre o mundo inteiro; para que todos O sirvam e O adorem em verdade."

Esforços evangelísticos na França

Para entendermos como Calvino promoveu a Reforma por toda a Europa, precisamos visualizar o que ele fez na França.

A França foi aberta ao evangelismo reformado só parcialmente. As hostilidades religiosas e políticas, que também ameaçavam Genebra, eram um constante perigo na França. Não obstante, Calvino e seus colegas fizeram o máximo da pequena abertura que tinham. Os memorandos da Companhia de Pastores em Genebra tratam da supervisão dos esforços missionários na França mais do que em qualquer outro país.[56]

---

55 Bonnet, *Letters of Calvin*, 2:227.
56 Robert M. Kingdon, *Geneva and the Consolidation of the French Protestant Movement* (Madison: University of Wisconsin Press, 1967), 31.

É assim que ela funcionava. Os crentes reformados da França buscavam refúgio em Genebra. Durante o tempo de sua estada ali, muitos começaram a estudar teologia. Então se sentiam compelidos a voltar para seu próprio povo como evangelistas e pastores reformados. Após passar por um rigoroso exame teológico, a cada um era dado um diploma pela Companhia Genebrina de Pastores, usualmente em resposta a uma solicitação formal de uma igreja francesa carente de pastor. Na maioria dos casos, a igreja recipiente estava lutando por sua vida sob perseguição.

Os refugiados franceses que regressavam como pastores eventualmente eram mortos, porém seu zelo encorajava a esperança de seus paroquianos. Sua missão que, segundo os pastores, buscava "o avanço no conhecimento do evangelho na França, como nosso Senhor ordena", era bem sucedida. A pregação evangelística reformada produziu um notável reavivamento. Em 1555, havia na França somente uma igreja plenamente organizada. Sete anos mais tarde, havia aproximadamente duas mil.

Os pastores reformados franceses estavam sob fogo em nome de Deus e, a despeito de perseguição maciça, Ele usou seu trabalho para a conversão de milhares. Este é um dos exemplos mais notáveis do trabalho de missões nacionais efetivas na história do protestantismo e um dos avivamentos mais espantosos na história da igreja.

Algumas congregações reformadas francesas vieram a ser muito grandes. Por exemplo, Pierre Viret pastoreou uma igreja com 8.000 comungantes em Nimes. Mais de dez por cento da população francesa na década de 1560 – cerca de três milhões – pertenciam a essas igrejas.

Durante o massacre do Dia de São Bartolomeu de 1572, foram mortos 70.000 protestantes. Não obstante, a igreja seguiu em frente. Eventualmente, a perseguição expulsava muitos dos protestantes franceses, conhecidos como os huguenotes. Abandonavam a França, indo para muitas nações diferentes, enriquecendo a igreja para onde quer que fossem.

Nem todos os pastores refugiados eram enviados para as igrejas francesas. Alguns iam para a Itália ocidental; outros, para Antuérpia; Londres e outras cidades europeias. Inclusive alguns, partindo para longe da Europa, foram para o Brasil. Sem levar em conta o lugar para onde iam, sua pregação era forte e poderosa, e com frequência Deus abençoava seus esforços.

A evangelização no Brasil

Calvino conhecia a existência de nações e povos que ainda não haviam ouvido o evangelho e sentia agudamente o peso. Ainda que não haja registro de que entrara em contato com o mundo asiático recém-descoberto, bem como do paganismo africano, Calvino estava envolvido com os índios sul-americanos através da missão genebrina ao Brasil.

Com a ajuda de Gaspard Coligny, simpatizante huguenote, e o apoio de Henrique II, Nicolas Durand (também chamado Villegagnom) conduziu uma expedição ao Brasil em 1555 com o propósito de estabelecer uma colônia ali. Os colonos incluíam antigos prisioneiros, alguns dos quais eram huguenotes. Quando surgiram problemas na nova colônia nas proximidades do Rio de Janeiro, Villegagnom se dirigiu aos huguenotes da França, solicitando melhores colonizadores. Ele apelou a Coligny, bem como a Calvino e à igreja genebrina. Essa carta não foi preservada, e do que aconteceu só existe um breve sumário no relato da Companhia de Pastores.

Não obstante, temos alguma noção daqueles eventos pelo que Jean de Lery, sapateiro e estudante de teologia em Genebra, que logo se juntou à colônia brasileira, registrou em seu diário pessoal. Ele escreveu: "A carta solicitava que a igreja de Genebra enviasse imediatamente a Villegagnon ministros da Palavra de Deus, e com eles numerosas outras pessoas 'bem instruídas na religião cristã', a fim de melhor reformar a ele e a seu povo, bem como levar os selvagens ao conhecimento de sua salvação."[57] A responsabilidade pelo evangelismo aos pagãos era assim posta com lisura aos pés da igreja de Genebra.

A reação da igreja, segundo Jean de Lery, era esta: "Ao receber estas cartas, e ouvindo estas notícias, a igreja de Genebra, prontamente, deu graças a Deus pela extensão do reinado de Jesus Cristo em um país tão distante e

---

57 R. Pierce Beaver, "The Genevan Mission to Brazil", in *The Heritage of John Calvin*, ed. John H. Bratt, 61.

Retrato do líder francês calvinista, Gaspard de Coligny

igualmente tão estranho, e no meio de uma nação inteiramente sem o conhecimento do verdadeiro Deus."[58]

A Companhia de Pastores escolheu dois ministros para enviar ao Brasil. O Registrador nota sucintamente: "Na terça-feira, 25 de agosto [1556], em consequência do recebimento de uma carta solicitando desta igreja o envio de ministros às novas ilhas [Brasil], as quais França conquistara, foram eleitos M. Pierre Richer e M. Guillaume Charretier. Estes dois foram subsequentemente recomendados ao cuidado do Senhor e enviados com uma carta da parte desta igreja."[59] Onze leigos foram também recrutados para a colônia, incluindo Jean de Lery.

Embora Calvino não estivesse em Genebra nesta época, ele era mantido informado do que estava acontecendo, e ofereceu sua orientação por meio de cartas que eram enviadas a Villegagnon.

O trabalho entre os índios no Brasil não obteve bons resultados. O Pastor Richier escreveu a Calvino em abril de 1557, dizendo que os selvagens eram incrivelmente bárbaros. "O resultado é que sentimo-nos frustrados em

---

58 Ibid.
59 Philip E. Hughes, ed. and trans. *The Register of the Company of Pastors of Geneva in the Time of Calvin* (Grand Rapids: Eerdmans, 1966), 317.

nossa esperança de revelar-lhes Cristo", disse ele.⁶⁰ No entanto, Richier não queria abandonar a missão. Ele informou a Calvino que os missionários continuariam a obra em etapas, e esperavam pacientemente pelos seis jovens que foram postos com os índios (os Tupinambás) a aprender seu idioma. "Visto que o Altíssimo nos deu esta tarefa, esperamos que este Edom venha a ser uma futura possessão para Cristo", acrescentou confiantemente. Entrementes, ele confiava que o testemunho dos membros pios e laboriosos da Igreja Reformada na colônia influenciasse os índios.

Richier foi uma notável testemunha da ênfase missionária de Calvino de quatro maneiras: (1) obediência a Deus, fazendo o possível numa situação difícil; (2) confiando que Deus criasse oportunidades para testemunho posterior; (3) insistência sobre a importância das vidas e ações dos cristãos como meios de testificar; e (4) confiança de que Deus daria avanço ao Seu reino.

O resto da história é trágico. Villegagnon causou frustração em Calvino e nos Reformadores. Em 9 de fevereiro de 1558, nos arredores do Rio de Janeiro, ele estrangulou três calvinistas e os lançou ao mar. Os crentes fugiram para salvar suas vidas. Mais tarde, os portugueses atacaram e destruíram o resto da colônia.

E assim terminou a missão aos índios. Não há registro da conversão de algum índio. Mas quando se publicou um relato dos mártires do Rio de Janeiro, seis anos depois, ele começou com estes termos: "Uma terra bárbara, totalmente aturdida, vendo morrerem os mártires de nosso Senhor Jesus Cristo, algum dia produzirá os frutos que tão precioso sangue, em todos os tempos, costuma produzir."⁶¹ Como Tertuliano certa vez escreveu, "O sangue dos mártires é a semente da igreja". Hoje, a fé reformada está vicejando no Brasil entre os presbiterianos conservadores, mediante a pregação reformada, o Projeto Puritano, e vários ministros que publicam em português títulos Reformados e Puritanos.

Evidentemente, Calvino estava interessado em pregar o evangelho além-mares, mas esse interesse era limitado pelas seguintes realidades do século vinte:

---

60 Beaver, "The Genevan Mission to Brazil", 62.

61 G. Baez-Camargo, "The Earlist Protestant Missionary Venture in Latin America", *Church History* 21, 2 (June 1952): 144.

1. Tempo de repressão. A Reforma era ainda tão nova nos dias de Calvino, que ele precisou concentrar nas igrejas a verdade edificadora. Uma missão da igreja que não for construída sobre a verdade fundamental não está equipada para levar sua mensagem às terras estrangeiras.
2. A obra doméstica. Os que criticam Calvino, dizendo que seus esforços evangelísticos falharam em estender ao estrangeiro seu campo missionário, são totalmente injustos. Acaso Cristo não ordenou que seus discípulos começassem difundindo o evangelho em Jerusalém e na Judeia (missões domésticas) e então partissem para Samaria e às partes mais remotas da terra (missões estrangeiras)? Obviamente, a igreja estabelecida estaria envolvida em ambas as missões, doméstica e estrangeira, porém erramos quando julgamos que uma é mais importante que a outra. Um genuíno espírito de evangelização vê necessidade em toda parte. Não se pode cair vítima do espírito mundano, dizendo que "Quanto mais longe de casa, melhor".
3. Restrições do governo. A obra missionária além-mares, pelos Reformadores, era virtualmente impossível, porquanto a maioria dos governos europeus era controlada pelos príncipes, reis e imperadores católico-romanos. A perseguição aos protestantes se espalhava por toda parte. Como Calvino escreveu, "Hoje, quando Deus deseja que seu evangelho seja pregado no mundo inteiro, de modo que o mundo seja restaurado da morte para a vida, ele parece exigir o impossível. Vemos quão grandemente somos resistidos por toda parte e com quantas e quais potentes maquinações Satanás trabalha contra nós, de modo que todas as estradas são bloqueadas pelos próprios príncipes."[62]

Quase toda porta para o mundo pagão estava fechada para Calvino e seus colegas Reformadores. O mundo islâmico, ao sul e ao leste, era guardado pelos exércitos turcos, enquanto navios espanhóis e portugueses impediam o acesso ao novo mundo recém-descoberto. Em 1493, o papa Alexandre VI deu aos governantes espanhóis e portugueses direitos exclusivos sobre estas áreas, o que foi reafirmado pelos papas e tratados que se seguiram.

---

62 *Commentary* on Genesis 17:23.

Para Calvino e os outros Reformadores, sair ao mundo não significava necessariamente deixar a Europa. Praticar missões entre os incrédulos era próprio mesmo na esfera da cristandade. Pois a igreja de Genebra, da França e de boa parte da Europa era acessível. Fortificados pela teologia evangelística de Calvino, os crentes respondiam zelosamente ao chamado missionário.

Calvino fez o que podia para sustentar a evangelização na fronteira estrangeira. A despeito de seu trágico fracasso, o pioneiro projeto protestante, partindo da costa do Brasil, de 1550 a 1560, evocou a dedicada simpatia, interesse e correspondência contínua de Calvino.[63]

O espírito missionário de Calvino e a eleição

Ainda que os escritos específicos sobre missiologia de Calvino sejam limitados, suas Institutas, comentários, sermões, cartas e vida se desenvolveram com um espírito missionário. É fartamente claro que João Calvino tinha um coração posto na evangelização que visava estender o reino de nosso Senhor Jesus Cristo até os confins da terra. O desejo de Calvino era que "o reino de Cristo florescesse por toda parte". O estabelecimento do reinado celestial de Deus sobre a terra era tão importante, dizia Calvino, que "ele devia não só ocupar o lugar primordial entre nossas preocupações, mas inclusive absorver todos os nossos pensamentos".[64]

Tudo isto seria suficiente para dissipar o mito de que Calvino e seus seguidores promoveram a inatividade e desinteresse em evangelização. Ao contrário, as verdades da graça soberana, ensinadas por Calvino, tais como a eleição, são precisamente as doutrinas que encorajam a atividade missionária. Onde se amam, se apreciam e se ensinam corretamente as verdades bíblicas e reformadas, a evangelização e atividade missionária se proliferam.

A eleição encoraja a atividade missionária, pois Deus soberanamente une a eleição aos meios de graça (At 13.44-49). A eleição evoca a atividade missionária caracterizada por uma humilde dependência de Deus para aben-

---

[63] Beaver, "The Genevan Mission to Brazil", 55-73.
[64] Bonnet, *Letters of Calvin*, 2:134-35.

çoar. A doutrina da livre graça não constitui uma barreira ao evangelismo centrado em Deus e que glorifica a Deus; ela é uma barreira contra o conceito humanista da tarefa e métodos evangelísticos.[65]

Calvino nunca permitiu que a eleição limitasse a livre oferta do evangelho. Ele ensinava que, visto que ninguém sabe quem é eleito, os pregadores devem operar sobre o princípio de que Deus quer que todos sejam salvos.[66] A eleição fomenta mais do que limita a evangelização. A eleição pertence à categoria especial dos propósitos secretos de Deus, não à atividade evangelística da igreja. Consequentemente, o evangelho deve ser pregado a cada pecador; a resposta crente do pecador à livre oferta da salvação em Cristo revela se ele é ou não eleito. Pois ainda que o evangelho convide a todos quanto ouvem a Palavra, esse chamado só se torna eficaz pelo Espírito Santo no eleito.[67] Deus abre as portas da igreja para que o evangelho penetre o mundo inteiro, e Seus eleitos ouçam e respondam com fé.[68]

Assim, a eleição é o ímpeto e abonador do sucesso da evangelização reformado. Na expressão de Isaías 55.11, "assim será a palavra que sair de minha boca: não voltará para mim vazia, mas fará o que me apraz e prosperará naquilo para que a designei".

Acaso surpreende, pois, que Calvino chamasse a eleição o coração, a esperança e o conforto da igreja? Criaturas totalmente depravadas, tais como você e eu, porventura podem esperar em um Deus que elege?

Uma palavra de estímulo

Calvino tem sido criticado por seu suposto fracasso em manter os esforços evangelísticos. Já vimos que isto simplesmente não é assim, e as lições deveriam injetar-nos encorajamento.

Pode ser que alguém nos diga que devemos continuar na tarefa e sentir menos o que outros dizem de nós. Se Calvino não pôde escapar aos críticos

---

65 Van den Berg, "Calvin's Missionary Message", 179.
66 Inst. 3.24.16-17.
67 Ibid.
68 Inst. 3.21.7.

mesmo quando trabalhava vinte e quatro horas por dia, pregando, ensinando e escrevendo, o que dizer de nosso trabalho para o reino de Deus? Se Calvino não era evangelista, quem é? Acaso pretendemos confessar com William Carey que trabalhamos pelas almas dos pecadores, "Eu preferiria gastar-me do que enferrujar"?

Talvez alguns de nós se sintam cansados. Receamos que nos desgastemos sem ver o fruto de nossos esforços evangelísticos. De repente nos vemos sobrecarregados com trabalho. O labor espiritual tem produzido desgaste espiritual, o que, por sua vez, tem produzido desânimo espiritual. Nossos olhos não têm se turvado, porém nossa energia física e espiritual tem se esvaído seriamente pelo constante doar-nos em prol do bem dos outros.

Isso pode ser particularmente procedente para aqueles dentre nós que somos pastores. Nas noites de sábado nos vemos ansiosos por não nos sentirmos devidamente preparados para o culto; nossas responsabilidades têm sido pesadas demais. Sentimo-nos esmagados pela administração da igreja, pelo aconselhamento pessoal e pela correspondência. No domingo à noite, estamos completamente esgotados. Impossibilitados de suster nossas responsabilidades, labutamos sob um contínuo senso de inadequação. Falta-nos tempo para a família; falta-nos tempo para estarmos sozinhos com Deus. Como Moisés, nossas mãos ficam pesadas no momento de intercessão. Como Paulo, clamamos: "Quem é suficiente para essas coisas?" (2Co 2.16). A rotina do ministério diário se torna esmagador; experimentamos o que Spurgeon chamava "as vertigens do ministro", e indagamos se na verdade estamos sendo usados por Deus. Nossa visão do ministério é dolorosamente diminuída.

Em tais momentos, devemos seguir o exemplo de Calvino. Algumas de suas lições incluem:

- Olhe mais para Cristo. Descanse mais em Sua perseverança, pois sua perseverança repousa na dEle. Busque a graça de imitar Sua paciência sob a aflição. Suas provações podem alarmá-lo, porém não o destruirá. Suas cruzes são o método de Deus para a coroação real (Ap 7.14).

- Tenha uma visão ampla. Busque viver na luz da eternidade. O bambu chinês parece não fazer absolutamente nada ao longo de quatro anos. Então, durante seu quinto ano, de repente ele lança brotos de 28 metros em apenas sessenta dias. Acaso você diria que essa árvore cresceu em seis semanas ou em cinco anos? Se você segue o Senhor obedientemente, em geral verá seus esforços eventualmente recompensados. Entretanto, lembre-se de que Deus nunca lhe pediu que produza crescimento; Ele apenas lhe pede que continue agindo.
- Compreenda que momentos de desânimo costumam ser seguidos por momentos de despertamento. Enquanto predizemos a ruína da igreja, Deus está preparando renovação para ela. A igreja sobreviverá através de todos os tempos e alcançará a glória, enquanto que os ímpios se encaminharão à ruína. Então, cinja os lombos de sua mente e mantenha-se firme, pois o Senhor é maior do que Apoliom e os tempos, respectivamente. Olhe para Deus, não para o homem, pois a igreja pertence a Deus.
- Confie em Deus. Ainda que os amigos falhem para com você, Deus não fará isso. O Pai é digno. Cristo é digno. O Espírito Santo é digno. Já que você possui um grande Sumo Sacerdote, Jesus, o Filho de Deus, o qual domina desde os céus, achegue-se a Ele pela fé e espere nEle, e Ele renovará suas forças. Nem todos somos Calvinos. Na verdade, nenhum de nós pode ser Calvino. Mas podemos continuar trabalhando pela graça de Deus, buscando em Jesus a força diária. Se Calvino, um mero homem, fez tanto bem para a causa da evangelização, você também não deveria pedir a Deus que use seus esforços, tornando-os frutíferos com Sua benção?

Ouça o conselho do puritano, John Flavel, que escreveu: "Não sepulte a igreja antes que ela morra." Ore mais e mire menos as circunstâncias. Prossiga servindo o Senhor com duplo entusiasmo, quando você não percebe nenhum resultado aparente. Suporte a dificuldade como bom soldado de Cristo. Esteja disposto a ser considerado como ferramenta por amor a Cristo. Esteja certo de que você está em Deus, pois então pode estar seguro de que Deus está em você.

Nas palavras de M'Cheyne, "Que sua vida fale mais alto que seus sermões. Que sua vida seja a vida de seu ministério." Seja um exemplo no púlpito e fora dele, e dedique os frutos de seu ministério ao nosso soberano Deus, o qual nunca se equivoca e nem desiste da obra de Suas mãos.

Finalmente, recobre o ânimo para aproveitar "a porta aberta" de Calvino. Cometeríamos o erro de gastar nossas energias tentando abrir as portas que Deus já fechou? Acaso não deveríamos, antes, orar mais que novas portas se abram para nossos ministérios? Acaso não deveríamos buscar a orientação de Deus, reconhecendo quais portas estão abertas, e Sua força para andarmos por elas? Que Deus nos dê a graça não de ir à frente dEle, mas, ao contrário, de segui-Lo em todos os nossos esforços evangelísticos. Acaso não é a própria pulsação da evangelização reformada seguir a Deus, em vez de tentar ir adiante dEle?

Que o Senhor Jesus possa dizer de nós o que disse à igreja de Filadélfia, em Apocalipse 3.8: "Conheço as tuas obras – eis que tenho posto diante de ti uma porta aberta, a qual ninguém pode fechar – que tens pouca força, entretanto guardaste minha palavra e não negaste meu nome."

É exatamente isso o que a evangelização reformada é, e é exatamente isso que nossa evangelização deve ser. Que Deus nos ajude a sermos verdadeiros para com Seu Nome, sermos obedientes à Sua Palavra, buscarmos as portas que Ele abrirá adiante de nós, e orarmos com Calvino: "Que diariamente te solicitemos em nossas orações, e nunca duvidemos, mas que, ao contrário, sob o governo de teu Cristo, possamos outra vez congregar o mundo inteiro... quando Cristo exercer o poder que lhe foi dado para nossa salvação e para a do mundo inteiro."[69]

---

69 Citado em J. Graham Miller, *Calvin's Wisdom* (Edinburgh: Banner of Truth Trust, 1992), 221.

CAPÍTULO 4

A PRÁTICA PURITANA DA MEDITAÇÃO

"A meditação consagra, a meditação sara, a meditação instrui."
– Ezekiel Culverwell[1]

Crescimento espiritual anseia ser parte da vida cristã dos crentes. Pedro exorta os crentes a "crescei na graça e no conhecimento de nosso Senhor e Salvador Jesus Cristo" (2Pe 3.18). O Catecismo de Heidelberg reza que os cristãos genuínos são membros de Cristo, pela fé, e participantes de Sua unção. Pelo poder de Cristo, eles são ressuscitados para uma nova vida e possuem o Espírito Santo que lhes é dado como fiador; pelo poder do Espírito, eles "buscam as coisas que são do alto" (Cl 3.1). Só se deve esperar o crescimento espiritual, visto "ser impossível que aqueles que são implantados em Cristo mediante uma fé genuína não produziriam frutos da gratidão".[2]

Um dos entraves ao crescimento entre os cristãos atuais é nosso fracasso em cultivar o conhecimento espiritual. Falhamos em dar mais tempo à oração e à leitura da Bíblia, e temos abandonado a prática da meditação. Quão trágico é que a própria palavra *meditação*, uma vez considerada

---

1 Introduction to "Divine Meditations and Holy Contemplations", in *The Works of Richard Sibbes* (Edinburgh: Banner of Truth Trust, 2001), 184.
2 *Heidelberg Catechism*, Questions 32, 45, 49, 64.

como a essência da disciplina no Cristianismo, e "uma crucial preparação para e adjunto do exercício da oração", esteja agora associada a uma espiritualidade anti-bíblica da Nova Era. Criticamos com razão aos que se engajam em meditação transcendental, e outros exercícios relaxantes da mente, visto que tais práticas se acham conectadas com falsas religiões, tais como o Budismo e o Hinduísmo, e nada têm a ver com a Escritura. Tais formas de meditação visam a esvaziar a mente a fim de separar-se do mundo e fundir-se à assim chamada Mente Cósmica – não para aderir, nem ouvir e nem ser ativo para com um Deus vivo e pessoal. Não obstante, podemos aprender de tais pessoas a importância da reflexão serena e meditação prolongada.[3]

Em certa época, a igreja cristã esteve profundamente engajada em meditação bíblica, o que envolvia separação do pecado e comunhão com Deus e com o próximo. Na era puritana, muitos ministros pregavam e escreviam sobre como meditar.[4] Neste capítulo, visualizaremos a arte puritana da meditação, considerando a natureza, dever, método, temas, benefícios, obstáculos e autoexame da meditação.[5] Com os puritanos como mentores, talvez possamos descobrir a prática bíblica da meditação para nossa época.

---

3 Richard Foster, *Celebration of Discipline* (São Francisco: Harper & Row, 1978), 14-15.

4 Ver bibliografia anexa.

5 Poucos estudos se têm feito sobre a meditação puritana. Louis Martz, o qual publicou a íntima relação entre meditação e poesia, escreveu um capítulo crítico sobre a visão que Richard Baxter tinha da meditação (*The Poetry of Meditation* [New Haven: Yale, 1954]). U. Milo Kaufmann mostrou a importância da meditação puritana na ficção *Progresso do Peregrino* (*The Pilgrim's Progress and Traditions in Puritan Meditation* [New Haven: Yale, 1966]). Barbara Lewalski elaborou o foco sobre as contribuições de uma forma distintivamente protestante da meditação (*Donne's "Anniversaries" and the Poetry of Praise, the Creation of a Symbolic Mode* [Princeton: University Press, 1973] e *Protestant Poetics and the Seventeenth-Century Religious Lyric* [Princeton: University Press, 1979]).Norman Grabo efetivamente desafiou a tese de Martz de que o pensar calvinista impediu o protestantismo de desenvolver a arte da meditação até meados do século dezessete ("The Art of Puritan Devotion", *Seventeenty-Century News* 26, 1 [1968]: 8). Frank Livinstone Huntley também quase categorizou a meditação protestante como sendo filosoficamente platônica, psicologicamente agostiana e teologicamente paulina e calvinista, em contraste com a meditação católico-romana como aristotélica e tomista (*Bishop Joseph Hall and Protestant Meditation in Seventeenth-Century England: A Study With the texts of The Art of Divine Meditations* [1606] and *Occasional Meditations* [1633] [Binghamton, N.Y.: Center for Medieval & Early Renaissance Studies, 1981]). Simon Chan forneceu uma nova avaliação histórica da meditação puritana, cobrindo um maior volume de textos do que os previamente examinados e indo além de uma visão literária ("The Puritan Meditative Tradition, 1599-1691: A Study of Ascetical Piety" [Ph.D. dissertation, Cambridge University, 1986]). Ele argumentou que a meditação puritana mudou progressivamente numa direção mais metodológica na segunda metade do século dezesseis. No entanto, precisa-se escrever um livro que examine o tributo teológico e prático da meditação puritana.

DEFINIÇÃO, NATUREZA E TIPOS DE MEDITAÇÃO

A palavra *meditar* ou *ponderar* significa "pensar sobre" ou "refletir". "Enquanto eu meditava, ateou-se o fogo", disse Davi (Sl 39.3). Significa ainda "murmurar, sussurrar, fazer ruído com a boca. ... Implica o que expressamos por meio de um solilóquio ou falar consigo mesmo".[6] Esse tipo de meditação envolvia recitar para si, em espaçado murmúrio, passagens da Escritura que alguém armazenara na memória.

A Bíblia fala de meditação em termos recorrentes. Lemos em Gênesis 24.63 "Saíra Isaque a meditar no campo, ao cair da tarde". Não obstante Josué haver recebido a tarefa de supervisionar a conquista de Canaã, o Senhor lhe ordenou que meditasse no livro da lei dia e noite, de modo a fazer tudo o estava escrito nele (Js 1.8). O termo *meditação* ocorre com mais frequência nos Salmos do que em todos os demais livros da Bíblia juntos. O Salmo 1 chama de bem-aventurado aquele que se deleita na lei do Senhor e medita nela dia e noite. No Salmo 63.6, Davi diz que em seu leito recordava do Senhor e meditava nEle durante as vigílias da noite. No Salmo 119.148, ele diz: "Meus olhos antecipam-se às vigílias noturnas, para que eu medite em tuas palavras."[7]

Pensar, refletir ou ponderar pressupõe um assunto sobre o qual meditar. Meditação formal implica assuntos importantes. Por exemplo, os filósofos meditam sobre conceitos tais como a matéria e o universo, enquanto os teólogos refletem sobre Deus, os decretos eternos e a vontade do homem.

Os puritanos nunca se cansavam de dizer que a meditação bíblica envolve pensar sobre o Deus Trino e Sua Palavra. Por meio de meditação concentrada na Palavra viva, em Jesus Cristo e na Palavra escrita de Deus, a Bíblia, os puritanos se distanciaram do tipo de espiritualidade ou misticismo espúrio que enfatiza a contemplação às custas da ação, e os voos da imaginação às custas do conteúdo bíblico.

---

6 William Wilson, *OT Word Studies* (McLean, Va.: MacDonald Publishing Co., n.d.), 271.
7 Cf. Salmo 4.4; 77.10-12; 104.34; 119.16,48,59,78,97-99.

Para os puritanos, a meditação exercita, respectivamente, a mente e o coração; aquele que medita aborda um tema tanto com seu intelecto quanto com seus afetos. Thomas Watson definiu meditação como "um santo exercício da mente por meio do qual trazemos à memória as verdades de Deus, ponderamos seriamente sobre elas e as aplicamos a nós mesmos".[8]

Edmund Calamy escreveu: "A verdadeira meditação se dá quando uma pessoa de tal modo medita em Cristo, que tem seu *coração* inflamado com o amor de Cristo; de tal modo medita nas verdades de Deus, que se vê transformada por elas; e de tal modo medita sobre o pecado, que seu coração passa a odiá-lo." Ele continua dizendo que, para fazermos o bem, a meditação deve entrar por três portas: a porta da compreensão, a porta do coração e dos afetos e a porta do viver prático. "Que de tal modo medites em Deus, que passes a andar como Deus anda; e de tal modo medites em Cristo, que o prezes e vivas em obediência a Ele."[9]

A meditação era um dever diário que abrangia todos os demais deveres da vida cristã puritana. Como o óleo lubrifica uma máquina, assim a meditação facilita o diligente uso dos meios de graça (ler a Escritura, ouvir sermões, orar e todas as demais ordenanças de Cristo)[10], aprofunda as marcas da graça (arrependimento, fé, humildade) e fortalece as relações de uns para com os outros (amor para com Deus, para com os irmãos de fé, bem como para com o próximo em geral).

Os puritanos escreveram sobre dois tipos de meditação: ocasional e deliberado. Calamy escreve que "Há uma *meditação súbita, breve e ocasional* sobre as coisas celestiais; e há uma *meditação solene, resoluta e deliberada*". A meditação ocasional faz com que alguém observe com os sentidos "a elevação de seus pensamentos à meditação celestial". O crente faz uso do que vê com os olhos ou ouve com os ouvidos, "como uma escada que leva

---

8 *Heaven Taken by Storm* (Morgan, Pa.: Soli Deo Gloria, 2000), 23. Para definições similares feitas por outros puritanos, ver Richard Greenham, "Grave Covnsels and Godly Observations", in *The Works of the Reverend and Faithfvll Servant of Iesvs Christ M. Richard Greenham*, ed. H. H. (Londres: Felix Kingston para Robert Dexter, 1599), 37.

9 *The Art of Divine Meditation* (Londres: for Tho. Parkhurst, 1634), 26-28.

10 Cf. *Catecismo Maior*, P. 154.

ao céu". É justamente isso que Davi fez com a lua e as estrelas no Salmo 8; o que Salomão fez com as formigas em Provérbios 6; e o que Cristo fez com o poço de água em João 4.[11] Thomas Manton explicou: "Deus preparou a antiga igreja por meio de tipos e cerimônias, para que, por meio de um objeto comum, se elevassem aos pensamentos espirituais; e nosso Senhor, no Novo Testamento, ensinou por meio de parábolas e similitudes extraídas das funções e ofícios ordinários entre os homens, para que em cada transação e vocação sejamos envolvidos em nossa atividade terrena com uma mente celestial, e assim, seja na loja, seja na fábrica, seja no campo, ainda pensemos em Cristo e no céu."[12]

A meditação ocasional – ou meditação "extemporânea"[13] – é relativamente fácil para um crente, porque ela pode ser praticada em qualquer tempo, em qualquer lugar e entre quaisquer pessoas. Uma pessoa espiritualmente ponderada pode aprender rápido como espiritualizar as coisas naturais, pois seus desejos estão em oposição à mente profana que carnaliza até mesmo as coisas espirituais.[14] Como Manton escreveu, "O coração gracioso é como um alambique [aparato de destilação]; ele pode destilar meditações proveitosas de todas as coisas que encontra pela frente. Como ele vê todas as coisas em Deus, assim vê Deus em todas as coisas."[15]

Quase cada livro puritano sobre meditação menciona a meditação ocasional. Alguns puritanos, tais como William Spurstowe, Thomas Taylor, Edward Bury e Henry Lukin, escreveram livros inteiros sobre meditações ocasionais.[16]

---

11 Calamy, *The Art of Divine Meditation*, 6-10.
12 *The Works of Thomas Manton* (Londres: James Nisbet & Co., 1874), 17:267-68.
13 Huntley, *Hall and Protestant Meditation*, 73.
14 *The Art of Divine Meditation*, 14-15.
15 *The Works of Thomas Manton*, 17:267. Cf., "A gracious heart, like fire, turns all objects into fuel for meditation" (*The Sermons of Thomas Watson* [Lignier, Pa.: Soli Deo Gloria, 1990], 247).
16 William Spurstowe, *The Spiritual Chymist: or, Six Decads Of Divine Meditations* (Londres: n.p., 1666); Thomas Taylor, *Meditations from the Creatures* (Londres, 1629); Edward Bury, *The Husbandman's Companion: Containing One Hundred Occasional Meditations, Reflections, and Ejaculations, Especially Suited to Men of the Employment. Directing them how they may be Heavenly-minded while about their Ordinary Calling* (Londres: for Tho. Parkhurst, 1677); Henry Lukin, *An Introduction to the Holy Scriptures* (Londres, 1669).

Não obstante, a meditação ocasional tem seus riscos. O bispo Joseph Hall advertiu que, quando perdem o controle, tais meditações poderiam facilmente escapar da Palavra e virem a ser supersticiosas, como se deu com a espiritualidade católico-romana.[17] A imaginação de alguém tem de ser dominada pela Santa Escritura.

Os puritanos diferiam entre si sobre até aonde iam com sua meditação. Em *The Pilgrim's Progress and Traditions in Puritan Meditation*, U. Milo Kaufmann disse que havia duas tradições divergentes na meditação puritana. Ele disse que Joseph Hall, um puritano moderado em orientação teológica, ainda que não em política eclesiástica, levou avante o desenvolvimento da literatura sobre a meditação entre os puritanos, através de sua obra *Art of Divine Meditation* [a Arte Divina da Meditação], publicada pela primeira vez em 1606. Hall refreou a imaginação na meditação confinando-a ao conteúdo da Palavra. Isso influenciou grandemente a Isaac Ambrosie e Thomas Hooker, que escreveram na década de 1650, e John Owen e Edmund Calamy, que escreveram uma geração depois. Kaufmann asseverou que, diferentes dos escritores católico-romanos, a maioria dos puritanos "provavelmente não costumavam meditar sobre os eventos na vida de Cristo, mas, antes, sobre doutrinas e pressuposições específicas da Escritura".[18]

De acordo com Kaufmann, Richard Sibbes e Richard Baxter se apartaram desta tradição ao recomendarem a meditação sobre os sacramentos e o céu. Sibbes, particularmente, asseverou que, ainda quando a alma possa receber muita ferida da imaginação desenfreada, ela pode também "dela pode receber muito bem". Sibbes escreveu que, representar as coisas celestiais em termos terrenos, tais como apresentar o reino do céu em termos de um banquete e a união com Cristo como um casamento, propiciava "um vasto campo para nossa imaginação perambular... com uma grande medida de *lucro* espi-

---

17 Huntley, *Hall and Protestant Meditation*, 74.
18 (New Haven: Yale, 1966), 126. Kaufmann cita a forte rejeição de Thomas Hooker da imaginação: "Preservar nossas mentes de agitações e vãs imaginações é ter nossos entendimentos plenamente dominados pelas benditas Verdades de Deus como nosso alimento diário e designado" (*The Application of Redemption: The Ninth and Tenth Books*, 232).

Richard Sibbes   Richard Baxter

ritual".[19] Kaufmann cria que Baxter, ao enfatizar a imaginação, comparando objetos do sentido com objetos da fé, foi movido por *The Soul's Conflict* [Os Conflitos da Alma] de Sibbes. Por sua vez, John Bunyan se viu animado a escrever *The Pilgrim's Progress* [O Progresso do Peregrino], onde ele aplicou sua imaginação a uma ampla gama de tópicos que afetam a peregrinação espiritual do crente.[20]

Ainda que a apreciação de Kaufmann contenha parcelas de verdade, ele nutre bem pouco sentimento pelo temor puritano de permitir que a imaginação tenha livre rédea para além da Escritura. Os puritanos temiam corretamente os excessos de Anselmo, Inácio de Loyola, entre outros católico-romanos que visualizavam as histórias evangélicas – particularmente a prisão, o julgamento, a crucificação e a ressurreição de Cristo – para abrir a imaginação através dos cinco sentidos.[21] Além do mais, a apreciação negativa que faz Kaufmann de Hall e Ambrosio falha em levar em conta a notável liberdade que ambos os escritores deram à imaginação bíblica e ao uso dos sentidos.[22]

---

19 Citado em Kaufmann, 144-45.
20 Ibid., 150-251.
21 Peter Toon, *Meditating as a Christian* (Londres: Collins, 1991), 175-78; *The Spiritual Exercises of St. Ignatius*, trans. Anthony Mottola (Nova York: Doubleday & Co., 1964).
22 Huntley, *Hall and Protestant Meditation*, 44-54.

O *Contemplations* de Hall e o *Looking Unto Jesus* de Ambrosio insistiram na meditação sem ultrapassar as fronteiras da Escritura. Essa balança é crítica na tradição puritana e, como tal, os puritanos servem de mentores sobre como podemos usar a imaginação santificada.[23]

O tipo mais importante de meditação é a meditação diária e deliberada, engajada em tempos estabelecidos. Calamy disse que a meditação deliberada ocorre "quando alguém *separa...* algum tempo e entra em sua sala privada, ou numa caminhada solitária, e então *"medita solene e deliberadamente sobre as coisas celestiais"*. Essa deliberação reside em Deus, em Cristo e na verdade, como "a abelha que para e paira sobre a flor, a sugar toda sua doçura". "É um ato reflexivo da alma, pelo qual a alma recua a si própria e considera todas as coisas que conhece" sobre o assunto, inclusive suas "causas, frutos [e] propriedades".[24]

Thomas White disse que a meditação deliberada emana de quatro fontes: da Escritura, das verdades práticas do Cristianismo, de ocasiões (experiências) ocasionais e de sermões. Os sermões são, particularmente, férteis campos para a meditação. Como White escreveu: "É melhor ouvir apenas um sermão e meditar sobre seu conteúdo, do que ouvir dois sermões e não meditar sobre nenhum deles."[25]

Alguns puritanos dividiam a meditação deliberada em duas partes: meditação que é direta e foca o objeto meditado e a meditação que é reflexa (ou "reflexiva") e foca a pessoa que ora medita. A meditação direta é "um ato da parte contemplativa do entendimento", enquanto a meditação reflexiva é "um ato da consciência". A meditação direta ilumina a mente com conhecimento, enquanto a meditação reflexiva enche o coração com bondade.

A meditação deliberada pode ser dogmática, tendo a Palavra como seu objeto; ou prática, tendo nossas vidas como seu objeto.[26] Thomas Gouge combinou diversos aspectos da meditação deliberada, ao escrever: "Uma

---

23 Cf. Peter Toon, *From Mind to Heart: Christian Meditation Today* (Grand Rapids: Baker, 1987), 99-100.
24 *The Art of Divine Meditation*, 22-23; *Works of Greenham*, 38.
25 White, *A Method and Instructions for the Art of Divine Meditation with Instances of the several Kindes of Solemn Meditation* (Londres: for Tho. Parkhurst, 1672), 17-20.
26 *The Works of Thomas Manton*, 17:268.

Meditação estabelecida e deliberada é uma séria aplicação da mente a algum tema espiritual ou celestial, discursando daí contigo mesmo, a fim de que teu coração se aqueça, teus afetos se vivifiquem e tuas resoluções se intensifiquem a um maior amor para com Deus, mais ódio ao pecado etc."[27]

Richard Baxter disse que meditação "estabelecida e solene" difere de meditação "ocasional e apressada" justamente como tempos de oração diferem de orações espontâneas pronunciadas em meio às labutas diárias.[28] Ambos os tipos de meditação são essenciais à piedade; servem tanto às necessidades da cabeça como do coração.[29] Sem a aplicação no coração, a meditação não é mais que estudo. Como Thomas Watson escreveu: "Estudo é a descoberta de uma verdade; meditação é a benfeitoria espiritual de uma verdade; uma busca a mina de ouro; a outra cava até o ouro. Estudo é como um sol de inverno que tem pouco calor e influência; meditação... derrete o coração quando este está congelado e o faz gotejar lágrimas de amor."[30]

O DEVER E NECESSIDADE DA MEDITAÇÃO

Os puritanos realçavam a necessidade de meditação. Diziam que, primeiramente, Deus nos ordena a meditarmos sobre Sua Palavra. Só isso seria razão suficiente. Citam numerosos textos bíblicos (Dt 6.7; 32.46; Sl 19.14; 49.3; 63.3; 94.19; 119.11, 15, 23, 28. 93, 99; 143.5; Is 1.3; Lc 2.19; 4.44; Jo 4.24; Ef 1.18; 1Tm 4.13; Hb 3.1) e exemplos (Melquisedeque, Isaque, Moisés, Josué, Davi, Maria, Paulo, Timóteo). Quando falhamos em meditar, desconsideramos a Deus e Sua Palavra, e revelamos que não somos piedosos (Sl 1.2).

Em segundo lugar, devemos meditar sobre a Palavra como uma carta que Deus nos escreveu. Thomas Watson escreveu: "Não devemos apressar-nos

---

27 *Christian Directions, shewing How to walk with God All the Day long* (Londres: R. Ibbitson and M. Weight, 1661), 65.

28 *The Saints' Everlasting Rest* (Ross-shire, Scotland: Christian Focus, 1998), 553. Cf. White, *A Method and Instructions for the Art of Divine Meditation*, 14.

29 Henry Scudder, *The Christian Man's Calling* (Filadélfia: Presbyterian Board of Publication, n.d.), 103-104. Cf. *The Works of William Bates* (Harrisonburg, Va.: Sprinkle, 1990), 3:113-65.

30 *Gleanings from Thomas Watson* (Morgan, Pa.: Soli Deo Gloria, 1995), 106.

nessa empresa; devemos meditar sobre a sabedoria de Deus em nela definida, e seu amor em nos enviá-la."[31] Esse tipo de meditação inflamará nossos afetos e amor para com Deus. No dizer de Davi, "Para os teus mandamentos, que amo, levantarei as mãos e meditarei em teus decretos" (Sl 119.48).

Em terceiro lugar, ninguém pode ser um cristão sólido sem meditar. No dizer de Thomas Watson, "A fé é pobre e inclinada a morrer, a menos que ela seja alimentada com meditação contínua sobre as promessas; como diz Davi, no Salmo 119.92: 'Não fosse a tua lei ter sido o meu prazer, há muito já teria eu perecido em minha angústia.'"[32] Watson escreveu: "Um cristão sem meditação é como um soldado sem armas, ou um operário sem ferramentas. Sem meditação, as verdades de Deus não permaneceriam conosco; o coração é duro e a memória, efêmera; e sem meditação tudo está perdido."[33]

Em quarto lugar, sem meditação, a Palavra pregada falhará em ser-nos proveitosa. Scudder escreveu que ler sem meditação é como deglutir "alimento cru e indigesto".[34] Richard Baxter agregou: "Uma pessoa pode comer demais, porém não pode digerir tão bem."[35]

Watson escreveu: "Há tanta diferença entre o conhecimento de uma verdade, e a meditação sobre uma verdade, como há entre a luz de uma tocha e a luz do sol: ponha uma lâmpada ou uma tocha no jardim, e ela não exercerá nenhuma influência. O sol tem uma doce influência; ele faz as plantas crescerem e as ervas, florescerem. Assim o conhecimento é apenas como uma tocha acesa no entendimento, a qual exerce pouca ou nenhuma influência; ela não torna uma pessoa melhor; mas a meditação é como os raios do sol: operam nos afetos, aquecem o coração e o fazem mais santo. A meditação extrai vida de uma verdade."[36]

Em quinto lugar, sem meditação, nossas orações serão menos efetivas. Manton escreveu: "A meditação é uma sorte de dever central entre palavra e

---

31 *Sermons of Thomas Watson*, 238.
32 *The Works of Thomas Manton*, 17:270.
33 *Sermons of Thomas Watson*, 238.
34 *The Christian's Daily Walk*, 108.
35 *The Saint's Everlasting Rest*, 549.
36 *Sermons of Thomas Watson*, 239.

oração, e se relaciona com ambas. A palavra alimenta a meditação e a meditação alimenta a oração; devemos ouvir para que não erremos e meditar para que não sejamos estéreis. Esses deveres devem sempre ir de mãos dadas; a meditação deve seguir a audição e preceder a oração."[37]

Em sexto lugar, os cristãos que falham em meditar são incapazes de defender a verdade. Não possuem espinha dorsal e têm pouco conhecimento próprio. Como escreveu Manton: "A pessoa que ignora a meditação é estranha a si mesma."[38] No dizer de Watson, "a meditação é que faz um cristão".[39] "Assim que percebemos a necessidade de meditação", escreveu o arcebispo James Ussher, "deliberar sobre o dever, caso queiramos ir para o céu."[40]

Finalmente, acrescente-se também que tal meditação é parte essencial da preparação de sermão. Sem ela, aos sermões faltará profundidade de compreensão, riqueza de sentimento e clareza de aplicação. A orientação de Bengel aos alunos de grego neotestamentário capta a essência de tal meditação: "*Te totam applica ad textum; rem totam applica ad te*" (Aplique todo seu ego ao texto; aplique a si todo conteúdo dele).

A MANEIRA DE MEDITAÇÃO

Para os autores puritanos, havia requisitos e normas para a meditação. Consideremos o que escreveram sobre a frequência e tempo de meditação, preparação para a meditação e diretriz para a meditação.

Frequência e tempo

Em primeiro lugar, a meditação divina deve ser frequente – o ideal é que seja duas vezes ao dia, caso o tempo e obrigações o permitam; certamente, ao menos uma vez ao dia. Se a Josué, um comandante atarefado, Deus ordenou

---

37 *The Works of Thomas Manton*, 17:272.
38 Ibid., 271.
39 *Sermons of Thomas Watson*, 240.
40 *A Method for Meditation: ou, A Manuall of Divine Duties, fit for every Christians Practice* (Londres: for Joseph Nevill, 1646), 21.

William Bates   Thomas Gouge

que meditasse dia e noite sobre Sua lei, acaso nós também não devemos deleitar-nos em meditar sobre a verdade de Deus a cada manhã e a cada noite? Falando em termos gerais, quanto mais frequentemente meditamos sobre o Deus Trino e Sua verdade, mais intimamente o conheceremos. A meditação também se tornará mais fácil.[41]

Longos intervalos entre as meditações obstruirão seu fruto. Como escreveu William Bates, "Se a ave deixar seu ninho por um longo espaço de tempo, os ovos se esfriarão e já não são próprios à produção; mas, onde há uma constante incubação, então eles geram. Assim, quando deixamos os deveres religiosos por um longo espaço de tempo, nossos afetos se esfriarão e se tornarão insensíveis; e não mais serão próprios à produzir santidade e confortar nossas almas."[42]

Em segundo lugar, os puritanos aconselhavam estabelecer um tempo para a meditação e persistir nesse período. Baxter escreveu que isso reforçará o dever e o defenderá "contra muitas tentações à omissão".[43] Que este lhe seja um "tempo bem oportuno", quando você está mais alerta e não

---

41   *The Art of Divine Meditation*, 96-101.
42   *The Works of William Bates* (Harrisonburg, Va.: Sprinkle, 1990), 3:124-25.
43   *The Saint's Everlasting Rest*, 555.

apertado por outras obrigações. Bem de manhã é um tempo excelente, porque sua meditação dará uma boa combinação para o resto do dia (Ex 23.19; Jó 1.5; Sl 119.147; Pv 6.22; Mc 1.35). Todavia, para alguns, durante a noite pode ser mais frutífero (Gn 24.63; Sl 4.4). A atividade do dia fica para trás deles e estão prontos a descansar "no seio de Deus com uma suave meditação" (Sl 16.7).[44]

Use o Dia do Senhor para dozes generosas no momento de meditação. Em seu *Diretory for the Publique Worship of God*, os doutores de Westminster aconselharam "quando houver tempo disponível entre ou depois da reunião solene e pública da congregação, que esse período seja gasto com leitura, meditação e repetição de sermões".[45] Thomas Gouge admoestava: "Se você provasse sempre da doçura deste dever de meditação divina, então teria pouco tempo para tagarelice fútil e diálogos ociosos, especialmente no Dia do Senhor."[46] Baxter indagava: "Que dia mais próprio de subir ao céu do que aquele em que nosso Senhor sobe da terra, triunfa plenamente sobre a morte e o inferno e toma posse do céu para nós?"[47]

Da mesma forma, use momentos especiais para meditação. Segundo os puritanos, esses incluem o seguinte: "1. Quando Deus revitalizar e capacitar teu espírito de uma maneira extraordinária. 2. Quando enfrentares tribulações mentais terrificantes, através de sofrimentos, ou medo, ou preocupação, ou tentações. 3. Quando os mensageiros de Deus nos convocam à morte; quando nossos cabelos esbranquiçados, ou nossos corpos debilitados, ou coisas semelhantes, como precursoras da morte, nos informarem que nossa mudança já não pode ser prorrogada."[48] 4. "Quando o coração se vê tocado por um sermão ou um Sacramento, ou notar algum

---

44 *The Works of William Bates*, 126-27. Thomas Watson acentua mais enfaticamente as meditações matutinas (*Sermons of Thomas Watson*, 250-54).

45 Ver "Of the Sanctification of the Lord's Day", *Directory for the Publique Worship of God*.

46 *Christian Directions, shewing How to walk with God All the Day long* (Londres: R. Ibbitson and M. Wright, 1661), 66-67.

47 *The Saint's Everlasting Rest*, 560.

48 Ibid., 561.-63.

julgamento ou misericórdia, ou um ato da providência de Deus, [pois então] é melhor pensar enquanto o ferro está em brasa (Sl 119.23)."[49] 5. "Antes de alguns deveres solenes, por exemplo, antes da Ceia do Senhor e antes de momentos especiais de profunda humilhação, ou antes do Dia do Senhor."[50]

Em terceiro lugar, medite "ordinariamente até encontrares algum benefício sensível transmitido à tua alma". Bates dizia que meditar é como tentar construir uma fogueira com madeira úmida. Os que perseveram produzirão uma chama. Quando começamos a meditar, a princípio podemos conseguir apenas um bocado de fumaça; a seguir, talvez, umas poucas faíscas, "mas, por fim, aparece uma chama de santos afetos que sobe para Deus". Persevere "até que a chama então suba", disse Bate.[51]

Haverá momentos em que a chama não sobe. Então você não deve continuar indefinidamente. Manton escreveu: "Nem ceda à preguiça, nem ocasione exaustão espiritual: o diabo tem vantagem sobre você de ambas as maneiras". "Quando você tortura seu espírito, após ter sido consumido, isso faz da obra de Deus uma servidão."[52]

A maioria dos puritanos não aconselhava que se gastasse muito tempo na meditação. Entretanto, James Ussher recomendava ao menos uma hora por semana, e Thomas White sugeria: "Considerando que as partes da meditação são tantas, a saber, "preparação, considerações, afetos, resoluções etc., e nenhuma delas deve ser passada em branco, pois os afetos não são despertados muito depressa, nem devemos cessar de soprar o fogo tão logo a chama apareça, até que esteja bem aceso, pode-se pensar em meia hora [por dia] para os iniciantes e uma hora para aqueles que já são versados neste dever."[53]

---

49   William Fenner, *The Use and Benefit of Divine Meditation* (Londres: for John Stafford, 1657), 10.
50   *The Works of Thomas Manton*, 17:298.
51   *The Works of William Bates*, 3:125.
52   *The works of Thomas Manton*, 17:299.
53   Ussher, *A Method for Meditation: ou, A Manuall of Divine Duties, fit for every Christians Practice* (Londres: for Joseph Nevill, 1656), 30-31; White, *A Method and Instructions for the Art of Divine Meditation*, 29.

Preparação

Escritores puritanos sugeriam diversos modos de se preparar para a meditação efetiva, todos eles dependem "muito da chama de teu coração":

1. Limpe seu coração das coisas deste mundo – sua atividade e diversões, do mesmo modo que das tribulações e agitações interiores. Calamy escreveu: "Ore a Deus não só para guardá-lo de companhia externa, mas também de companhia íntima; isto é, que o guarde dos pensamentos vãos, mundanos e dispersivos."[54]

2. Tenha seu coração purificado da culpa e da poluição do pecado, e despertado pelo fervoroso amor pelas coisas espirituais. Entesoure um rico depósito de textos bíblicos e verdades espirituais. Busque a graça de abraçar a confissão de Davi no Salmo 119.11: "Guardo no coração as tuas palavras, para não pecar contra ti."

3. Abrace a tarefa da meditação com a máxima seriedade. Esteja cônscio de sua importância, excelência e potencial. Caso seja bem sucedido, você será admitido na própria presença de Deus e sentirá uma vez mais o início da alegria eterna aqui na terra.[55] Como escreveu Ussher, "Que este seja o pensamento de teu coração: Eu tenho que dar contas a um Deus para quem todas as coisas estão descobertas e nuas, e por isso devo ser prudente em não falar nesciamente diante do Deus sábio, para que meus pensamentos não sejam dispersivos. Uma pessoa pode andar com o maior príncipe da terra e, no entanto, sua mente pode estar longe. Não se apresse a falar com Deus; seus olhos estão no coração e, portanto, teu principal cuidado deve ser em manter o leme de teu coração preparado. Pondera bem que as três pessoas da Trindade estão presentes."[56]

---

54 Calamy, *The Art of Divine Meditation*, 173.
55 *Heidelberg Catechism*, Q. 58.
56 *A Method for Meditation*, 32-33.

James Ussher

4. Encontre um lugar para meditação que seja tranquilo e livre de interrupção. Joseph Hall escreveu: "Almeje "privacidade, silêncio e descanso, dos quais o primeiro exclua qualquer companhia, o segundo, qualquer ruído, e o terceiro, qualquer movimento.[57] Uma vez encontrado um lugar apropriado, adote esse lugar. Alguns puritanos recomendavam que se mantenha a sala escura ou os olhos fechados para afastar todas as distrações visíveis. Outros recomendavam andar ou assentar no seio da natureza. Aqui a pessoa acharia seu próprio método.

5. Mantenha a postura física que seja reverente: assentado, em pé, andando ou se prostrando diante do Altíssimo. Durante a meditação, o corpo deve ser o servo da alma, seguindo seus afetos. O alvo é concentrar a alma, a mente e o corpo na "a glória de Deus na face de Cristo" (2Co 4.6).[58]

Orientação

Os puritanos ofereciam também orientação para o processo de meditação. Diziam que se comece pedindo a assistência do Espírito Santo. Ore pelo poder de utilizar sua mente e focar os olhos da fé nesta tarefa. Como escreveu

---

57 *Bishop Joseph Hall and Protestant Meditation*, 80-81.
58 *The Works of William Bates*, 136-39; Baxter, *The Saints' Everlasting Rest*, 567-70.

Calamy, "Gostaria que você orasse a Deus que ilumine seu entendimento, avive sua devoção, aqueça seus afetos e de tal modo lhe abençoe nessa hora; pela meditação nas coisas santas, você venha a ser mais santo, tenha seus desejos mais mortificados e suas graças, aumentadas; que você se sinta mais mortificado para o mundo e para suas vaidades, e elevado ao Céu e às coisas do Céu."[59]

A seguir, leia as Escrituras, então selecione um versículo ou doutrina sobre a qual meditar. Os puritanos aconselhavam que a pessoa se assegurasse de tomar posse de temas relativamente fáceis para meditar no início. Por exemplo, comece com os atributos de Deus em vez da doutrina da Trindade. Pondere sobre temas oportunos.

Além disso, selecione temas que sejam mais aplicáveis às suas circunstâncias atuais e que sejam mais benéficos à sua alma. Por exemplo, se você está espiritualmente desolado, medite sobre a disposição de Cristo em receber pobres pecadores e em perdoar os que vão a Ele. Se sua consciência o perturba, medite sobre as promessas de Deus em conceder graça ao penitente. Se você se sente aflito financeiramente, medite sobre as maravilhosas providências para com os que são carentes.[60]

Então memorize o(s) versículo(s) selecionado(s), ou algum aspecto do tema, para estimular a meditação, fortalecer a fé e servir como um meio de orientação divina.

A seguir, fixe seus pensamentos na Escritura ou em um tema bíblico sem inquirir mais do que Deus já revelou. Use sua memória para focar tudo o que a Escritura tem a dizer sobre seu tema. Pondere sobre sermões anteriores e outros livros edificantes.

Use "o livro da consciência, o livro da Escritura e o livro da criação",[61] quando você considerar vários aspectos de seu tema: seus nomes, causas, qualidades, frutos e efeitos. À maneira de Maria, pondere sobre estas coisas em seu coração. Evoque em sua mente ilustrações, similitudes e opostos, a fim de

---

59 Calamy, *The Art of Divikne Meditation*, 172.
60 Ibid. 164-68.
61 *The Works of George Swinnock* (Edinburgh: Banner of Truth Trust, 1998), 2:417.

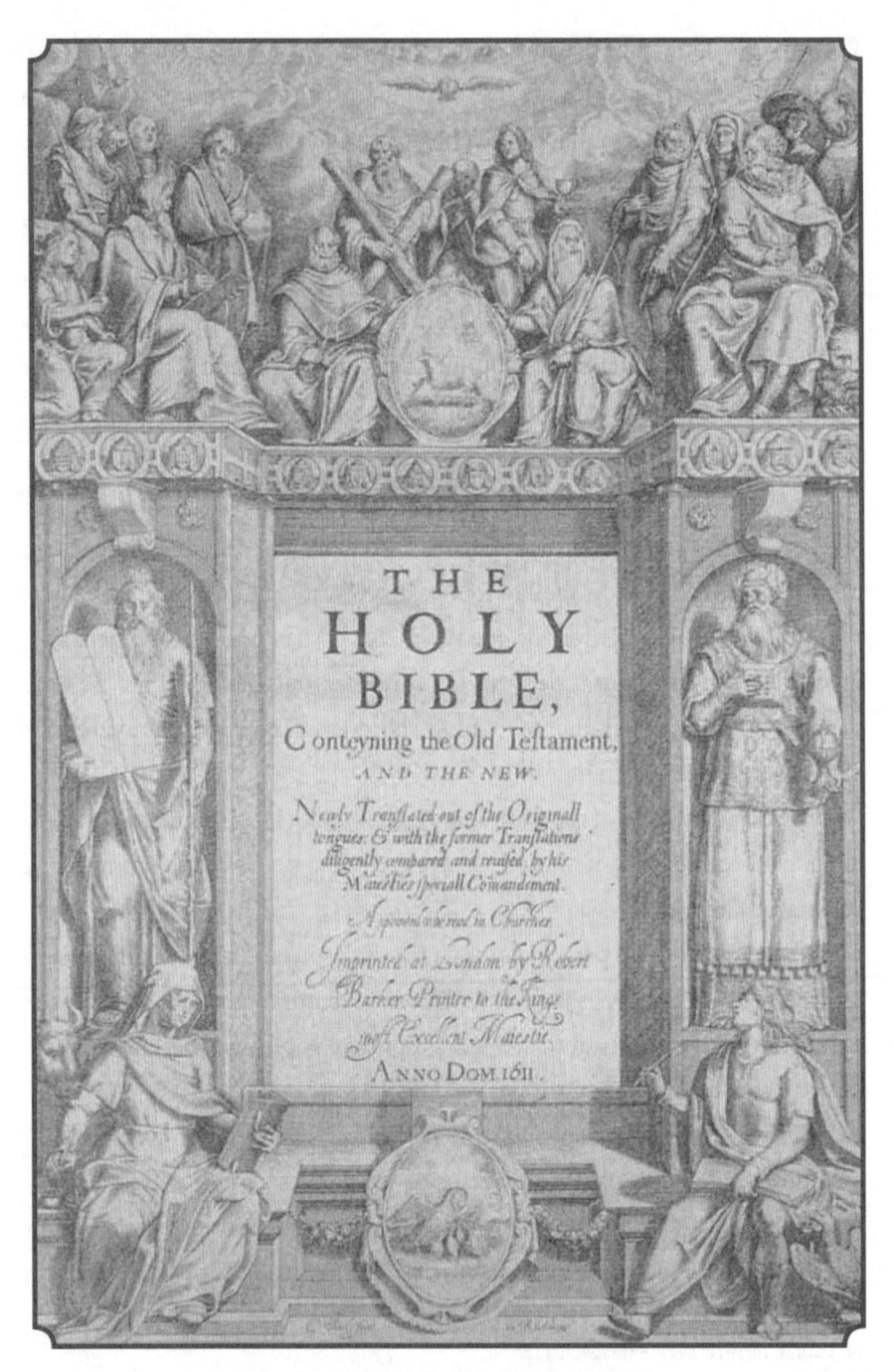

Página de rosto da primeira edição da Versão King James

iluminar seu entendimento e inflamar seus afetos. Então faça uma avaliação sobre o valor do que você está meditando.

Eis um exemplo de Calamy. Se você medita sobre a questão do pecado, "Comece com a descrição do pecado; prossiga com a distribuição do pecado; considere a origem e a causa do pecado, os frutos e feitos malditos do pecado, os adjuntos e propriedades do pecado, em geral, e o pecado original, em particular, o oposto do pecado – a graça –, as metáforas do pecado, os títulos dados ao pecado [e] tudo o que a Escritura diz concernente ao pecado".[62]

Em ordem, vêm duas advertências. A primeira, como escreveu Manton, é "não menosprezar o espírito livre pelas regras do método. Aquilo que Deus requer é religião, não lógica. Quando os cristãos se confinam a tais regras e prescrições, eles se limitam e os pensamentos lhes vêm como água de uma torneira, não como água de uma fonte".[63] A segunda é, se sua mente divaga, refreia-a, faça oração breve pelo perdão, rogue pela força de permanecer focado, leia outra vez umas poucas passagens bíblicas apropriadas e fixe-se nelas. Lembre-se de que a leitura da Bíblia, a meditação e a oração formam uma unidade. Quando uma disciplina descresse, volva-se para outra. Persevere; não se renda a Satanás, abandonando sua tarefa.

A seguir, incite os afetos, tais como amor, desejo, esperança, coragem, gratidão, zelo e alegria,[64] a glorificarem a Deus.[65] Dialogue com sua própria alma. Inclua queixas contra si mesmo, em razão de suas inabilidades e inconveniências, e exponha diante de Deus seus anelos espirituais. Creia que Ele o ajudará.

Paul Baynes, discutindo sobre meditações como "meio privativo" de graça, comparou-a, primeiramente, com o poder da vista para afetar o coração; então, com o processo da concepção e nascimento: "Ora, veja bem como depois da concepção há dores de parto e nascimento no devido tempo; assim, quando a alma, por meio de um pensamento, tiver concebido, logo depois os

---

62 Calamy, *The Art of Divine Meditation*, 178-84. Cf. Gouge, *Christian Directions, shewing How to walk with God All the Day long*, 70-73.
63 *The Works of Thomas Manton*, 17;281.
64 Baxter, *The Saints' Everlasting Rest*, 579-90.
65 Jonathan Edwards, *Religious Affections* (Londres: Banner of Truth Trust, 1959), 24.

afetos são fixados e excitados, pois os afetos acendem um pensamento, como faz o pavio, quando uma fagulha o ilumina. Com os afetos movidos, a vontade é agitada e inclinada."[66]

Ora, seguindo o despertar de sua memória, juízo e afetos, aplique suas meditações a si mesmo para avivar sua alma ao dever e conforto e para refrear sua alma do pecado.[67] Como escreveu William Fenner, "Mergulhe em tua própria alma; antecipe e previna teu próprio coração. Encalce teu coração com promessas, ameaças, mercês, juízos e mandamentos. Que a meditação penetre teu coração. Arraste teu coração perante Deus."[68]

Examine-se para seu próprio crescimento em graça. Reflita sobre o passado e pergunte: "O que tenho feito?" Olhe para o futuro e pergunte: "O que estou resolvido a fazer, pela graça de Deus?"[69] Não formule tais perguntas em termos legalistas, mas movido por santo excitamento e pela oportunidade de crescer na graça operada pelo Espírito. Lembre-se: "Obra legal é a nossa obra; obra de meditação é uma doce obra."[70]

Segue o conselho de Calamy: "Se desejas obter o bem pela prática da meditação, então deves descer a *partículas*; deves de tal modo meditar sobre Cristo, que apliques Cristo à tua alma; e de tal modo medites sobre o céu, que apliques o céu à tua alma."[71] Intensifique sua meditação (Js 1.8). Que a meditação e a prática, como duas irmãs, andem de mãos dadas. Meditação sem prática apenas aumentará sua condenação.[72]

A seguir, converta suas aplicações em resoluções. Escreveu White: "Que suas resoluções sejam firmes e fortes, não [meros] desejos, e sim propósitos ou determinações decididos.[73] Faça com que suas resoluções sejam compromissos de luta contra suas tentações para pecar. Escreva suas resoluções. Acima de

---

66 *A Help to True Happiness* (Londres, 1635).
67 *The Works of William Bates*, 3:145.
68 *The Use and Benefit of Divine Meditation*, 16-23.
69 Ussher, *A Method for Meditation*, 39.
70 *The Works of William Bridge* (Beaver Falls, Pa.: Soli Deo Gloria, 1989), 3:153.
71 Calamy, *The Art of Divine Meditation*, 108.
72 *The Sermons of Thomas Watson*, 269-271.
73 *A Method and Instructions for the Art of Divine Meditations*, 53.

Edmund Calamy   John Lightfoot

tudo, resolva que sua vontade consuma sua vida 'a ponto de tornar-se alguém que viva meditando sobre as coisas santas e celestiais'. Encomende-se, sua família e tudo o que possui às mãos de Deus com 'doce meditação'".

Conclua com oração, ação de graças e cântico de salmos. A meditação é o melhor começo da oração, e a oração é a melhor conclusão da meditação", escreveu George Swinnock. Disse Watson: "Ore sobre suas meditações. A oração santifica cada coisa; sem oração, elas são apenas meditações profanas; a oração ata a meditação na alma; oração é um nó feito no final da meditação que não a deixa escapar; ore para que Deus mantenha para sempre essas santas meditações em sua mente, para que o aroma delas permaneça perenemente em seu coração."[74]

Agradeça ao Senhor Sua assistência na meditação; ou, como também adverte Richard Greenham, "seremos fustigados em nossa próxima meditação".[75]

As versões métricas dos Salmos são de grande ajuda na meditação. Sua forma métrica facilita a memorização. Como Palavra de Deus, eles são um tema próprio para a meditação. Como uma "completa anatomia da alma" (Calvino), eles propiciam farto material e orientação para a medita-

---
74 Ibid., 269.
75 *The Works of the Reverend and Faithfull Servant of Iesvs Christ M. Richard Greenham*, 41.

ção. Como orações (Sl 72.20) e como ações de graças (Sl 118.1), eles são tanto veículo próprio para a meditação como um modo oportuno para sua conclusão. Joseph Hall escreveu que encontrou muito conforto no término de suas meditações ao elevar seu "coração e voz a Deus, cantando um verso ou dois dos Salmos de Davi – aquele que responde à nossa disposição e a matéria de nossa meditação. Desta maneira, o coração se silencia com muita doçura e contentamento".[76] John Lightfoot agregou: "Entoar os louvores de Deus é uma obra de muita meditação que algum de nós realiza em público. Esse ato mantém o coração mais solícito sobre aquilo que é dito. A oração e o ouvir passam depressa de uma sentença a outra; isso lhe crava fundo."

Finalmente, não deixe depressa demais a meditação para engajar-se nas coisas deste mundo, a fim de que, segundo aconselha Thomas Gouge, "com isso não apagues de repente aquele sentimento espiritual que, nesse exercício, tem-se ateado em teu coração".[77] Lembre-se de que uma hora gasta em tal meditação é "mais digna do que mil sermões", no dizer de Ussher, "e isto não é um aviltamento da Palavra, e sim uma honra".[78]

OS TEMAS DA MEDITAÇÃO

Os puritanos sugeriam vários temas, objetivos e materiais para a meditação. O número após cada um entre parênteses representa o número de escritores puritanos que encontrei que demandaram meditação sobre esse tema. Esta lista segue o local tradicional da teologia sistemática reformada.

Prolegômena
A Santa Palavra de Deus (3)
A defesa do Cristianismo (1)

---

76 *The Art of Meditation* (Jenkintown, Pa.: Sovereign Grace Publishers, 1972), 26-27.
77 *Christian Directions, shewing How to walk with God All the Day long*, 70.
78 *A Method for Meditation*, 43.

Teologia propriamente dita
A natureza e atributos de Deus (7)
As obras e providências de Deus (7)
A glória de Deus como o fim principal para o homem (4)
A majestade de Deus (3)'
A s misericórdias de Deus (3)
Deus como Criador (2)

Antropologia
A pecaminosidade do pecado e nosso pecado pessoal (9)
A corrupção e enganosidade do coração (5)
A queda em Adão e alienação de Deus (4)
A vaidade do homem (4)
O valor e imortalidade da alma (3)
A fragilidade do corpo (2)
A incerteza dos confortos terrenos (1)
O pecado da cobiça (1)
O contraste entre Deus e o homem (1)

Cristologia
A paixão e morte de Cristo (8)
O amor de Cristo (5)
A pessoa de Cristo (4)
O mistério e maravilha do evangelho (4)
A natureza de Cristo (2)
Os ofícios de Cristo (2)
A vida de Cristo (2)
Os estados de Cristo (1)

Soteriologia e a Vida Cristã
As promessas de Deus (7)

Autoexame para evidências experimentais da graça (5)
Os ricos privilégios dos crentes (3)
A graça e a pessoa do Espírito Santo (3)
Os benefícios da fé (2)
Santificação (2)
Oração (2)
Os mandamentos de Deus (2)
As admoestações e ameaças de Deus (2)
O perigo da apostasia (1)
O pequeno número dos salvos (1)
Perigos espirituais (1)
Amor, alegria, esperança (1)
O Domingo (1)
Renúncia (1)

Eclesiologia
As ordenanças de Deus (5)
A Ceia do Senhor (4)
O batismo (2)
Ouvir e ler a Palavra (2)
Os deleites e sofrimentos da igreja (1)

Escatologia
O céu (10)
A morte (8)
O juízo (7)
O inferno (7)
A eternidade (5)

Os puritanos denominavam estes temas de as claras, poderosas e úteis verdades de Deus. Alguns puritanos, tais como Joseph Hall, ofereceram listas mais detalhadas do que outros. Hall catalogou oitenta e sete temas sobre os quais meditar, bem como um parágrafo com cada um deles sobre como fazê-lo. Incluem:

> Fama e grandeza, ignorância, depravação, santo viver, mexerico, más companhias, promessas de Deus, amor ao mundo, contentamento, hipocrisia, felicidade, companheiros, céu e terra, trabalho e dificuldade, riquezas, céu e inferno, morte, aflição, guerra santa, pecado, êxito, crescimento na graça, orgulho, ódio ao pecado, preconceito, cobiça, oração, amor, blasfêmia, nobreza, oração, tentação, uso dos meios, culto, felicidade, obediência, arrependimento, ambição, conceito, brevidade da vida, autoexame, adversidade, aflição, fé e filosofia, prazer, pecado, amigos fiéis, cisma e verdade, tristeza e pesar, temor, o pagão e o cristão, a luz dos olhos, a mente e o coração, religião sincera, prejudicar-se a si mesmo, o coração e a língua, uso do tempo, preocupações, providência, amor, desprazer, amizade, barganha prejudicial, reprovação, inveja, prazeres mundanos, seguir os bons exemplos, tempo, desfruto, boas obras, produtividade, insensatez, fazer o bem, eremita, vida ditosa, correção celestial, fome celestial, arrependimento, guerra espiritual, força nas provações, meditação celestial, humildade, morte, propósito na vida, bem e mal, demência e a prática da própria meditação.[79]

Evidentemente, os puritanos criam que alguns tópicos devem ser mais focalizados do que outros. Isto levou John Owen a dizer: "Se eu tiver que observar alguma coisa pela experiência, é isto: um homem pode tomar a medida de seu crescimento e decadência em graça de acordo com seus pensamentos e meditações sobre a pessoa de Cristo e a glória do reino de Cristo, bem como de Seu amor."

Para os puritanos, provavelmente o tema mais importante para a meditação era o céu – o lugar onde Deus é supremamente conhecido e adorado e desfrutado, onde Cristo está sentado à direita do Pai, e onde os santos se regozijam quando são remetidos de glória em glória. "A meditação é a vida da

---

[79] *The Art of Meditation*, 37-60. Em razão de seu detalhe, não incluí a lista de Hall em minha catalogação supra.

Joseph Hall

maioria dos demais deveres; e as visões do céu é a vida da meditação", escreveu Baxter.[80] O céu era o tema supremo para meditação, por estas razões:

- Cristo está no céu agora, e nossa salvação consiste da união com Cristo através do Espírito Santo. Ele é nossa sabedoria, justiça, santificação e redenção. Cristo, o centro do céu, deve ser o centro de toda nossa fé, esperança e amor.
- Só podemos viver como cristãos na presente era perversa se tivermos a mente de Cristo – isto é, se formos genuína e celestialmente inclinados, vendo nossa terra e esta era pela ótica do céu.
- O céu é a meta de nossa peregrinação. Somos peregrinos sobre a terra, cuja trajetória é pela fé, esperança e amor para com o céu e a fim de estarmos com Cristo.[81]

Os puritanos ensinavam que as meditações sobre o céu e outros temas assumem a prioridade em três ocasiões. Primeiro, a meditação especial é necessária em conjunção com o culto, particularmente com respeito ao sermão. "Deus requer que você ouça os sermões; requer que você medite sobre os ser-

---

80 *The Saints' Everlasting Rest*, 702.
81 Toon, From Mind to Heart, 96-96. Para o modo de meditar sobre o céu, ver White, *A Method and Instructions for the Art of Divine Meditation*, 281-94; Baxter, *The Saints' Everlasting Rest*, 620-52; *The Select Works of Thomas Case*, 1-232 (segundo livro).

mões que você ouve", escreveu Calamy.[82] Como escreveu James Ussher, "Cada sermão é apenas uma preparação para a meditação".[83]

Bons sermões não só informam a mente com sã doutrina, mas também estimulam os afetos. Afastam a vontade do pecado e direcionam para o amor para com Deus e o semelhante. A meditação alarga e dirige os afetos através da recepção da Palavra de Deus no cerne da mente. Quando uma pessoa deixa de meditar sobre os sermões, então param de extrair benefícios deles.

Richard Baxter escreveu: "Por que tanta pregação se perde entre nós, e tantos crentes professos vão de um sermão a outro e nunca se cansam de ouvir ou ler e, no entanto, tais almas são abatidas e famintas? Não conheço uma causa maior e mais genuína do que sua ignorância e extravagante negligência da meditação." No dizer de Baxter, alguns ouvintes são portadores de anorexia espiritual, pois "não possuem nem apetite nem digestão"; outros, porém, possuem bulimia – "possuem apetite, porém não digestão".[84]

Os puritanos conscienciosos costumavam tomar notas do sermão para ajudar a facilitar a meditação. Em minha própria congregação, uma mulher cristã idosa decidiu imitar essa prática. Todo domingo à noite ela gastava uma hora sobre seus joelhos com notas dos sermões do dia, orando e meditando sobre seu caminho através deles. Às vezes ela achava que esta era a melhor parte de seu domingo.

Segundo, para receber corretamente o sacramento da Ceia do Senhor, espera-se que um crente medite sobre o Senhor Jesus como o sacrifício por seu pecado. Como escreveu Thomas White: "Medite sobre sua preparação para [cumprir] seus deveres concomitantes e subsequentes. Medite sobre o amor de Deus, o Pai, sobre o amor de Deus, o Filho, Jesus Cristo; considere a excelência de Sua pessoa, a grandeza de Seus sofrimentos e quão válidos são eles para a satisfação da Justiça de Deus e, então, considere também a excelência, natureza e utilidade do Sacramento."[85]

---

82 *The Art of Divine Meditation*, 4.
83 *A Method for Meditation*, 49.
84 *The Saints' Everlasting Rest*, 549-50.
85 *A Method and Instructions for the Art of Divine Meditation*, 88.

Calamy catalogou doze temas para meditações durante o sacramento: "o grande e maravilhoso amor de Deus, o Pai, em dar Cristo; o amor de Cristo em doar-Se a Si mesmo; a hediondez do pecado; a excelência desta festa sacramental; sua própria indignidade; suas carências e necessidades espirituais; a condição maldita de um recipiente indigno; a ditosa condição dos que se achegam dignamente; os elementos sacramentais [pão e vinho]; as ações sacramentais [como as ações do ministro representam a Cristo]; as promessas sacramentais; que retribuição fazer a Cristo [pela dádiva de Sua Ceia]."[86] Alguns doutores puritanos, tais como Edward Reynolds, escreveram tratados inteiros para ajudar os crentes durante a Ceia do Senhor.[87] John Owen mostrou como a preparação para a Ceia do Senhor envolvia meditação, exame, súplicas e expectativa.[88] De cada crente se esperava que partilhasse dessa preparação.[89]

Terceiro, cada domingo era uma ocasião especial para a meditação. Essa era uma ocasião de nutrição espiritual para o temente a Deus que estocava bens espirituais para a semana seguinte. Daí, o domingo era amorosamente chamado "o dia de feira para a alma".

Finalmente, os puritanos, tais como Nathanael Ranew, que escreveu extensamente sobre a meditação, forneceu várias diretrizes para os crentes dependentes de sua maturidade espiritual. Ranew escreveu capítulos para "os jovens cristãos recém-convertidos", "aos cristãos mais desenvolvidos e aos presbíteros, bem como para "os cristãos idosos". Quanto mais maduro é o cristão, maior a expectativa para meditações mais profundas.[90]

OS BENEFÍCIOS DA MEDITAÇÃO

Os puritanos devotavam vintenas de páginas aos benefícios, excelências, utilidade, vantagens ou melhoramentos da meditação. Aqui vão alguns desses benefícios:

---

86 *The Art of Divine Meditation*, 88-96. Cf. *The Works of Thomas Manton*, 17:288-97.
87 "Meditation on the Holy Sacramento f the Lord's Last Supper", in *The Whole Works of the Right Rev. Edward Reynolds* (Morgan, Pa.: Soli Deo Gloria, 1999), 3:1-172.
88 *The Works of John Owen*, 9:558-63.
89 Cf. *Westminster Larger Catecism*, Questões 171, 174, 175.
90 *Solitude Improved by Divine Meditation* (Morgan, Pa.: Soli Deo Gloria, 1995), 280-321.

- A meditação nos ajuda a focar o Deus Trino, a amá-Lo e a desfrutá-Lo em todas as Suas pessoas (1Jo 4.8) – intelectual, espiritual e esteticamente.
- A meditação ajuda a aumentar o conhecimento da santa verdade. Ela "remove o véu da face da verdade" (Pv 4.2).
- A meditação é a "ama da sabedoria", pois ela promove o temor de Deus, o qual é o princípio da sabedoria (Pv 1.8).
- A meditação amplia nossa fé, ajudando-nos a confiar no Deus das promessas em todas as nossas tribulações espirituais e no Deus da providência em todas as nossas tribulações externas.[91]
- A meditação adiciona aflições a alguém. Watson denominou a meditação "os pulmões das aflições". Dizia ele: "A meditação incuba os bons afetos, como a galinha choca seus pintinhos assentando-se sobre eles; aqueçamos o afeto neste fogo da meditação" (Sl 39.3).[92]
- A meditação fomenta o arrependimento e a transformação da vida (Sl 119.59; Ez 36.31).
- A meditação é uma grande amiga para a memória.
- A meditação nos ajuda a visualizar o culto como uma disciplina a ser cultivada. Ela nos leva a preferir a casa de Deus à nossa própria.
- A meditação incute a Escritura através da textura da alma.
- A meditação é um auxílio à oração (Sl 5.1). Ela tange o instrumento da oração antes da oração.
- A meditação nos ajuda a ouvir e a ler a Palavra com real benefício. Ela faz a Palavra "saturada de vida e energia às nossas almas". William Bates escreveu: "Ouvir a Palavra é como a ingestão, e quando meditamos sobre a palavra que é digestão; e esta digestão da palavra por meio da meditação produz afetos candentes, resoluções zelosas e ações santas."[93]
- A meditação sobre os sacramentos ajuda nossas "graças a fim de sermos melhores e mais fortes". Ela ajuda a fé, a esperança, o amor, a humildade e numerosos confortos espirituais a prosperarem na alma.

---

91 Calamy, *The Art of Divine Meditation*, 40-42.
92 *The Sermons of Thomas Watson*, 256.
93 *The Whole Works of the Rev. W. Bates*, 3:131.

William Bridge

- A meditação põe em relevo a hediondez do pecado. Ela "reúne todas as armas e acumula todas as forças de argumentos a acusar nossos pecados e fazê-los pesados no coração", escreveu Fenner.[94] Thomas Hooker disse: "A meditação de tal modo exaspera o espinho e a força da corrupção, que penetra com mais persistência."[95] Ela é um "forte antídoto contra o pecado" e "a cura da cobiça".
- A meditação nos capacita para "o cumprimento dos deveres religiosos, porque ela comunica à alma o senso e sentimento vivos da bondade de Deus; e assim a alma é estimulada ao dever".[96]
- A meditação ajuda a prevenir pensamentos vãos e pecaminosos (Jr 4.14; Mt 12.35). Ela nos ajuda a curar-nos desta presente era perversa.
- A meditação provê recursos íntimos (Sl 77.10-12) dos quais podemos extrair inclusive orientação para a vida diária (Pv 6.21,22).
- William Bridge escreveu que a meditação nos ajuda a perseverar na fé; ela mantém nossos corações "apetitosos e espirituais em meio a todos os nossos empreendimentos externos e mundanos".[97]

---

94 *The Use and Benefit of Divine Meditation*, 3.
95 *The Application of Redemption*, 217.
96 *The Whole Works of the Rev. W. Bates*, 3:135.
97 *The Works of the Rev. William Bridge*, 3:133.

- A meditação é uma poderosa arma que afasta Satanás e a tentação (Sl 119.11,15; 1Jo 2.14).
- A meditação nos ajuda a beneficiar outros com nossa comunhão e conselho espirituais (Sl 66.16; 77.12; 145.7).
- A meditação promove a gratidão por todas as bênçãos derramadas por Deus sobre nós, através de Seu Espírito.
- A meditação glorifica a Deus (Sl 49.3).[98]

Em suma, como escreveu Thomas Brooks, "a meditação é o alimento de suas almas, é o próprio estômago e o calor natural pelos quais as verdades são digeridas. Uma pessoa logo viverá sem seu coração, quando for capaz de obter o bem pelo qual lê sem meditação. ... Não é aquele que lê mais, e sim aquele que medita mais é que provará ser o cristão mais seleto mais suave, mais sábio e mais forte".[99]

OS OBSTÁCULOS DA MEDITAÇÃO

Os líderes puritanos com muita frequência advertiam as pessoas sobre os entraves da meditação. Segue um resumo de suas respostas a esses obstáculos:

Obstáculo # 1: Inaptidão ou ignorância. Esses dizem que "não podem confinar seus pensamentos a um objeto". Seus "pensamentos são fugazes e frágeis, arremessados de um lado para o outro".

Resposta: A incapacidade, a ignorância e os pensamentos dispersivos não propiciam isenção do dever. "A perda de sua capacidade" não implica "a perda do direito de Deus". Em nome da verdade, provavelmente você é inapto porque tem negligenciado a meditação e não tem amado a verdade. Manton escreveu que as "indisposições pecaminosas não anulam nossos compromissos para com Deus, como a embriaguez de um servo não o exime do trabalho".[100] O remédio para seu problema é obter "um bom estoque de co-

---

98 Cf. *The Whole Works of the Rev. Oliver Heywood*, 2:276-81.
99 *The Works of the Rev. Thomas Brooks*, 1:8, 291.
100 *The Works of Thomas Manton*, 6:145.

nhecimento santificado" e "o constante exercício" desse conhecimento, a todo tempo dependendo da assistência do Espírito Santo. Então você descobrirá que a meditação se torna mais fácil e mais doce enquanto prossegue.

Obstáculo # 2: As atividades. Esses dizem que "se vêem tão açambarcados pelos empreendimentos deste mundo, que não podem gastar tempo neste solene dever com toda seriedade".

Resposta: A verdadeira religião não é praticada meramente em momentos de lazer. As grandes atividades deveriam levar-nos a mais meditação, quando então temos mais necessidades a apresentar diante de Deus e sobre as quais meditar.

Obstáculo # 3: Letargia espiritual. Esses admitem que, embora possuam boas intenções, suas almas se inclinam ao próprio distanciamento da meditação.

Resposta: Lemos em Mateus 11.12 que o céu é o galardão do "valente [que] o toma pela força". Por que você é moroso nas atividades espirituais que podem cumular galardões eternos, quando não é moroso em sua busca de atividade secular, neste mundo, a qual só produz galardões temporários? "A sonolência vestirá de trapos homem" (Pv 23.21). No dizer de Manton, "é preferível esmerar-se do que sofrer dores, e jungido com as cordas do dever do que com as cadeias das trevas".[101]

Obstáculo # 4: Prazeres e amizades mundanos. Esses afirmam que não querem ser demasiadamente justos, e por isso não desejam abandonar os entretenimentos fúteis e os amigos.

Resposta: "Os prazeres do mundo decompõem nossas almas e indispõem nossos corpos para os deveres da meditação... Lembre-se disto: a doçura da religião é incomparavelmente maior do que todos os prazeres dos sentidos", escreveu Bates.[102]

Obstáculo # 5: A indisposição do coração. Esses dizem que não gostariam de viver atrelados a uma tarefa tão difícil. Sobrecarregados com culpa, temem estar a sós com Deus.

---

101 Ibid., 17:283.
102 *The Whole Works of the Rev. W. Bates*, 3:122-23.

Resposta: "Tenha sua consciência purificada pela sincera aplicação do sangue de Cristo", aconselhou Manton, então se comprometa com os meios de graça, inclusive a meditação (Sl 19.14).[103]

Calamy advertiu que as consequências de omitir-se da meditação são sérias. Conduz ao endurecimento do coração. Por que as promessas e ameaças de Deus causam tão pouca impressão em nós? Porque falhamos em meditar sobre elas. Por que somos tão ingratos a Deus por Suas bênçãos? Por que Suas providências e as aflições falham em produzir santo fruto em nossas vidas? Por que não conseguimos beneficiar-nos com a Palavra e os sacramentos? Por que somos tão prontos a julgar os outros? Por que nos preparamos tão mal para a eternidade? Por que a falta de meditação é tão clamorosa em nós?[104]

É preciso que nos disciplinemos para a meditação. A maioria dos pastores puritanos fala disso. No entanto, comparativamente, poucas pessoas, mesmo nos dias dos puritanos, viam isso como seu dever. Baxter escreveu que "Muitos se deixam atribular se não ouvem um sermão, não praticam um jejum, não fazem uma oração em público ou em particular; contudo, nunca se sentem atribulados se omitem a meditação, quem sabe durante todos os dias de sua vida."[105]

CONCLUSÃO: MEDITAÇÃO COMO AUTOEXAME

A meditação puritana era mais do que um meio particular de graça; era um método abrangente de devoção puritana – uma arte bíblica, doutrinal, experimental e prática. Sua teologia era paulina, agostiniana e calvinista. Seu assunto era extraído do livro da Escritura, do livro da criação e do livro da consciência. No dizer de William Bridge, "a meditação é a veemente ou intensa aplicação da alma a alguma coisa, pela qual a mente de uma pessoa pondera, insiste e se fixa nela, para seu próprio proveito e benefício", o que, por sua vez, leva à glória de Deus.[106]

---

103 *The Works of Thomas Manton*, 17:285. Cf. Hooker, *The Application of Redemption*, 230-40.
104 Calamy, *The Art of Divine Meditation*, 28-40.
105 *The Saints' Everlasting Rest*, 549.
106 *The Works of William Bridge*, 3:125.

Tipicamente, os puritanos concluíam seus tratados sobre a meditação, evocando os leitores ao autoexame, o qual consiste de:

(1) Experiência

- Suas meditações são motivadas pelo exercício de "uma fé viva"? A meditação legítima é inseparável do exercício da fé. Você deve meditar como Samuel Ward descreve: "Estimula tua alma em [meditação] a conversar com Cristo. Vê bem em quais promessas e privilégios habitualmente crês; então pensa neles concretamente, envolve-os em tua língua, mastiga-os até que sintas alguma doçura no paladar de tua alma. Visualiza-os conjunta e austeramente; algumas vezes medita sobre um, outras vezes, sobre outro mais profundamente. É isto o que Spouse chama caminhar pelos jardins e comer os frutos; o que, em termos bem claros, eu chamo uso da fé e viver pela fé."[107]
- "Em teu coração, estes são pensamentos espirituais produtores de santidade em tua vida?" Lembra-te: "Cansar-se de ponderar sobre Deus é degenerar-se em demônios" (cf. Tg 2.19).[108]

(2) Reprovação ou exortação

- Aos incrédulos: Quando Deus o fez uma criatura racional, acaso Sua intenção era que você usasse seus pensamentos para propósitos egoístas e pecaminosos? Por que Deus não está em todos os seus pensamentos? Manton pergunta: "Acaso não tens um Deus e um Cristo em quem pensar? E não é dEle que provêm a salvação e a glória eterna, dignas de teus mais seletos pensamentos? Acaso tens muitos pensamentos e os poupas para outras coisas – para coisas vis, para teus passatempos –, e por que não para Deus e para a Palavra de Deus?"[109]
- Aos crentes: Negligenciar a meditação deveria "feri-lo com temor e tristeza". Quão degradante é que desviemos de Deus nossa meditação para objetos

---

107 *A Collection of Sermons and Treatises* (Londres: 1636), 69-70.
108 *The Works of Thomas Manton*, 7:480.
109 Ibid., 6.145.

pecaminosos! Se o agricultor medita sobre sua terra, o médico sobre seus pacientes, o advogado sobre seus processos, os armazenadores sobre seus produtos, acaso os cristãos não meditariam sobre seu Deus e Salvador?[110]

Os puritanos nos diriam: "Se você continua a negligenciar a meditação, então refreará ou destruirá seu amor para com Deus. Seria uma demonstração de desprazer em pensar sobre Deus. Isso o deixaria aberto ao pecado, de modo a ver o pecado como um prazer. Isso o deixaria vulnerável e fragilizado diante das provações e tentações de todo gênero. Em suma, isso o levará desistir de Deus."[111]

"Se os santo deveres nos vieram", escreveu Ransew, "então devemos ir a eles."[112] Atentemos para a exortação de Watson: "Se anteriormente você a tem negligenciado, cuidado com sua negligência, e então comece a tomar ciência dela: abra-se com Deus (ao menos uma vez ao dia) com santa meditação. Suba a esta colina; e, quando você chegar ao topo dela, então verá um claro prospecto: Cristo e o céu diante de você. Tenha em mente aquele dito de Bernardo: 'Oh! santo, para que Cristo, teu esposo, não se sinta envergonhado, e não te prives de sua íntima companhia, retira-te em meditação à tua sala secreta, ao teu campo, e ali estejas nos braços de Cristo."[113]

---

110 Calamy, *The Art of Divine Meditation*, 58-75.
111 Edmond Smith, *A Tree by a Stream: Unlock the Secrets of Active Meditation* (Ross-shire, Scotland: Christian Focus, 1995), 36.
112 *Solitude Improved by Divine Meditation*, 33.
113 *The Sermons of Thomas Watson*, 241-43.

CAPÍTULO 5

O USO DIDÁTICO DA LEI

Afasta de mim o caminho da falsidade
E favorece-me com tua lei.
Escolhi o caminho da fidelidade
E decidi-me pelos teus juízos.
Aos teus testemunhos me apego;
Não permitas, SENHOR,
Seja eu envergonhado.
Percorrerei o caminho
Dos teus mandamentos,
Quando me alegrares o coração.[1]

A lei de Deus fala direta ou indiretamente ao mundo e à vida de cada indivíduo. Os teólogos protestantes têm escrito muito sobre as várias aplicações ou usos da lei na vida da sociedade, em geral, e nas vidas individuais, tanto do incrédulo como do cristão. A teologia protestante clássica postula um tríplice uso da lei: o *usus primus* ("uso primário") ou *civil* da lei na vida e nos negócios do estado e da sociedade; o *usus secundus* ("uso secundário") ou uso *evangélico* da lei como mestre do pecado na experiência

---
1 Salmo 119.29-32, versão métrica, *The Psalter* (1912; reprint Grand Rapids: Eerdmans, 1995), No. 327:3-4.

ou processo da conversão para Deus; e o *usus tertius* ("uso terciário"), ou uso *didático* da lei como norma de grata obediência por parte do cristão.² É este último ou terceiro uso da lei que inspira a oração do salmista supracitado, pois ele sabe que somente a lei de Deus pode dirigi-lo enquanto se empenha em viver "em deliciosa obediência" como filho de Deus.

Este capítulo resume em poucas palavras os dois primeiros usos da lei com o fim de examinar seu terceiro uso no contexto próprio da santificação, o qual envolve necessariamente grata obediência a Deus por Sua salvação plenamente centrada em Jesus Cristo. O crente que é justificado pela fé somente, e adere aos princípios da "Escritura somente" (*sola scriptura*), confiará e obedecerá grata e convictamente no Senhor. Esta resposta da obediência grata em certo sentido é substanciado no estudo do mandamento mui controverso da lei – guardar o santo dia de sábado. Tudo isso nos capacita a extrair várias conclusões significativas sobre o cristão em sua relação com o terceiro uso da lei.

OS USOS DA LEI

O uso civil da lei

O primeiro uso da lei é sua função na vida pública como um guia ao magistrado civil no prosseguimento de sua tarefa como ministro de Deus em coisas pertinentes ao estado. Do magistrado se requer que remunere o bem e puna o mal (Rm 13.3,4). Nada poderia ser mais essencial a esta obra do que um padrão fidedigno de certo e errado, bem e mal. Não se pode encontrar nenhum padrão mais perfeito do que na lei de Deus.

Aqui, os Reformadores Protestantes estiveram em pleno acordo. Com respeito à restrição do pecado, Martinho Lutero escreve em seu *Lectures on Galatians* (3.19): "A primeira compreensão e uso da Lei é restringir os perversos... Esta restrição cívica é extremamente necessária e foi instituída por Deus, seja em prol da paz pública, seja em prol da preservação de tudo, mas especialmente para impedir que o curso do Evangelho seja obstruído pelos tumultos e sedições dos homens selvagens."³ João Calvino concorre:

---
2 Muitos teólogos reformados, seguindo Calvino, invertem o primeiro e o segundo usos da lei.
3 "Lectures on Galatians, 1535", *Luther's Works*, ed. Jeroslav Pelikan (St. Louis: Concordia, 1963), 26:308-309.

A segunda função da lei é que aqueles que não são tangidos por nenhuma preocupação do justo e do reto, a não ser que a isso sejam obrigados, tenham de ser contidos ao menos pelo temor dos castigos, enquanto ouvem as terríveis sanções nela gravadas. São, porém, contidos, não porque a disposição interior lhes seja acionada ou afetada, mas porque, como que interposto um freio, contêm as mãos de ação externa e coíbem internamente sua depravação, a qual, de outra sorte, teriam de derramar desabridamente.[4]

O uso civil da lei está radicado em todas as Escrituras (mais especialmente em Rm 13.1-7) e numa doutrina realista da natureza humana decaída. A lei nos ensina que os poderes que existem foram ordenados por Deus como administradores da justiça – justiça que necessariamente inclui ser um terror para os obreiros da iniquidade. Os poderes que existem portam a espada; possuem um direito divinamente conferido de punir, incluindo a punição última e capital (vs. 3,4).

Entretanto, este primeiro uso da lei serve não só para prevenir a sociedade de incorrer no caos; serve também para promover a retidão: "Antes de tudo, pois, exorto que se use a prática de súplicas, orações, intercessões, ações de graças, em favor de todos os homens, em favor dos reis e de todos os que se acham investidos de autoridade, para que vivamos vida tranquila e mansa, com toda piedade e respeito" (1Tm 2.1,2). Os "poderes mais elevados" se empenham não só para intimidar o mal, mas também para prover um contexto pacífico em que o evangelho, a piedade e a honestidade sejam prósperos. Este dever compele o estado, criam os Reformadores, a preservar certos direitos, tais como a liberdade de culto, a liberdade de pregação e a liberdade de se obedecer ao Dia do Senhor.

As implicações do primeiro uso da lei para o cristão são sem escape. Ele deve respeito e obediência ao estado, à medida em que o estado não ordene o que Deus proíbe, ou proíba o que Deus ordena. Em todos os outros casos, a

---

4 *Institutes of the Christian Religion*, ed. John T. McNeill, trans. Ford Lewis Battles (Filadélfia: Westminster Press, 1960), Book 2, chapter 7, paragraph 10. (Doravante, *Institutes* 2.7.10.)

desobediência civil é ilícita. Resistir à autoridade é resistir à ordenança de Deus: "e os que resistem trarão sobre si mesmos condenação" (Rm 13.2). Em nossos dias, afirmar isto é crítico, quando até mesmo os cristãos são propensos a se deixarem levar de sobressalto com o espírito profano de rebelião e menosprezo para com a autoridade. Carecemos ouvir e atentar bem para o que Calvino escreve:

> O primeiro dever dos súditos para com seus magistrados é nutrir por sua função o mais profundo respeito que puder; aliás, que reconheçam que sua jurisdição foi delegada por Deus, e por isso os contemplem e os reverenciem como ministros e legados de Deus... Aqueles que governam para o bem público são verdadeiros exemplares e espécimes desta sua benevolência; os que, porém, dominam injusta e imoderadamente, esses foram suscitados por ele para punir-se a iniquidade do povo; todos, igualmente, foram providos daquela santa majestade com que investiu ao poder legítimo.[5]

Naturalmente, isto não implica que o crente perde seu direito de criticar ou mesmo de condenar a legislação que discrepa dos princípios da Escritura. Significa que uma parte significativa de nosso "adornar a doutrina de Deus" envolve nossa voluntária sujeição à autoridade legítima em cada esfera da vida – seja no lar, na escola, na igreja, no estado.

O uso evangélico da lei[6]

Manejada pelo Espírito de Deus, a lei moral serve também uma função crítica na experiência de conversão. Ela disciplina, educa, convence, amal-

---

5 *Institutes* 4.20.22,25.

6 Ao selecionarmos um termo para este uso da lei, estamos cientes das muitas possibilidades na literatura, porém escolhemos o termo que melhor expressa a visão reformada da relação da lei e o evangelho, a saber, que são complementares, e não antitéticas. Aqui estamos tratando da obra da lei que prepara o coração do pecador para receber a Cristo livremente oferecido no evangelho aos pecadores como o único Salvador da condenação, da maldição e da punição da lei – isto é, com convicções mais evangélicas do que legais. Os puritanos exceliam ao descreverem esta distinção, ressaltando que a convicção legal trata apenas das consequências do pecado, enquanto a convicção evangélica se digladia com o próprio pecado e com a necessidade de ser libertado dele por meio de Cristo. Por exemplo, Stephen Charnock escreveu: "Uma pessoa legalmente convencida seria apenas libertada da dor [do pecado], e uma pessoa evangelicamente convencida, [libertada] do [próprio] pecado (I.D.E. Thomas, *Puritan Quotations* [Chicago: Moody, 1975], 167).

diçoa. A lei expõe não só nossa pecaminosidade; ela também nos condena, pronuncia maldição sobre nós, declara-nos passíveis da ira de Deus e dos tormentos do inferno. "Maldito todo aquele que não permanece em todas as coisas escritas no livro da lei, para praticá-las" (Gl 3.10). A lei é um duro feitor; ela não conhece a misericórdia. Ela nos terrifica, nos despe de toda nossa retidão e nos conduz ao fim da lei, Jesus Cristo, que é nossa única justiça aceitável junto a Deus. "De maneira que a lei nos serviu de aio para nos conduzir a Cristo, a fim de que fôssemos justificados por fé" (Gl 3.24). Não que a lei em si possa nos levar a um conhecimento salvífico de Deus em Cristo. Ao contrário, o Espírito Santo usa a lei como um espelho para revelar-nos nossa impotência e nossa culpa, confinar nossa esperança tão-somente na misericórdia, induzir-nos ao arrependimento, gerar e suster o senso de necessidade espiritual do qual nasce a fé em Cristo.

Também aqui, Lutero e Calvino têm a mesma visão.[7] Os escritos típicos de Lutero são seus comentários sobre Gálatas 2.17:

> O uso e alvo próprios da lei é tornar culpados os que são presumidos e tranquilos, de modo que percebam que estão no perigo do pecado, ira e morte, de modo que sejam terrificados e desesperados, empalidecendo-se e estremecendo-se ao farfalhar de uma folha (Lv 26.36)... Se a lei é um ministério do pecado, segue-se que ela é também um ministério de ira e morte. Pois assim como a lei revela o pecado, também desperta a ira de Deus para com um homem e o ameaça com morte.[8]

Calvino não é menos intenso:

> [A lei] adverte, informa, convence e, finalmente, condena, a cada um de sua própria justiça... Por quanto tempo se lhe permite firmar em seu próprio julgamento, fomenta a hipocrisia em lugar da justiça, contente com a qual se

---

[7] A única diferença substancial entre Lutero e Calvino, sobre o uso evangélico da lei, é que para Lutero este é o uso primário da lei, enquanto que, para Calvino, o terceiro uso da lei é o primário.

[8] *Luther's Works* 26:148, 50.

levanta contra a graça de Deus, não sei com que inventadas justiças. Entretanto, depois que é obrigado a pesar sua vida na balança da lei, posta de parte a presunção dessa justiça imaginária, percebe estar distanciado da santidade por imenso espaço; pelo contrário, que superabunda de infinitos vícios dos quais até aqui parecia livre. ... Desta sorte, a lei é como um espelho no qual contemplamos nossa incapacidade, depois contemplamos a iniquidade que resulta desta e, por fim, a maldição proveniente de ambas, exatamente como o espelho nos mostra as manchas de nosso rosto.[9]

Este convincente uso da lei é também crítico para a santificação do crente, pois serve para prevenir a ressurreição da autojustiça – aquela ímpia autojustiça que é sempre propensa a reafirmar-se mesmo nos mais puros dos santos. O crente continua a viver sob a lei como um penitente durante toda sua vida.

Esta obra punitiva da lei não implica que a justificação do crente possa ser diminuída ou anulada. Desde o momento da regeneração, seu estado diante de Deus é fixo e irrevogável. Ele é uma nova criação em Cristo Jesus (2Co 5.17). Ele jamais poderá voltar a um estado de condenação nem perder sua filiação. Não obstante, a lei expõe a sucessiva pobreza de sua santificação a um envilecimento diário. Ele aprende que em seus membros há uma lei tal que, quando fizer o bem, o mal estará presente com ele (Rm 7.21). Ele deve condenar-se reiteradamente, deplorar sua miséria e clamar diariamente por novas aplicações do sangue de Jesus Cristo que purifica de todo pecado (Rm 7.24; 1Jo 1.7,9).

O uso didático da lei

O terceiro uso, ou o uso didático da lei, se reporta à vida diária do cristão. Nas palavras do Catecismo Heidelberg, a lei instrui o crente em como expressar gratidão a Deus pelo livramento de todo seu pecado e miséria (Pergunta 2). O terceiro uso da lei é um tema que enche um rico capítulo na história da doutrina reformada.

---

9 *Institutes* 2.7.6-7.

Philip Melanchthon

- **Philip Melanchthon (1497-1560)**

A história do terceiro uso da lei começa com Philip Melanchthon, cooperador de Matinho Lutero e seu braço direito. Já em 1521, Melanchthon havia plantado a semente quando afirmou que "os crentes têm ao seu dispor o Decálogo" a assisti-los na mortificação da carne.[10] Num sentido formal, ele aumentou o número de funções ou usos da lei, de dois para três, pela primeira vez numa terceira edição de sua obra sobre Colossenses, publicada em 1534[11] – dois anos antes de Calvino haver produzido a primeira edição de suas *Institutas*. O argumento de Melanchthon é que a lei coage (primeiro uso), terrifica (segundo uso) e requer obediência (terceiro uso). Ele escreve que "A terceira razão para reter-se o Decálogo é a obediência que ele requer."[12]

Já em 1534, Melanchthon passou a usar a natureza forense da justificação como alicerce para estabelecer a necessidade de boas obras na vida dos crentes.[13]

---

10 *The Loci Communes of Philip Melanchthon* [1521], trans. Charles Leander Hill (Boston: Meador, 1944), 234.
11 *Scholia in Epistolam Pauli ad Colossense iterum ab authore recognita* (Wittenberg: J. Klug, 1534), XLVIII r, LXXXII v – LXXXIII v.
12 *Ibid.*, XCIII v.
13 *Ibid.*, XVII r.

Seu argumento é que, ainda quando a primeira e primária justiça dos crentes seja sua justificação em Cristo, há também uma segunda justiça – a justiça de uma boa consciência, a qual, não obstante sua imperfeição, é ainda agradável a Deus, posto que o próprio crente está em Cristo.[14] A consciência do crente, tornada boa por divina declaração, deve continuar a usar a lei para agradar a Deus, pois a lei revela a essência da vontade de Deus e provê o vigamento da obediência cristã. Ele asseverou que esta "boa consciência" é uma "grande, necessária consolação para os santos".[15] Como assevera Timothy Wengert, sem dúvida, ele foi estimulado a enfatizar a conexão entre uma boa consciência e as boas obras por seu desejo de defender Lutero e os outros protestantes da acusação de que negavam as boas obras sem, ao mesmo tempo, roubar da consciência a consolação do evangelho. E, assim, Melanchthon engendrou uma maneira de falar da necessidade das obras para o crente, excluindo sua necessidade para a justificação.[16] Wengert conclui que, ao argumentar sobre a necessidade de sabermos como somos perdoados para a necessidade de obedecermos à lei e para a necessidade de sabermos como esta obediência agrada a Deus, Melanchthon conseguiu colocar lei e obediência no centro de sua teologia.[17]

• Martinho Lutero (1483-1546)

Diferente de Melanchthon, que continuou a codificar o terceiro uso da lei nas edições de 1535 e 1555 de sua principal obra sobre a doutrina cristã,[18] Lutero nunca viu a necessidade de abraçar formalmente um terceiro uso da lei. Entretanto, estudiosos luteranos têm debatido extensamente sobre se Lutero ensinou de fato, ainda que não nominalmente, um terceiro uso da lei.[19] É sufi-

---

14 *Ibid.*, XC V.
15 *Ibid.*, L v.
16 Timothy Wengert, *Law and Gospel: Philip Melanchthon's Debate with John Agricola of Eisleben over* Poenitentia (Grand Rapids: Baker, 1997), 200-204.
17 *Ibid.*, 205-206.
18 *Melanchthon on Christian Doctrine (Loci communes 1555)*, trans. and ed. Clyde L. Manschreck (Oxford: University Press, 1965), 127.
19 Cf. Hans Engelland, *Melanchthon, Glauben und Handeln* (Munique: Kaiser Verlag, 1931); Wener Elert, "Eine theologische Falschung zur Lehre vom tertius usus legis", *Zeitschrift für Religions- und Geistesgeschichte* 1 (1948): 168-70; Wilfried Joest, Gesetz und Freiheit: *Das Problem des tertius usus legis hei Luther und die neutestamentliche*

Martinho Lutero

ciente dizer que Lutero advogou que, ainda que o cristão não esteja "debaixo da lei", não se deve entender isso como se ele vivesse "sem a lei". Para Lutero, o crente tem uma atitude diferente para com a lei. A lei não é uma obrigação, e sim um deleite. O crente é jubilosamente movido para com a lei de Deus pelo poder do Espírito. Ele confirma a lei livremente, não por causa das demandas da lei, e sim por causa de seu amor para com Deus e Sua justiça.[20] Visto que, em sua experiência, o pesado jugo da lei é substituído pelo leve jugo de Cristo, fazer o que a lei manda se torna uma jubilosa e espontânea ação. A lei conduz pecadores a Cristo por meio de quem "se tornam praticantes da lei".[21] Além do mais, porque ele permanece pecador, o cristão necessita da lei para dirigir e regular sua vida. Assim, Lutero pode asseverar que, a lei que serve como o

---

Parainese (Göttingen: Vandenhoeck & Ruprecht, 1951); Hayo Gerdes, *Luthers Streit mit den Schwarmem um das rechte Verständnis des Gesetzes Mose* (Göttingen: Gottiner Verlagsanstalt, 1955), 111-116; Gerhard Ebeling, *Luther: An Introduction to His Thought*, trans. R. A. Wilson (Filadélfia: Fortress, 1970); Eugene F. Klug, "Luther on Law, Gospel, and the Third Use of the Law", *The Spingfielder* 38 (1974): 155-69; A.C. George, "Martin Luther's Doctrine of Sanctification with Special Reference to the Fomula *Simul Iustus et Peccator*: A Study in Luther's Lectures on Romans and Galatians" (Th.D. dissertation, Westminster Theological Seminary, 1982), 195-210.

20 F. Paul Althaus, *The Theology of Martin Luther*, trans. Robert Schultz (Filadélfia: Fortress, 1966), 267.

21 *Luther's Works* 26:260.

"bastão" (i.e., vara – segundo uso) que Deus usa para levá-lo a Cristo, é simultaneamente o "bastão" (i.e., cana – o que Calvino chamaria o terceiro uso) que o assiste em sua caminhada na vida cristã. Esta ênfase sobre a lei como uma bengala é usada implicitamente em sua exposição dos dez mandamentos em vários contextos – cada um deles indica que ele cria firmemente que a vida cristã deve ser regulada por esses mandamentos.[22]

A preocupação de Lutero não era negar a santificação nem a lei como uma norma diretiva na vida do crente; antes, ele desejava enfatizar que as boas obras e a obediência à lei de modo algum podem fazer-nos aceitáveis diante de Deus. Daí, ele escreve em *The Freedom of the Christian* [A Liberdade do Cristão]: "Nossa fé em Cristo não nos isenta das obras, e sim das falsas opiniões concernentes às obras, isto é, da tola presunção de que a justificação é adquirida mediante as obras." E em *Table Talk* [Conversa à Mesa], ele é citado como a dizer "Os que têm Cristo já cumpriram corretamente a lei, porém remover a lei totalmente, a qual se enraíza na natureza e está escrita em nossos corações e já nasceu em nós, é algo impossível e contra Deus".[23]

• João Calvino (1509-1564)

O que Melanchthon começou a desenvolver na direção de uma justiça agradável a Deus, em Cristo, e Lutero deixou muito sem desenvolver como uma ação jubilosa e uma "muleta", Calvino encarnou como uma doutrina plenamente emplumada, ensinando que o uso primário da lei para o crente é como uma norma de vida. Ainda que Calvino emprestasse da terminologia de Melanchthon "o terceiro uso da lei" (*tertius usus legis*), e provavelmente respigasse material adicional de Martin Bucer,[24] ele proveu a doutrina com

---

22 Ver *On Good Works, The Freedom of the Christian, Small Catechism, Large Catechism, Disputations with Antinomians*.

23 Citado por Donald MacLeod, "Luther and Calvin on the Place of the Law", in *Living the Christian Life* (Huntingdon, England: Westminster Conference, 1974), 10-11.

24 Falando dos crentes, Bucer ensinou que "de fato Cristo já nos libertou [*liberasse*], porém não quer liberar--nos [*solvisse*] da lei" (*Enarrationes* [1530], 158b; cf. 50ᵃ-51b). Francois Wendel sugere que as três funções da lei "reconhecidas por Melanchthon" foram "mais acentuadas por Bucer em seus comentários" (*Calvin: The Origins and Development of His Religious Thought*, trans. Philip Mairet [Nova York: Harper & Row, 1963], 198). Por exem-

novos contornos e conteúdo, e foi o único entre os primeiros Reformadores a enfatizar que esta terceira função da lei, como uma norma e diretriz para o crente, é seu uso "próprio e primordial".²⁵

O ensino de Calvino sobre o terceiro uso da lei é cristalinamente claro: "Qual é a regra de vida que [Deus] nos deu?" – pergunta ele no catecismo genebrino, e responde: "Sua lei." Mais adiante, no mesmo catecismo, ele escreve:

> [A lei] mostra a meta que devemos almejar, o alvo rumo ao qual devemos apressar-nos: que cada um de nós, segundo a medita de graça que lhe foi outorgada, se empenhe em modelar sua vida de acordo com a mais elevada retidão e, com estudo constante, avançar continuamente, mais e mais.²⁶

Calvino escreveu definidamente sobre o terceiro uso da lei, já em 1536, na primeira edição de suas *Institutas da Religião Cristã*:

> Os crentes... se beneficiam da lei porque dela eles aprendem mais completamente, a cada dia, qual é a vontade do Senhor... É como se um servo, já preparado com plena solicitude do coração, se recomende a seu senhor, descubra e visualize as vontades de seu senhor a fim de conformar-se e acomodar-se a elas. Além do mais, por mais que eles se prontifiquem pelo Espírito e se estimulem a obedecer a Deus, contudo são fracos na carne e, ao contrário, servem mais ao pecado do que a Deus. A lei é para esta carne como um azorrague para o asno lerdo e empacador, que tem de ser ferroado, incitado e despertado a trabalhar.²⁷

---

plo, Bucer escreveu que a lei "é de modo algum abolida, mas é muito mais potente em cada um, enquanto é mais ricamente dotado com o Espírito de Cristo" (*ibid*, 204). Cf. Ralph Roger Sundquist, "The Third Use of the Law in the Thought of John Calvin: An Interpretation and Evaluation" (Ph.D. dissertation, Union Theological Seminary, 1970), 317-18.

25 Para Calvino, o uso convincente da lei não é seu uso "próprio", pois este visava a levar um pecador a Cristo, e o uso cívico era apenas um propósito "acidental". Cf. Victor Shepherd, *The Nature and Junction of Faith in the Theology of John Calvin* (Macon, Ga.: Mercer, 1983), 153ff.

26 *Selected Works of John Calvin: Tracts and Letters*, ed. Henry Beveridge and Jules Bonnet (1849); reprint Grand Rapids: Baker, 1983), 2:56, 69.

27 *Institutes of the Christian Religion: 1536 Edition*, trans. Ford Lewis Battles (Grand Rapids: Eerdmans, 1975), 36.

Na última edição das *Institutas*, completada em 1559, Calvino retém o que escreveu em 1536, porém ressalta ainda mais clara e positivamente que os crentes tiram proveito da lei de duas maneiras: primeiro, "aqui está o melhor instrumento para que aprendam mais plenamente, a cada dia, a natureza da vontade do Senhor à qual aspiram, e para confirmá-los na compreensão dela"; segundo, por "frequente meditação sobre ela, se despertem à obediência, se fortaleçam nela e sejam arrebatados da escorregadia vereda da transgressão. Desta maneira, os santos devem prosseguir". Calvino conclui: "Pois o que seria menos louvável do que a lei se, com apenas importunação e ameaças, atribulasse as almas com o medo e os perturbasse com fuga? Davi mostra especialmente que na lei ele apreendeu o Mediador, sem o qual não há deleite nem doçura."²⁸

Este ponto de vista preponderantemente positivo da lei como uma norma e guia para o crente, a encorajá-lo a aderir a Deus e a obedecer a Deus cada vez mais fervorosamente, é onde Calvino se distancia de Lutero. Para Lutero, a lei geralmente denota algo negativo e hostil – algo comumente considerado em estreita proximidade com o pecado, a morte ou o diabo. O interesse dominante de Lutero está no segundo uso da lei, mesmo quando considera a função da lei em santificar o crente. Para Calvino, como I. John Hesselink nota corretamente, "a lei era vista primariamente como uma expressão positiva da vontade de Deus... o ponto de vista de Calvino poderia ser chamado deuteronômico, porque, para ele, a lei e o amor não são antitéticos, e sim correlatos".²⁹ Para Calvino, o crente se esforça em seguir a lei de Deus, não como um ato de obediência *compulsória*, e sim como uma resposta de *grata* obediência. A lei promove, sob a tutela do Espírito, uma ética de gratidão no crente, a qual tanto encoraja a obediência amorosa como o acautela contra o pecado, de modo que ele canta com Davi no Salmo 19:

---

28 *Institutes* 2.7.12. Calvino coteja dos salmos davídicos considerável suporte para seu terceiro uso da lei (cf. *Institutes* 2.7.12 e seu *Commentary on the Book of Psalms*, trans. James Anderson, 5 vols. [Grand Rapids: Eerdmans, 1949]).

29 "Law – Third use of the Law", in *Encyclopedia of the Reformed Faith*, ed. Donald K. McKim (Lousville: Westminster/John Knox, 1992), 215-16. Cf. Edward A. Dowey, Jr., "Law in Luther and Calvin", *Theology Today* 41, 2 (1984): 146-53; I. Jonn Hesslink, *Calvin's Concept of the Law* (Allison Park, Pa.: Pickwick, 1992), 251-62.

"Perfeitíssima é a lei de Deus,
Restaurando os que se extraviam;
Seu testemunho é infalível,
Proclamando o caminho da sabedoria.

Os preceitos do Senhor são retos;
Com júbilo, enchem o coração;
Os mandamentos do Senhor são todos puros,
E comunicam a mais clara luz.

O temor do Senhor é impoluto
E durará para sempre;
Os estatutos do Senhor são fidedignos
E a justiça puríssima.

Desviam dos caminhos da perversidade
Que desagradam ao Senhor,
E em guardar a Sua palavra
Há uma grande recompensa."[30]

Sumariando, para Lutero, a lei *ajuda* o crente – especialmente em reconhecer e confrontar o pecado o habita; para Calvino, o crente necessita da lei para dirigi-lo no santo viver, a fim de servir ao Senhor com amor.[31]

• O Catecismo de Heidelberg (1563)

Finalmente, o ponto de vista de Calvino sobre o terceiro uso da lei logrou a palma na teologia reformada. Uma antiga indicação deste ponto de vista fortemente calvinista da lei se encontra no Catecismo de Heidelberg, composto um ano ou dois antes da morte de Calvino. Ainda que o Catecismo comece

---

30 *The Psalter*, No. 42.
31 W. Robert Godfrey, "Law and Gospel", in *New Dicionary of Theology*, Eds. Sinclair B. Ferguson, David F. Wright, J. I. Packer (Downers Grove, Ill.: InterVarsity Press, 1988), 379.

com uma forte ênfase sobre o uso evangélico da lei em levar pecadores a Cristo (Questões 3-18), uma exortação detalhada sobre as proibições e requerimentos da lei postos sobre o crente é reservada para a seção final que ensina "como expressarei minha *gratidão* a Deus" pelo livramento em Jesus Cristo (Questões 92-115).[32] O Decálogo provê o conteúdo material para as boas obras que são o produto da gratidão pela graça de Deus em Seu amado Filho.

- **Os puritanos**

Os puritanos levaram a efeito a ênfase de Calvino sobre o caráter normativo da lei para o crente, como uma regra de vida, e para suscitar gratidão sincera, a qual, por sua vez, promove genuína liberdade mais que antinomiana licenciosidade.[33] Para citar somente umas poucas das centenas de fontes puritanas fidedignas sobre estes temas, Anthony Burges condena os que asseveram que elas estão acima da lei ou que a lei escrita no coração mediante a regeneração "torna desnecessária a lei escrita".[34] Tipicamente puritana é a afirmação de Thomas Bedford em prol da necessidade da lei escrita como guia para o crente:

> Haveria também outra lei escrita nas tábuas, e deve ser lida pelos olhos, deve ser ouvida pelos ouvidos. Senão... como o próprio crente estará certo de que não se aparta do caminho reto pelo qual deve andar? ... O Espírito, admito, é o Guia e o Mestre do homem justificado: ... Mas ele lhes ensina... pela lei e o testemunho.[35]

O ensino do Espírito resulta em que os cristãos se tornem "amigos" da lei, gracejou Samuel Rutherford, porque, "depois que Cristo fez pacificação entre nós e a lei, nos deleitamos em andar nela por amor a Cristo".[36] Esse de-

---

32 *The Psalter*, 26-88.
33 Ernest F. Kevan, *The Grace of Law* (Londres: Carey Kingsgate, 1976), provê um tratamento abrangente do ensino puritano sobre a relação do crente com a lei.
34 *Spiritual Refining: or a Treatise of Grace and Assurance* (Londres: A. Miller, 1652), 563.
35 *An Examination of the chief Points of Antionimianism* (Londres, 1845), 15-16.
36 *The Trial and Triumph of Faith* (Edinburgh: William Collins, 1845), 102; Samuel Rutherford in *Catechisms of the Second Reformation*, ed. Alexander F. Mitchell (Londres: James Nisbet, 1886), 226.

leite, fundado na expressão de gratidão para com o evangelho, produz uma inexprimível liberdade. Samuel Crooke o expressa assim: "A partir do mandamento, como uma regra de vida, [os crentes] são, não libertados, mas, ao contrário, são inclinados e dispostos, por [seu] espírito livre, a espontaneamente obedecê-la. Assim, para o regenerado, a lei se torna, por assim dizer, o evangelho, inclusive uma lei de liberdade."[37] O Catecismo Maior de Westminster, composto na grande maioria por doutores puritanos, provê o mais adequado sumário do ponto de vista reformado e puritano sobre a relação do crente com a lei moral:

> P. 97. De que utilidade é a lei moral aos regenerados?
>
> R. Embora os que são regenerados e crentes em Cristo sejam libertados da lei moral, como pacto de obras, de modo que nem são justificados nem condenados por ela, contudo, além da utilidade geral desta lei comum a eles e a todos os homens, é ela de utilidade especial para lhes mostrar quanto são devedores a Cristo por cumpri-la e suportar a maldição dela, em lugar e para o bem deles, e assim constrangê-los a uma gratidão maior, e a expressar esta gratidão por um maior cuidado de sua parte em conformar-se a esta lei, como regra de sua obediência.[38]

Mas, como os princípios de gratidão da Reforma se interagem na prática concreta quando o crente busca obedecer à lei como regra de vida? Agora nos volvemos a esta pergunta na forma do estudo de um caso quando consideramos o mandamento mui controverso da lei moral em nossos dias – "Lembra-te do dia de sábado, para o santificar" (Ex 20.8).

O quarto mandamento: estudo de um caso

A preocupação central fomentada pelo Cristianismo Reformado, de aplicar a lei moral ao viver cristão, foi a santificação do primeiro dia da semana como o Sábado Cristão. Se houve algum grau de ambiguidade entre os Re-

---

37 *The Guide unto True Blessedness* (Londres: 1614), 85.
38 *Westminster Confession of Faith* (Glasgow: Free Presbyterian, 1994), 180-81.

formadores do século dezesseis, ela se desvaneceu completamente quando, em meados do século dezessete, os doutores de Westminster se reuniram para escrever sua Confissão de Fé (Cap. 21):

> 7. Como é lei da natureza que, em geral, uma devida proporção de tempo seja destinada ao culto de Deus, assim também, em sua Palavra, por um preceito positivo, moral e perpétuo, preceito que obriga a todos os homens, em todas as épocas, Deus designou particularmente um dia em sete para ser um sábado (= descanso) santificado por ele, desde o princípio do mundo, até a ressurreição de Cristo, esse dia foi o último da semana; e desde a ressurreição de Cristo, foi mudado para o primeiro dia da semana, dia que na Escritura é chamado o dia do Senhor (= domingo), e que há de continuar até o fim do mundo como o sábado cristão.
>
> 8. Esse sábado é santificado ao Senhor quando os homens, tendo devidamente preparado seus corações e de antemão ordenado seus negócios ordinários, não só guardam, durante todo o dia, um santo descanso de suas obras, palavras e pensamentos a respeito de seus empregos seculares e de suas recreações, mas também ocupam todo o tempo em exercícios públicos e particulares de culto e nos deveres de necessidade e de misericórdia.[39]

Esta elevada visão do sábado logrou sucesso na Bretanha, na América do Norte, em todo o império britânico e também nos Países Baixos. Ainda que ela fosse uma preocupação-chave dos cristãos reformados, a observância sabática foi abraçada como uma regra por cristãos de quase todas as denominações. No despertar dos poderosos avivamentos dos séculos dezenove e vinte, a guarda do sábado foi abraçada igualmente pela população em geral.

Este ditoso estado de atividades prevaleceu durante todo o século dezenove e até o vinte. Grandes centros urbanos, tais como Filadélfia e Toronto eram conhecidos pela preocupação com que o sábado fosse observado por seus habitantes. Até o final do século vinte, algumas das principais ferrovias cessaram as operações nos domingos. Os expedientes litorâneos tomaram me-

---
39 Ibid., 94-95.

didas tais como banir todo tráfego motorizado das ruas nos domingos (Ocean Grove, N.J.) e o uso dos cinemas para o culto público nas noites dominicais (Ocean City, N.J.).

A cena moderna apresenta um aspecto amplamente alterado. As forças da secularização e o advento da cultura do lazer, obcecada em buscar recreações de todos os tipos, têm extinguido a preocupação pela observância sabática na população geral. Ainda mais trágica é a determinada erosão da convicção por parte dos cristãos. O maior dano foi feito pelo ataque do modernismo à autoridade da Escritura, minando e subvertendo assim todas as normas bíblicas para a vida. Entretanto, o fundamentalismo deve suportar também sua participação na culpa. Sob a influência do dispensacionalismo, desenvolveu-se um crescente antinomianismo nos círculos mais conservadores dos cristãos americanos. O Antigo Testamento, em geral, e a lei moral, em particular, chegaram a ser considerados como monumentos de uma era passada. O resultado tem sido a destruição em grande escala da convicção acerca do sábado, mesmo entre os presbiterianos que subscrevem os Padrões de Westminster – não obstante a dissonante inconsistência envolvida!

Seguramente, o tempo está maduro para os cristãos buscarem uma vez mais, na Palavra de Deus, instrução relativa ao quarto mandamento e suas reivindicações no tocante a nós. Se não por outra razão, deve-se empreender estudo ante a enorme evidência do alto grau de estresse destrutivo que jaz de maneira solerte por detrás da atrativa fachada da assim chamada "cultura do lazer". Os homens estão se destruindo porque não conseguem dizer não, seja no trabalho, seja na diversão. Grandes bênçãos espirituais estão prometidas aos que se sujeitam à disciplina da renúncia no tocante à observância do sábado.

O sábado como instituição divina

"O sétimo dia é o sábado do SENHOR teu Deus" (Ex 20.10). Estas palavras nos lembram que o sábado é uma instituição divina em dois sentidos. Primeiro, o sábado semanal é instituído pela palavra de ordem da parte de Deus. Segundo, Deus reivindica o dia como sendo seu: "o sábado de Javé teu Deus." Os seis dias de trabalho semanal são cedidos ao homem para sua atividade e buscas de lazer; não é assim com o sábado, ao qual Deus, em Isaías 58.13, denomina de "meu santo dia". A não dedicação do dia aos propósitos e atividades ordenados para sua santificação equivale roubar a Deus daquilo que Lhe pertence.

Esta verdade é reforçada pelas palavras do Senhor Jesus Cristo registradas pelos primeiros três evangelistas (Mt 12.8; Mc 2.28; Lc 6.5), quando disse: "O Filho do homem é Senhor do sábado." De um só fôlego, Cristo assevera Sua plena deidade e identidade com Javé, e reafirma a reivindicação divina das horas do sábado semanal, abraçando a reivindicação e a depositando em Seu próprio nome. A reivindicação deixou sua marca nas crenças, práticas e costumes da Igreja Apostólica; de modo que, já no final daquela era, o sábado cristão era conhecido como "o dia do Senhor" (Ap 1.10).

O sábado como uma ordenança da criação

Um erro comum é assumir que o sábado tem sua origem na doação da lei no Sinai. Tal conceito ignora o fato de que o sábado não é introduzido como algo novo, mas, ao contrário, é reconhecido como algo antigo e histórico, que agora deve ser lembrando e observado pelo povo de Deus: *"Lembra-te* do dia de sábado, para o santificar" (Ex 10.8).

E o que, especialmente, deve ser lembrado no padrão dos seis dias de trabalho culminado por um dia de santo repouso? "Porque, em seis dias, fez o SENHOR os céus e a terra, o mar e tudo o que neles há e, ao sétimo dia, descansou; por isso, o SENHOR abençoou o dia de sábado e o santificou" (Ex 20.11).

Resposta bíblica à pergunta, quando o sábado foi instituído, e por quem, é de uma clareza meridiana: o sábado foi instituído por Deus no próprio alvorecer da história. Naturalmente, o homem estava presente; e, significativamente, este foi o primeiro dia completo de sua vida sobre a terra (Gn 2.1-3). Se o padrão foi ou não perpetrado após aquele ponto, talvez seja uma questão de especulação, mas a história do sábado não se perdeu. Tudo o que era necessário no Sinai foi evocar aquela história e impor ao povo a manutenção da memória dele doravante e para sempre.

Portanto, o sábado não foi uma ordenança estritamente mosaica. Sua origem está radicada na própria criação; e, como o matrimônio, o sábado é uma instituição da mais elevada significação para a raça humana. Suas bênçãos temporais podem ser desfrutadas por toda a humanidade, e suas bênçãos espirituais são prometidas a todos os que as buscam, até mesmo "aos eunucos" e "aos filhos do estrangeiro, que se unem ao Senhor" (Is 56.1-8).

O sábado como memorial redentivo
Na recapitulação dos dez mandamentos (Dt 5.6-21), descobrimos que a redenção não altera nem cancela o requerimento de se santificar o sábado. Ao contrário, apenas se agrega o significado do dia aos que são "os redimidos do Senhor". Igualmente, no Novo Testamento, os escravos participavam plenamente, com seus senhores, da benção do evangelho; assim, a lei em Israel era que os servos devessem desfrutar do descanso provido no quarto mandamento, juntamente com seus senhores: "para que o teu servo e a tua serva descansem como tu" (Dt 5.14). A isto se agrega o seguinte lembrete: "porque te lembrarás que foste servo na terra do Egito e que o SENHOR, teu Deus, te tirou dali com mão poderosa e braço estendido" (v. 15). Com estas palavras, o sábado assume um novo significado e função como um memorial da redenção da servidão que Deus granjeou para Seu povo. Este significado anexo reforça o sábado como uma instituição entre o povo de Deus.

Aqui temos também uma antecipação do impacto da morte e ressurreição de Cristo na observância do sábado da parte de Seus seguidores. Tão grande era esse clímax e decisivo da promessa de redenção, estreitamente seguido pela culminância do Espírito no dia de Pentecostes que, daquele tempo para cá, o sábado "foi mudado para o primeiro dia da semana, o qual, na Escritura, é chamado o Dia do Senhor, e há de continuar até o fim do mundo, como o sábado cristão" (Confissão de Fé Westminster [WCF], 21:7).

O resultado é, como escreve o apóstolo Paulo em Hebreus 4.9, "Portanto, resta um repouso para o povo de Deus." Daí, o sábado é para nós como um sinal de algo que ainda resta para alcançar, experimentar e desfrutar no estado eterno. Ao mesmo tempo, porque a palavra que ele usa para "descanso" é *sabbatismos*, ou "a guarda de um sábado" (ver KJV margem), a obrigação de se observar um sábado semanal continua sob o evangelho. A guarda do sábado veio a ser, de fato, uma marca do discipulado cristão na era dos mártires, como relata Maurice Roberts: "uma pergunta posta diante dos mártires, antes que morressem, era: 'Dominicum servasti?' (Você guarda o Dia do Senhor?)."[40]

O sábado como sinal escatológico

A profecia de Isaías termina com o anúncio da promessa dos novos céus e a nova terra para o povo de Deus: "Pois eis que eu crio novos céus e nova terra; e não haverá lembrança das coisas passadas, já não haverá memória delas" (Is 65.17). Nesta nova criação, o labor do povo de Deus será totalmente redimido da maldição: "Não trabalharão debalde, nem terão filhos para a calamidade, porque são uma posteridade bendita do SENHOR, e seus filhos estarão com eles" (v. 23).

Esta nova ordem da criação subsistirá como a consumação da promessa de redenção. Não só o labor do povo de Deus será totalmente redimido da maldição; também o sábado por fim alcançará seu clímax como o dia universal para o culto de Javé. Eis a promessa de Deus: "Porque, como os novos céus e a nova terra, que hei de fazer, estarão diante de mim, diz o SENHOR, assim há de estar vossa posteridade e vosso nome. E será que, de uma Festa da Lua Nova à outra e de um sábado ao outro, virá toda a carne a adorar perante mim, diz o SENHOR" (Is 66.22,23).

Sumariando, o sábado permanece como uma instituição, como outrora permaneceu a própria criação. Ele pertence à ordem de coisas como foram desde o princípio, antes que o homem caísse em pecado. Ele é tão universal como qualquer outra ordenança da criação, mantendo a promessa de benção para toda a humanidade. A promessa de redenção e seu cumprimento simplesmente adiciona à importância do sábado como um dia a ser observado pelos redimidos do Senhor. O sábado é um sinal da promessa de redenção, seja em seu cumpri-

---

40 "Sabbath Observance" *Banner of Truth*, no. 392 (May 1996): 5.

mento agora, seja também na consumação que ainda há de vir. Ele é o dia do Senhor, um dia santo – um dia para os cristãos manterem santo.

Cristo e o sábado

O sábado é uma característica tanto do cenário neotestamentário como veterotestamentário. A questão do sábado e como ele deve ser guardado sempre foi um campo de batalha frequentemente revisitado na guerra de Cristo contra os fariseus. Tão intensa era Sua oposição às ideias dos fariseus sobre a guarda do sábado, que muitos têm concluído que Cristo se opunha ao próprio sábado e, portanto, seria oposto a qualquer continuação da guarda do sábado entre Seus seguidores.

Tal conclusão ignora ou se conflita com três fatos-chave dos registros evangélicos. Primeiro, Cristo mesmo guardava fielmente o sábado (ver Lc 4.16). Segundo, Cristo declarou que Ele não veio para destruir a lei, e por isso se segue que Ele não veio para destruir ou abolir o sábado (ver Mt 5.17). Terceiro, Cristo reivindicou o sábado como Sua propriedade, como já vimos: "O Filho do homem é Senhor do sábado."

Portanto, o conflito de Cristo com os fariseus deve ser visto como uma campanha não de destruição, mas, ao contrário, uma reivindicação e restauração da instituição bíblica do sábado. Por conseguinte, Cristo abraçou o sábado e o reivindicou para Si. Além do mais, Ele declarou que, pessoalmente, cumpriria a promessa do sábado nas vidas de Seus discípulos: "Vinde a mim, todos os que estais cansados e sobrecarregados, e eu vos aliviarei. Tomai sobre vós o meu jugo e aprendei de mim, porque sou manso e humilde de coração; e achareis descanso para vossas almas" (Mt 11.28,29). Mesmo aqui, Cristo faz soar a nota de oposição aos fariseus e o "jugo" deles de prescrições e proibições tradicionais com respeito ao sábado. Pedro se referiu a este jugo, e declarou que ele era "um jugo que nem nossos pais puderam suportar, nem nós" (At 15.10). Tomar o jugo de Cristo é tornar-se Seu discípulo, justamente como tomar o dos fariseus era tornar-se discípulo deles. Aos que abraçam Cristo com genuína fé, Ele promete descanso como o cumprimento de redenção, em incisivo contraste com a negação daquele descanso aos israelitas incrédulos e desobedientes (Sl 95.10,11).

Este descanso consiste em colocar fim à infrutífera tentativa de buscar justificar-se por meio das obras da lei. Cristo também aliviou de nossas costas o fardo da culpa de todos os nossos pecados. E isto não é tudo, pois há também uma promessa futura quando formos "despidos deste corpo de morte" (Rm 7.25, margem): "Então, ouvi uma voz do céu, dizendo: Escreve: Bem-aventurado os mortos que, desde agora, morrem no Senhor. Sim, diz o Espírito, para que descansem de suas fadigas, pois suas obras os acompanham" (Ap 14.13). Com isto em mente, o apóstolo lembra aos crentes "a promessa de entrar no descanso de Deus", e anexa esta exortação, envolvendo um profundo jogo de palavras: "Esforcemo-nos, pois, por entrar naquele descanso" (Hb 4.1,11).

O cristão e o sábado

Como os seguidores de Cristo devem guardar o sábado hoje? Muitos escritores têm oferecido respostas a esta indagação.[41] Entretanto, para o presente propósito, preferimos indicar três ricas fontes de orientação: o próprio quarto mandamento; o profeta Isaías, e o ensino e exemplo de Jesus Cristo, nosso Senhor.

O quarto mandamento, em suas duas formas canônicas (Ex 20.8-11; Dt 5.12-15) provê muita instrução. Primeiro, temos de descartar nossas tarefas e

---

41 Em adição aos tratados sobre os dez mandamentos e sobre os padrões de Westminster, ver Thomas Shepard, *The Doctrine of the Sabbath* (Londres, 1655); John Owen, *An Exposition of the Epistle to the Hebrews*, ed. W. H. Goold (Londres: Johnstone & Hunter, 1855), vols. 3-4 on Hebrews 3-4; Jonathan Edwards, "The Perpetuity and Change of the Sabbath", in *The Works of Jonathan Edwars* (1834; reprint Edinburgh: Banner of Truth Trust, 1974), 2:93-103; Robert Dabney, "The Christian Sabbath: Its Nature, Design, and Proper Observance", in *Discussions: Evangelical and Theological* (1890; reprint Londres: Banner of Truth Trust, 1967), 1:496-550; Matthew Henry, "A Serious Address to Those that Profane the Lord's Day", in *The Complete Works of Matthew Henry* (1855; reprint Grand Rapids: Baker, 1979), 1:118-33; W.B. Whitaker, *Sunday in Tudor and Stuart Times* (Londres: Houghton, 1933); Daniel Wilson, *The Divine Authority and Perpetual Obligation of the Lord's Day* (1827; reprint Londres: Lord's Day Observance Society, 1956); John Murray, "The Moral Law and the Forth Commandment", in *Collected Writings* (Edinburgh: Banner of Truth Trust, 1976), 1:193-228; James I. Packer, "The Puritans and the Lord's Day", in *A Quest for Godliness* (Wheaton: Crossway, 1990), 233-43; Roger T. Beckwith and Wilfrid Stott, *The Christian Sunday: A Biblical and Historical Study* (1978; reprint Grand Rapids: Baker, 1980); Errol Hulse, "Sanctifying the Lord's Day: Reformed and Puritan Attitudes", in *Aspects of Sanctification* (Wstminster Conference of 1981; Hertfordshire: Evangelical Press, 1982), 78-102; James T. Denninson, Jr., *The Market Day of the Soul: The Puritan Doctrine of the Sabbath in England, 1532-1700* (Nova York: University Press of America, 1983); Walter Chantry, *Call the Sabbath a Delight* (Edinburgh: Banner of Truth Trust, 1991).

empreendimentos diários. Temos de fazer isso individualmente, como famílias, como congregações e como comunidades. Segundo, temos volver nossas mentes e corações aos grandes temas da Santa Escritura: as maravilhosas obras de Deus como Criador, Redentor e Santificador. Terceiro, temos de nos engajar naquelas atividades que obtêm, aumentam e expressam conhecimento da santidade de Deus e nossa santidade pessoal em Cristo. "Lembra-te do dia de sábado, para o santificar."

O profeta Isaías viveu dias muito parecidos com os nossos, tempo de prosperidade e afluência geral. Ele tem uma palavra direta a dizer sobre os perigos de tal afluência, na forma da "cultura do lazer" essa prosperidade possibilita:

> "Se desviares o pé de profanar o sábado e de cuidar de teus próprios interesses em meu santo dia; se chamares ao sábado deleitoso e santo dia do SENHOR, digno de honra, e o honrares não seguindo teus caminhos, não pretendendo fazer tua própria vontade, nem falando palavras vãs, então te deleitarás no SENHOR. Eu te farei cavalgar sobre os altos da terra e te sustentarei com a herança de Jacó, teu pai, porque a boca do SENHOR o disse" (Is 58.13,14).

Aqui, o profeta estende a proibição formal de engajar-se em atividade, incluindo a busca de nossas recreações pessoais e atividades no tempo de lazer. Mesmo as palavras que falamos devem ser reguladas pelo mandamento. No lugar disso, o profeta promete um maravilhoso tipo de liberdade e desfrute espirituais da parte de Deus: "Então, te deleitarás no SENHOR!"

Finalmente, temos de considerar os ensinos e exemplo do Senhor Jesus Cristo. Ele selou o dia com um caráter cristão indelével, quando disse: "O Filho do homem é Senhor do sábado." Doravante, só era correto falar do sábado *cristão*. Ele reivindicou o dia como uma instituição designada para o bem e benção do gênero humano, quando lembrou aos fariseus que "o sábado foi feito para o homem, e não o homem para o sábado" (Mc 2.27). Com isso, Ele nos ensinou a não enredar o dia com censuras que operam contra as necessidades humanas básicas. Ele insistiu mais, dizendo que no sábado "é lícito fazer o bem" (Mt 12.12) e "lícito... fazer coisas boas" (Lc 6.9). Aqui, Ele sanciona obras de misericórdia e compaixão feitas em Seu nome e para Sua glória.

Do exemplo de Cristo, aprendemos a assistir diligentemente à igreja de Deus, congregando-nos aos domingos para ouvir a Palavra de Deus (Lc 4.16). É também um dia em que os ministros da Palavra se devotam ao ensino e à pregação (Lc 4.31). É um dia para se fazer o bem aos nossos correligionários da família da fé (Lc 4.38,39) e estender e receber a graça da hospitalidade cristã (Lc 14.1) como parte da comunhão dos santos apropriada para o dia (ver também Lc 24.29,42). Finalmente, os dias dominicais devem ser grandes dias para a manifestação e desfrute da graça de Deus revelada no evangelho – graça que abre nossos olhos cegos, repreende em nós a febre do pecado, nos isenta de nossa dolorosa servidão, triunfa sobre o diabo e sua hoste, restaura o que o pecado tem danificado e cura toda a enfermidade de nossos corações e mentes. Pode-se, com razão, dizer que tudo o que Cristo sempre fez no sábado almejava esta única coisa: revelar e proclamar a graça de Deus aos pecadores.

Portanto, concluímos que omitir ou negligenciar a santificação do sábado cristão equivale desobedecer a Deus, interromper a fé com o Senhor Jesus e roubar-nos de grande benção. Em contrapartida, guardar o sábado como ele deve ser guardado, segundo o ensino e exemplo de nosso Senhor, é uma grande parte do viver para a glória de Deus e nada menos que "começar nesta vida o sábado eterno" (Catecismo de Heidelberg, Questão 103).

CONCLUSÕES

Caráter bíblico do terceiro uso da lei

Podem-se extrair diversas conclusões importantes do terceiro uso que o cristão faz da lei.[42] Primeiro, o terceiro uso da lei é *bíblico*. As Escrituras do Antigo e do Novo Testamento são profusas com exposições da lei dirigidas

---

42 Cf. MacLeod, 12-13, a quem somos aqui devedores para um sumário mui útil das observações sobre o caráter normativo da lei para o crente.

primariamente aos crentes para apoiá-los na perene busca da santificação. Reiteradamente, os Salmos afirmam que o crente se nutre da lei de Deus tanto no homem interior quanto em sua vida externa.[43] Uma das maiores preocupações dos salmistas é certificar-se da boa e perfeita vontade de Deus, e então percorrer o caminho de Seus mandamentos. O Sermão do Monte e as porções éticas das epístolas de Paulo são exemplos neotestamentários de primeira grandeza da utilidade da lei como norma de vida. As diretrizes contidas nessas porções da Escritura se destinam primariamente aos já redimidos, e buscam encorajá-los para que reflitam uma teologia da graça com uma ética de gratidão. Nesta ética de gratidão, o crente segue nos passos de seu Salvador, o qual Se fez Servo do Senhor e o cumpridor da lei, obedecendo diariamente todos os mandamentos de Seu Pai em toda sua peregrinação terrena.

Contrário ao antinomianismo e ao legalismo

Segundo, o terceiro uso da lei combate tanto o *antinomianismo* como o *legalismo*. O antinomianismo (anti=contra; nomos=lei) ensina que os cristãos já não têm qualquer obrigação para com a lei moral, porque Jesus a cumpriu e os libertou dela, salvando-os pela graça somente. Paulo, naturalmente, em Romanos 3.8, rejeitou com veemência esta heresia, como fez Lutero em suas batalhas contra Johann Agricola, e como fizeram os puritanos da Nova Inglaterra em sua oposição a Anne Hutchinson. Os antinomianos confundem a natureza da justificação pela fé, a qual, ainda que outorgada à parte das obras da lei, não elimina a necessidade de santificação. Um dos mais importantes elementos constitutivos da santificação é o cultivo diário de grata obediência à lei. Como declara graficamente Samuel Bolton: "A lei nos remete ao evangelho, para que sejamos justificados, e o evangelho, por sua vez, nos remete à lei para inquirirmos qual é nosso dever depois de sermos justificados."[44]

Os antinomianos acusam os que mantêm a necessidade da lei como norma de vida para o crente de caírem como presas do legalismo. Naturalmente,

---

43 Cf. Salmo 119 para um notável exemplo.
44 Citado em John Blanchard, *Gathered Gold* (Welwyn, Hertforshire: Evangelical Press, 1984), 181.

de fato é possível que o abuso do terceiro uso da lei venha resultar em legalismo. Quando se desenvolve um código elaborado para que os crentes o sigam, cobrindo cada problema e tensão concebíveis no viver moral, não se deixa ao crente nenhuma liberdade, em qualquer área de sua vida, para fazer decisões morais e pessoais com base nos princípios da Escritura. Num contexto como esse, a lei promulgada pelo homem extingue o divino evangelho, e a santificação legalista abocanha a justificação graciosa. Então o cristão é levado de volta a uma escravidão parecida com aquela do monasticismo católico-romano medieval.

A lei nos propicia uma ética abrangente, porém não uma aplicação exaustiva. A Escritura nos mune com amplos princípios e paradigmas ilustrativos, não particulares e exatos que podem ser mecanicamente aplicados a cada circunstância. Diariamente, o cristão deve levar os golpes diretos da lei ao tomar suas decisões particulares, pesando criteriosamente todas as coisas de acordo com o "testemunho da lei" (Is 8.20), enquanto se empenha e ora, a todo tempo, por um crescente senso da prudência cristã.

Legalismo e grata obediência à lei de Deus operam em duas esferas radicalmente diferentes. Diferem muitíssimo um do outro enquanto prestam um serviço compulsório e uma submissão de má vontade, por um lado, e um serviço alegre e boa vontade, por outro. Infelizmente, tantos em nossos dias confundem "lei" ou "legal" com "legalismo" ou ser "legalista". Raramente se compreende que Cristo não rejeitava a lei quando rejeitava o legalismo. É verdade que o legalismo é tirano e antagônico, mas a lei deve ser nossa amiga auxiliadora e necessária. Legalismo é uma fútil tentativa de obter mérito junto a Deus. Legalismo é o erro dos fariseus: ele cultiva conformidade externa à letra da lei sem levar em conta a atitude interior do coração.

O terceiro uso da lei traça um curso médio entre antinomianismo e legalismo. Nem o antinomianismo, nem o legalismo são verdadeiros, seja para com a lei, seja para com o evangelho. Como John Fletcher notou perceptivamente, "Os fariseus não são mais verdadeiramente legalistas do que os antinomianos são verdadeiramente evangélicos."[45] O antinomianismo ressalta

---

45 "Second Check on Antinomianism", in *The Works of John Fletcher* 1:338.

a liberdade cristã da condenação da lei às expensas da santificação. Ele falha em ver que a ab-rogação do poder *condenatório* da lei não ab-roga o poder *impositivo* da lei. O legalismo de tal modo enfatiza a busca da santidade pelo crente, que a obediência à lei se torna algo mais do que o fruto da fé. Então a obediência se torna um elemento constitutivo da justificação. Tudo o que o poder impositivo da lei para a santificação faz é sufocar o poder condenatório da lei para a justificação. Em última análise, o legalismo nega na prática, se não em teoria, um conceito reformado de justificação. Ele acentua a santificação às expensas da justificação. O conceito reformado do terceiro uso da lei ajuda o crente a salvaguardar, respectivamente, na doutrina e na prática, um equilíbrio saudável entre a justificação e a santificação.[46] A justificação, necessariamente, produz e encontra seu fruto próprio na santificação.[47] A salvação é somente pela graciosa fé e, no entanto, não pode produzir senão obras de grata obediência.

Promove amor espontâneo

Em terceiro lugar, o terceiro uso da lei promove o *amor*. "Pois este é o amor de Deus: que guardemos seus mandamentos, e seus mandamentos não são penosos" (1Jo 5.3). A lei de Deus é um dom e evidência de Seu terno amor para com Seus filhos (Sl 147.19,20). Ela não é um feitor cruel ou inclemente para os que estão em Cristo. Deus não é mais cruel em doar aos seus Sua lei do que um fazendeiro em construir cercas para proteger seu gado e cavalos dos transeuntes das estradas e rodovias. Isto foi vívida e recentemente ilustrado em Alberta, onde um cavalo pertencente a uma fazendeira derrubou sua cerca, atravessou uma rodovia e foi atropelado por um carro. Não só o cavalo, mas também o motorista de 17 anos de idade foi morto imediatamente. O fazendeiro e sua família velaram a noite inteira. Cercas quebradas causam dano irremediável. Mandamentos quebrados acumulam consequências inenarrá-

---

46 Para uma descrição mais detalhada da relação de justificação e santificação, ver Joel R. Beeke, "The Relation of Faith to Justification", in *Justification by Faith Alone*, ed. Don Kistler (Morgan, Pa.: Soli Deo Gloria, 1995), 82ff.

47 Ernest F. Kevan, *Keep His Commandments: The place of Law in the Christian Life* (Londres: Tyndale Press, 1964), 28.

veis. Mas a lei de Deus, obedecida no amor operado pelo Espírito, promove alegria e júbilo no coração. Agradecemos a Deus por Sua lei que nos guarda em ditoso desfrute nas verdes pastagens de Sua Palavra.

Na Escritura, lei e amor não são inimigos, e sim os melhores amigos. Aliás, a essência da lei é amor: "Amarás o Senhor, teu Deus, de todo teu coração, de toda tua alma e de todo teu entendimento. Destes dois mandamentos dependem toda a lei e os profetas" (Mt 22.37-40; cf. Rm 13.8-10). Assim como um súdito amoroso obedece a seu rei, um filho amoroso obedece a seu pai e uma esposa amorosa se submete a seu esposo, também um crente amoroso se apraz em obedecer à lei de Deus. Então, como já vimos, a dedicação de todo o sábado a Deus não vem a ser um fardo, e sim um deleite.

Promove autêntica liberdade cristã

Finalmente, o terceiro uso da lei promove *liberdade* – genuína liberdade cristã. O difuso abuso atual da ideia de liberdade cristã, a qual não passa de uma liberdade que toma ocasião para servir à carne, não deve obscurecer o fato de que a verdadeira liberdade cristã é definida como protegida pelas linhas traçadas para o crente na lei de Deus. Onde a lei de Deus limita nossa liberdade, só faz isso para nosso bem maior; e onde a lei de Deus não impõe tais limites, em questões de fé e culto, o cristão desfruta de perfeita liberdade de consciência de todas as doutrinas e mandamentos de homens. Em questões de vida diária, a verdadeira liberdade consiste na espontânea, grata e jubilosa obediência que o crente rende a Deus e a Cristo. Como escreveu Calvino sobre as consciências dos cristãos genuínos, "eles observam a lei, não como se [fossem] constrangidos pela necessidade da lei, senão que, libertados do jugo da lei, de bom grado obedecem à vontade de Deus".[48]

A Palavra de Deus nos obriga como crentes, mas tão-somente a Ele. Somente Ele é o Senhor de nossas consciências. Somos realmente livres para guardar os mandamentos de Deus, pois a liberdade flui de graciosa sujeição, não de autonomia ou anarquia. Fomos criados para amar e servir a Deus acima

---
48 *Institutes* 3.19.4.

de tudo, e ao nosso semelhante como a nós mesmos – tudo em conformidade com a vontade e a Palavra de Deus. Somente quando cumprimos este propósito é que encontramos outra vez a verdadeira liberdade cristã. A verdadeira liberdade, como escreve Calvino, é "livre sujeição e liberdade em servir". A verdadeira liberdade é liberdade obediente. Somente "os que servem a Deus são livres. ... Obtemos a liberdade a fim de podermos obedecer a Deus com mais disposição e prontidão".[49]

> "Eu sou, ó Senhor, teu servo, preso, contudo livre,
> Filho de tua serva, cujas algemas Tu quebraste;
> Redimido pela graça, eu converto em emblema
> De gratidão meu constante louvor a Ti."[50]

Esta, pois, é a única maneira de viver e de morrer: "Somos de Deus", conclui Calvino, "portanto, vivamos para ele e morramos para ele. Somos de Deus: portanto, que sua sabedoria e vontade governem todas as nossas ações. Somos de Deus: que todas as partes de nossa vida, concomitantemente, se empenhem por ele como nossa única meta legítima."[51]

---

49 *Commentary* on 1 Peter 2:16.
50 *The Psalter* N. 426:9 (Psalm 116).
51 *Institutes* 3.7.1.

CAPÍTULO 6

O ERUDITO DOUTOR WILLIAM AMES E *O ÂMAGO DA TEOLOGIA*

Quando Abraham Kuyper Jr. Examinou a relação antagônica entre William Ames (1576-1633) e Johannes Maccovius (1588-1644), dois mestres teológicos em Franeker, nos Países Baixos, ele concluiu que Ames havia se desviado da posição reformada que Maccovius defendia.[1] Robert T. Kendall vai mais longe ao dizer que, através da influência de Ames, "a doutrina de Calvino concernente à fé, para todos os propósitos práticos, estava então morta e sepultada. Ames esposava uma doutrina voluntarista de fé dentro de uma tradição que já havia se livrado de toda e qualquer influência de Calvino". Kendall prossegue concluindo que "o voluntarismo de Ames parece ser a chave para todo aquele que crê".[2]

Ainda que Ames haja feito afirmações ocasionais que soavam como se ele fosse um voluntarista que se extraviou da vereda da ortodoxia reformada, os eruditos que acusam Ames de voluntarismo revelam uma lamentável falta de entendimento de toda sua obra. Dentro dos parâmetros da teologia ortodoxa reformada, Ames enfatizou que o Cristianismo é uma fé operada pelo Espírito, vital e sincera que produz um genuíno andar cristão.

---

[1] *Johannes Maccovius* (Leiden: D. Donner, 1899), 315-96. Abraham Kuyper, Jr. era filho do famoso Abraham Kuyper, Sr. (1837-1920), teólogo holandês reformado e líder político que serviu como Primeiro Ministro nos Países Baixos de 1901 a 1905.

[2] Kendall, *Calvin and English Calvinism to 1649* (Oxford: Oxford University Press, 1979), 151, 154.

Após um esboço da vida de Ames e sua carreira pedagógica, mostraremos que um exame do sistema e conteúdo a obra clássica de Ames, *The Marrow of Theology* [O Âmago da Teologia], revela que Ames foi um dos primeiros a construir um sistema inteiro de teologia reformada do convênio. Embora a teologia do convênio seja discernível em Calvino e nos outros Reformadores, Ames foi além deles, convertendo uma teologia pactual (i.e., a aliança tratada como um importante aspecto da teologia) em teologia do convênio (i.e., a aliança como um princípio e estrutura dominantes de teologia). Dentro da estrutura da teologia do convênio, Ames aliou doutrina e vida para promover a piedade puritana prática.

RESENHA BIOGRÁFICA[3]

William Ames (latinizado como "Amesius") nasceu em 1576, em Ipswich, principal cidade do Distrito Suffolk da Inglaterra, um centro do robusto puritanismo introduzido por William Perkins (1558-1602). John Winthrop (1588-1649), um puritano zeloso e o primeiro governador da Bay Massachusetts, também foi originário do Distrito Suffolk.

---

3 O relato bibliográfico definidor de Ames é Keith L. Sprunger, *The Learned Doctor William Ames: Dutch Backgrounds of English and American Puritanism* (Chicago: University of Illinois Press, 1972), uma revisão de, idem, "The Learned Doctor Ames" (Ph.D. dissertation, University of Illinois, 1963). Também proveitoso é Benjamin J. Boerkoel, Sr., "William Ames (1576-1633); Primogenitor da *Theologia-Pietatis* in English-Dutch Puritanism" (Th.M. thesis, Calvin Theological Seminary, 1990). Para relatos mais breves sobre a vida e obra de Ames, ver a introdução de Eusden em William Ames, *The Marrow of Theology*, trans. and ed. John H. Eusden (1968; reprint, Grand Rapids: Baker, 1997), 1-66; introdução de Lee W. Gibbs em William Ames, *Technometry* (Filadélfia: University of Pennsylvania Press, 1979), 3-17; Jan van Vliet, "William Ames: Marrow of the Theology and Piety of the Reformed Tradition" (Ph.D. dissertation, Westminster Theological Seminary, 2002), 15-40. As melhores fontes holandesas são Hugo Visscher, *Guilielmus Amesius, Zijn Leven en Werken* (Haarlem: J.M. Stap, 1894); Willem Van't Spijker, "Guilielmus Amesius", in *De Nadere Reformatie en het Gereformeerd Piëtisme* ('s-Gravenhage: Boekencentrum, 1989), 53-86.
Três obras biográficas sobre Ames foram traduzidas e editadas por Douglas Horton, e publicadas em um volume como *William Ames by Matthew Nethenus, Hugo Visscher, and Karl Reuter* (Cambridge: Harvard Divinity School Library, 1965). Estas incluem Matthias Nethenus, *Introductory Preface in Which the Story of Master Ames is Briefly Narrated and the Excellence and Usefulness of his Writings Shown* (Amsterdam: John Jansson, 1668), Hugo Visscher, *William Ames: His Life and Works* (Haarlem: J. M. Stap, 1894), e Karl Reuter, *William Ames: The Leading Theologian in the Awakening of Reformed Pietism* (Neukirchen: Neukerchener Verlag des Erziehungsvereins 1940). Para notas destas referências biográficas, ver o volume de Horton. Ver também Horton, "Let Us Not Forget the Mighty William Ames", *Religion in Life* 29 (1960): 434-42, e John Quick's (1636-1706) manuscrito não publicado, "Icones Sacrae Anglicapae" em Dr. William's Library em Londres, o qual inclui um capítulo "The Life of William Ames, Dr. of Divinity".

William Ames

O pai de Ames, também chamado William, era um negociante abastado com afinidades puritanas; sua mãe, Joan Snelling, era relacionada às famílias que ajudaram a fundar Plymouth Plantation no Novo Mundo. Visto que ambos os pais morreram quando era ainda jovem, ele foi criado por seu tio materno, Robert Snelling, puritano das vizinhanças de Boxford. Desde a infância, Ames foi embebido de um vigoroso puritanismo de sua época e região.

O tio de Ames não poupou despesa por sua educação, enviando-o, em 1593, ao Colégio de Cristo na Universidade de Cambridge, conhecido por seu impoluto puritanismo e filosofia ramista. Ames bem depressa exibiu sua inclinação em aprender. Ele foi graduado com o grau de Bacharel em Artes, em 1598. Em 1601, ele recebeu o grau de Mestre em Artes, foi eleito Adjunto no Colégio de Cristo, ordenado ao ministério e enfrentou uma dramática experiência de conversão sob "flamejante pregação" de Mestre William Perkins, pai da teologia puritana experimental.

Seguindo esta profunda transformação espiritual, Ames declarou que "um homem pode ser *bonus ethics* e, no entanto, não ser *bonus theologus*, isto é, um homem pode ser exteriormente bem aprovado, expressando tanto o sendo como a prática da religião em sua conduta externa e, ao mesmo tempo, não ser um cristão de coração sincero".[4] Esta experiência pessoal se tornou a preocupação de toda a vida de Ames e o centro de todo seu pensamento, revelando-se na prática o Cristianismo exterior que expressou a piedade interior de um coração obediente e redimido.

Com uma ênfase sobre a piedade e a oposição a qualquer prática não explicitamente regulada pela Escritura, Ames bem depressa converteu a bússola e a consciência moral do Colégio. Ele se via como o vigia de Ezequiel (Ez 33), com o dever de advertir os estudantes sobre o pecado e promover uma fé e pureza mais profundas entre os estudantes. Mas este papel foi de pouca duração. Com o edito do rei Tiago de tolerância, na Conferência Hampton Court de 1604, qualquer atividade puritana nos colégios que envolvesse crítica contra a Igreja da Inglaterra seria suprimida. O rei disse que a igreja tinha se reformado o suficiente.

Não obstante, o partido puritano em Cambridge continuou sua implacável oposição à decisão elisabetana. Esta violação do edito do rei teve sérias consequências. Os arautos puritanos logo foram despidos de seus graus e demitidos. O ardil do estabelecimento culminou em 1609 com a designação de Valentine Cary, que odiava o puritanismo, para a função de mestre no lugar de William Ames, que era muito mais qualificado para a posição. Cary tinha muito mais influência eclesiástica do que Ames. Com esta designação, a afinidade que o Colégio de Cristo tinha com o puritanismo se tornou decididamente antagônica. A censura que Ames dirigiu à Igreja da Inglaterra e sua recusa em usar paramentos sacerdotais, tais como sobrepeliz, eram crescentemente ressentidas. Em 21 de dezembro de 1609, quando Ames pregou um sermão no Dia de São Tomé – uma festividade anual em Cambridge que se tornara crescentemente ruidosa a cada ano – e denunciou os jogos de azar, administrando o "salutar vinagre da reprovação",[5] as autoridades do colégio o tomaram em custódia e suspenderam seus graus.

---

4 *A Fresh Suit Against Human Ceremonies in God's Worship* (Rotterdam, 1633), 131.
5 Horton, *Ames*, 4.

Embora Ames não fosse tecnicamente expulso, ele considerava que partir era mais aterrador do que encarar os sombrios aspectos de um desconhecido futuro em Cambridge, e "voluntariamente" abandonou sua posição como Adjunto. Após uma breve restrição como preletor urbano em Colchester, Ames foi proibido de pregar pelo bispo de Londres, George Abbott. Em 1610, Ames decidiu buscar o clima acadêmico e eclesiástico mais livre dos Países Baixos. Ali, ele permaneceu em exílio para o resto de sua vida.

Primeiramente, Ames foi para Rotterdam, onde encontrou John Robinson, pastor da congregação inglesa separatista em Leiden. Alguns dos membros da congregação foram logo estabelecer a Plymouth Plantation, no Novo Mundo, e vieram a ser conhecidos como os Peregrinos. Ames não conseguiu persuadir Robinson a abandonar seus sentimentos separatistas, isto é, que as igrejas puritanas se separassem "raiz e ramos" da Igreja da Inglaterra, porém foi bem sucedido em temperar alguns de seus pontos de vista mais radicais.

Seguindo uma breve estada em Rotterdam e Leiden, Ames foi empregado por Sir Horace Vere, de 1611 a 1619, como capelão militar das forças inglesas estacionadas em The Hague. Aqui, Ames escreveu prolificamente contra o arminianismo que logo acarretaria numa crise eclesiástica. Essa crise entre os holandeses, eventualmente desencadeou um sínodo internacional na cidade holandesa de Dordrecht (1618-1619). Em virtude de sua habilidade em comandar as discussões da contenda arminiana, Ames, um membro inglês e não votante do Sínodo de Dort, foi chamado para ser o principal conselheiro teológico e secretário de Johannes Bogerman, o presidente oficial. Os membros do Sínodo de Dort, mantendo a hegemonia em favor da histórica posição calvinista em todos os cinco pontos suscitados pelos arminianos, foram a causa da alegria de Ames. Indesejado na Inglaterra, aqui ao menos ele se achou do lado vencedor.

Sendo um expurgo anti-arminiano nos círculos eclesiásticos, políticos e acadêmicos, ele seguiu as diretrizes do Sínodo de Dort e conseguiu uma cadeira de professor na Universidade de Leiden, sendo eleito para ocupar essa cadeira, porém o longo braço do estado inglês prevaleceu. Ames, recém demitido de seu posto em The Hague, sob a pressão das autoridades inglesas, encontrou o posto da Universidade de Leiden também fechado para ele.

Ames se uniu à sua segunda esposa, Joan Fletcher, em torno de 1618, a qual lhe deu três filhos: Ruth, William e John. (Sua primeira esposa, filha de John Burges, antecessor de Ames em The Hague, morreu logo depois que se casou, não lhe deixando filhos.) Para sustentar sua família, ele passou a ser um preletor particular e orientador de estudantes universitários durante três anos após o Sínodo de Dort. Ele dirigiu um pequeno "colégio doméstico" particular, reunindo-se em pequena escala no Staten College, presidido por Festus Hommius. Estudantes de teologia viviam na residência de Ames, e ele lhes ensinou puritanismo e teologia sistemática, em conformidade com o método lógico de Petrus Ramus. Mais tarde, ele desenvolveu algumas destas preleções em seu famoso *Marrow of Theology* [O Âmago da Teologia].[6]

Em 1622, oficiais da Franeker University, uma instituição relativamente nova na remota província de Friesland, ignoraram as autoridades inglesas e designaram Ames como professor de teologia. Em 7 de maio de 1622, Ames ministrou sua preleção inaugural no Urim and Thummim, fundamentado em Êxodo 28.30. Quatro dias depois de sua inauguração como professor, ele recebeu o grau de Doutor em Teologia, ao defender com êxito 38 teses e quatro corolários sobre "a natureza, teoria e operação prática da Consciência", diante de Sibrandus Lubbertus, professor sênior da faculdade. Em 1626, ele foi designado Rector Magnificus, o ofício acadêmico honorífico mais elevado da universidade.

Durante seus onze anos de detenção em Franeker, Ames se tornou conhecido como o "Learned Doctor" [Doutor Erudito], que tentou "puritanizar" toda a universidade. Ames reconheceu a universidade como ortodoxa em doutrina, porém não sentia que a maioria da faculdade e corpo discente fossem suficientemente reformados na prática. A fé deles ainda não tinha sido vertida para a observância cristã própria. Em particular, a faculdade era, no pensamento de Ames, dependente demais da lógica aristotélica e enfatizava inadequadamente a responsabilidade humana e o exercício da vontade humana no viver cristão. Por

---
6 Horton, *Ames*, 13.

isso, Ames uma vez mais organizou um tipo de sala doméstica ou "colégio" em sua casa, dentro da universidade onde ocorriam sessões tutelares, preleções e numerosas discussões teológicas.[7] O alvo de Ames era "ver se ao menos em nossa universidade eu possa, de alguma maneira, dissociar a teologia das questões e controvérsias obscuras, confusas e não muito essenciais, e introduzi-la na vida e prática, de modo que os estudantes comecem a pensar seriamente na consciência e suas preocupações".[8] Para esse fim, como Reitor, Ames promoveu a piedade, reforçou a observância do sábado, resumiu as festas em Natal e Páscoa e apertou a disciplina do corpo discente. Suas reformas puritanas produziram o que se chamou "a Reforma" dos anos 1620.

Através de preleções e escritos prolíficos, durante seus anos em Franeker, Ames manteve uma forte postura anti-prelado e anti-arminiana, mas sua maior contribuição foi em teologia e ética, o que ele via como um sistema unificado que ajudava o cristão a viver uma vida de genuína piedade. Aqui, ele escreveu suas duas obras maiores, *Medulla Theologie* (*The Marrow of Theology*) e *De Conscientia* ("Da Consciência", traduzido para o inglês como *Conscience with the Power and Cases Thereof* [A Consciência com o Poder e Casos Afins]). Em seu sistema de divindade teológica e moral, Ames incorporou a filosofia ramista e o método que ele ensinava em Cambridge.

O ramismo era uma filosofia que buscava corrigir a sofística artificial do aristotelismo da época que era caracterizada por uma lacuna entre a vida e o pensamento, entre o conhecer e o saber e, no caso da vida religiosa, entre a teologia e a ética. O ramismo foi desenvolvido por Petrus Ramus (1515-1572), um filósofo francês reformado do século dezesseis.[9] Ames incorporou o pensamento deste huguenote em sua própria obra, entremeando, de uma maneira inteiriça, teologia e ética em um programa de vida obediente e pactual.

---

7 Ver Sprunger, *The Learned Doctor Ames*, chap. 4; idem, "William Ames and the Franeker Link to English and American Puritanism", in G. Th. Jensma, F.R.H. Smit, and F. Westra, eds., *Universiteit te Franeker*, 1585-1811 (Leeuwarden: Fryske Academy, 1985), 264-85.

8 Ames, "paraenesis ad studiosos theologiae, habita Franekerae" (1623), trans. Douglas Horton como "An Exhortation to the Students of Theology" (1958).

9 Sprunger, Ames, 107; Eusden, "Introduction" to *Marrow*, 37. Ramus foi martirizado no massacre do Dia de São Bartolomeu, em Paris.

Através de seu ensino, Ames estabeleceu sua reputação pessoal e igualmente a da academia em que ele ensinava. Estudantes vinham de toda a Europa para estudar sob ele. Seu aluno mais famoso foi Johannes Cocceius, que, mais tarde, levou a teologia da aliança muito além da que Ames imaginou. Todavia, Ames não estava contente, pois nem tudo estava bem na Universidade. Alguns estudantes e membros da faculdade não apreciavam os esforços de Ames de efetuar uma reforma mais profunda ou mais extensa. Uma facção de professores, guiados por Johannes Maccovius, sabotaram os esforços de Ames. Além do mais, argumentos contínuos entre Ames e seu colega aristotélico Maccovius prejudicaram o clima intelectual em Franeker, enquanto a maresia insalubre de Friesland arruinou a saúde de Ames. Esses problemas, associados com o desejo de sua esposa de voltar para junto de seus patrícios, convenceram Ames a buscar um novo lugar onde servir.

Em 1632, Ames aceitou um convite de seu amigo Hugh Peter para juntar-se a ele como cooperador da igreja congregacionalista de fala inglesa em Rotterdam. Ames sentiu-se muito atraído ao convite por causa do ideal de Peter por uma congregação independente e centrada na aliança, que lutava por uma membresia purgada, de crentes regenerados, que realmente praticassem sua fé. Ames tinha insistido muito por esses princípios congregacionalistas dentro e fora dos círculos puritanos.[10] Ele foi atraído também para a ideia de ajudar a igreja a desenvolver um colégio puritano em Rotterdam.

No último verão de 1633, finalmente Ames partiu rumo ao sul de Rotterdam. Sua permanência ali foi breve. No outono, o Rio Maas transbordou suas ribanceiras e Ames, que já não estava bem, ficou ainda mais doente depois que sua casa foi afundada. Ele morreu de pneumonia em 11 de novembro com a idade de cinquenta anos nos braços de seu amigo Hugh Peter. Ele permaneceu firme na fé e triunfante na esperança até o fim.[11]

---

10 Ames, *Marrow*, Book One, Chapter XXXII, Paragraphs 6 and 15 (doravante, 1:32.6 e 15); cf. seu *A Reply to Dr. Mortons Generall Defence of Three Nocent Ceremonies* (1623), e *A Fresh Suit against Human Ceremonies in Gods Worship* (1633). Em acréscimo, Mather disse que Ames nos deu um "congregacionalismo perfeito" (*A Disquisition concerning Ecclesiastical Councils* [Boston, 17], v-vi).

11 Sprunger, *The Learned Doctor Ames*, 247.

O décimo oitavo século da igreja inglesa em Hague

Pouco antes de sua morte, Ames tinha ponderado seriamente em juntar-se ao seu amigo John Winthrop na Nova Inglaterra, mas Deus tinha em mente outro "Novo Mundo" para ele. Ainda que Ames exercesse grande influência na história teológica e intelectual da Nova Inglaterra – particularmente através do *Marrow* [Âmago] –, ele nunca desembarcou em suas praias. Ele teria se tornado o primeiro presidente de Harvard? – é o que muitos historiadores têm especulado.[12] Em sua história da Nova Inglaterra, o puritano Cotton Mather refletiu que o "angélico doutor" William Ames "*intencionalmente* foi um homem da Nova Inglaterra, ainda que não *eventualmente*".[13] Quatro anos depois da morte de Ames, sua esposa e filhos foram viver na colônia puritana de Salem, Massachusetts. Levaram consigo a biblioteca de Ames, a qual formou o núcleo da livraria original para o Harvard College, embora mais tarde o fogo tenha destruído a maior parte dos livros.

---

12 Ames's disciple, Nathanael Eaton, became Harvard's first president.
13 Cotton Mather, *The Great Woks of Christ in America or Magnalia Christi Amercana*, 3d ed. (1853; reprint, Edinburgh: Banner of Truth Trust, 1979), 1:236.

O âmago da teologia

Embora o *Âmago da Teologia* de William Ames fosse primeiramente publicado em latim como *Medulla Theologiae*, em 1627, suas ideias primordiais foram expressas muito antes disso. As preleções teológicas que Ames ministrou de 1619 a 1622, como tutor, aos alunos em Leiden foram reelaboradas enquanto ele permanecia, como ele mesmo o expressa, "ocioso no mercado". Foram primeiramente liberadas em latim (1623) na forma fragmentária de Franeker. Quatro anos depois, assim que Ames encontrou segurança financeira dentro do ambiente escolar da universidade, finalmente terminou o que se tornaria sua publicação reverencial pela qual ele é hoje mais conhecido.

O livro foi idealizado a servir como um útil compêndio de teologia para leigos e para estudantes de teologia. Imediatamente logrou reconhecimento e aclamação nos círculos escolares e eclesiásticos, e rapidamente foi vertido para muitos idiomas. As primeiras traduções inglesas foram publicadas em 1642 e 1643.

O TEMA MAIOR

O tema de abertura do *Marrow* é notavelmente simples e conciso. "Teologia é a doutrina do viver para Deus", escreve Ames. Esta afirmação, simples quanto pode ser, é saturada de significado. Baseado em como Ames foi elevado, ele encontrou articulação teológica e escolar no Colégio de Cristo, e depois daquele tempo Ames o desenvolveu num sistema teológico.

A teologia deste livro é toda ela sobre o Cristianismo prático – um Cristianismo do homem integral, não apenas do intelecto, vontade ou afetos. Ele demonstra a paixão de Ames de que o pensamento e a vida devem representar um sistema simples de Cristianismo prático e vital. Ames tentou mostrar que a teologia não trata primariamente de afirmações sobre Deus, mas, antes, do conhecimento de como viver para Deus, isto é, "de acordo com a vontade de Deus".

Ames centrou a teologia mais na *ação* do que no *conhecimento*. Para Calvino, a teologia focava o conhecer a Deus e o conhecer a si próprio, ainda que a fé ativa nunca fica afastada demais do conhecimento. Calvino dizia que somente onde Deus é conhecido é que existem religião e piedade. Para Ames, conhecer a Deus nunca é o fim ou o alvo da teologia; antes, o fim é conduzir o coração e a vontade em sujeição a Deus e à Sua Palavra.[14] O Cristianismo prático era o cerne da teologia.

Neste respeito, Ames estava se movendo numa direção estabelecida por seu mentor Perkins e refletindo a influência de Petrus Ramus, que disse: "A teologia é a doutrina do bom viver." Perkins via a teologia como "a ciência do eterno viver abençoado". Esta vida abençoada, segundo Perkins, é obtida via conhecimento de Deus e conhecimento de si mesmo. Neste aspecto, a teologia de Perkins foi uma combinação da teologia de Calvino e a metodologia de Ramus. Entretanto, Ames buscou distanciar-se deste ponto de vista em razão de sua preocupação de que o viver abençoado podia promover a autoindulgência. Acima de tudo, o que constitui a vida abençoada? O que constitui a felicidade? Como o expressa John Dykstra Eusden: "Para Ames, o fim da teologia nunca era produzir bem-aventurança, a qual ele via relacionada principalmente com a aspiração e desejo últimos do homem. Na busca por sua própria bem-aventurança, o homem podia perder a Deus, o próprio objeto de seu viver retamente."[15] Para Ames, a teologia era a arte do viver cristão. Entretanto, esta arte não existe num vácuo; antes, ela é informada e dirigida por um sincero desejo de obedecer a Deus. A teologia inspira o exercício do Cristianismo.

A ênfase de Ames sobre a vontade foi um dos pontos-chave da controvérsia entre ele e seu colega Maccovius, de Franeker. Maccovius enfatizava a primazia do intelecto na mente regenerada; isto é, a vontade é renovada através do intelecto. O intelecto é o *terminus a quo* (o ponto de partida de um processo); a vontade é o *terminus ad quem* (o alvo final de um processo). Ames, porém, mantinha a primazia da volição. Ele escreveu que a fé envolve "um ato do homem integral – o qual de modo algum é um mero ato do intelecto, e sim o ato da vontade em crer que o evangelho é aquilo que, pela graça

---

14 William Ames, *The Substance of Christian Religion: Or, a plain and easy Draft of the Christian Catechism, in LII Lectures* (Londres: T. Mabb for T. Davis, 1659), Q. 113.

15 Eusden, "Introduction" to *Marrow*, 72-73.

do Espírito, torna o conhecimento salvífico. Portanto, conhecimento salvífico difere do mero conhecimento, envolvendo o integral comprometimento da vontade. Ames escreve: "Embora a fé sempre pressuponha certo conhecimento do evangelho, todavia não há conhecimento salvífico em nenhum... exceto o conhecimento que segue este ato da vontade e depende dele."[16]

Esta posição diferia muito da ortodoxia estabelecida na primeira parte do século dezessete, quando se dizia que a fé procedia do conhecimento. Consequentemente, a posição de Ames sobre a fé e a volição veio sob análise da ortodoxia reformada. De uma forma muito interessante, Gisbertus Voetius, um seguidor de Ames e líder no desenvolvimento do sistema reformado de teologia e piedade nos Países Baixos pós-Reforma, declarou que, atribuir salvação à vontade era estranho numa teologia reformada, com a exceção de Ames que foi o único que conheceu a defender aquele ponto de vista publicamente.[17]

Ao focalizar a vontade como o centro da fé, Ames queria demonstrar que a verdadeira piedade se dá numa relação pactual entre a criatura pecaminosa e o Criador redentor. Fé como um ato da vontade é uma marca genuína da obediência pactual quando se requer que a criatura responda com fé e obediência às promessas pactuais oferecidas livremente em Cristo. A teologia pactual é o coração do sistema teológico de Ames.

ORGANIZAÇÃO E CONTEÚDO

O *Marrow* é organizado de acordo com o sistema ramista de dicotomias[18] no qual o tema perseguido é que a teologia, a doutrina do viver para Deus, consistindo, antes de tudo, de "fé" (Livro 1, capítulos 1-41, páginas 77-216), ou o que alguém crê e, segundo, "observância" (Livro 2, capítulos 1-22, páginas 219-331), ou como alguém pratica a fé e realiza boas obras em obediência a Deus. Tais obras emanam da fé e lhe acrescentam vida e significado. Essas

---

16 Ames, *Marrow*, 1.3.3-4.
17 Voetius, *Selectarum theologicae* (Utrecht: Joannem à Waesberge, 1669), 5:289.
18 Para um esboço de todo o livro numa forma ramista, ver Ames, "Method and Chart of the Marrow", in *Marrow*, 72-73.

duas categorias maiores – fé e observância – abarcam a fonte mãe da qual flui todo o sistema teológico de Ames. Compreender o conceito de fé, no Livro 1, e sua observância, à maneira em que o calvinismo denomina de boas obras, no Livro 2, leva Ames a explicar seu sistema teológico através de várias dicotomias nas quais as marcas do viver para Deus são continuamente apresentadas.

Após definir fé como "o descansar do coração em Deus" e descrever a fé como um ato do homem inteiro, especialmente a vontade, Ames discute o objeto da fé, o qual é Deus. Seguindo seu ensino sobre o conhecimento e essência de Deus (Livro 1, capítulos 4-5; doravante, 1.4,5), Ames descreve a "eficiência" de Deus, a qual ele define como "o poder operante de Deus pelo qual Ele opera todas as coisas em todas as coisas (Ef 1.11; Rm 11.36)" (1.6). Então, ele discute o decreto de Deus como o primeiro exercício da eficiência de Deus (1.7). Ele estabelece que tudo acontece por causa do eterno beneplácito de Deus como demonstrado em Sua criação e providência (1.8,9). A graça preservadora de Deus se estende sobre a ordem criada, enquanto o governo especial que Deus exerce para com a humanidade, a "criatura inteligente", é o pacto das obras (1.10). Ao violar este pacto condicional, a humanidade tragicamente caiu em pecado. Essa queda teve sérias e eternas consequências, inclusive a morte espiritual e física e a propagação do pecado original (1.11-17).

Mas ainda há esperança. A condenação é subvertida pela graça restauradora através da redenção. Através da pessoa e obra de Cristo, a humanidade caída pode ter comunhão renovada com Deus. Tudo isto acontece unicamente pelo beneplácito de Deus e proveniente de Seu "misericordioso propósito" (1.18-23).

Desde o ponto de partida, a teologia de Ames é construída implicitamente em linhas pactuais. No capítulo 24, sob o título "The Application of Christ" [A Aplicação de Cristo], a teologia da aliança de Ames se torna mais óbvia. Os meios pelos quais a aliança da redenção entre Deus e Cristo vem à fruição é a aliança da graça, a qual a Escritura denomina de "a nova aliança". Em outros termos, a "aplicação de Cristo" é administrada pactualmente. Depois de explicar como a nova aliança difere da antiga, Ames assevera que a essência da aliança da graça continua através de diferentes dispensações históricas até que, finalmente, no último dia, os crentes sejam recebidos na glória e a aliança da graça, inaugurada na queda, finalmente seja consumada.

A aliança da graça é tanto *condicional*, pois se requer fé, como *absoluta*, porque, como Ames o expressa, "a condição da aliança é também prometida na aliança". Para Ames, como ressalta John von Rohr, "A promessa de cumprimento das condições pactuais em si era promessa pactual". Assim, em última análise, a graça faz tudo e o crente aprende a descansar em um Deus que promete e decreta.[19]

Digno de nota é que, na teologia de Ames, os decretos da eleição e reprovação não são discutidos até o capítulo 25. Não aparecem em seus capítulos iniciais sobre o decreto de Deus (1.7) ou em seu governo sobre as criaturas inteligentes (1.10). Ames fica satisfeito em colocar a doutrina da predestinação onde Calvino a pôs: como parte da doutrina da certeza. Para Ames, a graça infalível faz parte de seu exame da ordem da salvação, antes de passar para a "união através da vocação", justificação, adoção, santificação e glorificação (1.26-30). Esta é a substância de sua "aplicação da aliança da graça considerada como tal".[20]

Então, Ames dedica dois capítulos ao *tema* da aplicação da redenção, que é a igreja. Depois de considerar a igreja mística e invisível (1.31) e a igreja instituída ou visível (1.32), ele aborda a *maneira* ou os *meios* da aplicação da redenção, dedicando capítulos à Santa Escritura (1.34), ao ministério (1.33,35), aos sacramentos (1.36,41) e à disciplina eclesiástica (1.37).

Finalmente, Ames explica a *administração* da aplicação da redenção, isto é, como Deus administra a aliança da graça (1.38,39,41). Ele focaliza a cronologia da administração pactual, dividindo a história em períodos de tempo, mostrando como tem havido progressão de "o imperfeito para o mais perfeito" e de "o geral e obscuro para o mais específico e claro" (1.38.2,3). De Adão a Abraão, a aliança da graça era administrada mediante promessas gerais, tais como Gênesis 3.15 (1.38.14). De Abraão a Moisés, a aliança era administra-

---

19 Ibid., 1.24; John von Rohr, "Covenant and Assurance in Early English Puritanism", *Church History* 34 (1965): 199-202.

20 Ames, *Marrow*, 1.30.

da principalmente por uma linhagem familiar, a Abraão e sua posteridade (1.38.20). De Moisés a Cristo, a igreja viveu em sua infância sob a aliança e o ministério era "quase sempre extraordinário, conduzido pelos profetas" (1.38.12). Desde a vinda de Cristo em carne até seu regresso nas nuvens, a igreja recebe graciosamente a aplicação da aliança como herdeira espiritual através do Espírito de adoção, e não como um filho terreno no espírito de temor e servidão (1.38.8,9; 1.39.9). No regresso de Cristo, "a aplicação que apenas começou nesta vida será perfeita" (1.41.1).

Através de toda a explanação ramista que Ames faz da administração pactual, em vários períodos de tempo, ele configura unicamente duas doutrinas maiores – a "redenção por meio de Cristo" e a "aplicação da redenção" – as quais fluem da graça restauradora de Deus na queda. Ele toma cada elemento da ordem da salvação e a aplica a algum fato ou evento em cada período pactual que ele enumerou. Ao colocar a predestinação na ordem da salvação, Ames encadeia o eterno aspecto da vida dos eleitos e a progressão temporal e histórica da história da redenção. Os elementos lógicos da ordem da salvação são assim encerrados nos períodos cronológicos da administração pactual através da história da salvação. Cada período na história da salvação é coordenado com uma série correspondente de condições ou estados dos crentes (1.30-39). Desta maneira, Ames evita a aparente incongruência entre aliança e decreto que às vezes tem perseguido a teologia reformada. Ele oferece um sistema internamente consistente da teologia pactual que faz justiça tanto à atividade decretiva de Deus como à sua obrigação pactual.

Já vimos que o ensino teológico de Ames começa com a fé, que é explicado no Livro 1 do *Marrow*, dentro de uma estrutura pactual. O Livro 2 oferece a segunda metade do sistema teológico ramista de Ames: a observância ou obediência que acompanha a fé. A obediência é acompanhada pela virtude e as boas obras, e se manifesta na religião (amor para com Deus) tanto quanto na retidão e na caridade (amor para com o semelhante). Aqui, Ames explica como a primeira tábua da lei e suas virtudes teológicas são o fundamento da religião e do culto devido a Deus, enquanto a segunda tábua da lei e suas virtudes caritativas constituem o paradigma para o comportamento interpessoal. Este projeto para a vida cristã é expresso pelo agir para com Deus e uns para com os outros como prescrito nos Dez Mandamentos (2.1-22).

Neste ponto, devemos notar a relação entre o *Âmago* e o *Consciência com o Poder e Casos Afins* (1630, em latim, 1639, em inglês), os quais se tornaram a logomarca da teologia moral, passando por quase vinte edições numa só geração.[21] Que estes dois volumes são unificados é evidente de seu tema tanto quanto de seu *Consciência* e flui naturalmente e serve de comentário, por assim dizer, no Livro 2 do *Marrow*. A intenção declarada de Ames é que "se há aqueles que desejam ter questões práticas mais bem explanadas, especialmente aquelas da última parte deste *Marrow*, tentaremos, querendo Deus, satisfazê-los em um tratado especial, quero dizer, escrever tratando de questões geralmente chamadas 'casos de consciência.'"[22] Dada a importância de Consciência no sistema de pensamento de Ames e sua própria afirmação com respeito à sua importância, não poderíamos entender corretamente este autor se não considerarmos esta obra tão significativa. Essa é a razão por que incluiremos um breve comentário sobre o *Conscience* em nossa explanação da segunda parte do *Marrow* de Ames.

O tema da ética cristã foi criticamente importante para Ames. Isso é perfeitamente compreensível, dado o que sabemos sobre a ênfase de Ames sobre o viver cristão prático. Se viver para Deus, em obediência pactual, é caracterizado por sincera religião e vital piedade, quais haveriam de ser as questões éticas mais difíceis concernentes à vida cristã? Esta preocupação é abordada em *Conscience*, uma coletânea de cinco livros que se movem do tratamento altamente teórico da natureza da consciência para as aplicações práticas. O conteúdo central deste livro veio à luz pela primeira vez na defesa que Ames faz nas 38 teses e nos quatro corolários conectados com sua promoção ao grau de Doutor em Teologia na Universidade de Franeker, em 1622. Oito anos após essa defesa, Ames publicou este empreendimento como uma obra em

---

21 Para Ames, como um casuísta puritano, ver George L. Mosse, *The Holy Pretence* (Osford: Basil Blackwell, 1957), 68-87.
22 Ames, "Brief Forewarning", *Marrow*, 70.

vários volumes sobre teologia moral que preencheu uma lacuna no sistema de desenvolvimento do pensamento reformado. Richard Baxter, que construiu seu próprio *Christian Directory* [Diretório Cristão] sobre a casuística de Ames, disse que Perkins prestou valioso serviço ao promover a casuística reformada, mas que a obra de Ames, ainda que mais sucinta, foi superior. Baxter dizia que "Ames superou a todos".[23]

O primeiro Livro em *Conscience* define a consciência como "o juízo que o homem faz de si mesmo, segundo o juízo que Deus faz dele".[24] Ele oferece um tratamento teórico do que constitui a consciência antes de entrar em detalhe sobre a operação da consciência.

No Livro 2, Ames descreve qual é o caso da consciência: "uma questão prática, concernente à qual a Consciência pode ficar em dúvida". Esta seção explana o pecado, entra no estado de graça, a batalha sucessiva entre carne e espírito, e a conduta na vida cristã. O Livro 2 poderia servir facilmente de um compêndio de teologia reformada.

O Livro 3, sob o título "Of Man's Duty in General" [Do Dever do Homem em Geral], indaga sobre "as ações e conversação da vida [do homem]". Ames diz que o sinal da genuína obediência é submissamente colocar a vontade de Deus adiante da vontade da criatura, mesmo quando essa vontade não pareça operar para a vantagem da criatura. Isto é realizado pelo exercício das disciplinas de uma vida obediente – humildade, sinceridade, zelo, paz, virtude, prudência, paciência, temperança – e por evitar práticas que embaracem um andar obediente, tais como a embriaguez, pecados do coração e pecados da língua.

Estes três livros são parte de um terceiro, *de Conscience*. Seguindo estas questões preliminares de afirmações definidoras e elaborações conceptuais sobre a consciência e a obediência, agora Ames concentra sua preocupação real com a teologia ética e moral, indagando como os casos de consciência devem ser julgados. A resposta simples é: mediante a compreensão própria e a aplicação da lei moral. É aqui onde *de Conscience* retoma o tema do Livro 2, *da Marrow*.

---

23 *The Practical Works of Richard Baxter* (Londres: James Duncan, 1838), 1:3-4.
24 Ames, *Conscience with the Power and Cases Thereof* (Londres, 1639; reprint, Norwood, N.J.: Walter J. Johnson, 1975), 1.1. preâmbulo.

Cotton Mather

Os Livros 4 e 5 elucidam a lei moral considerando o dever que alguém tem para com Deus e para com o semelhante. O dever do homem para com Deus cobre todo o espectro do andar cristão obediente, do amor para com Deus em público e o culto privado quanto à guarda do sábado. Ames discute tópicos gerais tais como a igreja, mas também cobre tópicos específicos tais como a oração e o louvor. Ele prepara propriamente o leitor para o Livro 5 sobre as relações interpessoais, primeiro estabelecendo qualquer incerteza que porventura o crente tenha sobre sua relação com Deus. No Livro 5, que tem 57 capítulos, duas vezes mais longo que o Livro 4, Ames discute casos de consciência que poderiam surgir nas relações interpessoais. Ele baseia todo seu ensino nos últimos seis dos Dez Mandamentos.

O escrito de Ames é permeado de um cristianismo prático. Ele oferece um modelo para o andar com fé na religião sincera e ardente do redimido. Ele deixa claro como a crucial obediência pactual, como demonstrada pelo amor para com Deus e o amor para com o semelhante, age na vida do redimido. Esta é uma conclusão apropriada para a obra de Ames sobre teologia moral, no Livro 2 do *Marrow* (observância), o que é em si o concomitante lógico para sua teologia formal elucidada no Livro 1 (fé). Estes dois volumes, associados ao comentário de Ames ao Catecismo de Heidelberg, mostram que Ames não deixou pedra sobre pedra em sua busca pelo andar na fé. Eles demonstram que o soberano amor pactual de um Deus gracioso deve corresponder à submissa obediência pactual do filho redimido de Deus.

INFLUÊNCIA

O Âmago da Teologia foi mais influente na Nova Inglaterra, onde geralmente foi considerado como sendo o melhor sumário da teologia calvinista já escrito. Sua leitura foi requerida em Harvard e Yale, bem como no século dezoito, quando foi suplantado pelo *Institutes of Elenctic Theology* [Compêndio de Teologia Apologética] de Turretine.[25] Thomas Hooker e Increase Mather recomendaram o *Marrow* como o mais importante livro além da Bíblia para fazer um são teólogo. Jonathan Edwards fez copiosas notas marginais em sua própria cópia do *Marrow*, e reconheceu sua dívida para com Ames.

Entretanto, a influência de Ames na Nova Inglaterra foi além de seu manual de teologia. Seus escritos eclesiológicos lançaram o fundamento para o congregacionalismo não separatista na Nova Inglaterra, um movimento que mantinha que as igrejas congregacionais da colônia da Baía de Massachusetts deveriam ser o modelo reformador da Igreja da Inglaterra, em vez de se separarem dela. A Plataforma de Cambridge de 1648, em particular, reflete o pensamento de Ames. Então, também seu ramismo puritano foi ardentemente abraçado e veio a ser o característico do puritanismo da Nova Inglaterra.[26] Os puritanos da Nova Inglaterra, tais como John Cotton, Increase Mather e Cotton Mather citavam Ames com mais frequência do que citavam Calvino. Increase Mather disse: "É raro que um *inteligente escolástico se juntasse a um coração ardente em religião*; mas, no caso de Ames, foi assim." Cotton Mather denominou Ames de "aquele profundo, aquele sublime; aquele sutil, aquele irrefutável – sim, aquele doutor angélico."[27]

---

25 S. E. Morison, *Harvard College in the Seventeenth Century* (Cambridge: Harvard University Press, 1936), p. 267.
26 Keith L. Sprunger, "Ames, Ramus, and the Method of Puritan Theology", *Harvard Theological Review* 59 (1966): 133-51.
27 Mather, *Great Works of Christ in America*, 1:245,236.

Ames e seu *Marrow* tiveram seu segundo maior impacto nos Países Baixos. Segundo Mattias Nethenus, colega de Voetius na Universidade de Utrecht, "Na Inglaterra, o estudo da teologia prática floresceu maravilhosamente, e nas igrejas e escolas holandesas, desde o tempo de Willem Teellinck e Ames, ela sempre se difundiu mais amplamente, mesmo quando nem todos sentiam igual interesse por ela".[28] Keith L. Sprunger nota que descobriu que a Holanda era demasiadamente intelectual e não suficientemente prática, e por isso promoveu a piedade puritana com algum considerável sucesso num grande esforço de "tornar os holandeses puritanos".[29] Além de Voetius, ele impactou grandemente Peter VanMastricht (um pietista holandês cuja teologia sistemática Jonathan Edwards chegou a pensar que suplantava até mesmo a de Turretine em utilidade), que se embebeu pesadamente de Ames, especialmente no pensamento e na casuística da aliança.

Quase todos os livros de Ames foram impressos nos Países Baixos, muitos em latim pela comunidade escolar internacional. *The Marrow of Theology* e *Conscience with the Power and Cases Thereof* logo foram traduzidos para o holandês e impressos ao menos quatro vezes no século dezessete.[30] Seus escritos eclesiológicos, contudo, não foram impressos com a mesma frequência, sugerindo que sua teologia e casuística causaram mais impacto nos Países Baixos do que seus pontos de vista congregacionais.

Ironicamente, Ames foi menos influente em sua terra natal, a Inglaterra, embora ali, também, fosse considerado o discípulo mais influente de Perkins e o mais legítimo herdeiro dele. As principais obras de Ames foram circuladas amplamente, e influenciaram a teologia calvinista inglesa ao longo de todo o século dezessete. Seu *Marrow of Theology* foi particularmente estimado pelos puritanos. Thomas Goodwin disse que, "depois da Bíblia, ele estimava o *Marrow of Divinity* do Dr. Ames como sendo o melhor livro do mundo".[31]

---

28 Horton, *Ames*, p. 15.
29 Sprunger, *The Learned Doctor Ames*, 260.
30 C. W. Shoneveld, *Intertraffic of the Mind: Studies in Seventeenth-Century Anglo-Dutch Translation With a Checklist* (Leiden: E. J. Brill, 1983).
31 Increase Mather, "To the Reader", in James Fitch, *The First Principles of the Doctrine of Christ* (Boston, 1679).

CONCLUSÃO: GRAÇA E OBEDIÊNCIA

Quando visualizamos a vida e o ensino de Ames, temos de indagar: realmente Ames se apartou da fonte mestra da teologia reformada, como Kuyper e Kendall pretendem? A resposta tem de ser negativa. Ames foi instrumental em contrastar o pensamento reformado com o de uma ortodoxia que já começava a perder sua vitalidade. Aliança baseada na obediência é ativismo de um tipo de cristão. Esse tipo de ativismo não é mero voluntarismo. Na verdade, a ênfase de Ames estava na vontade. "O sujeito verdadeiro e próprio da teologia é a vontade."[32] Ames, porém, como fiel filho da Reforma, continuou a enfatizar que "a dependência final da fé, quando designa o ato de crer, está na operação e persuasão interior do Espírito Santo".[33]

Além do mais, o foco de Ames sobre a vontade deve ser visto pelo que ele é: uma combinação de fé e observância no compromisso teológico. Ames elaborou isto nas lutas filosóficas e teológicas com seus colegas de Franeker, o qual demonstra suas tentativas de reintroduzir uma piedade vital numa igreja estagnada nos Países Baixos do século dezessete. Nem a fé nem a obediência são por si sós adequadas. Fé divorciada da prática conduz à "ortodoxia fria", enquanto uma ênfase isolada sobre a vontade e as boas obras conduz ao arminianismo. A história da vida de Ames, e o tema de seu pensamento como evidenciado em *Marrow of Theology, Conscience*, e em outros escritos, é que ele se esforçava pelo equilíbrio próprio entre as duas.[34] A chave para este equilíbrio era colocar a obediência dentro da aliança.

Ames legitimou esta obediência pactual como a caracterizar a vida cristã com seu sistema de teologia pactual. Sem este fundamento, o sistema de Ames seguramente teria entrado em colapso, pois o voluntarismo por sua própria natureza não tem conteúdo bíblico. Ames demonstrou a verdade bíblica de que, embora a justificação seja pela graça somente, através da fé somente, e

---

32 Ames, *Marrow*, 1.1.9.
33 Ibid., 1.3.12.
34 Ver William Ames, *An Analytical Exposition Of Both the Epistles of the Apostle Peter* (Londres: E.G. para Iohn Rothwell, 1641).

nunca pelas obras de obediência, a resposta do crente, em obediência, é absolutamente vital para vida pactual autêntica e o próprio Cristianismo.

Enquanto tenazmente mantinha o caráter unilateral e incondicional da aliança da graça, Ames enfatizava também a responsabilidade do filho pactual. Ele enfatizava uma vida de responsabilidade pactual. Porque a fé é conhecida por seus frutos, a obediência sublinha a vida experiencial do filho pactual. Esta obediência é uma piedade informada, o alinhamento da doutrina com a vida, a intersecção da ortodoxia com a ortopraxia. Com seu sistema de teologia pactual, Ames demonstrou que há harmonia, não contradição, entre a graça e a obediência. A estrutura formal desta obediência era uma vida cristã cuja diretriz e conteúdo foram estabelecidos pelos Dez Mandamentos.

O pleno impacto do pensamento de Ames só pode ser corretamente determinado se sua obra for considerada como um todo. Somente quando isto é feito que podemos ver que o ativismo de Ames não era um voluntarismo reducionista. Ele representava o desejo de viver uma vida de humilde obediência em gratidão pela graciosa condescendência de Deus para com Seu povo na aliança.

O Âmago da Teologia apresenta mais clara e sistematicamente "o âmago do pensamento puritano sobre Deus, a igreja e o mundo" do que qualquer outro livro puritano.[35] É essencial para compreendermos o ponto de vista puritano da aliança, santificação e ativismo, e é altamente recomendado para os leigos e igualmente os teólogos. Deveria ser uma parte da biblioteca de cada pastor e da biblioteca de cada igreja, e hoje é ainda digno de consulta.

---

35 Douglas Horton, "Foreword" in Ames, *Marrow*, vii.

CAPÍTULO 7

EVANGELIZAÇÃO RADICADA NA ESCRITURA: O EXEMPLO PURITANO

Um grande evangelista puritano, John Rogers, em certa ocasião, dramatizou o descaso que sentia o povo tinha pela Bíblia. Ele encenou diante da congregação aquilo que seria a voz de Deus: "Tenho-lhes confiado por tanto tempo minha Bíblia... ela se encontra em [algumas] casas toda coberta de pó e teias de aranha, e não se preocupam nem um pouco em ouvi-la. Acaso é assim que vocês usam minha Bíblia? Então, nunca mais terão minha Bíblia." Em seguida, Rogers empunhou sua Bíblia e começou a andar de um lado para o outro do púlpito. Então se deteve, caiu sobre seus joelhos e assumiu a voz do povo, declarando: "Senhor, não importa o que nos faça, não tire de nós Tua Bíblia; mata nossos filhos, queima nossas casas, destrói nossos bens; poupa-nos somente Tua Bíblia; não leve embora Tua Bíblia." "Acaso é assim que vocês dizem?" Respondeu o ministro, falando como se fosse Deus. "Muito bem, eu os provarei por mais um tempo; aqui está minha Bíblia; fiquem com ela. Observarei como vocês a usam, se a examinarão mais, se a amarão mais, se a levarão a sério e se viverão de acordo com ela." Thomas Goodwin se viu tão comovido pela dramática apresentação de Rogers que, quando saiu da igreja, chorou durante quinze minutos agarrado ao pescoço de seu cavalo, antes que sentisse força suficiente para montá-lo.[1]

---
1 Allen C. Guelzo, "The Puritan Preaching Ministry in Old and New England", *Journal of Christian Reconstruction* 6, 2 (1980): 24-25.

A João Calvino e aos seus sucessores não faltou o zelo evangelístico, como alguns têm alegado. David Calhoun defendeu o trabalho de Calvino como sendo ele mestre e praticante da evangelização.[2] De modo semelhante, mostrarei como os puritanos levavam o evangelho a outros de uma maneira inteiramente bíblica.[3] Primeiro, definirei o que quero dizer com evangelização puritana; então, mostrarei que a mensagem evangelística puritana, baseada na Escritura, era doutrinal, prática, experiencial e simétrica. A seguir, examinarei os métodos primários que usaram para comunicar o evangelho – um estilo claro da pregação e da prática de evangelização catequética. Finalmente, veremos que os puritanos criam que a mensagem e métodos de evangelismo eram inseparáveis da disposição interior de um evangelista. Essa disposição incluía uma sincera dependência do Espírito Santo e ardorosa oração para que a Palavra de Deus e o Espírito abençoassem todos os esforços evangelísticos.

Uma visualização da mensagem, métodos e disposição bíblicos da evangelização puritana nos convenceriam de nossa necessidade de voltarmos a um fundamento bíblico para todo o evangelismo. Como os puritanos adotaram princípios bíblicos de evangelização e vieram a ser praticantes deles em seus ministérios, assim incorporaremos esses mesmos princípios em nosso ensino e trabalho. Temos muito que aprender dos puritanos sobre como evangelizar.

2 David B. Calhoun, "John Calvin: Missionary Hero or Missionary failure?", *Presbyterion* 5, 1 (1979): 16-33. Cf. Samuel M. Zwemer, "Calvinism and the Missionary Enterprise", *Theology Today* 7, 2 (1950): 206-216; Johannes van den Berg, "Calvin's Missionary Message", *Evangelical Quarterly* 22 (1950): 174-87; G. Baez-Camargo, "The Earliest Protestant Missionary Venture in Latin America", *Church History* 21, 2 (1952): 135-45; Johannes van den Berg, "Calvin and Missions", in *John Calvin: Cotemporary Prophet*, ed. J.T. Hoostra (Grand Rapids: Baker, 1959), 167-84; Charles Chaney, "The Missionary Dynamic in the Theology of John Calvin", *Reformed Review* 17, 3 (1964): 24-38; Philip E. Hughes, "John Calvin: Director of Missions", e R. Pierce Beaver, "The Genevan Mission to Brazil", in *The Heritage of John Calvin*, ed. John H. Bratt (Grand Rapids: Eerdmans, 1973), 40-73; W. Stanford Reid, "Calvin's Geneva: A Missionary Centre", *Reformed Theological Review* 42, 3 (1983): 65-73; J. Douglas MacMillan, "Calvin Geneva, and Christian Mission", *Reformed Theological Journal* 5 (1989): 5-17.

3 As melhores fontes para a teologia puritana de evangelismo e missões são Sidney H. Rooy, *The Theology of Missions in the Puritan Tradition. A Study of Representative Puritans: Richard Sibbes, Richard Baxter, John Eliot, Cotton Mather, and Jonathan Edwards* (Grand Rapids: Eerdmans, 1965), e James I. Packer, *A Quest for Godliness: The Puritan Vision of the Christian Life* (Wheaton, Ill.: Crossway, 1990), chps. 2, 10, 17-19. Cf. Francis G. James, "Puritan Missionary Endeavors in Early New England" (M.A. thesis, Yale, 1938); Ernst Benz, "Pietist and Puritan Sources of Early Protestant World Missions", *Church History* 20, 2 (1951): 28-55; Johannes van den Berg, *Constrained by Jesus' Love: An Inquiry into the Movives of the Missionary Awakening in Great Britain in the Period Between 1698 and 1815* (Kampen: J.H. Kok, 1956); Alden T. Vaughan, *New England Frontier: Puritan and Indian, 1620-1675* (Boston: Little, Brown and Company, 1965); R. Pierce Beaver, *Pioneers in Mission* (Grand Rapids: Eerdmans, 1966); Charles L. Chaney, *The Birth of Missions in America* (South Pasadena, Calif: William Carey Library, 1976); William S. Barker, "The Rediscovery of the Gospel: The Reformation, the Westminster Divines, and Missions" *Presbyterion* 24.1 (1998): 38-45.

As Ilhas Britânicas durante a
Guerra Civil de 1642-1649

Distritos mantidos pelo Parlamento
Distritos mantidos por Carlos I
} (Na Abertura da Guerra Civil)

Evangelização Puritana Definida

Nosso uso da palavra *puritano* inclui aquelas pessoas que foram expulsas da Igreja da Inglaterra pelo Ato de Uniformidade em 1662. Entretanto, o termo se aplica igualmente àqueles da Bretanha e América do Norte que, durante várias gerações após a Reforma, labutaram para reformar e purificar a igreja e guiar o povo ao viver bíblico e piedoso, consistente com as doutrinas reformadas da graça.[4] O puritanismo se desenvolveu pelo menos de três ne-

---

[4] Richard Mitchell Hawkes, "The Logic of Assurance in English Puritan Theology", *Westminster Theological Journal* 52 (1990): 247. Para as dificuldades e as tentativas de definir puritanismo, ver Ralph Bronkema, *The Essence of Puritanism* (Goes: Oosterbaan and LeCointre, 1929); Leonard J. Trinterud, "The Origins of Puritanism", *Church History* 20 (1951): 37-57; Jerald C. Brauer, "Reflections on the Nature of English Puritanism", *Church History* 23 (1954): 98-109; Basil Hall, "Puritanism: The Problem of Definition", in G. J. Cumming, ed., *Studies in Church History*, vol. 2 (Londres: Nelson, 1965), 283-96; Charles H. George, "Puritanism as History and Historiography", *Past and Present* 41 (1968): 77-104; William Lamont, "Puritanism as History and Historiography: Some Further Thoughts", *Past and Present* 42 (1969): 133-46; Richard Greaves, "The Nature of the Puritan Tradition", in R. Buick Knox, ed., *Reforma-*

cessidades: (1) a necessidade da pregação bíblica e da pregação da doutrina sólida e reformada; (2) a necessidade da piedade bíblica e pessoal que põe em relevo a obra do Espírito Santo na fé e na vida do crente; e (3) a necessidade de uma restauração da simplicidade bíblica na liturgia, vestimentas e governo da igreja, de modo que a vida eclesiástica bem ordenada promova o culto ao Deus Trino como prescrito em Sua Palavra.[5] Doutrinariamente, o puritanismo era um tipo de calvinismo categórico e vigoroso; experiencialmente, ele era um tipo de Cristianismo ardoroso e contagioso; evangelísticamente, ele era, respectivamente, amável e agressivo.[6]

É muito interessante que "evangelismo" não era um termo que os puritanos comumente usassem, porém eram evangelistas sem par. O *Call to the Unconverted* [Apelo aos não convertidos] de Richard Baxter, e o *Alarm to the Unconverted* [Aviso aos não convertidos] de Joseph Alleine foram obras pioneiras na literatura evangelística. A evangelização era, para estes e outros puritanos, uma tarefa da igreja centrada na Palavra, particularmente de seus ministros. Entenderam bem a centralidade da pregação, o papel do pastor e a necessidade de oração no evangelismo. Na verdade, eram "pescadores de homens", buscando despertar os não-convertidos para sua necessidade de Cristo, a fim de conduzi-los à fé e ao arrependimento, e estabelecê-los num estilo de vida de santificação.

E assim, a expressão "evangelização puritana" se refere a como os puritanos proclamavam o que a Palavra de Deus ensina sobre a salvação dos pecadores, do pecado e suas consequências. Que a salvação é concedida pela graça, recebida pela fé, baseada em Cristo e um reflexo da glória de Deus. Para os puritanos, a evangelização não só envolvia apresentar a Cristo para que, pelo poder do Espírito, as pessoas fossem a Deus através d'Ele; envolvia igualmente apresentar a Cristo de tal modo que o crente pudesse crescer n'Ele e servi-Lo como Senhor

---

tion, Conformity and Dissent: Essays in Honour of Geoffrey Nuttall (Londres: Epworth Press, 1977), 255-73; D.M. Lloyd-Jones, "Puritanism and Its Origins", *The Puritans: Their Origins and Successors* (Edinburgh: Banner of Truth Trust, 1987), 237-59; Packer, "Why We Need the Puritans", in *A Quest for Godliness*, 21-36; Joel R. Beeke, *The Quest for Full Assurance: The Legacy of Calvin and His Successors* (Edinburgh: Banner of Truth Trust, 1999), 82ff.

5 Peter Lewis, *The Genius of Puritanism* (Hayward Heath, Sussex: Carey, 1975), 11ff.
6 Rooy, *Theology of Missions in the Puritan Tradition*, 310-28.

na comunhão de Sua igreja e na extensão de Seu reino no mundo. A evangelização puritana envolve declarar toda a economia da redenção, focalizando a obra salvífica das três Pessoas da Trindade, enquanto, simultaneamente, [envolve] chamar os pecadores a uma vida de fé e compromisso, e avisar que o evangelho condenará para sempre os que persistem na incredulidade e na impenitência.[7]

CARACTERÍSTICAS DA PREGAÇÃO PURITANA

Ao discutir a mensagem da evangelizaçãoo puritana, focalizaremos cinco características distintivas da pregação puritana e então consideraremos como essas características diferem do que se usa hoje na pregação evangelística.

1. A pregação puritana era inteiramente bíblica

O puritanismo foi um movimento baseado na Escritura, e os próprios puritanos eram pessoas do Livro vivo. Amavam, viviam e respiravam a Escritura, saboreando o poder do Espírito que acompanhava a Palavra.[8] Consideravam os sessenta e seis livros da Escritura como a biblioteca do Espírito Santo que lhes foi graciosamente deixada por herança. O pregador puritano achava sua mensagem na Palavra de Deus. O puritano Edward Dering disse que "o ministro fiel, semelhante a Cristo, [é] aquele que nada prega além da palavra de Deus".[9] John Owen concordou: "O primeiro e principal dever de um pastor é alimentar o rebanho com a diligente pregação da palavra."[10] Como notou Miller Maclure, "Para os puritanos, o sermão não só dependia totalmente da Escritura; mas, bem literalmente, ele existe dentro da Palavra de Deus; o texto não está no sermão, mas o sermão está no texto. ... Expressando-o sucintamente, ouvir um sermão é estar na Bíblia."[11]

---

7 *The Complete Works of Thomas Manton*, ed. T. Smith (1870; reprint Worthington, Pa.: Maranatha, 1980), 2:102ff.
8 Ver Joel R. Beeke e Ray B. Lanning, "The Transforming Power of Scripture", in *Sola Scriptura: The Protestant Position of the Bible*, ed. Don Kistler (Morgan, Pa.: Soli Deo Gloria, 1995), 221-76.
9 *M. Derings Workes* (1597); reprint Nova York: Da Capo Press, 1972), 456.
10 *The Works of John Owen*, ed. William H. Goold (1853; Londres: Banner of Truth Trust, 1965), 16:74.
11 *The Paul's Cross Sermons*, 1534-1642 (Toronto: University of Toronto Press, 1958), 165.

Evangelista levando Cristão à porta dos ímpios

O puritano Richard Greenham sugeriu oito maneiras de ler a Escritura: com diligência, sabedoria, preparação, meditação, conferência, fé, prática e oração.¹² Thomas Watson forneceu numerosas orientações sobre como ouvir a Palavra: Achegar-se à Palavra com santo apetite e um coração aberto ao ensino. Assentar-se sob a Palavra atentamente, recebê-la com mansidão e associá-la com a fé. A seguir, reter a Palavra, orar sobre ela, praticá-la e falar dela a outros.¹³ Watson advertiu quão "terrível é o caso dos que vão para o inferno carregados com sermões". Ao contrário disso, os que respondem à Escritura como "a carta de amor lhes enviada da parte de Deus" experimentarão seu poder ardente e transformador.¹⁴ O pregador puritano, John Cotton, exortou sua congregação: "Alimentem-se da Palavra".¹⁵ Evidentemente, os puritanos soavam uma trombeta, convocando [as pessoas] a que se tornassem intensamente centrados na Palavra, na fé e na prática.

Não surpreende, pois, que uma página típica de um sermão evangelístico puritano contenha de cinco a dez citações de textos bíblicos e cerca de uma dúzia de referências a textos. Os pregadores puritanos viviam dialogando com suas Bíblias; memorizavam centenas, se não milhares, de textos. Eles sabiam qual parte da Escritura citar em qualquer emergência. "Longa e pessoal familiaridade com a aplicação da Escritura era um elemento-chave na elaboração ministerial puritana", escreve Sinclair Ferguson. "Eles ponderavam as riquezas da verdade revelada como um gemologista pacientemente examina as muitas facetas do diamante."¹⁶ Usavam sabiamente a Escritura, apresentando textos

---

12 "A Profitable Treatise, Containing a Direction for the reading and understanding of the Holy Scriptures", in H[enry] H [olland], ed., *The Works of the Reverend and Faithfvll Servant of Iesvs Christ, M. Richard Greenham* (1599; reprint Nova York: Da Capo Press, 1973), 389-97. Cf. Thomas Watson, "How We May Read the Scriptures with Most Spiritual Profit", in *Heaven Taken by Sorm: Showing the Holy Violence a Christian Is to Put Forth in the Pursuit After Glory*, ed. Joel R. Beeke (1669; reprint Pittsburgh: Soli Deo Gloria, 1992), 113-129.

13 Ibid., 16-18, e Thomas Watson, *A Body of Divinity* (1692); reprint Londres: Banner of Truth Trust), 377-79.

14 Ibid., 379. "There is not a sermon which is heard, but it sets us nearer heaven or hell" [Não há um sermão que mereça ser ouvido, senão aquele que nos aproxima do céu ou do inferno] (John Preston, *A Patterno f Wholesome Wards*, citado em Christopher Hill, *Society and Puritanism in Pre-Revolutionary England*, 2nd ed. (Nova York: Schocken, 1967), 46.

15 *Christ the Fountain of Life* (Londres: Carden, 1648), 14.

16 "Evangelical Ministryt: The Puritan Contribution", in *The Compromised Church: The Present Evangelical Crisis*, ed.

citados em apoio da doutrina ou caso de consciência[17] à mão, todos baseados em sólidos princípios hermenêuticos.[18]

Os sermões evangelísticos de pregadores contemporâneos costumam incorporar versículos distorcidos do contexto ou uma série de textos que não se encaixam no conjunto. O evangelismo moderno, em sua busca de um "evangelho simples", favorece uma mera fórmula, uma apresentação empacotada, em vez de todo o conselho de Deus. Além do mais, alguns pregadores parecem ter uma melhor compreensão de futebol profissional e de programas de televisão, ou dos ensinos de Sigmund Freud e Paul Tillich, do que de Moisés e de Paulo.

Se somos propensos a nutrir orgulho pelo conhecimento de nossa Bíblia, deveríamos abrir qualquer volume de John Owen, Thomas Goodwin, ou Thomas Brooks, e notaríamos que quando uma passagem obscura em Naum é citada, logo é seguida por uma passagem familiar de João – ambos ilustram perfeitamente o ponto que o escritor ora discute – e então comparemos nosso conhecimento com o deles. Como podemos explicar essa maravilhosa – para nós, humilhante – apreensão de outro texto bíblico, senão que esses doutores eram ministros da Palavra? Obviamente, esses homens estudavam suas Bíblias diariamente, caindo de joelhos quando o Espírito de Deus inflamava a Palavra em seus corações pastorais. Então, quando escreviam ou pregavam suas mensagens evangelísticas, uma passagem bíblica após outra vinham-lhes à mente.

Nossos esforços evangelísticos devem ser semelhantemente fundamentados na Bíblia. Devemos examinar as Escrituras com mais frequência e amar a Palavra de Deus com mais fervor. Quando aprendermos a pensar, falar e agir mais biblicamente, nossas mensagens se tornarão mais autoritativas e nosso testemunho, mais eficiente e frutífero.

John H. Armstrong (Wheaton, Ill.: Crossway, 1998), 267.

17 E.g., William Perkins, 1558-1602: *English Puritanist. His Pioneer Works on Casuistry*: "A Discourse of Conscience" e "The Whole Treatise of Cases of Conscience", ed. Thomas F. Merrill (Nieuwkoop: B. DeGraaf, 1966). Estas obras granjeou para Perkins o título "the father of Puritan casuistry".

18 Ver Packer, *A Quest for Godliness*, 81-106; Leland Ryken, *Worldly Sants: The Puritans as They Really Were* (Grand Rapids: Zondervan, 1986), 143-49, 154; Thomas D. Lea, "The Hermeneutics of the Puritans", *Journal of the Evangelical Theological Society* 39, 2 (1996): 271-84.

2. A pregação puritana era ousadamente doutrinal

O evangelista puritano via a teologia como uma disciplina essencialmente prática. William Perkins a denominava de "a essência do viver abençoadamente eterna"; [19] William Ames, "a doutrina ou ensino do viver para Deus".[20] Como escreve Ferguson, "Para eles, a teologia sistemática era para o pastor o que um conhecimento de anatomia é para o médico. Somente à luz de todo o corpo de divindade (como gostavam de chamá-la) o ministro podia fazer uma diagnose, uma prescrição e, em última análise, uma cura da doença espiritual naqueles que estavam saturados pelo corpo do pecado e da morte."[21]

Portanto, os puritanos não se intimidavam de pregar todo o conselho de Deus. Eles não apaziguavam seus ouvintes abrandando suas mensagens com histórias hilariantes ou com anedotas populares. Sentiam a incômoda responsabilidade de manusear a eterna verdade e falar às almas imortais (Ez 33.8). Pregavam as pesadas verdades de Deus, "como homem moribundo a homens moribundos, / Quando nunca tem certeza de pregar outra vez!"

Por exemplo, quando os puritanos tratavam da doutrina do pecado, eles o chamavam "pecado", e o declaravam como sendo rebelião moral contra Deus que cumula culpa eterna. Eles pregavam acerca dos pecados de comissão e dos pecados de omissão, em pensamento, palavra e ato.[22] Associavam o pecado com a queda de Adão e Eva no Paraíso.[23] Ensinavam não em ermos

---

19 *The Works of William Perkins* (Londres: John Legate, 1609), 1:10.
20 William Ames, *The Marrow of Theology*, ed. John D. Eusden (1629; Boston: Pilgrim Press, 1968): 271-84.
21 *Compromised Church*, 266.
22 Burroughs, *The Evil of Evils* (1654; reprint Morgan, Pa.: Soli Deo Gloria, 1995). Cf. Ralph Venning, *The Plague of Plagues* (1669; reprint Londres: Banner of Truth Trust, 1965); Thoma Watson, *The Mischief of Sin* (1671; reprint, Morgan, Pa.: Soli Deo Gloria, 1994); Samuel Bolton, "Sin: the Greatest Evil", in *Puritans on Conversion* (Pittsburgh: Soli Deo Gloria, 1990), 1-69.
23 A mais poderosa obra puritana sobre as terríveis consequências do pecado original é a de Thomas Goodwin, "An Unregenerate Man's Guiltiness Before God in Respect of Sin and Puinshment", vol. 10 of *The Works of Thomas Goodwin* (1865; reprint Eureka, Calif.: Tanski, 1996). A obra doutrinal clássica puritana sobre o tema é a de Jonathans Edwards, *Original Sin*, vol. 3 of *The Works of Jonathan Edwards* (1758; New Haven: Yale, 1970). A melhor fonte secundária sobre o ponto de vista edwardiano é C. Samuel Stormes, *Tragedy in Eden: Original Sin in the Theology of Jonathan Edwards* (Lanham, Md.: University Press of America, 1985). Thomas Boston's classic, Human Nature in Its Fourfold State (1720; reprint Londres: Banner of Truth Trust, 1964), focaliza os quatro estados da inocência, depravação, graça e glória, mas sua seção sobre a depravação imputada e herdada é especialmente pungente. Ele detalha como o pecado original de Adão interrompeu tanto a relação do homem com Deus quanto com os Seus Mandamentos.

incertos que através da queda herdamos a depravação que nos faz inaptos para com Deus, a santidade e o céu. Afirmavam que "na queda de Adão, todos nós pecamos". Enfatizavam que o problema dos pecadores era duplo: um mau registro, que é o problema legal, e um mau coração, que é um problema moral. Ambos nos fazem inaptos para a comunhão com Deus. Mais que uma reforma externa de vida, necessita-se satisfazer as exigências de Deus; a regeneração interior do coração, pela ação do Deus Trino, é essencial à salvação (Jo 3.3-7).

Os puritanos pregavam também a doutrina de Deus sem equívoco. Proclamavam o majestoso Ser de Deus, Sua personalidade trinitária e seus atributos gloriosos.[24] Toda sua evangelização estava radicada num robusto teísmo bíblico, diferente do evangelismo moderno que tão frequentemente apresenta Deus como se Ele fosse o vizinho do lado que pode ajustar Seus atributos às nossas necessidades e desejos. Enquanto o evangelismo moderno evoca João 3.16 como seu texto, o puritano mais provavelmente cita Gênesis 1.1, "No princípio Deus", para mostrar como tudo o que aconteceu é parte do que Deus designou para Sua própria glória. Os puritanos entendiam que as doutrinas da expiação, justificação e reconciliação são sem sentido à parte de uma genuína compreensão do Deus que condena o pecado e compensa os pecadores, justifica-os e reconcilia-os consigo.

A evangelização puritana também proclamava a doutrina de Cristo. "A pregação é a carruagem que leva Cristo de um lado para outro do mundo", escreveu Richard Sibbes.[25] Pregando Cristo por inteiro ao homem por inteiro,[26] os pregadores puritanos O ofereciam como Profeta, Sacerdote e Rei. Não

---

24 A obra clássica sobre os atributos de Deus é a maçuda obra de Charnock, *Discourses on the Existence and Atributes of God* (1682; reprint Grand Rapids: Baker, 1996). Ver também William Bates, *The Harmony of the Divine Attributes in the Contrivance and Accomplishment of Man's Redemption* (1674; reprint Harrisonburg, Va.: Sprinkle, 1985).

25 *The Complete Works of Richard Sibbes*, ed. Alexander B. Grosart (1862; reprint Edinburgh: Banner of Truth Trust, 1977), 5:508.

26 Thomas Taylor, *Christ Revealed: or The Old Testamento Explained; A Treatise of the Types and Shadowes of our Saviour* (Londres: M.F. for R. Dawlman and L. Fawne, 1635) é a melhor obra puritana sobre Cristo no Antigo Testamento. Thomas Goodwin, "Christ Our Mediator", vol. 5 de *The Works of Thomas Goodwin* (1865; reprint Eureka, Calif.: Tanski, 1996) explana habilmente textos primários do Novo Testamento sobre a mediação de Cristo. Alexander Grosse, *The Happiness of Enjoying and Making a True And Speedy use of Christ* (Londres: Tho: Brudenell, for John Bartlet, 1647) e Isaac Ambrose, *Looking Unto Jesus* (1658; reprint Harrisonburg, Va.: Sprinkle, 1988) são Cristologia experiencial em seu melhor estilo. Ralph Robinson, *Christ All and In All: or Several Significant Similitudes by which the Lord Jesus Christ is Described in the Holy Scriptures* (1660; reprint Ligonier, Pa.: Soli Deo

separavam Seus benefícios de Sua pessoa nem O ofereciam como Salvador do pecado, ao mesmo tempo ignorando Suas reivindicações como Senhor. Como escreveu Joseph Alleine, em seu modelo de evangelização puritana,[27] *An Alarm to the Unconverted* [Aviso aos Não Convertidos]:

> "A totalidade de Cristo é aceita pelo convertido sincero. Ele ama não só as recompensas de Cristo, mas também sua obra; não só os benefícios, mas também o fardo de Cristo. Ele está disposto não só a debulhar o trigo, mas também pôr-se sob o jugo. Ele assume os mandamentos de Cristo, mas também a cruz de Cristo. O que não se converte por inteiro assume Cristo pelas metades. Ele é inteiro para a salvação de Cristo, porém não o é para a santificação. Ele é inteiro para os privilégios, porém não para apropriar-se da pessoa de Cristo. Ele divide os ofícios e benefícios de Cristo. Este erro está no próprio fundamento. Quem quer que ame a vida, então que se acautele aqui. Este é um equívoco que arruína, do qual você tem sido advertido com frequência e, no entanto, nenhum ainda é mais comum."[28]

Alleine nos mostra que a divisão dos ofícios e benefícios de Cristo não é uma invenção contemporânea. Ao longo dos séculos, o homem tem se rebelado contra Cristo como Deus O oferece – como Senhor e Salvador (Sl 2). No entanto, o convertido por inteiro sente-se disposto a receber um Cristo por inteiro, sem limitações. Ele está disposto a ter Cristo sob quaisquer termos; Alleine disse que ele está "disposto a ter o domínio de Cristo tanto quanto o livramento

---

Gloria, 1992), Philip Henry, *Christ All in All, or What Christ is Made to Believers* (1676; reprint Swengel, Pa.: Reiner, 1976), e John Brown, *Christ: the Way, the Truth, and the Life* (1677; reprint Morgan, Pa.: Soli Deo Gloria, 1995) contém preciosos sermões que enaltecem Cristo em todas as suas relações com os crentes. John Owen, *A Declaration of the Glorious Mystery of the Person of Christ* (1679; reprinted in vol. 1 of *Works of Owen*) é explêndido na relação das naturezas de Cristo com Sua pessoa. James Durham, *Christ Crucified; or The Marrow of the Gospel in 72 Sermons on Isaiah 53* (1683; reprint, 2 vols., Glasgow: Alex Adam, 1792) permanence sem paralelo como exposição bíblica da paixão de Cristo.

27 Joseph Alleine, *An Alarm to the Unconverted* (1671); reprint Londres: Banner of Truth Trust, 1959), 11. Este livro foi reimpresso por Banner of Truth Trust em 1995 como *A Sure Guide to Heaven* [Um Guia Seguro para o Céu], primeiro título usado em 1675.

28 Ibid., 45.

de Cristo".[29] Os puritanos ficariam estarrecidos ante o atual rumo que tomou o evangelismo que busca meramente resgatar os pecadores do inferno, postergando sua submissão ao soberano senhorio de Cristo para o futuro.

Pregar Cristo com beleza e graça era a mais pesada responsabilidade e mais essencial tarefa dos evangelistas puritanos.[30] Reiteradamente, apresentavam Cristo em Seu poder, disposto a salvar e tão inestimável a ponto de ser o único Redentor dos pecadores perdidos. Agiam assim com articulação teológica, grandeza divina e paixão humana. Enalteciam a Cristo à máxima altitude e aviltavam o homem ao nível mais baixo. Não se cansavam de injuriar a autoestima dos ouvintes. Eles se preocupavam muito mais em estimar o Deus Trino: o Pai que nos criou à Sua imagem com dignidade; o Filho que nos restaura a essa dignidade através da redenção e da adoção de filhos; e o Espírito Santo que nos habita e faz nossas almas e corpos Seu templo. As mensagens de autoestima que não se centram num Deus que é Triúno têm de vistas como mensagens de "auto ilusão". Os puritanos diziam que nada temos em nós mesmos que estimar à parte de Deus. À parte de Sua graça, somos apóstatas, miseráveis, indignos e já agrilhoados ao inferno.

3. A pregação puritana era experiencialmente prática

A pregação explicava como um cristão experimenta em sua vida a verdade bíblica. Sua pregação "experiencial"[31] buscava explicar, em termos de verdade bíblica, como as questões devem ir e vir na vida cristã, e almejavam aplicar a verdade divina a todo o âmbito da experiência do crente – em seu andar com Deus, bem como em sua relação com a família, a igreja e o mundo ao redor dele. Podemos aprender muito com os puritanos sobre este tipo de pregação.

A pregação experiencial dos puritanos focalizava a pregação de Cristo. Como a Escritura mostra claramente, a evangelização deve dar testemunho do

---

29 Ibid., 45-46.

30 P.ex., ver ibid., 117-20; William Gurthrie, *The Christian's Great Interest* (1658; reprint Londres: Banner of Truth Trust, 1969), 169-92; Richard Alleine, *Heaven Opened: The Riches of God's Covenant of Grace* (1666; Grand Rapids: Baker, 1979); Philip Doddridge, *The Rise and Progress of Religion in the Soul* (1744; Edinburgh: for Ogle, Allardice, & Thomson, 1819), 217-26.

31 "Christian Experience", *Banner of Truth*, No. 139 (Apr. 1975): 6.

registro que Deus deu de Seu Filho unigênito (At 2.3; 5.42; 8.35; Rm 16.25; 1Co 2.2; Gl 3.1). Assim, o puritano ensinava que qualquer pregação na qual Cristo não tem sua preeminência de nada vale como pregação experiencial. William Perkins disse que o cerne de toda a pregação era "pregar um Cristo em nome de Cristo para o louvor de Cristo".[32]

Neste contexto centrado em Cristo, a evangelização puritana era caracterizada por uma aplicação discriminatória da verdade para a experiência. A pregação discriminatória define a diferença entre o cristão e o não-cristão. Ela oferece o perdão dos pecados e a vida eterna a todos os que abraçam a Jesus Cristo como Salvador e Senhor mediante uma fé genuína, e também anuncia a ira de Deus e a condenação eterna sobre o incrédulo e impenitente. Tal pregação ensina que, se nossa religião não é experiencial, então pereceremos – não porque a experiência em si salve, mas porque Cristo que salva os pecadores tem de ser experimentado pessoalmente como a Rocha sobre Quem nossa eterna esperança está edificada (Mt 7.22-27; 1Co 1.30; 2.2).

Os puritanos eram plenamente cônscios da natureza enganosa do coração humano. Por conseguinte, os evangelistas puritanos se esforçavam muito para identificar as marcas da graça que distinguem a igreja do mundo, os crentes genuínos dos crentes impostores e meramente professos, e a fé salvífica da fé temporária.[33] Este tipo de pregação discriminatória é extremamente rara hoje. Mesmo nas igrejas evangélicas conservadoras, o conhecimento intelectual da verdade bíblica costuma substituir a experiência emocional; ou, o que é igualmente anti-bíblico, a experiência emocional é substituída pelo conhecimento intelectual. A pregação experiencial requer ambos: o conhecimento intelectual e a experiência emocional; seu alvo, segundo John Murray, é "a piedade inteligente".

O espaço não me permite mostrar como os vários estágios da experiência espiritual são negligenciados na pregação atual. Em primeira instância,

---

32 Works of Perins, 2:762.

33 Thomas Watson, The Godly Man's Picture (1666; reprint Edinburgh: Banner of Truth Trust, 1992), 20-188, apresenta vinte e quatro marcas da graça para autoexame.

focalizaremos somente o primeiro passo – a convicção do pecado.³⁴ Em todos os períodos de genuíno avivamento e prosperidade espiritual, inclusive a era puritana, é comum uma profunda convicção de pecado. Essa convicção se deve ao Espírito Santo, cuja primeira obra no pecador é o convencimento de pecado (Jo 16.8). Quanto mais o Espírito opera numa pessoa, mais ela se convence de sua indignidade diante de Deus. O Espírito inspira esse tipo de consciência de Deus, a qual leva o pecador a confessar com Isaías: "Ai de mim! Estou perdido! Porque sou um homem de lábios impuros... e meus olhos viram o Rei, o Senhor dos Exércitos" (Is 6.5); e com Paulo: "Miserável homem que sou! Quem me livrará do corpo desta morte?" (Rm 7.24). Acaso a ausência de convicção de pecado em muito do evangelismo moderno não subentende a ausência do Espírito, cuja obra de convencer é essencial para a salvação?

A igreja deve voltar a examinar a Escritura, os puritanos e a história da igreja, todos os quais mostram que a Deus apraz operar a convicção, através do Espírito Santo, usando homens cujos corações Ele tem quebrantado e guiado a Cristo, e os quais então saem a pregar com corações saturados de compaixão pelos pecadores sem Cristo. Nas palavras de John Wilson, Deus levanta homens se "corações grandes" quando Ele marcha para salvar muitas pessoas. Hoje necessitamos de mais ministros bíblicos, santos, humildes, de oração e de pensamentos celestiais. Quando João Batista pregava, cheio de convicção, as pessoas fugiam da ira vindoura (Mt 3.1-12). Quando Pedro pregou cheio de convicção, no Dia de Pentecostes, cerca de três mil foram pinçados em seus corações (At 2.37). Quando a Deus apraz levantar e usar tais homens para conduzir outros a uma convicção de pecado, há algo distintivo sobre sua pregação. O propósito dessa pregação é convencer de pecado; não apenas alarmar as pessoas, e sim despertá-las como pecadoras. Essa pregação sonda e, como expressa Perkins, "rasga as consciências" dos homens e mulheres, convocando ousadamente os pecadores ao arrependimento genuíno.

---

34 Para alguns pensamentos nesta seção sobre a convicção de pecado, sou devedor para com os discursos feitos por Iain Murry, Donald Macleod e Albert Martin.

À moda de contraste, o evangelismo moderno, a partir de Charles Finney, na América do Norte, não se empenha em conduzir pecadores ao arrependimento; em parte, em decorrência de seu defeituoso conceito pelagiano do homem e do pecado.[35] Entretanto, a Bíblia é rica de ensinamentos sobre o pecado como culpa, contaminação, depravação e corrupção no coração humano. Tantos evangelistas atuais dizem tão pouco do pecado, talvez porque possuam em si pouco senso de pecado, e porque creem que a primeira tarefa do evangelista seja ganhar pessoas para Cristo, falando de "suas necessidades" – as coisas sobre as quais as pessoas acreditam ter a necessidade de ouvir, mais do que as necessidades espirituais relativas ao pecado.

Hoje há evangelistas que falam sobre a culpa do pecado e a necessidade que o homem tem de perdão, porém não avançam mais que isto. Não ensinam que "o homem natural" – o não-cristão – está tão morto em delitos e pecados (Ef 2.1-3), que, deixado por conta própria, não é capaz de buscar a Deus e a seu perdão (Rm 3.9-18). Ignoram versículos como Romanos 8.7: "Por isso, o pendor da carne é inimizade contra Deus, pois não está sujeito à lei de Deus, nem mesmo pode estar"; e 1 Coríntios 2.14: "Ora, o homem natural não aceita as coisas do Espírito de Deus, porque lhe são loucuras; e não pode entendê-las, porque elas se discernem espiritualmente." Tais textos não são relevantes para o evangelismo, dizem os evangelistas contemporâneos, porque, "como podemos falar da depravação do pecador, e então solicitar que responda ao evangelho?"[36] O erro desse tipo de pensamento é a promessa de que qualquer ensino sobre a pecaminosidade humana que nega a capacidade que uma pessoa tem de responder é um entrave ao evangelismo. Não devemos esquecer o exemplo do profeta Ezequiel (Ez 37.1-14) – isto é, como Deus ordena que Seus servos preguem ao vale de ossos secos, ossos mortos, e que Ele abençoa a pregação de Sua Palavra, insuflando vida naqueles ossos e regenerando-os por meio de Seu Espírito.

---

35 Ver Packer, *A Quest for Godliness*, 292-94; Iain Murray, *Revival and Revivalism: The Making and Marring of American Evangelicalism 1750-1858* (Edinburgh: Banner of Truth Trust, 1994), 228ff., and *Pentecost – Today? The Biblical Basis for Understanding Revival* (Edinburgh: Banner of Truth Trust, 1988), 33-53.

36 Cf. Billy Graham, *The Holy Spirit: Activating God's Power in Your Life* (Waco, Tx.: Word, 1978).

A ênfase puritana sobre a convicção de pecado é apenas o ponto de partida para a evangelização bíblica, experiencial e prática. O alvo último de tal pregação é guiar pessoas justamente como são, com sua pecaminosidade e necessidade, a Jesus Cristo, o único que pode salvá-las da condenação eterna e apresentá-las santas diante do Pai.

4. A pregação puritana era holisticamente evangelística

Os puritanos usavam toda a Escritura para confrontar o homem integral. Não impeliam meramente a vontade humana a responder com base em umas poucas dúzias de textos que enfatizam o aspecto volitivo da evangelização.

O evangelismo moderno, convicto de que o primeiro alvo da pregação é intimar os homens a crerem, enfatiza um ato de fé que envolve decisão da parte do pecador. Ele não pondera que a obra salvífica do Espírito Santo é de necessidade primordial para a fé. Ele mantém que creiamos a fim de nascermos de novo; que a fé precede e efetua a regeneração. Naturalmente, a fé é essencial para a salvação do princípio ao fim (ex. Rm 1.17; Hb 11.6), e não existe um intervalo de tempo entre a regeneração e a implantação, efetuada pelo Espírito, da fé salvífica no coração do pecador. Não obstante, a evangelização puritana tem uma mensagem mais profunda e mais ampla para o pecador ainda não convertido.

Certamente, é importante o dever de dar resposta ao evangelho com fé, e assim os demais deveres. Há o dever de arrepender-se – não apenas como um sentimento temporário de pesar, mas como uma emenda completa de vida. Os puritanos pregavam que os pecadores devem "cessar de fazer o mal" (Is 1.16) e devem "ser santos como santo é Deus". Devem amar a Deus e à Sua santa lei de todo o coração, mente e força, e não deixar que algo se interponha no caminho da obediência. Devem "esforçar-se por entrar pela porta estreita" (Lc 13.24).[37]

Alguns líderes de igrejas argumentariam que tal pregação conduz ao legalismo. Não obstante, tal pregação é justificada sobre esta base: na obra de

---

37 Cf. Joel Beeke, *Knowing and Living the Christian Life* (Grand Rapids: Reformation Heritage Books, 1997), 16-21.

conversão, Deus não começa normalmente com uma cônscia decisão de fé, e sim com a convicção de pecado e o senso de total desamparo para obedecer aos mandamentos de Deus. Assim, os evangelistas puritanos pregavam sobre as obrigações legais e as responsabilidades sob as quais os pecadores labutam, antes de mostrar-lhes o caminho do livramento através da fé no sangue de Cristo. Pregavam a lei antes do evangelho, boa parte como fez Paulo quando escreveu os primeiros três capítulos de Romanos. Antes de tudo, o apóstolo explana a santidade de Deus e de Sua lei com o intuito de fechar a boca dos pecadores e o mundo inteiro seja achado culpado diante de Deus. De igual modo, os puritanos criam que, através de uma confrontação com as demandas da lei, o Espírito Santo conduz os pecadores à consciência de seu desamparo diante de Deus e de sua necessidade de salvação. Somente quando os pecadores reconhecem sua pecaminosidade é que o evangelho passa a ter sentido.

Os puritanos, pois, não temiam usar a lei de Deus como um instrumento da evangelização. Eles ensinavam que, quando Deus está para lançar a corda da graça na alma, em geral Ele começa com a nota grave da lei. Para que o homem venha a Cristo, antes de tudo ele deve pôr termo final em sua justiça pessoal.[38] Diz Packer: "Eles afirmavam [que] o índice da salubridade da fé de um homem, em Cristo, é a genuinidade da desesperança pessoal da qual ele se origina."[39]

Evidentemente, este tipo de eavangelização está radicada na Escritura. João Batista pregava o arrependimento e a santidade (Mt 3.1,2) antes de anunciar: "Eis o Cordeiro de Deus que tira o pecado do mundo" (Jo 1.29). Jesus começou Seu ministério com a mesma mensagem. Como registra Mateus 4.17, "Daí por diante, passou Jesus a pregar e a dizer: Arrependei-vos, porque está próximo o reino dos céus." E deu sequência a esse tema com ditos individuais, como o dirigido a Nicodemos: "Não te admires de eu te dizer:

---

38 Thomas Hooker, *The Soul's Preparation for Christ: Or, A Treatise of Contrition, Wherein is discovered How God breakes the heart, and wounds the Soul, in the conversion of a Sinner to Himself* (1632; reprint Ames, Ia.: International Outreach, 1994), 121-55; Samuel Bolton, Nathaniel Vincent, and Thomas Watson, *The Puritans on Conversion* (Pittsburgh: Soli Deo Gloria, 1990), 107-113.

39 *A Quest for Godliness*, 170.

importa-vos nascer de novo" (Jo 3.7), e o dirigido ao jovem rico e líder, confrontando-o, antes de tudo, com os mandamentos (Mc 10.19).

A mensagem da Bíblia e os puritanos concluem que a lei tem uma utilidade evangelística.[40] Que o homem tente obedecer à lei para a salvação. A princípio, ele pensará que pode fazê-lo. Então, aprenderá que é impossível ser tão santo como a lei demanda. Manejada pelo Espírito, a lei o condena, pronuncia maldição sobre ele e o declara passível da ira de Deus e dos tormentos do inferno (Gl 3.10). Finalmente, ele chegará à desesperadora compreensão de que somente Deus pode salvá-lo, transformando seu coração e dotando-o com uma nova natureza. O Espírito o conduz ao fim da lei, Jesus Cristo, como a única justiça aceitável junto a Deus (Gl 3.24). Os pecadores que experimentam esta necessidade e impossibilidade, respectivamente, clamará com angústia que Deus faça o que eles mesmos não podem fazer. Desta maneira, os pecadores encontram em si um espaço para receberem a rica proclamação e aplicação do evangelho; o Espírito de Deus, então, os capacita a abraçarem Cristo pela fé.[41]

O evangelismo moderno difere disto em como persuadir os homens a abraçarem o evangelho. Os evangelistas modernos não creem que a necessidade de santidade seja um tema adequado para o não-convertido, de modo que não apresentam o evangelho como um remédio divino para os pecadores corruptos e impotentes. Os puritanos, ao contrário, criam que as melhores notícias do mundo para os pecadores que são realmente convertidos do pecado é que o livramento do poder do pecado é possível através da fé em Cristo. Tais pecadores necessitam mais que isenção ou perdão; querem que o pecado seja mortificado neles para sempre. Querem viver para a glória de Deus. Querem ser santos como Deus é santo. Querem conformarem-se ao caráter do Pai, à imagem do Filho e à mente do Espírito.[42]

---

40 Joel R. Beeke e Ray B. Lanning, "Glad Obedience", in *Trust and Obey*, ed. Don Kistler (Morgan, Pa.: Soli Deo Gloria, 1996), 159-62.

41 Para uma descrição de como a fé abraça Cristo, ver Joel R. Beeke, "The Relation of Faith to Justification", in *Justification by Faith Alone*, ed. Don Kistler (Morgan, Pa.: Soli Deo Gloria, 1995), 68-78.

42 Joel R. Beeke, *Holiness: God's Call to Sanctification* (Edinburgh: Banner of Trhth Trust, 1994), 11.

O evangelismo moderno perdeu de vista esta motivação. A santidade é tratada como algo separado da salvação. E assim a mensagem que busca convencer as pessoas a abraçarem Cristo geralmente consiste num apelo ao interesse pessoal. Ele oferece perdão com a certeza do céu e do tipo de felicidade e satisfação que se encontra em Cristo, sem mencionar os frutos da santificação, tais como a renúncia que gera humildade e obediência incondicional. No espírito de gratidão, sob a pregação defectiva (pela mercê de Deus) algumas pessoas são salvas. Isso, porém, não faz dessa pregação algo correto. Tal pregação costuma minimizar a dificuldade de ir-se a Cristo e hipervalorizar os benefícios temporais de viver como cristão. Este tipo de pregação é uma tentativa de dar aos homens, que não têm convicção de pecado, uma razão alternativa de decidir por Cristo.

Tudo isto nos leva à conclusão de que o ensino do evangelismo moderno sobre a natureza da fé e sua relação com a regeneração não suporta um exame da Palavra de Deus. Os puritanos ensinavam que uma "regeneração" que deixa os homens sem o poder habitante do Espírito Santo e sem a prática de um santo viver não é a que se promete na Escritura.[43] Em conformidade com a Bíblia, uma pessoa regenerada não é simplesmente mudada em suas opiniões religiosas. Uma pessoa regenerada é alguém a quem foi dada nova natureza pelo Espírito Santo. Tal pessoa nasce do Espírito para tornar-se espiritual (Jo 3.6). Ela foi recriada para que todas as coisas se tornem novas.[44] Tal pessoa cessa de ser centrada em si mesma e se torna centrada em Deus. "Porque os que se inclinam para a carne cogitam das coisas da carne; mas os que se inclinam para o Espírito, das coisas do Espírito" (Rm 8.5). O homem regenerado ama a Deus, ama a santidade, ama a Bíblia, ama a piedade e ama o pensamento de ir para o céu comungar com Deus e deixar o pecado pra trás para sempre.

As discrepâncias entre a evangelização puritana e a moderna deveriam impelir-nos a volvermos nossos olhos para a mensagem mais antiga na qual a totalidade da Escritura é dirigida ao homem integral.

---

43 William Whately, *The New Birth* (Londres, 1618); Stephen Charnock, "A Discourse of the Efficient of Regeneration", in *The Works of Stephen* Charnock (1865); reprint Edinburgh: Banner of Truth Trust, 1986), 3:166-306.

44 "A Discourse on the Nature of Regeneration", ibid., 3:82-165.

5. A pregação puritana era intencionalmente simétrica

Há na pregação puritana um equilíbrio tanto plenamente sólido quanto bom. A pregação puritana efetuava esta simetria de quatro maneiras:

Primeiro, ela permitia que a Escritura ditasse a ênfase para cada mensagem. Os puritanos não pregavam sermões que fossem um tipo de ato harmônico entre as várias doutrinas. Ao contrário, permitiam que o texto bíblico determinasse o conteúdo e a ênfase de cada mensagem.[45] Eles pregavam um texto bíblico completo, sem importar-se qual o tema, e assim, a tempo, se certificavam de que estavam abordando cada tema maior da Escritura e cada doutrina maior da teologia reformada.

Nada era omitido do equilíbrio na extensão total dos sermões frequentes e extensos dos puritanos. Na teologia propriamente dita, eles proclamavam a transcendência de Deus, e de igual modo sua imanência. Na antropologia, pregavam sobre a imagem de Deus em seu sentido mais estreito e também mais amplo. Na cristologia, exibiam o estado da humilhação de Cristo, bem como sua exaltação. Na soteriologia, apresentavam a soberania divina e a responsabilidade humana, como doutrinas que não carecem de ser conciliadas por nossas mentes, posto que, como um pregador bem equipado, "amigos não necessitam de reconciliação". Na eclesiologia, reconheciam a sublime vocação de oficiais especiais (ministros, presbíteros e diáconos) tanto quanto da vocação igualmente sublime do ofício geral de todos os crentes. Na escatologia, declaravam, respectivamente, as glórias do céu e os horrores do inferno.

Segundo, a pregação puritana instilava apreciação a cada doutrina bíblica. O membro típico de uma congregação puritana, a cada semana podia deliciar-se de um sermão em Gênesis 19.17 ("Livra-te, salva tua vida"), pois suas notas de advertência era que se fugisse da perversidade e seguisse a Deus, e na semana seguinte saborear uma mensagem sobre quão difícil é seguir a Deus, a menos que Ele nos atraia a Si (Jo 6.44). Os pastores puritanos, e igualmente o povo,

---

45 Cf. *The Wrath of Almighty God: Jonathan Edwards on God's Judgment against Sinners*, ed. Don Kistler (Morgan, Pa.: Soli Deo Gloria, 1996); *The Works of Jonathan Edwards*, 2:617-41; John H. Gerstner, *Jonathan Edwards on Heaven and Hell* (Grand Rapids: Baker, 1980).

entesouravam o pleno escopo da verdade bíblica de Deus, em lugar de suas passagens favoritas ou doutrinas particulares, pelas quais avaliavam cada sermão.

Terceiro, a pregação puritana permitia uma ampla variedade de tópicos de sermão. Uma apreciação cuidadosamente cultivada para toda doutrina bíblica, por sua vez, permitia que os puritanos cobrissem quase cada tópico imaginável. Por exemplo, um volume de sermões puritanos inclui as seguintes passagens:

– Como Podemos Experimentar em nós mesmos, e Evidenciar a Outros, que a Séria Piedade é mais do que uma Fantasia?
– Quais São os Melhores Preservativos Contra a Melancolia e a Dor Excessiva?
– Como Podemos Crescer no Conhecimento de Cristo?
– O que Devemos Fazer para Prevenir e Curar o Orgulho Espiritual?
– Como Podemos Desenvolver Graciosamente Aquelas Doutrinas e Providências que Transcendem Nossa Compreensão?
– Que Distância Devemos Manter de Seguir Formas Estranhas de Apelo que Surgem nos Dias em que Vivemos?
– Como Podemos Conhecer Melhor o Valor da Alma?[46]

O evangelismo moderno, à maneira de contraste, é reducionista – usando apenas uns poucos textos, explanando uma série limitada de temas e persuadindo pouco se alguma doutrina se relaciona com a obra de evangelismo.

Quarto, a pregação puritana era refletida por um viver correto. Os pregadores puritanos viviam o que pregavam. Para eles, doutrina balanceada era inseparável do viver balanceado. Os ministros puritanos eram profetas ensinando, sacerdotes intercedendo e reis governando tanto em seus próprios lares quanto em sua congregação e sociedade. Eram homens de oração privada, de culto familiar e de intercessão pública. Eram ilustrações vivas das palavras de Robert Murray M'Cheyne: "Um santo ministro é uma terrível arma na mão de Deus... A vida de um ministro é a vida de seu ministério."[47] Ou, como John Boys o expressou: "Grande parte do que ele prega provém do que ele vive."[48]

---

46 *Puritan Sermons 1659-1689: Being the Morning Exercises at Cripplegate*, ed. James Nichols (1682; reprint Wheaton, Ill.: Richard Owen Robert, 1981), vol. 3.

47 *Memoir and Remains of Robert Murray M'Cheyne*, ed. Andrew A. Bonar (Londres: Banner of Truth Trust, 1966), 282.

48 *The Works of John Boys* (1629; reprint Morgan, Pa.: Soli Deo Gloria, 1997), 481.

Uma das falhas clamorosas no evangelismo moderno é sua falta de equilíbrio no falar e no agir. O evangelismo moderno apresenta um evangelho que é tão despido das demandas do senhorio de Cristo, que se torna uma graça barata, e uma graça barata produz um viver barato.

É preciso que indaguemos a nós mesmos: nosso pregar, nosso ensinar e nosso evangelizar é cem por cento bíblicos, destemidamente doutrinal, praticamente experiencial, holisticamente evangélico e lindamente simétrico?

O MÉTODO DA EVANGELIZAÇÃO PURITANA

Embora a evangelização difira, em algum grau, de geração para geração, em conformidade com dons, cultura, estilo e linguagem, os métodos primários da evangelização puritana – pregação clara e ensino catequético – podem ensinar-nos muito sobre como apresentar o evangelho aos pecadores.

1. Pregação clara

O maior mestre de "estilo puritano de pregação clara" foi William Perkins. Perkins, às vezes chamado o pai do puritanismo, escreveu que a pregação "deve ser clara, perspícua e evidente. ... Entre nós, ela é proverbial. Ela era um sermão muito claro. E repito: o mais claro, o melhor."[49] E Cotton Mather escreveu sucintamente, em seu elogio a John Eliot, grande missionário puritano entre os índios, que seu "modo de pregar era muito claro; tanto que muitos cordeiros podiam vadear em seus discursos sobre aqueles textos e temas pelos quais os elefantes tinham que nadar".[50] O estilo claro da pregação puritana evitava tudo o que não fosse claro ou "perspícuo" a um ouvinte comum. Uma vez que o ministro é primeiro e acima de tudo designado por Deus como intérprete da Palavra, não se deve permitir que algum interesse retórico obscureça

---

49 *The Works of Perkins*, 2:222. Cf. William Perkins, *The Art of Prophesying* (1606; revised ed., Edinburgh: Banner of Truth Trust, 1996), 71-72; Charles H. George e Katherine George, *The Protestant Mind of the English Reformation 1570-1640* (Princeton: Princeton University Press, 1961), 338-41.

50 *The Great Works of Christ in America: Magnalia Christi Americana*, Book III (1702; reprint Londres: Banner of Truth Trust, 1979), 1:547-48. Para uma bibliografia dos sermões e escritos de Eliot, ver Frederick Harling, "A Biography of John Eliot" (Ph.D. dissertation, Boston University, 1965), 259-61.

a verdade e a clareza do evangelho. "Um estilo crucificado se ajusta melhor a pregadores de um Cristo crucificado", observou John Flavel.[51]

Os puritanos usavam o estilo claro de pregação em razão de que eram evangelistas que iam diretamente à essência – queriam alcançar alguém, pregar de tal modo que todos pudessem conhecer o caminho da salvação. A primeira parte de um sermão puritano era exegética; a segunda, doutrinal e didática; e a terceira, aplicativa.[52] A terceira parte, às vezes chamada os "usos" do texto, era bem extensa e aplicava a Escritura de vários modos aos diversos ouvintes.[53] Perkins deu diretrizes distintas sobre como elaborar aplicações bíblicas a sete categorias de ouvintes: incrédulos ignorantes e avessos à instrução; pessoas acessíveis ao ensino, porém ignorantes; pessoas amantes do conhecimento, porém destituídas de humildade; as humildes, porém carentes de segurança; crentes; apóstatas; e "um misto" – isto é, os que são uma combinação de várias categorias.[54] Os pregadores puritanos falavam a todos os sete tipos de pessoas durante certo período de tempo, porém em cada sermão. Cada sermão, ao menos, incluía orientações a crentes e incrédulos. Geralmente, o incrédulo era intimado a examinar como estava vivendo e que comportamento exigia mudança; então, ele era admoestado a buscar refúgio em Cristo, o único que podia satisfazer suas necessidades. Para o crente, as "aplicações" geralmente continham pontos de conforto, orientação e autoexame.

Três características associadas à clara pregação puritana carecem ser recuperadas pelos pregadores de nosso tempo.

Primeiro, a pregação puritana falava à mente com clareza. Falava ao homem como uma criatura racional. Os puritanos amavam e adoravam a Deus com suas mentes. Viam a mente como o palácio da fé. Recusavam pôr mente e coração um contra o outro, porém ensinavam que o conhecimento era o solo no qual o Espírito plantava a semente da regeneração. E assim os puritanos

---

51   *The Works of John Flavel* (1820; reprint Londres: Banner of Truth Trust, 1968), 6:572.
52   Perry Miller, *The New England Mind: The Seventeenth Century* (Cambridge: University Press, 1939), 332-33.
53   A maioria dos puritanos pregava de cinquenta a sessenta minutos. Elaboravam seus sermões, particularmente sua aplicação, de uma maneira mais plena do que realmente eram pregados.
54   *The Art of Prophesying*, 56-63.

ensinavam que precisamos pensar a fim de sermos santos. Desafiavam a ideia de que santidade é uma mera questão de emoções.

Os puritanos pregavam que uma mente débil não é emblema de honra. Entendiam que um cristianismo indiferente fomentará um cristianismo impotente. Um evangelho anti-intelectualista reproduzirá um evangelho irrelevante que não vai além de "necessidades partilhadas". É isso que está ocorrendo em nossas igrejas modernas. Perdemos nossa percepção cristã e em grande parte já não vemos a necessidade de redescobri-la. Não entendemos que, onde há pouca diferença entre o cristão e o não-cristão, no que pensamos e cremos, logo haverá pouca diferença em como vivemos.

Segundo, a pregação puritana confrontava agudamente a consciência. Os puritanos insistiam demoradamente sobre as consciências dos pecadores como a "luz da natureza" neles. A pregação clara dava nomes aos pecados específicos, e então formulava perguntas para imprimir nas consciências dos homens, das mulheres e das crianças a culpa desses pecados. Como escreveu certo puritano, "Devemos ir com a vara da verdade divina e bater atrás de cada arbusto onde o pecador se esconde, até que, como Adão que se escondeu, se ponha diante de Deus em sua nudez." Criam que isso era necessário, porque, até que o pecador saia de detrás desse arbusto, jamais clamará para ser vestido com a justiça de Cristo. E assim os puritanos pregavam insistentemente, crendo que muitos de seus ouvintes ainda estavam caminhando para o inferno. Pregavam diretamente, confrontando seus ouvintes com a lei e o evangelho, com a morte em Adão e a vida em Cristo. Pregavam especificamente, levando a sério o mandamento de Cristo "que em seu nome se pregasse arrependimento para remissão de pecados" (Lc 24.47).

O evangelismo moderno teme, em sua maior parte, confrontar a consciência contundentemente. Temos a necessidade de aprender com os puritanos que se persuadiam solenemente quando evangelizavam, que o amigo que o ama lhe dirá toda a verdade sobre você mesmo. Como Paulo e os puritanos, necessitamos de testificar, solicitamente e com lágrimas, da necessidade de "arrependimento para com Deus e fé em nosso Senhor Jesus Cristo" (At 20.21).

Terceiro, a pregação puritana se dirigia ao coração com súplica ardente. Ela era afetiva, zelosa e otimista. Os pregadores puritanos não apenas arrazoavam com a mente e o confronto da consciência; apelavam para o coração. Sua pregação era movida de amor pela Palavra de Deus, amor pela glória de Deus e amor pela alma de cada ouvinte. Pregavam com ardente gratidão a Cristo que os salvara e faziam de suas vidas um sacrifício de louvor. Apresentavam Cristo em Sua beleza, esperando levar o zeloso não salvo a aceitar o que o crente tem em Cristo. Os puritanos usavam cada arma que podiam – pregação arrebatadora, apelo pessoal, oração ardente, raciocínio bíblico, viver jubiloso – para converter os pecadores da estrada da destruição para Deus. Criam que Deus usaria sua pregação como uma arma para ganhar os pecadores e poder para convertê-los. Sabiam, à luz da Escritura e pela experiência, que somente um Cristo onipotente pode aprisionar um pecador morto, devotado aos seus desejos pecaminosos, divorciá-lo do amor primário de seu coração, fazê-lo querer abandonar seu profundo pecado e volver-se para Deus com plena resolução de obedecê-Lo e honrá-Lo e fazer d'Ele sua meta final. Pregavam, sabendo que Cristo, não nossa natureza adâmica, era suficiente para essas coisas. "Portanto, a pregação não deve ser morta, mas viva e efetiva, de modo que os incrédulos, presentes na congregação dos crentes, fossem afetados e, por assim dizer, transfixados por cada coisa que ouviam da palavra, e assim pudessem dar glória a Deus", escreveu William Ames.[55]

2. Evangelização catequética

Como os Reformadores, os puritanos eram catequistas. Criam que as mensagens do púlpito deviam ser reforçadas pelo ministério personificado através da *catequese* – a instrução nas doutrinas da Escritura pelo uso de catecismos. A catequese puritana era evangelística de diversas maneiras.

As metas dos puritanos visavam evangelisticamente as crianças e jovens, compondo catecismos que explanassem as doutrinas cristãs fundamentais via perguntas e respostas endossadas pela Escritura.[56] Por exemplo, John Cotton

---

55 *The Marrow of Theology*, 194.
56 Ver George Edward Brown, "Catechists and Catechisms of Early New England" (D.R.E. dissertation, Boston University, 1934); R.M.E. Paterson, "A Study in Catechisms of the Reformation and Post-Reformation Period"

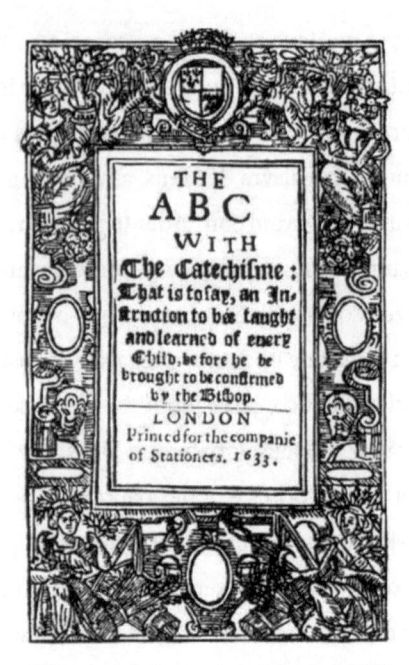

Página de rosto de um catecismo do século XVII

intitulou seu catecismo *Milk for Babes, drawn out of the Breasts of both Testaments* [Leite para Bebês, extraído dos peitos de ambos os Testamentos].[57] Outros puritanos incluíam nos títulos de seus catecismos expressões como "os pontos principais e fundamentais", "a suma da religião cristã", os "vários tópicos" ou "princípios elementares" da religião, e "o ABC do Cristianismo". Em vários níveis da igreja, bem como dos lares de seus paroquianos, os ministros puritanos ensinavam às gerações nascentes, tanto com base na Bíblia como em seus catecismos. Seus alvos eram explanar os ensinos fundamentais da Bíblia, ajudar os jovens a confiarem a Bíblia à sua memória, a tornar os sermões e os sacramentos mais compreensíveis, preparar os filhos da aliança pela profissão de fé, ensinar-lhes como defender sua fé contra o erro e ajudar os pais a ensinarem seus próprios filhos.[58]

(M.A. thesis, Durham University, 1981); P. Hutchinson, "Religious Change: The Case of the English Catechism, 1560-1640" (Ph.D. dissertation, Stanford University, 1984); Ian Green, *The Christian's ABC: Catechism and Catechizing in England c. 1530-1740* (Oxford: Clarendon Press, 1996).

57 Londres, 1646.

58 Cf. W.G.T. Shedd, *Homiletics and Pastoral Theology* (1867; reprint Londres: Banner of Truth Trust, 1965), 356-75.

Catequizar era um seguimento dos sermões e um modo de alcançar os semelhantes com o evangelho. Joseph Alleine, reiteradamente, continuou sua obra aos domingos e em cinco dias da semana, catequizando os membros da igreja, e igualmente alcançando com o evangelho as pessoas que reunia nas ruas.[59] Richard Baxter, cuja visão para catequizar está expressa em *The Reformed Pastor* [O Pastor Reformado], disse que chegou à dura conclusão de que "algumas pessoas ignorantes, que por muito tempo foram ouvintes sem nenhum proveito, chegaram a ter mais conhecimento e remorso de consciência num prazo de meia hora do que conseguiram em dez anos de pregação pública".[60] Baxter convidava pessoas ao seu próprio lar nas noites de quinta-feira para discutir e orar por benção sobre os sermões do domingo anterior.

Catequizar era uma obra evangelística com o propósito de examinar a condição espiritual das pessoas, e para encorajá-las e admoestá-las a fugirem para Cristo. Baxter e seus dois assistentes gastavam dois dias completos de cada semana catequizando os paroquianos em seus lares. Além de tudo isso, na segunda-feira e terça-feira, às tardes e noites, ele catequizava cada um dos sete membros de sua família, durante uma hora por semana. Essas visitas envolviam ensino paciente, exame dócil, guiando criteriosamente a Cristo os membros da família e da igreja, através das Escrituras. Packer conclui: "Para melhorar a prática da catequização pessoal, a partir de uma disciplina preliminar para as crianças, a um permanente ingrediente na evangelização e cuidado pastoral, para todas as idades, a principal contribuição de Baxter foi o desenvolvimento dos ideais puritanos para o ministério."[61]

O trabalho árduo do catequista puritano foi grandemente recompensado. Richard Greenham declarou que o ensino catequético edificou a igreja reformada e causou sérios danos ao catolicismo romano.[62] Quando Baxter foi instalado em Kindderminster, Worcestershire, é provável que uma família em

---

59 C. Stanford, *Joseph Alleine: His companions and Times* (Londres, 1861).
60 Richard Baxter, *Gidlas Salviamus: The Reformed Pastor: Shewing the Nature of the Pastoral Work* (1656; reprint Nova York: Robert Carter, 1860), 341-468.
61 *A Quest for Godliness*, 305.
62 *A Short Forme of Catechising* (Londres: Richard Bradocke, 1599).

cada rua honrava a Deus com o culto familiar; no final de seu ministério ali, havia ruas em que cada família agia assim. Ele podia dizer que dos seiscentos convertidos que foram conduzidos à fé sob sua pregação, ele não pôde achar sequer um que voltasse para os caminhos do mundo. Quão amplamente diferente era esse resultado comparado com os resultados dos evangelistas atuais que demandam conversões em massa, e então mudam de estratégia na árdua tarefa de buscar a decisão de outros!

A DISPOSIÇÃO INTERIOR DO EVANGELISTA PURITANO

Finalmente, o evangelista puritano levava com seu trabalho uma única disposição interior ou plano da mente ou alma. O comprometimento com a piedade está no cerne da vida puritana. Thomas Brooks escreveu: "A vida de um pregador deve ser um comentário à sua doutrina; sua prática deve ser a colcha [contraparte] de seus sermões. As doutrinas celestiais devem ser sempre adornadas com uma vida celestial.

> *Os pregadores são os óculos [o espelho], a escola, o livro,*
> *Nos quais os olhos do povo aprendem, leem, olham."*[63]

O evangelista puritano tinha um coração para servir a Deus, uma devoção e cuidado pelo povo de Deus e pelos não-salvos, devoção pelas Escrituras e capacidade de pregar-lhes, bem como o senso de dependência do Espírito Santo associado a uma vida saturada de oração. Estas duas últimas qualidades, em particular, estão ausentes do evangelismo moderno e há necessidade de readquiri-las.

Primeiro, os puritanos mostravam uma profunda dependência do Espírito Santo em tudo quanto diziam e faziam. Sentiam intensamente sua incapacidade de conduzir alguém a Cristo, bem como a magnitude da conver-

---

[63] *Works of Thomas Brooks*, 4:24.

são. Eram convictos de que tanto o pregador como o ouvinte são totalmente dependentes da obra do Espírito para efetuar a regeneração e a conversão quando, como e em quem ele queira. O Espírito traz a presença de Deus aos corações humanos. Ele persuade os pecadores a buscar salvação, renova as vontades corruptas e faz as verdades bíblicas fincarem raízes nos corações empedernidos. Como escreveu Thomas Watson: "Os ministros fecham a porta dos corações dos homens, o Espírito vem com a chave e abre a porta."[64] E Joseph Alleine disse: "Nunca pense que você pode converter-se. Se você ainda não é convertido salvificamente, então perca a esperança de fazê-lo com sua própria força. A conversão é uma ressurreição dos mortos (Ef 2.1); uma nova criação (Gl 6.15; Ef 2.10); uma obra de absoluta onipotência (Ef 1.19)."[65]

Os evangelistas modernos têm a necessidade de serem persuadidos de que a ação regeneradora do Espírito, como escreveu John Owen, é "infalível, vitoriosa, irresistível e sempre eficaz"; ela "remove todos os obstáculos, vence todas as oposições e produz infalivelmente o efeito tencionado."[66] Todos os modos de ação que implicam outra doutrina são anti-bíblicos. Como escreve Packer: "Todos os inventos para exercer pressão psicológica a fim de antecipar 'decisões' devem ser evitados como sendo, na verdade, presunçosas tentativas de intrometer-se na jurisdição do Espírito Santo." Tais pressões podem inclusive ser nocivas, ele continua dizendo, pois enquanto "podem produzir a forma externa de 'decisão', não podem efetuar a regeneração e uma mudança do coração; e quando as 'decisões' enfraquecem os que as registraram se descobrirá que 'arrefeceram o evangelho' e são antagônicas." Packer conclui numa veia puritana: "A evangelização deve antes ser concebida como um empreendimento a longo prazo de paciente ensino e instrução, nos quais os servos de Deus buscam simplesmente ser fiéis no anúncio da mensagem do evangelho e em aplicá-lo às vidas humanas, e deixar que o Espírito de Deus atraia os homens à fé através desta mensagem, a seu próprio modo e a seu próprio andamento."[67]

---

64   *A Body of Divinity*, 154.
65   *An Alarm to the Unconverted*, 26-27.
66   *Works*, 3:317ff.
67   *A Quest for Godliness*, 163-64.

Segundo, os puritanos saturavam todos os seus esforços evangelísticos com oração. Acima de tudo, eram "homens de meditação [secreta]". Eram grandes pregadores só porque eram também grandes suplicantes que contendiam junto a Deus por benção divina para sua pregação. Richard Baxter disse que "a oração deve levar avante tanto nosso trabalho quanto nossa pregação; aquele que não prega sinceramente ao seu povo também não ora solicitamente por eles. Se não prevalecemos junto a Deus, levando-os à fé e ao arrependimento, jamais prevaleceremos junto a eles para que creiam e se arrependam".[68]

E Robert Traill escreveu: "Alguns ministros de dotes e partes mais humildes são mais bem-sucedidos do que alguns que se encontram muito acima deles em habilidades; não porque pregam melhor, e sim porque oram mais. Muitos bons sermões estão perdidos por falta de muita oração durante seu preparo."[69]

A mui conhecida história do talentoso puritano, Robert Murray M'Cheyne, ilustra melhor o que Traill tinha em mente. Um velho ajudante na igreja de M'Cheyne observava o temor na face de um visitante e o convidou para ouvir seu estudo. "Diga-me", disse o visitante, "havendo se assentado sob o ministério deste santo homem, qual é o segredo de seu sucesso?" O ajudante disse ao visitante que se assentasse diante da escrivaninha de M'Cheyne. Então pediu ao homem que pusesse suas mãos sobre a escrivaninha. Então leve suas mãos à face e chore. Em seguida os dois homens caminharam rumo ao santuário da igreja e subiram ao púlpito. "Incline-se sobre o púlpito", disse o ajudante. "Agora estenda suas mãos e chore." Agora você conhece o segredo do ministério de M'Cheyne."[70]

A igreja de nossos dias necessita desesperadamente de tais pregadores cujas orações privadas temperam suas mensagens no púlpito. Os pastores puritanos mantinham zelosamente seu tempo de devoção pessoal. Punham suas prioridades nas realidades espirituais e eternas. Sabiam que, se deixassem de velar e orar constantemente, estariam fomentando o desastre espiritual. Fiéis, resolutos e sinceros, eram homens tementes a Deus que se examinavam con-

---

68 *The Reformed Pastor*, 123.
69 *Works of Robert Traill*, 1:246.
70 Cf. John Flavel, "The Character of a True Evangelical Pastor", in *Works of Flavel*, 6:564-85.

Robert Murray M'Cheyne

tinuamente e eram pungentemente cônscios, no dizer de John Flavel, "de que uma pessoa pode ser objetivamente espiritual e o tempo todo subjetivamente uma pessoa carnal".[71] Eles criam, como observou John Owen, "que ninguém prega um sermão que faça bem se antes de tudo não pregar ao seu próprio coração. ... Se a palavra não habita em nós com poder, ela não será por nós transmitida com poder".[72] Diferente de muitos evangelistas modernos, a qualidade de sua vida espiritual era invariavelmente elevada.[73]

Desafiemo-nos uns aos outros! Acaso somos, como os puritanos, sedentos de glorificar o Deus Trino? Somos motivados pela verdade bíblica e o fogo bíblico? Partilhamos do conceito puritano da necessidade de conversão? Quem dentre nós viverá piedosamente em Jesus Cristo como os puritanos? Quem irá além de estudar seus escritos, discutir suas ideias, evocar suas realizações e censurar seus fracassos? Quem praticará o grau de obediência à Palavra de Deus pela qual se esforçavam? Acaso serviremos a Deus como

---

71 Ibid., 6:568.
72 *Works*, 9:455, 16:246.
73 Ver Benjamin Brook, *The Lives of the Puritans*, 3 vols. (1813; reprint Pittsburgh: Soli Deo Gloria, 1994); Joel R. Beeke, "Meet the Puritans", *Banner of Truth* 52 (1986): 44-45, 102-103, 156-57, 240-41, 292-93; 53 (1987): 154-55, 184-85; William Barker, *Puritan Profiles* (Fearn, Ross-shire: Christian Focus, 1996).

eles O serviram? "Assim diz o SENHOR: Ponde-vos à margem do caminho e vede, perguntai pelas veredas antigas, qual é o bom caminho; andai por ele e achareis descanso para vossa alma" (Jr 6.16).

Pessoalmente, devemos ser conquistados pelas grandes e poderosas verdades de Deus. O tempo é breve. Logo faremos nossa última oração, leremos a Bíblia pela última vez, pregaremos nosso último sermão e testificaremos ao nosso último amigo. Então, a única coisa que importa será o evangelho. Seguramente, em nosso leito mortuário, à nossa mente ocorrerá uma pergunta de suprema importância: Que tipo de evangelista tenho sido? A Escritura nos informa: "Os que forem sábios, pois, resplandecerão como o fulgor do firmamento; e os que a muitos conduzirem à justiça, como as estrelas, sempre e eternamente" (Dn 12.3).

CAPÍTULO 8

ANTHONY BURGESS SOBRE A CERTEZA

Quando o cristão sente-se abandonado por Deus, então o que se deve fazer? Se a evidência da obra salvífica de Deus, na vida do crente, se assemelha a "águas lamacentas, o dever próprio de um homem piedoso é lançar-se ousadamente na promessa, ...ir-se a Deus e confiar n'Ele, em cujo sentido disse Jó: Ainda que ele me mate, mesmo assim confiarei nele".[1] Assim disse Anthony Burgess, um dos escritores mais penetrantes da Assembleia de Westminster, sobre a abrangente doutrina da certeza de fé.

Após apresentar a necessidade contemporânea de considerar-se o tema da certeza de fé, introduzirei Burgess, a seguir explicarei seus pontos de vista sobre a certeza, os quais, como mostrarei, corroboram vigorosamente o décimo oitavo capítulo da Confissão Westminster sobre a segurança [do crente]. Finalmente, apresentarei diversas conclusões que deveriam influenciar a erudição de nossos dias, tanto quanto nossas vidas pessoais.

NECESSIDADE CONTEMPORÂNEA DE SE CONSIDERAR A CERTEZA

Talvez você pergunte: Ainda temos que digladiar-nos com questões sobre a certeza em nossa era secular? Creio que sim. Creio que a certeza é uma doutrina tão crítica hoje como sempre o foi. Qual a razão dela neste ponto?

---

1 Anthony Burgess, *Spiritual Refining: or, A Treatise of Grace and Assurance* (Londres: A. Miller for Thomas Underhill, 1652), 43-44 [doravante, *Spiritual Refining*].

Primeiro, os frutos da certeza genuína estão lamentavelmente ausente na igreja contemporânea. A igreja está mutilada em razão da ausência de certeza; mas, ainda pior, a maioria de nós raramente é cônscia desse fato. Vivemos um momento de certeza mínima. Como sabemos disso? A certeza é conhecida por seus frutos: sede de Deus; uma vida de íntima comunhão com Deus; uma relação terna e filial com Deus. A certeza não é algo inerente a cada um, mas uma certeza aplicada pelo Espírito que impele o crente a Deus através de Cristo. A certeza é o oposto de autossatisfação e secularização. A certeza é centrada em Deus; ela não confia na retidão pessoal ou esforço para a justificação. Quando a certeza é dinâmica, faz-se presente uma preocupação pela honra de Deus e o progresso de Seu reino. Munidos de certeza, os crentes visualizam o céu como seu lar. Suspiram pelo segundo advento de Cristo e sua trasladação para a glória (2Tm 4.6-8). Comparados com os Reformadores e os pós-Reformadores, os cristãos de nossos dias são empobrecidos em seus exercícios espirituais. O desejo de ter comunhão com Deus, o senso da realidade do céu e a degustação da glória de Deus são escassos hoje. A ênfase da igreja sobre os bens terrenos encobre a convicção de que ela está viajando por este mundo em seu caminho para Deus e a glória. Evidentemente, a certeza está em baixa (Hb 11).

Segundo, a certeza de fé é de extrema necessidade hoje, porque a certeza não pode separar-se do genuíno avivamento e convicção de pecado. Devemos ter sempre em mente que todo genuíno avivamento sempre esteve conectado com a recuperação da fé convicta. Quão verdadeiro foi isso em Martinho Lutero! Leia o comentário de Lutero sobre Gálatas. Acaso ele não ardia de indignação com a forma como a igreja deixou o povo na incerteza sobre a salvação? Ao contrário disso, Lutero foi saturado com a certeza que emana do evangelho. Examine seus escritos e você sentirá o poder do que ele expressa.

Outra razão, a certeza que renasce em tempos de despertamento, e é a precursora de todo avivamento, é a convicção de pecado. Quando os pecadores se encurvam com o peso da culpa, o perdão em Cristo se torna inestimável. Eis por que a certeza sempre é trazida para o primeiro plano no tempo de real necessidade da alma.

Terceiro, a certeza é necessária se quisermos ser cristãos que honram a Deus numa época de grande secularização e apostasia. Sempre foi difícil viver o evangelho no mundo, mas às vezes a oposição ao evangelho é especialmente intensa. Estamos vivendo nesse tempo; estamos vivendo em tempo de opressão. Somos chamados para sermos luzeiros na colina onde há intensa batalha espiritual, enquanto o diabo promove apostasia de todos os lados, especialmente no seio da igreja e das instituições educacionais. Para sermos luzeiros na colina, necessitamos de muita certeza.

Quarto, a doutrina da certeza é extremamente necessária hoje pelo fato de a própria doutrina ser grandemente desprezada. Poucos entendem a afirmação de Lutero: "Doutrina é céu." A certeza é o centro nervoso da doutrina posto em *prática*, como diriam os puritanos. A certeza se entrelaça com a obra do Espírito em cada elo da corrente da salvação, da vocação à glorificação. Ela está conectada com as doutrinas do pecado, da graça, da expiação e da união com Cristo. É inseparável das marcas e passos da graça. Ela toca a essência da soberania divina e da responsabilidade humana; é intimamente conectada com a Santa Escritura; flui da eleição, das promessas de Deus e da aliança da graça. Ela é fortificada pela pregação, os sacramentos e a oração. A certeza é de escopo muito amplo, é profunda em sua intensidade e gloriosa em sua altitude. Quase se pode escrever uma teologia sistemática sobre a estrutura da certeza.

Finalmente, nossas dificuldades estão compreendidas hoje por nossa ênfase cultural sobre o sentimento. Como nos sentimos assume a precedência sobre o que cremos. Este espírito tem-se infiltrado também na igreja, notavelmente no movimento carismático ou pentecostal, o qual apela para a emoção em reação a um cristianismo formal e sem vida. Pouco proveito temos em criticar o movimento carismático sem entendermos seu apelo universal. Esse apelo se relaciona com nossa carência de certeza de fé – uma certeza que se manifesta no viver diário e piedoso.

Somos responsáveis por mostrar um caminho melhor. Felizmente, não temos que começar do ponto de partida. A fé bíblica, reformada e experiencial combina propriamente com o conhecimento proveniente da cabeça e do coração, da mesma forma que a fé e o sentimento. Numerosos teólogos e pastores puritanos pós-Reforma se esforçaram por averiguar a relação precisa entre a fé do cristão e sua certeza pessoal da salvação. Do seu esforço pela precisão teológica surgiu um vocabulário muito afinado que definiu a certeza em termos de suas possibilidades, tipos, graus, fundamentos, experiências, meios, obstáculos e frutos.

A doutrina puritana da certeza foi formalmente codificada pelo capítulo 18 da Confissão Westminster. O capítulo contém quatro seções: 18.1 aborda a possibilidade da certeza; 18.2, os fundamentos da certeza; 18.3, o cultivo da certeza; 18.4, a renovação da certeza. Consideraremos o capítulo 18 primariamente em relação aos conceitos de Anthony Burgess. Entretanto, antes de examinarmos esses conceitos, precisamos fazer um exame da vida e escritos de Burgess.

ANTHONY BURGESS: PIEDOSO ERUDITO

Anthony Burgess foi um clérigo e escritor não conformista que viveu em meados do século dezessete. Era filho de um professor em Watford, Hartfordshire, Inglaterra. Ele entrou para o colégio de São João, Cambridge, em 1623, e graduou-se com o grau de mestre. Então se tornou um adjunto do College Emmanuel, onde foi tutor de John Wallis. Wallis, que também foi membro da Assembleia de Westminster, descreveu seu tutor como "um disputante piedoso, erudito e hábil estudioso, um bom tutor, um eminente mestre, um doutor íntegro e ortodoxo".[2]

Burgess serviu como vigário em Sutton-Coldfield, Warwickshire, de 1635 a 1662, exceto por alguns anos da década de 1640. Durante a guerra civil, Burgess fugiu para Conventry a fim de proteger-se do exército do rei. Os soldados do rei perseguiram os pastores puritanos com satisfação, às vezes derrubando suas casas e arrancando suas famílias. De Coventry, Burgess se uniu à Assembleia de teólogos de Westminster, onde se tornou conhecido

---

2 John Wallis, *Sermons* (Londres, 1791), 15.

pelo discernimento e piedade teológicos. Durante seus anos em Londres, ele pregou com frequência ao Parlamento e em Lawrence-Jury.

Depois da Assembleia de Westminster, Burgess voltou para Sutton--Coldfield. Ele foi expulso de lá pelo Uniformity Act de 1662, depois da Restauração. Então se retirou para Tamworth, Staffordshire, onde assumiu uma igreja paroquial até sua morte.

O bispo Hacket, de Lichfield, presumivelmente rogou a Burgess que se conformasse, notando seu potencial para ser professor universitário. O elogio de Hacket se baseou em sua familiaridade com os escritos de Burgess, os quais analisam exaustivamente cada tema abordado. Durante um período de quinze anos (1646-1661), Burgess escreveu ao menos uma dúzia de livros, em grande parte baseados em seus sermões e preleções. Seus escritos revelam uma erudita familiaridade com Aristóteles, Sêneca, Agostinho, Aquina, Lutero e Calvino. Ele usou muitas citações gregas e latinas, porém judiciosamente. Também raciocinou no claro estilo da pregação puritana. A erudição cultivada e o pregador experiente combinaram-se em Burgess na produção de ardor astuto e devocional.

Diversas das mais importantes obras de Burgess contêm uma forte ênfase polêmica. Seu primeiro e maior tratado, *Vindiciae Legis* (1646), baseado em vinte e nove preleções que enunciou em Lawrence-Jury, vindicava o conceito puritano da lei moral e das alianças das obras e da graça em oposição aos católico-romanos, arminianos, socinianos e, especialmente, antinomianos. Dois anos depois, Burgess escreveu contra os mesmos oponentes em seu primeiro volume sobre a justificação. Seu segundo volume sobre a justificação, que apareceu seis anos mais tarde (1654), abordou a justiça natural de Deus e a justiça imputada de Cristo. Esses dois volumes contêm setenta e cinco sermões. Seu *Doctrine of Original Sin* [Doutrina do Pecado Original] (1659), de 555 páginas, causou desgaste nos anabatistas.

As obras de Burgess mostram que ele era um fiel ministro dos mistérios de Deus. Além de ser um polemista formidável, Burgess destacou-se como escritor experiente. Seus tratados são discriminatórios e aplicativos. Ele separou com maestria o precioso do vil em *The Godly Man's Choice* [A Escolha do Homem Piedoso], baseado em treze sermões no Salmo 4.6-8. Sua exegese detalhada em sua obra de 145 sermões sobre João 17, em seu comentário de 300 páginas sobre 1 Coríntios 3 e em seu comentário de 700 páginas sobre 2 Coríntios 1 é marcada por uma experiente, calorosa e perscrutadora ênfase. Isto cumpriu o alvo de Burgess: "empreender a verdadeira e sólida exposição... de modo a reduzir todas as doutrinas e controvérsias às práticas e experiências, as quais são a vida e alma de tudo."[3]

A *opus magnum* de Burgess, uma maciça obra em dois volumes de quase 1.100 páginas, intitulada *Spiritual Refining* [Purificador Espiritual] (1652-54), tem sido chamada "uma inigualável anatomia da religião experiencial".[4] O primeiro volume, com o subtítulo, *A Treatise of Grace and Assurance* [Um Tratado sobre a Graça e a certeza], contém 120 sermões; o segundo, com o subtítulo, *A Treatise of Sinne, with its Causes, Differences, Mitigations and Aggravations* [Tratado sobre o Pecado, com suas Causas, Diferenças, Atenuantes e Agravantes], contém 42 sermões.

Na primeira seção do primeiro volume, Burgess discutiu sobre a certeza e refutou o erro arminiano de que as marcas internas da graça no interior do crente não são evidências de sua justificação. As seções dois e três descrevem numerosos sinais da graça. As nove seções restantes deste volume discorrem sobre a obra da graça em termos de regeneração, a nova criatura, a operação de Deus, a graça no coração, a graça que lava e santifica, a conversão ou a volta para Deus, a remoção do coração de pedra, o Espírito de Deus em nosso íntimo e a vocação ou chamamento. Por todo o livro, Burgess separou a graça salvífica de suas falsificações.

No segundo volume do *Spiritual Refining*, Burgess focaliza o pecado. Ele abordou a pecaminosidade do coração humano, os pecados presunçosos e reinantes, a hipocrisia e formalidade na religião, a consciência desorientada e

---

3 Anthony Burgess, *An Expository Comment, Doctirnal, Controversial and Practical Upon the whole First Chapter of The Second Epistle of St Paul to the Corinthians* (Londres: Abraham Miller for Abel Roper, 1661).

4 William Young, "Anthony Burgess", in *The Encyclopedia of Christianity*, ed. Jay Green (Marshallton, Delaware: National Foundation for Christian Education, 1968), 2:228.

os pecados secretos que costumam permanecer incógnitos. Positivamente, ele explanou sobre a ternura de um coração gracioso, mostrando "que um escrutínio secreto no coração e modos de um homem, com um santo temor de pecar, consiste na vida de fé no evangelho e alegria no Espírito Santo". Seu alvo, declarou Burgess, era "tirar a máscara das falsificações dos cristãos, terrificar os ímpios, confortar e dirigir o santo em dúvida, o homem humilde, [e] exaltar a graça de Deus".[5]

Esses volumes, escritos cinco ou sete anos após a Confissão de Fé Westminster (1647), contêm a essência dos conceitos de Burgess sobre a certeza. Analisemos seus conceitos através da grade do décimo oitavo capítulo da Confissão Westminster, onde permanece a maior afirmação confessional reformada já escrita sobre a certeza.

18.1: A possibilidade de certeza

Ainda que os hipócritas e os demais não-regenerados possam iludir-se vãmente com falsas esperanças e carnal presunção de se acharem no favor de Deus e em estado de salvação, esperança essa que perecerá, contudo os que verdadeiramente creem no Senhor Jesus e o amam com sinceridade, procurando andar diante dele em toda a boa consciência, porém, nesta vida, certificam-se de se acharem em estado de graça, e podem regozijar-se na esperança da glória de Deus, essa esperança que jamais os envergonhará.

O capítulo 18.1 da Confissão apresenta três possibilidades em relação à certeza: a possibilidade de falsa certeza, a possibilidade de verdadeira certeza e a possibilidade da ausência da verdadeira certeza. Burgess analisou detidamente as três.

Falsa certeza. Burgess estava profundamente convencido da importância da frase na Confissão "falsas esperanças e carnal presunção". Isso é exibido em

---

5 Anthony Burgess, *Spiritual Refining: Part II Or, A Treatise of Sinne* (Londres: para Thomas Underhill, 1654), página do título.

sua descrição detalhada dos exercícios religiosos que se enquadram na proteção da fé histórica ou temporária, e em sua exposição no sétimo sermão sobre Jeremias 17.9, texto que se expressa assim: "Enganoso é o coração, mais do que todas as coisas, e desesperadamente corrupto; quem o conhecerá?"[6] Burgess citou parábolas, por exemplo, os dois construtores (Mt 7.24-27) e as dez virgens (Mt 25), para mostrar a trágica possibilidade de alguém enganar-se a si mesmo.[7] Burgess escreveu: "É uma mui dolorosa ilusão que um ímpio ou não regenerado se deixe persuadir de que seu estado é um estado de graça, enquanto que, na verdade, nada mais é senão [um estado] de pecado e de morte." "Apiedemo-nos do homem... dominado por um demônio travestido de anjo de luz."[8]

No sexto sermão de *Spiritual Refining*, "Mostrando a diferença entre a verdadeira Certeza e a Presunção", Borgess forneceu um exemplo tipicamente puritano de uma pregação discriminatória. Primeiro ele advertiu, [dizendo] que a falsa certeza é comum entre os que alegam ser cristãos: "A maioria dos cristãos é arrebatada por tal confiança carnal, [que] se assemelham àquele demente *ateniense* que acreditava que todos os navios no mar eram dele. Quantos estão ali que, quando ouvem das descobertas exatas que são feitas da graça, com isso, evidentemente, pode-se concluir que estão presentemente excluídos deste reino, contudo se abençoam, como se tudo estivesse bem com eles!"[9]

Burgess afirmou que a verdadeira certeza e a falsa certeza são muitíssimo diferentes. Primeiro, diferem em sua "causa ou princípio eficiente". A falsa certeza é motivada pelo amor próprio e por uma crença externa no evangelho sem qualquer "apreensão da profundeza do pecado". Segundo, as bases da falsa certeza são oriundas de "uma mera luz e julgamento naturais sobre o estado da regeneração", e do desfrute de "confortos e abundância externos". Terceiro, a falsa certeza não pode identificar-se com "a maneira e método [pelos quais] o Espírito de Deus geralmente opera a certeza", o que envolve "séria humilhação proveniente do pecado e do senso de seu peso... conflitos, dúvidas e oposi-

---
6   Ibid., 1-64.
7   *Spiritual Refining*, 3.
8   Ibid., 19.
9   Ibid., 27.

ção dos incrédulos... [e] veementes e furiosos assaltos de Satanás". Quarto, a ausência de frutos expõe a falsa certeza, tal como o pouco "uso diligente dos meios", na realidade não inflamando "o coração com amor para com Deus", e a incapacidade de "guardar o coração sob os desânimos e desolações". Quinto, a falsa certeza não é acompanhada de "os companheiros ou concomitantes" da certeza genuína, a saber, "santo temor e tremor", tanto quanto "humildade e senso de inferioridade da mente". Finalmente, a falsa certeza será abalada por alguns problemas externos mais que pelo pecado, enquanto a verdadeira certeza permanece forte em meios às provações.[10]

Após identificar a falsa certeza, Burgess teceu louvor sobre os remédios que o Espírito Santo pode usar para subverter a falsa certeza, mesmo quando "os supostos carnais" raramente são "aviltados e humilhados". Remédios possíveis incluem um poderoso e investigativo ministério que traspassa a alma, uma forte e particular aplicação da lei, uma descoberta da plenitude e necessidade de Cristo, uma profunda aflição, uma experiência do terrível final de um professo carnal do Cristianismo e uma séria consideração de quão equivocados podemos estar em outras áreas de nossas vidas.[11]

Verdadeira certeza. O capítulo 18.1 da Confissão afirma claramente que, para os cristãos, a certeza é possível, mas também ressalta que não se pode obter a certeza fora de Cristo. Cada parte do 18.1 conecta a certeza com Cristo, dizendo: crê *n'Ele*; *O* ama; anda diante *d'Ele*. A certeza está entretecida com o cristão crente, o cristão amoroso e frutos da fé em Cristo. A essência da certeza é viver em Cristo.

Burgess demonstrou essa possibilidade da certeza numa variedade de meios: (1) os santos bíblicos cujas vidas evidenciaram a certeza; (2) muitos textos bíblicos que mostram como os cristãos podem alcançar a certeza; (3) mandamentos bíblicos, tais como 2 Pedro 1.10, ordenando que os cristãos busquem seriamente a certeza; (4) "a instituição dos sacramentos, como sinais e

---

10 Ibid., 27-32.
11 Ibid., 33-34.

selos particularmente como testemunhas do amor de Deus para conosco"; (5) os exercícios das graças divinas, incluindo "o júbilo e ação de graças" do povo de Deus; (6) "sinais da graça, pelos quais alguém pode discernir o que ele é"; e, ainda mais importante, (7) "o ofício e as obras particulares atribuídos ao Espírito de Deus... testificando com nosso espírito, selando em nós" nossa salvação.[12]

Burgess declarou reiteradamente a importância do papel do Espírito Santo na certeza; sem o Espírito, disse ele, não há certeza autêntica sobre quaisquer bases.[13] Ele escreveu: "Em todos os atos de fé, sejam eles diretos ou reflexos, a firmeza e a certeza deles dependem mais do Espírito de Deus, nos confirmando, do que da clareza do argumento."[14]

Ausência da consciência da verdadeira certeza. Finalmente, o capítulo 18.1, e os escritos de Burgess, enfatizaram uma terceira opção: Os crentes podem possuir a fé salvífica sem a certeza de que a possuem. A certeza aumenta a alegria de fé, porém não é essencial à salvação. *Somente* a fé justifica através de Cristo *somente*; a certeza é o cônscio desfruto dessa salvação justificante.

A certeza é necessária para a salubridade espiritual, porém não absolutamente necessária para a salvação. Burgess devotou os primeiros dois sermões de *Spiritual Refining* a "Quão necessária e vantajosa é a certeza de estarmos no estado de graça".[15] As vantagens da certeza são tão grandes, que Burgess denominou a certeza de "necessária": (1) "a partir da natureza da fé"; (2) "a partir da glória de Deus"; (3) "para termos mais alegria e paz em nossos corações"; e (4) "na utilidade dela, [para] por esse meio sermos intensificados e vivificados para todos os deveres santos".[16] Não obstante, a certeza "não é de necessidade absoluta para a salvação: ela não é o necessário de nossa vocação e eleição em todos os tempos".[17]

---

12 Ibid., 2, 23-24, 676-77.
13 Ibid., 17, 51, 54, 59, 671.
14 Ibid., 20-21.
15 Ibid., 1-11.
16 Ibid., 24-25.
17 Ibid., 672.

Burgess reconheceu que muitos crentes são carentes de plena certeza. Ainda que a maioria dos crentes possuam algum grau de certeza, poucos alcançam um confortável grau de certeza. A maioria dos crentes tem dificuldade de alcançar a certeza.[18]

18.2: Os fundamentos da certeza

> Esta certeza não é uma simples persuasão conjectural e provável, fundada numa esperança falha, mas uma segurança infalível da fé, fundada na divina verdade das promessas de salvação, na evidência interna daquelas graças nas quais essas promessas são feitas, no testemunho do Espírito de adoção que testifica com nossos espíritos que somos filhos de Deus, sendo esse Espírito o penhor de nossa herança, e por meio de quem somos selados para o dia da redenção.

A Confissão Westminster aborda os fundamentos da certeza no capítulo 18.2. Aqui se faz importante não confundir os fundamentos ou bases da *certeza* com os fundamentos ou bases da *salvação*.[19] No dizer de John Murray, "Quando falamos das bases da certeza, estamos falando dos meios pelos quais um crente passa a averiguar essa certeza, não das bases sobre as quais repousa sua salvação. As bases da salvação são tão seguras para a pessoa que não possui plena certeza quanto para a pessoa que a possui."[20]

Neste sentido, 18.2 apresenta uma base complexa de certeza,[21] inclusive uma base primária e objetiva ("a verdade divina das promessas de salvação") e uma ou duas bases secundárias e subjetivas ("a evidência interna daquelas graças para as quais estas promessas são feitas e "o testemunho do Espírito de adoção testificando com nossos espíritos").

Promessas divinas em Cristo. Burgess e a maioria criam que as promessas de Deus em Cristo são a base primária para a certeza de um crente. Burgess

---

18 Ibid., 25-26.
19 Paul Helm, *Calvin and the Calvinists* (Edinburgh: Banner of Truth Trust), 28, 75.
20 *Collected Writings* (Edinburgh: Banner of Truth Trust, 1980), 2:270.
21 James Buchanan, *The Doctrine of Justification: An Outline of Its History in the church and of Its Exposition from Scripture* (Edinburgh: T. & T. Clarke, 1867), 184.

escreveu: "Não se pode negar que este seja um meio mais nobre e mais excelente de crer na promessa do que crer no sentido e evidências da graça em nós, contudo este último [elemento] é também legítimo e insuflado por Deus."[22] Esta ênfase posta nas promessas de Deus em Cristo implica diversas coisas para a experiência da certeza em um crente.

Primeiro, o crente não adquire a certeza olhando para si mesmo ou para algo que ele porventura produziu à parte das promessas de Deus, mas, antes de tudo, olhando para a fidelidade de Deus em Cristo como Ele é revelado nas promessas do evangelho. As promessas que levam à salvação são suficientes para levar o crente à certeza. Ao explanar o relato de Lucas 7, sobre a mulher que foi perdoada e recebeu a certeza, Burgess escreveu: *"Tão logo ela se arrependeu em seu coração, de seus maus caminhos, e creu em Cristo, seus pecados lhe foram perdoados*; pois assim Deus promete; e isto se deu antes que ela fosse a Cristo, porém foi a Cristo em busca de maior certeza de perdão. ... Como podia ela estar certa de que seus pecados foram perdoados antes que Cristo lhe dissesse? Respondo: Pela promessa de Deus feita a cada verdadeiro penitente e crente; ainda que esta sua certeza fosse imperfeita e, portanto, admitisse graus adicionais."[23]

Segundo, conforme a certeza cresce, as promessas de Deus se tornam crescentemente reais ao crente pessoal e experimentalmente. Burgess escreveu: "Onde há este conhecimento experiencial, que o coração do homem é, por assim dizer, a coberta da Bíblia. A Escritura é o original, e seu coração é a cópia dela onde ele pode ler as promessas, ... e pode dizer: *Probatum est* [é provado]."[24] Aqui, coberta é uma variante arcaica de contraparte, usada em seu sentido técnico e legal de ser uma duplicata ou cópia do original. Neste caso, comparando o que está na Escritura com o que tem sido experienciado no coração, o crente pode concluir: "Minha salvação é provada!"

Terceiro, a centralidade de Cristo na certeza pessoal está assentada nas promessas de Deus, pois Jesus Cristo mesmo é a "soma, fonte, selo e tesou-

---

22 *Spiritual Refining*, 51.
23 Anthony Burgess, *Tue True Doctrine of Justification Asserted and Vindicated, From the Errors of Papists, Arminians, Socinians, and more especially Antionomians* (Londres: Robert White para Thomas Underhil, 1648), 269-70.
24 *Spiritual Refining*, 41.

ro de todas as promessas".²⁵ N'Ele, as promessas de Deus são "Sim e Amém" (2Co 1.20). Burgess escreveu:

> Devemos prestar atenção se não estamos olhando demais para nós mesmos com o intuito de achar graça em nossos próprios corações, quando, com isso, esquecemos aqueles Atos de Fé, pelos quais comungamos com Cristo imediatamente e confiamos somente n'Ele para nossa justificação. ... O medo disto tem levado alguns a depreciarem o uso de sinais como evidência de nossa justificação. E a verdade é que não se pode negar que muitos dos filhos de Deus, enquanto estudam e examinam se a graça está em suas almas, e que daí descobrem que podem ter persuasões confortáveis de sua justificação, são por demais negligentes daqueles seletos e principais Atos de Fé, pelos quais temos uma aquiescência ou descanso em Cristo para nossa aceitação junto a Deus. Isto é como se o velho *Jacó* se alegrasse tanto na carruagem enviada por *José*, pela qual ele soube que [José] estava vivo, que não desejasse ver o próprio *José*. Assim, enquanto estás cheio demais de alegria para perceber a graça em ti, esqueces de alegrar-te em Cristo mesmo, o qual é mais excelente do que todas as tuas graças.²⁶

Finalmente, embora o fenômeno subjetivo algumas vezes possa sentir mais seguro do que a fé nas promessas de Deus, tais experiências dão menos glória a Deus do que as promessas divinas apreendidas diretamente pela fé. Burgess disse: "Confiando em Deus e em Cristo, quando nada sentimos senão culpa e destruição em nossos seres, maior é a honra que podemos render a Deus; e, portanto, ainda que viver por meio de sinais nos seja mais confortável, contudo, viver pela fé, é para Deus uma honra mais excelente."²⁷

Certa vez Thomas Brooks escreveu: "As promessas de Deus constituem a *carta magna* do cristão, suas principais evidências para o céu." Então ofereceu nove maneiras "para que uma pessoa saiba se tem ou não

---

25 Edward Reynolds, *Three Treatises of the Vanity of the Creature. The Sinfulnesse of sinne. The Life of Christ* (Londres: B. B. for Rob Bastocke and George Badger, 1642), 1:365.
26 *Spiritual Refining*, 41.
27 Ibid., 57.

interesses reais e salvíficos nas promessas".²⁸ Muitas dessas maneiras tratam dos frutos subjetivos no crente que fluem de um abraçar próprio da promessa objetiva.

Burgess concorda. As promessas de Deus não existem em um vácuo, disse ele. São aplicadas à alma na certeza, e essa aplicação produz *"um santo e humilde andar"*. Como prova, Burgess citou 2 Coríntios 7.1: "Portanto, tendo estas promessas, amados, purifiquemo-nos de toda imundícia da carne e do espírito, aperfeiçoando a santidade no temor de Deus." Burgess concluiu: "Portanto, quanto mais percebemos ser Deus gracioso para conosco, mais descobrimos em nós mesmos humilhação e aviltamento."²⁹

Burgess e seus colegas, consistentemente, lembram os crentes que a promessa objetiva abraçada pela fé é infalível, porquanto ela é uma compreensível e fiel promessa pactual de Deus. Consequentemente, a evidência subjetiva, ainda que necessária, deve ser sempre considerada como secundária, pois frequentemente se mistura com convicções e sentimentos humanos mesmo quando mira a obra de Deus. Todos os exercícios da fé salvífica apreendem, em algum grau, a base primária da promessa divina em Cristo.

Evidências internas verificadas por meio de silogismos. Os puritanos anelavam uma vida que exibisse a presença de Deus no crente. Eram convictos de que a graça de Deus, no interior dos crentes, confirma a realidade da fé. William Ames escreveu: "Aquele que entende corretamente a promessa da aliança, não pode estar certo de sua salvação, a menos que perceba em si verdadeira fé e arrependimento."³⁰ Viam com frequência aquela graça de Deus nos crentes em termos de silogismos, os quais usam o assim chamado ato reflexo ou reflexivo da fé.³¹ Pelo ato reflexivo da fé, o Espírito Santo derrama luz em sua obra no crente, capacitando-o a concluir que sua fé é salvífica porque seus exercícios têm um caráter salvífico. Burgess escreveu:

---

28 *The Works of Thomas Brooks* (reprint ed. Edinburgh: Banner of Truth Trust, 1980), 3:254-59.
29 *The True Doctrine of Justification*, 272.
30 *The Marrow of Theology*, trans. John D. Eusden (Boston: Pilgrim Press, 1968), 1.3.22.
31 *The Works of John Flavel* (reprint ed., Londres: Banner of Truth Trust, 1968), 3:330.

Primeiramente, há os *atos diretos* da alma, pelos quais ela é impelida imediatamente a algum objeto. E há *atos reflexos* secundários, pelos quais a alma considera e toma nota de quais atos ela o faz. É como se o olho se volvesse para o interior para ver a si mesmo. O apóstolo João expressa isso plenamente: *sabemos que conhecemos* (1Jo 2.3). De modo que, quando cremos em Deus, esse é um ato direto da alma; quando nos arrependemos do pecado, porque Deus é desonrado, esse é um ato direto; mas quando sabemos que cremos, e que nos arrependemos, este é um ato reflexo.[32]

Burgess e os puritanos falavam de dois silogismos estreitamente relacionados, contudo distintos, que fortificam a certeza – o silogismo prático (*Syllogismus practicus*) e o silogismo místico (*syllogismus mysticus*).[33] O silogismo prático era baseado na santificação do crente e nas boas obras do viver diário. Enfatizava que a vida do crente, de obediência, confirmava sua experiência com a graça. Era algo mais ou menos assim: *Premissa maior*: segundo a Escritura, somente os que possuem fé salvífica receberão o testemunho do Espírito de que suas vidas manifestam os frutos da santificação e das boas obras. *Premissa menor*: não posso negar que, pela graça de Deus, tenho recebido o testemunho do Espírito de que eu manifesto os frutos da santificação e das boas obras. *Conclusão*: tenho a fé salvífica.

O silogismo místico, em grande parte, era baseado nos exercícios internos do crente e no progresso em santificação. Focalizava o homem interior e era algo mais ou menos assim: *Premissa maior*: segundo a Escritura, somente os que possuem fé salvífica e piedade experimentam assim a confirmação do Espírito da graça e piedade de que o ego diminuirá e Cristo aumentará. *Premissa menor*: não posso negar que, pela graça de Deus, experimento o testemunho do Espírito a confirmar a graça e a piedade interiores de que o ego diminui e Cristo aumenta. *Conclusão*: sou participante da fé salvífica.

---

32 *Spiritual Refining*, 672.
33 Cornelis Graafland, "*Van syllogismus practicus naar syllogismus mysticus*", in *Wegen en Gestalten in het Gereformeerd Protestantisme*, ed. W. Balke, C. Graafland, and H. Harkema (Amsterdam: Ton Bolland, 1976), 105-122.

O silogismo prático era baseado em textos tais como 2 Pedro 1.5-10 (virtude, conhecimento, temperança, paciência, piedade, amor fraternal);[34] e os versículos em 1 João enfatizam o andar cristão. Por exemplo, "Por isso sabemos que o conhecemos, se guardamos os seus mandamentos" (2.3). "Sabemos que já passamos da morte para a vida, porque amamos os irmãos" (3.14). "Por isso sabemos que amamos os filhos de Deus, quando amamos a Deus e guardamos os seus mandamentos" (5.2).

O silogismo místico se evidencia de várias maneiras. Burgess escreveu: "Às vezes, o *temor de Deus* é um sinal; às vezes, a *pobreza de espírito*; às vezes, *fome e sede de justiça*; às vezes, *arrependimento*; às vezes, *amor*; e, às vezes, *paciência*." De modo que, se um homem piedoso pode achar em si algum desses [elementos], então pode concluir [acerca] de sua salvação e justificação."[35]

Na década de 1640, os puritanos aceitavam o silogismo místico lado a lado com o silogismo prático.[36] Consequentemente, alguns puritanos, inclusive Burgess, gostavam de dar resposta à grande questão da consciência: "Como posso saber se sou ou não crente?" – oferecendo uma combinação de sinais que continham as boas obras do silogismo prático, bem como os graus de graça do silogismo místico. Por exemplo, depois de pregar onze sermões sobre a certeza, Burgess enunciou oito mensagens sobre os verdadeiros sinais de graça e quinze sobre os falsos sinais de graça. Os verdadeiros sinais incluem obediência, sinceridade, oposição e abstinência contra o pecado, abertura ao exame divino, crescimento na graça, cumprimento dos deveres espirituais e amor para com os santos. Os sinais que poderiam decorrer da graça salvífica incluem os privilégios externos da igreja; dons espirituais; afetos do coração pelas coisas santas; julgamentos e opiniões sobre a verdade espiritual; grandes sofrimentos por Cristo; exatidão na religião; zelo contra o culto falso; obediência externa à lei de Deus; fé nas verdades da religião; estrutura tranquila

---

34 Cornelius Burges, *A Chain of Graces drawn out at length for a Reformation of Manners. Ou, A brief Treatise of Virtue, Knowledge, Temperance, Patience, Godliness, Brotherly kindness, and Charity, so far as thes are urged by the Apostle, in 2 Pet. I. 5, 6, 7* (Londres, 1622), 32.

35 *Spiritual Refining*, 41.

36 Graafland, *"Van syllogismus practicus naar syllogismus mysticus"*, 105.

do coração e a persuasão do amor de Deus; sucesso externo; prosperidade e grandeza no mundo; e um abandono dos pecadores grosseiros. A seção sobre os sinais falsos termina com um sermão sobre "a dificuldade e, em algum sentido, impossibilidade de salvação, não obstante a facilidade com que os homens extraem daí suas fantasias."

Em um sermão sobre "A legitimidade e Obrigação de proceder no tocante aos sinais", Burgess suscitou e respondeu a seis objeções contra o uso de silogismos e o ato reflexo da fé. Na quinta objeção, ele atinge o cerne da questão:

> Uma quinta dúvida *pode provir da dificuldade se não há impossibilidade de alguma certeza oriunda dos sinais*: para tomarmos algum sinal, isso supõe-se amor pelos irmãos, que deve ser explicado de um amor que os toma como sendo irmãos e de um amor que procede de princípios retos e motivos puros, e com muitas outras qualificações, as quais serão tão difíceis de conhecer como a raiz interior da própria graça...
>
> Ora, a isto respondemos com estas coisas: Primeiro, *que a Escritura dá muitos sinais e sintomas da graça*; de modo que, se um homem não pode encontrar todos, todavia, se descobrir alguns, sim, se apenas um, seguramente pode deduzir que todos os demais estão aí, pois toda a harmonia e conexão da graça se comparam com a imagem de Deus, a qual consiste de todas as suas devidas características...
>
> Segundo, *há um duplo conhecimento, um distinto e demonstrativo,* que é *a priori*, da causa para o efeito, a saber, quando conhecemos os princípios e a raiz da graça em nosso interior, e então prosseguimos para os efeitos dela. O outro é mais *geral*, a saber, do efeito para a causa, e este é um conhecimento *a posteriori*, partindo dos mananciais para a fonte, e para este tipo de conhecimento, como é mais fácil, nos inclinamos para ele e o Espírito de Deus nos guia neste caminho, como sendo mais adequado à nossa natureza.
>
> Terceiro, *embora uma pessoa duvide de alguns sinais, contudo não se segue que ela duvidará de todos, porque sua tentação pode ser mais forte sobre um sinal e*

então do outro, e um sinal pode ser mais facilmente percebido do que o outro; e assim uma pessoa santa pode argumentar partindo daquilo que é menos conhecido, para o outro que é mais conhecido.[37]

Burgess usou o silogismo da obra do Espírito para ajudar os crentes em relação à certeza, dirigindo-os, na tradição de Theodore Beza e William Perkins, a apreender algum elo da ordem da salvação a fim de "prosseguir para o alvo, para o prêmio da soberana vocação de Deus em Cristo Jesus" (Fp 3.14). Burgess disse: "[Visto] ser mais difícil encontrar alguns [sinais da graça] em nós mesmos do que outros, contudo temos que prosseguir daqueles que são mais fáceis para aqueles que são mais difíceis."[38]

Burgess estava cônscio das possíveis implicações do "livre-arbítrio" no ato reflexo da fé e se empenhou em mantê-lo dentro dos limites das doutrinas da graça mediante uma análise adicional do silogismo.

Primeiro, Burgess identificou o silogismo como sendo obra do Espírito de Deus. Todos os crentes eram proibidos de confiar em sua *própria* confiança ou nas conclusões que extraem dela, à parte do Espírito. Burgess insistiu que não devemos separar a obra do Espírito do ato silogístico e reflexo da fé:

> Não dizemos que as graças do Espírito de Deus podem ou testificam de si mesmas. A selagem e o testemunho são eficientemente do Espírito de Deus; são apenas os meios pelos quais o Espírito de Deus se faz conhecido. E, portanto, como as cores, ainda que sejam o objeto da vista, contudo não podem concretamente serem vistas sem que a luz se irradie sobre elas. Assim não somos aptos a contemplar as boas coisas que Deus nos tem operado sem o Espírito de Deus. ... Na filosofia, a razão forma a maior e a menor em qualquer silogismo; [mas], nas coisas espirituais, o Espírito de Deus capacita o homem a formar todo o silogismo para o conforto e o estabelecimento dos crentes.[39]

---

37 *Spiritual Refining*, 52-54.
38 Ibid., 53.
39 Ibid., 51, 54.

Burgess concluiu que, se quisermos aumentar nossa certeza empregando o silogismo, devemos "acima de tudo orar a Deus por Seu Espírito a fim de iluminar nossos olhos. ... Pois o Espírito de Deus é a causa eficiente de toda esta certeza."[40]

Segundo, Burgess disse que o silogismo fluiu da Palavra viva, Jesus Cristo, e se baseou na Palavra escrita para sua própria estrutura. O ato reflexo da fé provém do crente ver as graças distintivas de Cristo n'Ele mesmo, quando nos conformamos à Palavra de Deus. Burgess escreveu: "Quando o apóstolo nos ordena *a nos examinarmos e nos provarmos*, presume-se que haja um cânon e norma infalíveis que regulam, os quais são a medida e normatizam aquelas coisas das quais nutrimos dúvida. E essa é a Palavra de Deus. ... A piedade bíblica é tão diferente da piedade moral do homem como o sol é de um calor incandescente."[41]

Terceiro, Burgess disse que o silogismo e o ato reflexo possuem apenas um status secundário. Ele escreveu:

> Ainda que a visão de tuas graças seja confortável, contudo a de Cristo deve ser muito mais. Essas graças são apenas as criadas e servas que aguardam em Cristo; são apenas emblemas d'Ele; não são Ele mesmo. Um homem não deve apenas abandonar seus pecados, mas também suas graças e abraçar Cristo. Visualizando Paulo, em Filipenses 3, vemos quão excelentemente ele avilta todas as graças pessoais para ser encontrado em Cristo. Portanto, que a solicitude pela justiça inerente não te faça esquecer a justiça imputada. Isso equivale tomar o amigo do Noivo pelo próprio Noivo; e para este fim (sem dúvida) é que o povo de Deus tão frequentemente se acha em trevas e não tem luz; não divisa nenhum sinal ou emblema confortável do amor de Deus para com eles, de modo a poder apoiar-se em Deus.[42]

O Testemunho Confirmativo do Espírito. Os autores da Confissão Westminster sabiam que a parte da certeza mais difícil de entender era o testemunho

---

40 Ibid., 59.
41 Ibid., 56.
42 Ibid., 57.

do Espírito Santo. Confessavam que vastos mistérios os circundavam quando falavam desse tema. Uma razão de a Assembleia não detalhar mais especificamente o papel do Espírito na certeza era a plena admissão da liberdade do Espírito; uma segunda razão era que a Assembleia queria admitir a liberdade de consciência aos que diferiam sobre os detalhes mais sutis do testemunho do Espírito. A maioria dos membros da Assembleia tinha uma de duas ênfases.

Burgess enfatizava que o testemunho do Espírito que coincide com a certeza era compilado das evidências interiores da graça. Ele indagou: "*Acaso esta certeza das obras do Espírito de Deus nos santos, em e através das graças da santificação, é a única confirmação e selagem dela? Ou, acaso não há um testemunho imediato do Espírito de Deus na alma, seja antes ou sem aqueles graciosos frutos de santidade?*" ... Ele respondeu: "De minha parte, penso que o primeiro tipo de confirmação, a saber, pelos frutos de santidade, é o único modo seguro e certo, e o qual a Escritura, em sua maior parte, recomenda."[43]

Jeremiah Burroughs[44] e George Gillespie[45] concordam com Burgess. Diziam que o testemunho confirmativo do Espírito Santo, na certeza, conferido exclusivamente à Sua atividade em conexão com os silogismos, por meio dEle traz a consciência unida ao Seu testemunho de que o cristão é filho de Deus. Em conformidade com este conceito, o testemunho do Espírito Santo se associa *com* o testemunho do espírito do crente. E assim Romanos 8.15 e 8.16 são sinônimos. Burgess escreveu: "O significado é que o Espírito de Deus *dá testemunho a* nós, com aqueles dons e graças que são o fruto do mesmo Espírito. De modo que ele não fala daquele testemunho imediato, ... e sim indireto, por e com nossos espíritos, sendo iluminados e santificados. De modo que, embora o Espírito de Deus seja o único Autor desta certeza, contudo este é um modo ordinário por meio dos frutos do Espírito."[46] Da mesma forma ele interpretou a selagem "com o Santo Espírito da promessa", em Efésios

---

43 Ibid., 44.
44 *The Saints' Happiness, together with the several steps, leading thereunto. Delivered in Divers Lectures on the Beatitudes* (reprint ed., Beaver Falls, Pa.: Soli Deo Gloria, 1988), 196.
45 *A Treatise of Miscellany Qustions* (Edinburgh: Gedeon Lithgovv, for George Svvinttum, 1649), 105-109.
46 *Spiritual Refining*, 49.

1.13. Ele escreveu: "Portanto, os que entendem esta selagem como sendo os extraordinários e miraculosos dons do Espírito de Deus, não atingem o alvo, porque ali não se faziam necessários os sinais de adoção, e também não foram concedidos a cada crente particular; portanto, devemos entendê-la como uma referência às graças santificantes do Espírito de Deus."[47]

Burgess cria que as bases secundárias da certeza não entram em colapso, visto que as evidências da graça e o testemunho do Espírito são essencialmente unos. Se isto não fosse assim, e o crente recebesse a certeza através do testemunho direto do Espírito, então não haveria necessidade de buscar a certeza através das graças interiores, pois tal busca seria "acender uma vela quando o sol brilha; mas o testemunho do Espírito e a evidência das graças perfazem um só testemunho completo e, portanto, não devem ser dissociados, muito menos postos em oposição."[48] Assim, para Burgess, os silogismos iluminados pelo Espírito implicavam a plena certeza. Ele sentia que este conceito era importante, porque se opunha ao misticismo e ao antinomianismo, os quais tendiam a acentuar um testemunho direto do Espírito dissociado da necessidade de produzir os frutos práticos da fé e do arrependimento.[49]

Outros teólogos da Assembleia, tais como Samuel Rutherford, William Twisse, Henry Scudder e Thomas Goodwin apresentaram outras ênfases. Disseram que o testemunho do Espírito, descrito em Romanos 8.15, contém algo distinto do [testemunho] do versículo 16.[50] Distinguiam o Espírito de confirmação *com* o espírito do crente, por meio de silogismo, de Seu testemunho *ao* espírito do crente, por meio de aplicações diretas da Palavra. Como mostrou o comentarista neotestamentário, Heinrich Meyer, o primeiro deixa em seu rastro a convicção autoconsciente de que *"eu* sou filho de Deus" e, com base em tais silogismos operados pelo Espírito, toma

---

47 Ibid., 50.
48 Ibid., 47-48.
49 Ibid., 52.
50 Rutherford, *The Covenant of Life Opened* (Edinburgh: Andro Anderson for Robert Broun, 1655), 65-67; Twisse, *The Doctrine of the Synod of Dort and Arles* (Amsterdam: G. Thorpe, 1631), 147-49; Scudder, *The Christian's Daily Walk* (reprint ed., Harrisonburg, Va.: Sprinkle, 1984), 338-42; *The Woks of Thomas Goodwin* (reprint ed., Eureka, CA: Tanski, 1996), 6:27; 7:66; 8:351, 363.

a liberdade de aproximar-se de Deus como Pai. O segundo fala do pronunciamento do Espírito, da parte do Pai, "*Você* é filho de Deus"; e, com base no ouvir de sua filiação, da própria Palavra de Deus, pelo Espírito, aproxima-se d'Ele com a familiaridade de filho.[51]

Os que aceitaram duas bases secundárias da certeza diferiam nisto: se o testemunho do Espírito deve ser considerado como mais durável do que Seu testemunho silogístico, e daí ser posto, praticamente, em um nível mais elevado. Por exemplo, Thomas Goodwin asseverou que o testemunho direto do Espírito suplanta o co-testemunho do Espírito e do crente através de silogismos.[52] Entretanto, falando em termos gerais, os outros teólogos da Assembleia Westminster não viam o testemunho direto do Espírito como superior a ou independente dos silogismos, mas como anexo a eles. Concordam que o modo silogístico de alcançar a certeza é mais comum e seguro do que a certeza imediata pelo testemunho direto do Espírito. Por exemplo, Rutherford disse que o ato reflexo da fé é, como regra, "mais espiritual e mais proveitoso" do que os atos diretos.[53] Burgess, dando alguma admissão à segunda ênfase sob certas condições, o expressa desta maneira: Caso se admita o testemunho direto, ele "está mais sujeito a ilusões perigosas", pois o ato reflexo "acompanha uma base [mais] segura: os frutos da mortificação e vivificação".[54]

Burgess sumariou o ponto de vista dos que diferiam em ênfase, quando afirmou: "De fato, alguns teólogos não negam a possibilidade desse testemunho imediato, mas, mesmo assim, concluem que o modo ordinário e seguro é olhar para esse testemunho, o qual se manifesta pelos efeitos e frutos do Espírito de Deus."[55] A maioria dos teólogos da Assembleia concorda que, sem levar em conta o que você crê sobre o testemunho direto do Espírito, é difícil de ver

---

51 *Critical and Exegetical Hand-book to The Epistle of the Romans* (Nova York: Funk & Wagnalls, Publishers, 1889), 316. Cf. Robert Bolton, *Some General Directions for a Confortable Walking with God* (Morgan, Pa.: Soli Deo Gloria, 1995), 326.

52 *The Works of Thomas Goodwin*, 1:233; 8:366.

53 *Catechism of the Second Reformation*, ed. Alexander Mitchell (Londres: Nisbet, 1866), 207; *The Trial and Triumph of Faith* (Edinburgh: Collins, 1845), 88ff.

54 *Spiritual Refining*, 672.

55 Ibid., 52.

que este é o tipo mais importante da certeza, pois os cristãos são chamados a viver diariamente no desfruto da certeza, e tal certeza não pode ser mantida sobre a base das experiências ocasionais.

Entretanto, em cada sentido, os teólogos da Assembleia, em uníssono, asseveraram que o testemunho do Espírito está sempre atado, e nunca pode contraditar-se, à Palavra de Deus. Só então o antinomianismo pode ser evitado, diziam, e a liberdade do Espírito pode ser protegida.

Para Burgess e os teólogos de Westminster, as bases da fé nas promessas de Deus, as evidências internas da graça, compreendidas através de silogismos, e a confirmação do Espírito, devem ser buscadas para se obter tão plena medida de certeza quanto possível. Se uma dessas bases for enfatizada em prejuízo das outras, o ensino da certeza perde o equilíbrio e se torna perigoso. Nenhum desses homens ensinaria que a certeza é obtida por confiar somente nas promessas, ou somente nas evidências internas, ou somente no testemunho do Espírito Santo. Ao contrário, ensinaram que o crente realmente não pode confiar nas promessas sem o auxílio do Espírito Santo, e que ele não pode, com algum grau de segurança, olhar para si sem a iluminação do Espírito.

Burgess escreveu: "Duas graças devem estar associadas, as quais os piedosos, por suas fraquezas, põem uma contra a outra. Deveriam crer firmemente na promessa de Deus e, contudo, ser humildes em si mesmos; deveriam alegrar-se, e, contudo, fazer isso com tremor; quando a tua confiança devora o santo tremor, então te acauteles da presunção; quando o teu temor devora a tua fé e alegria, então te acauteles do desespero. ... Estas são duas pedras de moinho pelas quais somos feitos pão puro. ... Uma não pode operar sem a outra."[56] Embora Burgess e a maioria de seus colegas puritanos dessem aos silogismos um maior papel na certeza do que fizera Calvino,[57] todos consideravam as promessas de Deus como a base primária da certeza.[58]

---

56 Anthony Burgess, *CXLV Expository Sermons upon the Whole 17th Chapter of the Gospel According to St. John: or Christ's Prayer Before his Passion Explicated, and both practically and Polemically Improved* (Londres: Abraham Miller for Thomas Underhill, 1656), 356.

57 Graafland, "Van *Syllogismus practicus naar syllogismus mysticus*", 108, 120.

58 Burgess, *Spiritual Refining*, 51.

A atividade do Espírito é essencial em cada parte da certeza. No dizer de Burgess, "Como um homem, pelo poder do livre-arbítrio, não é apto a fazer sobrenaturalmente alguma coisa boa, tampouco pode, pela força da luz natural, discernir os graciosos privilégios que Deus lhe outorga, *1 Cor. 2.12.*"[59] Sem a aplicação do Espírito, as promessas de Deus conduzem a vidas de auto ilusão e infrutíferas. Sem a iluminação do Espírito, o autoexame tende à introspecção, servidão e legalismo. O testemunho do Espírito, divorciado das promessas de Deus e das evidências bíblicas internas, pode levar ao misticismo anti-bíblico e ao emocionalismo excessivo.

18.3: O cultivo da certeza

Esta segurança infalível não pertence de tal modo à essência da fé, que um verdadeiro crente, antes de possuí-la, não tenha de esperar muito e lutar com muitas dificuldades; contudo, sendo pelo Espírito habilitado a conhecer as coisas que lhe são livremente dadas por Deus, ele pode obtê-la sem revelação extraordinária, no devido uso dos meios ordinários. É, pois, dever de cada um, ser diligente em tornar certas sua vocação e eleição, a fim de que, por esse modo, seja seu coração, no Espírito Santo, dilatado em paz e deleite, em amor e gratidão para com Deus, no vigor e alegria, nos deveres da obediência, que são os frutos próprios desta segurança. Longe esteja isto de predispor os homens à negligência.

Burgess abordou quatro questões práticas sobre a certeza contidas no capítulo 18.3 da Confissão Wstminster: o tempo envolvido na obtenção da certeza; os meios da obtenção da certeza; o dever de buscar solicitamente a certeza; e os frutos produzidos pela certeza.

Concernente à primeira questão, Burgess asseverou que Deus é livre e soberano, e assim tem o poder de plantar simultaneamente a fé e a plena certeza. Entretanto, tipicamente, Burgess disse que "Ele a opera aos poucos",[60] de modo que as dúvidas do crente sobre sua própria salvação diminuem enquan-

---

59 *The True Doctrine of Justification*, 273.
60 Ibid., 152.

to ele cresce em graça. Em geral, a graça cresce com a idade; e, quando a fé cresce, também crescem outras graças.

Deus usa os conflitos, as dúvidas e as provações para amadurecer a fé do crente. Em geral, a certeza segue a luta espiritual intensa; ela deixa cicatrizes na batalha. Burgess escreveu: "Este privilégio da certeza é dado aos que, por muito tempo, têm-se familiarizados com Deus, exercitado muito em seus caminhos e suportando muito por Ele."[61] A certeza é o fruto da fé fortalecida e sazonada. Entretanto, não que a idade e a experiência garantam a certeza, ou que os neoconversos não possam ser abençoados com a certeza. Como escreveu Burgess, "Deus, muitas vezes, faz os neoconversos descobrirem também o amor de seus esponsais para com eles, porque são mais tenros e têm necessidade deles, sendo muito oprimidos pelo pecado. Como observa Aristóteles, é um instinto especial da natureza, pelo qual os pais são mais ternos para com o filho mais jovem, porquanto este não pode cuidar de si mesmo."[62]

Burgess disse que o crente foi chamado ao longo de sua vida para fazer diligente uso dos meios de graça, buscando sempre maiores graus de certeza, porque Deus usa, respectivamente, sua soberania e os meios para legar a certeza.[63] Meditação na Palavra de Deus, participação nos sacramentos e a perseverança em oração são os meios usuais que Deus usa para aumentar a certeza. Mas, ainda que a Palavra e as promessas de Deus permaneçam em primeiro plano na certeza, os sacramentos são os selos divinos que confirmam os eternos compromissos de Deus para com Seus eleitos, com isso fortalecendo a fé e multiplicando a certeza. "Embora Deus nos tenha dado Sua promessa, e nada pode ser mais certo do que ela", escreveu Burgess, "contudo Ele anexa os sacramentos para selar e confirmar Sua promessa feita a nós."[64] Quando o crente recebe os sacramentos pela fé, ele recebe a certificação daquele que é prometido por Deus e renova a aliança feita com Ele. Então se unem a certeza e a obrigação pactuais. As promessas de Deus se tornam visíveis, cíclicas

---

61   *Spiritual Refining*, 35.
62   Ibid.
63   *CXLV Expository Sermons upon the whole 17th Chapter of St. John*, 356.
64   *Spiritual Refining*, 53.

e pessoais nos sacramentos. Finalmente, a Palavra e o sacramento devem ser acompanhados de oração. Burgess escreveu que "devemos dar toda diligência e atenção à obtenção deste privilégio [da certeza]". "Devemos fazer disto nossa atividade; devemos rogá-lo oportunamente em oração."[65] Portanto, os que desejam ter certeza devem usar, com oração, os meios ordinários enquanto caminham diante de Deus com boa consciência. Como regra geral, a certeza assim buscada será concedida por Deus, ainda que em diversos graus.[66]

Burgess afirmou a convicção da Confissão de que a certeza deve ser buscada como um dever.[67] A alma preocupada nunca deve repousar até que possa dizer que Deus é o seu Deus. Além do mais, este dever, quando seriamente assumido, assistirá o crente em todos os demais deveres da vida cristã. A ênfase puritana sobre o dever reforçou a convicção de que a certeza nunca deve ser considerada como apenas o privilégio dos santos excepcionais. A falha em crer que ao menos algum grau de certeza é normativo para o crente tende a deixar as pessoas numa condição espiritual infrutífera.

A certeza produz fruto. Ela produz viver santo marcado pela paz, amor jubiloso, gratidão humilde e obediência espontânea. A certeza se distancia do viver displicente e da indiferença moral. Como escreveu Burgess:

> [A certeza] conserva excelente comunhão e familiaridade com Deus. ... Ela agirá na estrutura filial e evangélica do coração. ... [Ela] nos leva também a ter a humilde disposição de filhos; com isso somos levados a prestar-lhe um serviço por intenções e motivos puros. ... Ela suportará, embora nada haja senão miséria e tribulação externas. ... Em grande medida, ela motivará a oração. ... Ela faz uma pessoa andar com muita ternura contra o pecado. ... [O] coração será impaciente e ansioso até a vinda de Cristo. ... [E] uma plena aquiescência e descanso em Deus e em Cristo, como sendo suficiente para cada tipo de carência. ... A alma é mais inflamada e alargada a amar a Deus. ... Gerará muita força espiritual e ca-

---

65 Ibid., 673; cf. *The True Doctrine of Justification*, 273.
66 Ibid.
67 *Spiritual Refining*, 673.

pacidade celestial para todas as graças e deveres, permeará todas as relações com muita santidade e vívido vigor. ... É um forte e poderoso escudo contra todos aqueles violentos assaltos e tentações que o diabo usa para exercitar os santos. ... É um meio especial para gerar contentamento mental e um coração grato e alegre em cada condição. ... É um infalível e especial antídoto contra a morte em todos os temores dela.[68]

Longe de fazer o crente orgulhoso, a certeza o mantém humilde e piedoso. A própria natureza da certeza, no dizer de Burgess, não pode "gerar nenhuma arrogância, nem a negligência de Deus e da piedade", posto que "ela só é mantida e guardada pela humildade e santo temor. De modo que, quando um homem cessa de ser humilde, de fomentar um santo temor por Deus, sua certeza também cessa, justamente como uma lâmpada se apaga quando o azeite se escoa."[69]

18.4: A certeza perdida e restaurada

Os verdadeiros crentes podem ter, de diversas maneiras, a segurança de sua salvação abalada, diminuída e interrompida – negligenciando a conservação dela, caindo em algum pecado especial que fira a consciência e entristeça o Espírito Santo, cedendo a fortes e repentinas tentações, retirando Deus a luz de seu rosto e permitindo que andem em trevas e não tenham luz mesmo os que o temem; contudo, eles nunca ficam inteiramente privados daquela semente de Deus e da vida da fé, daquele amor a Cristo e aos irmãos, daquela sinceridade de coração e consciência do dever; daí, a certeza da salvação poderá, no tempo próprio, ser restaurada pela operação do Espírito, e por meio dessas bênçãos eles são sustentados para não caírem em total desespero.

Esta seção da Confissão é uma magnificente afirmação do elo que existe entre a teologia reformada e a piedade puritana. As razões para a falta de certeza são encontradas primariamente no crente. Elas incluem a negligência em pre-

---
68 Ibid., 26, 681-83.
69 Ibid., 679-80.

servar a certeza por meio de exercício; caindo em pecado especial; cedendo a repentina tentação. Burgess escreveu: "É verdade que os santos mais vigilantes e corretos, como *Jó* e *Davi*, algumas vezes vivem em deserção, e clamam que Deus os abandonou, mas, ordinariamente, quanto mais formais e cuidadosos somos em nossos acessos a Deus, mais são nossas dúvidas e temores."[70]

Burgess afirmou que a certeza pode ser obstruída ou até mesmo perdida, por várias razões: (1) A certeza pode ser diminuída quando profundamente sentimos a culpa do pecado; pois então tendemos a olhar para Deus como Aquele que Se vingará em vez de perdoar. (2) Satanás odeia a certeza e fará tudo quanto pode para manter vivos em nosso íntimo dúvidas e temores. (3) Mais comumente, a hipocrisia de nossos corações e a displicência de nosso viver se tornam um entrave para a certeza.[71]

O cristão não pode desfrutar de altos níveis de certeza, caso persista em baixos níveis de obediência. Então, "afugentamos nossa certeza", explicou Burgess.[72] "Nada enegrecerá tua alma mais do que o andar apático, indolente e negligente."[73] Esta verdade ajuda a manter os santos vigilantes em sondar suas almas.

A despeito da grande injúria decorrente, o povo de Deus persevera. Sua perseverança é assegurada por seu Deus perseverante. A perseverança divina é operada de uma maneira triúna, consistindo na perseverança do eterno beneplácito do Pai para com eles, a perseverança de Cristo em Seus sofrimentos e intercessão por eles e da perseverança do Espírito operando dentro deles. A eleição, a aliança, a providência, a satisfação e a perseverança são inseparáveis umas das outras e da certeza.[74] Assim, quando ao crente falta a certeza, a responsabilidade disso é dele. Nenhum inimigo o manterá fora do céu, mas, bem que poderá manter o céu fora de seu coração, ao pecar contra Deus. Burgess concluiu: "Portanto, é indigno falar de dúvida e queixar-se da perda do favor

---

70 CXLV *Expository Sermons upon the whole 17th Chapter of St. John*, 356.
71 *Spiritual Refining*, 25-26.
72 Ibid., 672.
73 Ibid., 673.
74 Ibid., 34.

de Deus e de não ter nenhuma certeza, quando todos os teus deveres e empreendimentos são displicentes e já definharam."[75]

Entretanto, nem a Confissão nem Burgess se detiveram aqui. Enfatizaram ainda a possibilidade do envolvimento de Deus na falta de certeza do crente. Afirmaram que a perda da certeza pode também ser o resultado de haver feito a "remoção da luz de Seu rosto".

Acaso a Confissão vai além da Escritura em manter que Deus tem razões para suprimir a certeza de alguns crentes? Burgess disse que não. Todavia, primeiramente ele reconheceu que parecia sem sentido, à primeira vista, que Deus suprimisse a certeza de um crente, pois a certeza é "as asas e as pernas no serviço que o homem presta a Deus. Ela deveria inflamá-lo mais em promover a glória de Deus".[76] Burgess continuou, indagando: "Como frequentemente Deus conserva seu próprio povo em trevas?" Então ofereceu cinco razões por que Deus pode suprimir a certeza de Seu povo:

> Primeiro, *para que, assim, provemos e vejamos quão amargo é o pecado*. ... Se a graça, ou a certeza dela, estivesse em nosso poder tê-la quando e tão logo quiséssemos, quão levianos e negligentes seriam nossos pensamentos sobre o pecado! ... Segundo, com isso Deus *nos manteria prostrados e humildes em nós mesmos*. Para que todos esses vermes do orgulho fossem extintos em nós, Deus oculta de nós sua face, e com isso nada vemos em nós senão pecado e perversidade. ... Terceiro, *portanto, para que Deus mantenha a certeza de nosso conhecimento, de modo que, quando o temos, possamos estimá-lo e valorizá-lo ainda mais, tomando maior cuidado para não perdê-lo*. Vemos a igreja nos *Cânticos dos Cânticos*, quando desprezou o amor de seu Esposo, quão solícita ela ficou por reavê-lo, mas isso lhe custou muito antes de reavê-lo. ... Portanto, acaso oras e tornas a orar por certeza, e mesmo assim não a obténs? Então penses que tal delonga seja para aumentar teu apetite de ires após ela, para que Deus te abençoes mais, quando tua alma a desfrutará. Quarto, *Deus faz com que demonstres ainda mais tua obediência a ele e lhe rendas maior honra*. Pois

---

75 Ibid., 34-35.
76 Ibid., 35.

confiar em Deus pela fé, quando não dás testemunhos de seu amor para contigo, é o mais puro ato de obediência que podes dar. ... O caminho da certeza traz mais conforto a ti mesmo, mas o caminho do crer dá mais glória a Deus. Quando *Abraão não vacilou em sua fé*, ainda quando *o ventre de Sara fosse um túmulo morto*, isto se deu para que ele rendesse glória a Deus. ... Quinto, *Deus remove o senso de perdão, para que sejas um cristão experiente, apto para confortar outros em seus estresses*. Paulo dispensa os confortos de Deus, em suas tribulações, para que outros fossem confortados em suas experiências afins. Aquele que não é tentado sobre o perdão do pecado, fica surpreso ante aqueles que são assim afligidos, e por isso é totalmente inapto para aplicar remédios adequados.[77]

Podemos inclinar-nos a olhar de soslaio para algumas razões de Burgess de ver Deus "se esquivando", mas temos de ter em mente duas coisas. Primeiro, para compreendermos Burgess, temos de reconhecer que os puritanos criam que o "retraimento" da parte de Deus geralmente era para razões santas, que fica além da compreensão do crente, o qual simplesmente tem de confiar nas intenções de Deus. Segundo, essas razões eram como muitas peças de um quebra-cabeça, explanações possíveis e parciais que eram experimentadas. Nem Burgess nem os puritanos ofereceram uma lista completa de razões. Ao contrário, se digladiavam com a realidade experimental e pastoral em tempos que eles ou seus paroquianos não podiam apostatar, porém podiam perder a certeza por algum tempo e sentir-se distantes de Deus. Burgess queria tratar com compaixão os que buscavam fervorosamente maior certeza porém não a obtinham.

Em conformidade com a Confissão, não obstante a perda da certeza não destrói o gérmen da fé no cristão, porque nem mesmo as trevas do crente podem apagar a obra salvífica de Deus. Mesmo em sua condição espiritual mais baixa, o Espírito Santo guardará o crente "do completo desespero". Além do mais, o Espírito também restaurará a certeza no crente "no devido tempo".

A certeza é restaurada da mesma forma que foi obtida pela primeira vez. Burgess informou como isto é feito. Os crentes devem visualizar suas vidas,

---

[77] Ibid., 35-36.

confessar seus deslizes e humildemente lançar-se sob a guarda pactual de seu Deus e suas graciosas promessas em Cristo. Devem usar os meios de graça com toda diligência, buscar a santidade, exercer firme vigilância e acautelar-se de entristecer ou apagar o Espírito. Em outros termos, devem converter-se de novo.[78] A conversão operada pelo Espírito é um duradouro processo que custa a vida de uma pessoa e revitaliza a certeza através da vivência com Cristo.

CONCLUSÃO

Burgess e os teólogos de Westminster fomentaram a doutrina da certeza com precisão. A terminologia que desenvolveram, seus tratados sobre a certeza, sua compaixão pastoral para com os fracos na fé, e suas insistentes admoestações e convites ao desenvolvimento da fé revelavam sua grande apreciação pela união vital com Cristo. Os eruditos de hoje, que atribuem introspecção mórbida e a centralidade do homem, e se afastam dos puritanos do século dezessete, têm perdido o alvo. A maioria dos teólogos puritanos examinava a experiência espiritual microscopicamente, porque eram solícitos em encontrar a mão de Deus em suas vidas, de modo que podiam atribuir glória ao Pai que elege, ao Filho que redime e ao Espírito que santifica.[79]

Além do mais, os que advogam uma lacuna radical entre os puritanos e os Reformadores sobre a questão da certeza, se mostram insensíveis à singular situação da primeira geração dos Reformadores que abraçaram as doutrinas da graça com zelo sem paralelo, subindo em degraus especiais rumo à certeza.[80] Compreensivelmente, quando as gerações subsequentes emergiram, esse zelo pela verdade se esfriou. Não obstante, as tensões inerentes de promover os silogismos da linha lateral ocuparam o pensamento de Calvino para uma posição central, como asseverou Cornelis Graafland, Burgess e seus colegas apenas alargaram, por razões pastorais, os poros que Calvino já havia aber-

---

78 Ibid., 673-75.
79 Cf. J. I. Packer, "The Puritan Idea of Communion with God", in *Press Toward the Mark* (Londres: n.p., 1962), 7.
80 Joel R. Beeke, *Assurance of Faith: Calvin, English Puritanism, and the Dutch Second Reformation* (Nova York: Peter Lang, 1994), 19-22, 54-72, 365-77.

to, ao admitir "os sinais que são atestações seguras" da fé.[81] Tentaram, com variados graus de sucesso, levar seus rebanhos, pelo Espírito, a uma "certeza solidamente profunda", e os encorajaram a não depender pouco da união experimental e vital com o Senhor Jesus Cristo.

As sementes para as ênfases puritanas da certeza jaziam nos Reformadores, pois Calvino e os puritanos concomitantemente concordavam que a certeza é organicamente uma parte da fé, ainda que ela possa ser possuída sem que o crente seja sempre cônscio de sua posse.[82] Ainda que os puritanos fossem além de Calvino em enfatizarem isto, ambos tinham o mesmo alvo em mente: *soli Deo gloria*.

As afirmações da Confissão sobre a certeza fomentadas por Burgess ajudam o crente a tornar seguras sua vocação e eleição, avançando para além de si mesmo para encontrar tudo quanto se faz necessário, para o tempo e a eternidade, na graça centrada no Espírito de Deus em Jesus Cristo. Para Burgess, esse é um alvo digno. A certeza é um excelente privilégio, porque "(1) ela conserva a excelente comunhão e familiaridade com Deus; (2) ela operará uma filial e evangélica chama no coração; (3) ela sustentará [um homem, mesmo quando] nada haja senão miséria e tribulação externas; (4) ela inflamará em grande medida [um homem] à oração; (5) ela faz um homem andar com muito afeto contra o pecado; (6) seu coração será impaciente e solícito até a vinda de Cristo; e (7) [ela produz] uma plena aquiescência e repouso em Deus e Cristo, como suficiente para todo tipo de carência."[83]

É este também o alvo de nossas vidas? Estamos, por experiência, familiarizados com a fé salvífica, e estamos orando por crescentes medidas de certeza em Cristo, mesmo que, no dizer de Calvino, "a incredulidade não se dobre"?

Lembremo-nos de que nossa medida de certeza é refletida em nossa vida diária. Aprendamos diariamente as lições que Burgess e os puritanos ensinaram. Nossa base primária de certeza jaz nas promessas de Deus em Cristo.

---

81 "'Waarheid in het Binnenste': Geloofszekerheid bij Calviin en de Nadere Reformatie", in *Een Vaste Burcht*, ed. K. Exalto (Kampen: Kok, 1989), 69.
82 Peter Lewis, citado em Errol Hulse, *The Believer's Experience* (Haywards Heath, Sussex: Carey, 1977), 128-29.
83 *Spiritual Refining*, 26.

Essas promessas devem ser aplicadas aos nossos corações, produzir frutos em nossas vidas e ajudar-nos a anelar pelo testemunho corroborante do Espírito com nosso espírito de que de fato somos filhos de Deus. Somos chamados a viver vidas frutíferas, falar bem de nosso grande Deus que nos certifica e servir de sal da terra.

A mensagem prática para o verdadeiro cristão é simplesmente esta: a fé por fim triunfará, porque ela vem do Deus trino e repousa sobre Sua Palavra. Portanto, não nos desesperemos quando, por certo tempo, não sentirmos seu triunfo. Abracemos a promessa de Deus, em Cristo, mais plenamente, reconhecendo que nossa certeza, objetiva e subjetiva, respectivamente, jaz totalmente em Cristo, pois a fé provém de Cristo e descansa n'Ele.

Cristo, por fim, alcançará a vitória nos crentes, porque, no dizer de Calvino, Ele é quem "deseja curar a doença [da incredulidade] em nós, de modo que entre nós ele [o crente] alcance plena fé em suas promessas".[84] Recobremos o ânimo e busquemos a graça que honra a Cristo e, através de Cristo, o Deus trino. É dessa fé e certeza que Calvino e a teologia reformada, Burgess e o puritanismo, a Escritura e a vida, todos falam – honrando o Deus trino através de Jesus Cristo. "Pois dele, e através dele, e para ele, são todas as coisas: a ele, pois, seja a glória para sempre. Amém" (Rm 11.36).

No término de seu primeiro tratado sobre a justificação, Anthony Burgess expressa assim: "Senhor, quem mergulhou mais fundo no pecado do que eu? Doenças de quem eram mais graves do que as minhas? Se os milhares e milhares de pecados que eu cometi fossem mínimos e poucos, estão agora sorvendo sua porção no inferno. Que tua transbordante bondade, ó Senhor, me vença; oh! se eu possuísse os corações de todos os homens e anjos para louvar-te!"[85]

---

84 *Institutes of the Christian Religion*, 3.2.15.
85 *The True Doctrine of Justification*, 275.

CAPÍTULO 9

A VIDA E ESCRITOS DE JOHN BROWN DE HADDINGTON

A Escócia produziu, no século dezoito, muitos notáveis ministros, eruditos e educadores, mas nenhum foi maior ou tão grandemente amado como o foi John Brown de Haddington. Ele foi um cristão dedicado, um mestre capaz e um escritor teológico prolífico. Foi também um brilhante soldado da cruz que não vacilou em face da oposição. No curso de sua vida ele viu sua amada igreja golpeada por dolorosos conflitos, especialmente na grande brecha que dividiu os Separatistas, porém nunca perdeu a fé de que Jesus Cristo é o Rei de Sua igreja. Como um fiel administrador, Brown sentiu que sua mais elevada vocação era para apascentar o rebanho de Cristo e defender as verdades da fé reformada.

A vida e a carreira de Brown são de todas as mais notáveis, considerando que ele começou na obscuridade e pobreza, destituído das vantagens da riqueza, posição, título ou educação. Não obstante, Deus o favoreceu com dons incomuns e com uma imensa capacidade para o duro labor, e providencialmente abriu-lhe uma via para o uso desses dons de modo eficiente. Acima de tudo, Deus lhe favoreceu com uma profunda experiência da verdade do evangelho como "o poder de Deus para a salvação". Essa experiência deixou sua indelével marca em cada aspecto do multifacetado ministério de John Brown.

PRIMÓRDIOS DA VIDA E EDUCAÇÃO

John Brown, o mesmo nome de seu pai, nasceu em 1722 na vila de Carpow, nas proximidades de Abernethy, no distrito de Perth, Escócia. Sua mãe foi Catherine Millie. Seus pais eram pobres (seu pai foi tecelão) e não puderam propiciar a seu filho uma educação, ainda que seu pai o ensinasse a ler. Seus pais lhe ensinaram também as bases do cristianismo genuíno e conduziram o culto familiar a cada manhã e noite.

O ano de seu nascimento, 1720, é lembrado na história da igreja como o ano em que a Assembleia Geral da Igreja da Escócia reafirmou sua condenação do livro *The Marrow of Modern Divinity* [O Âmago da Divindade Moderna], e censurou doze ministros que defenderam a teologia do livro. Incluso entre os doze estava o ministro da igreja paroquial de Abernethy, Alexander Moncrieff. A este e a seus colegas se permitiu que retornassem às suas responsabilidades, porém a Marrow Controversy [controvérsia em torno daquele livro] pôs em movimento forças que mais tarde dividiriam a igreja escocesa. Nascido sob a sombra desta controvérsia, a fé e a obra de Brown foram profundamente impactadas por tudo o que resultou dela.

Quando Brown atingiu oitos anos de idade, num domingo ele se embrenhou numa grande multidão do lado de fora da igreja de Abernethy, e descobriu que a Ceia do Senhor seria administrada. Visto que os não-comungantes eram excluídos desses serviços sacros, ele se viu forçado a retirar-se, porém não antes de ouvir um ministro que falava de Cristo de um modo sublime. Mais tarde Brown escreveu: "De uma maneira suave e deleitosa, isto cativou meus juvenis afetos, e desde então me fez pensar que, em tais ocasiões, os filhos nunca devem ser mantidos fora da igreja."

A educação formal de Brown foi escassa, porém estudou latim. Também desfrutou da memorização dos catecismos. Mais tarde ele escreveu: "Eu sentia um particular deleite em aprender de memória os catecismos publicados por Vincent, Flavel e o da Assembleia de Westminster, e fui mui beneficiado por eles." Sua mãe notou sua ansiedade em aprender e o imaginou um dia assentado entre os pregadores da Escócia.

Em 1733, Ebenezer Erskine (1680-1754), James Fisher (1697-1775), Alexander Moncrieff (1695-1761) e William Wilson (1690-1741) separaram-se da Igreja da Escócia. Coligando-se como o Presbitério Associado, criaram uma nova organização que veio a ser conhecida como a Igreja da Secessão. Como membro do rebanho de Moncrieff em Abernethy, Brown juntou-se à Igreja da Secessão logo no início e permaneceu nela até sua morte.

Quando Brown atingiu onze anos de idade, seu pai morreu e não muito depois também sua mãe, deixando-o órfão com a idade de treze anos. Ele esteve com várias famílias, mas se separou de seus dois irmãos e irmã. "Fui deixado um pobre órfão, e não tinha nada em que depender, exceto a providência de Deus", escreveu ele, "e diria que o Senhor tem sido 'o pai dos sem pais e que ficam órfãos.'"

Logo depois que sua mãe morreu, Brown mesmo ficou muito mal e quase morreu. Todos, exceto sua irmã, pensaram que ele não se recuperaria. Enquanto orava por seu irmão, a irmã se deparou com a promessa: "Com longevidade eu o satisfarei e lhe mostrarei minha salvação", o que ela prontamente guardou na mente. Seu irmão ficou bem outra vez.

Com seus treze e quatorze anos de idade, Brown sentiu-se irresistivelmente atraído para o evangelho. Ele leu os mais importantes livros do período, tais como *An Alarm to the Unconverted* [Aviso aos Não-Convertidos], de Joseph Alleine; *The Trial of a Saving Interest in Christ* [A Prova de um Interesse Salvífico em Cristo], de William Gutherie; *Christian Directions Shewing How to Walk with God All the Day Long* [Diretrizes Cristãs que Mostram Como Andar com Deus Todos os Dias da Vida], de William Gouge, bem como as cartas de Samuel Rutherford. Ainda que Brown se beneficiasse pelo que lia, e com frequência se sentia convicto disso por vários dias, ele persistiu descansando somente na livre graça. Ele escreveu: "Tal era a tendência de meu coração, sob suas convicções, que eu estava disposto a fazer algo mais do que fugir para Cristo, e confiar somente em sua livre graça para minha salvação."

UM PASTOR ADOLESCENTE CONVERTIDO

John Ogilvie, um homem de idade madura com pouca cultura, empregou o adolescente Brown para tanger suas ovelhas. Ogilvie pediu a Brown que lesse para ele, e Brown fez isso em numerosas ocasiões. Logo se tornaram amigos e se encontravam frequentemente para ler a Palavra de Deus, orar e cantar salmos. Brown cumulou grande tesouro naqueles dias.

Depois de uma grave febre, em 1741, Brown ficou grandemente preocupado com o bem-estar eterno de sua alma. Enquanto suas ovelhas descansavam no aprisco, ele saía para ouvir um sermão cerca de três quilômetros de distância, correndo, indo e voltando da igreja. Desta maneira, ele ouviu três sermões, o último deles pregado sobre João 6.64: "Contudo, há descrentes entre vós." Aquele sermão espicaçou sua consciência. Ele se convenceu de ser o maior incrédulo do mundo.

Sua ansiedade foi grandemente desfeita quando, na manhã seguinte, ele ouviu um sermão sobre Isaías 53.4: "Certamente, ele tomou sobre si as nossas enfermidades e as nossas dores levou sobre si." Mais tarde escreveu: "Eu me senti um pobre pecador perdido, o principal dos pecadores, tentando apropriar-me do Senhor Jesus como havendo feito tudo por *mim*, e como *me* transformou totalmente no evangelho, como o livre dom de Deus; e como meu Salvador, autossuficiente, se responsabilizou por toda minha estultícia, ignorância, culpa, imundície, escravidão e miséria."

Por este sermão, e por outro em Isaías 45.24 – "Tão somente no SENHOR há justiça e força" –, ele sentiu-se atraído ao Senhor Jesus Cristo. Ele recebeu uma visão mais clara da gratuidade da graça de Deus e o exercício de apropriar-se das promessas de Deus.

FALSAS ACUSAÇÕES

Com a idade de dezenove anos, mediante um diligente auto estudo, Brown adquiriu alguma fluência em latim, grego e hebraico. Ele aprendera o alfabeto grego, estudando cuidadosamente as notas em sua cópia dos poemas de Ovídio em latim, a qual continha palavras helenistas, e analisando as formas gregas na Bíblia inglesa. Alguns dos estudantes separatistas suspeitaram da prodigiosa proficiência de Brown e o acusaram de haver aprendido o grego da parte do diabo! Rumores sobre Brown e o alegado envolvimento dele com o diabo circularam durante anos. Isso levou Brown a agonizar-se, muito embora o Senhor lhe provesse conforto. Ele achou conforto especialmente no Salmo 42.8: "Contudo, o SENHOR, durante o dia, me concede a sua misericórdia, e à noite comigo está o seu cântico, uma oração ao Deus de minha vida." Nos últimos anos, ele observou que a aflição é uma das bênçãos de Deus mais generosas para o crente.

Enquanto ainda sob suspeita, Brown foi a uma livraria em St. Andrews e solicitou um Novo Testamento grego. Como corre a história, um professor da universidade sentiu-se chocado diante de Brown, cujas roupas surradas denunciavam sua profunda pobreza, a solicitar um livro desse gênero. O professor declarou que, se Brown pudesse lê-lo, então o professor compraria o volume para ele. E assim Brown adquiriu o Novo Testamento sem lhe custar nada![1]

MASCATE, SOLDADO E MESTRE

Por vários anos, Brown foi mascate, ombreando um pacote e viajando pelas regiões vizinhas a vender bugigangas às portas de cabanas. Ele não teve grande sucesso neste ramo. Os livros nos lares do povo e as extensas discussões frequentemente o distraíam de vender mercadoria.

Durante essa época, Brown viajava grandes distâncias para assistir aos cultos de confraternização. Certa vez ele viajou mais de cinquenta quilômetros para tomar parte em um período de confraternização na igreja de Ebenezer Erskine. Nessa época, era costumeiro a Ceia do Senhor ser administrada numa congregação somente uma vez ou duas ao ano, e muitas pessoas vinham de longe para tomar parte nos vários dias de cultos dedicados ao sacramento.

---

[1] Esta história nunca foi definitivamente verificada. Robert Mackenzie, biógrafo de John Brown nos primórdios do século vinte, a considerou como genuína. Entretanto, o neto de Brown questionou sua autenticidade em sua edição das *Memórias* de seu avô.

Em 1745, Charles Edward Stuart, um dedicado católico romano, tentou sem sucesso de recuperar o trono britânico na Escócia. Naturalmente, os Separatistas eram leais à fé protestante e à Casa reinante de Hanover. Tomaram as armas para defender sua igreja e país. John Brown lutou lado a lado com outros Separatistas em defesa do Castelo de Edinburgo.

Mais tarde, Brown retornou à vida de mascate, mas logo perdeu o interesse por seu trabalho. Desde seus primeiros dias, ele sentia o chamado para proclamar do púlpito a verdade de Deus, porém lhe faltava a educação universitária. O próximo passo lógico para ele era assumir o papel de professor, o que conseguiu em 1748.

Primeiramente, John Brown ensinou em Gairney Bridge, próximo a Kinros; então, em Spittal, uma vila na paróquia de Penicuik. Um de seus alunos, durante este tempo, foi Archibald Hall (1736-1778), que mais tarde se tornou o mui respeitado ministro de Wall Street, Londres.

Durante este período, Brown aprendeu muito sobre teologia e literatura. Confiou à memória grandes porções da Escritura. Adquiriu um substancial conhecimento de árabe, sírio, pérsio, etíope e os principais idiomas europeus, inclusive francês, espanhol, italiano, holandês e alemão. Ele estudava muito durante a noite, regularmente dormindo não mais de quatro horas. Muito mais tarde ele confessou sobre o perigo desses hábitos insalubres.

A BRECHA NO SÍNODO ASSOCIADO

Em abril de 1747, ocorreu uma divisão na Igreja de Secessão chamada "The Breach" [A Brecha] acerca da legitimidade do juramento de Burgess. Dos cidadãos de Edinburgo, Glasgow e Perth se exigiu que assumissem o juramento em 1744. Assumir este "juramento de lealdade" era pré-requisito para engajar-se no comércio, pertinente a um dos grêmios dos artesãos, ou votantes nas eleições. Inclusa no juramento estava esta cláusula: "Aqui, eu protesto diante de Deus, e de vossas senhorias, que professo, e admito de todo meu coração, a verdadeira religião atualmente professada no seio deste reino e autorizada pelas leis para esse fim... renunciando a religião romana chamada papado."

Os que condenaram o juramento criam que ele era um endosso da Igreja da Escócia, com todos os seus erros e corrupções prevalecentes. Estes eram conhecidos como Antiburgheres. Os que apoiavam o juramento eram chamados Burgheres, mantendo que o juramento requeria meramente que alguém professasse ser protestante, contrário ao catolicismo romano. Brown e os Erkines ficaram do lado dos Burgheres. Vinte e três das principais igrejas do partido Antiburgher, sob a liderança de Alexander Moncrieff e Adam Gib (1714-88), declararam que eram a continuação legítima da Secessão. E assim formaram o Sínodo Associado Geral.

A secessão do Sínodo Associado Geral forçou o Sínodo Associado a formar um novo seminário para educar pastores para o ministério. O Sínodo Associado designou a Ebenezer Erskine para começar a preparar alunos para o ministério em Stirling. Erskine aceitou a incumbência, ainda que com relutância, uma vez que já contava com sessenta e sete anos de idade. Portanto, o Sínodo escolheu James Fisher, de Glasgow, como um alternante. Fisher é lembrado por sua *Exposition of the Shorter Catechism* [Exposição ao Breve Catecismo], publicado em duas partes, no início de 1753.

O primeiro aluno a apresentar-se em Stirling foi John Brown. O pré-requisito para o ingresso era educação universitária, porém Brown já havia se distinguido como estudioso através de autoeducação. Alguns membros do Presbitério questionaram suas credenciais, porém Ralph Erskine (1685-1752), irmão mais jovem de Ebenezer, saiu em defesa de Brown, dizendo: "Creio que o moço tem sobre si um suave aroma de Cristo."

Brown foi aprovado para os estudos teológicos e começou a preparar-se para o ministério Associado sob Ebenezer Erskine. O texto básico em teologia usado na época era o *Institutes of Elenctic Theology* [Compêndio de Teologia Apologética] de François Turretini. O método de Erskine era ler em Turretini e comentar suas principais doutrinas. Ele exceleu no ensino da homilética.

Após dois anos, James Fisher assumiu o professorado. Brown mudou-se para Glasgow para assentar-se sob o ensino de Fisher. Com frequência, Fisher era comparado a um águia, devido à acuidade de sua visão mental e à rapidez com que ele dissipava as falácias e heresias. Brown aprendeu muito de Fisher e de tal modo burilou suas habilidades retóricas que em 14 de novembro de 1750, com a idade de setenta e oito anos, recebeu do Presbitério de Edinburgo sua licença para pregar.

PASTOR EM HADDINGTON

Um curto período após sua ordenação, Brown recebeu um convite para ser o ministro da congregação Associada de Haddington, cidade campestre da Lothian oriental, e de Stow, Lothian central. Ele aceitou o chamado para Haddington, a menor das duas congregações.

Brown serviu à pequena igreja de Haddington por trinta e seis anos, de 1751 até sua morte. Ele pregava três vezes no Dia do Senhor, e visitava e catequizava seu rebanho durante a semana. Com toda sua erudição, ele tentava pregar como se nunca houvesse lido qualquer outro livro além da Bíblia. Com

A igreja de Haddington

A mansão de Haddington

frequência, ele citava o dito do arcebispo James Ussher: "Usemos toda nossa cultura para tornar as coisas claras."

Durante o curso de seu pastorado, Brown sofreu muitas provações em sua vida pessoal, inclusive a perda de uma esposa e diversos filhos. Ele foi casado dezoito anos com Janet Thomson, filha de um mercador temente a Deus de Musselburgh. Tiveram oito filhos, dos quais somente dois sobreviveram. Depois que sua esposa morreu, Brown casou com Violet Croumbie, de Stenton, a oriente de Lothian, que o sobreviveu por trinta e cinco anos.

A frequente agonia de Brown é que ele era uma provação para sua congregação. Rogava a Deus que o ajudasse a guiar seu rebanho; porém, se seu ministério não fosse para a glória de Deus, então que fosse levado pela morte. Ele reprovava com veemência os ministros que frequentemente se desviavam de seus pastorados.

Em contrapartida, ele achava grande deleite nos estudos que preparava para o próximo domingo. A experiência pastoral e espiritual também enriquecia seus sermões. Como dizia, "O pouco conhecimento que eu tenho tido de meu coração estranhamente perverso, e dos tratos do Senhor com minha própria alma, tem-me ajudado muito em meus sermões; e tenho observado que tenho sido apto a enunciar aquilo que tenho experienciado, de uma maneira que o sentimento e a solicitude sejam mais que outras questões." O principal foco de Brown na pregação era a beleza e glória de Cristo contra a tela de fundo da miserável depravação do homem. Ele escreveu: "Agora, depois de quase quarenta anos proclamando a Cristo e sua grande e doce salvação, penso que seria preferível implorar meu pão, labutar todos os dias da semana, por uma oportunidade de publicar o evangelho, aos domingos, a uma assembleia de homens pecadores, do que, sem tal privilégio, desfrutar das mais ricas possessões da terra."

Brown amava estudar os grandes teólogos. Era particularmente afeiçoado aos antigos teólogos – François Turretini, Benedict Picter, Petrus VanMastricht, John Own – e os escritores contemporâneos, tais como Thomas Boston, James Hervey e Ebenezer e Ralph Erskine.

Brown era um estudioso perene. Como observou Thomas Brown, "Ele nunca estava mais em seu elemento do que quando em seu estudo, e aqui ele gastava a maior parte de seu tempo." Com frequência, ele se levantava às quatro ou cinco horas da manhã, orando fervorosamente por seu querido rebanho antes de cumprir os deveres do dia, muito embora às vezes se lamentasse de sua deficiência na oração.

Brown se deleitava em orar, frequentemente separando as manhãs para isso. Seu terno amor por Deus às vezes fluía espontaneamente, tal como sua reação a um troar extra do trovão. "Esse é o sussurrar amoroso de meu Deus", diria ele.

Brown também organizava reuniões de oração em grupos. Por alguns anos, ele manteve reuniões de oração com sete ou oito crianças em sua residência paroquial. Formou também reunião de oração para adultos, da Igreja da Escócia e das congregações separatistas, respectivamente. Anos depois, ele escreveu orientação sobre como as reuniões de oração devem ser conduzidas.

Em 1758, Brown publicou seu primeiro livro, *An Help for the Ignorant: Being an Essay Towards an Easy, Plain, Practical and Extensive Explication of the Assembly's Shorter Catechism, composed for the Young Ones of his own Congregation* [Auxílio para os Ignorantes: Sendo um Ensaio Para uma Fácil, Clara, Prática e Extensa Explanação do Breve Catecismo da Assembleia [Westminster], composto para os Jovens de sua própria Congregação]. O livro oferece milhares de questões sobre o Breve Catecismo. As respostas são sucintas, práticas e corroboradas pela Escritura. Brown prefacia seu livro com uma introdução às crianças, insistindo com elas que sirvam ao Senhor, fujam do mundo e confiem somente em Cristo para a salvação.

Para a maioria, o livro foi bem recebido. Entretanto, alguns Antiburgheres acusaram Brown de heresia, porque ele escreveu que, embora a justiça de Cristo seja em si mesma de valor infinito, ela é imputada aos crentes somente em proporção à sua necessidade. Os Antiburgheres mantiveram que a justiça de Cristo é imputada aos crentes em seu pleno e infinito valor, de modo que o povo de Deus é infinitamente justo em Cristo.

O debate pareceu mais especulativo do que edificativo. Não obstante, Brown respondeu no ano seguinte com seu *A Brief Dissertation concerning the Righteousness of Christ* [Breve Dissertação sobre a Justiça de Cristo] (1759), no qual escreveu: "Que façam ou desejem de mim o que quiserem, que sua porção seja a redenção pelo sangue de Cristo. ... [Que] me chamem do que quiserem, que o Senhor os denomine de 'os santos, redimidos do Senhor.'"

Essa reação era típica de Brown. Raramente ele falava uma palavra negativa de alguém. Também tratava o rumor como tal, dizendo que, quando se falava daqueles em ofício público, geralmente não correspondia à verdade.

Certa vez Brown escreveu ao Rev. Archibald Bruce com respeito ao professor de teologia junto aos Antiburgheres: "Às vezes tenho pensado que nossa conduta, de ambos os lados da secessão, se assemelha a dois viajantes, ambos caminhando na mesma estrada, não longe um do outro, mas, em consequência de uma escuridão que surgiu repentinamente, não podiam ver um ao outro, e cada um presume que o outro está longe da estrada. Após algum tempo, as trevas se dissipam e ficam completamente surpresos ao descobrirem que ambos estão na mesma estrada e todo o tempo estiveram tão perto um do outro."

Isso provou ser verdade no tocante aos Burgheres e aos Antiburgheres. Em 1820, trinta anos depois que Brown morrera, as duas denominações se reconciliaram como a Igreja da Secessão Unida. Em 1847, forjou-se uma união entre a Igreja da Secessão Unida e a Igreja da Consolação, fundada em 1761. As pessoas de sua congregação cresceram em graça sob a Palavra e o sacramento, como fizeram os outros que o ouviam pregar aonde quer que ele viajasse. Muitos o consideravam como seu pai espiritual.

PROFESSOR DE TEOLOGIA

Após a morte de John Swanston, de Kinross, em 1767, Brown foi designado Professor de Teologia pelo Sínodo da Igreja Associada. Ao longo de vinte anos, ele preencheu aquela posição com distinção. Ele ensinou estudantes de teologia na Igreja Associada durante nove semanas cada ano, acumulando 160 horas de instrução, exame e apresentações do aluno.

Brown ensinou a cerca de trinta alunos por ano idiomas, teologia, história da igreja e homilética. Algumas dessas preleções estão incluídas em suas publicações; por exemplo, *A General History of the Christian Church* [História Geral da Igreja Cristã] (2vols.; 1771); e, ainda mais importante, sua teologia sistemática, *A Compendious View of Natural and Revealed Religion* [Uma Visão Concisa da Religião Natural e Revelada] (1782). Este livro, republicado várias vezes no século dezenove, é uma obra de grande mérito. Outras obras menos conhecidas, que surgiram de seu ensino teológico, são *Letters on Gospel Preaching* [Cartas sobre a Pregação do Evangelho] e *Ten Letters on the Exemplary Behaviour of Ministers* [Dez Cartas sobre o Comportamento Exemplar dos Ministros], que compõem a *Select Remains* [Relíquias Seletas] de Brown (1789).

Em seu ensino, Brown ressaltava continuamente a necessidade da religião sincera. Aos alunos ele ensinava como um pai ensina seus filhos, amando-os e admoestando-os para seu bem. Após ouvir um sermão prático, ele dizia a um aluno: "Espero nunca ouvir esse sermão outra vez enquanto viver." A outro, ele escreveu: "Espero que o Senhor remova de você aquela presunção que sempre pensei que estava em você no tempo em que o conheci. Rogo que Ele preencha o espaço vazio com Ele mesmo e com Sua graça." Tal severidade, todavia, era temperada com bondade. Sua preocupação pelos alunos granjeava o afeto e respeito deles. Muitas de suas preleções instigavam suas almas. Seu discurso de final de ano particularmente penetrava suas consciências. Eis um exemplo:

> De que estados vocês são, quais são os princípios reinantes em seus corações, quais são os motivos pelos quais vocês são influenciados e quais são os fins que vocês têm em vista – se de fato são o que professam e o que sua aparência externa indicaria – tudo isso é do conhecimento de Deus. Ao recomendar um Salvador por quem alguém não exerce amor; pregar o evangelho no qual alguém não crê; indicar o caminho do céu sem que alguém tenha andado por ele; impor uma familiaridade salvífica com a religião e ser alguém inteiramente estranho a si mesmo – quão doloroso, quão absurdo é!

Certo biógrafo escreveu sobre Brown: "Muitos de seus ditos, naquela época, são cridos e jamais serão esquecidos por aqueles que o ouviram. Os ministros mais hábeis, úteis e aceitáveis, quer na Grã Bretanha, quer na Irlanda, aos quais ele educou para o sagrado ofício, evidenciam o amplo sucesso com que o Senhor coroou seus labores." Alguns dos estudantes que Brown instruiu foram George Lawson (1749-1820), John Dick (1764-1833) e seu filho mais velho, John Brown (1754-1832), mais tarde ministro em Whitburn.

John Brown de Haddington

Durante seus anos como professor, Brown se ocupou também no trabalho de sua denominação. Nos últimos vinte anos de sua vida, ele serviu como escrivão de seu Sínodo. Naqueles anos, ele só perdeu duas das quarenta e uma reuniões sinodais. Ele serviu também em muitos comitês denominacionais.

DOENÇA E MORTE

No início de 1787, Brown sofreu de indigestão, a qual se tornou mais aguda com o passar dos meses. Sua saúde já não podia suportar a implacável carga que carregou ao longo de sua vida, porém estava determinado continuar trabalhando. "Como pode um homem moribundo gastar seu último fôlego melhor do que anunciando a Cristo?", indagou ele.

25 de fevereiro de 1787 foi seu último domingo no púlpito. De manhã, ele pregou em Lucas 2.26: "Revelara-lhe o Espírito Santo que não passaria pela morte antes de ver o Cristo do Senhor." À noite, seu texto foi Atos 13.26: "Irmãos, descendência de Abraão e vós outros os que temeis a Deus, a nós nos foi enviada a palavra desta salvação." Ele informou sua congregação que estes eram seus últimos sermões e os recomendou à graça de Deus.

Enquanto sua saúde continuava a declinar-se, o homem que sempre fora relutante em falar de sua própria experiência religiosa parecia converter-se numa criancinha. As portas de suas afeições se escancaram. Ele dizia coisas amoráveis aos seus filhos, insistindo com eles que perseverassem na fé. Quarenta e cinco páginas de expressões mortuárias concluem sua *Memória*, editada por seu filho William. Eis uma amostra do que Brown dizia:

- Se Cristo for engrandecido em minha vida, essa é a grande questão que aspiro.
- Oh! estar com Deus! Vê-lo como ele é em Cristo! Conhecê-lo como somos conhecidos! É não só digno de fazer tudo e morrer por ele, mas também de contemplar um Deus tão gracioso.
- Tenho servido a vários senhores; mas nenhum tão bondoso como Cristo. Tenho lidado com muitos homens honestos; mas nenhum credor como Cristo.

- Tivesse eu dez mil corações, todos eles seriam dados a Cristo; e tivesse eu dez mil corpos, todos eles seriam empregados no esforço por sua honra.
- Oh! confiar em Jesus. Tenho vivido a olhar para ele por estes muitos anos, e ainda nunca pude achar falha nele. Tenho visto muitas pessoas belas, mas nenhuma tão bela como Cristo.
- Oh! o que Cristo seria em si mesmo, quando ele adocica o céu, adocica as Escrituras, adocica as ordenanças, adocica a terra e adocica até mesmo as provações.
- Uma vez fiquei extasiado com a visão da necessidade de seu amor para comigo, *o pecador*. Ele disse: "Tenho outras ovelhas, devo conduzi-las também."

Brown tinha um poderoso senso de sua própria pecaminosidade. Ele deplorava sua fraqueza enquanto toda exaltação devotava a Cristo. Temos aqui alguns exemplos dessa autoconsciência:

- Minha vida é e tem sido um tipo de quase perpétua porfia entre Deus e minha alma. Ele tudo faz para superar minha inimizade e perversidade para com suas mercês, e eu tudo tenho feito para conquistar sua mercê para com minha inimizade e perversidade. De sua parte, ele é espantosamente bondoso; de minha parte, porém, sou muito mais do que diabolicamente perverso! Mais que tudo, desejo e espero que ele, não eu, obtenha a vitória final.
- Conheço a ultrajante perversidade de meu coração; aquela perversidade com que tenho provocado não a qualquer um, mas sim o Deus de infinito amor que se abstém de lançar-me no inferno.
- Não tenho mais dependência de meus labores do que tenho de meus pecados.
- Nestes vinte anos, meu conforto tem sido que não só que os pecadores *sensíveis*, mas até mesmo os mais estúpidos são convidados a crer em Cristo.
- Posto que Cristo veio para salvar pecadores, inclusive os maiores, por que, pensei, eu seria uma exceção?

Em uma carta à sua congregação, Brown escreveu emocionadamente sobre estes dois temas de um pecador digno do inferno e um Cristo tão precioso:

> Vejo tal fraqueza, tal deficiência, tal infidelidade, tal imprudência, tão grande apatia, tal despreocupação, tal egoísmo em tudo que tenho feito como ministro ou como cristão, como ricamente mereço a mais profunda condenação do inferno. Não tenho esperança da felicidade eterna senão no sangue de Jesus, o qual purifica de todo pecado – na "redenção por seu sangue, o perdão de meus pecados, segundo as riquezas de sua graça".

Ordinariamente, Brown ia à congregação em Stow durante junho para participar do período de confraternização. Um amigo, que compreendeu que o adoentado Brown não havia planejado ir a Stow, perguntou: "Você não está viajando mais longe este ano?" Brown respondeu: "Não, meu desejo é estar viajando para Deus, que é minha máxima alegria." Em 19 de junho de 1787, ele pronunciou suas últimas palavras: "Meu Cristo!" E morreu. Ele tinha sessenta e cinco anos de idade.

Após a morte de Brown, encontrou-se entre seus papéis esta "Solene Dedicatória ao Senhor", datada de 23 de junho de 1784:

> Senhor! Hoje estou entrando nos 34 anos de meu ministério; um espantoso exemplo de soberana mercê e paciência para com um trapalhão da terra! Quão estranho é que tenhas estado, por mais de sessenta anos, lutando para exercer mercê e longanimidade para com um miserável que por tanto tempo tem falado e feito todo o mal que posso; nem sempre me renderia, mas, quando a onipotente influência da livre graça se manifesta, fico impossibilitado de opor-me a ela. Oh! Senhor! Quão frequentemente tenho prometido, porém nunca me torno melhor; confessado, porém nunca emendado! Frequentemente tens me desafiado e me corrigido, e, no entanto, tenho continuado obstinadamente no caminho de meu coração. Como um homem mau e sedutor, tenho me tornado cada vez pior.
>
> Mas, para onde um pecador fugiria, senão para o Salvador? Oh! Senhor! Todo refúgio me falha, ninguém pode ajudar minha alma! Nada se fará por mim, senão um inusitado estender de tua onipotente graça. Por ti, ó Jesus, renuncio a mim mesmo, como um louco, culpado, poluído e escravizado pecador; e por isso

solenemente te tomo como a sabedoria, a justiça, a santificação e a redenção de Deus. Renuncio a mim mesmo, como um pobre ignorante, criatura displicente e perversa, que tem vivido sempre aprendendo e, contudo, nunca é capaz de alcançar o conhecimento da verdade. Ó tu, Senhor, que concedes dons aos rebeldes e exaltas tua graça, mostra tua bondade ao indigno.

Oh! Salvador! Desce e faz algo por mim antes que eu morra. Renuncio a mim mesmo e à minha família, esposa, filhos e servo, dedico tudo a ti, encorajado por tuas promessas (Gn 17.7; Jr 31.1; Is 44.3; 54.21). Confio a ti minha pobre, fraca e definhada congregação, privada pela morte de suas colunas, para que a fortaleças, a renoves e a governes. Confio a ti todos os meus alunos que tu, ó Senhor, educas para o ministério. Que jamais um deles seja tão inapto quanto tenho sido! Oh! Senhor, desejo manter firme tua nova aliança, bem ordenada em todas as coisas e segura. Isto é toda minha salvação e todo meu desejo.

PROLÍFICO ESCRITOR

Brown publicou trinta livros. Ele foi mais bem conhecido por seu *Self-Interpreting Bible* [Intérprete Pessoal da Bíblia] (2 vols., 1778) e, menos extenso, *A Dicitionary of the Holy Bible* [Dicionário da Bíblia Sagrada] (2 vols., 1769). A Bíblia de Brown contém história, cronologia, geografia, sumários, notas explicativas e reflexões – em suma, é uma biblioteca em miniatura que cobre tudo o que o leitor típico deseja. Ela foi reimpressa vinte e sete vezes na Bretanha e na América, frequentemente aumentando de tamanho por adições do autor. A última e melhor edição (4 vols., 1914) contém mais de 2.200 páginas; os numerosos auxílios incluem um sistema de referências marginais cruzadas. Esta biblioteca em si veio a ser quase tão popular nos lares escoceses, no século dezoito, como o *Pilgrim's Progress* [O Progresso do Peregrino], de Bunyan, e o *Fourfold State* [O Quádruplo Estado] de Thomas Boston. Ela incorporou material do *Dictionary*, o qual explicou o vocabulário e gramática ingleses, tornando-os úteis para o estudo doméstico, e também aplicou as Escrituras de forma prática e pessoal. A obra completa é exemplar em sua integridade e exatidão.

"A Bíblia de Brown"

O livro de Robert Mackenzie, *John Brown of Haddington*, dedica um capítulo inteiro a comentar *The Self-Interpreting Bible* [Intérprete Pessoal da Bíblia]. MacKenzie escreve:

> Nenhuma obra levou a reputação do autor para um campo tão amplo como seu *Self-Interpreting Bible*. ... Seu sucesso, desde o princípio, foi extraordinário. ... Far-se-á evidente que um extraordinário volume de valioso material foi assim colocado no comando do leitor comum. Ela foi a informação pelo qual o estudante das Escrituras tinha fome, o qual não conseguia as obras eruditas que tratam desses temas. ... Brown afirma que seu alvo proposto, em sua publicação, não é depreciar os valiosos comentários desses escritores (referindo-se a alguns dos mais famosos comentários reformados do passado), e sim "exibir sua principal substância com toda a vantagem possível"... e em referência particularmente ao Novo Testamento, ele adiciona que "ali a explanação é peculiarmente extensa, e tentativa de exibir a substância de muitos comentários eruditos e dispendiosos."

Charles Simeon de Cambridge (1759-1836) usava o livro de Brown em suas devoções matinais. Ele escreveu a Brown: "*Seu Self-Interpreting Bible* parece ocupar o lugar de todos os demais comentários; e diariamente recebo dele tanta edificação e instrução, que gostaria que ele estivesse nas mãos de todos os ministros sérios."

O auditório de Brown era notavelmente diverso. Ele escreveu para crianças e jovens. *The Young Christian; or, The Pleasantness of Early Piety* [O Jovem Cristão; ou, A Amenidade da Piedade Precoce] estimula no jovem o temor de Deus. Os catecismos para crianças que pela primeira vez foram publicados sob a capa de *Two Short Catechisms, mutually conected* [Dois Breves Catecismos, mutuamente conectados] (1764) vieram a ser conhecidos como "Little Brown" [Pequeno Brown] e "Big Brown" [Grande Brown]. O "Little Brown" contém 202 questões, muitas delas sendo curtas, pessoais e destinadas aos juvenis; O "Big Brown", escrito para os adolescentes, contém 743 questões baseadas no Breve Catecismo.

Brown escreveu também uma trilogia de livros em cerca de um período de quinze anos sobre as figuras, tipos e profecias da Escritura, intitulados: *Sacred Tropology; or A Brief View of the Figures and Explication of the Metaphors contained in Scripture* (1768), *An Evangelical and Practical View of*

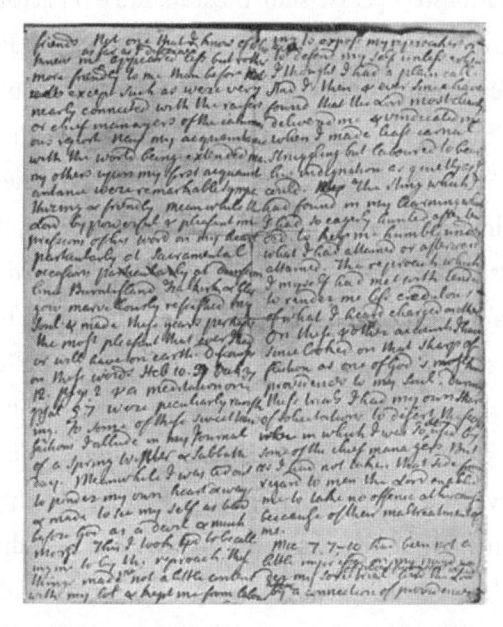

Fac-símile de uma página de "Short Memoir of My Life" de Brown

the Types and Figures of the Old Testament Dispensation [Uma Breve Visão das Figuras e Explicação das Metáforas contidas na Escritura, Uma Visão dos Tipos e Figuras da Dispensação Veterotestamentária] (1781), e *The Harmony of Scripture Prophecies, and history of their fulfillment* [Harmonia das Profecias Bíblicas e a história de seu cumprimento] (1784). Ele disse que escreveu os livros porque "no primeiro, observamos a surpreendente eloquência do Céu, e discernimos, em quase cada forma da natureza, um guia e uma ilustração da verdade inspirada. Pelo segundo, percebemos toda a substância do evangelho de Cristo, realmente exibida nas antigas sombras, pessoas e coisas: nas leis aparentemente carnais e triviais. No terceiro, observamos quão espantosamente inspiradas são as predições, organizadas com propriedade e comparadas com a história das nações e igrejas, ilustrando umas com as outras; e os eventos modernos, como, com a evidência dos milagres, confirmam nossa fé nos oráculos de Deus."

Também amava escrever biografias e história da igreja. Para os ministros, ele escreveu *The Christian, the Student, and Pastor, exemplified in the lives of nine eminent Ministers* [O Cristão, o Estudante e o Pastor, exemplificados nas vidas de nove ministros eminentes] (1781). *Practical Piety Exemplifified* [Piedade Prática Exemplificada] (1783) apresenta as vidas de treze cristãos eminentes, ilustrando vários casos de consciência. *Casuistical Hints, or Cases of Conscience* [Sugestões Casuísticas ou Casos de Consciência] (1784) foi escrito originalmente para uso pessoal; mais tarde, porém, Brown o ofereceu como "uma ilustração apensa de *Practical Piety Exemplified*, ou um apêndice ao meu sistema sobre o tópico da santificação." Ele aborda tentações, pecado habitante, heresia e divisão na igreja. Sua última obra publicada foi *The Most Remarkable Passages in the Life and Spiritual experiences of Elizabeth Wast, a Young Woman, sometime Matron of the Trades Hospital, Edinburgh* [As passagens mais notáveis na Vida e experiências espirituais de Elizabete Wast, uma jovem, antiga Inspetora dos Negócios do Hospital de Edinburgo] (1785). Como para a história da igreja, em adição ao seu maçudo dois volumes, ele escreveu *An Historical Account of the Rise and Progress of the Secession*

[Um Relato Histórico do Surgimento e Progresso da Secessão] (1766) e *A Compendious History of the British Churches in Scotland, England, Ireland, and America* [Uma História Concisa das Igrejas britânicas na Escócia, Inglaterra, Irlanda e América] (2 vols., 1784).

Naquela época, Brown escreveu em termos polêmicos para defender ou atacar uma posição. Ele atacou o papado em *The Oracles of Christ and the Abominations of Antichrist Compared; or, A Brief View of the Errors, Impieties, and Inhumanities of Popery* (1779) e *The Aburdity and Perdidy of All Authoritative Toleration of Gross Heresy, Blasphemy, Idolatry, and Popery in Bristain* [Os Oráculos de Cristo e as Abominações do Anticristo comparados; ou, Uma Breve Visão dos Erros, Impiedades e desumanidades do Papado e O Absurdo e Perfídia de Toda a Tolerância autoritativa de Grosseira Heresia, Blasfêmia, Idolatria e o Papado na Bretanha] (1780). Ele defendeu a posição dos Burgher em *The Re-exhibition of the Testimony vindicated in opposition to the unfair account of given it by the Rev. Adam Gib* [A Re-exibição do Testemunho vindicado, em oposição ao relato desonesto feito pelo Rev. Adam Gib] (1780). (Gib foi um proeminente ministro antiBurgher, o qual escreveu *An Account of the Burgher Re-exhibition of the Secession Testimony* [Um Relato da Re-exibição do Testemunho da Secessão].)

Brown também publicou os seguintes sermões: *Religious Steadfastness Recommended* [A Firmeza Religiosa Recomendada] (1769), *The Fearful Shame and Contempt of those professed Christians Who neglect to raise up spiritual Children to Christ* [A Terrivel Culpa e Desdém dos que professam ser cristãos e negligenciam criar filhos espirituais para Cristo] (1780) e *The Necessity and Advantage of Earnest Prayer for the Lord's Special Direction in the Choice of Pastors* [A Necessidade e Vantagem de Ardente Oração pela Diretriz Especial do Senhor na Escolha de Pastores] (1783).

Em 1765, Brown publicou seu noticiário, intitulado *The Christian Journal; or, Common Incidents Spiritual Instructions* [O Noticiário Cristão ou, Incidentes Comuns nas Instruções Espirituais]. O noticiário é dividido em cinco partes: primavera, verão, colheita, inverno e o dia de descanso. Lições sobre a natureza do sábado [domingo] são aplicadas à vida espiritual. Ele também escreveu uma porção de ficção. *Letters on the Constitution, Government, and Discipline of the Christian Church* [Cartas sobre a Constituição, Governo e Disciplina da Igreja Cristã] (1767) contém dezenove cartas endereçadas a uma pessoa fictícia chamada Amelius, que não consegue entender a constituição da igreja e como os membros são aceitos na igreja. Brown oferece o embasamento bíblico para promover uma forte visão da igreja organizada e sua Solene Liga e Convênio.

The Psalms of David in Metre [Os Salmos de Davi Metrificados] (1775), recentemente reimpresso, inclui as notas de Brown sobre os Salmos. *A Brief Concordance to the Holy Scriptures* [Breve Concordância às Santas Escrituras] (1783) foi útil em seu tempo. *Devout Breathings* [Inspirações Devocionais], que enfatizava a fé experiencial, foi impresso dezesseis vezes até 1784. *The Awakening Call: Four Solemn Addresses, to Sinners, to Children, to Young Men and Women, and to Aged Persons* [Chamado ao Despertamento: Quatro Discursos Solenes aos Pecadores, às Crianças, aos Moços e Moças e às Pessoas Idosas], algumas vezes atrelado a *Devout Breathings*, teve também uma ampla circulação.

Ao tempo de sua morte, o nome de Brown era uma palavra familiar entre os presbiterianos da Escócia e de todo o mundo de fala inglesa. Seus livros, panfletos, tratados e catecismos eram lidos por crescentes números de pessoas. Mesmo depois de sua morte, obras adicionais continuaram a ser publicadas. *Select Remains* [Relíquias Seletas] (1789), que inclui alguma da volumosa correspondência de Brown, um número de tratados e seu conselho no leito mortuário foram editados por seu filho mais velho, John. *Posthumous Works* [Obras Póstumas] (1797) e *Apology for the more Frequent Administration of the Lord's Supper* [Apologia em Favor da Administração mais Frequente da Ceia do Senhor] (1804) foram também publicados. Em *Apology*, Brown argumentou em prol da observação mais frequente da Ceia do Senhor, contestando os que ensinavam que a celebração esporádica salvaguarda a solenidade com "por que também não orar, pregar e ler esporadicamente a Palavra de Deus, para que se tornem mais solenes"?

DINASTIA ESPIRITUAL

Brown teve muitos filhos, alguns deles vieram a ser proeminentes líderes cristãos. Seu filho John (1754-1832) foi ministro de Whitburn por cinquenta e cinco anos e foi um prolífico escritor devocional; Ebenezer (d. 1836) foi um proeminente pregador em Inverkeithing, Fife, por cinquenta e seis anos; Samuel (1779-1839) ajudou a começar as livrarias ambulantes; e William (1783-1863) foi historiador de missões e um excelente biógrafo de seu pai. O neto, John Brown (1784-1858), serviu como pastor em Broughton Place United Presbyterian Church, Edinburgh, e foi professor de teologia exegética na United Secession and United Presbyterian Colege, Edinburgh. E o bisneto, Robert Johnson (d. 1918) foi professor na United Presbyterian College, Edinburgh, e na United Free Church College, Aberdeen. Outro bisneto, John (Rab) Brown (1810-82), tornou-se médico e escritor. E o trineto John (1818-92) e David Cairns (1862-1946) vieram a ser eminentes mestres e escritores presbiterianos. Os descendentes de Brown de tal modo o respeitaram, que alguns deles viajaram dos Estados Unidos para a Escócia, em 1987, para eventos que marcaram a bicentenária morte de Brown.

VISÃO CONCISA DE BROWN

A teologia sistemática de Brown, impressa em 1782, sob a solicitação de estudantes de teologia, inclui sete livros e vinte e quatro capítulos. Ela oferece um enfoque bíblico, introspecções exegéticas, um tema sobre a aliança e profundas aplicações experimentais e estimulantes. O estilo de Brown é metodológico e inclui numerosas divisões e subpontos para auxiliar os estudantes.

Como Johannes Cocceius (1613-1669) e Herman Witsius (1636-1708), Brown sentia que a teologia sistemática reformada deve enfatizar a atividade histórica de Deus no tempo, em vez de seus decretos eterno. Essa atividade tinha por base a pré-queda na aliança das obras e a pós-queda na aliança da graça. Consequentemente, a teologia de Brown é organizada em torno da doutrina da aliança.

Discurso aos estudantes de teologia

No prefixo da página 16 à obra, intitulado "Address to Students of Divinity" [Discurso aos Estudantes de Teologia], Brown diz: Não se escreveu *A Compendious View* "para fazer você ler, mas para fazer você *pensar muito*", e "impregnar sua mente com as grandes coisas de Deus". E assim ele oferece uma abundância de versículos e referências bíblicas (16.819 no todo) a fim de "torná-lo poderoso nas Escrituras, prontamente apto a endossar os vários artigos de nossa santa religião pelo testemunho auto evidente e a consciência imperativa do Espírito Santo", e costumava esperar que os alunos mudassem de parágrafo para parágrafo, confiando à memória tantos textos quanto possível.

Com a eternidade na mente, Brown instrui os alunos a fazerem o seguinte:

1. Vejam que vocês sejam *cristãos reais*.
2. Ponderem muito, como estando diante de Deus, qual o *equipamento* próprio que vocês têm para a obra ministerial e o esforço para incrementá-la.
3. Atentem bem para que seu *chamado* da parte de Cristo e seu Espírito para sua obra ministerial não seja não só *real*, mas também *evidente*.
4. Vejam que seu fim para entrar ou executar seu ofício seja sincero e desinteressado.
5. Vejam que suas mentes estejam profundamente impregnadas com a *natureza, extensão* e *importância* de sua obra ministerial.
6. Vejam bem que sejam atentos em seus espíritos, para que não tratem o Senhor *insidiosamente*.
7. Vejam que, como obreiros que não têm de que se envergonhar, labutem ardorosamente e *dividam corretamente* a palavra da verdade, segundo as capacidades, necessidades e ocasiões particulares de seus ouvintes, dando a cada um deles sua porção no devido tempo.
8. Vejam que sejam judiciosos, íntegros, constantes e fiéis em sua profissão.
9. Aperfeiçoem e vivam sempre naquele abençoado ânimo que lhes é oferecido como cristãos e ministros no evangelho.

Brown conclui seu prefácio com estas palavras: "Não existe senhor tão bondoso como Cristo; nem serviço tão prazeroso e proveitoso como o de Cristo; e não há galardão tão pleno, satisfatório e permanente como o de Cristo. Portanto, comecemos todas as coisas a partir de Cristo; realizemos todas as coisas com e através de Cristo; e que todas as coisas almejem e terminem em Cristo."

O padrão regulador da religião

O primeiro livro na obra de Brown provê o fundamento para o resto da obra, abordando os prolegômenos da teologia. Ele consiste de três capítulos: o primeiro, a lei da natureza; o segundo, a insuficiência da lei e da natureza de conduzir o homem à verdadeira e final felicidade; o terceiro, um tratamento elaborado do caráter divino da Escritura.

O capítulo inicial de Brown cobre os princípios da religião natural tanto quanto os elementos da moralidade natural. Nos dois capítulos, ele aborda mais diretamente a ética, denunciando o tráfico de escravos como criminoso, contudo admitindo sua legitimidade sob circunstâncias prescritas. Também advoga a monarquia limitada sobre a democracia. E aborda temas que se relacionam com a vida familiar, patrões e empregados e injustiças infligidas contra os fracos.

A seguir, Brown discute a insuficiência da teologia natural. Ele enfrenta os deístas em seu próprio terreno, tece armas com David Hume e expõe a fraqueza do racionalismo.

Brown é um senhor de exame. Por exemplo, comentando sobre as propriedades da memória, Brown escreve: "A memória humana é um poder intelectual de *recordar* ou *reter* nossas ideias e é denominada de *boa*, quando as recorda rapidamente e as retém solidamente. Sua condição depende muito de nosso corpo, se é saudável, isento de sono etc."

Brown aborda questões que raramente são encontradas nas teologias sistemáticas modernas. Concernente às virtudes sociais, ele observa: "Humanidade para com os brutos, em suportar cuidadosamente toda forma ou grau de crueldade para com eles está implícito na virtude social. Nisto, imitamos a Deus que é bom para com todos e exibe uma consideração própria para com suas criaturas, e nossos coparticipantes de sua liberalidade na criação e providência."

Demorando sobre a natureza da revelação, Brown observa, apologeticamente, "O conteúdo das Escrituras do Antigo e Novo Testamento são *perfeitamente concordante com a razão*." Para Brown, as doutrinas bíblicas, tais como a Trindade e a misericórdia de Deus, transcendem as mui tacanhas e laboriosas investigações da razão. Entretanto, os argumentos de Brown são enfraquecidos pela falta de uma apologética com base em pressupostos e por não permitir a possibilidade de um desenvolvimento gradual da verdade espiritual e ética.

Em sua seção final sobre a doutrina da Escritura, Brown insiste: "Pondera agora, minha alma! Estes oráculos de Deus, estes testemunhos e testamentos de Jesus Cristo, são minha herança, e a palavra sobre a qual Ele me levou a esperar? São eles meu diploma divino para minha vida eterna?" E conclui: "Que eu não ouse continuar a contemplação de Sua natureza e obras, até que eu creia em Sua palavra e receba *Seu indescritível dom*, para que eu possa, sobre essa base, dizer d'Ele com anelo: Meu Senhor e meu Deus!" – meu Deus e meu Tudo!"

Deus, o autor, objeto e fim de toda religião

O segundo livro se move rumo à teologia propriamente dita. Ele inclui quatro capítulos sobre os nomes, natureza e perfeições de Deus; as pessoas da Deidade; os decretos de Deus; e a execução de Seus decretos.

Após discutir o conhecimento, sabedoria, poder, soberania, santidade, justiça, bondade e verdade de Deus, Brown desafia os leitores a dizerem:

> Minha alma, interrompe tua contemplação do Altíssimo e indaga-te, como em Sua presença: Se Deus é um *Espírito*, sou espiritualmente disposto e um adorador d'Ele em espírito e em verdade? Acaso detesto e afugento d'Ele toda imaginação carnal de meu coração? Acaso vivo em perpétua indagação se Sua infinita equidade pode permitir que um pecador viva? Acaso Ele me salvará? Considero que todas as coisas provêm de Sua mão como sendo boas – para mim,

tudo é bom? Acaso Ele é meu Salvador, meu Pai, meu Esposo – meu Amigo, meu Senhor, minha Porção, meu Modelo, meu Deus – meu Tudo?

Como um forte calvinista federal, ele diz dos decretos de Deus: "Deus age de acordo consigo mesmo em contemplar, amar, deleitar-Se em Si mesmo; e nas pessoas da Deidade, conhecendo, amando, deleitando-Se e Se consultando entre Si." Então Brown explica como a providência opera através da eleição e reprovação. Ele diz que a eleição é sempre *em* Cristo, que é a Cabeça representativa e pactual dos eleitos. Como outros federalistas, Brown vê uma conexão essencial entre a eleição e a expiação, a qual limita a expiação aos eleitos de Deus.

Concernente aos conceitos de Brown sobre o debate entre o esquema supralapsariano e infralapsariano dos decretes de Deus, Richard Muller escreve:

> Brown, creio eu, reconhecia um ponto que era latente em todo o debate do ponto de seu início no *Amica collatio* entre Armínio e Junius e que foi afirmado mais explicitamente por Mastricht no final da era da alta ortodoxia – a saber, que as duas perspectivas não precisam ser entendidas como mutuamente exclusivas. O ponto que Brown faz é que Deus pode ser visto legitimamente como conhecendo os objetos de seu decreto como criáveis e falíveis e, então igualmente, como criados e caídos – no primeiro sentido conhecendo de antemão os seres humanos como possíveis objetos da manifestação de Sua glória; no segundo, como objetos concretos de Sua misericórdia e justiça. O primeiro conceito corresponde ao divino "conhecimento necessário" de toda possibilidade; o segundo, ao divino "conhecimento livre" ou "voluntário" de toda realidade divinamente desejada. Ambos os tipos de conhecimento são entendidos pelos ortodoxos reformados como pertinentes propriamente a Deus.[2]

Em harmonia com os antepassados calvinistas federais, Brown asseverou que a "doutrina legítima da reprovação, bem como da eleição de pessoas, deve

---

2 *Calvin Theological Journal* 38, 2 (2003): 363.

ser ensinada na igreja com grande prudência e santa reverência". Suas razões para agir assim são como seguem:

1. Tem-se provado que o Espírito Santo a ensinou claramente em Sua Palavra.
2. Cada coisa ensinada na Escritura, usada legitimamente, tende a promover a santidade dos homens, no coração e na vida.
3. A eleição e a reprovação, sendo assim estreitamente relacionadas e contrastadas, a primeira não pode ser ensinada nem recebida separadamente da segunda.
4. Em Sua providência, a qual toda pessoa deve observar, Deus traslada de Seu decreto de reprovação, na vida e na morte dos perversos.
5. Um conhecimento prospecto deste decreto promove conceitos retos e reverentes da soberania, poder, sabedoria, justiça e bondade de Deus.
6. A doutrina da reprovação, se devidamente ensinada, tende a alarmar os perversos e despertar suas consciências com mais facilidade, até que obtenham a evidência própria de que não estão incluídos nela, e fazer com que seu pecado lhes pareça terrível; e ela incita os santos a um autoexame e à vívida gratidão a Deus, seu Redentor, em um curso de santidade evangélica.

Brown refuta oito objeções contra a doutrina da reprovação e conclui com uma reflexão pessoal.

Os Laços pactuais da Conexão Religiosa entre Deus e os Homens

A obra teológica de Brown inclui uma notável explanação da relação pactual de Deus com o homem. Ele diz que o pacto é "um acordo feito entre diferentes pessoas sob certos termos" e que todos os pactos requerem uma condição, uma promessa e uma pena. Em prol da felicidade do homem, Deus exerce Sua providência para com as criaturas "na forma de uma relação pactual".

O livro três, dividido em dois capítulos principais – o pacto das obras e o pacto da graça – discute esta "relação pactual". O primeiro capítulo examina detalhadamente tópicos tais como a liberdade da vontade de Adão, a supremacia de Adão sobre todos e a maldição de um pacto quebrado – tudo isso a partir de uma típica perspectiva federalista. No segundo capítulo, tratando do pacto da graça de Deus, Brown escreve que o pacto da graça se origina "da mera graça de Deus, e contraído entre duas pessoas divinas, foi *feito desde a eternidade*."

O propósito do pacto da graça, no dizer de Brown, "primeiramente é exibir a glória das próprias perfeições de Deus, sua sabedoria, poder, santidade, justiça e verdade – especialmente as gloriosas riquezas de Sua graça; segundo, tirar as pessoas eleitas de um estado de pecado e miséria para um estado de salvação".

Brown rejeita a ideia de um pacto de redenção separado do pacto da graça. De uma forma característica, no *Marrow*, ele distingue entre o contraente e o administrante do pacto da graça. O primeiro é efetuado na eternidade, entre o Pai e o Filho, e o segundo no tempo, entre o Deus Trino e a humanidade caída, ainda que em seu decreto secreto somente com os eleitos. Brown explica: "O pacto da graça é, em muitas coisas, administrado indefinidamente aos homens em geral, sem qualquer consideração deles ou como eleitos ou como réprobos." Cristo é outorgado a todos como uma garantia aos que creem, do contrário os homens não teriam mais esperança de fé dos que os demônios. Se o pacto não fosse administrado dessa maneira geral, os pecadores não poderiam ser condenados por incredulidade. Entretanto, esta administração geral do pacto a todos os homens serve primariamente para a salvação dos eleitos.

Brown ensina que o pacto da graça é essencialmente de natureza condicional. Contudo, visto que Cristo cumpre todas as suas condições, o pacto é inteiramente gracioso aos crentes. Deus dá aos crentes, em e através de Cristo e por Seu Espírito, tudo quanto o pacto requer. Portanto, todas as condições próprias são satisfeitas através da justiça de Cristo. A fé só pode ser expressa como uma condição do pacto quando entendida no sentido de uma "condição de relação" ou um instrumento através do qual recebemos as bênçãos de Deus. Mesmo então, essa linguagem é arriscada. Nem a fé nem o arrependimento é uma condição própria do pacto, já que, no dizer de Brown, "a admissão de qualquer ato ou qualidade, como condição nossa, destruiria toda a forma e graça" deste pacto, o qual "está em oposição ao pacto das obras".

Brown diz que a participação do pacto da graça só pode ser entendida em termos de união espiritual com Cristo. Ele enfatiza que somente os eleitos estão inclusos no pacto da graça. Eles recobram um interesse salvífico através de Cristo como sua cabeça. Brown reforça seu argumento, neste capítulo, com 1.792 referências bíblicas.

Cristo, o mediador do pacto da graça
No livro quatro, Brown pondera sobre o papel de Cristo como Mediador do pacto. Ele discute a pessoa medianeira de Cristo, os ofícios gerais e particulares de Cristo (tais como profeta, sacerdote e rei) e os estados de humilhação e exaltação de Cristo.

Brown enfatiza o sacerdócio singular de Cristo, mostrando a incomunicabilidade essencial de qualquer uma das propriedades distintamente humanas à natureza divina, ou dos atributos distintamente divinos à natureza humana. A seguir, ele discute os ofícios de Cristo, enfileirando centenas de textos-prova em abono da expiação limitada. Sua página sobre a intercessão de Cristo traz muito conforto. Sua divisão da realeza de Cristo em um reino de poder, graça e glória é sucinta e bíblica.

O capítulo de Brown sobre os estados de Cristo inclui uma notável lista de vinte e quatro maneiras como a humilhação de Cristo foi acompanhada de "circunstâncias honrosas". Ele assevera que a humilhação e a exaltação de Cristo foram incorporadas entre Sua morte e ressurreição, Seu corpo morto na tumba (humilhação) enquanto Sua alma subiu para as mansões celestiais (exaltação). Ele conclui, perguntando: "Se Deus exaltou assim a Jesus Cristo, por que Ele não teria um lugar mais elevado – um lugar muito mais elevado em meu coração?"

As principais bênçãos do pacto da graça
O livro cinco discute em seis capítulos as bênçãos do eterno pacto da graça: união com Cristo e a vocação eficaz, justificação, adoção, santificação, consolação espiritual e glorificação.

Brown considera corretamente a união com Cristo como precedente, contudo inseparável da vocação eficaz. Ele explica bíblica e experiencialmente a obra do Espírito em estabelecer aquela união e em fazê-la eficaz através de uma vocação interna. Ele refuta cuidadosamente objeções. Mas seus capítulos sobre a justificação e santificação são a obra prima de sua soteriologia.

A ênfase de Brown sobre "a certeza da justiça" de Cristo é clara e proveitosa. Ele mostra como Cristo cumpriu o pacto das obras quebrado no lugar dos crentes, e como isso vem a ser sua justiça justificante diante de Deus. Brown rejeita a fé como uma condição de justificação e assevera que a justificação, como um ato de Deus, é antecedente à fé do crente.

A fé em si não justifica o crente, ainda que seja justificado pela instrumentalidade da fé. Esta é o ato do crente – um ato de sua vontade que consente com o pacto da graça e recebe Cristo e Sua justiça. A fé, que é sediada na vontade e nos afetos, é inseparavelmente relacionada com Cristo. Andar por fé é andar em união com Cristo.

Brown evita cuidadosamente preparacionismo. Ele diz que o arrependimento evangélico é o fruto da justificação, e nunca a precede. Ele é requerido dos crentes na santificação, porém nunca é uma base para nossa justificação.

O Dr. George Lawson aconselha aos seus alunos de teologia: "Sobre a santificação, leiam Brown." Igualmente, MacKenzie admirava grandemente este capítulo. Ele dizia: "A vida e o caráter do escritor brilham através de cada sentença dele." "O estudo desperta admiração pela vida religiosa que se interpretava e se expressava na exposição aqui dada da fonte secreta e desenvolvimento místico da vida divina na alma cristã. A sondagem do mistério da graça divina na experiência pessoal é a obra de alguém que tem penetrado as profundezas mais íntimas." Brown apoia seus pontos com 2.481 provas bíblicas.

O capítulo de Brown sobre a consolação espiritual focaliza a perseverança dos santos, a habitação do Espírito, a certeza do amor de Deus, paz de consciência e gozo no Espírito Santo. A fé é sempre segura – daí a certeza ser da essência da fé –, mas o senso do crente de ter fé pode oscilar. Brown assevera que um sólido senso de certeza vem quando a fé é reiteradamente ativa em reivindicar as promessas do evangelho, quando há ardente esforço para a comunhão com Deus em Cristo e a santidade universal que vem do evangelho, e quando há uma cuidadosa fomentação da atividade do Espírito e exercícios frequentes do autoexame. No autoexame próprio, o Espírito testifica de nossa adoção celestial, dirigindo-nos às "marcas próprias da graça". No dizer de Brown, para fazer nossa vocação e eleição infalíveis, tal exame deve ser "deliberado, judicioso, imparcial, solícito e completo".

A dispensação externa do pacto da graça mediante a Lei e o Evangelho

O livro seis discute a dispensação externa do pacto da graça mediante a lei e o evangelho. O livro inclui três partes: a lei de Deus, o evangelho de Cristo e as ordenanças do pacto da graça. Essas ordenanças incluem leitura, meditação, pregação e o ato de ouvir a Palavra de Deus; conferência espiritual, oração, benção ministerial, cânticos dos Salmos, compromisso, jejum, ação de graças e os sacramentos.

Num capítulo que fornece 3.133 textos-prova – mais que qualquer outro –, Brown explana cada mandamento, mostrando como ele é útil à vida espiritual. Então mostra como o evangelho magnifica e vindica a lei e fornece uma impressionante lista de coluna dupla que afirma que o evangelho "promete preparação, assistência e um gracioso galardão para cada dever que a lei, *como norma*, requer." Ele diz que os Dez Mandamentos não devem ser vistos somente como uma lei da natureza ou uma reflexão do pacto das obras, mas sobretudo como a lei de Cristo e norma de vida.

Uma ordenança negligenciada hoje, descrita por Brown, é a "conferência espiritual". Em um nível pessoal, que envolve "comunhão com nosso próprio coração, imprimindo questões sérias em nossa consciência acerca de nosso estado, temperamento e conduta, a fim de tê-las comparadas com e ajustadas pela palavra de Deus". Socialmente, ele inclui comunhão com os demais crentes, formal e informalmente, a catequizar a família de alguém. Eclesiasticamente, ele detalha "a visita ministerial e a catequização de pessoas e famílias, ou de doentes".

O comentário de Brown sobre a participação da Ceia do Senhor é notável: "*Todos os cristãos professos*, atingindo os anos de discrição, são *obrigados* pela lei de Deus a *participar* da Ceia do Senhor, e constitui-lhes pecado se forem incapazes de admissão regular a ela." Ele cataloga três coisas necessárias para uma correta participação do sacramento:

1. Um *estado* digno de união com Cristo como nosso esposo, pai, justiça e força.
2. Uma *constituição* digna no atual exercício de todas as graças do Espírito, [tais como] conhecimento, fé, arrependimento e amor etc.
3. Um *fim* digno de honrar a Cristo, glorificando a Deus e recebendo nutrição espiritual para nossa alma.

A sociedade eclesiástica para a qual se administra o pacto da graça

Em seu último livro, Brown discute a eclesiologia. No capítulo um, ele trata da natureza, formação e comunhão da igreja cristã; no capítulo dois, o papel do poder eclesiástico e onde ele reside dentro do corpo da igreja; e, no capítulo três, a autoridade, obra e responsabilidade dos tribunais eclesiásticos.

Brown define a igreja como "uma sociedade de crentes e pessoas santas a quem Deus, pelo evangelho, tem chamado do seio da sociedade humana para comungar com Seu Filho Jesus Cristo". No dizer de Brown, a igreja é chamada para ser santa, espiritual e ordeira, e esse caráter ordeiro é melhor visto em um sistema presbiteriano criteriosamente organizado, de governo eclesiástico que envolve sessões, presbitérios e sínodos.

"A doutrina é celestial!", escreveu Martinho Lutero. Brown concordaria. A doutrina era o sangue vital de sua salvação. As reflexões de Brown, no final de quase todo o capítulo, constituem um aspecto singular de sua teologia sistemática. Nessas reflexões ardentes, ele nos ensina como aplicar a doutrina às nossas almas, a um exame se a graça e a santidade de Deus realmente brilham em nós. Somente quando isso é feito é que podemos entender a beleza da sã doutrina bíblica.

O método de Brown de organização é atraente e seu conteúdo saturado de piedade evangélica. Sua teologia sistemática, diz-se ser "uma das mais profundas e, ao mesmo tempo, com conceitos claros extraídos da teologia da Confissão Westminster", sendo ela uma indispensável ferramenta para o estudante, o pastor e professor de teologia. Ele foi usado em vários colégios e seminários como um livro-texto, inclusive a condessa do colégio de Huntingdon em Trevecca. Sua centralidade em Cristo é aptamente refletida na última carta de Brown à condessa:

Ninguém existe como Cristo, ninguém como Cristo, ninguém como Cristo. ... Não existe erudição, nem conhecimento, como o conhecimento de Cristo; nenhuma vida como Cristo vivendo no coração pela fé; nenhuma obra como o serviço, o serviço espiritual de Cristo; nenhum galardão como o salário das livres graças de Cristo; nenhuma riqueza, nem saúde, como "as insondáveis riquezas de Cristo"; nenhum descanso, nenhum conforto, como o descanso e a consolação de Cristo; nenhum prazer como o prazer da comunhão com Cristo. O pouco do que conheço de Cristo, não trocaria o aprendizado de uma hora de comunhão com Cristo por toda a erudição liberal em dez mil universidades, durante dez mil eras, mesmo quando os anjos viessem a ser meus professores.

As últimas palavras de Brown, "meu Cristo", sumariam suas sistemáticas, pois seu grande alvo era cultivar o amor por Cristo na alma do crente. "Se minha alma não ama a este Senhor Jesus, que eu seja anátema, maranata, *maldito em Sua vinda*" – são suas palavras finais.

CAPÍTULO 10

VIDA E TEOLOGIA DE THOMAS BOSTON

"Se a Escócia fosse investigada durante a primeira parte do século dezoito, não havia um ministro dentro de suas fronteiras que, parecido no caráter pessoal e no cumprimento de sua função pastoral, que chegasse mais perto do modelo apostólico do que este homem de Deus.[1] Assim escreveu Andrew Thomson sobre Thomas Boston (1676-1732). Boston era um eminente teólogo escocês e prolífico escritor teológico. Ordenado ministro da Igreja da Escócia, serviu duas congregações, a primeira na paróquia de Simprin (1699-1707), e então na paróquia de Ettrick (1707-1732).

NASCIMENTO, CONVERSÃO E EDUCAÇÃO

Thomas Boston nasceu em 17 março de 1676 em Duns, Berwickshire, o mais jovem de sete filhos. Seus pais, que pertenciam à classe média mais baixa, enviou Thomas à escola de gramática em Duns, onde aprendeu amar a leitura da Bíblia e foi introduzido no latim e Novo Testamento grego.

John Boston, pai de Thomas, era latoeiro por profissão e um presbiteriano austero. Ele foi preso em decorrência de sua fé quando recusou conformar-se às mudanças no culto e governo impostas na Igreja da Escócia pelos reis

---
1 *Thomas Boston of Ettrick: His Life and Times* (Londres: T. Nelson and Sons, 1895), 12.

Stuart.² Umas das memórias mais antigas de Thomas foi quando visitou seu pai na prisão. Após o Ato de Tolerância de 1687, permitiram que os presbiterianos inconformistas participassem dos cultos privativos nos lares, John Boston costumava viajar vários quilômetros com sua família para Whitsome com o intuito de ouvir Henry Erskine, o pai de Ebenezer e Ralph Erskine.³ Sob a pregação de Erskine com base em João 1.29 e Mateus 3.7, Thomas Boston foi espiritualmente despertado com a idade de onze anos.⁴ O ministério de Erskine continuou a influenciar a família Boston. Sem levar em conta o tempo, Thomas gostava de caminhar cinco a seis quilômetros todos os domingos em busca de alimento para sua alma. Mais tarde ele escreveu: "No inverno, às vezes minha sorte era ir sozinho, sem nem mesmo um cavalo para atravessar-me pelas águas do Blackadder, vadeação da qual, em tempo cortantemente gélido, eu bem me lembro. Mas tais coisas eram então fáceis, pois o benefício da Palavra vinha com muito poder."⁵

A vida espiritual de Boston era fortalecida durante os anos de sua adolescência pelo estudo regular da Bíblia e as conversações espirituais com dois garotos da escola. Bem antes disso ele foi dominado pela convicção, como ocorreu com seu pai, de que Deus o chamava para o ministério. Para o custeio dos estudos adicionais, John Boston empregou seu filho com Alexander Cockburn, um notário da cidade. Esse emprego continuou por dois anos. As proficiências adquiridas serviram bem a Boston nos últimos anos, respectivamente, no estudo e como funcionário do presbitério e do sínodo.

Boston veio a ser estudante na universidade de Edinburgo, em 1691. Além do grego e latim, ele estudou lógica, metafísica, ética e física geral. Ele estudava incessantemente e vivia em tal escassez alimentar, que sua consti-

---

2 Nigel M. de S. Cameron, ed., *Dicitonary of Scottish Church History and Theology* (Downers Grove, Ill.: InterVarsity Press, 1993), 88.

3 Henry Erskine (1624-96) foi expulso da paróquia de Cornhill, em Northumberland, Inglaterra, pelo Ato de Uniformidade de 1662. Então ele voltou para sua Dryburgh natal em Berwickshire da Escócia. Após a Revolução de 1688, ele pregou na paróquia fronteiriça de Whitsom, onde Boston o ouviu pela primeira vez. Cf. Joel R. Beeke, "Introduction" in *The Beauties of Ebenezer Erskine*, ed. Samuel McMillan (Grand Rapids: Reformation Heritage Books, 2001), i-ii.

4 *Memoirs of the Life, Time and Writings of Mr. Thomas Boston* (Londres: Oliphant Anderson & Ferrier, 1899), 8.

5 Ibid., 10.

Partidários do culto pelo Whitadder River

tuição física era perenemente enfraquecida. Após granjear o grau de mestre, em 1694, Boston recebeu uma bolsa (uma substancial ajuda financeira) do presbitério de Duns. Ele levou todo o outono no estudo particular de teologia, e então começou os estudos teológicos em Edinburgo sob o Dr. George Campell, o qual ocupava a cadeira de teologia.[6] Boston gastou um semestre ali, e então completou seus estudos sob a supervisão de seu presbitério. Durante esse tempo, ele se manteve como tutor por um ano no lar de Andrew Fletcher, enteado do tenente coronel Bruce de Kennet. Esse redundou sendo uma boa preparação para o ministério evangélico, quando ele "manteve o culto doméstico, catequizou os servos, insistiu com o displicente a praticar a oração secreta, reprovou e advertiu contra as práticas pecaminosas e diligenciou-se energicamente pela correção dos vícios".[7]

Boston foi licenciado pelo Presbitério de Duns e Chirnside em 15 de junho de 1697. Sua pregação logo atraiu a atenção. A população apreciou seu poder e

---

6 George Campbel (1635-1701), Professor de Teologia na Universidade de Edinburgo, "ensinou um grande número dos ministros da primeira geração na Igreja da Escócia de pós-Revolução" (*Dictionary of Scottish Church History and Theology*, 107).

7 *Memoirs*, 25.

seu viço. Entretanto, Boston não se estabeleceu imediatamente numa paróquia, porque, ainda que o povo o haja chamado, o real poder de fazer isso estava nas mãos do principal herdeiro, ou landlord [senhor da terra]. Em sete paróquias onde o povo teria escolhido Boston, landlord intervinha para o impedir. E assim ele permaneceu um estagiário por mais de dois anos. Finalmente, em 1699, o landlord e o povo de Simprin, Berwickshire, uma pequena paróquia uns doze quilômetros a sudeste de Duns, concordaram em chamar Boston. Antes de ser ordenado, Boston renovou seu pacto com Deus, confessando que era, em si mesmo, "totalmente perdido e inválido", vivia em "absoluta necessidade de um Salvador" e "cordialmente O recebeu em todos os Seus ofícios, de acordo com os termos do pacto".

PASTORADOS EM SIMPRIN E ETTRICK

O ministério de Thomas Boston em Simprin foi desafiante. O povo de sua congregação, em grande parte, era ignorante da verdade espiritual e necessitado de instrução nas coisas mais simples. Primariamente, se preocupavam em cuidar da vida mais que cuidar de suas almas. Boston sentiu-se desalentado ao descobrir que somente uma família observava o culto doméstico. Além do mais, A Ceia do Senhor não era ministrada durante vários anos, em razão da indiferença geral concernente às coisas espirituais.[8]

Em um ano, Boston havia organizado seu pequeno rebanho. Ele restabeleceu dois cultos no domingo. Prelecionava em um capítulo da Bíblia de manhã e pregava mais livremente à tarde. À noite, Boston instruía o povo no Breve Catecismo ou com sermões pregados naquele dia. O jovem pastor aprendeu muito do questionamento de seu povo; isso o ensinou sobre as necessidades de seu rebanho e como satisfazê-lo.

Ele separou a noite de terça-feira para oração e louvor. Toda quinta-feira ele fazia visitas pastorais como parte integral de seu ministério, e só falhava quando sua saúde não resistia. Ele falava intimamente com seu povo sobre tais visitas, insistindo com os despreocupados a "se chegarem a Cristo".

---

8 Jean Watson, *The Pastor of Ettrick: Thomas Boston* (Edinburgh: James Gemmell, 1883), 34-45.

Thomas Boston

Boston cria que a organização pastoral era essencial ao ministério, e assim, toda segunda-feira ele se levantava de manhã e dedicava horas à oração e reflexão. Ele era também um homem de profunda oração ao longo de toda a semana. Em quase cada página de sua autobiografia, menciona-se que Boston punha diante do Senhor, em oração, um problema ou outro. Estabeleceu também tempos regulares para o jejum, enquanto se diligenciava por uma vida de comunhão habitual com Deus. Thomson escreveu que, "Quando sua congregação o via achegar-se ao púlpito na manhã do dia do Senhor, bem sabiam eles que estavam olhando para a face de alguém que acabara de sair da íntima comunhão com Deus e que era um imediato embaixador de Deus e amigo deles."[9]

Boston era austero em sua espiritualidade pessoal. Um típico acesso à sua *Memoir* [Memória] se depara com isto: "Havendo dedicado toda a manhã em oração e meditação, alguns pensamentos profanos se insinuavam. ... À tarde, eu recuperava um pouco do que não fizera de manhã."[10] Tais notas são frequentemente seguidas de ocasiões de jejum, intenso autoexame e lágrimas oriundas de profundo sentimento. "Oh! como meu coração odeia meu coração!", gemia ele.[11]

---

9 *Thomas Boston of Ettrick*, 173. Cf. William Addison, *The Life and Writings of Thomas Boston of Ettrick* (Edinburgh: Oliver and Boyd, 1936).

10 *Memoirs*, 97.

11 Citado em D. J. Innes, "Thomas Boston of Ettrick", in *Faith and a Good Conscience* (Londres: Puritan and Re-

Boston permaneceu um árduo estudante de teologia e idiomas, ainda que sua biblioteca fosse modesta. Ela continha menos de 200 volumes no momento de sua morte, todos eles eram bem lidos e bem digeridos.[12] Além dos idiomas clássicos, Boston dominou o francês e o holandês. Para confrontar traduções, ele lia com frequência *De Staten Bijbel* – a tradução holandesa da Bíblia feita por ordem do parlamento holandês –, os Estados Gerais em resposta à decisão do Sínodo de Dort, 1618-19, munidos com um renomado aparato de glosas e notas explicativas, com referências cruzadas.

A obra pastoral de Boston, sempre realizada com intenso ardor, produziu fruto.[13] Seu rebanho cresceu até que a igreja veio a ficar impossibilitada de acomodar as multidões, especialmente nos momentos de comunhão. Após sete anos e meio de trabalho ali, nem sequer uma família da igreja negligenciava o culto doméstico. Boston pôde escrever: "Simprin! Oh! bendito seja Ele por Sua bondade em Simprin. ... Sempre me lembrarei de Simprin como um campo abençoado pelo Senhor."

Quando chegou o chamado de Ettrick, a deficiência física e a condição espiritual ali superaram a relutância de Boston em deixar Simprin. Quando Boston chegou em Ettrick, a vila tinha menos de 400 pessoas. As estradas eram quase intransitáveis. A residência pastoral estava dilapidada. Os cultos da igreja eram irregulares. Quando se reuniam para o culto, as pessoas costumavam falar o tempo todo. Havia se proliferado a esterilidade espiritual, o orgulho, a fraude, a blasfêmia e a fornicação.

Boston teve que reconstruir e reorganizar sua paróquia. Os primeiros dez anos foram difíceis. Após oito anos, ele disse à sua esposa: "Meu coração está alienado deste lugar." Mesmo assim, ele não podia sair dali.

---

formed Conference, 1962), 36.

12 Para uma lista da biblioteca de Boston, ver Philip Graham Ryken, Thomas Boston as Preacher of the Fourfold State (Carlisle: Paternoster Publishing, 1999), 312-19. Aproximadamente um terço da biblioteca de Boston consistia da literatura puritana.

13 Para Boston como praticante do cuidado pastoral, ver Stephen Albert Woodruff III, "The Pastoral Ministry in the Church of Scotland in the Eighteenth Century, with Special Reference to Thomas Boston, John Willison, and John Erskine" (Ph.D. dissertation, University of Edinburgh, 1966).

Gradualmente, o Espírito começou a abençoar o trabalho de Boston. Sua pregação afetou crescentemente o número de pessoas. Depois que um de seus sermões foi publicado, o povo de Edinburgo começou a tomar ciência. Visitantes se tornaram comuns na igreja. Finalmente, Ettrick se convenceu de possuir um pastor de distinção. Quando Boston recebeu o chamado para Closeburn, em 1716, a sessão de Ettrick convocou um jejum congregacional. Isso provou ser o ponto decisivo no ministério de Boston. Nos próximos dezesseis anos, ele labutou com nova autoridade.[14]

Tanto em Simprin como em Ettrick, Boston foi cauteloso em ministrar a Ceia do Senhor, em razão da fraca condição espiritual do povo. Ele esperou mais de três anos em Ettrick, então entrevistava particularmente cada candidato antes de recomendar se tal pessoa participaria da Ceia do Senhor. A primeira comunhão contou com cinquenta e sete participantes; no tempo em que Boston celebrou a última, em 1731, havia 777 comungantes – nesse número, para sua alegria, estavam inclusos seus quatro filhos sobreviventes.[15]

Deus santificou as pesadas provações domésticas na vida de Boston. Ele perdeu sua mãe aos quinze anos de idade e seu pai uma década depois, logo depois de se estabelecer em Simprin. Durante o tempo em Simprin, Boston casou com Catherine Brown, a quinta filha de Robert Brown de Barhill, Clackmannan, em quem Boston divisou "fagulhas da graça".[16] Boston considerou seu casamento como sendo uma dádiva do Senhor, mesmo quando sua esposa sofria acessos de aguda depressão e insanidade. De 1720 em diante, ela ficou muitas vezes confinada em um apartamento denominado de "prisão interior", onde passou meses e anos sem alívio, "um fácil alvo dos acirrados ataques de Satanás, seja concernente à sua certeza de salvação, seja concernente à sua paz com Deus".[17] Teve ainda que sepultar seis dos dez filhos, dois durante o tempo

---

14 Donald Macmillan, *Representative Men of the Scottish Church* (Edinburgh: T. & T. Clark, 1928), 106-107.
15 John R. de la Haye, "Thomas Boston: At the Borders of Glory", *Banner of Truth* No. 431 (Aug.Sep, 1999): 18.
16 George H. Morrison, "Biographical Introduction", in *Thomas Boston, Human Nature in its Fourfold State* (Londres: Banner of Truth Trust, 1964), 14-15.
17 Para as provações de Catherine Boston, ver Faith Cook's *Singing in the Fire* (Edinburgh: Banner of Truth Trust, 1995), 122-31; Maureen Bradley, "A Brief Memorial of Thomas Boston", in *Thomas Boston, The Crook in the Lot* (Morgan, Pa.: Soli Deo Gloria, 2000), viii-ix.

em Simprin e quatro em Ettrick. Então chegou a vez de Boston também ficar doente, sofrendo constantes dores agudas e enfraquecimento.

Embora Boston gemesse sob todas essas provações domésticas, ele as via como oriundas da mão disciplinar de seu amoroso Pai celeste. Eis a razão por que ele podia continuar a descrever sua esposa em termos candentes como "uma mulher de grande valor, a quem, por isso, amei apaixonadamente, e interiormente honrei: uma personagem imponente, bela e graciosa, realmente piedosa e temente a Deus, ... paciente em nossas tribulações comuns e em suas angústias pessoais."[18] Ele escreveu a William Hog, em Edinburgo: "É uma mui doce visão de aflições vê-las como a disciplina da aliança; e assim é realmente, e nada mais para os filhos da família de nosso Pai. Nesse aspecto, elas são medicinais; resplandecem com muitos propósitos graciosos; e, segundo a vontade de Deus, alguém pode nutrir a confiança de fé de que terminará bem."[19] Boston sentia que os graciosos propósitos de Deus incluíam "mais céu na estrutura do meu coração, mais desprezo pelo mundo, mais prudência no andar com Deus e mais resolução para a obra do Senhor em meio às dificuldades".

Ainda que apto como linguista, completo como teólogo e influente como autor, Boston nunca buscou notoriedade. Ele nunca ensinou em uma universidade, contudo seus livros e numerosos sermões publicados expunham as bases da teologia cristã. *An Illustration of the Doctrines of the Christian Religion* [Ilustração das Doutrinas da Religião Cristã], seu comentário ao Breve Catecismo Westminster, constitui, em si mesmo, um corpo de divindade, apresentando uma das melhores exposições sistemáticas do catecismo já publicadas. Seu *Human Nature in Its Fourfold State* [A Natureza Humana em seu Quádruplo Estado], publicado em Edinburgo, em 1720, traça a condição humana através de quatro estados: o estado original de justiça ou inocência do homem, o homem no estado de natureza como criatura caída, o homem no estado de graça como um ser redimido e regenerado e, finalmente, o homem no estado eterno, seja no céu ou no inferno.

---

18 Cook, *Singing in the Fire*, 122.
19 *Memoirs*, 499.

Philip G. Ryken menciona Boston como "um pregador para seu dia agonizante".[20] Toda sua vida revolveu-se em torno do vigoroso desenvolvimento da pregação teológica com aplicação precisa. Suas metas na pregação eram assegurar o regenerado de sua salvação em Cristo e ver que o não-regenerado se convertesse a Cristo.[21] William G. Blaikie escreveu que, para atingir essas metas, ele [Boston] pregava uma teologia da graça: "graça em sua soberania; graça em sua plenitude: perdoando, adotando, santificando e glorificando; graça em sua simplicidade, sem as obras da lei; graça em sua segurança, ratificada por uma aliança perene; graça em seus designados canais, vinda principalmente através da palavra e da ordenança; graça em seu fruto prático."[22]

Os últimos sermões de Boston, pregados a partir de 2 Coríntios 13.5, nos primeiros dois domingos de abril de 1732, foram um autoexame – típico de sua pregação tanto quanto de sua vida como pastor. Ele morreu com a idade de cinquenta e seis anos, em 20 de maio de 1732.

CONTROVÉRSIAS TEOLÓGICAS

Boston era um relutante participante das controvérsias teológicas de seus dias.[23] Não obstante, às vezes ele se sentia compelido a defender a verdade. Em diferentes ocasiões, ele pregou contra os erros dos cameronianos, que de modo próprio se separaram do corpo de outros cristãos.[24] Em seu sermão *The Evil and Danger of Schism* [O Mal e o Perigo do Cisma], Boston defendeu os cristãos de seguirem o exemplo de Cristo, a despeito das corrupções da época.

Boston recusou-se a assinar o *Abjuration Oath* [Juramento de Abjuração] pelo qual se requeria dos oficiais da igreja e do estado, entre outros, abjurar ou

---

20 Ryken, *Thomas Boston as Preacher of the Fourfold State*, 1.

21 Ibid., 178.

22 *The Preachers of Scotland: From the Sixth to the Nineteenth Century* (Edinburgh: Banner of Truth Trust, 2001), 201-202.

23 *Dicitionary of Scottish Church History and Theology*, 88.

24 Os cameronianos em grande medida consistiam de Pactuantes do sudoeste da Escócia que acompanharam os ministérios de Donald Cargill, Richard Cameron (de quem derivaram seu nome) e Patrick Walker. Cf. P. Walker, *Six Saints of the Covenant*, ed. D. Hay Fleming (Londres: Hodder and Stoughton, 1901), I:218-36.

renunciar qualquer reivindicação do pretenso Stuart James ao trono britânico. O juramento reafirmava também atos prévios do Parlamento requerendo que o soberano reinante pertencesse à Igreja da Inglaterra e, portanto, era visto como um endosso do episcopado ou do governo da igreja pelos bispos. Isto impeliu Boston a publicar anonimamente seu panfleto *Reasons for refusing the Abjuration Oath in its latest form* [Razões para recusar-se o Juramento de Abjuração em sua forma final].

O conflito que consumiu a maior parte do tempo de Boston foi a *Marrow Controversy* [O Âmago da Controvérsia] (1717-1723). Ainda que esta controvérsia seja tratada com mais profundidade no capítulo seguinte deste livro, a base do debate, em relação a Thomas Boston, precisa ser mencionada aqui também. A Marrow Controversy conduziu a um tópico das diferenças entre os partidos representando duas vertentes na teologia escocesa:[25] a legal e a evangélica. A vertente legal, conduzida pelo Presidente James Hadow (1670-1747) de St. Andrews,[26] buscou desacreditar os ensinos "antinomianos" de *The Marrow of Modern Divinity* [O Âmago da Teologia Moderna], um livro reputado como havendo sido escrito por Edward Fisher,[27] em 1645, o qual incluía extratos das obras dos escritores-padrão reformados e puritanos. Os evangélicos ou os homens do Marrow "buscaram corrigir a tendência legalista na pregação escocesa, enfatizando a livre oferta divina da graça e a obra meritória de Cristo pelo pecador.

A tenção cresceu quando a Assembleia Geral da Igreja da Escócia debateu a ação do presbitério de Auchterarder. Este presbitério, preocupado com

---

25 Ver John Macleod, *Scottish Theology* (Londres: Banner of Truth Trust, 1974), 139-66; John J. Murray, "The Marrow Controversy: Thomas Boston and the Free Offer", in *Preaching and Revival* (Londres: Westminster/Puritan Conference, 1984), 34-56; David C. Lachman, *The Marrow Controversy, 1718-1723: An Historical and Theological Analysis* (Edinburgh: Rutherford House, 1988); Thomas F. Torrance, *Scottish Theology from John Knox to John MacLeod Campbell* (Edinburgh: T. & T. Clark, 1996), 204-220; A.T.B. McGowaxn, *The Federal Theology of Thomas Boston* (Carlisle, U.K.: Paternoster, 1997).

26 Hadow, professor de teologia e presidente do St. Mary's College, buscou defender os princípios escoceses "ortodoxos" em oposição ao Marrow (*Dicitonary of National Biography*, 23:437).

27 Quando o *Marrow* foi publicado pela primeira vez em 1645, apareceu somente as iniciais do autor, E.F., na página de rosto. Samuel Petite, um dos vários doutores que adicionaram ao livro seu testemunho, foi o primeiro a adicionar o sobrenome às iniciais, dizendo: "Deus tem dotado seu Fisher com uma rede de difícil compreensão" (D.M. McIntyre, "First Strictures on the Marrow of Modern Divinity", *Evangelical Quarterly*, 10 [1938]: 61). Anthony à Wood, equivocadamente, identifica o autor como um nobre cidadão do Brazenose College, enquanto o Edward Fisher que escreveu o *Marrow* provavelmente foi membro do grêmio de Barber Surgeons, que se converteu através de uma conversa com Thomas Hooker (ibid., 64).

a doutrina da livre graça, requereu que os estudantes aderissem, para autorização, a certas proposições conhecidas como o "Credo Auchterarder". Uma seção rezava: "Creio que não é lícito e ortodoxo ensinar que devemos abandonar nossos pecados a fim de irmos a Cristo."[28] Boston viu estas palavras como uma atrapalhada tentativa de *defender* a livre graça em vez de promover o antinomianismo, mas a Assembleia rejeitou a proposição. Boston considerou a decisão como um golpe direto contra a doutrina da livre graça, e sentiu que ela negava aquela fé salvífica que precede o arrependimento na obra do Espírito no tocante à salvação.

Foi para esta desordem que veio a nova edição do *Marrow*, impresso por James Hog (1658-1734), ministro de Carnock em Fafe.[29] A obra foi imediatamente assaltada por seus oponentes e bem recebida por seus adeptos. Sua riqueza de afirmações paradoxais levou o Presidente Hadow, Alan Logan, e Robert Wodrow a agir contra ela. Conseguiram convencer a Assembleia Geral de 1720 de que ela ensinava a expiação universal, que a certeza é da essência da fé, que a santidade não está implícita na salvação e que o crente não está sob a lei como norma moral para a vida.

Na Assembleia de 1721, os adeptos do *Marrow* se defrontaram com um documento intitulado "The Representation", o qual argumentava contra a condenação do *Marrow* e a proibição imposta aos ministros que os impossibilitava de circular algo em seu favor. O documento foi rejeitado e os adeptos do *Marrow*, censurados. Boston escreveu em seu diário: "Recebi a censura e admoestação como um ornamento posto sobre mim para a causa da verdade."

Boston serviu como auxiliar do Sínodo de Merse e Teviotdale e dava assistência à Assembleia Geral quando necessário. Em 1728, ele atraiu a atenção quando, durante a Assembleia, se pôs a objetar a tolerância desta a John Si-

---

28 Quando William Craig, aplicando para licenciatura no presbitério de Auchterarder, em 1717, hesitou assentir-se às proposições de Auchterarder, o presbitério o licenciou, porém declinou dar-lhe um extrato da licença. O apelo de Craig para a Assembleia Geral foi sem sucesso e a Assembleia proibiu o presbitério de fazer outras perguntas aos candidatos além daquelas prescritas pela Assembleia Geral.

29 Hog escreveu um prefácio à sua edição do *Marrow* em 1717, o que o enredou na controvérsia para o resto de sua vida. Ele se envolveu em diversas guerras de panfletos entre Hadow e James Adams de Kinnaird, anterior à condenação do *Marrow* pela Assembléia Geral em 1720.

mson, afirmando que Simson merecia deposição em vez de breve suspensão. Simson, Professor de Teologia na Universidade de Glasgow, se viu implicado em dois julgamentos de heresia: a primeira (1715-1717) envolvia acusações de arminianismo; e, a segunda (1727-1729), acusações de arianismo. Parentes e amigos de Simson o protegeram da censura mais elevada. Ainda que fosse permanentemente suspenso em 1729, ele permaneceu na faculdade de Glasgow até sua morte em 1740.

A crescente hostilidade entre legalistas (conhecidos como "moderados") e evangélicos levaram a brechas irreparáveis na igreja escocesa. Em 1733, um ano após a morte de Boston, a maioria dos adeptos do Marrow deixou a Igreja da Escócia para juntar-se ao Presbitério Associado, dando origem à Igreja da Secessão.

A TEOLOGIA FEDERAL DE BOSTON

Thomas Boston era essencialmente um ministro de igreja local, mas era também teólogo. Talvez sua contribuição mais significativa à teologia fosse sua explanação da teologia pactual ou "federal" (do latim *fœdus*, significando "aliança") dos Padrões de Westminster.[30] Consideraremos sucintamente o conceito de Boston sobre a aliança e a oferta do evangelho.

O pacto das obras

Os tratados de Boston sobre os pactos das obras e da graça foram escritos como corretivos aos erros pelagianos e arminianos de seus dias.[31] Boston dizia que se faz necessária a compreensão própria dos dois pactos em razão de seu papel na salvação do homem. O primeiro pacto exibe nosso estado perdido em Adão, e o segundo oferece o remédio em Jesus Cristo.

---

30 Donald Jay Bruggink afirma incorretamente que o esforço de Boston em prol de uma teologia da graça era incompatível com o que ele via como "a teologia federal legalista dos Padrões de Westminster" ("A Teologia de Thomas Boston, 1676-1732" [Ph.D. dissertation, University of Edinburgh, 1958], 84, 138).

31 Este é o conceito promovido pelo neto de Boston, Michael Boston, em sua introdução à edição de 1798 de *A View of the Covenant of Works* [Uma Visão do Pacto das Obras].

Boston disse que o pacto das obras é um pré-requisito para uma compreensão correta da primazia federal de Adão, e igualmente a imputação do pecado de Adão através da desobediência. Se o pacto das obras for descartado como fictício, como mantém alguns teólogos do pacto, então a imputação do pecado de Adão à posteridade é também fictícia, posto que Adão teria cessado de ser uma cabeça federal peculiar.[32] Boston escreve: "Se o pacto feito com Adão não foi um pacto próprio [das obras], ele não poderia ser uma cabeça representativa própria; e se ele não o foi, então não pode haver uma imputação própria do pecado de Adão à sua posteridade." No entanto, Boston é cuidadoso em insistir que Deus poderia ter requerido obediência absoluta de Adão sem um pacto.[33] Aqui, a ênfase está na condescendência de Deus (Confissão de Fé, VII.I), não qualquer obrigação da parte de Deus de entrar numa aliança.

De acordo com Boston, a aliança que fez com Adão, no Jardim do Éden, foi uma prova de extensão *definida*; porque, "este estado não podia ter sido para sempre, sem tornar infrutífera a promessa de vida".[34] Duas partes se envolveram no pacto: o Deus trino como uma parte, e o homem, federalmente representado por Adão, como a outra. Deus pactuou não apenas com Adão, pessoalmente, mas com toda a humanidade em Adão. No dizer de Boston, Adão pactuou "não só no tocante a si mesmo, mas também no tocante a toda sua posteridade, como o pai natural de todos, de cujo único sangue do qual as nações dos homens haviam de ser formadas".[35]

A condição do pacto era obediência perfeita. Para Boston, ali se requereram de Adão aspectos *morais* e *simbólicos*. Esta lei moral, segundo Boston, incluía todos os Dez Mandamentos, pois embora ainda não estivessem escritos em tábuas de pedra, foram escritos no coração de Adão.[36] A lei simbólica consistia do mandamento de não comer da árvore do conhecimento do bem e

---

32 O exemplo mais notável, nos dias de Boston, foi o Professor John Simson, mencionado por Boston em seu tratado contra os arminianos. Dois exemplos de nossos dias são Herman Hoeksema e John Murray.
33 *The Complete Works of Thomas Boston*, 11:181.
34 Ibid., 1:232.
35 Ibid., 1:230.
36 Boston cria que a lei dada no Monte Sinai foi uma *renovação* do pacto das obras, e não a *instigação* dela. Ver ibid., 11:181-2.

do mal. A árvore era neutra, mas o ato de comer era um ato de desobediência; portanto, era uma lei para provar se o coração de Adão obedeceria a Deus.

Boston diz que a vida prometida a Adão para obediência era um santo e ditoso estado "além do risco ou possibilidade de pecar, ou de ser privado dele".[37] E agrega: "Após haver expirado o tempo de sua prova, ele [Adão] teria sido transportado, alma e corpo, para os lugares celestiais, para habitar ali para sempre."[38]

Como os demais teólogos pactuais de seu tempo, Boston fala de sinais e selos do pacto. A árvore do conhecimento do bem e do mal, e a árvore da vida, são dois sinais do pacto.[39] São sinais, porquanto que apontam para a realidade do pacto.

Não obstante, Adão transgrediu o pacto das obras, pondo assim toda sua posteridade em um estado de morte espiritual. Os mandamentos do pacto das obras ainda são obrigatórios para o homem. Assim, todos os seres humanos estão debaixo da obrigação de perfeita obediência à lei, embora sejam inaptos a satisfazê-la. O único remédio é que o homem seja introduzido no pacto da graça.

O pacto da graça

A primeira obra de Boston a ser publicada após sua morte foi *A View of the Covenant of Grace* [Uma Visão do Pacto da Graça, publicada em 1734], na qual ele explica a doutrina do gracioso pacto divino com o homem. O pacto da graça se destina unicamente aos eleitos e se refere à resposta de Deus à brecha que o homem causou no pacto das obras. Ele usa os termos "pacto da redenção" e "pacto da graça" para dar nomes às duas faces do pacto.[40] Boston não cria que o pacto da redenção fosse separado do pacto da graça, ou "um pacto dentro do pacto", como alguns teólogos ensinavam. No tocante ao pacto das

---

37 Ibid., 1:233.
38 Ibid.
39 O teólogo pactual, Herman Witsius (1636-1708), ensinou que havia quatro sinais – a árvore do conhecimento do bem e do mal, a árvore da vida, o Jardim do Éden e o Sábado (*Economy of the Covenants* [Londres: Thomas Tegg & Son, 1838], 1:81.
40 Boston escreveu: "O pacto da redenção e o pacto da graça não são dois pactos distintos, mas um e o mesmo pacto. Sei que muitos teólogos se expressam diferentemente nesta matéria; e que sob diferentes pontos de vista alguns deles não dirigem injúria à doutrina da livre graça" (*The Complete Works of Thomas Boston*, 8:396-97).

obras, há duas partes neste pacto: Deus o Pai, a parte representativa ofendida, e Cristo, o segundo (ou último) Adão, o representante dos eleitos.

O pacto da graça foi estabelecido na eternidade. O plano e os objetos da salvação foram fixados antes que o homem fosse criado. As Pessoas da Deidade têm diferentes papéis no plano da salvação. As três Pessoas da gloriosa Trindade estão em ação: o Pai elege ou escolhe os objetos da salvação; o Filho os redime; e o Espírito os santifica, aplicando-lhes a redenção.

Boston diz que Cristo é a Cabeça representativa de Sua semente da mesma forma que Adão foi de sua semente. As condições do pacto entre o Pai e o Filho são a *principal* requerida no primeiro pacto – obediência perfeita – e a *penalidade* da desobediência de Adão a ser paga em Cristo. Assim, o segundo Adão entrou em aliança com Deus a favor de Seus eleitos; Ele ficou onde o primeiro Adão parou, porém teve sucesso onde o primeiro Adão fracassou. Portanto, diz Boston, o pacto para a semente de Cristo é *absoluto*, e não *condicional*, porque a eficácia do pacto repousa no papel de Cristo, o qual Ele cumpriu.

Qual dos réprobos estão fora do gracioso pacto de Deus feito com os eleitos? Boston diz que eles têm tão boa justificativa para apoderar-se do evangelho como têm os eleitos, e de modo algum serão escusados da punição eterna por seu fracasso em fazê-lo. Isto lida mais diretamente com o conceito que Boston tinha da oferta da graça, mais comumente conhecido como a livre oferta do evangelho.

A livre oferta do evangelho

Na última seção de seu tratado sobre o pacto da graça, Boston explica como os pecadores se tornam parte daquele pacto. A maioria das pessoas é alheia ao pacto da graça e não têm nenhum interesse salvífico em Cristo, diz Boston, mas somos chamados a oferecer-lhes o evangelho da reconciliação. Deveras, devemos esforçar-nos a compelir os pecadores para que tomem parte no pacto da graça. Como suporte, Boston cita Lucas 14.23: "Sai pelos caminhos e atalhos e obriga a todos a entrar, para que fique cheia minha casa."

No dizer de Boston, nossa apresentação do evangelho deve ser estritamente de caráter pactual. Temos que proclamar que existe um pacto entre Deus e Cristo, feito para os pecadores da raça de Adão ("humanidade pecadora"). Ele faz plena provisão para a salvação, para a restauração do pecador e para a felicidade depois que o pacto das obras foi quebrado.

Duas coisas são necessárias para entrar-se em um estado gracioso: a fé da lei antes de alguém entrar na graça, e a fé do evangelho pela qual alguém entra. Em conformidade com Boston (e muitos puritanos), "fé da lei" é pré-requisito para aceitar a Cristo. Ele escreve: "Todo aquele que entrar no pacto da graça deve, antes de tudo, ter uma fé [proveniente] da lei, por causa da qual é necessário que a lei, bem como o evangelho, sejam pregados aos pecadores."[41] Por conseguinte, os pecadores devem ser desmascarados, porque, por natureza, se escondem nos engodos de seu pecado. Boston diz que, através da pregação da lei, um pecador experimenta três coisas: primeira, descobre que é pecador, enquanto que, anteriormente, eram justos a seus próprios olhos; segunda, ele se vê como um pecador perdido; o que, em terceiro lugar, o leva a crer que é totalmente inapto a alcançar um estado de graça. Qualquer forma de evangelização que se desvia da lei é uma obstrução à verdadeira conversão.

A "fé do evangelho", em contrapartida, é sinônima de fé salvífica, na qual alguém se apodera de Cristo. A fé salvífica tem quatro componentes: primeiro, fé na suficiência de Cristo, pela qual o pecador crê que Cristo é plenamente capaz de salvar os homens de seus pecados; segundo, fé na oferta do evangelho, pela qual o pecador crê que Cristo é oferecido aos pecadores tais como são em si mesmos; terceiro, fé no direito de alguém a Cristo, no qual alguém é estimulado a ir a Cristo; e, quarto, fé para a salvação, na qual alguém se apropria de Cristo como seu Salvador pessoal. Estas "fés", como Boston as denomina, são simplesmente descrições da experiência que um pecador tem da salvação. Quanto mais alguém entende as operações do Espírito na conversão, mais ele é encorajado a discernir aquelas operações em seu coração, e assim a abraçar Cristo como "um ato de doar e outorgar".

---

41 Ibid., 8:582.

ESCRITOS ADICIONAIS DE THOMAS BOSTON

As *Memoirs* [Memórias] de Boston, publicadas em 1776 por seu neto, Michael Boston, como *Memoirs of the Life, Time and Writings* [Memórias da Vida, Tempo e Escritos], consistem de dois relatos escritos para a posteridade de Boston: *A General Account of My Life* [Relato Geral de Minha Vida] e *Passages of My Life* [Passagens de Minha Vida]. Resta a fonte primária de informação sobre a vida de Boston e está baseada, como escreveu William Blaikie, "numa fé na providência particular de Deus, na intimidade de Sua comunhão com Seus filhos e na exatidão da conexão entre sua vida espiritual e sua vida natural, da qual é provável que ninguém, de igual envergadura intelectual, jamais alcançou".[42]

A obra mais influente de Boston, *Human Nature in its Fourfold State* [A Natureza Humana em seu Quádruplo Estado], publicada pela primeira vez em 1720, consiste de sermões pregados em Simprin e ampliados em Ettrick. Uma segunda edição revisada desta obra apareceu em 1729. *The Fourfold State* foi impresso mais de cem vezes e vertido para diversos idiomas, inclusive Gaelic e Welsh. John MacLeod escreveu sobre a obra: "não há livro de teologia prática, nem mesmo o *Trial of Saving Interest in Christ* [Prova do Interesse Salvífico em Cristo], de William Guthrie, nem as *Letters* [Cartas], de Rutherford, que fosse mais lido nos lares piedosos da Escócia do que este tratado. Ele fez mais para moldar o pensamento de seus patrícios do que qualquer coisa exceto o Breve Catecismo Westminster. É desta obra que Jonathans Edwards disse que 'mostrou que Mr. Boston foi realmente um grande teólogo.'"[43]

Nos meses finais de sua vida, Boston completou *The Crook in the Lot* [A Curva da Sorte], com o subtítulo "A Soberania e Sabedoria de Deus nas Aflições dos Homens, lado a lado com o comportamento cristão sob elas". Neste volume, Boston oferece a introvisão da conduta do crente sob circunstâncias opressoras. Os três temas do livro são: primeiro, seja qual for a curva na sor-

---

42 *The Preachers of Scotland*, 197.
43 *Scottish Theology*, 146.

te de alguém, isso provém de Deus; segundo, seja qual for o dano que Deus faça, ninguém será capaz de emendar; e, terceiro, visto que curva na sorte de alguém como obra de Deus é o único caminho para o contentamento.

Soliloquy on the Art of Man-fishing [Solilóquio na Arte do Pescador] de Boston foi escrito como uma série de meditações pessoais. Ele ficou profundamente impressionado com Mateus 4.19: "E disse-lhes: Vinde após mim, e eu vos farei pescadores de homens." *Soliloquy* foi publicado pela primeira vez em 1773, quarenta e três anos após a morte de Boston.

Ainda que inicialmente Boston achou o idioma hebraico desinteressante, mais tarde ele dedicou muito estudo aos acentos no texto da Escritura hebraica, chamando-o seu "querido estudo". Ele chegou a crer que os acentos eram chaves ao texto hebraico e em si mesmos eram de inspiração divina. Ele completou um tratado sobre o tema e o traduziu para o latim. Publicado após sua morte como *Tractatus Stigmologicus, Hebraeo-Biblicus*, o livro foi abraçado por muitos. Com a visão que ele granjeou de seu estudo do hebraico, Boston preparou uma tradução e comentário de Gênesis, porém nunca foram publicados.

As obras de Boston foram coletadas e publicas pela primeira vez em 1767, e mais tarde reimpressas em 1773. *The Complete Works* [Obras Completas], editado por Samuel MacMillan e publicado em doze volumes em 1853, foi reimpresso por Richard Owen Roberts no século vinte e por Tentmaker Publications, no século vinte e um. "Rabbi" John Duncan escreveu que "Thomas Boston foi um gênio popular – não um homem popular, e sim um gênio popular", e outra pessoa disse que Boston fez mais "para abanar a chama da verdadeira piedade na Escócia do que qualquer outro ministro sozinho em sua geração".[44]

Que Deus levante servos neste terceiro milênio da era cristã motivados por aquilo que fez Boston ser um embaixador de Cristo tão efetivo: uma humilde espiritualidade, uma elevada visão do ministério cristão, um apaixonado zelo pelas almas e uma incansável proclamação de Cristo.

---

44 In Thomas Boston, *A Soliloquy on the Art of Man-Fishing* (Londres: Alexander Gardner, 1990), 7.

CAPÍTULO 11

AS VIDAS DE EBENEZER E RALPH ERSKINE: DISSIDENTES DE UMA CAUSA

"Senhor, você nunca ouviu o evangelho em sua majestade", disse Adam Gib a um jovem que nunca havia ouvido Ebenezer Erskine pregar. Ebenezer Erskine, e seu irmão mais jovem, Ralph, foram grandes pregadores escoceses do século dezoito. Deus os usou para conduzir centenas à conversão e outros milhares à maturidade espiritual através de suas vidas, ministérios, sermões e escritos.

Meu alvo é mostrar em dois capítulos que os Erskines têm muitas lições a ensinar à igreja contemporânea. Este capítulo é biográfico e histórico, mostrando que os Erskines eram dissidentes com uma causa. O capítulo seguinte é homilético e teológico, mostrando que os Erskines eram pregadores que focavam nas promessas de Deus.

A VIDA INICIAL E MINISTÉRIO

Ebenezer Erskine nasceu em Dryburgh, Escócia, em 1680. Cinco anos depois, seu irmão, Ralph, nasceu em Monilaws, nas proximidades de Cornhill, Northumberland, distrito mais ao norte da Inglaterra. Seu pai, Henry, era ministro puritano que se viu forçado a deixar seu lar e pastorear Cornhill, em 1662, em razão do Ato de Uniformidade. Sua mãe era Margaret Halcro, segunda esposa de Henry Erskine. Ambos faziam parte de um prestimoso cenário histórico e estreitamente relacionados com a nobreza escocesa.

As vidas dos jovens foram interrompidas quando seu pai recusou renunciar a Liga e Pacto Solenes. A Assembleia escocesa desprezou os princípios puritanos do pregador. Quando Ebenezer tinha dois anos de idade, seu pai foi preso e sentenciado à prisão na Bass Rock por exercer seu ofício ministerial ilegalmente, "afastando-se das ordenanças, mantendo reuniões privadas e sendo culpado de batismos à revelia". O Comitê do Concílio Privado interrogou Henry Erskine por quatro horas, então, finalmente, perguntou se ele prometeria não mais pregar em reuniões privadas. Erskine respondeu: "Meu senhor, tenho minha comissão da parte de Cristo, e, ainda que eu estivesse na hora de minha morte, não me lançaria aos pés de nenhum homem mortal."

Sob sua alegação de saúde precária, a sentença de Erskine a Bass Rock foi comutada ao exílio. Ele e sua família se mudaram para a Inglaterra e se fixaram em Parkridge, nas proximidades de Carlisle. Dali foram para Monilaws, onde Erskine foi preso outra vez e retido na prisão por vários meses por pregar em reuniões privadas. Erskine então pregava na periferia da paróquia de Whitsome, onde ajudou a levar Thomas Boston a Cristo, com a idade de onze anos. A indulgência do rei, de 1687, o capacitou a continuar seu ministério sem medo de prisão. Em 1690, quando Ebenezer tinha dez anos de idade, e Ralph, cinco, seu pai foi admitido à paróquia de Chirnside, nas proximidades de Berwick, a sudoeste da Escócia, onde exerceu seu ministério até sua morte em 1696, com a idade de setenta e dois anos.

Ebenezer estudou filosofia e os clássicos na Universidade de Edinburgo, e então granjeou um grau de mestre em teologia em 1697. Ele serviu como tutor e capelão da família temente a Deus do Conde de Rothes até sua licenciatura em 1703 pelo Presbitério de Kirkcaldy e ordenado para Pormoak, perto de Kinross, onde ministraria por cerca de vinte e oito anos. Nesse mesmo ano, ele casou com Alison Turpie, uma mulher temente a Deus que exerceu profunda influência espiritual sobre ele.

Os primeiros anos em Pormoak foram difíceis, a maior parte em razão da batalha que teve consigo mesmo depois de ouvir casualmente um diálogo sobre "as coisas profundas de Deus" entre Ralph e sua esposa. A discussão convenceu Ebenezer de que ainda não havia se convertido. Após um ano de luta espiritual, finalmente começou a experimentar o que ele mesmo chamava "a verdadeira graça de Deus". No verão de 1708, Erskine escreveu em seu volumoso diário que finalmente "desviou sua cabeça do Tempo para a Eternidade". Em 26 de agosto, ele disse que Deus havia "levado meu coração a dar consentimento a Ele" e que agora estava certo de que Deus nunca poderia "negar-lhe Sua própria aliança". Por sua vez, Erskine fez um pacto com Deus. Ele escreveu:

> Senhor, se tenho cometido iniquidade, estou resolvido, por tua graça, a não mais cometê-la. Busco asilo no sangue de Jesus e Sua eterna justiça; pois isso é do teu agrado. Eu me ofereço, alma e corpo, a Deus o Pai, ao Filho e ao Espírito Santo. Eu me ofereço a Cristo o Senhor como objeto próprio para que Ele exerça sobre mim todos os Seus ofícios. Eu O escolho como meu profeta para instrução, iluminação e direção. Eu O abraço como meu grande sacerdote, para ser lavado e justificado por Seu sangue e justiça. Eu O abraço como meu rei para reinar e exercer domínio em meu íntimo. Eu tomo o Cristo integral com todas as suas leis, e todas as suas cruzes e aflições. Eu viverei para Ele; eu morrerei por Ele; eu desistirei de tudo o que tenho no mundo por Sua causa e verdade.

VIDA TRANSFORMADA

O encontro de Erskine com Deus transformou sua vida e ministério. Após aquele verão de 1708, os registros diários de Erskine revelam um homem que andava com Deus, vivia plenamente satisfeito com Cristo e era profundamente humilhado por sua pecaminosidade. Mostram-nos um homem que conhecia o poder santificante da morte de Cristo e que vivia constantemente atônito com a generosidade da soberana graça de Deus. Revelam um homem impregnado da Escritura, imerso em fervente oração e abastecido pelas visões sublimes e bíblicas de Deus.

Desde o tempo de sua conversão, Erskine se tornou mais diligente do que nunca na preparação de sermões. Seu enunciado também melhorou; em vez de fixar sua atenção numa pedra na parede dos fundos da igreja, agora ele olhava diretamente nos olhos de seus ouvintes. Ele escreveu: "O grande desejo e ambição de minha alma, e aquilo que eu desejo buscar e assentar em toda minha obra ministerial é apresentar Jesus Cristo às almas imortais."

Os resultados foram dramáticos. Milhares de pessoas se aglomeravam para ouvi-lo, vindas de mais de oitenta quilômetros, particularmente durante os tempos de confraternização. Centenas de pessoas eram convertidas a Cristo. Muitos membros de sua congregação começaram a tomar notas de seus sermões. Algumas vezes Erskine se dirigia publicamente aos anotadores como seus "escribas".

PRIMEIRO COMPROMISSO

O irmão mais jovem de Erskine, Ralph, demonstrou evidência de piedade numa idade muito tenra. De acordo com as notas que ele guardava, Ralph cria que o Senhor começara Sua obra salvífica, em seu interior, quando era da idade de onze anos, na época da morte de seu pai. "Senhor, põe Teu temor em meu coração", escreveu o garoto. "Meus pensamentos sejam santos, e que tudo quanto faço seja para Tua glória. Abençoa-me em meu trabalho legítimo. Dá-me bom juízo e boa memória – fé em Jesus Cristo e uma prova segura de Tua amor."

Ralph experimentou um profundo senso de pecado e de livramento em Cristo, bem como extraordinárias respostas à oração. Com esta convicção, ele fez excelente progresso na escola. Entrou para a Universidade de Edinburgo com a idade de quinze anos para estudar teologia. Durante suas férias, Ralph ficava com seu irmão Ebenezer em Portmoak. Após granjear o grau de mestre em teologia, em 1704, Ralph trabalhou por cinco anos como capelão particular para seu parente, o Coronel John Erskine. O Coronel escrevera a Ralph, dizendo: "Eu rogo ardentemente que o Senhor abençoe seus bons desígnios para com as crianças; e estou plenamente persuadido de que as impressões corretas que os filhos guardam de Deus e dos caminhos de Deus, quando ainda jovens, é-lhes de uma grande ajuda na vida." O filho do Coronel, John, mais tarde se tornaria professor de tributos.

Em torno de 1709, Ralph tinha idade suficiente para ser licenciado como pregador, porém se sentiu indigno da tarefa. O Coronel fez tudo o que podia para persuadi-lo a ser licenciado. O mesmo fez seu irmão, Ebenezer, que discretamente ouvia Ralph praticar a pregação. O Presbitério de Dunfermline concordou em testar Ralph Erskine; e, depois de um breve tempo, seus membros se convenceram de que o jovem fora enviado por Deus a pregar o evangelho. Erskine foi ordenado ao segundo posto em Dunfermline em 1711 e promovido ao primeiro posto em 1716.

Depois que Erskine se fixou em Dunfermline, ele se viu vencido por dúvidas sobre seu testemunho e vocação cristãos. Então começou a examinar as obras de homens piedosos a fim de achar conforto. Finalmente, a obra de Thomas Boston sobre o pacto da graça lhe trouxe alívio. Após ler Boston, Erskine se viu capacitado a pleitear as promessas de Deus e a reconquistar a paz de coração.

A segurança recolhida daquela experiência energizou seu ministério. Tão intenso foi o estudo da Palavra, a oração e a pregação de Erskine, que ele passou a ignorar o sono, e trabalhava até altas horas da noite. Seu lema passou a ser: "No Senhor tenho justiça e força." Um registro típico em seu diário, durante esse tempo, reza o seguinte: "Esta manhã, depois de ler, passei a orar sob o senso de minha nulidade e mau comportamento, vileza e corrupção, reconheci-me como 'uma besta diante de Deus'. No entanto, olhando para Deus como Espírito infinito, eterno e imutável, que de eternidade a eternidade é Deus, e sempre o mesmo, e que Se manifesta em Cristo... admitiu ter eu alguma comunhão com Ele em minha maneira de crer, permitiu que eu clame com lágrimas: 'Ó Senhor, eu creio, ajuda-me em minha incredulidade'. Fui levado, de alguma maneira própria, sob a visão de minha nulidade, bem como da auto-suficiência de Deus, a renunciar toda e qualquer confiança na carne e recorrer tão somente ao nome do Senhor, e aí aquietar-me e repousar-me."

MINISTÉRIOS FRUTÍFEROS

Ralph Erskine serviria à congregação de Dunfermline por mais de quarenta anos, até sua morte em 1752. Deus abençoou poderosamente aquele trabalho. Dentro de dois anos de sua ordenação, o Espírito passou a operar tão poderosamente em Erskine, através de sua pregação, que adoradores enchiam a igreja e o pátio da igreja. Uma igreja previamente morta se tornou viva. Após o culto vespertino, continuavam em oração e ação de graças em pequenos grupos, algumas vezes até depois de meia-noite. Quem se levantasse às 2 da manhã para orar em secreto, encontraria tantas pessoas dobradas sobre seus joelhos, e os camponeses cantarolando como uma gigantesca colméia de abelhas. Centenas de pecadores penitentes estavam derramando seus corações junto a Deus. O avivamento provou ser genuíno e permanente, ainda que ele permanecesse muito confinado a Dunfermline.

Ralph Erskine casou com Margaret Dewer, filha de um nobre, em 1714. Margaret era notável por sua bondade. Ela serviu ao lado de Ralph por dezesseis anos, gerando-lhe dez filhos, cinco dos quais morreram na infância. Erskine ficou arrasado por sua morte com a idade de trinta e dois anos. Ele escreveu a um amigo: "Suas últimas palavras expressaram a mais profunda humilhação e a mais intensa sujeição à soberana vontade de Deus, que palavras pudessem manifestar; e, logo depois, ela concluiu tudo com – 'Ó morte, onde está teu aguilhão? Ó túmulo, onde está tua vitória? Graças a Deus que nos dá a vitória por intermédio de Jesus Cristo nosso Senhor!' – o que ela repetiu duas ou três vezes. E, contudo, mesmo neste momento, eu não sabia que eram suas palavras mortuárias, até que, de repente, percebi os evidentes sintomas de morte; à vista disto, eu me afundei, por assim dizer, num mar de confusão, quando ela, menos de quatro horas depois, de uma maneira mui suave e fácil, partiu desta vida."

No entanto, ele não ficou sozinho por muito tempo. Dois anos depois, ele casou com Margaret Simson de Edinburgo. Em junho de 1732, Erskine escreveu: "Fui levado a bendizer o Senhor por Sua bondade, concedendo-me uma esposa cujo caráter era tão prazenteiro e agradável." Ele e sua esposa foram tão grandemente abençoados quando instruíam seus filhos sobre as mercês de Deus em Cristo, mas também experimentaram pesares. Três de quatro filhos que lhes nasceram morreram na infância.

Enquanto o ministério de Ralph foi em meio a muita luta, seu irmão Ebenezer Erskine foi chamado a um novo encargo em Stirling (1731), onde serviria ao longo de vinte e dois anos. Andrew Muirhead, que escreveu uma tese para grau de mestre sobre a vida social e eclesiástica na cidade de Stirling, concluiu que "o impacto religioso de Erskine foi profundo... e permeou cada faceta de sua vida em Stirling". Centenas de pessoas das paróquias adjacentes formaram a congregação de Erskine. Profissões de fé se tornaram tão numerosas e a Mesa do Senhor tão aglomerada nas igrejas de ambos os Erskines, que os irmãos começaram a admoestar as pessoas para que se removesse a palha do trigo. No entanto, existiam pequeninas palhas; a maioria dos conversos provou ser genuína, quando evidenciaram, pelos frutos, o que suas vidas produziam.

Algumas vezes, os Erskines serviam mais de trinta mesas de Comunhão. Em 18 de julho de 1734, Ralph escreve: "Havendo tal multidão de pessoas, e trinta e três mesas, o culto não durou menos de doze horas [meia-noite], e eu comecei a pregar entre doze e uma [meia-noite e uma], sobre aquele texto: 'Eis que teu tempo era tempo de amor', e a congregação foi despedida entre uma e duas horas da manhã." Um ano depois, ele ministrou a Ceia do Senhor a trinta e oito mesas de comungantes.

Não obstante, os Erskines anelavam por mais fruto proveniente de sua pregação. Entristeciam de ver muitos de seus paroquianos continuando sem conversão, inclusive apáticos. Depois de trinta anos de pregação em Dunfermline, Ralph Erskine escreveu a seu rebanho: "Onde está o fruto que se podia esperar depois de trinta anos de trabalho? Quem creu em nossa pregação? Quão poucos entre vós fostes atraídos a Cristo!" Na época da pregação sobre o "tabernáculo de Davi que caiu" (Am 9.11), Ebenezer Erskine se queixou: "Oh! que esterilidade e ausência de fruto se encontra sob a pregação do evangelho!"

Aqueles a quem Deus grandemente abençoa, também testa, para que se mantenham humildes, ou, como Eliú o expressou, "para livrar do homem a soberba" (Jó 33.17). As tribulações dos Erskines viriam em quatro ondas gigantes, começando no início da década de 1720 e continuando por mais de duas décadas.

A CONTROVÉRSIA SOBRE A *MARROW* [ÂMAGO]

A primeira grande provação, que se tornou conhecida como *The Marrow Controversy*, acicatou a igreja escocesa de 1717 a 1723. A controvérsia centrou-se no Credo de Auchterarder. Em 1717, William Craig, um teólogo estudioso, assumiu o debate com a Assembleia Geral sobre uma das proposições que o Presbitério de Auchterarder requeria que todos os candidatos à ordenação assinassem. A proposição, cuja intenção era guardar-se contra o arminianismo, rezava: "Eu creio que não é saudável e ortodoxo ensinar que devemos abandonar o pecado a fim de irmos a Cristo e pôr-nos em aliança com Deus." A Assembleia se pôs do lado de Craig, declarando que a proposição é "espúria e mui detestável". Ela reza também que a afirmação tencionava "estimular nos cristãos a indolência e afrouxar a obrigação do povo à santidade evangélica".

A comissão da Assembleia amenizou bastante a aspereza do pronunciamento da Assembleia Geral, declarando em seu registro à Assembleia de 1718 que o Presbitério era são e ortodoxo em seu intento, ainda que a palavra escolhida fosse "injustificável" e não devia ser usada outra vez. No contexto desse debate, "Thomas Boston disse a John Drummond de Crieff, que havia recebido ajuda anos atrás sobre a questão discutida, de um livro relativamente desconhecido intitulado *The Marrow of Modern Divinity* [O Âmago da Teologia Moderna], escrito em 1645 por Edward Fisher, um presbiteriano de Londres. Drummond mencionou o livro a James Webster de Edinburgo, o qual contou a James Hog de Carnock sobre ele. Hog prefaciou uma reimpressão do livro em 1718.

O livro de Fisher refletia o pensamento reformado ortodoxo de seu tempo. Ele enfatizava uma oferta imediata de salvação aos pecadores que olhassem para Cristo com fé. Isso foi avidamente endossado por Boston e os

Erskines, que eram líderes entre a minoria evangélica da igreja. Entretanto, a ênfase de Fisher suscitou a oposição do partido controlador da igreja, os quais, como neo-nomianos, mantinham que o evangelho é uma "nova lei" (*neonomos*), substituindo a lei veterotestamentária com as condições legais de fé e arrependimento, as quais devem ser satisfeitas antes que se possa oferecer a salvação. Esses neo-nomianos, mais tarde conhecidos como os moderados, mantinham a necessidade de abandonar o pecado antes que Cristo possa ser recebido, enquanto os Erskines e seus amigos evangélicos diziam que somente a união com Cristo pode capacitar o pecador a tornar-se santo.

Os moderados consideravam um chamado à imediata confiança em Cristo e à plena certeza como sendo perigosamente antinomiana. James Hadow, do Colégio de Santa Maria, em St. Andrews, identificou uma série de afirmações supostamente antinomiana no livro de Fisher, incluindo uma que ele pensava afirmar que o crente não está sujeito à lei divina como regra de vida, e outra que parecia sugerir que a vida santa não era essencial à salvação. Hadow disse ainda que o livro ensinava que a certeza é da essência da fé, e que o temor da punição e a esperança de galardão não são motivos próprios da obediência de um crente. Finalmente, Hadow alegou que o livro de Fisher ensinava a expiação universal, porque ele asseverava que a morte de Cristo era "um ato de dom e concedida à humanidade perdida".

Orientada por Hadow, a Assembleia Geral da igreja condenou *The Marrow of Modern Divinity*, em 1720, e exigiu que todos os ministros da igreja advertissem seu povo contra tal leitura. Os Erskines, Boston e nove de seus colegas, conhecidos como os Marrowmen ou irmãos Marrow por sua defesa do livro de Fisher, protestaram contra esta ação, porém sem efeito. Foram formalmente censurados pela Assembleia Geral em 1722.

A Controvérsia Marrow acalmou-se por volta de 1723, mas seus efeitos prolongaram-se. Os Irmãos Marrow sofreram rejeição contínua na Igreja da Escócia. Perderam muitos amigos e oportunidades de mudar-se para paróquias mais importantes. Em 1724, Ebenezer Erskine foi candidato por convocação ao primeiro mandado em Kirkcaldy, mas quando o povo se opôs à sua candidatura em razão de sua participação na controvérsia Marrow, a comissão da Assembleia de 1725 recusou permitir que seu nome constasse na lista. Em alguns Presbitérios, os atos de aprovação da Assembleia contra o livro de Fisher chegaram a ser até mesmo uma qualificação para a ordenação.

Não obstante, os Erskines e os demais Irmãos Marrow continuaram a ensinar e a escrever sobre as doutrinas que a Assembleia havia condenado. Thomas Boston publicou suas copiosas notas sobre *The Marrow of Modern Divinity* na edição de 1726, e Ralph Erskine escreveu vários tratados em defesa da teologia Marrow. Os Irmãos Marrow apresentaram também protestos formais adicionais, porém sem efeito, à Assembleia para reverter seu julgamento sobre o livro de Fisher.

Os defensores de Marrow se convenceram de que a Assembleia, ao condenar o livro de Fisher, condenava a verdade evangélica. Em termos doutrinais, a controvérsia se centrou em torno de vários aspectos da relação entre a soberania de Deus e a responsabilidade humana na obra da salvação. Os Irmãos Marrow enfatizavam a graça de Deus, e a Assembleia insistia no que se deve fazer a fim de obter-se a salvação. Os Irmãos Marrow descreviam o pacto da graça como um testamento contendo as promessas da graça de Deus em Cristo, a qual é graciosamente oferecida a todos. A certeza se encontra primariamente em Cristo e Sua obra. Eles diziam que a resposta do crente a isto é amor e gratidão. Seus oponentes viam o pacto como um contrato com obrigações mútuas. O evangelho é oferecido somente ao preparado ou pecador "sensível", e a certeza focaliza as boas obras do crente. Obediência é uma resposta às ameaças da ira de Deus e igualmente ao Seu amor.

As divisões teológicas na controvérsia Marrow refletiram divisões similares no pensamento reformado. Os Irmãos Marrow estavam em mais harmonia com a ortodoxia reformada dos séculos dezesseis e início do dezessete, codificada na Confissão Westminster e os catecismos. Os oponentes Marrow, ainda que representassem a maioria dos ministros da Igreja da Escócia, no início do século dezoito, refletiam as tendências legalistas de uma parte da teologia reformada que se desenvolveram no término do século dezessete.

PATROCÍNIO E DISSIDÊNCIA

A segunda maior prova que afetou os Erskines se centrou na questão de patrocínio. A Assembleia de 1731, tratando de uma proposta "concernente ao Método de Plantar Igrejas Vacantes", legalizou a designação de ministros por meio de patronos (ricos proprietários de terra) em vez de pelo voto dos membros da igreja. Ambos os Erskines se expressaram contra a proposta, argumentando tenazmente em prol do direito que o povo tem de escolher seus ministros. Ralph Erskine recusou aquiescer no estabelecimento de um ministro em Kinross contra a vontade do povo, e tomou uma parte ativa em defender o Presbitério diante da Comissão por haver recusado ordenar o ministro.

A Assembleia de 1732 reafirmou o endosso do patrocínio, ainda quando a maioria dos presbitérios que responderam tivesse problemas com ele ou resolutamente se opusesse a ele. Nisto, a Assembleia violou o assim chamado Barrier Act [Ato Divisório] da Assembleia de 1697, o qual protegia os tribunais eclesiásticos inferiores da imposição dos tribunais eclesiásticos superiores, declarando que "antes que alguma Assembleia Geral passasse quaisquer atos que devessem ser obrigatórios (e eram), estes fossem remetidos à apreciação dos diversos presbitérios [e] sua opinião e consenso se reportassem à próxima Assembleia Geral". Além do mais, a Assembleia de 1732 recusou receber uma petição assinada por 2.000 pessoas e outra assinada por quarenta e dois ministros, incluindo os Erskines, contra os males do patrocínio.

Ebenezer Erskine pregou contra o Ato de 1732 quando retornou à sua própria congregação em Stirling. Pregou ainda um poderoso sermão intitulado "A Pedra Rejeitada pelos Construtores, Exaltada como a Cabeça do Ângulo", diante do Sínodo de Perth e Stirling, em que denunciava o mal do patrocínio e os crescentes defeitos na igreja em questão de doutrina e governo. Erskine traçou um paralelo entre a conduta perversa dos sacerdotes e líderes durante o ministério terreno de Cristo e as recentes transações da Assembleia Geral. Ainda que criteriosamente elaborado, o sermão suscitou tanta discussão que o Sínodo votou uma censura a Erskine. O Sínodo discordou da afirmação de

Erskine de que "a promessa de Deus de governo é dada não aos herdeiros ou patronos, e sim à Igreja como o corpo de Cristo".

"Como é um privilégio natural de cada casa ou sociedade humana fazer a escolha de seus próprios servos ou oficiais", dizia Erskine, "assim é o privilégio da casa de Deus de uma maneira particular." Quando a Assembleia de 1733 endossou a censura do Sínodo, Erskine e três de seus colegas apresentaram um protesto. A Assembleia respondeu, insistindo que os quatro se arrependessem do protesto. Caso recusassem fazê-lo, uma censura mais elevada seria emitida contra eles.

A última Assembleia daquele ano cumpriu aquela ameaça por uma maioria de um. Ela suspendeu Erskine e três outros ministros de suas igrejas locais, declarou suas igrejas vacantes e proibiu que fossem contratados como ministros de qualquer Igreja da Escócia.

Os quatro ministros (Ebenezer Erskine, James Fisher, Alexander Moncrieff e William Wilson) se reuniram em Gairney Bridge, nas proximidades de Kinross, em dezembro de 1733, onde formaram o Presbitério Associado, dando assim origem à Igreja Escocesa Dissidente. Então projetaram "Um testemunho da doutrina, culto, governo e disciplina da Igreja da Escócia", o qual apresentava cinco razões para a Dissidência:

- O partido prevalecente na igreja passou a buscar medidas que minassem a constituição presbiteriana da igreja.
- As medidas adotadas pela maioria "na verdade corrompem, ou têm a tendência mais direta de corromper a doutrina contida em nossa excelente Confissão de Fé".
- "Impõem-se termos pecaminosos e injustificáveis da comunhão ministerial, restringindo a liberdade e fidelidade ministeriais ao testificar contra o presente curso da defecção ou apostasia."
- "Esses cursos corruptos são efetuados com mão erguida, a despeito dos meios ordinários que têm sido usados para proclamá-los, e para deter o curso da presente defecção."

- Os ministros separatistas foram "excluídos de continuar um testemunho próprio contra as defecções e apostasias do partido prevalecente, sendo-lhes negada a comunhão ministerial".

Ralph Erskine, que estava na reunião da Gairney Bridge, continuou comungando e correspondendo com os outros ministros, ainda que, naquele tempo, não se unissem ao Presbitério Associado. Entrementes, seu irmão, Ebenezer, mantinha um importante papel nas atividades do Presbitério, como se nenhuma sentença fosse emitida. A maioria das pessoas no Presbitério de Stirling respondeu simpaticamente a Ebenezer Erskine e sentia-se alienada dos tribunais eclesiásticos. Muitos ministros, incluindo seu irmão, permitiam que Ebenezer pregasse em seus púlpitos.

Em 1734, a Assembleia Geral amenizou sua posição contra os ministros suspensos. Em 1735, ela convidou Ebenezer Erskine a servir outra vez como moderador do Presbitério de Stirling. Infelizmente, isso foi "pouco demais ou tarde demais", segundo Ebenezer Erskine. Depois de extensas deliberações, Erskine e seus três amigos declinaram voltar, afirmando que nenhuma de suas queixas foi atendida. Além do mais, diversas igrejas locais estavam abarrota-

Pais da Secessão

das de herdeiros e patronos como cabeças do povo. Para Erskine, a principal questão era a honra da liderança suprema de Cristo sobre a igreja e a santidade da relação entre o pastor e o povo. Erskine sentia que a santidade só podia ser criada pelo próprio Cristo. Ele diferenciava entre a estabelecida Igreja da Escócia e a Igreja *de Cristo* na Escócia, afirmando que "a última é em grande medida arrastada para o deserto pela primeira". Quando seus colegas pleitearam junto a ele que voltasse à Igreja da Escócia, ele disse que seria preferível preservar a obra e o testemunho do Senhor, se também deixassem a igreja.

Depois de muito conflito interno, Ralph Erskine juntou-se formalmente a seu irmão na Dissidência. Ele escreveu em seu diário, em 16 de fevereiro de 1737: "Eu dei minha adesão à Dissidência, explanando o que isso significava. Que o Senhor Se apiede e guie."

Em 12 de maio de 1740, ambos os Erskines e seus colegas foram depostos pela Assembleia Geral. Os Separatistas protestaram que não haviam deixado a Igreja da Escócia, mas apenas o corrente partido prevalecente da igreja estabelecida.

A maior parte da congregação de Ralph Erskine deixou com ele a igreja estabelecida. Ele escreveu: "Não sei de sete ou oito pessoas dentre todas as 8.000 pessoas examináveis desta igreja, mas parece que ainda estão satisfeitas em se sujeitar ao meu ministério de paz." Por quase dois anos, ele pregava um sermão a cada domingo sob uma tenda, e um sermão sem ser molestado pelas autoridades civis na igreja local. Um novo edifício para 2.000 pessoas assentadas foi completado em 1741. Em 1742, um novo ministro foi ordenado na igreja local, todos os nós foram quebrados, e diversas centenas de pessoas voltavam à igreja local.

No fim, quatorze dos vinte e seis presbíteros e diáconos de Erskine se juntaram à Dissidência; cinco continuaram na igreja estabelecida e sete permaneceram neutros. No entanto, a igreja de Ralph Erskine cresceu rapidamente. Ele continuou sendo o ministro liderante da comunidade.

Diferente de Ralph, Ebenezer Erskine foi imediatamente excluído de sua igreja depois de ser deposto. Em vez de permitir que sua congregação fechasse as portas, Erskine começou a pregar do lado de fora das portas. Sua congregação cresceu rapidamente nos meses seguintes. Os Erskines se tornavam cada vez mais ativos. Quando ministravam às suas próprias e grandes igrejas, e a uma variedade de outras paróquias por toda a Escócia, a causa da Dissidência crescia dramaticamente, promovendo a teologia Marrow.

A Assembleia continuou a criticar os Erskines e os Dissidentes por fazerem da justificação o alvo da fé no lugar de Cristo, e a mostrar desrespeito pelos detentores de autoridade. Os Erskines, por sua vez, sentiam que a Assembleia confundiam o antibaxterianismo e antineonomianismo com antinomianismo e por demonstrar tanto respeito pelas "pessoas de qualidade", endossando o patrocínio. Para os Erskines, tanto o coração do evangelho quanto a eficácia do governo da igreja estavam em jogo. A teologia Marrow se tornou a pedra de toque das igrejas dissentes, as quais continuavam a crescer e a exercer influência na Escócia e nas colônias.

WHITEFIELD E OS ERSKINES

A próxima prova para os Erskines foi sua dissensão com George Whitefield. Em 1739, Ralph Erskine e Whitefield começaram a corresponder depois que Whitefield falou de Erskine como "um pregador de campanha da igreja escocesa, um nobre soldado de Jesus Cristo, uma ardente e brilhante luz que havia aparecido à meia-noite da Igreja". Os dois homens se respeitavam muito, encorajando e sempre orando um pelo outro.

Ralph Erskine propôs que Whitefield visitasse a Escócia e o aconselhou como proceder com o ministério ali. Disse que seria preferível unir-se ao Presbitério Associado; agindo de outro modo, confortaria indevidamente os oponentes dos dissidentes. Whitefield respondeu que não poderia fazer isso, pois estava vindo como pregador visitante a alguém que o ouviria sem levar em conta a afiliação denominacional.

Em 30 de julho de 1741, Whitefield chegou em Dunfermline, e no dia seguinte pregou para Ralph Erskine. Então os dois foram para Edinburgo,

George Whitefield

onde Whitefield pregou em Orphan-house Park e Canongate Church. Na semana seguinte, Whitefield encontrou-se com o Presbitério Associado em Dunfermline.

Segundo o relato de Whitefield, ele e o Presbitério Associado discutiram sobre o governo da igreja e os pactos. Whitefield disse que não estava interessado em tais assuntos, mas apenas na pregação. Ralph Erskine disse a Whitefield que lhe seria dado tempo para melhor se familiarizar com esses assuntos, posto que ele fora educado na Inglaterra e não estava familiarizado com eles. Outros, porém, que não eram tão caridosos, argumentaram que Whitefield teria pontos de vista corretos sobre o governo eclesiástico, uma vez que cada alfinete no tabernáculo era importante. Whitefield se sentiu frustrado com a prolongada discussão sobre o governo eclesiástico. Ele pôs sua mão sobre o coração e disse: "Eu não o encontro aqui." Alexander Moncrieff respondeu, dando uma pancada seca numa Bíblia aberta: "Mas eu o encontro aqui."

Whitefield perguntou o que o Presbitério queria que ele fizesse. Ele foi informado que não teria que subscrever imediatamente aos pactos, mas apenas que pregasse em favor deles até que tivesse mais luz. "Por que pregar somente em favor de vós?", perguntou Whitefield. A resposta de Ralph Erskine, segundo Whitefield, foi: "Somos o povo do Senhor." Então Whitefield disse que, se os outros eram o povo do diabo, ele tinha mais necessidade de ir a eles. A reunião foi adiada.

Esse relato, o qual dificilmente incensa Ralph Erskine, estava baseado em má compreensão. Aparentemente, Whitefield atribuiu a Erskine o que foi dito por alguém mais. Erskine procurou endireitar a injustiça no domingo seguinte, condenando uma opinião que havia ouvido, a saber, que "ninguém tem a imagem de Cristo se ainda não tem a nossa imagem". Além do mais, em uma carta a Whitefield, a qual Erskine escreveu dez dias depois, ele disse: "Tua recusa de estender estreita comunhão com esta liderança pareceu-me tão discrepante da disposição que nossa primeira correspondência me fez pensar de ti, que me levou a atribuí-lo mais à precipitação de tentação momentânea, em meio ao tanger de sinos para o sermão, e algumas palavras precipitadas pronunciadas em teus ouvidos, do que a alguma tendência contrária que ora te atingiu." Erskine continuou a expressar ansiedade de que Whitefield viesse a ter tão má impressão da Dissidência, que chegasse a desistir deles. Também se congratulou com Whitefield pelas boas-vindas com que ora era recebido e pela liberalidade demonstrada para com sua pesada luta pela orfandade.

Entretanto, Whitefield continuou a associar-se com os ministros da igreja estabelecida, tornando-se inevitável seu rompimento com o Presbitério Associado. Ambas as partes se condenavam. Na *fé*, não se vê *fantasia*, nem *fraude*, nem *falsidade*, denunciou Ralph Erskine o avivamento de Cambuslang e seu emocionalismo como sendo obra do diabo e Whitefield como o agente do diabo. Em resposta, Whitefield acusou os Erskines de construírem uma Babel. Ele escreveu a Gilbert Tennent: "Os irmãos associados deveriam se envergonhar; nunca me deparei com espíritos tão estreitos."

Ainda que naquele tempo a tensão se intensificasse tanto, mais tarde os Erskines e Whitefield conseguiram um acordo pacífico das partes. Mais tarde, Whitefield escreveu em seu *noticiário*: "Encontrei-me com o senhor Ralph Erskine, e apertamos as mãos. Oh! quando o povo de Deus vai aprender que já não existe guerra?" No ano seguinte, quando Ralph Erskine morreu, Whitefield o citou, em um sermão, como um dos triunfantes santos de Deus."

O CONFLITO BURGUÊS

A última e maior prova dos Erskines envolveu o assim chamado conflito burguês. Este provou ser mais pungente e mais grave do que qualquer disputa anterior. O Voto Burguês de 1744, o qual endossava a religião do reino, foi exigido de todos os cidadãos de Edinburgo, Glasgow e Perth. O voto rezava: "Aqui, protesto diante de Deus e vossos senhorios, que professo e admito de todo meu coração, a verdadeira religião atualmente professada no seio deste reino, e autorizada pelas leis vigentes: permanecerei nele e o defenderei até o fim de minha vida, renunciando a religião romana chamada papismo."

O voto era importante porque somente aos burgueses se permitia votar, fazer transação no comércio ou pertencer a um grêmio comercial. Alguns membros do Sínodo Associado (os Dissidentes) objetaram ao voto, dizendo que ele endossava práticas na Igreja da Escócia estabelecida que os Dissidentes achavam objetáveis. Outros, inclusive os irmãos Erskines, consideravam o voto como sendo uma aprovação da fé reformada, cuja intenção era apenas excluir os católicos romanos de se tornarem burgueses. Os Erskines afirmaram o direito de fazer o voto burguês, crendo que uma posição anti-burguesa levaria ao abandono do dever cívico e político. Ralph Erskine escreveu um volume maior de panfletos do que nenhum outro membro do Sínodo Burguês, em defesa dessa posição.

Depois de três anos de reuniões sinodais, o resultado cindiu a jovem denominação. Vinte e três líderes da igreja do partido anti-burguês, sob a liderança de Adam Gib e Alexander Moncrieff, deram início a uma nova denominação, comumente conhecida como o Sínodo Anti-burguês, confessando que eram a legítima continuação da Dissidência. Big e Moncrieff eram homens piedosos e conscientes, mas, às vezes, eram excessivamente zelosos em seu conservadorismo. Como um dos filhos de Moncrieff o expressou, "Papai odeia tudo o que é novo, com a exceção do Novo Testamento."

O que fez a cisão particularmente dolorosa para Ralph Erskine foi que seu filho John bandeou-se para os anti-burgueses e ainda participou da decisão de seu Sínodo de excomungar os Erskines juntamente com outros membros do Sínodo Burguês. O Sínodo Antiburguês declarou que os Erskines seriam "tidos pelos fiéis como pagãos e publicanos".

A excomunhão impeliu Ralph Erskine a fazer algum sério exame interior, particularmente sobre como os Dissidentes se comportavam para com os deixados para trás na Igreja da Escócia. Ao examinar como Deus teria considerado esta nova cisão denominacional, Erskine admitiu "inclemência para com aqueles que deixamos na judicatura, quando nos separamos deles, sem tratá-los mais humanamente, sem orar por eles e sem exercer mais paciência com eles, especialmente quando eram amigos da mesma causa da Reforma, ainda quando não fossem iluminados na mesma maneira de testificar dela."

Esse tipo de exame interior produziu fruto. Nos anos seguintes da controvérsia, o Sínodo Burguês redefiniu sua posição (em um Testemunho Revisado), interrompeu gradualmente a prática de acordos e reassumiu amigavelmente as relações com ministros evangélicos na igreja estabelecida. Quando John Wilson, de Dundee, estava moribundo, Ralph Erskine esteve com ele. Uma mulher tentou reavivar a antiga disputa, dizendo que no céu não haveria dissensão, mas que Erskine não teria parte nele. "Senhora, no céu haverá uma dissensão completa – do pecado e da tristeza", disse ele. Wilson assentiu com um gesto.

A OBRA CONTINUA

Ainda que fossem profundamente afetados por elas, as controvérsias já não seriam prioridades pelos Erskines. Sua obra se centrava nas almas conquistadas e, por certo tempo, no treinamento de jovens ministros. Quando Alexander Moncrieff uniu-se ao Sínodo Antiburguês, solicitou-se a Ebenezer Erskine que ensinasse teologia para o Sínodo Associado; ele serviu nessa capacidade somente até 1749, quando resignou ao cargo por razões de saúde. Ralph Erskine passou mais tempo preparando homens para o ministério. Sua visão do ministério era dinâmica. Típicos de seus conceitos são os comentários que ele fez sobre Lucas 14.23, atinente à obra evangelística dos ministros:

Sua obra é não só uma obra dinâmica, enquanto pregam a lei como o mestre que conduz a Cristo, mas também uma obra atrativa, enquanto pregam o evangelho de Cristo, que foi estabelecido para atrair os homens a Ele por meio de Seu amor e graça. Sua obra é conquistadora, buscando ganhar almas para Cristo, impelindo-as a virem; e sua obra é uma obra substanciosa, para que a casa do Senhor esteja cheia; e que cada canto, cada assento, cada cômodo, cada depósito de Sua casa estejam cheios. À medida que o evangelho vai sendo pregado, Sua casa vai se enchendo; e à medida que houver espaço em Sua casa, haja trabalho para o ministro; sua obra nunca termina, enquanto houver espaço vazio na casa de seu Senhor; trazei-os para que minha casa esteja cheia.

No outono de 1752, a esposa de Ralph Erskine rogou-lhe que diminuísse e gastasse mais tempo com a família, pois então ele contava com sessenta e sete anos de idade. Ele prometeu atendê-la, mas em outubro ele se convenceu de que seu trabalho estava chegando ao fim e que se preparasse para partir em paz. No mês seguinte, ele ficou muito doente. Seu último sermão abordou o texto: "Todas as suas veredas são paz." Ele foi ficando tão fraco que a maioria de suas palavras no leito mortuário eram difíceis de se entender, porém as pessoas mais próximas dele o ouviram dizer: "Estarei perenemente em dívida com a livre graça." Suas palavras finais foram inequivocamente claras. Ele gritou para que todos ouvissem: "Vitória! Vitória! Vitória!"

Quando Ebenezer ouviu da morte de seu irmão, ele disse serenamente: "Ele ganhou de mim duas vezes: foi o primeiro a receber Cristo, e agora é o primeiro a alcançar a glória."

No entanto, logo Ebenezer seguiu. Em razão de sua débil saúde, em janeiro de 1752, Erskine determinara que seu sobrinho, James Fisher, fosse seu sucessor. No domingo após a partida de seu irmão, Erskine deixou o leito para pregar seu último sermão. Seu texto foi: "Eu sei que meu Redentor vive" (Jó 19.25).

Erskine viveu ainda dezoito meses. Quando a morte se fez iminente, um de seus presbíteros lhe perguntou: "Tu nos deste muitos bons conselhos; então te pergunto o que estás fazendo agora por tua própria alma?" Erskine respondeu: "Estou fazendo com ela apenas o que fiz há quarenta anos; estou descansando nesta palavra: 'Eu sou o Senhor teu Deus.'"

Quando um amigo lhe perguntou se ele, como Samuel Rutherford, estava agora e então recebendo um "lampejo" (um leve relanceio de Cristo), a sustentá-lo na dor, ele respondeu: "Conheço mais de palavras do que de lampejos. Ainda que Ele me mate, contudo confiarei n'Ele." E continuou dizendo: "A aliança é minha carta régia. Se não fora pela bendita Palavra, minha esperança e força já teriam sucumbido do Senhor. Tenho conhecido mais de Deus desde que vim para este leito do que através de toda minha vida."

As últimas palavras de Erskine foram à sua filha. Quando ele perguntou o que ela estava lendo, ela disse: "Teu sermão sobre "Eu sou o Senhor teu Deus."

"Oh!", exclamou, "esse é o melhor sermão que já preguei." Com isso, ele passou para a presença do Senhor seu Deus. Ele morreu em primeiro de junho de 1754, com a idade de setenta e três anos, depois de quase cinquenta e um anos de fiel ministério e vinte anos de intensas atividades na cidade de Stirling.

LIÇÕES PARA HOJE

As vidas dos Erskines contêm muitas lições para nós:

1. *O valor de cultivar uma crescente relação com Deus.* Em todo o rebuliço de seus ministérios, os Erskines nunca se esqueceram de buscar nutrição para suas próprias vidas espirituais. Oravam de manhã, ao meio-dia e à noite. Erskine formou o hábito de ler uma porção da Escritura, quase sempre sobre seus joelhos, antes de cada oração privada. Ocasionalmente, ele designava um dia especial para oração ou humilhação com sua família, em tais ocasiões ele não enviava seus filhos à escola. A família tinha que orar, falar e caminhar junta, e ele lhe falava do evangelho e dos caminhos de Deus com Seu povo.

Quaisquer que fossem suas falhas, os Erskines irradiavam um cristianismo cálido, experiencial e centrado em Cristo. Essa era a pulsação de seu ministério. Seus diários afirmam que não havia disparidade entre sua relação pessoal com Deus e a mensagem que proclamavam. Viviam em obediência à injunção de Paulo a Timóteo: "Tem cuidado de ti mesmo e da doutrina. Continua nestes deveres; porque, fazendo assim, salvarás tanto a ti mesmo como aos teus ouvintes" (1Tm 4.16).

Acaso outros também dirão de nós que não há disparidade entre nossos lábios e nossas vidas, entre a doutrina que professamos e a doutrina que exteriorizamos em nosso viver diário? A Escritura assume claramente a relação de causa e efeito entre o caráter da vida de um cristão e a frutificação de sua vida. Isso é particularmente verdadeiro dentre nós que somos ministros. Como ministros, devemos buscar a graça de edificar a casa de Deus com ambas as mãos – a mão da sã pregação e doutrina, e a mão de um coração santificado. Os Presbiterianos da Velha Escola costumavam dizer: "A verdade está em harmonia com a piedade." Nossa doutrina deve dirigir nossa vida, e nossa vida deve adornar nossa doutrina. Como pregadores, devemos viver o que pregamos e ensinamos. Como Gardner Spring escreveu, "Nossos corações devem ser o traslado de nossos sermões."

Certa vez Ebenezer Erskine disse: "Os ministros do evangelho quando ministram as verdades de Deus, devem de bom grado pregar às suas próprias almas, da mesma forma que fazem com outros; e realmente nunca se pode esperar que apliquemos a outros a verdade com algum calor ou vivacidade, a menos que façamos uma cálida aplicação dela às nossas almas. E se não fomentarmos estas doutrinas e cumprirmos os deveres que anunciamos, ainda que preguemos a outros, nós mesmos não passamos de proscritos."

Nossos sermões não serão áridos e insípidos se forem infundidos com o frescor de nossa própria e crescente relação com Deus. Jamais nos esqueçamos que pregamos mais quando vivemos melhor. "Nosso ministério é como nosso coração", escreveu Thomas Wilson. "Ninguém sabe muito acima do nível de sua própria piedade habitual." John Owen o expressa negativamente: "Se um homem ensina corretamente e anda tortuosamente, se prostrará mais na noite de sua vida do que edificará no dia de sua doutrina."

Talvez Robert Murray M'Cheyne o expressasse melhor: "A vida de um ministro é a vida de seu ministério. ... Em grande medida, segundo a pureza e perfeições do instrumento, assim será o sucesso. Não é tanto aos grandes talentos que Deus abençoa, quanto à semelhança com Jesus. Um ministro santo é uma terrível arma na mão de Deus.

2. *Os caminhos cristãos devem encarar a aflição.* Os Erskines enfrentaram muita tribulação antes de entrarem na glória. Além das controvérsias religiosas que desencorajaram sua alegria no ministério por vinte e cinco anos, suportaram muita tristeza doméstica. Ebenezer Erskine sepultou sua primeira esposa, quando ela tinha trinta e nove anos; sua segunda esposa, três anos antes de sua própria morte. Ele também perdeu seis de cinco filhos. Ralph Erskine sepultou sua primeira esposa, quando ela tinha trinta e dois anos e nove de seus treze filhos. Os três filhos que atingiram a maturidade abraçaram todos eles o ministério, um, porém, ajudou a depor seu próprio pai.

Os Erskines entenderam perfeitamente que Deus tem somente um Filho sem pecado, porém nenhum sem aflição. Seus diários estão saturados de submissão centrada em Cristo em meio às aflições. Eis o que Ebenezer Erskine escreveu quando sua primeira esposa estava no leito mortuário, e já havia sepultado vários filhos:

> Eu tenho provado a vara de Deus brandindo sobre minha família pela grande angústia de uma querida esposa, sobre quem o Senhor tem estendido Sua mão, e sobre quem Sua mão ainda permanece pesada. Oh! que eu proclame os louvores de Sua livre graça, e que me seja propiciada, hoje, uma nova e imerecida visita. Ele sempre esteve comigo, tanto em secreto quanto em público. Descobri os suaves aromas da Rosa de Sarom, e minha alma foi refrigerada com uma nova visão d'Ele, na excelência de Sua pessoa como Emanuel, e na suficiência de Sua eterna justiça. Minhas esmorecidas esperanças são renovadas pela visão d'Ele. Minhas cadeias são quebradas e meus fardos de aflição aliviados quando Ele aparece. ... "Eis-me aqui, que Ele faça de mim o que bem Lhe aprouver." Se Ele me chamar para descer às escarpas do Jordão, por que não, se essa for Sua santa vontade? Apenas estejas comigo, ó Senhor, e que Tua vara e Teu cajado me consolem, e então não temerei de caminhar pelo vale da tribulação, sim, pelo vale da sombra da morte.

Temos muito a aprender hoje sobre com viver em meio às aflições. Carecemos da aflição para nos humilhar (Dt 8.2), para nos ensinar o que é o pecado (Sf 1.12) e para conduzir-nos a Deus (Os 5.15). Robert Leighton escreveu que "A aflição é o pó do diamante com que o céu pole suas jóias." Contemplemos a vara da aflição divina como imagem escrita de Deus mais plenamente sobre nós, para que sejamos participantes de Sua justiça e santidade (Hb 12.10,11). Que nossas aflições nos levem a andar pela fé e a apartar-nos do mundo. Como escreveu Thomas Watson, "Deus quer que o mundo seja como um dente mole que, uma vez arrancado, não mais nos importune." Portanto, como os Erskines, façamos com que a aflição eleve nossas almas ao céu e pavimente nosso caminho para a glória (2Co 4.7).

Acaso você seja cristão que no momento enfrenta profundas provações, não superestime essas provações. Lembre-se de que a vida é curta e a eternidade é sem fim. Seus dias sobre a terra estão quase findos. Pense mais em sua coroa vindoura e sua comunhão eterna com o Deus Trino, com os santos e com os anjos. Como escreveu John Trapp, "Aquele que viaja para ser coroado não precisa pensar muito em um dia chuvoso."

Aqui você é um mero inquilino; uma mansão o aguarda na glória. Não se desespere. A vara do Pastor é segurada por uma mão de amor, não a punitiva mão do juízo. Pondere sobre Cristo em suas aflições – as suas não são muito maiores que as d'Ele, e acaso Ele não era totalmente inocente? Considere como Ele persevera em seu favor, como Ele intercede por você, como o ajuda a atingir as metas que Ele tem para você. No fim, Ele será glorificado através de suas aflições.

3. *A importância do governo de Cristo sobre Sua igreja.* Hoje, o patrocínio já não governa os círculos de nossa igreja. Mas, realmente desejamos que Cristo governe a igreja? Desejamos que haja humanidade em nossa igrejas, em Cristo, ou é o governo de Cristo que é impedido pelos políticos da igreja? Acaso algumas congregações exaltam seus ministros a uma posição que somente Cristo deveria ocupar – e alguns ministros não desfrutam de tal tratamento? Acaso alguns presbíteros pensam que foram chamados a conduzir a igreja conforme pensam ser o melhor, sem indagarem o que Cristo pensa ser

o melhor? E acaso muitas pessoas, numa congregação, votam pelos ocupantes de ofícios em conformidade com padrões mundanos, em vez de em conformidade com o critério apresentado por Paulo em 1 Timóteo 3 e Tito 1?

O que dizer da relação entre o ministro e sua congregação – acaso ela não é violada por sindicância de comitês e congregações que buscam satisfazer as expectativas humanas mais que a Deus? Hoje são tantas as igrejas que desconsideram a necessidade de Deus enviar um ministro particular à sua congregação, mesmo quando inicialmente ele não pode ser-lhe atraente? Acaso temos perdido de vista a supremacia de Cristo em chamar e enviar Seus embaixadores em conformidade com seu beneplácito?

4. *O valor de conduzir a visita regular às famílias, o treinamento catequético e as reuniões de oração.* O costume de Ralph Erskine era visitar com um colega cada lar de sua igreja local, a qual consistia de 5.000 pessoas, uma vez ao ano, para exame e instrução espirituais. Ele ensinava ainda catecismo aos adolescentes toda semana e escrevia catecismo para o uso deles. O catecismo era direto e pessoal. Começava com estas perguntas: "Você é jovem demais para ficar doente e morrer?" E "Você é jovem demais para ir para o inferno?" Também encorajava reuniões de fraternidade para oração e comunhão.

Ebenezer Erskine tinha as mesmas preocupações pastorais que seu irmão. Em Portmoak, ele se reunia com as crianças da igreja todo domingo para instruí-las no catecismo, bem como nos sermões do dia. Ele organizou classes da escola paroquial e começou reuniões de oração em várias partes da igreja local. Em 1714, ele escreveu orientações para sociedades de oração, esperando que todos os membros observassem. Durante suas muitas visitas pastorais, ele começava, dizendo: "Paz seja nesta casa"; então prosseguia a indagar dos adultos sobre sua condição espiritual. Examinava e encorajava também as crianças. Então terminava com oração ardente e afetuosa.

Nós, que somos ministros, demonstramos tal devoção para com nossos rebanhos? Compreendemos o valor da visitação familiar habitual – às vezes chamada "visitação da alma" por nossos antepassados – para reunir-se individualmente com os membros de nossa congregação? Richard Baxter chegou à dolorosa conclusão de que "algumas pessoas ignorantes, que passam muito tempo como ouvintes sem qualquer proveito, adquirem mais conhecimento e remorso de consciência em meia hora de colóquio [privado], do que fariam em dez anos de pregação pública". Acaso mantemos nossos corações e lares abertos às pessoas que necessitam de tal colóquio?

Como os Erskines, acaso usamos o catecismo para examinar a condição espiritual dos membros de nossa igreja e os encorajamos a buscar asilo em Cristo? Quando instruímos os jovens, como faziam os Erskines, acaso explanamos os ensinos fundamentais da Bíblia e insistimos com os jovens a confiarem sua Bíblia à memória? Acaso tornamos os sermões e os sacramentos mais compreensíveis para preparar os filhos da aliança à confissão de fé e ensinar-lhes como defenderem sua fé contra o erro?

Acaso estimulamos nosso povo a reunir-se regularmente para a oração? Acaso os levamos a essas reuniões, guiando-os pacientemente a níveis mais profundos de oração e súplica?

Realizemos nossa obra pastoral com muita paciência, não entabulemos conversões rápidas e fáceis com as pessoas. Ao contrário, como os Erskines, devemos comprometer-nos a edificar os crentes, de modo que seus corações, mentes e almas sejam conquistados para o serviço de Cristo.

5. *A importância de pensar em controvérsia no espírito cristão*. Certa vez, Agostinho escreveu: "No que é essencial, unidade; no que não é essencial, liberdade; em todas as coisas, caridade." Durante a controvérsia Marrow e a controvérsia do patrocínio, os Erskines defenderam o evangelho heroicamente, mas às vezes sem caridade, deixando a atitude sectária prejudicar essa defesa.

Seguramente, há falhas de ambos os lados do conflito Whitefield-Erskine. Era difícil para os Erskines e os dissidentes, que desenvolveram fortes conceitos de governo eclesiástico durante suas difíceis experiências com a Assembleia, tolerar a indiferença de Whitefield para com o governo eclesiástico. O biógrafo de Whitefield, Erasmus Middleton, inclusive reconheceu isso em Whitefield. Ele escreveu: "Mui certamente, ele não se preocupava com todo o governo eclesiástico externo no mundo, se os homens realmente não fossem trazidos ao conhecimento de Deus e si mesmos. Prelado e Presbitério de fato eram questões indiferentes para um homem que desejasse que "o mundo inteiro fosse sua diocese", e que os homens de todas as denominações fossem conduzidos a uma real familiaridade com Jesus Cristo".

Dolorosamente, ao terçar armas por seu próprio direito de dissentir, os Erskines recusaram aos dissidentes episcopais o mesmo direito. Ao denunciar os males prevalecentes, os Erskines perderam uma boa medida de propriedade. Às vezes seu zelo tomava a dianteira de sua caridade. Certamente, falharam em distinguir os essenciais dos não essenciais, em contribuir com o tratado oficial do Presbitério Associado de 138 páginas que listavam os pecados da Igreja da Escócia em 1744. O tratado incluía a afirmação: "Os pecados e provocações desta terra são intensificados pela bondosa recepção que muitos, tanto ministros como povo, têm dado ao senhor George Whitefield, um membro professo e sacerdote da supersticiosa Igreja da Inglaterra; e pelo grande entretenimento que se tem dado aos dogmas latitudinaristas, como propagados por ele e outros; com isso, se nega que qualquer forma particular de governo eclesiástico é de instituição divina." No calor do debate, os Erskines se esqueceram da advertência de John Howe, que "a principal entrada de todas as distrações, confusões e divisões do mundo cristão tem sido pela adição de outras condições da comunhão da igreja que Cristo não fez".

Em contrapartida, Whitefield mostrou pouca tolerância pelas dificuldades que os Erskines estavam experimentando na igreja. Ao mover-se para trás e para frente, em relação à igreja dissidente em seu estabelecimento, Whitefield aumentou a dor de pastores e congregações que haviam se separado recentemente umas das outras. Os dissidentes foram prejudicados e feridos na casa dos amigos. Haviam experimentado o profundo custo de manter seus princípios. Haviam se colocado contra o governo de uma igreja desordenada que ameaçava a pura pregação da Palavra e havia perdido muito no processo. Whitefield não compreendeu as batalhas eclesiásticas dos Erskines contra o crescente mal do moderalismo que estava lançando a morte espiritual sobre a Igreja Estabelecida. Em vista disso, a resposta de Whitefield era destituída de compaixão e compreensão. Para seu crédito, Whitefield reconheceu que os Erskines foram mais caridosos em sua oposição para com ele do que a maioria de seus colegas. Whitefield escreveu a um dos filhos de Ebenezer Erskine: "Gostaria que todos [os ministros do Presbitério Associado] fossem de igual mentalidade com seu honrado pai e tio; então os problemas não teriam sido resolvidos com uma mão tão erguida."

Quando o conflito entre os Erskines e Whitefield é visto em termos da história eclesiástica, os Erskines representavam os Reformadores, Puritanos e Pactuantes. Eles enfatizavam a fidelidade confessional, a pureza do culto e a administração bíblica da igreja. Como genuínos evangélicos, contenderam pelo evangelho genuíno e o pregaram com fervor. Ao mesmo tempo, criam que a missão do evangelho requeria uma igreja reformada e biblicamente fiel.

George Whitefield partilhou da paixão dos Erskines pelo evangelho. Ele também defendia uma soteriologia reformada. No entanto, ele tinha menos interesse na reforma da igreja. Com os Wesleys, ele foi pioneiro daquele aspecto característico do evangelicalismo moderno, um movimento para-eclesiástico.

Portanto, a agenda dos metodistas era consideravelmente mais curta do que a dos Reformadores e dos Puritanos. Costumavam também construir seu movimento em torno de si e de suas personalidades. Tendiam a reduzir o Cristianismo a uma matéria da experiência pessoal do novo nascimento e subsequente santificação.

Esses homens viveram e morreram adeptos da Igreja da Inglaterra. Como tais, toleravam o tipo de indiferença doutrinal, de prelatismo e culto ritualístico que havia sido rejeitado pelos reformadores escoceses e resistido tão firmemente pelos Pactuantes e os Dissidentes.

As questões que dividiram os Erskines de Whitefield não terminaram de todo. Têm sobrevivido na América e têm emergido reiteradamente em movimentos liderados por evangelistas tais como Charles Finney, Dwight Moddy, Billy Sanday e Billy Graham. Em cada caso, a questão da reforma da igreja tem sido deixada sem endereço. De fato, esses movimentos têm contribuído para a confusão e corrupção doutrinais do culto nas igrejas de nosso país.

Tentemos tomar a rodovia dos conflitos eclesiásticos – a rodovia do princípio que defende a fidelidade confessional e a pureza do culto e da administração com a *caridade semelhante à de Cristo*. Não tem nada a ver com Cristo ver somente as piores falhas de nossos oponentes. A verdadeira humildade põe em realce nossas próprias imperfeições e diminui os pecados dos outros. Oremos pelo amor que cobre uma multidão de males quando mantemos os essenciais da fé.

Devemos evitar dois extremos. O chamado à unidade e à caridade em Cristo nos ajudaria a evitar o tipo de denominacionalismo produzido por cisões sobre doutrinas não essenciais e diferenças egoístas. Tais cisões violam a unidade do corpo de Cristo. Como Samuel Rutherford advertiu, "constitui um terrível pecado fazer uma fenda e uma cavidade no corpo místico de Cristo só porque haja uma mancha nele." Tal discórdia ofende o Filho que morreu para derrubar os muros da hostilidade; e ofende o Espírito que habita os crentes para ajudá-los a viver em unidade.

Em contrapartida, devemos evitar o tipo de unidade que porventura uma igreja reivindique às custas de suas confissões de fé e pureza de culto. Algumas divisões são essenciais para manter a verdadeira igreja separada da falsa. "Uma divisão é preferível ao acordo com o mal", disse certa vez George Hutcheson. Os que suportam unidade espúria, tolerando heresia, esquecem que uma brecha baseada em essenciais bíblicos ajuda a preservar a verdadeira unidade do corpo de Cristo.

Em última análise, os Erskines foram dissidentes em prol de uma causa. Eles nos desafiam, na maioria dos casos, às melhores coisas. Desafiam-nos a considerar Cristo em todas as nossas aflições. Desafiam-nos a coroar o Redentor da igreja e a ter uma visão elevada da vocação ministerial. Desafiam-nos a buscar a familiaridade íntima com Deus. Fazemos bem em abraçar o compromisso pessoal de Ebenezer Erskine como sendo nosso: "Viverei para Cristo; morrerei para Ele; afastar-me-ei de todos os que tenho no mundo em prol de Sua causa e verdade." Mas pode ser que o melhor é que eles nos desafiam a proclamar e a viver uma mensagem evangélica rica, centrada nas promessas de Deus em Jesus Cristo. Como o capítulo seguinte o explica, os Erskines foram preeminentemente pregadores com uma mensagem de promessa.

CAPÍTULO 12

EBENEZER E RALPH ERSKINE: PREGADORES COM UMA MENSAGEM DE PROMESSA

Quando Samuel M'Millan publicou *The Beauties of Ralph Erskine* [As Belezas de Ralph Erskine], em 1812, seguido por *The Beauties of Ebenezer Erskine* [As Belezas de Ebenezer Erskine], em as gemas de seus sermões centrados em Cristo, os três volumes dos sermões de Ebenezer Erskine, os seis volumes dos sermões de Ralph Erskine (referenciados por volume e número de páginas do princípio ao fim neste capítulo), juntamente com o volume de Ralph, *Gospel Sonnets* [Sonetos Evangélicos], influenciaram profundamente ministros e leigo da fé reformada em vários países. Estes sermões merecem ser mais influentes hoje, e sua recém-publicação torna isso possível.

Após mostrar quão influente a pregação e escritos dos irmãos Erskine ao longo dos anos, então oferecerei vislumbres de sua pregação derivados de seu paradigma maior: as promessas de Deus aos pecadores no evangelho.

INFLUÊNCIA NA ESCÓCIA

A pregação e escritos dos Erskines afetaram dezenas de milhares de pessoas na Escócia por mais de um século. Sua pregação deu diretriz ao movimento de Secessão. Este assimilou e transmitiu a essência da teologia do

Marrow às gerações subsequentes. *Whole Works* [A Totalidade das Obras] de Ebenezer Erskine, impressas pela primeira vez em Edinburgo, em 1761, foram reimpressas mais seis vezes na Escócia. Os escritos de Ralph Erskine, publicados pela primeira vez em 1764, foram reimpressos quatro vezes na Escócia, e seu *Gospel Sonnets*, quarenta vezes no século dezoito. O pregador americano, William Taylor, um escocês que prelecionou em Yale, em 1886, sobre a história da pregação escocesa, disse que os poemas de Ralph Erskine eram citados nas celebrações de comunhão quando ainda jovem. E John Ker escreveu em 1887 que os sermões dos Erskines foram difundidos por toda a Escócia "em quase cada lar rural e cada cabana onde havia interesse pela religião".

A Igreja Livre da Escócia, a qual declarou em 1843, foi também influenciada pelos Erskines. George Smeaton, um eminente estudioso da Igreja Livre, introduziu afetuosamente uma reimpressão de *The Beauties of Ralph Erskine* [As Belezas de Ralph Erskine]. Robert Candlish, um pregador de destaque na Igreja Livre, recomendou a leitura dos Erskines, como fez o ministro e teólogo da Igreja Livre, Hugh Martin, que escreveu, em 1875, que os Erskines ainda viviam pelo povo escocês.

INFLUÊNCIA NA INGLATERRA, GALES E IRLANDA

Na Inglaterra, os homens da estatura de George Whitefield, Augustus Topladay e James Hervey enalteceram os Erskines por pregar o evangelho livremente sem sacrificar a profundidade experiencial. Durante toda sua vida, Hervey guardou uma cópia do *Gospel Sonnets* em sua mesa de estudo. Uma das últimas tarefas de Hervey foi ditar um prefácio a uma nova edição em que ele escreveu que não encontrara, durante sua vida, nenhuma obra "mais evangélica, mais confortável, ou mais proveitosa" do que as de Ralph Erskine. O estudioso holandês, P. H. van Harten, que escreveu sua dissertação doutoral sobre a pregação de Ebenezer e Halph Erskine, disse que os escritos dos Erskines corroboraram o pensamento reformado na e além da Igreja Anglicana. Este capítulo se apóia fortemente em sua obra. As obras literárias de Ralph Erskine foram de tal modo entesouradas, que, bem depois de 1879, ainda eram os livros religiosos best-sellers em Londres.

Muitos dos sermões dos Erskines, tanto quanto o *Gospel Sonnets*, foram traduzidos para o galês. Esses escritos ajudaram a formar a pregação de dois pregadores galeses do século dezoito, Howell Harris e Daniel Rowland, cujas mensagens foram instrumentos na conversão de milhares. Os metodistas da Gália "liam, emprestavam, traduziam, usavam e comentavam os irmãos Erskines", escreveu Eifion Evans. Os Erskines influenciaram também pessoas na Irlanda, particularmente através dos ministérios de John Erskine, filho de Ralph Erskine, e Fisher, neto de Ebenezer Erskine, ambos trabalharam ali por alguns anos.

INFLUÊNCIA NOS PAÍSES BAIXOS E NA AMÉRICA

De 1740 em diante, os escritos dos Erskines foram traduzidos para o holandês e receberam uma pronta aceitação nos Países Baixos. Em um típico dia de feira do século dezoito em Rotterdam, os fazendeiros indagavam nas bancas de livros pelos sermões de *Erskeine*. Alexander Comrie e Theodorus Van der Groe, dois grandes líderes da *Nadere Reformatie* (variante holandesa do pietismo do sétimo e oitavo séculos, geralmente traduzida como Segunda Reforma Holandesa), foram grandemente influenciados pelos Erskines. Comrie foi catequizado por ambos os Erskines quando garoto e mais tarde fez referência a Ralph Erskine como "meu velho e fiel amigo, a quem Deus usou como o guia de minha juventude". Van der Groe introduziu vários livros traduzidos dos Erskines, ainda que tivesse um ponto de vista mais restrito das promessas de Deus do que os Erskines. Na época da morte de Van der Groe, em 1784, os sermões dos Erskines foram mais vendidos que quaisquer outros dos teólogos ingleses ou escoceses nos Países Baixos.

Na década de 1830, Hendrik Scholte, um bem conhecido líder da Secessão que imigraram para Pella, Iowa, publicou diversos sermões de Ralph Erskine. Em meados do século dezenove, volumes dos sermões dos Erskines foram publicados três vezes, encontrando um pronto mercado entre os crentes holandeses da Igreja Reformada, bem como entre os separatistas. Entre os separatistas, os que aprovaram os sermões dos Erskines defendiam uma livre oferta da graça incondicional; os que se opuseram aos sermões julgavam que seriam infectados pelo arminianismo. Em 1904, Herman Bavinck, proeminente teólogo holandês e professor em Kampen e na Universidade Livre de Amsterdam, escreveu um prefácio grandemente laudatório a uma compilação dos sermões de Ebenezer e Ralph Erskine.

Ao longo do século vinte, os escritos dos Erskines têm sido reimpressos nos Países Baixos com muita frequência. Continuam a fomentar discussão nos círculos reformados holandeses, particularmente em temas, por exemplo, como pregar a graça aos não-salvos e como ensinar às pessoas sobre as promessas de Deus.

Na América, o ministério dos Erskines tem produzido consideráveis frutos. Benjamim Franklin viu vários de seus escritos através do prelo. Conversos do Grande Despertamento se tornaram ávidos leitores dos Erskines. Jonathans Edwards reconheceu o *Gospel Sonnets* numa carta a James Robe em Kilsyth. Cerca de 30.000 cópias do *Catecismo* de Erskine-Fisher para a infância foram vendidas na América pelo Presbyterian Board da Filadélfia. John Mason, pregador escocês em Nova York, e líder na Igreja Reformada Associada, a qual ele ajudou a estabelecer, foi nutrido pelos Erskines.

INFLUÊNCIA ECLESIÁSTICA

O corpo eclesiástico fundado pelos Erskines e seus colegas aumentou de tamanho rapidamente. O que começou como o Presbitério Associado logo se tornou o Sínodo Associado. Congregações foram estabelecidas em muitas partes da Escócia e então na Irlanda do Norte. As igrejas separatistas permaneceram um fator na vida da Igreja Escocesa em meados de 1900.

Desses dois países irmãos, membros da Igreja Associada, alguns chamados a Igreja da Secessão, e seu povo, os Separatistas, migraram para o novo mundo. Sua influência havia de ser sentida em muitos lugares. Alguns presbiterianos associados se mantiveram em seu próprio curso, e bem depois de 1960 havia algumas congregações presbiterianas associadas (AP) remanescentes. Elas se uniram às Igrejas Presbiterianas Reformadas na América do Norte (RPCNA) no final dessa década.

Outros presbiterianos associados uniram forças com os presbiterianos reformados antes mesmo de formarem a Igreja Presbiteriana Reformada (ARP) em 1782. O sínodo do sul se separou do corpo principal na década de 1820 e continua atualmente como a Igreja ARP. Em 1837, a ARP fundou um seminário na Carolina do Sul em honra dos irmãos Erskines.

Em 1858, As ARPs do norte uniram forças com a maior parte das APs remanescentes para formar a Igreja Presbiteriana Unida da América do Norte (UP). Durante uns cem anos, esta pequena, porém vital denominação, se espalhou pelo país, estabelecendo igrejas, escolas, colégios, seminários e outras instituições, e também sustentando um vigoroso programa de missões estrangeiras. As UPs foram proeminentes na causa da abolição antes da Guerra Civil, bem como nas missões entre os homens livres posteriormente. Por muitos anos, as UPs aderiram à Salmódia exclusiva e assumiram a liderança na produção de *The Psalter* de 1912, ainda em uso em muitas igrejas reformadas.

A influência dos presbiterianos associados foi um potente fator na história do Cristianismo também no Canadá. Foram os primeiros pregadores no campo em muitas partes do Ontario e nas Províncias Marítimas. Foram líderes do movimento que deu origem à Igreja Presbiteriana no Canadá em 1872.

A obra missionária das ARPs e das UPs levou ao plantio da Igreja ARP do Paquistão, da Igreja UP do Paquistão, da Igreja Evangélica Unida do Egito e da Igreja ARP do México. Igrejas foram também plantadas na Etiópia e no Sudão.

As proeminentes escolas e escritores das AP, ARP e UP incluem homens tais como John Brown de Haddington, John Dick, George Lawson, John Eadie, John Anderson, John Mitchell Mason, John T. Pressly, James Harper, William Moorehead, John Mc Naugher, Melvin Kyle, James Kelso, John Gerstner, G.I. Williamson e Jay Adams. Presbiterianos tais como James R. Miller,

Andrew Blackwood, John Calvin Reid e John Leith pertenceram às Ups ou ARPs por nascimento e educação.

Por que os Erskines foram tão influentes? Por que lê-los hoje nos é ainda importante? As respostas a estas indagações se tornariam claras quando examinamos o conteúdo dos sermões de Ebenezer e Ralph Erskine.

DOIS POR UM

Em certo sentido, os sermões de Ebenezer e Ralph Erskine foram escritos pela mesma mão. Por certo que os irmãos diferiam. Os dons de Ebenezer não eram tão notáveis quanto os de Ralph, mas Ebenezer possuía uma calma, uma força segura que faziam dele um líder superior. Ralph era mais discreto, mais devoto e mais experiente do que seu irmão, e buscava nos puritanos orientação mais profunda. Não obstante, a substância e espírito de seus sermões são tão similares – e permaneceram assim durante suas carreiras – que, examinando-os juntos, um não prejudica o outro.

Os Erskines começaram a publicar os sermões e outros escritos na década de 1720 para ilustrar as doutrinas reformadas da graça, para explicar o

Ralph Erskine

âmago da teologia e salvaguardar-se do legalismo. Seus escritos incluem a ênfase da Reforma sobre as promessas de Deus, a ênfase puritana sobre a piedade experiencial e a ênfase da Segunda Reforma escocesa sobre a teologia do pacto. Seus sermões se desenvolveram com os ensinos sobre o amor de Deus e as ofertas discriminativas de Cristo.

EXEGESE E HOMILÉTICA

Os Erskines ensinaram sobre os reformadores e puritanos como auxílio exegético. Lutero e Calvino foram seus comentaristas favoritos, entre os reformadores, e James Durham e Matthew Henry, entre os puritanos. Alguns estudiosos têm criticado os Erskines por focalizarem mais as doutrinas que fluem de um texto do que a exegese de um texto, às vezes divagando para além das fronteiras do texto, a ponto de perderem seu intento original. Entretanto, mais comumente, os Erskines mostraram em seus sermões considerável habilidade exegética, particularmente ao exporem textos sobre a salvação em Jesus Cristo.

Em termos homiléticos, os Erskines seguiram o "claro" estilo puritano da pregação. Este estilo da pregação, segundo William Perkins, fez três coisas:

1. Imprimiu o significado básico de um texto da Escritura dentro de seu contexto;
2. Explanou pontos doutrinais deduzidos do sentido natural do texto;
3. Aplicou as doutrinas "corretamente coligidas à vida e aos costumes dos homens".

Portanto, a primeira parte de um sermão de Erskine era exegética, geralmente fornecendo uma breve análise do texto; a segunda, doutrinal, afirmando e expondo alguma doutrina ou "observação"; e a terceira, aplicativa. Em geral, os Erskines dividiam a terceira parte, às vezes mencionada como "usos" da doutrina derivados de um texto, para seções tais como informação, prova (autoexame), conforto, exortação e conselho. Por exemplo, em um sermão intitulado "Presente Dever Antes de Chegarem as Trevas", baseado em

Jeremias 13.16 ("Dai glória ao SENHOR, vosso Deus, antes que ele faça vir as trevas"), Ralph Erskine ofereceu seis pontos de informação, dois pontos de autoexame, cinco pontos de exortação e seis pontos de conselho. Em razão da natureza do texto, não se ofereceu nenhuma seção para conforto.

Este método homilético às vezes levava a uma extensa série de sermões em um único texto. Por exemplo, Ralph Erskine enunciou quatorze sermões sobre a oração com base em Romanos 12.12, treze sermões sobre o viver cristão com base em Colossenses 2.6, nove sermões sobre a presunção com base em Provérbios 30.12 e oito sermões sobre "A Congregação Ditosa" com base em Gênesis 49.10.

Os sermões dos Erskines combinavam exposição doutrinal e experiencial. Em termos doutrinários, eles focavam nos grandes e centrais temas do Cristianismo: a pessoa e obra de Cristo, pecado e salvação, fé e esperança e a graça de Deus. Em termos de experiência, eles tratavam de assuntos tais como conforto, certeza, assistência nas provações e os privilégios de ser cristão.

CENTRADOS NAS PROMESSAS

Os Erskines são mais bem conhecidos pelos sermões que, ao manterem a tradição escocesa, focam nas promessas de Deus. A Confissão Escocesa de 1560 afirmava uma "fé inabalável nas promessas de Deus". Escritos como *Exposition of the XII Small Prophet* [Exposição do Décimo Segundo Profeta Menor], de George Hutcheson, e *Great Concern of Salvation* [A Grande Preocupação pela Salvação], de Thomas Halyburton, continham grande volume das promessas de Deus. Halyburton escreveu: "através de Suas promessas, Deus Se obriga para conosco".

No entanto, os Erskines enfatizavam as promessas ainda mais do que esses escritores. Ebenezer Erskine indaga: "O que é o evangelho senão uma palavra de promessa?" (1:262). E Ralph Erskine escreveu: "e vós levais o evangelho" (5:118), pois "o evangelho e a promessa são uma e a mesma coisa" (5:235).

Os Erskines nunca se cansavam de pregar sobre as promessas da Escritura. Ralph Erskine escreveu: "Eu olharei para a promessa e a porei em realce, de um Deus que promete" (5:236). Encontravam promessas em todas as partes da Bíblia, mesmo em textos como João 17.17, o qual afirma: "Santifica-os na verdade, a tua palavra é a verdade." Como escreveu Ebenezer Erskine, "Todas as histórias, profecias e sombras, bem como os tipos da Palavra, o que são senão uma exposição franca das promessas?" (1:512).

Isto focaliza as promessas de Deus que impactavam a teologia dos Erskines, numa variedade de doutrinas-chave.

1. Promessas eternas

Os Erskines pregavam sobre as promessas que são desde a eternidade pretérita até a eternidade futura. Ebenezer Erskine definia as promessas de Deus como a "revelação de Seu conselho e propósito da graça antes da fundação do mundo" (1:431). Ralph Erskine personalizou isso, dizendo que as promessas de Deus são uma "revelação de Sua graça e beneplácito aos pecadores em Cristo" (5:192).

Todas as promessas de Deus procedem de um ato de Sua soberana vontade. "Daí, todas as promessas da nova aliança são tantos *eu quero*", disse Ralph Erskine. "Eu serei vosso Deus; eu removerei o coração de pedra; eu porei em vós meu Espírito" (5:375). Da eterna perspectiva de Deus, essas promessas só podem ser reivindicadas pelos eleitos; no entanto, da perspectiva do homem, devem ser pregadas a todos os homens, pois todos quantos responderem às promessas com fé se tornarão recipientes delas. As promessas são feitas aos eleitos, porém são endossadas ou dirigidas a todos "os que ouvem o evangelho, com sua prole", diziam os Erskines. Portanto, cada ouvinte *tem o direito de acesso* às promessas, mas somente os eleitos têm *o direito de posse*. Somente eles abraçarão as promessas de Deus mediante a fé (*Exposition of the Shorter Catechism* [Exposição ao Breve Catecismo], questões 81-84 sobre a pergunta 20).

O Deus que faz promessas desde a eternidade também as cumpre no tempo. "Deus não é apenas alguém que fala, mas alguém que faz", escreveu

Ralph Erskine (2:308), "dando ser [ou existência] às Suas promessas" (5:382) nesta vida através de Sua Palavra. Os Erskines se deleitavam em citar Romanos 10.6-8 para ressaltar que os pecadores não têm que subir ao céu para tomar posse das promessas, porque a Palavra está perto de nós, sim, em nossa boca e coração (EE, 1:435-36; RE, 5:278). Ralph Erskine ilustrava isso dizendo que, como a água flui de uma fonte remota para uma cidade por meio de tubulações e é trazida para a própria boca do povo a fim de que a bebam de uma torneira, assim a água da vida flui da fonte mestra, o Deus Trino, através das tubulações das promessas no evangelho diretamente às nossas bocas (5:278).

A proximidade das promessas de Deus elimina qualquer escusa da parte dos incrédulos. Em seu sermão sobre João 3.18 ("Unbelief Arraigned and Condemned at the Bar of God" [Os Incrédulos Citados e Condenados ante o Tribunal de Deus], disse Ebenezer Erskine: "Estou convencido de que, se os pecadores soubessem quão perto é Cristo trazido a nós pelo evangelho, na salvação que Ele operou, não haveria entre nós tantos pecadores incrédulos" (1:358).

A promessa permanece firme no futuro. O Cristo glorificado é a eterna promessa de Deus, tanto agora quanto no futuro, pois Ele já subiu e reinará para sempre. O céu é onde a promessa de Deus atingirá plena perfeição (RE, 2:519ss.).

2. O evangelho como promessa

Os Erskines ensinavam que as promessas de Deus são meios de salvação. Posto que a promessa e o evangelho coincidem, a promessa é tão poderosa para a salvação como o é o evangelho. Ralph Erskine explicou isso em seus sermões sobre Gálatas 4.28, intitulados "The Pregnant Promise" [A Promessa Fecunda]. Ele disse que, assim como Isaque nasceu mais do poder da promessa do que da natureza, também os crentes são "filhos da promessa" através da eterna promessa de Deus em Cristo (5:96). "A poderosa e prolífica promessa de Deus" é assim o canal do poder salvífico (5:108). Na mente de Deus, a concepção espiritual ocorreu na eternidade, visto que os eleitos eram a semente de Deus prometida a Ele no Conselho de Paz (Is 53.10), mas o nascimento espiritual ocorre no tempo. O ventre gestante da promessa de Deus, que nunca pode abortar-se, é aberto no momento da regeneração por Seu próprio poder. Enquanto o prazer de Deus é a "causa motriz" final desse novo nascimento, a promessa de Deus é seu meio – a "causa instrumental".

3. Promessas em Cristo

Os Erskines ensinavam que as promessas são inseparáveis de Jesus Cristo. As promessas foram feitas a Cristo no Conselho de Paz, mas Ele é também seu conteúdo. Ralph Erskine ilustrou a relação de Cristo com as promessas, dizendo que a promessa é como um cálice, mas Cristo é a bebida retida pelo cálice. A fé é não apenas extraída do cálice da promessa e visualizada nele; ela [a fé] só é satisfeita quando sorve Cristo. Sorver o cálice de Cristo pela fé operada pelo Espírito ilumina a mente e move a vontade de buscar mais a Cristo, disse Ralph Erskine (1:126). A glória de Cristo enche a alma quando Ele aparece em toda Sua beleza como Salvador e Senhor. A inimizade natural é desfeita, a vontade e os afetos são renovados e os pecadores clamam que Cristo é mui adorável, o principal entre dez milhares.

A pregação dos Erskines era então totalmente centrada em Cristo, mantendo intacta a pregação da Reforma. Para eles, pregar era "a carruagem que conduz Cristo para cima e para baixo no mundo", como escreveu Richard Sibbes. "Cristo é a Cabeça e o centro de toda a verdade evangélica, e devemos reter a Cabeça; e assim reteremos a verdade", proclamou Ralph Erskine (4:491). Em outro lugar, ele disse: "Sejam quais forem os múltiplos artigos da verdade, contudo a própria verdade é una; e Cristo, o centro, é apenas um" (4:246). Os Erskines criam que a Bíblia é o manancial para se pregar Cristo. Estar centrado na Palavra e estar centrado em Cristo são sinônimos, visto que a Palavra proclama Cristo e Este proclama a Palavra. No dizer de Ebenezer Erskine à sua congregação, "Todas as profecias, as promessas, as histórias e as doutrinas da Palavra nos encaminham a Ele, como a agulha na bússola do marinheiro aponta para a estrela Polar. ... Nossa pregação e vosso ouvir são sem efeito a menos que vos conduzamos ao conhecimento de Cristo e à familiaridade com Ele. ... Todas as linhas da religião se encontram n'Ele como seu centro" (2:7-8).

Os Erskines apresentavam Cristo em Sua capacidade e disposição de salvar e Sua preciosidade como o Redentor de pecadores perdidos. Pregar Cristo com articulação teológica, grandeza divina e vitoriosa paixão era sua tarefa mais importante e mais essencial. Assim, eles decidiram pregar sobre textos de ambos os Testamentos que se acham centrados em Cristo e no evangelho (RE, 5:88). Enunciavam que cada texto leva a Cristo, seja direta ou indiretamente, porém era da responsabilidade do ministro focar nos textos mais saturados de Cristo, pois "quanto mais Cristo Se encontre em algum texto, mais a medula e a gordura, mais o aroma e a suavidade serão nele [o sermão] a alma que O conhece", escreveu Ebenezer Erskine (2:8).

4. Promessas no Pai e no Espírito

Os Erskines ensinavam que as promessas são também inseparáveis do Pai e do Espírito Santo. Em Cristo, Deus mesmo vem a nós como o Redentor Trino, declarando "Eu sou o Senhor teu Deus". Em tais promessas, o Pai Se dá com todos os Seus atributos divinos para salvar-nos e ajudar-nos. Assim faz o Espírito, pois Cristo prometeu enviar o Espírito aos crentes a fim de habitá-los (Jo 16.7; RE, 5:101).

Não obstante sua cristocentricidade, os Erskines também dedicaram considerável atenção à pessoa e obra do Pai, cujos atributos estão representados em Cristo, e à presença e obra do Espírito Santo, através de quem Cristo opera o que mereceu para os crentes. Enalteciam o Deus Trino e aviltavam o homem como pecador. Não se preocupavam em injuriar a auto-estima de seus ouvintes no processo, pois se preocupavam em demasia em valorizar o Deus Trino: o Pai que nos criou à Sua imagem, o Filho que restaura em nós essa dignidade pela redenção e adoção, e o Espírito Santo que nos habita e faz de nós Seu templo. Os Erskines teriam visto mensagens que edificam mais a auto-estima do que se centram no Deus Trino como mensagens que engodam. Em nós mesmos, nada temos que estimar à parte de Deus e de Sua graça; à parte d'Ele, somos apóstatas, indignos e atados ao inferno.

5. Promessas de toda espécie

Deus vem a nós em Cristo, e Este vem a nós numa deslumbrante riqueza de promessas. Tais promessas satisfazem qualquer condição de qualquer crente. Em um sermão, Ralph Erskine catalogou cinquenta aspectos da salvação contidos nas promessas, e alegou que poderia catalogar mais mil (5:259-60). Ele perguntou: "O que podeis desejar que não esteja na promessa?" Então respondeu:

> A promessa contém o livramento do pecado, da culpa do pecado, da poluição do pecado, do poder do pecado, do aguilhão do pecado; da mácula do pecado, do fruto do pecado, da fonte do pecado e, por fim, da própria existência do pecado. Eis as promessas do livramento da ira, da lei, da justiça, da morte, do inferno, do mundo, do diabo e dos homens irracionais. O livramento das tribulações, dos opróbrios, dos temores, das dúvidas e das fadigas; livramento do abandono e do desespero, das carências e da fraqueza, dos erros e das injúrias feitas aos vossos nomes ou aos nomes de outros; livramento de todos os ais e exaustão; livramento da desistência e apostasia; livramento das pragas e de todas as imperfeições; inumeráveis livramentos e mercês positivas; mercê que perdoa, mercê que subjuga o pecado, mercê que cura, mercê que vence, mercê que conforta, mercê que sustenta, mercê que aumenta a graça e mercê que aperfeiçoa; mercê que santifica, aperfeiçoando todas as providências, todas as cruzes, todas as relações; mercê que defende, mercê que fortalece, mercê que socorre, mercê que segue, que ilumina, vivifica, que engrandece; mercê que supre vossas carências, dissipa vossos temores, cobre vossas enfermidades, ouve vossas orações, que ordena todas as coisas para vosso bem; e livramento para a vida, para a glória e para a imortalidade eternas (5:259).

Ebenezer Erskine também se deixou impressionar com a variedade das promessas de Deus. Ao pregar em Apocalipse 22.2 ("as folhas da árvore eram para a cura das nações"), Erskine disse que as promessas, como as folhas numa árvore, são tão diversas, que não há aflição que não possam curar. "Qual é tua doença, ó pecador? Seja qual for, acharás nesta árvore uma folha que pode curar-te", disse ele (1:502). Ralph Erskine concorreu, desafiando: "Aponta-me um caso que a promessa não alcance" (5:118).

As pessoas têm de ser apanhadas como peixe pelas promessas do evangelho. Ralph Erskine disse que o pregador, que é um "pescador de homens", deve lançar "o feixe de promessas" como anzóis numa linha para pescar pessoas. Os anzóis são de diversos tamanhos para pescar todo tipo de pessoas. "Acaso dirás: 'Não passo de um mísero e insignificante verme?' Muito bem, há um anzol para ti. 'Não temas, verme Jacó, eu te ajudarei.' Acaso és pobre e necessitado? Há um anzol para ti: 'Quando o pobre e necessitado buscar água... eu, o Senhor, o ouvirei.' És uma criatura pobre e cega, que não sabe qual caminho seguir? Há um anzol para ti: 'Eu guiarei o cego por um caminho que não conhece.'"

"Se uma promessa não se adéqua a ti, busca outra", continuou Erskine. "Se um anzol é grande demais para ti, outro te será de um tamanho apropriado. Oh! alma ditosa, deixa-te pescar! Pois o anzol não te ferirá, mas apenas te arrastará à mesma ditosa praia com todos os filhos da promessa" (5:128-30).

6. Promessas incondicionais

Para animar os pecadores a tomarem posse das promessas, os Erskines ressaltaram a natureza incondicional dessas promessas. Em oposição às crescentes formas de legalismo, neo-nomianismo e arminianismo, Ralph Erskine já havia se queixado, em 1720, que "o glorioso evangelho está muito obscurecido hoje com termos, condições e qualificações legais" para ir a Cristo e abraçar as promessas (1:52). Ele reconhecia que os corações se inclinavam para o legalismo a fim de ser alcançado pela lei ou outras condições, inclusive a fé, o arrependimento, o pranto e a oração, na esperança de agradar a Deus e efetuar paz com Ele (1:168).

O argumento dos Erskines é que todas as condições das promessas já estão satisfeitas por Deus. Ou Cristo satisfaz essas condições para o pecador ou a condição de uma promessa é oferecida por Deus em alguma outra promessa. Em cada caso, Deus satisfaz as condições para os pecadores que buscam as promessas pela fé. Assim, nenhum pecador pode rejeitar qualquer promessa de Deus em razão não poder satisfazer as condições. Como Ralph Erskine escreveu: "Não há forma condicional imposta a alguma promessa na Bíblia para impedir a alma de aplicar e reter a promessa, senão [ao contrário] induzi-la a abraçar a condição, quer aceitando a Cristo como a condição, ou correndo após uma promessa absoluta, onde se promete essa condição" (5:129).

No dizer dos Erskines, ensinar de outro modo equivale misturar o pacto das obras com o pacto da graça, ou misturar lei e evangelho. A distinção entre a lei e o evangelho deve ser mantida como um tesouro. A lei é um preceito; o evangelho é uma promessa (RE, 5:164-65). "Quão miseráveis sois, vós que sois ouvintes do evangelho, se nunca podeis chegar a compreender o que é o evangelho e o que é a lei!", advertiu Ralph Erskine. "A lei sempre segue uma trilha obrigatória; isto é, com mandamentos e ameaças; o evangelho, porém, percorre uma trilha promissora; a lei gera temor e medo, e o evangelho gera esperança; e ditosos são os que, sendo terrificados pela lei, têm como fugir para o evangelho... pois aí está toda a tua salvação" (5:193).

7. Fé: não condição para as promessas

Mesmo a fé não é uma condição para o evangelho. Os Erskines concorreram com Robert Traill, que escreveu: "Fé em Jesus Cristo para a justificação não é condição nem qualificação, mas, em seu próprio ato, uma renúncia de todas essas pretensões." Daí os Erskines escreverem sobre "a graça da fé". Fé é um dos efeitos primários nos eleitos quando são eficazmente chamados (RE, 1:257). Como um selo deixa uma impressão na cera, assim a fé responde ao chamado do evangelho (RE, 4:453).

A fé é "o caminho do evangelho", dada por Deus, não uma condição meritória da parte do homem. A mão que recebe a fé pressupõe a mão doadora de Deus (RE, 3:9; 5:16). De acordo com o Breve Catecismo, a fé nada faz senão receber Jesus como Ele é oferecido no evangelho. Como escreveu Ralph Erskine, fé é "a graça que une. ... Ela nos faz, espiritual e misticamente, um com Cristo" (3:475, 477). Por causa da união íntima da fé com Cristo, o crente tem direito a Cristo e a toda sua obra medianeira (RE, 2:172). A fé traz Cristo e Sua salvação para morar na alma; ela é uma "graça que guia e comanda", contudo, em seu caráter receptivo, "ela parece a mais pobre, a mais frágil e a mais desprezível de todas as graças".

Ao descrever a mulher que ungiu Jesus (Lc 7.36-5), Ralph Erskine escreveu: "O amor traz unguento sobre a cabeça de Jesus e as lágrimas de arrependimento lavam seus pés; a fé, porém, nada dá e nada leva a Cristo; contudo, ela se destina a um ofício mais elevado do que qualquer outra graça: [porque] ela é a mão que recebe a Cristo e recebe d'Ele todas as coisas" (3:476).

A fé não está condicionada ao evangelho; antes, a fé em si está prometida nas promessas de Deus, tal como o Salmo 110.3 ("o teu povo se apresentará voluntariamente, no dia do teu poder"). Ralph Erskine dizia que esses textos são "absolutos", isto é, não têm condições anexas a eles (5:239). Se não fosse assim, ninguém seria apto a crer. Se a fé fosse uma condição, as pessoas poderiam objetar contra o evangelho, dizendo: "Mas eu não posso crer!" Se a fé não fosse em si mesma prometida incondicionalmente, o evangelho não seria boas notícias aos pecadores que lamentam sua falta de fé (5:107).

Ralph Erskine era cônscio de que pregadores do nível de Robert Rollock, Samuel Rutherford e David Dickson falaram da fé como uma condição. Seu argumento, porém, é que, quando agiram assim, não viam a fé como uma condição no sentido peculiar desse termo (5:107). Ralph Erskine teria aprovado o que Robert Shaw mais tarde escreveria: "Alguns teólogos eminentes têm denominado a fé de uma condição, os quais estavam longe de ser da opinião de que ela é uma condição assim chamada propriamente, sob cuja realização os homens, segundo a graciosa aliança de Deus, teriam o direito à justificação como sua recompensa. Sua intenção era meramente que sem fé não podemos ser justificados – que a fé deve preceder a justificação na ordem da natureza. Mas, como o termo *condição* é muito ambíguo, e calculado a confundir os ignorantes, então ele deve ser evitado."

Segundo os Erskines, o ato de fé, pelo qual recebemos Cristo, é um ato que renuncia totalmente todas as nossas obras e justiça como uma condição de salvação. A fé é a cessação de todo mérito e completa renúncia e a aceitação do que Cristo tem feito por nós. É o próprio sustentáculo de nossa alma, compreensão, vontade, afetos e a própria vida unicamente no sangue de Cristo (RE, 1:116, 301).

Os Erskines usavam o termo *condição* em um contexto criteriosamente definido. Juntamente com Andrew Gray, eles ensinavam que algumas promessas tinham condições ou eram condicionais. Entretanto, promessas condicionais não denigrem o caráter incondicional do evangelho; antes, uma benção pactual está atrelada à outra como elos de uma mesma corrente. Existe uma ordem nas bençãos pactuais de Deus. A fé é dada como uma parte da promessa de Deus (RE, 4:128), então as outras bençãos são recebidas pela fé através das promessas condicionais. Se as promessas condicionais, tais como Malaquias 4.2 ("Mas para vós outros que temeis o meu nome nascerá o sol da justiça, trazendo salvação em suas asas; saireis e saltareis como bezerros soltos da estrebaria"), nos fortalecem, deveríamos, pela fé, buscar asilo nas promessas absolutas de Deus, tais como João 12.32 ("E eu, quando for levantado da terra, atrairei todos a mim mesmo") a fim de obtermos a condição da promessa condicional (5:106).

Ralph Erskine ensinava que nunca deveríamos confundir o *direito* de crer e o *poder* de crer. O direito de crer é baseado na oferta da graça e na ordem evangélica de crer. O poder de crer é dom do Espírito Santo. Assim, todo o que crê credita sua fé à obra interna do Espírito como resultado da graça eletiva de Deus.

Então o crente deveria orar pela obra do Espírito. Não obstante, no dizer de Ralph Erskine, isso não significa que o pecador deva sentir o poder do Espírito a fim de crer. Quando o chamado evangélico é impresso em nosso coração, podemos crer sem sentir o poder interno do Espírito. Tal fé não é audaciosa, pois como poderia o mandamento de obediência a Deus ser audacioso? É mais audacioso dizer que um pecador não pode crer até que sinta o poder de crer. Por contraste, a verdadeira fé confessa: "Não tenho poder; daí, de mim mesmo, fugir para Cristo e para a Palavra da promessa a fim de abraçar seu poder prometido" (2:307-322).

Ao pecador que indagou: "e se eu não for eleito?" Ralph Erskine respondeu: "Não te intrometas nesse segredo. Se teu coração ceder à oferta da graça e fizeres de Cristo tua escolha pela fé, então tua eleição é segura. Se disseres: "Se nem todos serão salvos – talvez eu também não", respondemos: "Alguns serão salvos, e por que não serás um deles?" (1:55, 157).

Erskine pergunta: "Por que nem todos os que ouvem o evangelho são salvos?" "Acaso não é porque não se dão ao trabalho de ir a Cristo para que sejam salvos pela fé? Se não recebes a Cristo, serás condenado por negligenciá--Lo – não porque não foste eleito (1:99; 2:408). Não podemos dizer se és eleito ou eleita, portanto creias. Não temos tal comissão. Deus diz por meio deste evangelho: 'Quem quiser, que O receba'; e, ao recebê-Lo, terá prova de que é um vaso eleito (2:182-83). Mas, tu dirás: 'Se não sou eleito, não obterei a graça de ir.' Respondemos que não podias começar melhor no outro extremo: se não queres ir, quem pode culpar-te senão tu mesmo que não queres ir? Acaso te queixarás de que não possuis a graça de ir e ainda rejeitas o evangelho da graça que é o único que pode fazer-te querer? Se um dia chegares ao inferno, será por causa de tua incrédula rejeição do evangelho. Portanto, a não-eleição não pode ser-te um entrave, pois este é um segredo com o que ora não podes preocupar-te" (3:312-13; 5:224-26). Os Erskines concorriam com George Whitefield que aconselhava: "Vai à gramática escolar da fé e arrependimento antes de cuidares da universalidade da eleição."

8. Arrependimento, convicção e as promessas

Os Erskines diziam que o arrependimento não é uma condição da salvação. Semelhantes a Calvino, os Erskines ensinavam que o arrependimento não é a causa da graça, nem uma condição da graça, mas sempre uma consequência da graça. O arrependimento se deriva da fé, não vice-versa. Se o arrependimento procedesse da fé, então a santificação, da qual o arrependimento é uma parte, seria indispensável à justificação, como ensina o catolicismo romano. Ao contrário, o arrependimento é um volver do pecado para Deus através de Cristo, pela fé.

Quando percebida pela fé, a bondade de Deus produz arrependimento evangélico. Esse, não o legal, é o tipo de arrependimento de que necessitamos. O arrependimento legal tenta qualificar o coração diante de Deus mediante aquele remorso que não está radicado no evangelho e em suas promessas. Este deve ser distinguido do "arrependimento evangélico", o qual, pela fé, visualiza Cristo como plenamente qualificado para os pecadores e se angustia ante o fato de o coração haver pecado contra o evangelho e suas promessas. Tudo quanto não provém de fé é pecado (1:433-34).

Todavia, o poder convincente da lei na alma certamente não é supérfluo. Os Erskines ensinavam que Deus usa normalmente a lei para convencer um pecador antes de confortá-lo com o evangelho. O Espírito de Deus usa a lei para persuadir o pecador de quão profundamente ele tem transgredido os mandamentos e quão incapaz é de obedecê-la (RE, 2:279-81; 3:10). O pecador perde toda a esperança de ser justificado pela lei ou por suas próprias obras (RE, 1:134), e confessa que Deus poderia, com justiça, enviá-lo ao inferno (RE, 1:70).

Os Erskines ensinavam que, sob a tutela do Espírito, a convicção de pecado, [causada] pela lei, aumenta a livre graça, em vez de diminuí-la. Não obstante, a convicção não é uma condição para o evangelho, e nem qualifica o pecador para o evangelho. Essa é a razão pela qual:

1. A humilhação genuína, sob a maldição da lei e o juízo de Deus, nos faz menos qualificado, em nossa própria estima, para a salvação. Esta é a forma de Deus conduzir o pecador a uma necessidade mais profunda de Cristo. Ralph Erskine dizia que, já que o propósito do Espírito, em levar os pecadores à desesperança, é impeli-los a fugirem para Cristo, os ministros devem tocar duas trombetas. A trombeta da lei deve ser tocada de tal modo que a trombeta do evangelho possa ser ouvida (RE, 2:648-49). A pregação deve convencer o pecador da ira de Deus e dos tormentos do inferno de que se deve a ele se persiste na incredulidade e impenitência. A convicção sob a lei, então, leva o

pecador a receber o evangelho pela mera graça. Erskine escreveu: "A agulha da lei é seguida pela linha do evangelho" (2:41).

Convicção não é graça preparatória quanto é graça que humilha, despe e mata. Ela faz morrer a auto justiça e pronuncia maldição sobre o pecador (Gl 3.10). A lei é um feitor duro e inclemente. Ela nos terrifica e nos leva a Jesus Cristo, o qual é nossa única justiça diante de Deus (Gl 3.24). A lei não nos leva a um conhecimento salvífico de Deus em Cristo; ao contrário disso, o Espírito usa a lei como espelho para exibir-nos nossa culpa e desesperança e induzir--nos ao arrependimento, e assim criando e sustendo a necessidade espiritual que Ele usa para dar nascimento à fé em Cristo.

E assim o Espírito usa a lei para levar o pecador a renunciar todas as vantagens e fugir para Cristo – converter todos os méritos em deméritos diante do Redentor que realmente merece. O Espírito não usa a lei para inspirar certo grau de convicção de pecado, a qual é então usada como uma vantagem para pleitear a graça. Ralph Erskine dizia que a convicção é oportuna se o pecador foge para Cristo. Ele explicava que "A alma é suficientemente fundida quando é levada ao molde. Qual é o molde do evangelho? É Cristo; e quando a alma fundida é levada a este molde, aí ela obtém a imagem e forma corretas, e tão--somente aí" (4:526).

2. Convicção de pecado sob a lei não é uma condição para a salvação, porque ela não é uma obra humana. Ela é semeada no coração pela Palavra e pelo Espírito. A aceitação do pecador, da maldição da lei, é um ato de fé operado pelo Espírito (RE, 2:197). Humilhação através da lei costuma preceder o conhecimento que o pecador adquire da salvação pelo evangelho, porém não precede a manifestação da graça de Cristo. Este, como o executor do pacto da graça, convence os homens de pecado mediante a lei, o que pavimenta o caminho para Ele mesmo (RE, 5:26).

Os pecadores, pois, devem fugir para Cristo com todos os seus pecados. Devem ser informados que o evangelho é gratuito para os pecadores. Os Erskines ensinavam que o Senhor quer que desistamos de todas as condições para irmos a Cristo e recebermos a plena salvação. Ralph Erskine escreveu: "Ele quer que desistas de todos os termos, condições e qualificações pessoais; que renuncies todo o ego, o qual nada é, e que abraces Cristo em sua totalidade, o qual é "tudo em todos" (6:470-71). Ele acrescentou que, se esperas entrar em aliança com Deus "até que tenhas uma melhor condição... ficarás à espera do dia do juízo e, no ínterim, inevitavelmente perecerás na morte; e todos os teus termos, condições e boas qualificações perecerão contigo" (1:148).

9. A livre oferta e as promessas de Deus

À semelhança dos Reformadores, os Erskines advogavam pela livre oferta do evangelho. O evangelho se estende a todos sem condições ou reservas. Ebenezer Erskine escreveu: "Oh! convida outros a irem à Árvore da Vida e provarem que seu fruto é bom, agradável, proveitoso e abundante. Dize ao faminto que excelente fruto existe ali; dize ao cansado quão glorioso descanso existe ali; dize às almas enfermas que ali encontrarão as folhas que curam. Que tua indignação abale aqueles que querem derrubar a Árvore da Vida." Ralph Erskine adicionou: "Há muitos tonéis cheios de água para se refrescar, cheias de vinho para se alegrar, cheias de leite para a nutrição das almas. E temos de ir e pôr o tonel em tua boca: 'Ah! Todos os que têm sede, venham às águas.' Há um tonel para cada boca, através do qual podes atrair Cristo para o teu coração, ainda que Ele esteja no céu e tu, na terra."

O biógrafo A. R. MacEwen escreveu sobre a pregação de Ebenezer Erskine: "De todos os sermões que têm sido preservados por seus 'escribas', como ele afetuosamente denominava os taquígrafos que ladeavam seu púlpito, nenhum deles deixa de repetir a livre oferta da graça a todos sem distinção." Os Erskines protestavam contra o tipo de calvinismo extremado que oferecia o evangelho somente aos eleitos. Eles criam que uma oferta tão limitada deslocava o coração da mensagem evangélica. Como Ralph Erskine escreveu a John Wesley, "O verdadeiro espírito de Deus no interior de um crente o leva a uma dependência de Cristo *fora* dele, e não de um Cristo *dentro* dele, não de algumas graças, dons, experiências, lágrimas, tristezas, alegrias, semblante soturno, sentimentos ou o que quer que seja, criados ou comunicados."

Os Erskines diziam que a obra consumada de Cristo é o coração do evangelho. E essa obra deve ser livre e incondicionalmente oferecida aos pecadores. Os Erskines ofereciam o Cristo integral – profeta, sacerdote e rei – a todos os que O quisessem. Não separavam os benefícios de Cristo de Sua pessoa nem O apresentavam como Salvador do pecado à parte de Sua reivindicação como Senhor. Encorajavam os ouvintes a se apropriarem, ou "se aproximarem de" um Cristo gratuitamente oferecido pela fé, então a entrarem em "aliança com Deus", redigindo um documento em que prometiam render-Lhe suas vidas integrais. Os Erskines teriam se apavorado ante a noção contemporânea de resgatar os pecadores do inferno sem demandar sua imediata submissão ao soberano senhorio de Cristo.

No dizer dos Erskines, a predestinação não constitui um obstáculo à proclamação do evangelho. Eles se opunham aos moderados que confessavam uma doutrina de eleição incondicional, porém pregavam uma doutrina de graça condicional que contradizia a plenitude e adequação do evangelho. Em termos silogísticos, a premissa maior desses moderados era que a graça de Deus, em Cristo, salva os eleitos. Sua premissa menor era que os eleitos são conhecidos por abandonarem o pecado. Portanto, concluíam que a graça é dada aos que abandonam o pecado. Sinclair Ferguson diz que tal ensino inclui quatro erros:

- Tal pregação separa os benefícios do evangelho de Cristo, o qual é o evangelho. Esses moderados raciocinam que, posto que os benefícios das obras de Cristo pertencem somente aos eleitos, e nenhum outro se apropria deles, por isso devem ser oferecidos somente àqueles a quem pertencem, a saber, os eleitos. Estes são assim conhecidos mediante sinais que mostram que pertencem aos eleitos, tais como seu abandono do pecado. Quão diferente é tal pregação daquela dos Erskines, João Calvino e a maioria dos puritanos, os quais ofereciam Cristo com todos os Seus benefícios aos maiores dos pecadores.
- Tal pregação promove uma oferta condicional do evangelho. Se os benefícios de Cristo são oferecidos sem Cristo, tais benefícios seriam oferecidos

condicionalmente. Por exemplo, poderias receber o perdão *se* abandonasses suficientemente o pecado. Poderias conhecer a graça *se* recebesses certo grau de convicção. Tais condições volvem o evangelho sobre sua cabeça. Os Erskines eram inflexíveis, afirmando que somente a graça de Jesus Cristo capacita um pecador a abandonar o pecado.

- Tal pregação distorce o caráter de Deus e da salvação que Ele oferece. Os Erskines ensinavam que a livre oferta da salvação põe em realce a grande obra que Deus já realizou, da qual fluem os imperativos aos quais devemos responder. Diziam que, fazer a oferta da graça dependente de algo, mesmo das graças recebidas, distorce a verdadeira natureza da graça. Distorce a salvação, porque ninguém, morto em delitos e pecados, jamais pode satisfazer uma única condição de Deus. Também distorce o caráter de Deus, porque nosso Deus trata o homem com base na graça livre e imerecida, em vez de apresentar condições a pecadores perdidos pelas quais possam ser salvos.

- Finalmente, tal pregação distorce a natureza do ministério pastoral. Aquele que só tem um evangelho condicional a oferecer, só conhece uma graça condicional. E aquele que só conhece uma graça condicional, só conhece um Deus condicional. E aquele que só conhece um Deus condicional, em última análise, só será capaz de oferecer a outros um ministério condicional. Ele dará seu coração, vida, tempo e devoção às pessoas, sim, mas somente sob condição. Ele pode manobrar os mecanismos das grandes doutrinas da graça, porém, até que a graça do próprio Deus o domine, essa graça não fluirá dele para seu povo. Ele será um Jonas moderno, assentado debaixo de sua árvore com um coração fechado aos pecadores, porquanto pensa de Deus em termos condicionais.

O ensino dos Erskines é ilustrado na parábola do filho pródigo, ou, como a podemos chamar, a parábola do pai da livre graça. O pródigo criado no lar poderia ter-se perguntado: "Acaso tenho sentido suficiente tristeza por meu pecado e bastante arrependimento por meu pai me virar as costas?" No entanto, o conhecimento da graça em casa e coração de seu pai levou primeiramente o jovem a cair em si e então começou a voltar para casa. Quaisquer possíveis condições de qualificar-se para o amor de seu pai foram silenciadas pelo abraço amoroso desse pai.

Os ministros devem tratar os pecadores como o pai tratou seu filho obstinado. Devem ver as pessoas com olhos de compaixão, aproximar-se delas com pés de compaixão, evangelizá-las com palavras de compaixão e amá-las com o coração do Pai compassivo. Seguramente, o princípio e o fim da vocação pastoral é simplesmente este: conhecer e amar a Cristo, e então esforçar-se por ser semelhante a Ele, amando aqueles a quem Ele confiou ao seu cuidado.

No entanto, o pai que amava o filho pródigo ainda se preocupava com seu primogênito. Quando o filho mais velho se queixou, "Acaso satisfiz todas as condições? Acaso não tenho merecido o anel, a roupa, o novilho cevado e a festa?" O pai respondeu como se quisesse dizer: "É tudo teu, incondicional e graciosamente, mas teu coração legalista não te deixa livre para desfrutares de meus dons. Apenas aceitas a graça sob a condição de que a mereces. Sob tal condição, jamais a terás."

Que Deus nos impeça de permitir que o espírito dos moderados, dos neo-nomianos e dos legalistas afete nossa pregação da livre graça de Deus e a aplicação dessa graça ao rebanho de Deus. A oferta deve ser apresentada aos pecadores sem condições. Os Erskines concordam com Samuel Rutherford que afirmou: "Os réprobos têm a mesma liberdade de crer em Cristo como os eleitos." Deus apresenta Sua oferta evangélica aos pecadores, inclusive aos pecadores cujas mãos estão manchadas com o sangue de Jesus Cristo.

Ebenezer Erskine escreveu: "Deus fala a cada pecador tão particularmente como se o chamasse por seu nome e sobrenome" (1:265). O evangelho é a carta da promessa de Deus a todo pecador. E diz: "É a ti que esta palavra de salvação vem", e a palavra é de Jesus Cristo que já veio para salvar os pecadores. Deus não Se sente satisfeito que algum pecador pereça; daí Sua oferta evangélica a todo o que é sincero. "Deus é cordial e resoluto quando nos oferece Cristo e a salvação n'Ele; Seu coração se condói quando pecadores não vão a Ele", disse Ebenezer Erskine (2:497).

Não há escusa para se rejeitar tal convite. O incrédulo é sempre o réu. Ralph Erskine afirmou em um sermão após a comunhão: "Cristo, como a aliança, te é oferecido, ó homem; a ti, ó mulher; a vós que estais diante de mim, atrás de mim e ao redor de mim, em cada canto deste lugar. ... A doação de Deus neste evangelho vos dá o direito de aceitá-la. E se não derdes ouvidos a esta oferta evangélica que Cristo vos faz, para fazer uma aliança convosco, eu vos acuso, em nome de Deus, e, quando responderdes ante Seu tribunal, a declarar diante d'Ele e de vossas próprias consciências, o que tendes a dizer contra Ele?" (1:182).

Os Erskines apelavam para os pecadores, sim, inclusive lhes ordenava (1Jo 3.23), a que buscassem asilo em Cristo e Suas promessas, sabendo que o Espírito Santo abençoa tal pregação. "As promessas estão pairando sobre vossas cabeças e ouvidos", dizia Ralph Erskine aos ouvintes. "Acaso há alguma delas pairando sobre vossas cabeças? Acaso não quereis usar alguma dessas promessas? Se vos inclinais para a promessa, então tomai-a, e a benção de Deus com ela, e Cristo no seio dela; pois a promessa é o lugar onde está o Senhor" (5:120).

Quando alguns paroquianos alegavam sua incapacidade de abraçar as promessas, Erskine reconhecia que "a fé não é uma flor que cresce no jardim da natureza" (4:321), mas então os aconselhava a tentar o impossível. Ebenezer Erskine usava duas ilustrações para reforçar esse conselho. Como Jesus disse ao aleijado que estendesse sua mão e o Senhor lhe deu a força para agir assim, também os pecadores devem tentar crer em Jesus, confiando que Deus lhes dará a força para fazer o que lhes é naturalmente impossível. De igual modo, como uma criança que é tenra demais para ler é enviada à escola com uma cartilha, e pede-lhe que leia, e o faz quando aprende a ler, assim Deus nos ordena que creiamos, e então nos ajuda a fazê-lo.

Os pecadores devem buscar a Deus, esperando por Ele. Devem esforçar-se por remover cada impedimento à fé e usar diligentemente os meios de graça, por exemplo, a pregação da Palavra, o aprendizado das Escrituras, a meditação, a oração, diálogo com pessoas piedosas, lendo literatura ortodoxa e fazendo de si um detido exame (RE, 3:195; 5:248). Os que negligenciam tais meios estão tão longe do caminho de Deus que se excluem, disse Ralph Erskine (3:467; 4.125). O mísero pedinte que se põe à margem do caminho por onde o rei passa está mais perto de Deus do que o homem que sobe uma remota montanha por onde o rei nunca passa (4:315).

Erskine aconselhou os pecadores a não negligenciarem o dever ou ordenança na qual Deus pode ser encontrado (6:426). "Nunca ouvimos de alguém que obtivesse esta disposição, porém descobrem que sua espera no Senhor não foi em vão; o Senhor Se apiedou deles e lhes deu um coração para crer e receber Cristo", disse ele (4:37).

10. Autoexame e as promessas

Os Erskines eram bem cônscios de que as promessas de Deus podem ser mal usadas. No dizer de Ralph Erskine, "As pessoas podem tomar e aplicar incorretamente uma promessa, e se arruinarem em sua maneira de fazê-lo, quando tomam uma promessa para si mesmas, não movidos pela fé, [ou] não da mão de Deus, [ou] não para o fim e desígnio para o qual ela é dada" (5:247).

Como o ministro administraria este problema? Por certo que não restringindo o convite do evangelho, diziam os Erskines, e sim chamando os pecadores a um autoexame. Ralph Erskine explicou que, como um jardineiro rega, respectivamente, as boas plantas e as ervas daninhas, assim um ministro deve regar o jardim da igreja de Deus, incluindo, respectivamente, as boas plantas dos eleitos e as ervas daninhas dos réprobos. A oferta da graça se dirige a ambos, de modo que ninguém tem alguma escusa por sua incredulidade, e o Espírito Santo abençoará os eleitos, livrando-os da condenação (5:109).

O ministro fiel deve oferecer a graça a todos os seus ouvintes, mas deve também explicar em que consiste a vida de fé, separando o precioso do vil. Segundo Ralph Erskine, ele deve formular perguntas, tais como:

- O que pensais de Cristo? Acaso o Espírito Santo já operou em vosso íntimo para enaltecerdes a Cristo e vos humilhardes a Seus pés?
- Já experimentastes as promessas de Deus?
- Já participastes da humilhação, da exaltação, da justiça e da força de Cristo? (5:193-235).

O pregador fiel deve também apresentar as claras marcas da graça que preenche o teste da Palavra de Deus. Segundo Ralph Erskine, és filho de Deus se:

- Lutais por andar como Cristo andou (1:134-36);
- Vosso coração é dilacerado pelo pecado e afastado ele (1:104-105);
- Suspirais pelo segundo advento de Cristo (1:357);
- Usais diligentemente os meios de graça (1:138);
- Estais fazendo progresso na vida cristã (1:356);
- Não desejais desfrutar da companhia de pecadores (2:46);
- Buscais conduzir outros a Cristo (3:445);
- Tendes regularmente Deus em vossos pensamentos (3:94);
- Lutais contra as tentações (5:219).

Essas marcas da graça são oferecidas não para destruir, mas para fortalecer a fé do crente. Deve-se fazer o autoexame com fé, dependendo da Escritura, de Jesus Cristo e do Espírito Santo para iluminação. Ralph Erskine disse que, se o crente pode abraçar, pela fé somente, umas poucas evidências da salvação, ele tem boa razão para viver satisfeito. Por implicação, o resto das evidências estará ali, pois Deus faz em Seu povo uma obra completa, mesmo quando não a possam ver. "Se uma criança não pode caminhar, mas pode mamar; se não pode mamar, mas pode chorar; se não chorar, mas pode respirar – eis uma marca de vida. Assim, pode haver suspiros na alma, os quais são evidências de vida e fé, quando outras coisas se acham ocultas, explicou Erskine (4:279).

O autoexame é crucial para o crente. No dizer de Ralph Erskine, se tudo o que possuísse no mundo fosse uma pedra preciosa, não levaríeis em conta seu exame, com indiferença, feito por um competente joalheiro. Ao contrário, ponderaríeis: "Pode-se evitar o golpe de um martelo, ou ele reduzirá a pó?" De igual modo, tudo o que temos neste mundo e no porvir depende se somos ou não salvos em Cristo. E assim, devemos examinar-nos a ver se nossa fé em Cristo pode suportar os golpes do martelo da Palavra de Deus, ou se ela será despedaçada por esses golpes (4:522).

O autoexame apropriado é proveitoso para refrear a falsa segurança, a qual repousa fora de Cristo. Ele certificará também ao verdadeiro crente que sua salvação se assenta no fundamento legítimo, Jesus Cristo. O autoexame deve ser uma experiência positiva e crescente. Ao visualizarmos nossas falhas, olharemos mais para Cristo.

11. A certeza e as promessas

O autoexame correto ajuda o crente a desenvolver sua certeza e santificação. Os Erskines faziam distinção entre a certeza da fé que repousa nas promessas de Deus e a certeza do sentido ou sentimento, que repousa nas evidências internas da graça de Deus. A primeira opera a justificação; a segunda, a consolação. Mediante a certeza da fé, recebemos Cristo como nosso; mediante a certeza do sentido, conhecemo-Lo como sendo nosso. A certeza da fé diz: "Tenho certeza porque Deus o diz"; enquanto a certeza do sentido diz: "Tenho certeza porque o sinto."

Ralph Erskine dizia que cada crente deve experimentar alguma certeza da fé, mas que nem todo crente tem certeza do sentido (RE, 3:28-29, 348; 4:184). Em seu famoso sermão "The Assurance of Faith" [A Certeza da Fé], Ebenezer Erskine afirma:

> Há uma grande diferença entre a certeza da *fé* e a certeza do *sentido*, a qual segue após a fé. A certeza da fé é uma certeza *direta*, mas a certeza do sentido é um ato *reflexo* da alma. A certeza da fé tem seu objeto e fundamento *externos*, mas, a do sentido, os tem *internos*. O objeto da certeza da fé é *um Cristo revelado, prometido e oferecido na palavra*; o objeto da certeza do sentido é *um Cristo formado dentro de nós pelo Espírito Santo*. A certeza da fé é a *causa*; a do sentido é o *efeito*; a primeira é a *raiz*, e a outra é o *fruto*. A certeza da fé mira a promessa em sua *estabilidade*, fluindo da *veracidade* de quem promete; a certeza do sentido mira a promessa em sua *realização atual*. Pela certeza da fé, Abraão creu que teria um filho em sua velhice, porque Deus, que não pode mentir, o prometera; mas, pela certeza do sentido, ele creu quando tomou Isaque em seus braços (1:254).

A certeza do sentido, a piedade experiencial, a santificação e a comunhão foram tratadas de um modo sublime pelos Erskines. Ralph Erskine falou de "sentido e sentimento experienciais" como uma prelibação do céu e um importante meio de glorificar a Deus sobre a terra. Todavia, também advertiu contra tomar a certeza do sentido e sentimentos experienciais como sendo a base da fé, dizendo: "Serão fluxos e refluxos, para um lado e para o outro, pode ser vinte vezes, no espaço de um sermão; e tua fé, que é edificada aí, terá seus altos e baixos" (5:35). Se dependermos de nossos sentimentos, em vez de dependermos das promessas de Deus, a água de nossa cisterna logo secará, disse Ebenezer Erskine. Devemos ir diariamente à fonte para a obtenção de água fresca; o que recebemos hoje não pode ajudar-nos amanhã (2:155). Isso significa que, se quisermos recorrer à nossa certeza e conforto, se estivermos perdidos, devemos sair de nós mesmos mediante um ato direto de fé, recebendo "Cristo de novo" (1:166).

Assim, os Erskines enfatizavam uma vida de fé. O crente não pode viver sem alguma certeza do sentido, diziam eles, senão que acha a verdadeira estabilidade através da fé em Cristo. O ato supremo de fé é a apropriação das promessas de Deus em Cristo. Essa é a natureza e o âmago da fé (RE, 2:200ss.). No dizer de Ralph Erskine, "o pecador deve ser demovido da confiança em ou da dependência de estruturas, grandezas, influências e obtenções, para uma sólida vida de fé, sobre as bases que são imutáveis". Ebenezer Erskine ofereceu nove pontos de comparação entre uma vida de fé e uma vida de sentido:

1. O sentido só considera o que um homem desfruta presentemente, enquanto a fé considera o que um homem possui em Cristo e numa aliança bem ordenada.

2. O sentido tende a julgar o amor de Deus por circunstâncias ou condições, e sempre que Deus parece desaprovar ou ocultar, ele clama: "O Senhor desistiu de ser gracioso." A fé vê o amor de Deus na face de Jesus Cristo e nas declarações, ofertas e promessas da Palavra. A fé declara: "Em Sua palavra esperarei."

3. O sentido e a vista variam e flutuam; a fé, porém, é sólida e fixa, como Abraão: "esperando contra a esperança creu... não duvidou por incredulidade, da promessa de Deus" [Rm 4.18,20].

4. O sentido foca nas coisas que são presentes, enquanto a fé, como um profeta, visualiza as coisas futuras.

5. O sentido e a vista são superficiais e facilmente enganados pelas aparências, mas a fé é uma graça meditativa que desce às profundezas das coisas.

6. A fé é a escada, enquanto o sentido é um seguidor; a fé é o dever, e o sentido, o privilégio que lhe está conectado.

7. O sentido se apressa a julgar, enquanto a fé, pacientemente, espera até o fim. O sentido extrai conclusões precipitadas em meio às dificuldades, mas a fé aguarda até que a nuvem se dissipe.

8. Uma vida de sentido é perigosa, mas uma vida de fé é segura e certa.

9. O fundamento do sentido é interior; ele trafega nas águas rasas da graça criada, nas obtenções experienciais, nas marcas da graça, e assim por diante. O fundamento da fé, por contraste, está em Cristo, na aliança de Deus e nas grandes e preciosas promessas da Palavra de Deus. Quando o marinheiro mantém seu navio em águas rasas, ele tem constante medo de rochas e bancos de areia, mas quando sai para as águas profundas, se sente seguro. De igual modo, a fé trafega nas águas profundas da plenitude de Deus em Cristo, erguendo-se acima das dúvidas e dos temores de naufrágio (1:254ss.).

Nós, porém, que somos ministros, para onde guiaremos as pessoas com nossa pregação? As mantemos em água rasa, focando na certeza do sentido, ou as conduziremos por águas profundas, desafiando-as a confiarem em Cristo e em Suas promessas? A experiência espiritual é importante, mas a experiência não é o fundamento de nossa salvação. Ao contrário, a fé nas promessas de Deus, em Cristo, deve ser o fundamento das experiências espirituais. Como Richard Baxter, diríamos: "Para cada relanceio que fazes para teu interior, certifica-te de que faças dez relanceios para Cristo."

12. A santificação e as promessas de Deus

Somente a fé justifica, porém a fé que justifica nunca está sozinha. Tão certamente como o nascer do sol gera luz, a fé nas promessas de Deus produz santidade, amor e obediência, disse Ralph Erskine (2:36). A santificação é o fruto natural, necessário e inseparável da justificação; é o modo do homem justificado viver e caminhar para o céu (RE, 2:318, 3:240). Para ilustrar, Erskine disse que o crente é como uma mulher à roda de fiar. Uma de suas mãos segura e a outra age. Uma segura o fio e o lança, e a outra o faz circular na roda. A mão que segura é a mão da fé que adere às promessas de Deus, e a mão que age é a mão da obediência (3:425).

Cristo, em Sua obediência, move o Espírito Santo a operar nos crentes, respectivamente, a fé e a santificação (1:150-51). No dizer de Ralph Erskine, o crente é como um navio. As velas da graça não são suficientes para mover o navio; elas precisam estar cheias dos ventos do Espírito a fim de prosseguirem rumo ao porto celestial (3:109).

A santificação recebe Cristo não só como Salvador do inferno, mas também como o Senhor do livramento do pecado. No dizer de Ralph Erskine, a santificação leva a fé a cruzar o horizonte rumo ao céu (3:15; 1:96). Ninguém pode conhecer Jesus como Salvador se também não O recebe como o Senhor da santificação (3:38).

Na santificação, o Espírito transforma a natureza do crente na imagem de Deus por intermédio de Jesus Cristo (6:6; 1:312, 318). O crente é liberto do poder e domínio do pecado (2:269). Um novo coração produz um novo caminhar (6:335). A santificação verga a vontade, inclinando-a a obedecer à vontade de Deus (1:361). O alvo do crente é ser purgado do pecado, matar o pecado e destruí-lo uma vez para sempre (1:68), e servir a Deus para sempre (2:306). Ele vê a lei como uma norma de vida, a ser obedecida por amor a Deus (2:269; 1:406), porém sabe que, na verdade, jamais obedecerá plenamente a essa lei nesta vida. Pecado e corrupção, trevas e ignorância, rebelião e incredulidade não serão removidos completamente deste lado do túmulo. Ainda pecaremos, porém o odiaremos cada vez mais (1:102, 105).

O crente morre diariamente para o pecado e se esforça por viver em grata obediência às promessas de Cristo. Ele não cessa de arrepender-se até que haja cessado de pecar; e não pode cessar de pecar até que haja cessado de viver. A santificação se fará completa somente quando morrermos e nos achegarmos à presença de Cristo (4:389; 1:326).

LIÇÕES FINAIS

Os Erskines nunca perdem a confiança na clara interpretação da Escritura. Tampouco nós. Criam na clareza da Escritura, nunca introduzindo Cristo em um texto no qual Ele não está. Mas se dirigiam a cada texto como que com um holofote olhando para Ele e fazendo-O sair. Devemos fazer o mesmo. Preguemos Cristo do Antigo ao Novo Testamento, desde a lei até o evangelho, desde os textos de admoestação até os textos de encorajamento, a partir dos Salmos, da história, da profecia e das epístolas. Preguemos Cristo aos pecadores, ainda quando não possamos pregar os pecadores a Cristo.

Os Erskines pregavam a Escritura com uma incrível gama de ilustrações. Assim também nós. Acima de tudo, a Escritura é fascinante. Ela é atraente. Eleva, estimula, desafia e exorta. Que seu texto rumine em sua mente, alma, vida e em seus pensamentos, palavras e ações.

Os Erskines pregavam os grandes textos da Escritura com ardor e frescor. Assim devemos nós. Como Henry Venn escreveu a seu filho: "Estou persuadido de que somos muito negligentes em selecionar nossos textos. Alguns dos mais importantes e notáveis nunca são postos diante do povo; no entanto, são os textos que falam por si mesmos. Assim que você os repete, então se exibem em seu elevado e santo caráter como um mensageiro do Senhor dos Exércitos."

Como os Erskines, preguemos todo o conselho de Deus. Preguemos cada doutrina à saciedade. Preguemos sobre a depravação do homem e a espiritualidade da lei. Mostremos às pessoas a terrível natureza de caráter humano. Tiremos o véu de seus maus corações e de seus maus registros diante de Deus. Não ofereçamos uma rápida visão – que o pecador conheça sua situação e não lhe seja propiciado nenhum escape de sua extrema necessidade de Jesus Cristo. Não lhe demos o conforto de Cristo a curto prazo.

Preguemos o amor de Deus expresso através de Suas promessas. O amor de Deus é a mais poderosa mensagem que as pessoas já ouviram. Os pregadores liberais podem roubar o fruto de nossas árvores com essa mensagem, porém não a negligencie pregá-la a si mesmo. O coração do evangelho é o incomensurável amor de Deus. Mostre ao seu povo como é Deus. Mostre-lhes Jesus sobre Seus joelhos, com uma bacia de água e uma toalha sem seus braços, lavando os pés de homens que são orgulhosos demais para se humilharem. Esse é o coração de Deus. Diga a seu povo que o Supremo Criador deles é um Deus tão amoroso, que através de Cristo está disposto a lavar pecadores de sua imundícia e adotá-los em Sua família, como filhos de Deus. Ensine-lhes sobre o trino coração do amor.

Portanto, asseguremo-nos também de pleitear pelo poder do Espírito Santo para falarmos sobre as coisas de Deus. Em cada sermão temos a dupla necessidade do Espírito – uma vez no estudo e outra vez no púlpito. Os Erskines trabalhavam árdua e demoradamente na preparação do sermão. Com poucas exceções, seus sermões eram totalmente escritos, em meio a lutas e orações. No púlpito, ficavam restritos às suas notas. Ralph Erskine é frequentemente retratado com um sermonário nas mãos.

Com o passar do tempo, os Erskines aprenderam a falar mais improvisadamente. No entanto, às vezes se digladiavam com um texto. Ralph Erskine escreveu em seu diário, em um domingo de 1731: "Meus olhos se volvem para o Senhor em busca de uma palavra para hoje, tendo que pregar e, no entanto, sem saber o que pensar para o tema." Quando tinham pouco tempo para a preparação, se valiam pesadamente do Espírito. Ralph Erskine escreveu em 1739: "Embora eu tenha estudado pouco, preguei sobre aquela palavra de Zacarias 8.19: 'Amo a verdade e a paz.'"

Necessitamos de trabalhar arduamente na preparação do sermão. Necessitamos agonizar-nos pelas almas em nossos estudos, se quisermos que nossos ministérios sejam abençoados do púlpito. Naturalmente, há momentos em que Deus sabe que não temos tempo adequado para a preparação – não em razão de indolência, mas em razão de uma multidão de deveres pastorais que nos pressionam durante a semana. Durante esses momentos, experimentamos, em meio a orações ardentes, que o Senhor intervirá por nós, capacitando-nos a pregar com pouca preparação, algumas vezes melhor do que com muita preparação. Mas os Erskines nos advertem a não fazer disso uma norma. Há pouca escusa da não preparação para o púlpito. O ministério do púlpito é nossa tarefa primária. Falhar nisso, é falharmos em tudo. Deus não dará Sua assistência ao pregador preguiçoso.

Uma vez no púlpito, não devemos confiar demais em nossas notas. Sem levar em conta quantas notas você leva para o púlpito, dê-se a liberdade de livrar-se delas sob o impulso do Espírito de Deus, e ore por sabedoria para saber quando voltar às suas notas. Um dos maiores problemas que muitos de nós temos na pregação é que, quando nos desviamos espontaneamente de nossas notas, deixamos de entender quando voltar a elas. Somos propensos a começar improvisadamente falando no Espírito e terminando na carne.

Finalmente, os Erskines nos desafiam a indagarmos qual é o coração de nossa mensagem evangelística. Somos chamados a proclamar a todos as insondáveis riquezas da graça de Deus; a declarar que na cruz e na ressurreição de Cristo, Deus conquistou a vitória sobre tudo o que poderia impedir os pecadores de irem a Ele. O pecado e a graça são conquistados somente por causa da livre graça de Deus, não por causa de nosso mérito. Acaso pregamos assim? Os Erskines proclamavam a mensagem evangélica indiscriminadamente a todos. Fazemos isso? Pregavam a riqueza de Cristo a pecadores arruinados. Fazemos isso?

Os Erskines falavam também aos corações do povo de Deus. Um velho santo disse da pregação de Ebenezer Erskine: "O senhor Erskine tinha um peculiar talento de entrar no coração e consciência dos pecadores, e em todas as esperanças e temores, alegrias e tristezas, a própria vida e morte dos santos; nunca ouvi alguém pregar como ele fazia, trazendo, por assim dizer, o Salvador e o pecador juntos."

Os Erskines viam a câmara secreta e o púlpito como uma arena de luta. Tudo o que escreviam e pregavam tinha um poder impulsivo, ardente, envolvente e convidativo. Ouça um efusivo apelo de Ralph Erskine após pregar Cristo a seu rebanho:

> Ai de vós, se viverdes e morrerdes sem o devido aproveitamento deste glorioso evangelho, o qual é a doutrina de um Deus em Cristo reconciliando o

mundo consigo mesmo. Deus adorado fora de Cristo é um ídolo e toda a esperança de aceitação fora de Cristo é um sonho. Oh! Então que Cristo, acima de todas as coisas, tenha a proeminência entre vós. O que faz Deus Se preocupando com vossa vinda à igreja, se não derdes crédito ao que Ele diz, e virdes a Seu Filho? ... O Senhor é minha testemunha de que o desejo de minha alma é que vos convenceis e vos converteis e sejais levados a Cristo. ... Pouco importa o que pensais de mim ou de minha pregação. Aumentai em vós minha estima quanto quiserdes, mas que Cristo cresça entre vós e então no término do dia eu vos terei e vós tereis vantagem. ... Oh! Ide a Deus esta noite e nunca Lhe deis descanso até que sejais levados, em alguma medida, a contemplar Sua glória na face de Jesus, que é a "imagem do Deus invisível".

Os Erskines não eram suplicantes de poltrona, ou apenas ocupantes de púlpito, ou teólogos. Acaso também não se digladiavam diante de Deus e dos homens pelas almas dos homens e mulheres, meninos e meninas? Como os Erskines, tomemos o reino de Deus com violência e as almas dos homens com sedução divina.

CAPÍTULO 13

CERTEZA DE FÉ: COMPARAÇÃO DO PURITANISMO INGLÊS COM O *NADERE REFORMATIE*

Este capítulo comparará a certeza de fé em dois movimentos: o Puritanismo Inglês e o *Nadere Reformatie*. Antes de tudo, presentemente, estarei trabalhando as definições dos termos *Puritanismo* e *Nadere Reformatie*; então, compararei a certeza de fé em ambos os movimentos. Finalmente, oferecerei algumas lições sobre como a igreja pode aprender desses movimentos.

PURITANISMO

Puritanismo e *Nadere Reformatie* são de definição difícil. Originalmente, o termo *puritano* era pejorativo. No dizer de Leonard Trinterud, "Ao longo do século dezesseis, ele foi usado com frequência mais como um adjetivo injurioso do que um substantivo nominal, e foi rejeitado como injurioso em tudo quanto era aplicado".[1] Para William Perkins (1558-1602), frequentemente chamado o pai do puritanismo, este era "um termo vil" que descrevia a pessoa com tendência perfeccionista.[2]

---

1 *Elizabethan Puritanism* (Nova York: Oxford, 1971), 3.
2 *The Works of That Famovs and VVorthy Minister of Christ in the Vniuersitie of Cambridge, Mr. William Perkins* (Londres: John Legatt, 1612-13) [doravante, *Works of Perkins*], 1:342, 3:15.

A essência do puritanismo tem sido definida com variações. William Haller vê o dogma central do puritanismo como "um determinismo todo abrangente, teologicamente formulado como a doutrina da predestinação."[3] Perry Miller encontra a aliança no "âmago da teologia puritana";[4] Alan Simpson, o conceito de conversão.[5] Christopher Hill enfatiza as ideias sociais e políticas do puritanismo.[6] John Coolidge vê o puritanismo como um repúdio à doutrina anglicana da adiáfora, ou "coisas indiferentes".[7] R.M. Hawkes aborda o dilema, perguntando: "O [puritanismo inglês] foi um movimento essencialmente teológico, enfatizando a teologia da aliança, a predestinação e o culto de uma igreja reformada? Ou foi o coração da questão política, asseverando os direitos inalienáveis da consciência diante de Deus, a norma da lei natural sobre os tribunais da prerrogativa arbitrária, a dependência do rei no parlamento, o fundamento da autoridade do estado no povo? Alguma pesquisa moderna tem apontado para uma terceira possibilidade: que a essência do puritanismo foi sua piedade, uma ênfase sobre a conversão, sobre a religião existencial e sincera."[8]

Este periódico concorda com Hawkes em visualizar os puritanos como pessoas que desejavam reformar e purificar a Igreja da Inglaterra e se preocupavam com o viver uma vida santa como a elaboração da doutrina reformada da graça. No dizer de Peter Lewis, "o puritanismo se desenvolveu de três áreas: o padrão neotestamentário da piedade pessoal, a sã doutrina e uma igreja viva ordenada com propriedade".[9]

---

3 *The Rise of Puritanism* (Nova York: Columbia, 1938), 83.

4 *Errand into the Wilderness* (Cambridge: Belknap Press, 1956), 48-89.

5 *Puritanism in Old and New England* (Chicago: University of Chicago Press, 1955), 2.

6 *Society and Puritanism* (Nova York: Schocken, 1967).

7 *The Pauline Renaissance in England: Puritanism and the Bible* (Oxford: University Press, 1970).

8 "The Logic of Assurance in English Puritan Theology", *Westminster Theological Journal* 52 (1990): 247.

9 *The Genius of Puritanism* (Haywards Heath, Sussex: Carey, 1975), 11ss. Para dificuldades adicionais envolvidas na definição do puritanismo, ver Ralph Bronkema, *The Essence of Puritanism* (Goes: Oosterbaan and LeCointre, 1929); Leonard J. Trinterrud, "The Origins of Puritanism", *Church History* 20 (1951): 37-57; Jerald C. Brauer, "Reflections on the Nature of Englisch Puritanism", *Church History* 23 (1954): 98-109; Basil Hall, "Puritanism: The Problem of Definition", in G. J. Cumming, ed., *Studies in Church History*, vol. 2 (Londres, 1965), 283-96; Charles H. George, "Puritanism as History and Historiography", *Past and Present* 41 (1968): 77-104; William Lamont, "Puritanism as History and Historiography: Some Further Thoughts", *Past and Present* 42 (1969): 133-46; Lionel Greve, "Freedom and Discipline in the Theology of John Calvin, William Perkins, and John Wesley: An Examinantion of the Origin

NADERE REFORMATIE

Conhece-se menos da *Nadere Reformatie* do que do puritanismo inglês; daí, uma explanação mais detalhada está em ordem. A reforma holandesa pode ser dividida em quatro períodos: o período luterano (1517-26), o período sacramentalista (1526-31), o período anabatista (1531-45)[10] e, mais influente, o período da infiltração calvinista.[11] A penetração calvinista nos Países Baixos (do sul, c. 1545; do norte, c. 1560) foi muito mais influente desde o ponto de partida do que seu número de adeptos poderia sugerir. Entretanto, o calvinismo holandês não floresceu profusamente até o século dezessete, cultivado pelo Sínodo de Dort (1618-19) e fortificado pela *Nadere Reformatie*, um movimento primariamente dos séculos dezessete e dezoito, formando um paralelo com o puritanismo inglês tanto no tempo como na substância. A *Nadere Reformatie* data de Willem Teellinck (1579-1629),[12] às vezes chamado o pai do movimento, até seus últimos brilhantes contribuintes, Alexander Comrie (1706-74)[13] e Theodorus Van der Groe (1705-84).[14]

---

and Nature of Pietism" (Ph.D. dissertation, Harford Seminary Foundation, 1976), 151ff.; Richard Greaves, "The Nature of the Puritan Tradition", in R. Buick Knox, ed., *Reformation, Conformity and Dissent: Essays in Honour of Geoffrey Nuttall* (Londres: Epworth Press, 1977), 255-73; D. M. Lloyd-Jones, "Puritanism and Its Origins", *The Puritans: Their Origins and sucessors* (Edinburgh: Banner of Truth Trust, 1987), 237-59; J. I. Packer, "Why We Need the Puritans", in *A Quest for Godliness: The Puritan Vision of the Christian Life* (Wheaton: Crossway Books, 1990), 21ff.

10   No entanto, os anabatistas holandeses continuaram a ser martirizados até a década de 1570, nos Países Baixos, a despeito do fato de que o movimento em si perdeu o impulso por volta de 1545.

11   Deve-se fazer também menção dos seguidores de Erasmo, que precipitou a segunda reforma holandesa num sentido negativo. Cf. W. Robert Godfrey, "The Dutch Reformed Rsponse", in *Discord, Dialogye, and Concord*, Ed. By Lewis W. Spitz e Wnzel Lohff (Filadélfia: Fortress Press, 1977), 166-67. Godfrey apresenta também um retrospecto sucinto do aspecto calvinista em "Calvin and Calvinism in the Netherlands", in *John Calvin: His Influence in the Western World*, ed. by W. Stanford Reid (Grand Rapids: Zondervan, 1982), 95-122. Veja também Walter Lagerway, "The History of Calvinsm in the Netherlands", in *The Rise and Development of Calvinism*, ed. John Bratt (Grand Rapids: Eerdmans 1959), 63-102; Jerry D. van der Veen, "Adoption of Calvinsm in the Reformed Church in the Netherlands" (B.S.T. thesis, Biblical Seminary in New York, 1951).

12   O que William Perkins foi para o puritanismo inglês, Willem Teellinck foi para a segunda reforma holandesa; daí, esses teólogos são às vezes denominados como "os pais" desses respectivos movimentos (Joel R. Beeke, *Assurance of Faith: Calvin, English Puritanism, and the Dutch Second Reformation* [Nova York: Peter Lang, 1991], 105-138.

13   Ibid., 281-320.

14   Para uma introdução concisa dos principais teólogos do *Nadere Reformatie*, ver B. Glasius, Ed., *Godgeleerd Nederland: Biographisch Woordenboek van Nederlandsche Godgeleerden*, 3 vols. ('-Hertogenbosch: Gebr. Muller, 1851-56); Sietse Douwes van Veen, *Voor tweehonderd jaren: Schetsen van het leven onzer Gereformeerde Vaderen*, 2nd ed. (Utrecht: Kemink & Zoon, 1905); J. P. de Bie e J. Loosjes, eds., *Biographisch Woordenboek Protestelijke Godgeleerden in Nederland*, 5 vols. ('s-Gravenhage: Martinus Nijhoff, 1907-1943); *Christelijke Encyclopedie*, 6 vols. 2nd ed. (Kampen: J.

O termo *Nadere Reformatie* constitui um problema, porque não admite um padrão para a tradução inglesa de "nadere".[15] Literalmente, *Nadere Reformatie* significa uma reforma mais próxima, mais íntima ou mais precisa. Sua ênfase está na elaboração da reforma mais intensamente nas vidas das pessoas, no culto da igreja e na sociedade.

Os que tentam traduzir o termo *Nadere Reformatie*, inevitavelmente matizam a tradução com critérios pessoais de sua importância. Por exemplo, o termo tem sido traduzido como "Further Reformation" [Reforma Ulterior], o qual não é acurado, porque implica que a primeira reforma não teve progresso suficiente. Os teólogos da *Nadere Reformatie* não tentaram isso. Ao contrário, buscaram aplicar as verdades da reforma à vida prática e diária. Para evitar

---

H. Kok, 1959); K. Exalto, *Beleefd Geloof: Acht shetsen van gereformeerde theologen uit de 17e Eeuw* (Amsterdam: Ton Bolland, 1974), e *De Kracht der Religie: Tien schetsen van Gereformeerde 'Oude Schrijvers' uit de 17e en 18e Eeuw* (Urk: De Vuurtoren, 1976); H. Florijn, ed., *Hollandse Geloofshelden* (Utrecht: De Banier, 1981); W. van Gorsel, *De Ijver voor Zijn Huis: De Nadere Reformatie en haar belangrejkste vertegenuoordigers* (Groede: Pieters, 1981); C. J. Malan, *Die Nadere Reformasie* (Potchefstroom: Potchefstroomse Universiteit vir CHO, 1981); H. Florijn, *100 Portretten van Godgeleerden in Nederland uit de 16e, 17e, 18e Eeuw* (Utrecht: Den Hertog, 1982); D. Nauta, et al., *Biografisch Lexicon voor de Geschiedenis van het Nederlandse Protestantisme*, 4 vols. (Kampen: Kok, 1978-98); W. van't Spijker, et al., *De Nadere Reformatie. Beschrijving van haar voornaanste vertegenwoordigers* ('s-Gravenhage: Boekencentrum, 1986), and *De Nadere Reformatie en het Gereformeerd Pietisme* ('s-Gravenhage: Boekencentrum, 1989); Joel Beeke, "Biographies of Dutch Second Reformation Divines", *Banner of truth Trust* 54, 2 (1988) através de 56, 3 (1990) – uma série de vinte e cinco artigos representando os principais teólogos do movimento.

Para bibliografia da segunda reforma holandesa, ver P. L. Eggermont, "Bibliographie van het Nederlandse Pietisme in de zeventiende en achttiende eeuw", *Documentatie-blad 18e eeuw* 3 (1969): 17-31; W. van Gent, *Bibliotheek van oude schrijvers* (Rotterdam: Lindebergs, 1979); J. van der Haar, *Schatkamer van de Gereformeerde Theologie in Nederland* (c. 1600-c.1800): *Bibliografisch Onderzoek* (Veenendaal: Antiquariaat Kool, 1987).

Cf. F. Ernest Stoeffler, *The Rise of Evangelical Pietism* (Leiden: Brill, 1971), 109-68, envolvendo doze teólogos da segunda reforma variando em profundidade e qualidade; Cornelis Graafland, *De Zekerheid van het Geloof: een onderzoek naar de geloofsbeschouwing van enige vertegenwoordiger, van reformatie en nadere reformatie* (Wageningen: H. Veenman & Zonen, 1961), 138-244, concernente à doutrina da fé e certeza nos quatorze teólogos da segunda reforma; Johannes de Boer, *De Verzegeling met de Heilige Geest volgens de opvatting van de Nadere Reformatie* (Rotterdam: Bronder 1968), que examina o pensamento teológico de quatorze teólogos da segunda reforma.

Tem-se publicado também, na Holanda, monografias sobre os seguintes teólogos de convicção holandesa da segunda reforma (o sobrenome dos autores está entre parênteses): Baudartius (Roelofs); Goverman (van Itterzon; van der Tuuk); W. à Brakel (Los); Colonius (Hoek); Comrie (Honig, Verboom); Dathenus (Ruijs); Gomarus (van Itterson); Haemstedius (Jelsma); Helmichius (Hania); Hommius (Wijminga); Hoornbeeck (Hofmeyr); Junius (de Jonge, Reitsma, Venemans); Koelman (Janse, Krull); Lodenstein (Proost; Slagboom); Lubbertus (van der Woude); Marnix (van Schelven); Maresius (Nauta); Rivetus (Honders); Saldenus (van den End); Schortinghuis (Kromsigt; de Vrijer); Smytegelt (de Vrijer); Taffin (van der Linde); Teellinck (Engelberts; Bouwman); Trigland (ter Haar); Voetius (Bouwman, Duker, Janse, McCahagan, Steenblok); Udemans (eertens, Vergunst); Walaeus (van Wijngaarden); Wittewrongel (Groenendijk). Para informação bibliográfica sobre esses estudos, ver Beeke, *Assurance of Faith*, 451-500.

15 O termo foi usado mais cedo por Jean Taffin (1528-1602). Cf. L. F. Groenendijk, "De Oorsprong van de uitdrukking 'Nadere Reformatie'", *Documentatieblad Nadere Reformadie* 9 (1985): 128-34; S. van der Linde, "Jean Taffin: eerste pleiter voor 'Nadere Reformatie' em holandês", *Theologia Reformata* 25 (1982): 7ff.; W. van't Spijker, in *De Nadere Reformatie en het Gereformeerd Pietism*, 5ff.

Episcopius falando aos membros do Sínodo de Dort

essa falsa implicação, Cornelis Graafland sugere os termos *Reforma Contínua* ou *Segunda Reforma*. Entretanto, o termo *contínua* tem suas desvantagens: não distingue a *Nadere Reformatie* da reforma própria, além de soar estranho.[16]

Tenho preferido usar [os termos] "Dutch Second Reformation" ou "Second Reformation". Embora esta tradução perca a ênfase sobre a reforma como uma obra em andamento,[17] ela tem uma longa linhagem e parece estar ganhando a aceitação entre os estudiosos.[18] Além do mais, a "Second Reformation" era um termo já usado por alguns antigos teólogos holandeses daquela época. Por exemplo, Jacobus Koelman (1632-1695), que teve muito contato com a segunda reforma da Escócia, falou do movimento holandês como uma "segunda reforma" e uma "segunda purgação".[19] Historicamente, houve movimentos de segunda reforma nos Países Baixos, Inglaterra e Escócia para consolidar as vantagens e promover a obra da Reforma.

---

16 Jonathan Neil Gerstner, *The Thousand Generation Covenant: Dutch Reformed Covenant Theology and Group Identity in Colonial South Africa, 1652-1814* (Londres: E. J. Brill, 1991), 75ff.

17 Ibid., 75n.

18 J. W. Hofmeyr, "The Doctrine of Calvin as Transmitted in the South African Contexto by Among Others the Oude Schrijvers", in *Calvinus Reformator: His contribution to Theology, Church and Society* (Potchefstroom: Potchefstroom University for Christian Higher Education, 1983), 260.

19 *Christelijke Encyclopedie*, 5:128.

Prefiro não usar "Preciosismo Holandês", "Pietismo Holandês" ou "Puritanismo Holandês", por causa das seguintes razões. O Preciosismo Holandês faz a *Nadere Reformatie* soar demasiadamente legalista (*wettisch*). É verdade que a maioria dos teólogos da segunda reforma promoveram uma ética negativa. Gisbertus Voetius, por exemplo, proibiu práticas tais como "a visita de casas públicas, o jogo de dados, o uso de roupas luxuosas, a dança, a bebedice, a folia, o tabaco e o uso de peruca". Não obstante, tal preciosismo não tinha um fim em si mesmo. Antes, foi cultivado em face do "alegado mundanismo então prevalecente" e como um meio de sustentar e desenvolver a fé e a conduta individuais contra a frivolidade.[20]

Inicialmente, pietismo holandês poderia parecer ser uma tradução aceitável de *Nadere Reformatie*. O termo foi amplamente usado para mostrar a ênfase pietista do movimento. Entretanto, esse termo é também problemático, por duas razões: primeira, ele sugere uma íntima conexão com o Pietismo Alemão.[21]

A *Nadere Reformatie* antedata o apelo de Spencer à reforma por quase meio século e foi mais extensa como um movimento do que o pietismo alemão. Adicionalmente, o pietismo entre os luteranos alemães se preocupou mais com a vida interior do crente do que com reformar a sociedade, enquanto a maioria dos teólogos da *Nadere Reformatie* se preocupou com ambos.[22] E, segunda, o pietismo é geralmente considerado como um protesto contra a teologia escolástica protestante e precisão doutrinal, enquanto muitos

---

20 Martin H. Prozesky, "The Emergence of Dutch Pietism", *Journal of Ecclesiastical History* 28 (1977): 33.

21 Stoeffer (*The Rise of Evangelical Pietism*, o qual tenta definir "Pietismo" como a abarcar o puritanismo inglês, a segunda reforma holandesa e o pietismo alemão, 1-23) e James Tanis (*Dutch Calvinistic Pietism in the Middle Colonies: A Study in the Life and Theology of Theoldorus Jacobus Frelinghuysen* [The Hague: Martinus Nijhoff, 1967] e "The Heidelberg Catechism in the Hands of the Calvinistc Pietists", *Reformed Review* 24 [1970-71]: 154-61) segue os historiadores alemães da igreja ao usar o termo "Dutch Pietism", notavelmente Heinrich Geppe (*Geschichte des Pietismus und der Mystike in der Reformierten Kirche, namentlich der Niederlande* [Leiden: Brill, 1879]) e Albrecht Ritschl (*Geschichte des Pietismus*, 3 vols. [Bonn: Marcus, 1880-86]).
Para a influência do pietismo alemão sobre a segunda Reforma holandesa, ver Graafland, "De Gereformeerde Orthodoxie en het Pietisme in Nederland", *Nederlans Theologisch Tijdschrift* 19 (1965): 466-79; J. Steven O'Malley, *Pilgrimage of of Faith: The Legacy of the Otterbeins* (Metuchen, N.J.: The Scarecrow Press, 1973); Willem Balke, "Het Pietisme in Oostfriensland", *Theologia Refomata* 21 (1978): 308-327.

22 S. van der Linde, *Vromen en Verlichten: Twee Eeuwen Protestantse Geloofsbeleving 1650-1850* (Utrecht: Aartsbisschoppelijk Museum Utrecht, 1974), 2; Gerstner, *Thousand Generation Covenant*, 76.

teólogos da *Nadere Reformatie* ajudaram a formular a ortodoxia reformada e analisar a doutrina.²³

A *Nadere Reformatie* tem sido chamada também "puritanismo holandês". Mas, quão acurada ou proveitosa é tal descrição?

PURITANISMO INGLÊS E A *NADERE REFORMATIE*

A *Nadere Reformatie* é a contraparte holandesa do puritanismo inglês. O elo entre esses movimentos é forte, histórica e teologicamente.²⁴ Keith Sprunger mostrou que, durante o século dezessete, dez entre mil crentes anglo-escoceses de persuasão puritana viviam nos Países Baixos. Esses crentes representavam cerca de quarenta congregações e 350 ministros.²⁵ O governo holandês permitiu que os crentes organizassem igrejas e formassem classes inglesas dentro da Igreja Reformada Holandesa. Cornelis Pronk nota que a presença de tantos puritanos ingleses e escoceses se viram impelidos a exercer alguma influência sobre as igrejas holandesas. Muitos ministros reformados holandeses foram pressionados pela teologia prática dos puritanos ingleses", diz Pronk. "Eles viram isso como um saudável corretivo à árida sermonização intelectualista que foi se tornando a tendência em suas igrejas."²⁶

Os teólogos do puritanismo inglês e a *Nadere Reformatie* se respeitavam. Eles se enriqueceram através do contato pessoal e de seus escritos, quer seus tratados em latim, ou os muitos livros traduzidos do inglês para o holandês.²⁷

---

23 Ibid., 76.

24 Cf. *Dutch Puritanism: A History of English and Scottish Churches of the Netherlands in the Sixteenth and Seventeenth Centuries* (Leiden: Brill, 1982), e *The Learned Doctor William Ames: Dutch Backgrounds of English and American Puritanism* (Chicago: University of Illinois Press, 1972); Douglas MacMillan, "The Connection between 17th Century British and Dutch Calvinism", in *Not by Might nor by Power*, 1988 Westminster Conference papers, 22-31.

25 Willem op't Hof realça a influência sobre as congregações dos fugitivos holandeses na Inglaterra, notando que "não se pode concluir judiciosamente que são principalmente as congregações holandesas na Inglaterra que formam o cenário da puritanização da vida espiritual nos Países Baixos" (*Engelse pietistischt geschriften in het Nederlands*, 1598-1622 [Rotterdam: Lindnberg, 1987], 639).

26 "The Dutch Puritans", *Banner of Truth*, nos. 154-55 (july-August, 1976): 3.

27 Falando dos escritos puritanos ingleses traduzidos para o holandês, de 1598 a 1622, op't Hof diz: "Um total de 114 edições foram emitidas de um total de 60 traduções. Essas 60 traduções tratavam de obras escritas por vinte e dois autores ingleses. ... Dois autores são numericamente proeminentes entre eles: Cowper (18 edições de 10 traduções) e Perkins (71 edições de 29 traduções). Na verdade, somente Perkins eclipsou todos os demais tomados

Mais livros teológicos reformados foram impressos no século dezessete nos Países Baixos do que em todos os outros países combinados.[28]

Os teólogos puritanos ingleses e a *Nadere Reformatie* tinham ideais semelhantes: promover a piedade experiencial que glorifica a Deus e a precisão ética nos indivíduos, igrejas e nações. Entretanto, somente a Inglaterra teve a oportunidade de elaborar plenamente esses ideais, durante os anos do domínio de Crowmwell.

A despeito das perspectivas semelhantes, o puritanismo inglês e a *Nadere Reformatie* desenvolveram, histórica e teologicamente, identidades distintas. Hendrikus Berkhof é simplista demais quando diz que a *Nadere Reformatie* resultou meramente de "a piedade prática dos calvinistas ingleses soprando sobre os Países Baixos".[29] Ainda que o puritanismo inglês fosse uma influência primária sobre a *Nadere Reformatie* – particularmente em sua ênfase sobre a necessidade de uma vida pessoal e congregacional de piedade prática (como Willem op't Hof habilmente enfatizou)[30] –, ele não foi uma influência exclusiva. Fatores não ingleses também contribuíram.[31] Em alguns aspectos, o movimento holandês foi mais puritan do que propriamente a ortodoxia inglesa. No dizer de Jonathan Gerstner, "Na Inglaterra, de uma perspectiva ortodoxa reformada, a despeito de um breve período sob Cromwell, sempre houve coisas grosseiramente antibíblicas para combater: a presença de bispos, ritos supersticiosos no Livro de Oração Comum, vestimentas etc. Nos Países Baixos, nada disso estava presente, e a tarefa era muito mais sutil. Defensores do *status quo* não foram tão claramente ausente de reforma, como na Inglaterra. Neste contexto, o verdadeiro espírito do puritanismo veio na dianteira."[32]

---

juntos. ... Catálogos de leilão mostram que Udemans possuía 209 livros puritanos em latim e 57 em inglês. Semelhantemente, Voetius possuía 30 obras puritanas em latim e 270 em inglês. ... Uma estima a grosso modo para o período de 1623-1699 dá 260 novas traduções, 580 edições e 100 novas traduções" (*Engelse pietistische geschriften in het Nederlans*, 636-37, 640, 645).

28 Sprunger, *Dutch Puritanism*, 307.

29 *Geschiedenis der Kerk* (Nijkerk: G. F. Callenbach, 1955), 228.

30 *Engelse pietistisch geschriften in het Nederlands*, 583-97, 627-35, 645-46. Cf. Cornelis Graafland, "De Invloed van het Puritanisme op het Onststaan van het Gereformeerd Pietisme in Nederlan", *Documentatieblad Nadere Reformatie* 7, 1 (1983): 1-19. Graafland também detalha influências sobre a pregação, a arte da meditação, casuística, aliança, a administração da Ceia do Senhor e escatologia.

31 Ibid., 2, 15-16.

32 Gerstner, *Thousand Generation Covenant*, 77-78.

Os teólogos da segunda reforma holandesa estavam menos interessados em reformar o governo e a igreja do que seus irmãos ingleses. Sua ênfase teológica variava também sobre doutrinas, tais como a certeza de fé. Igualmente, a Holanda era mais inclinada a enfatizar a teologia como uma ciência, enquanto a Inglaterra enfatizava os aspectos práticos da teologia.[33] Sprunger nota que William Ames achou a Holanda intelectual demais e não suficientemente prática, e por isso promoveu a piedade puritana, "esforçando-se para tornar os holandeses puritanos".[34] Essas variações não são suficientemente respeitadas quando o movimento holandês é tacanhamente definido como puritanismo holandês.[35]

Não obstante, a essência da segunda reforma holandesa contrapõe a ênfase do puritanismo inglês sobre a espiritualidade reformada. S. van der Linde, o principal estudioso sobre a segunda reforma holandesa, diz que o alvo do movimento, como o do puritanismo, era unir doutrina com toda a vida diária.[36] Van der Linde nota: "A segunda reforma se põe inteiramente ao lado da Reforma e equipara a crítica não tanto contra a *reformata* (a igreja que é reformada), mas, ao contrário, contra a *reformanda* (a igreja que necessita de reforma)."[37]

Ainda que a segunda reforma se preocupe preeminentemente com a vida e experiência espirituais, tal preocupação é expressa de várias maneiras. Como van der Linde escreve, "em Voetius temos o organizador eclesiástico; em Ames, um teólogo muito original; em Teellinck e Brakel, teólogos

---

33 Pronk, *The Banner of Truth*, nos. 154-55 (July-August, 1976): 6. Gerstner explica: "Tanto os ortodoxos reformados, como os puritanos ingleses, em sua doutrina eram primariamente pastores, não teólogos formais. Assim alguém descobre uma notável escassez de teólogos sistemáticos. O pensamento reformado holandês, enquanto retém uma forte ênfase no púlpito, produziu um notável número de obras teológicas, a maioria dirigida a pessoas medianas. Pregar o catecismo talvez fosse a parte da razão, mas tudo indica que possuíam uma tendência mais acentuada para um sistema de edificação. Assim, o pastor da reforma continua se esforçava pela conversão de seus paroquianos e, ao mesmo tempo, fazia dele um dogmático" (*Thousand Generation Covenant*, 78).

34 *The Learned Doctor Ames: Dutch Backgrounds of English and American Puritanism*, 260. Cf. Hugo Visscher, *Guilielmus Ames, Zijn Leven en Werken* (Haarlem: J. M. Stap, 1894).

35 Este termo tem sido usado com mais exatidão para descrever as igrejas puritanas de fala inglesa nos Países Baixos (cf. Douglas Campbell, *The Puritan in Holland, England, and America*, 4th Ed., 2 vols. [Nova York: Harper and Brothers, 1892]; Sprunger, *Dutch Puritanism*; T. Brienen, *De prediking van de Nadere Reformatie* [Amsterdam: Ton Bolland, 1974]). Van der Linde prefere "o puritanismo inglês nos Países Baixos" a "o puritanismo holandês", posto que os puritanos ingleses nos Países Baixos se confinam grandemente a seus próprios círculos (cf. "Jean Taffin: eerste pleiter voor 'Nadere REformatie' na Holanda", *Theologie Reformata* 25 [1982]: 6ff.).

36 "De Godservaring bij W. Teellinck, D. G. en A. Comrie", *Theologia Refomata* 16 (1973): 205.

37 "De Betekenis van de Nadere Reformatie voor Kerk en Theologie", *Kerk en Theologie* 5 (1954): 216.

da religião prática; e em Lodensteyn e Saldenus, os homens do 'misticismo', condutores da cruz e da meditação sobre a vida por vir".[38] A despeito dessas ênfases discrepantes, van der Linde conclui que há um elemento de precisão e de destaque na segunda reforma que é inseparável de um fervoroso desejo de contrapor a impiedade com uma piedade que "conscientemente consagra a Deus toda a vida".[39]

Estudiosos responsáveis pela *Documentatieblad Nadere Reformatie* periódica[40] oferecem duas definições bem expressas da segunda reforma holandesa. A primeira definição, formulada em 1983, é como segue:

> Este movimento dentro da Nederduits Gereformeerde Kerk (Igreja Reformada Holandesa), enquanto geralmente se opõe aos prevalecentes abusos e concepções equivocadas e segue após o avanço abrangente e progressivo da Reforma do século dezesseis, insiste e luta com zelo profético tanto em prol da experiência interior quanto da santificação total de todas as esferas da vida.[41]

A segunda definição, formulada em 1995, é mais refinada:

> A segunda reforma holandesa é aquele movimento no seio da Nederduits Gereformeerde Kerk (Igreja Reformada Holandesa) durante os séculos dezessete e dezoito, o qual, como uma reação ao decréscimo ou ausência de uma fé viva, fez tanto da experiência pessoal de fé como da piedade questões de importância central. Dessa perspectiva, o movimento formulou substanciais e processuais iniciativas de reforma, submetendo-as às agências eclesiásticas, políticas e sociais próprias, e/ou em conformidade com o que deu prosseguimento de ambos os elementos, palavra e ato, uma reforma ulterior da igreja, sociedade e estado.[42]

---

38 Ibid., 218.
39 *Het Gereformeerde Protestantisme* (Nijkerk: G. F. Callenbach, 1957), 9.
40 Esses estudiosos têm uma sociedade oficialmente organizada nos Países Baixos, *Stichting Studie der Nadere Reformatie*. O alvo expresso do SSNR é promover estudo mais profundo da segunda reforma holandesa.
41 *Documentatieblad Nadere Reformatie* 7 (1983): 109.
42 *Documentatieblad Nadere Reformatie* 19 (1995): 108, traduzido por Bartel Elshout em seu *The Pastoral and Practical Theology of Wilhelmus à Brakel* (Grand Rapids: Reformation Heritage Books, 1997), 9.

Estas definições da versátil segunda reforma holandesa são, necessariamente, um tanto simplistas. Como Graafland ressalta, a segunda reforma não tinha estrutura organizacional além de um forte sentimento de reino espiritual entre seus teólogos. Às vezes isto levava a pequenas organizações tais como o "Utrecht Circle" sob a liderança de Voetius, ou a programas de ação, tais como aqueles promovidos por Willem Teellinck e Jacobus Koelman. Entretanto, para a maioria, cada teólogo da segunda reforma ressaltava a necessidade de reforma em seus próprios paroquianos. Esse chamado à reforma naturalmente variava segundo cada localidade e geração.[43]

Semelhante ao puritanismo inglês, a pregação da segunda reforma era experiencial, retratando uma teologia bem elaborada da experiência cristã. M. Eugene Osterhaven define essa teologia como "aquela ampla vertente do ensino reformado que, aceitando os credos da igreja, enfatizava o novo nascimento, a conversão e a santificação do crente, de modo que pudesse adquirir um conhecimento experiencial e pessoal da graça salvífica de Cristo".[44] Religião, doutrina e proposições teológicas não são suficientes; sentimento, experiência, luta espiritual e oração também são essenciais para a fé e a prática. O conhecimento intelectual de doutrina, ainda que necessário, deve ser acompanhado pelo conhecimento emocional da experiência bíblica.[45] Para os adeptos da segunda reforma, bem como para os puritanos, o cristianismo formal (um cristianismo que se exauriu nos externos) era apenas superficialmente melhor que absolutamente nada. Por essa razão, enfatizavam a importância da resposta interior a Deus.[46] E assim as lutas eram primordiais.[47]

---

43 Graafland, "Kermen en contourem van de Nadere Reformatie", in *De Nadere Reformatie: Beschrijving van haar voornaamste vertegenwoordigers*, 350.
44 "The Experiential Theology of Early Dutch Calvinism", *Reformed Review* 27 (1974): 180.
45 Ibid., 183-84.
46 Stoeffler, *The Rise of Evangelical Pietism*, 14.
47 Van der Linde, "De betekenis van de Nadere Reformatie voor Kerk en Theologie", in *Opgang en voortgang der reformatie*, 146.

CERTEZA DE FÉ

A relação de fé e certeza se tornou um ponto focal tanto no puritanismo inglês como na segunda reforma holandesa. Os teólogos daquela época reconheceram que, a compreensão de sua relação, requeria um delicado equilíbrio entre objetividade e subjetividade, Escritura e experiência, Palavra e Espírito.

Ao tratar da certeza, os teólogos puritanos e da segunda reforma buscaram ser fiéis à autoridade da Escritura e se digladiavam com dados bíblicos, exegese e hermenêutica. Porque a Escritura exibe uma formidável tensão entre fé vital e algum tipo de certeza normativa, associado à possibilidade da falta de segurança, a questão real era: como era possível que a tensão bíblica fosse amainada em um contexto pastoral? Em uma adição meticulosa aos antigos princípios doutrinais da Reforma, os teólogos puritanos ingleses e a segunda reforma decidiram que a certeza era mais complexa do que simplesmente descansar nas doutrinas de Deus em Cristo. Quando propriamente posto no contexto da Escritura, de Cristo e da Trindade, as evidências internas da graça e do testemunho do Espírito têm um lugar válido como bases secundárias na certeza do crente. Esses fundamentos da certeza foram codificados nas confissões de ambos: o puritanismo inglês e a segunda reforma holandesa. Os teólogos holandeses a incluíram nos Cânones de Dort (1619), declarando que os fundamentos da certeza eram "(1) fé nas promessas de Deus... (2) o testemunho do Espírito Santo a testificar com nosso espírito de que somos filhos de Deus... (3) um sério e santo desejo de preservar uma boa consciência e de realizar boas obras" (tópico 5, art. 10). E os puritanos ingleses a incluíram na Confissão de Fé Westminster (1647), declarando que os fundamentos da certeza eram "a veracidade divina das promessas de salvação, as evidências internas daquelas graças para as quais estas promessas são feitas, [e] o testemunho do Espírito de adoção a testificar com o nosso espírito de que somos filhos de Deus" (cap. 18, § 2).[48]

---

[48] Para uma exposição mais detalhada de como esses movimentos elaboraram esses fundamentos da certeza, e para uma prova da fonte primária das generalizações que seguem com respeito aos seus conceitos sobre a certeza de fé, ver Beeke, *Assurance of Faith*, caps. 5-9.

As bases da certeza requeriam uma intensidade particular no puritanismo inglês e na segunda reforma holandesa, como os teólogos desenvolveram a terminologia e os tratados sobre a certeza. Suas implicações pastorais da compaixão pela fragilidade da fé, exprimindo admoestações e convites para o crescimento da fé e analisando detidamente a fé contemporânea e outras formas falsas de fé, mostram como eles fomentaram a comunhão com Deus em Cristo. Ao elevar a importância das bases secundárias da certeza (i.e., as evidências interiores da graça e o testemunho do Espírito) para uma "linha-tronco", a partir da linha "linha lateral", que ocuparam no pensamento de Calvino, os puritanos ingleses e os teólogos da segunda reforma apenas ampliaram, por razões pastorais, como assevera Graafland, os "poros" que Calvino já havia aberto nos seguintes "sinais que são atestações seguras" da fé.[49] Os que acusam os puritanos e os teólogos da segunda reforma de introspecção mórbida e antropocentrismo simplesmente erraram o alvo. A verdade é que os cristãos contemporâneos têm muito a aprender dos puritanos ingleses e dos teólogos da segunda reforma. Examinavam cuidadosamente a experiência pessoal e espiritual, porque se sentiam ansiosos por encontrar a mão do Deus Trino em suas vidas e, então, direcionar toda a glória para o Pai que elege, o Filho que redime e o Espírito que aplica.

Como um resultado de Calvino e dos conceitos dos primeiros Reformadores sobre a certeza, os puritanos e os teólogos da segunda reforma desenvolveram mais a doutrina da certeza, tanto pastoralmente, quanto teologicamente, movendo-a de uma elaboração cristológica para uma trinitária. É possível que os Reformadores e os pós-reformadores tenham ênfases dife-

---

49 Graafland e os teólogos da segunda reforma falham por admitirem que a linha subjetiva da certeza "domina" a objetiva, porém reconhecem que esta acentuação da certeza subjetiva era resultante do combate de várias formas de pseudo-fé. Ele assevera que, quando a certeza subjetiva é proeminente como na segunda reforma, a própria certeza se torna problemática e se propende a ser vista como uma escassa entidade pertinente à quintessência mais do que à essência da fé. Graafland conclui que os pós-reformadores "terminam onde Calvino começa" ("Waarheid in het Binnenste", pp. 69ff.). Ainda que a apresentação de Graafland seja grandemente acurada, ele exagera suas conclusões, uma vez que os pós-reformadores ainda retiveram a prioridade das promessas de Deus. Ele deixa de ressaltar que os pós-reformadores fizeram mais uso das bases secundárias da certeza do que Calvino, com o fim de validar que as promessas de Deus se destinavam particularmente ao crente. Ainda que Graafland assevere que os pós-reformadores permanecem relativamente adstritos a Calvino, não obstante suas variadas ênfases, ainda são mais adstritos do que ele está disposto a admitir (cf. Beeke, *Assurance of Faith*, 72-78).

rentes, porém estão unidos nisto: a certeza da salvação deve ser considerada como a possessão de todos os cristãos, em princípio, a despeito das várias medidas de consciência.[50] A cláusula "a despeito de" é essencial, pois passagens tais como Salmo 88 nos advertem a não negarmos nossa redenção, caso nos falte certeza. A cláusula mostra ainda que a sensibilidade pastoral da Escritura, confirmando que, o que é normal, não deve ser equiparado com o que é necessário no tocante à certeza.

Para os puritanos e os teólogos da segunda reforma, a certeza era um dom de Deus que envolvia o homem em sua totalidade, inclusive sua compreensão e sua vontade. Porque a vontade humana é incapaz de escolher ou de aderir a Deus com sua própria força, os teólogos sentiram grande necessidade de desenvolver uma doutrina clara da certeza. Tinham consciência da fraudulência de seus próprios corações e tremiam em assumir o que Deus não havia aplicado. Em contrapartida, também detestavam a incredulidade. Bem sabiam que Deus era digno de toda confiança. Assim, seu alvo, dever e desejo eram a fé e a certeza n'Ele.[51]

Em certo sentido, a certeza foi o mais crucial resultado da pós-reforma. E as igrejas, em sua maior parte, se beneficiaram com isso. As exposições puritanas e da segunda reforma, sobre a certeza, contribuíram para a saúde espiritual das igrejas, à medida que não se degeneravam em misticismo anti-bíblico. Como regra, os teólogos exemplificaram um misticismo paulino saudável, o qual era regulado pela Palavra dentro de uma matriz cristocêntrica e trinitária. Disso, desenvolveram sua forte ênfase sobre a religião experiencial que não se afastava *de*, mas se aferrava *a* Cristo para o aumento da fé e da certeza. Ao crer sinceramente que a sã religião experiencial estava em Cristo através de Seu Espírito, eles almejavam apoiar essa experiência no evangelho objetivo.

Os teólogos não tentaram divorciar a religião subjetiva da objetiva. E nem a teriam endossado. Esse tipo de religião, teriam dito, pode produzir

---

50 "A teologia reformada se deleita em insistir que, enquanto a plena certeza é frequentemente experienciada, ela nunca é inevitável, nunca continuamente sustentada, e, por certo, não caracteriza pacientemente cada grau da estatura cristã aqui embaixo" (G. Thomson, "Assurance", *The Evangelical Quarterly* 14 [1942]: 7).

51 Daí Bunyan ter a caminhada do cristão sobre um precipício estreito com a voraz caverna da presunção, de um lado, e a incredulidade, do outro (*The Complete Works of John Bunyan*, 2:38).

uma cabeça cheia, porém um coração vazio. Os pós-reformadores almejavam uma piedade sincera e inteligente. Desejavam o tipo de fé e certeza que sente o poder da graça de Deus e repousa sobre seus fundamentos. Alguns dos pós-reformadores provavelmente teriam atado as ênfases experienciais mais consistentemente à Palavra e a Cristo, porém seu ensino deixa pouca dúvida de que isto era o que pretendiam.

O que os puritanos ingleses e os teólogos da segunda reforma criam sobre a certeza excedia muito suas diferenças. Ambos os grupos ensinavam que a plena certeza da salvação pessoal é o fruto da fé, em vez de ser a essência da fé. Ambos ensinavam que não se pode divorciar a certeza de uma estrutura bíblica, trinitária e cristológica. Ambos ensinavam que a certeza procede do Espírito Santo. Este dirige o crente a repousar nas promessas de Deus, o ilumina a concluir, mediante as marcas da graça, que ele é filho de Deus, e aplica a Palavra à sua consciência de que Cristo é *seu* Salvador.

É possível que alguns líderes de ambos os grupos tenham alinhado impropriamente a importância desses modos de certeza e falhado em reconhecer que várias formas de certeza podem aplicar-se a vários graus de benefício. Alguns diziam que o testemunho direto do Espírito é superior à certeza coligida da reflexão da fé sobre as evidências externas da graça. Outros, reconhecendo esse perigo, combinaram estas duas formas de certeza. Todos concordam sobre a essência da certeza, dizendo que a base primária da certeza jaz nas promessas de Deus, ainda que alguns dentre ambos os grupos preferissem focar mais sobre o raciocínio silogístico e iluminado pelo Espírito.[52]

Os teólogos de ambos os grupos reconheciam que o crente se encontra no fluxo constante com respeito ao seu meio ambiente pessoal e experiencial. Ensinavam que o Espírito sabe melhor que tipo de certeza aplicar ao crente em algum dado momento. Ambos os grupos reconheciam que a certeza é baseada na aliança, selada com o sangue de Cristo e, finalmente, fundada na eleição eterna. Ambos afirmavam que, ainda quando a certeza permaneça incompleta nesta vida, ela varia de grau e com frequência é enfraquecida pela aflição e dú-

---

[52] Graafland argumenta que isto representa a maioria dos teólogos da segunda reforma (cf. nota 7, acima).

vida, suas riquezas nunca devem ser tomadas supostamente. Ela será sempre a dádiva soberana do Deus Trino. Não obstante, ela deve ser diligentemente buscada através dos meios de graça. E só se torna bem fundada quando evidencia os frutos, tais como amor a Deus e ao Seu reino, obediência filial, arrependimento santo, ódio pelo pecado, amor fraternal e adoração humilde.[53]

Os puritanos ingleses e os teólogos da segunda reforma geralmente diferiam em algum aspecto da certeza. O seguinte representa o mais significativo:

Como um todo, os puritanos ingleses tendiam a enfatizar as *marcas da graça* mais que os teólogos da segunda reforma, os quais, por sua vez, ressaltavam os *passos da graça* mais que seus irmãos do outro lado.[54] Nesse sentido, parece que os ingleses tiveram mais influência sobre os holandeses do que vice-versa.[55] Jacobus Koelman, notável teólogo da segunda reforma e tradutor de numerosas obras puritanas, confessou que "os livros concernentes à prática da piedade são raros; por conseguinte, dependemos da Inglaterra, uma vez que os teólogos de lá têm se exercitado muito bem neste aspecto".[56]

Os holandeses foram mais propensos a esquematizar a obra da graça de Deus do que os ingleses,[57] colocando um prêmio mais elevado nos avançados passos da graça efetuados pelo Espírito.[58] Por exemplo, os holandeses enfatizaram o

---

53 Cf. Donald MacLeod, "Christian Assurance 2", *Banner of Truth*, no. 133 (novembro de 1974): 1-7.

54 Cf. Beeke, *Assurance of Faith*, 310ss.

55 Por exemplo, William Ames, professor de teologia em Francker University (1622-33). "Através de missionários como Ames, o movimento preciosista holandês foi fomentado pela escolha das doutrinas puritanas. Da teologia prática oriunda dos ingleses 'como de uma fonte perene', elogiou Voetius" (Sprunger, Dutch Puritanism, 359). Segundo Matthias Nethenus, colega de Voetius na Universidade de Utrecht: "Na Inglaterra, o estudo da teologia prática floresceu prodigiosamente; e nas igrejas e escolas holandesas, desde o tempo de Willem Teellinck e Ames, ela sempre se difundiu mais amplamente, ainda quando nem todos a tenham tomado com igual interesse" (introduction to Ames, *Omnia Opera*, trans. And ed. Por Douglas Horton, in *William Ames* [Harvard: Harvard Divinity School Library, 1965], 15).

56 Citado por Graafland, "De Involed van het Puritanisme op het Ontstaan van het Gereformeerd Pietisme in Nederland", *Documentatie blad Nadere Reformatie* 7 (1983: 5. Como Sprunger nota: "A tradução para o holandês e a impressão dos livros puritanos na Holanda foi um empreendimento para difundir as doutrinas puritanas da piedade entre os holandeses. Os escritos de William Perkins, William Ames, Wi8lliam Whately, Lwwis Bayly, William Whitaker, Thomas Hooker, Richard Sibbes, Paul Baynes, Robert Bolton, Richard Baxter, Daniel Dyke, Thomas Adams, William Prynne, Thomas Cartwright e Thomas Goodwin são uns poucos dentre os livros puritanos postos em holandês. O comércio dos livros foi também o outro caminho [porém não no mesmo grau, JRB] dos valiosos livros holandeses a serem postos em inglês" (*Dutch Puritanism*, 359-60). Cf. VanderHaar, *Van Abbadie tot Young*; Schoneveld, *Intertraffic of the Mind*.

57 Cf. Beeke, *Assurance of Faith*, 363ss., 212ss.

58 Ibid., 211ss. Uma notável exceção neste respeito é a comunhão experiencial com as Pessoas distintas da Trindade

testemunho interno imediato do Espírito e o testemunho remoto das conclusões silogísticas mais que os ingleses.⁵⁹ Consideravam a selagem do Espírito como uma obra especial acima e além de uma experiência normal de fé.⁶⁰ Prestavam mais atenção na justificação no tribunal da consciência como uma experiência da certeza sendo selada, em vez de uma metáfora de como a certeza é recebida.

A maior ênfase que os holandeses imprimiram sobre os avançados passos na graça e a menor ênfase sobre os passos normais é uma razão mais proeminente por que os puritanos ingleses fizeram maior admissão aos vários graus de certeza. Os ingleses nutriram maior esperança para a certeza por meio das promessas e silogismos. Nenhum puritano inglês ensinou, como fez Teellinck, que raramente surge um em dez mesmo para estas formas de certeza.⁶¹

Os holandeses ressaltaram a recepção da certeza como um dom soberano, enquanto os ingleses ressaltaram a busca da certeza como um dever solene. Daí, os ingleses costumavam fornecer diretrizes elaboradas, inclusive tratados inteiros, sobre como obter a certeza e por que o crente deve se esforçar para isso.⁶²

Por conseguinte, a ênfase puritana estava no ato (*actus*) de fé; a holandesa, no princípio ou hábito (*habitus*) de fé. Entretanto, muitos teólogos de ambos os grupos trabalharam para balancear entre o hábito e ato de fé. Reconheciam que, se o *habitus* fosse negligenciado, o voluntarismo poderia ser encorajado; se o *actus* fosse minimizado, poderia resultar um estigma letárgico de antinomianismo, o qual via a fé como algo a *ter* mais que a *exercer*.

Os ingleses ressaltavam a necessidade dos frutos da certeza.⁶³ Os ingleses se inclinavam mais para o silogismo prático; os holandeses se inclinavam crescentemente para o silogismo místico.⁶⁴ Graafland e van der Linde são críticos mordazes dessa transição, mas van der Linde deixa de notar que o silogismo místico é tam-

---

(IBID., 191, 215, 343ss.).
59 Ibid., 127, 303ss., 349ss.
60 Ibid., 245ss., 340, 358ss.
61 Ibid., 124, 234,364ss.
62 Ibid., 167, 231, 240ss., 341, 262.
63 Ibid., 359ss.
64 Ibid., 148, 310ss.; Graafland, "Van *syllogismus practicus naar syllogismus mysticus*", in *Wegen en Gestalten in het Gereformeerd Protestantisme*, 105-122.

bém inseparável da iluminação do Espírito.⁶⁵ Além do mais, uma ênfase subjacente sobre a atividade da fé influenciou os ingleses a um maior impulso evangelístico⁶⁶ e maior uso do sentido de percepção⁶⁷ em descrever a certeza de fé.

As ênfases variantes dos teólogos ingleses e holandeses não devem ser exageradas. Ambos os movimentos continham tais ênfases variantes de que tudo o que era verdadeiro no tocante às suas diferenças como grupos não era verdadeiro no tocante a cada indivíduo. Por exemplo, os teólogos ingleses e holandeses que enfatizavam a predestinação e o caráter monergístico da aliança tendiam também a enfatizar a certeza à parte de nós mesmos (*extra nos*) nas promessas de Deus. Os que enfatizavam a incondicionalidade na aliança enfatizavam a certeza encontrada dentro (*intra nos*) por meio dos silogismos e do testemunho direto do Espírito.⁶⁸ As diferentes ênfases de puritanos, tais como John Owen e Richard Baxter, e os teólogos da segunda reforma, tais como Alexander Comrie e Wilhelmus à Brakel, mostram consideráveis ênfases diferentes dentro de um amplo consenso.

Alguns teólogos, tais como Thomas Goodwin, ofereceram um misto de ênfases do puritanismo inglês e da segunda reforma holandesa. Goodwin promoveu, respectivamente, as marcas e os passos da graça. Ele esquematizou a graça mais que Owen, porém menos que Comrie. Ele enfatizou o testemunho interno do Espírito, porém admitiu um papel do "crer confortável" aos silogismos. Conquanto afirmasse a expectativa da certeza, contudo enfatizou a raridade da certeza plena. Ele apresentou a certeza como um dever solene, tanto quanto um dom soberano. Enfatizou, respectivamente, o hábito e os atos de fé.⁶⁹

A mensagem que emerge de ambos os teólogos, puritanos e segunda reforma, é esta: a certeza é a nata da fé; ela é inseparável de cada um de

---

65 "De Godservaring bij W. Teellinck, D. G. à Brakel en A. Comrie", *Theologia Refomata* 16 (1973): 202-203. Cf. van der Linde, *Opgang en voortgang der reformatie*, 146.

66 Cf. Beeke, *Assurance of Faith*, 331-32n.

67 Ibid., 354ss.

68 Cf. Letham, "Saving Faith and Assurance in Reformed Theology", 1:362ss., cujo argumento é que esta distinção também retrocede ao século dezesseis. Cf. Stephen Strehle, *Calvinism, Federalism, and Scholasticism: A Study of the Reformed Doctrine of Covenant* (Nova York: Peter Lang, 1988), 137ss., 188ss., 386-92.

69 Por exemplo, Goodwin enfatiza o ato do Espírito implantar a fé em *The Work of the Holy Spirit*, mas enfatiza os atos da fé em *The objects and Acts of Justifying Faith* (*Works of Thomas Goodwin*, vols. 6 e 8).

Thomas Goodwin   John Owen

seus exercícios. A certeza cresce pela fé nas promessas de Deus, mediante as evidências internas da graça, e mediante o testemunho do Espírito. Cada um desses meios deve ser buscado diligentemente pela oração e pela busca constante; não se deve separar um dos outros, pois enfatizar indevidamente um levará à distorção dos outros.[70] O crente é dependente da aplicação do Espírito Santo a cada um deles.

LIÇÕES PARA A IGREJA

Em conclusão, seguem algumas lições que o puritanismo inglês e a segunda reforma holandesa têm para a igreja contemporânea:

Primeiro, aprendemos dos teólogos puritanos e da segunda reforma holandesa que devemos poupar-nos nas grandes verdades da santa Escritura. Os teólogos de ambos os movimentos acharam na santa Bíblia tudo quanto de que necessitavam. Acharam aqui um sistema de doutrina, um manual de culto e uma ordem

---

70 Ernest Reisinger assevera que manter a certeza por meio das primeiras (i.e., as promessas de Deus) sem afirmar os segundos (i.e., o caráter cristão e a conduta) e o terceiro (i.e., o testemunho do Espírito), equivale a *antinomianismo*. Manter exclusivamente os segundos sem as primeiras e o terceiro é *legalismo*; manter o terceiro às custas das duas primeiras é "ou *hipocrisia ou o mais profundo engodo e fantasia*" (*Today's Evangelism: Its Message and Methods* [Phillispsburg, N.J.: Craig Press, 1982], 127ss.).

eclesiástica que foi inspirada por Deus, compreensível, todo abrangente e totalmente irresistível. Devemos também apreciar essa autoridade e protegê-la da erosão.

O puritanismo e a segunda reforma nos convidam a degustar uma vez mais a visão de Deus na irresistível auto revelação de Sua majestade, sem descuidar de Seus atributos. Isso nos ajudará a amar o Senhor Jesus em Sua plenitude muito mais do que fazemos. Os pastores puritanos e da segunda reforma devem fazer com que todos os homens se encurvem diante de Cristo como Senhor e Juiz de toda carne. Devem fazer com que cada pecador vá a Ele para purificação, cura e vida.

Segundo, ainda quando o puritanismo inglês e a segunda reforma holandesa nos mostram a realidade de nossos corações desesperadamente perversos e a corrupção deste mundo poluído, promovem o equilíbrio, nos chamando a saborearmos a liberdade de culto sob a nova aliança. De igual modo, necessitamos restaurar um terrível senso de pecado e chamar os crentes a um sacerdócio real através de Cristo e Seu Espírito. O puritanismo e a segunda reforma têm muito a ensinar sobre a disciplina da mortificação e as infindas riquezas da experiência da comunhão com as divinas Pessoas da bendita Trindade – e a igreja contemporânea tem muito a aprender de tal ensino.

Terceiro, como a doutrina da santificação flui inevitavelmente da doutrina da justificação, assim o puritanismo inglês e a segunda reforma germinaram da Reforma. A relação entre a Reforma e os dois movimentos é um tipo de ilustração, por assim dizer, da inseparável relação entre a justificação e a santificação. Aspirando por mais santificação em nossas igrejas, assim evocamos mais ensino lúcido da justificação pela fé.

Nisto, dois extremos devem-se evitar: precisão doutrinal na justificação à custa da piedade na santificação bíblica, o que, geralmente, era procedente no tocante à ortodoxia holandesa antes da segunda reforma; e a santificação à custa da precisão doutrinal em relação à justificação, uma tendência de uns poucos puritanos como Richard Baxter. À semelhança da maioria dos teólogos puritanos e da segunda reforma, devemos diligenciar-nos por um equilíbrio da precisão doutrinal e a piedade bíblica, com isso reconhecendo a inseparável união das duas.

Devemos promover vigorosamente a religião biblicamente experiencial que enfatiza a experiência de ambas: a justificação e a santificação. Tanto o conhecimento essencial como o experiencial de Cristo estão na justificação, da mesma forma que é essencial conhecermo-Lo experiencialmente através da santificação. Devemos conhecê-Lo como "sacerdote segundo a ordem de Melquisedeque" que governa como Rei. A religião experiencial dos movimentos puritano e segunda reforma era saturada de vitalidade, porque ela enfatizava, respectivamente, a meditação bíblica, o cultivo da humildade e o proveito da aflição.

Quarto, como os Reformadores labutaram para voltar ao ensino apostólico via Agostinho, assim os teólogos puritanos e da segunda reforma labutaram para voltar ao ensino e prática apostólicos expostos pelos Reformadores. De igual modo, devemos também labutar para perpetuar sua obra, a qual se originou em Cristo (que é a suprema peça e cumprimento da verdade veterotestamentária) e foi perpetuada pelos apóstolos, Agostinho, os Reformadores, os puritanos e os teólogos da segunda reforma. A igreja de hoje deve cultivar a simplicidade do culto bíblico, teocêntrico e cristocêntrico.

Devemos labutar pela contínua reforma da doutrina e da vida na igreja. Esta reforma deve, como os teólogos puritanos e da segunda reforma nunca se cansaram de transmitir-nos, começar conosco como indivíduos. Como os movimentos da Reforma, do puritanismo e da segunda reforma começaram no nível do povo, influenciando os corações dos indivíduos, assim devemos lutar por reformar nossos púlpitos e congregações para imprimir uma reforma em nossos dias. Usemos os meios de graça devota diligentemente para melhorar a espiritualidade nossa e de nossas famílias, e para levar-nos de volta ao tipo de culto diário praticado pelos teólogos puritanos e pela segunda reforma.

Os teólogos puritanos e a segunda reforma lutaram pelo equilíbrio espiritual em suas vidas. Em suas consciências, em suas famílias, no trabalho e na igreja, buscaram o *soli Deo gloria*. Não viam separação entre o sacro e o secular; suas vidas inteiras eram dedicadas ao serviço divino. Devemos aprender deles que tudo o que fazemos deve ser feito para a glória de Deus.

Finalmente, como fizeram os teólogos puritanos e a segunda reforma, devemos lutar pela cultura teológica que é subserviente ao reino de Deus neste mundo. E assim devemos evitar a busca e a prática da teologia como uma mera empresa acadêmica. Como os teólogos de outrora, devemos lutar pelo tipo de cultura que declara: "Santificado seja o Teu Nome; venha o Teu reino; seja feita a Tua vontade." No dizer de J. I. Packer concernente aos puritanos (e pode também aplicar-se às suas contrapartes nos Países Baixos):

> Os puritanos me conscientizaram de que toda a teologia é também espiritualidade, no sentido que ela tem uma influência, boa ou má, positiva ou negativa, na relação de seus recipientes ou na falta de relação com Deus. Se nossa teologia não avivar a consciência e abrandar o coração, realmente endurecerá a ambos; se ela não encorajar o comprometimento da fé, então reforçará o afastamento dos incrédulos; se falhar em promover a humildade, inevitavelmente fomentará o orgulho. Então, aquele que teologiza em público, quer formalmente no púlpito, no pódio ou na imprensa, ou informalmente desde a poltrona, deve pensar seriamente sobre o efeito que seus pensamentos terão sobre o povo – o povo de Deus, e outras pessoas.[71]

Em contrapartida, não devemos abandonar a cultura teológica, a qual quase se tornou a norma no cristianismo experiencial holandês durante o século dezenove depois que a segunda reforma se subdividiu. As credenciais acadêmicas dos teólogos puritanos e da segunda reforma inquestionavelmente influenciaram sua capacidade de analisar e expor as Escrituras. O Espírito Santo usou esses dons poderosamente naquele tempo, e Ele é apto a fazer o mesmo também hoje. Neste dia de pequenas coisas e homens fracos, que Deus nos capacite a nos tornarmos o tipo daqueles gigantes espirituais que foram os teólogos puritanos e a segunda reforma.

---

71 A Quest for Godliness: The Puritan Vision of the Christian Life (Wheaton: Crossway, 1990), 15.

Willem Teellinck (1579-1629)

CAPÍTULO 14

WILLEM TEELLINCK E A VEREDA DA VERDADEIRA PIEDADE

Os cristãos sabem que a prática da piedade não é tarefa fácil. Desejam glorificar a Deus, mas às vezes não sabem como fazê-lo. Sabem que necessitam "vestir-se de toda a armadura de Deus" (Ef 6.11), mas às vezes têm pouca compreensão do que ela é ou de como usá-la. Por exemplo, como o crente deve usar a Palavra de Deus para armar-se, proteger-se dos esquemas do inimigo e avançar rumo à vitória? Como usarmos a oração nesta batalha? Diríamos a Deus, em oração, quão fortes são nossos inimigos, quão fracos somos e quão desesperadamente necessitamos de Seu Filho para ajudar-nos? Como os crentes se livram da tentação? O que podem fazer para purgar sua mente dos pensamentos blasfemos e do orgulho egoísta? Como devemos batalhar contra o senso de desespero quando a aflição golpeia? Como aprenderemos dos cristãos maduros como lutar a boa luta da fé? Qual é o papel próprio do autoexame nesta luta? Como o crente abre seu coração às promessas de Deus?

Estas são questões que Willem Teellinck responde em *The Path of True Godliness* [A Vereda da Verdadeira Piedade]. O livro é saturado de orientação bíblica e prática para os cristãos que desejam ardentemente viver vidas santas focadas em Deus e em Sua glória.

Teellinck às vezes é chamado "o pai da *Nadere Reformatie* holandesa", geralmente traduzido como "Adicional" ou "Segunda Reforma", da mesma forma como William Perkins é chamado o pai do puritanismo inglês. Como discutido no capítulo anterior, a *Nadere Reformatie*, primariamente, foi um movimento do século dezessete e início do dezoito que formou um paralelo abrupto com o puritanismo inglês, remontando aos primeiros representantes, tais como Jean Faffin (1528-1602) e Willem Teellinck (1579-1629) até seus últimos contribuintes, Alexander Comrie (1706-1774) e Theoldorus Van der Groe (1705-1602). Como o puritanismo inglês, o movimento enfatizava a necessidade de uma piedade cristã vital, genuíno quanto aos ensinamentos da Escritura e das confissões reformadas, e elaborado consistentemente em todos os aspectos da vida diária de uma pessoa.

EDUCAÇÃO E VIDA FAMILIAR

Willem Teellinck nasceu em 4 de janeiro de 1579, em Zerikzee, cidade principal na ilha de Duiveland, Zeeland, em uma família piedosa e proeminente. Ele era o mais novo de oito filhos. Seu pai, Joost Teellinck (1543-1594), que serviu como prefeito de Zerikzee, dois anos antes do nascimento de Willem, e morreu quando Willem tinha quinze anos de idade. Sua mãe, Johanna de Jonge (1552-1609), sobreviveu ao seu marido por quinze anos, mas vivia frequentemente adoentada quando Willem era jovem. Willem foi bem educado em sua juventude; estudou jurisprudência em St. Andrews, Escócia (1600), e na Universidade de Pointers, França, onde foi graduado ao doutorado em 1603.

No ano seguinte, ele passou nove meses na comunidade puritana, na Inglaterra. Sua residência com uma família piedosa, em Banbury, e seu contato com a piedade puritana – a experiência com extenso culto doméstico, oração privada, discussões em torno do sermão, observância do domingo, dias de jejum, comunhão espiritual, autoexame, piedade sincera e boas obras – tudo isso o impressionou profundamente. Naquele tempo, podia-se ouvir o cântico de salmos por onde quer que uma pessoa andasse em Banbury, particularmente aos domingos. Esses puritanos não se sentiam bem na igreja estabelecida;

A igreja de Banbury no século XVIII

criam que a Reforma foi prejudicada na Inglaterra, e admiravam grandemente o modelo genebrino de Calvino para a igreja, a sociedade e a vida familiar. Os puritanos piedosos da Inglaterra, tais como John Dod (d. 1645) e Arthur Hildersham (1563-1632), eram seus mentores, e o povo vivia o que esses teólogos ensinaram. Mais tarde, Teellinck escreveria sobre os frutos de seu viver santo: "Seu andar cristão era tal que convencia até mesmo seus mais amargos inimigos da sinceridade e integridade de sua fé e prática. Os inimigos viam a fé operando poderosamente através do amor, demonstrada em suas transações sem rodeios, atos de caridade para com os pobres, visita e conforto aos doentes e oprimidos, educação aos ignorantes, convencimento do erro, punição dos perversos, reprovação da ociosidade e encorajamento à devoção. E tudo isso era feito com diligência e sinceridade, bem como com alegria, paz e felicidade, de tal modo que se evidenciava que o Senhor de fato estava com eles."

Teellinck cria que o Senhor o convertera na Inglaterra. Em seu coração nascera um zelo pela verdade de Deus e a piedade puritana, o qual nunca se apagou. Ele rendeu sua vida ao Senhor e direcionou seu campo de estudos para a teologia. Após consultar alguns teólogos astutos da Inglaterra e separar um dia de oração e jejum com seus amigos, Teellinck decidiu estudar teologia em Leiden. Por dois anos, ele se esmerou ali sob os pés de Lucas Trelcatius (1542-1602), Franciscus Gomarus (1563-1641) e James Arminius (1560-1609). Ele se sentiu muito apegado a Trelcatius, e tentou manter-se neutro nas tensões que se desenvolveram entre Gomarus e Arminius.

Enquanto na Inglaterra, Teellinck conheceu Martha Greendon, uma jovem puritana de Derby, a qual veio a ser sua esposa. Ela partilhou da vida de Teellinck, cujo alvo era viver a *praxis pietatis* (prática da piedade) puritana, tanto na vida familiar quanto em seu trabalho na igreja. Seu primeiro filho, Johannes, morreu na infância. Foram então abençoados com três filhos – Maximiliaan, Theodorus e Johannes – todos eles se tornaram ministros reformados com ênfases similares às de seu pai. Também tiveram duas filhas: Johanna, que casou com um ministro inglês, e Maria, que casou com um oficial político de Mideelburg. O filho mais velho, Maximiliaan, veio a ser pastor da igreja de língua inglesa de Vlissingen em 1627, e então serviu em Middelburg até sua morte em 1653. Teellinck não viveu para ver seus filhos mais jovens ordenados ao ministério. Nenhum dos filhos se tornou tão famoso como seu pai, embora Johannes atraísse alguma atenção como pastor em Utrecht, através de seu livro *Den Vruchtbaarmakende Wijnstack* [Cristo, a Videira Frutífera] e um sermão sobre as promessas de Deus. Em ambos, ele tentou mover a segunda reforma numa direção mais objetiva.

Teellinck edificou sua família através de seu exemplo piedoso. Era hospitaleiro e filantrópico, contudo realçava a simplicidade nos objetos domésticos, no vestuário e na alimentação. Em geral, ele norteava a conversação em torno da mesa de refeição na direção espiritual. Não se tolerava conversação insensata. O culto em família era escrupulosamente praticado à moda puritana. Uma vez por semana, Teellinck visitava uns poucos dos membros mais piedosos de sua congregação a fim de unir suas famílias em devoções. Hóspedes noturnos eram sempre bem-vindos e se esperava que participassem do culto em família. Uma ou duas vezes ao ano, os Teellincks observavam um dia familiar de oração e jejum. Teellinck considerava esta prática mui proveitosa para levar a si e à sua família a se dedicarem inteiramente a Deus.

John Dod   Arthur Hildersham

MINISTÉRIO E BENEVOLÊNCIAS PASTORAIS

Willem Teellinck foi ordenado ao ministério pastoral em 1606 e serviu a igreja de Burgh-Haamstede, na ilha de Duiveland, durante sete anos de frutos abençoados. Houve diversas conversões, mas Teellinck, muito parecido com seu predecessor, Godfridus Udemans (c. 1580-1649), se digladiou com a vida de aldeia, a qual era rude e indisciplinada. Os clássicos momentos daquela época com frequência envolviam os problemas do abuso do álcool, profanação do domingo, disputa, participação de carnaval e um geral espírito desordenado.

Durante este pastorado, Teellinck escreveu seus primeiros livros. Em sua primeira publicação, *Philopatris ofte Christelijke Bericht* [Amor pela Terra Natal ou Um Relato Cristão] (1608), ele realçou a necessidade que o governo holandês tinha de implementar leis rigorosas para combater os pecados e faltas da população. Teellinck também traduziu um dos livros de William Perkins do inglês para o holandês. Em 1610, Teellinck visitou a Inglaterra outra vez para renovar os laços com os colegas puritanos Thomas Taylor, Dod e Hildersham. Durante essa estada, ele pregou à congregação holandesa em Londres. Em 1612, ele foi delegado de Zeeland para ir a The Hague em defesa dos Estados Nacionais Gerais a convocar um sínodo nacional para resolver os crescentes problemas associados ao arminianismo.

De 1613 até sua morte em 1629, Teellinck serviu como pastor em Middelburg, uma florescente cidade com seis igrejas reformadas – quatro holandesas, uma inglesa e uma francesa. O povo se deixou atrair por seu ministério de sincero diálogo e pregação, visitação e catequética fiéis, um viver piedoso e conduta altruísta, bem como escritos simples e práticos. Ele demonstrava a convicção de que um pastor deve ser a pessoa mais piedosa da congregação – e sua piedade envolvia renúncia. Por exemplo, quando alastrou-se uma pestilência por toda Middelburg, em 1624, Teellinck convocou o povo ao arrependimento público e privado, mas visitou também numerosos lares infectados, inclusive insistindo com os demais a não se exporem ao risco, agindo da mesma forma.

O interior da igreja reformada de Haamstede

O árduo trabalho de Teellinck em Middelburg produziu fruto. Cinco anos após sua chegada, ele escreveu à sua congregação em *Noodwendig Vertoogh*: "Temos toda razão de render graças ao Senhor. A cada domingo vindes à igreja em grande número; nossos quatro prédios da igreja já não contêm todo o povo. Muitas de vossas famílias poderiam ser chamadas 'pequenas igrejas'. Há boa ordem de acordo com as boas normas. Muitos dentre vós usais os meios de graça com diligência e atentais alegremente para nossas admoestações ao exercício da piedade."

Todavia, Teellinck permaneceu sobrecarregado pela indiferença dentro e fora de seu rebanho. A "constante ferida e dor" que ele carregava em seu coração em decorrência da lassidão e carnalidade espirituais prevalecentes na igreja e na sociedade o levaram a usar suas prodigiosas energias e dons, no falar e escrever, para produzir uma abrangente reforma em cada esfera da vida.

Teellinck era conhecido por sua benevolência, afeto e humildade. Ele era tolerante e amoroso para com seus colegas. Três de seus colegas mais íntimos em Middelburg serviram como delegados ao Sínodo de Dort (1618-1619): Hemannus Faukelius (1560-1625), um pregador dotado, eclesiástico ativo e autor de *The Compendium*, uma versão simplificada do Catecismo de Heidelberg; Antonius Walaeus (1573-1639), pastor e professor de teologia, compositor essencial dos Cânones de Dort e autor de numerosos livros, inclusive uma influente obra sobre o sábado; e Franciscus Gomarus, primeiro professor de Teellinck em Leiden, um apto polemista e proeminente líder dos calvinistas ortodoxos durante a controvérsia arminiana.

No ínterim, Teellinck manteve estreito contato com a Inglaterra através de laços familiais e visitas, movido por seu vivo interesse nas igrejas inglesas nos Países Baixos. Ele conduzia periodicamente cultos na igreja inglesa de Middelburg. Também traduziu mais dois livros puritanos ingleses para o holandês.

Chegando ao final de sua vida, Teellinck desenvolveu uma ênfase mística que transparecia apenas ocasionalmente em seus primeiros escritos. Esse misticismo tornou-se evidente em sua publicação póstuma o *Soliloquium* [Solilóquio] e *Het Nieuwe Jeruzalem* [A Nova Jerusalém] (1635). Este último

A nova igreja de Middelburg

livro é alusivo aos escritos de Bernard de Clairvaux. Nele se acentuam os sentimentos e as emoções mais que a fé; a alma crente se torna una com Cristo em terna comunhão. Em sua introdução, Gisbertus Voetius escreveu que, neste livro, Teellinck "poderia ser corretamente considerado como um segundo Thomas à Kempis", muito embora reformado em sua teologia.

Teellinck batalhou sem saúde a maior parte de seu ministério. Ele partiu em 8 de abril de 1629, com a idade de cinquenta anos. Foi pranteado por milhares. Foi sepultado no jazigo da Igreja de St. Pieters em Middelburg.

SERMÕES

Ao pregar, Teellinck infiltrava a cena holandesa com matizes dos puritanos ingleses. Seus sermões focalizavam a prática da piedade. Com frequência pregava sobre a necessidade de arrependimento. Ele tinha o dom de repreender o pecado e anunciar os juízos pendentes de Deus, enquanto, simultaneamente, atraía o povo ao amor de Deus e instava com eles a irem a Cristo. Ele desprezava as trivialidades no púlpito, as quais incluíam expressões floreadas e ilustrações banais. Ele era abrupto e direto em expressar-se, chegava até mesmo ao ponto da rudeza. Nem todos apreciavam sua referência a Deus como o "primeiro alfaiate" ou a Paulo como um *voor-vrijer* de Cristo – isto é, aquele que se aventura a apresentar-se como pretendente de uma jovem mulher.

Teellinck era um pregador prático que abordava acontecimentos em curso. Por exemplo, quando Admiral Piet Hein capturou o Silver-fleet espanhol e todos os holandeses se regozijaram, Teellinck pregou em 1 Timóteo 6.17-19, ressaltando que os ricos deste mundo são uma simulação, e que somente os ricos em Cristo são autênticos.

Teellinck também abordava as tendências e estilos do dia. Às vezes ele era criticado por ser legalista em seus sermões contra o luxo no vestuário, a literatura amorosa, bebida em excesso, a dança, viagem no domingo, indulgência exagerada nas festas e a negligência do jejum. Entretanto, isso era apenas um fio de uma rede complexa da piedade prática que Teellinck buscava desembaraçar dos corações e vidas de seus paroquianos. Ainda que castigasse as insensibilidades éticas de alguns crentes professos e deplorasse a espiritualidade morta na igreja, sua ênfase máxima estava na edificação dos crentes para uma "fé mais santa" e conduzir a igreja a uma "nova vida em Cristo".

William Perkins

Em termos homiléticos, Teellinck deixou-se influenciar por William Perkins (1558-1602), o qual advogava o "método claro" puritano de pregar. Depois de analisar um texto, Teellinck extraía dele várias doutrinas, explicava como essas doutrinas beneficiariam o ouvinte por meio de conforto e admoestação, e então aplicava critérios colhidos do texto aos vários tipos de ouvintes, salvos e não salvos. Embora não fosse um orador eloquente, Teellinck era um pregador efetivo. Depois de ouvir Teellinck pregar em umas poucas ocasiões, Gisbertus Voetius escreveu: "Desde aquele momento, o desejo de meu coração tem sido que eu e todos os pregadores desta terra possamos imitar este tipo de pregação poderosa."

Não obstante, os Países Baixos não estavam prontos para Teellinck como a Inglaterra não estava para Perkins. A insistência de Teellinck em relação aos frutos do amor como os atos da fé justificante não apelou para alguns de seus lordes. Criam que seu chamado para a renovação da igreja, da escola, da família, do governo e da sociedade era intenso demais. Assim, de um lado, a pregação de Teellinck contra ortodoxia reformada morta o deixava sob suspeita pelos ortodoxos reformados, enquanto que, do outro lado, os arminianos o censuravam por sua devoção a essa mesma ortodoxia e se ressentiam de sua popularidade junto ao povo.

MINISTÉRIO ESCRITO

As metas de Teellinck para a reforma da igreja são mais evidentes em seus escritos. Suas numerosas obras buscavam edificar o povo na fé, conduzindo a Igreja Reformada para além da reforma doutrinal e política, à reforma na vida e na prática. Superando Perkins, Teellinck ressaltava o viver piedoso, os frutos do amor, as marcas da graça e a primazia da vontade.

Teellinck produziu um total de 127 manuscritos, sessenta dos quais foram impressos. Esses sessenta incluíam vinte livros extensos. Franciscus Ridderus publicou em 1656 uma representativa antologia das obras de Teellinck, intitulada *Uyt de Geschriften en Tractaten van Mr. Willem Teellinck* [Dos

Escritos e Tratados do Senhor Willem Teellinck]. Três anos depois, os filhos de Teellinck começaram a imprimir suas obras, porém nunca foram além de três volumes maciços intitulados *Alle de werchen van Mr. Willem Teellinck* [As Obras do Senhor Willem Teellinck] (1659-64). A maior parte dos escritos de Teellinck pode ser dividida em cinco categorias:

- *Exegética*. A exegese que Teellinck faz de Romanos 7 foi publicada posteriormente como *De Worstelinghe eenes Bekeerden Sondaers* [A Luta de um Pecador Convertido]. Ele publicou comentários sobre Malaquias, Juízes 13-16 e Isaías 9.5. Seu comentário sobre o Pentateuco, *Verklaeringe Over de Vijf Boecken Moses* [Exposição dos Cinco Livros de Moisés], o qual já estava pronto para a gráfica pouco antes de sua morte, se perdeu. Todas as suas obras exegéticas foram escritas em um nível popular. Sua preocupação primava sempre pela prática genuína do cristianismo.

- *Catequética*. Os escritos catequéticos de Teellinck incluem seu *Huysboeck* [Manual da Família], um comentário sobre o Compêndio do Catecismo de Heidelberg destinado às devoções da família, e *Sleutel der Devotie openende de Deure des Hemels voor ons* [A Chave da Devoção que nos Abre a Porta do Céu], uma obra de diálogos em dois volumes que aborda muitas questões acerca do viver cristão espiritual e prático.

- *Edificativa*. O maior volume das obras de Teellinck foi escrito para edificar e instruir os crentes. Geralmente focalizam um tema singular. Aqui se podem mencionar somente uns poucos exemplos. *Een getrouwe Bericht hoe men sich in geval van Sieckte Dragen Moet* [Um Relato Fiel de Como Alguém se Conduz em tempo de Doença] provê orientação prática para suportar a aflição. *Den Christelijcken Leidsman, Aanwijzend de Practycke der Warer Bekeeringhe* [O Guia Cristão que Mostra a Prática da Verdadeira Conversão], dedicado aos pais da cidade de Rotterdam, foi escrito para desafiar a espiritualidade dos calvinistas e adverti-los sobre as ideias arminianas. Neste livro, Teellinck discute três categorias de pessoas: (1) os indispostos e apáticos que não nutrem interesse pela obra da conversão; (2) os eruditos presunçosos e morosos que se persuadem de que já estão convertidos, quando não o são; e (3) os sem ânimo e ignorantes, que gostariam de envolver-se na obra da conversão, porém não sabem como fazê-lo.

Em 1620, Teellinck publicou vários livros, incluindo *Beurenkout* [Discussões Amistosas], contendo doze discussões sobre o cristianismo prático; *Lusthof der Christelijcker Gebeden* [Um Jardim Aprazível das Orações Cristãs], contendo sessenta e sete orações apropriadas para uma variedade de ocasiões; e *Davids Wapentuig* [A Armadura de Davi], o qual é dedicado ao Príncipe Maurice, o qual insiste com ele a seguir o exemplo de Neemias. Este livro demonstra o ardente amor de Teellinck pela Casa de Orange e a facilidade com que ele se movia entre as altas esferas da sociedade.

Em *Noodwendigh Vertoogh Aengaende de Tegenwoordigen Bedroefden Staet van Gods Volck* [Urgente Discussão com Respeito ao Atual e Doloroso Estado do Povo de Deus] – um de seus livros mais importantes, escrito em 1627, pouco antes de sua morte –, Teellinck enfatiza fortemente a necessidade de reforma na vida cristã. A condição da igreja o abate profundamente, de modo que insiste com todos que se arrependam. Ele se opõe zelosamente a todos os tipos de abusos que se introduziram na igreja, especialmente a falta de santidade e devoção, e o abuso na guarda do domingo e os sacramentos. Seu tom é amoroso e enérgico. Voetius chama este livro de "tratamento de ouro" e o recomenda com todo apreço aos seus alunos de teologia.

Teellinck foi um pioneiro e entusiasta proponente de missões estrangeiras nos Países Baixos. Isso é particularmente mostrado em seu *Ecce Homo, ofte ooghen-salve voor die noch sitten in blintheydt des ghemoedts* [Eis o Homem, ou Medicina para Aqueles Cujos Corações Ainda São Cegos] e *Davids danckbaerheyt voor Gods weldadicheyt* [Gratidão de Davi pela Longanimidade de Deus], o qual enfatiza o dever da Igreja Reformada de levar o cristianismo a todos os pagãos com quem a Holanda oriental e a Índia ocidental mantêm relação comercial. Ele diz aos diretores dessas companhias que Deus não lhes deu tanto a descoberta de novos continentes para a obtenção de tesouro terreno, quanto para enviar a esses continentes Seus tesouros eternos.

Após a morte de Teellinck, seu filho Maximiliaan editou e publicou uma grande obra prática sobre antropologia, intitulada *Adam, Rechtschapen, Wanschapen, Herschapen: Eene Naackte Ontdeckinge van de Gelegenheydt des menschen in Sijn Drieërley Staet, m.l. der onoosellheyt, der Verdorvenheyt ende der Wede Oprechtinge* [Adão, Formado, Deformado, Reformado: Um claro tratado concernente ao tríplice estado do homem – inocência, depravação e regeneração]. *Corte Samenspreking Leerende hoe Wij Bidden Moeten* [Breve Diálogo que Ensina Como Devemos Orar] exorta os leitores à simplicidade e sinceridade numa vida de ardente oração.

- *Admoestatório*. Em *Wraeck-Sweert* [Espada da Vingança], Teellinck adverte os Países Baixos dos juízos divinos que descerão sobre as pessoas que falham em arrepender-se e em voltar-se para Deus. Em *Zions Basuijne* [A Trombeta de Sião], ele fala aos representantes das províncias que os Países Baixos não podem ser salvos sem uma reforma espiritual e moral. Em *Balsam Gileads voor Zions wonde* [O Bálsamo de Gileade para as Feridas de Sião], ele adverte os líderes políticos que realmente não podem servir os Países Baixos a menos que obedeçam a Deus e providenciem ministros fiéis como vigias colocados sobre os muros. Se os vigias não derem o alarme quando o perigo ameaça, devem ser considerados traidores. E em *Zephaniae waerschouwinge, om te Voorkomen de Ondergang Jerusalems* [A Advertência de Sofonias de Como Impedir a subversão de Jerusalém], ele adverte a aristocracia sobre sua cupidez e avareza para com os pobres e admoesta a todos os cidadãos que se examinem quanto ao que pensam de Cristo e dos mandamentos de Deus.

Teellinck costumava escrever livros breves para advertir contra pecados específicos. Em *Timotheus* [Timóteo], ele adverte sobre o uso de imagens, e em *Den Spiegel der Zedicheyt* [O Espelho da Moralidade], ele se opõe à falta de modéstia e à extravagância no vestuário. Em *Gesonde Bitterheit voor den Weeldirigen Christen die Geerne Kermisse Houdt* [Um Antídoto Saudável para a Luxúria do Cristão que se Alegra em Praticar as Folias], ele castiga as folias mundanas que são como "animais sanguinários que ferem a muitos".

- *Polêmica*. Em *Balaam*, Teellinck adverte contra o catolicismo romano, e em *Den Volstandigen Christen* [A Maturidade Cristã], contra o arminianismo. Em *Eubolus*, que é incisivo em tonalidade, porém brando em censura, Teellinck se opõe aos arminianos por sua doutrina centrada no homem, ainda quando também põe dedo em riste contra as falhas dos calvinistas. Teellinck cria que a maioria dos calvinistas focava sobre a sã doutrina à custa da piedade prática. Ele pensava que os calvinistas deveriam ler escritores práticos (*practike-scribenten*) tais como William Perkins e Jean Taffin. Enfatizava ainda que a ortodoxia estagnada é indigna, se a confissão não for feita do coração. Em razão desta ênfase, alguns líderes reformados acusaram Teellinck de ser emocionalmente subjetivo demais e o põem em conexão com os arminianos. Teellinck respondeu a essas acusações, dizendo que ele punha em relevo tanto a sã doutrina como a piedade de vida.

Em seus sermões e escritos, Teellinck ressaltou a prática da piedade. Seu propósito propulsor era reformar a vida do povo e da igreja. Nos anos em que os seguidores de Arminius e Gomarus se tornaram crescentemente hostis uns para com os outros e cada líder era compelido a escolher um lado, Teellinck tomou o partido dos calvinistas. Não obstante, regularmente ele desafiava os calvinistas a viverem o que criam. Isto levou alguns calvinistas a suspeitarem dele. Alguns o acusaram de não enfatizar suficientemente as questões doutrinais enquanto hiper-enfatizava as dimensões práticas do viver cristão.

SANTIFICAÇÃO, DEVOÇÃO, O SABBATH, A CEIA DO SENHOR

Os escritos de Teellinck focavam sobre os quatro temas principais: santificação, devoção, a Ceia do Senhor e o Sabbath. *The True Path of Godliness* [A Verdadeira Vereda da Piedade] é sua obra principal sobre a santificação.

A obra mais extensa de Teellinck, *Sleutel der Devotie* [A Chave da Devoção], oferece quase 800 páginas sobre o tema da devoção, o qual é, para Teellinck, um aspecto da santificação. Este livro é dividido em seis seções.

O prefácio de Teellinck explana *devoção* como compromisso com Deus em Cristo, que é o chamado do homem vindo do alto. A primeira seção cobre a comunhão com o amor por Cristo. Teellinck diz que o cristão "deve receber, manter e intensificar a comunhão e o amor de Cristo". Seu grande desejo pelo Senhor Jesus mortificará todas as demais luxúrias e desejos. O crente será humilde e voluntário "em suportar a vida cristã"; ele servirá somente o Senhor, meditará sobre a eternidade e terá comunhão com Cristo.

A segunda seção ressalta a importância da renúncia. A terceira seção mostra "como se devem usar todos os meios espirituais e, especialmente, atentar bem para os movimentos do Espírito a fim de realmente negar a si mesmo e ser um com Cristo". A quarta seção explica a "modéstia e a mansidão, as quais alguém deve observar no uso dos meios de receber os graciosos dons de Deus". A quinta seção mostra como a fé pode discernir os muitos erros do dia. A sexta seção fala da graça divina, sem a qual a vida cristã é impossível.

Teellinck escreveu extensamente sobre a Ceia do Senhor, particularmente em seu *Het Geestelijk Sieraad van Christus' Bruiloftskinderem, of de Praktijk van het H. Avondmaal* [O Ornamento espiritual dos filhos da Noiva de Cristo, ou o Uso da Ceia do Senhor], o qual foi reimpresso onze vezes de 1620 a 1665. O livro consiste de quatro sermões extensos, o primeiro deles detalha o dever do crente para com a Ceia do Senhor; o segundo, a preparação para a Ceia; o terceiro, a participação da Ceia; e o quarto, nossa conduta depois da Ceia. Teellinck balanceia censuras incisivas contra a negligência à Ceia com solícitos apelos para averiguar os autoexames.

Teellinck também escreveu extensamente sobre o Dia do Senhor. Ele era ofendido por quão facilmente o Dia do Senhor era profanado nos Países Baixos. Ele e Godefridus Udemans, que também escreveu sobre o tema, introduziram o Sábado puritano nos Países Baixos. Seus conceitos conservadores da guarda do Dia do Senhor levaram a sério as diferenças entre os irmãos ministeriais na Zelândia, os quais, mais tarde, foram levados ao Sínodo de Dort. Mas essas diretrizes de modo algum eram conclusivas.

Em 1622, Teellinck escreveu *De Rusttijdt, ofte Tractaet van d'onderhoudinge des Christelijchke Rustdachs, diemen gemeynlijck den Sondach Noemt* [O Tempo de Repouso, ou Um Tratado sobre Manter o Dia Cristão de Repouso, o qual geralmente é chamado o Domingo]. Dividido em sete livros, *De Rustijdt* argumenta incisivamente em prol da observância do *Sabbath* [repouso]. Ele inclui detalhes da experiência pessoal de Teellinck sobre como se preparar de antemão para o *Sabbath*. No lar de Teellinck, a maior parte das atividades era completada na sexta-feira para que todos os membros da casa, incluindo as serviçais, pudessem preparar-se no sábado para uma séria guarda do Sabbath. Teellinck dizia que o Sabbath deve ser gasto no cultivo piedoso, por exemplo, leitura da Palavra de Deus, a qual Teellinck chama "estudo do jornal de Deus", ou "adentrar a sala de reunião do Rei celestial", onde lemos as minutas que Ele mesmo guardou. Sobre o Sabbath, os crentes devem meditar mais sobre os temas divinos do que em outros dias. Os líderes do governo devem dar um bom exemplo e, se necessário, usar sua autoridade para compelir a santificação do domingo, porque o governo age *in loco Dei* (no lugar de Deus) e lidera pela graça de Deus.

Com o apoio de Franciscus Gomarus, o Rev. Jacobus Burs de Tholen acusou Teellinck de reintroduzir o Sabbath judaico em seu *Threnos ofte Weeclaghe* [Threnos ou Lamentação]. Inclusive Gisbertus Voetius teve que concordar que Teellinck "deu um nó nas cordas apertado demais". Em 1627, Teellinck respondeu a esta crítica em *Noodwendigh Vertoogh* [Discurso Urgente], um importante volume que sistematiza suas ideias principais para uma plena reforma da vida. Neste volume, escrito dois anos antes de sua morte, Teellinck disse que estava estremecido por ser mal entendido e desejava alargar suas convicções sobre o Sabbath como um dia de repouso. Então catalogou as atividades que são permissíveis no Sabbath, incluindo atividades naturais, tais como comer ou arrumar a cama; atividades religiosas, tais como pregar, estudar para os sermões e tocar o sino para os cultos na igreja; obras de necessidade, tais como levar o grão para o celeiro quando, de outro modo, se perderia; obras de misericórdia, tais como ordenhar as vacas; obras de cortesia que se esperam em circunstâncias incomuns, tais como suprir a necessidade de um amigo que inesperadamente espera por uma visita; e atividades recreativas que renovam uma pessoa sem atrapalhar a devoção religiosa. Aparentemente, a oposição que encontrou para a estrita guarda do Sabbath puritano em *De Rusttijdt* levou Teellinck a abraçar uma posição mais branda cinco anos depois em *Noodwendigh Vertoogh*.

Voetius escreveu uma refutação do *Threnos* de Burs na forma de sátira, intitulada *Lacrimae Crocodilli Abstersae* [Enxugando as Lágrimas de um Crocodilo]. Ainda que não pusesse fim ao debate, Voetius continuou desenvolvendo um conceito do Sabbath que era mais rigoroso do que o conceito protestante mais antigo e mais brando do que o ensino puritano, e o qual se tornaria amplamente aceito entre os ortodoxos reformados nos Países Baixos.

O primeiro anelo de Teellinck era promover o ideal puritano da santificação da vida em todos os seus aspectos, fomentado por devoção sincera. Eis por que *A Vereda da Verdadeira Piedade* foi escolhido para ser o primeiro de seus escritos a ser traduzido para o inglês.

A VEREDA DA VERDADEIRA PIEDADE

A Vereda da Verdadeira Piedade, originalmente intitulado *Noord-Sterre, aanwijzende de juiste richting van de ware godzaligheid* [A Estrela do Norte que indica a direção certa da verdadeira piedade], foi impresso quatro vezes na Holanda: em 1621, em Middelburg, por Hans van der Hellen; em 1636, em Groningen, por Nathanael Rooman; em 1642, em Groningen, por Jan Claesen; e em 1971, em Dordrecht, por J.P. van den Tol. Esta última edição, editada por J. van der Haar (da edição de 1636), foi usada como a base para a tradução inglesa, publicada pela Baker em 2003. No discurso ao leitor, Teellinck diz que devemos ser cristãos reais, e não apenas supostos cristãos. Ele enfatiza que escreveu para promover a piedade, e conclui com a exortação: "Concentremos para o resto de nossas vidas sobre nossas almas e sirvamos a Deus por meio de uma abençoada piedade prática."

A Vereda da Verdadeira Piedade, a obra principal de Teellinck sobre a santificação, é um manual de estilo puritano sobre como praticar a piedade. Teellinck dividiu esta obra em nove seções, ao que ele chamou "livros", e então subdividiu os livros em oitenta e um "capítulos".

Teellinck dividiu cada capítulo em três partes principais, então dividiu sequencialmente estas partes em parágrafos. Em sua maior parte, essas divisões e subdivisões deram à obra um sentido de equilíbrio e organização. Em raras ocasiões, as subdivisões parecem um tanto artificiais, como o próprio Teellinck admite, mas logo se justifica em seu prefácio, ressaltando que um tipo similar de organização também se encontra em alguns dos salmos, particularmente o Salmo 119 – sob a inspiração do Espírito.

Livro 1. Uma vez que muitas pessoas se gabam de sua fé, porém não possuem conhecimento salvífico da verdade, Teellinck sente a necessidade de abordar três questões, ao escrever *A Vereda da Verdadeira Piedade*: (1) o que é verdadeira piedade, (2) como os crentes devem conduzir-se na prática da piedade, e (3) por que o exercício da piedade é de máxima importância.

Teellinck define a verdadeira piedade como um dom de Deus pelo qual as pessoas se tornam dispostas e aptas a servirem à vontade de Deus como revelada em Sua Palavra. A verdadeira piedade se revela em três seções de três coisas. A primeira seção das três consiste em administrar a vida de acordo com a Palavra de Deus, fazendo o máximo para efetuar essa resolução, e se preparando para ser o que Deus pretende que sejamos. Essa preparação inclui submissão à vontade de Deus em cada provação. A segunda seção se relaciona com o comportamento após haver caído em pecado. Os que praticam a piedade prontamente abandonam o pecado, buscam reconciliação com Deus e se esforçam por obter, de sua queda, vantagem espiritual. A terceira seção nos ensina que devemos fazer a vontade de Deus profusa, firme e perseverantemente.

Livro 2. O segundo livro discute o domínio das trevas que se opõe à prática da piedade. Os três principais poderes deste domínio são nossa própria carne depravada, o mundo e o diabo. Nossa carne depravada é ativa através de nossa mente carnal, nossos maus desejos e nossas consciências depravadas. O mundo mau opera através dos costumes pecaminosos, do papel equivocado dos modelos e de uma premissa errônea de galardão e recompensa. O diabo é ativo através das tentações ruins, das falsas doutrinas e das perseguições ferozes. O diabo apresenta os pecados como virtudes, converte as virtudes em pecados e extrai falsas conclusões de dados verdadeiros. O ponto de Teellinck é inevitável: devemos estar em guarda contra o domínio das trevas.

Livro 3. Teellinck mostra como o reino da graça, em contraste com o domínio das trevas, promove a piedade. O reino da graça também possui três poderes: o espírito renovado, que guerreia contra a carne depravada; a igreja de Deus, que luta contra o mundo; e o Espírito de Deus, que se opõe ao diabo. Cada um desses poderes possui três dons que se opõem e vencem seu inimigo no domínio das trevas. O espírito renovado, ou nova criatura, vence a carne depravada por uma mente iluminada, um desejo santo e uma consciência afetuosa. A igreja de Deus vence o mundo pela Palavra de Deus, os exemplos dos santos e as chaves do reino do céu. O Espírito Santo vence o diabo por meio de operações santas e celestiais, a verdade de Deus e vários confortos do Espírito, inclusive Sua sabedoria, paciência e santidade. Teellinck conclui que o reino da graça será vitorioso sobre o domínio das trevas.

Livro 4. O quarto livro nos mostra como responder a essas duas esferas. Devemos, em todos os momentos, manter diante de nós os principais propósitos da vida: a glória de Deus, a salvação de nossas próprias almas e a promoção da salvação de outros. Baseado em 1 João 2.12-14, Teellinck divide os que buscam as metas certas em três níveis de maturidade espiritual – as criancinhas, os jovens e os pais – e descreve qual é o distintivo um do outro. E então explica como o domínio das trevas tenta desviar as pessoas dos propósitos reais da vida, influenciando-as a viver sem jamais conhecer esses propósitos, a buscar os propósitos errôneos ou apenas a buscar os propósitos certos com aparente sinceridade.

Livro 5. Este livro descreve os meios de atingir os verdadeiros propósitos da vida: as santas ordenanças de Deus, as obras de Deus e as promessas de Deus. Também descreve as pessoas às quais cabe especialmente usar esses meios: as autoridades civis, os que portam ofício eclesiástico (especialmente os pastores) e os cristãos comuns. As autoridades civis devem dar um bom exemplo, exercer a punição criminal com discernimento e reverenciar a piedade. Os pastores devem ministrar corretamente a Palavra, administrar corretamente a disciplina e ser modelos do viver piedoso. Os cristãos comuns devem ajudar uns aos outros a viver retamente, edificar uns aos outros com santa conversação e encontros de fraternidade, e obedecer aos que exercem autoridade sobre eles.

Livro 6. Este livro mostra como os cristãos devem atingir os retos propósitos da vida pela assistência dos meios certos descritos no último livro, vivendo o tempo todo de modo consistente, com diligente vigilância e lutando contra todo e qualquer obstáculo. O viver consistente envolve o estabelecimento de momentos fixos para todos os nossos deveres, assinalando prioridade aos deveres que são mais críticos e examinando diariamente o que temos feito para pôr em prática a piedade. Vigiar diligentemente significa saber contra o que guardar-se, sendo consciente do caráter enganoso do coração e pondo-se em alerta, velando no espírito de oração para sentir o que se avizinha.

Teellinck expõe com detalhes a luta do cristão contra o pecado. Efésios 6.10-20 nos ensina que a luta espiritual nos compele a permanecer corajosos, a vestir a boa armadura e a usar muita oração. A ênfase que Teellinck deu sobre a vida interior do crente torna compreensível que este livro seja o mais longo dos nove.

Livro 7. Aqui, Teellinck nos provê com uma variedade de motivações centradas em Deus para a prática da piedade. Estas incluem a sabedoria, onipotência e longanimidade do Pai; a encarnação, a vida exemplar e convites bondosos a irmos a Ele; e a promessa do Espírito de dar-nos novos corações, dominar as fraquezas e recompensar graciosamente a prática da piedade.

Livro 8. Este livro contém motivações para a piedade prática e é dividido em três seções principais: nossa condição natural, as multiformes bênçãos de Deus e as promessas que fazemos a Deus. As motivações de nossa condição natural incluem a vaidade da vida, os horrores da vida ímpia e a certeza da morte e condenação para todos os que não praticam a piedade. As motivações das bênçãos de Deus incluem Suas mercês pretéritas, presentes e futuras para conosco. As motivações de nossas promessas a Deus incluem os votos que fazemos quando usamos os sacramentos, em oração e outras ocasiões.

Livro 9. O último livro apresenta as motivações para a prática da piedade a partir da excelência da vida santa, incluindo o Deus glorioso a Quem servimos, a obra detestável que realizamos, e os vergonhosos frutos que daí resultam; e a futilidade das coisas materiais com respeito a esta vida, à morte e à vida pós morte.

Em todo o livro *A Vereda da Verdadeira Piedade*, Teellinck insiste sobre a necessidade de experiência religiosa pessoal e da regulamentação detalhada da conduta cristã na vida, especialmente na oração, jejum, educação cristã e a observância do Sabbath, mas também se estende às horas de refeição, à vestimenta, à dança, às folias e ao jogo de cartas. Não obstante, sua ênfase intensamente espiritual e prática sobre a piedade interior pode deixar o leitor moderno com um pé atrás, por suas reiteradas referências negativas a um número dessas coisas externas. Para entendermos Teellinck nesses casos, temos de entender duas coisas:

Primeira, a ênfase de Teellinck sobre a santificação externa deve ser entendida contra uma tela de fundo dos numerosos pecados e falhas de sua geração que o afligia profundamente. Segundo Teellinck e os contemporâneos da mesma opinião, tanto a sociedade como a igreja estavam saturadas pela licenciosidade que era promovida pela dança, pelos gracejos imorais, pela literatura amorosa e pelo jogo de cartas que às vezes era acompanhado de outras jogatinas. Os jogos que envolviam dados eram vistos como um desafio à providência de Deus, daí as advertências de Teellinck contra eles.

Ele também se queixava do abuso no culto rendido pelos membros da igreja. A pregação não era devidamente respeitada. Muitos iam à igreja somente por costume. Um bom número estendia a hora do jantar ao máximo que pudesse para impedi-lo de assistir ao culto vespertino. E, quando compareciam, alguns cochilavam ou bocejavam abertamente, e uns poucos conversavam entre si durante o culto. Os sacramentos não logravam situação melhor. Algumas pessoas prorrogavam desnecessariamente o batismo de seus filhos. Outras entravam no culto depois do batismo de seu filho e saíam antes de terminar o culto. Em média, os pais não cumpriam seus votos batismais de instruir seus filhos nas doutrinas da Escritura. Alguns membros da igreja se apresentavam à Mesa do Senhor sem conhecer as doutrinas fundamentais da fé cristã. Ou, entravam na igreja depois de terminado o sermão apenas para participar do momento da Ceia e então saíam. Poucos se sacrificavam em doar para a igreja; suas ofertas geralmente eram magras e dadas sem reflexão.

Os dias de descanso eram mal gastos por muitos. A maioria das pessoas iam à igreja uma vez ao domingo, mesmo que não tivessem outras obrigações para o dia. O resto do dia não era gasto no estudo pessoal da Bíblia, no autoexame, na meditação santa e conversação espiritual. Muitos exerciam ocupações desnecessárias ou se comprazim em passeios. Alguns preferiam frequentar tavernas, mesmo após a participação na Ceia do Senhor.

A vida familiar às vezes seguia pouca ou nenhuma ordem. Na maioria das vezes, a disciplina era mínima. O culto familiar e privado costumava ser negligenciado. Os pais não falavam com os filhos sobre o sermão ou sobre sua classe de catecismo. Alguns deixavam seus filhos dançarem, entoarem canções pecaminosas e permutavam gracejos maliciosos. Havia pouco combate contra o diabo, o mundo e o ego. Quase não se ouvia falar de renúncia. Os dias de jejum eram usados mal e jejuar era quase considerado uma prática "papista".

A educação cristã era negligenciada. Em muitas cidades, os próprios professores eram ignorantes das vitais do cristianismo. As universidades eram corruptas. Muitos jovens da igreja eram amigos de incrédulos e mundanos, organizavam grandiosas recepções nupciais nas quais os costumava-se beber em excesso. O uso de roupas extravagantes estava na moda – inclusive na igreja. Muitos tinham um desejo desordenado de acompanhar os últimos modelos. Os pobres e os órfãos eram oprimidos. Proliferavam-se o egoísmo e a ociosidade.

Estas, pois, foram algumas das queixas de Teellinck que são reiteradas por todos os seus escritos. Acaso ele estava exagerando? Muitos, hoje, poderiam pensar assim, mas, para entender a história corretamente devemos colocar-nos na época em que o autor viveu. Não devemos esquecer que muitos dos contemporâneos de Teellinck vocalizaram queixas semelhantes. Quando lemos as listas das admoestações que Teellinck fez contra vários males, devemos ter em mente o contexto pastoral em meio do qual ele labutou.

Segunda, como a maioria dos antecessores reformados que focaram em uma religião prática e vital da experiência, Teellinck cria que a verdadeira espiritualidade é inseparável de um caminhar externo da vida que se desvencilha de todos os tipos de indignidade. Seja o que for que alguém pense das advertências que Teellinck fez contra as formas externas de comportamento mundano, de uma coisa estejamos certos: ele foi motivado por uma zelosa aspiração pela glória de Deus, não por legalismo.Teellinck e quase todos os que enfatizaram a espiritualidade reformada do século dezessete criam que as sérias admoestações contra o espírito mundano foram em natural decorrência do ensino bíblico de que "por seus frutos sereis conhecidos" (Mt 7.20); "Da abundância do coração, falará a boca" (Mt 12.34); "Não vos conformeis com este mundo, mas transformai-vos pela renovação de vossa mente" (Rm 12.2); "Portanto, quer comais, quer bebais, ou façais qualquer outra coisa, seja tudo para a glória de Deus" (1Co 10.31); "Todos estes morreram na fé, havendo abraçado [as promessas], e confessaram que eram estrangeiros e peregrinos na terra" (Hb 11.13); e "Não ameis o mundo, nem as coisas que há no mundo, [pois] se alguém amar o mundo, o amor do Pai não está nele" (1Jo 2.15).

Nos dias de Teellinck, a única rota a trafegar a longas distâncias era pelo mar. A viagem marítima envolvia muitos perigos e problemas de navegação. Era fácil para alguém perder o rumo. Os viajantes olhavam para a estrela norte (também chamada *polaris*, "a estrela polar") como um ponto fixo a ajudá-los a manter o curso certo. A intenção de Teellinck em *A Vereda da Verdadeira Piedade* era manter a Estrela Norte diante dos que labutavam pela prática da piedade enquanto atravessavam o mar da vida.

INFLUÊNCIA

A principal influência de Teellinck foi a injeção de um timbre puritano na segunda reforma holandesa. Ainda que nunca ensinasse teologia em uma universidade, não fosse de coração erudito e não fosse eloquente, sua vida, seus sermões e escritos ajudaram a dar forma a todo o movimento, como reconheceram seus contemporâneos William Ames e Gisbertus Voetius. Em seu prefácio à obra de Teellinck sobre Romanos 7, Voetius escreveu: "Os sermões de Willem Teellinck – quão bíblicos, quão profundos, poderosos e comoventes foram eles, todas aquelas almas piedosas que o ouviam podem melhor testificar, às quais ele foi tão frequentemente um suave aroma de Cristo, e ainda continuam sendo!"

Teellinck foi um dos mais influentes "escritores antigos" (*oude schrijvers*) do século dezessete. Mais de 150 edições de seus livros foram impressas na Holanda. Além do mais, sua piedade prática foi levada avante e dada nova forma por outros grandes escritores da segunda reforma holandesa, tais como Voetius.

Quatro de seus livros foram traduzidos para o inglês na década de 1620, porém nunca reimpressos, e agora são títulos raros: *A Balança do Santuário, Mostrando Como Devemos nos Comportar Quando Virmos e Contemplarmos o Povo de Deus na Miséria e Opressão, Sob a Tirania de Seus Inimigos* (1621); *A Queixa de Paulo Contra Sua Corrupção Natural* (1621) – dois sermões em Romanos 7.24; *O Conflito Cristão e a Conquista* (1622); *O Lugar de Repouso da Mente, isto é, uma Apresentação da Maravilhosa Providência de Deus pela qual um Cristão Deve Repousar e Aquietar-se Quando os Meios Externos não lhe Vêm* (1622) – três mensagens em Gênesis 2.4-6. Um dos últimos escritos de Teellinck, *Redimindo o Tempo*, consistindo de trinta e um breves devocionais, foi publicado em 1975 como um livreto por Zoar Publications.

Diversos livros de Teellinck foram também traduzidos para o alemão. Um dos mais influentes pietistas da Alemanha, Friedrich Adolph Lampe (1683-1729), com frequência usava Teellinck para promover a prática do viver piedoso. Assim, Teellinck deixou sua marca tanto no pietismo continental como na América.

A influência dos livros de Teellinck declinou-se nos Países Baixos do século dezoito quando a segunda reforma holandesa veio a ser um mero movimento introspectivo que enfatizava a passividade, em vez de uma atividade prática no viver cristão. Somente seu *Het Nieuwe Jeruzalem* (A Nova Jerusalém) foi reimpresso em 1731. Alguns teólogos, especialmente os que medraram em conventículos, começaram a questionar a ortodoxia reformada de Teellinck e a desacreditar seus escritos.

Quatro das obras menores de Teellinck foram reimpressas no século dezenove: duass em 1841 e duass em 1884. Seus escritos chamaram a atenção de Heinrich Heppe em 1879, Albrcht Ritschl em 1880 e Willem Engelberts, que escreveu uma dissertação doutoral sobre Teellinck em 1898. O *Willem Teellinck en de practijk der godzaligh* [Willem Teellinck e a Prática da Piedade] (1928), de H. Bouwman, defende Teellinck dos conceitos um tanto negativos de Heppe e Ritschl. Os títulos mais importantes de Teellinck foram reimpressos no século vinte, começando em 1969. Alguns estudiosos associados com o *Stichting Studie der Nadere Reformatie* – Willem op't Hof em particular – estão agora estudando e escrevendo extensamente sobre a vida e escritos de Teellinck, especialmente por crentes reformados conservadores.

A ênfase positiva de Teellinck em promover a espiritualidade bíblica e reformada serve de corretivo para muito da falsa espiritualidade que está sendo mercadejada hoje. Serve ainda de importante corretivo para o ensino ortodoxo que apresenta a verdade à mente apenas para não aplicá-la ao coração e à vida diária. Teellinck nos ajuda a amalgamar uma mente clara, um coração ardente e mãos prestativas, a servir a Deus com a pessoa integral, que é nosso culto racional. Ele ilumina a ênfase de Tiago, dizendo-nos: "Mostrai vossa fé através de vossas obras" (cf. Tg 2.18).

Herman Witsius (1636-1708)

CAPÍTULO 15

A VIDA E TEOLOGIA DE HERMAN WITSIUS (1636-1708)

Herman Wits (latinizado como Witsius) nasceu em 12 de fevereiro de 1636, em Enkhuizen, de pais tementes a Deus que dedicaram seu primogênito ao Senhor. Seu pai, Nicholas Wits (1599-1669), foi um homem de algum renome, tendo sido presbítero por mais de vinte anos, membro do concílio da cidade de Enkhuizen e autor de poesia devocional.[1] A mãe de Witsius, Johanna, era filha de Herman Gerard, pastor por trinta anos da igreja reformada em Enkhuizen. Herman recebeu o nome de seu avô, com oração para que ele imitasse o exemplo de sua piedade.[2]

EDUCAÇÃO

Witsius foi um estudante ávido. Começou os estudos de latim com a idade de cinco anos. Três anos depois, notando os dons do menino, seu tio, Peter Gerard, o tomou como seu tutelado. Na época em que Witsius subscreveu-se nos estudos teológicos em Utrecht, com a idade de quinze anos, ele já podia falar latim fluentemente. Ele já podia ler grego e hebraico, e já havia memoriza-

---

1 B. Glasius, ed., *Godgeleerd Nederland: Biographisch Woordenbock van Nederlandsche Godgeleerden* (Leiden: E. J. Brill, 1861), 3:611.

2 Para detalhe biográfico sobre Witsius, ver especialmente a obra padrão sobre sua vida e pensamento, J. van Genderen, *Herman Witsius: Bijdrage tot de kennis der gereformeerde theologie* ('s-Gravenhage: Guido de Bres, 1953), 1-107.

do muitos textos bíblicos em seus idiomas originais. Em Utrecht, ele estudou sírio e árabe sob Johannes Leusden e teologia sob Johannes Hoornbeeck, a quem chamava "meu mestre de imortal memória". Ele estudou também sob Andreas Essenius, a quem honrou como "meu pai no Senhor", e Gisbertus Voetius, a quem chamou "o grande Voetius".[3] De Voetius ele aprendeu como aliar a ortodoxia reformada precisa com a piedade sincera e experiencial.[4]

Após estudar teologia e homilética com Samuel Maresius, em Groningen, Witsius voltou para Utrecht, em 1653, onde fora profundamente influenciado pelo pastor local, Justus van der Bogaerdt. Segundo o testemunho posterior de Witsius, a pregação de van der Bogaerdt lhe deu a compreensão, pela experiência, sobre a diferença entre conhecimento teológico coletado do estudo e a sabedoria celestial ensinada pelo Espírito Santo através da comunhão com Deus, o amor, a oração e a meditação. Witsius escreveu que ele nasceu de novo em "o seio da igreja de Utrecht, pela viva e eterna Palavra de Deus". Através desta santa influência do pastor, disse Witsius, ele foi preservado "do orgulho da ciência, foi instruído a receber o reino do céu como uma criancinha, foi levado para além do átrio exterior onde se inclinara a permanecer, e foi conduzido aos recessos sacros do cristianismo vital."[5]

Witsius demonstrou seus dons em debate público já na adolescência. Em 1655, ele derrotou alguns dos principais polemistas da Universidade de Utrecht, mostrando que a doutrina da Trindade podia ser provada a partir dos escritos dos antigos judeus. Quanto Witsius agradeceu ao moderador por sua assistência, este replicou: "Você não tinha, nem mesmo necessitava de minha assistência."[6]

Em 1656, Witsius passou em seus exames finais e foi declarado candidato ao ministério. Devido à abundância de ministros, ele teve que esperar um ano

---

3 J. van Genderen, "Herman Witsius (1636-1708)", in *De Nadere Reformatie: Beschrijving van haar voornaamste vertegenwoordigers*, ed. Willem van't Spijker ('s-Gravenhage: Bockencentrum, 1986), 193.

4 Joel Beeke, *Gisbertus Voetius: Toward a Reformed Marriage of Knouledge and Piety* (Grand Rapids: Reformation Heritage Books, 1999).

5 Donald Fraser, "Memoir of Witsius" prefaciado por Herman Witsius, *Sacred Dissertations, on what is commonly called the Apostle's Creed*, trans. Donald Fraser (1823; reprint Phillipsburg, N.J.: Presbyterian and Reformed, 1993), 1:xiv.

6 Erasmus Middleton, *Biographica Evangelica* (Londres: R. Denham, 1786), 4:158.

antes de receber um chamado pastoral. Durante esse tempo, ele apelou para as autoridades da Igreja Francesa em Dort por uma licença para pregar nas igrejas reformadas de língua francesa. Witsius costumava pregar na Utrecht francesa, Amsterdam e outros lugares.

PASTORADOS

Em 8 de julho de 1657, Witsius foi ordenado para o ministério em Westwoud. Ainda que sua catequese aos jovens produzisse fruto especial, ele encontrou oposição em virtude do fato de que a congregação era ignorante de sua herança reformada. Os costumes medievais, tais como orar pelos mortos, eram ainda evidentes nas pessoas. Estes problemas convenceram Witsius, logo no início de seu ministério, da necessidade de uma reforma adicional entre o povo. Isso também o impeliu a publicar seu primeiro livro, 't bedroefde Nederlant [O Lamento dos Países Baixos].[7]

Em 1660, Witsius casou com Aletta van Borchorn, filha de um negociante que era presbítero na igreja de Witsius. Foram abençoados com vinte e quatro anos de matrimônio. Aletta disse que não sabia dizer o que era maior – seu amor ou seu respeito por seu marido. O casal teve cinco filhos – dois filhos, que morreram na juventude, e três filhas: Martina, Johanna e Petronella.

Em 1661, Witsius foi instalado na igreja de Wormer – uma das maiores igrejas da Holanda –, onde teve êxito em unir facções e educar o povo no conhecimento divino. Ele e seu colega, Petrus Goddaeus, resolveram ensinar doutrina a uma classe nas noites semanais em "defesa da verdade de nossos ensinos contra as falsas doutrinas" e inculcar "a pureza de nossos ensinos em termos da conduta de temor a Deus". A classe começou nos lares; então, suplantou aquele espaço e transferiu-se para a igreja. Eventualmente, as pessoas tinham que ficar do lado de fora da igreja devido à falta de espaço.[8]

---

7 O título completo é 't Bedroefde Nederlant, ofte Betooninge van den elendigen toestant onses Vanderlants (Utrecht, 1659). Para um estudo desta obra rara, ver K. Slik, "Het oudste geschrift van Herman Witsius", in NAKG, Nieuwe serie, deel 41 (1956); 222-41.

8 J. van der Haar, "Hermannus Witsius", in Het blijvende Woord, ed. J. van der Haar, A. Bergsma, L.M.P. Scholten (Dordrecht: Gereformeerde Bijbelstichting, 1985), 243.

Essas preleções em sala de aula eventualmente foram publicadas num livro intitulado *Practycke des Christendoms* [A Prática do Cristianismo], às quais Witsius anexou *Geestelycke Printen van een Onwedergeboremen op syn en een Wedergeborenen op syn slechste* [Um Quadro Espiritual do que Há de Melhor no Não-Regenerado e o que Há de Pior no Regenerado].

O *Practycke des Christiendoms* explica as bases primárias da piedade, enquanto a obra anexa aplica essas bases, ensinando o que é louvável nos não-regenerados e o que é culpável nos regenerados. John Owen disse que esperava ser tão consistente como o foi Witsius no tocante ao que há de melhor no não-regenerado, e jamais iria tão profundamente como o foi Witsius no tocante ao que há de pior no regenerado.

Em seus escritos, Witsius demonstra as convicções da *Nadere Reformatie* (segunda reforma holandesa ou "reforma adicional").[9] Isso é particularmente procedente em suas tentativas de amalgamar conhecimento doutrinal reformado com a piedade prática sincera.

Witsius aceitou um chamado para Goes em 1666, onde trabalhou por dois anos. No prefácio ao *Twist des Heeren met syn Wijngaert* [A Controvérsia do Senhor com Sua Vinha], publicado em Leeuwarden, em 1669, ele disse que trabalhava com muita paz nesta congregação junto com três colegas, "dois dos quais eram venerados como pais, e o terceiro era amado como irmão". Desses quatro ministros trabalhando juntos na mesma congregação, Witsius notou: "Trabalhamos juntos em parceria na casa de Deus. Não só participamos dos serviços uns dos outros, mas também nas classes de catecismo e nos serviços públicos uns dos outros, de modo que, o que um servo de Deus ensinou ontem, os outros confirmem e recomendem à congregação no dia seguinte." Sob a influência desses quatro ministros, "vicejaram todos os tipos de práticas devocionais, a piedade cresceu e a unidade do povo de Deus se fortificou", escreveu Witsius.[10]

Depois de servir a Goes, Witsius foi para o desempenho de seu quarto pastorado, Leeuwarden, onde serviu por sete anos (1668-1675). Em 1672,

---

9 Para um sumário da *Nadere Reformatie*, ver Joel R. Beeke, *The Quest for Full Assurance: The Legacy of Calvin and His Successors* (Edinburgh: Banner of Truth Trust, 1999), 286-309.

10 Van der Haar, *Het blijvende Woord*, 244.

chamado o "ano dos milagres" em razão da República Holandesa sobreviver à investida de quatro inimigos que declararam guerra aos Países Baixos (França, Inglaterra e os eleitorados alemães de Cologne e Munster), Witsius ganhou renome pelo fiel ministério em meio à crise. Johannes à Marck, um futuro colega, disse de Witsius que não conheceu outro ministro cujos labores fossem tão peculiares a Deus.[11]

Em 1673, Witsius se irmanou outra vez com um renomado colega – desta vez, Willhelmus à Brakel, com quem serviu dois anos. Em Leeuwarden, Witsius exerceu um crítico papel através de disputas entre Voetius e Maresius.

PROFESSOR UNIVERSITÁRIO

Em 1675, Witsius foi chamado para ser professor de teologia. Ele serviu nesta capacidade pelo resto de sua vida: primeiro, em Franeker (1675-1680); em seguida, em Utrecht (1680-1698); e, finalmente, em Leiden (1698-1707).

Logo depois de sua chegada em Franeker, a universidade dali recompensou Witsius com o doutorado em teologia. Seu discurso inaugural, *Sobre o Caráter de um genuíno teólogo* (1675), o qual foi assistido por eruditos de toda a província, ressaltou a diferença entre um teólogo que só conhece sua matéria escolástica e teologicamente, e um teólogo que conhece sua matéria experiencialmente.[12]

Sob a liderança de Witsius, a universidade começou a florescer como um lugar para o estudo de teologia, especialmente após a chegada do professor vinte e um anos mais velho, Johannes à Marck, em 1678. Isso logo atraiu estudantes de toda a Europa.

Durante seu professorado em Franeker, a tensão entre Voetius e os seguidores de Cocceius se intensificou. Gisbertus Voetius (1589-1676), um renomado teólogo escolástico reformado e professor em Utrecht, representa o fruto sazonado do *Nadere Reformatie*, em grande medida

---
11 Fraser, *Apostles' Creed*, xvii.
12 Herman Witsius, *On the caracter of a true theologian*, ed. J. Ligon Duncan, III (Greenville, S.C.: Reformed Academic Press, 1994).

Wilhelmus à Brakel   Gisbertus Voetius

como faz Owen pelo puritanismo inglês. Voetius se opôs constantemente a Johannes Cocceius (1603-1669), o teólogo nascido em Bremen que ensinou em Franeker e Leiden, e cuja teologia do pacto, na opinião de Voetius, hiperenfatizava o caráter histórico e contextual de épocas específicas. Voetius cria que a nova abordagem de Cocceius sobre as Escrituras minaria tanto as dogmáticas reformadas como o cristianismo prático. Para Voetius, a forma de Cocceius desvalorizar o cristianismo prático culminava em sua rejeição do Sabbath como um jugo cerimonial não mais obrigatório para os cristãos. A controvérsia Voetius/Cocceius dilacerou a Igreja Reformada Holandesa logo depois da morte de ambos os teólogos, cindindo as faculdades teológicas em facções. Eventualmente, ambas as facções chegaram a um acordo, em muitas cidades decidindo alternar seus pastores entre os prós Voetius e os prós Coccecius.[13]

A preocupação de Witsius sobre esta controvérsia o levou a publicar *De Oeconomia Foederum Dei cum Hominibus* (1677), impresso pela primeira vez

---

13 Para estudo adicional, ver Charles McCoy, "The Covenant Theology of Johannes Coccdeius" (Ph.D. dissertations, Yale, 1957); idem, "Johannes Cocceius: Federal Theologian", *Scottish Journal of Theology* 16 (1963): 352-70; idem, *History, Humanity, and Federalism in the Theology and Ethics of Johannes Coccius* (Filadélfia: Center for Study of Federalism, Temple University, 1980). C. Steenblok, *Gisbertus Voetius: zijn leven en werken*, 2nd ed. (Gouda: Gereformeerde Pers, 1976); idem, *Voetius en de Sabbat* (Hoorn, 1941); Willem van't Spijker, "Gisbertus Voetius (1589-1676)", in *De Nadere Reformatie: Beschrijving van haar voomaamste vertegenwoordigers* ('s-Gravenhage: Bockencentrum, 1986), 59-84.

em inglês em 1736 como *As Economias das alianças entre Deus e o Homem, compreendendo um Compêndio Completo de Teologia.* Foi reimpresso muitas vezes, mais recentemente em dois volumes em 2004. Ao orientar sua teologia sistemática pelo conceito de aliança, Witsius usa o método de Cocceius enquanto mantém, essencialmente, a teologia de Voetius.

Em sua obra sobre as alianças, Witsius argumentou contra o catolicismo romano, o arminianismo, o socianismo e aqueles teólogos protestantes holandeses que, com Hugo Grotius, haviam trocado uma teologia da *sola scriptura* pelo ponto de vista institucional e sacramental da igreja com base nas tradições que pavimentaram o caminho de volta para Roma. Witsius se opôs aos adeptos de Grotius "que falavam de uma 'lei' que não continha a lei de Moisés, uma 'santificação' que não era através de punições, e uma 'substituição' que não era necessária e nem vicária".[14]

Em seguida, Witsius foi para Utrecht, onde labutou por dezoito anos como professor e pastor. Estudantes de todo o mundo protestante assistiam suas preleções; magistrados assistiam seus sermões. Em duas ocasiões, seus colegas o honraram com a supremacia da universidade (1686, 1697).

Em 1685, o Parlamento Holandês designou Witsius como delegado a representar o governo holandês na coroação de Tiago II e servir como capelão na Embaixada dos Países Baixos em Londres.[15] Enquanto esteve ali, ele encontrou o arcebispo de Cantuária, bem como diversos teólogos eminentes. Ele estudou a teologia puritana e agigantou sua envergadura na Inglaterra, como pacificador. Mais tarde, a igreja inglesa o convocou para servir como figura medianeira entre antinomianos e neo-nomianos – os primeiros acusando os últimos de hiper-enfatizar a lei, e os últimos acusando os primeiros de minimizar a lei. Disto veio seu *Conciliatory Animadversions* [Censuras Conciliatórias], um tratado sobre a controvérsia antinomiana na Inglaterra. Neste tratado, Witsius argumentou que o ponto de partida de Deus em Seus decretos eternos não denigre Sua atividade no tempo. Também ajudou a facilitar a

---

14 George M. Ella, *Mountain Movers* (Durham, Inglaterra: Go publications, 1999), 157.
15 John Macleod, *Scottish Theology* (reimpresso em Londres: Banner of Truth Trust, 1974), 140.

tradução para o holandês de algumas das obras de Thomas Goodwin, William Cave e Thomas Gataker, e escreveu prefácios para elas.[16]

Os anos de Witsius em Utrecht não foram isentos de disputa. Ele se sentiu obrigado a opor-se à teologia do professor Herman A. Roell, que advogava uma mistura uniforme da teologia bíblica de Johannes Cocceius e a filosofia racionalista de René Descartes. Witsius sentiu que tal combinação ameaçava a autoridade da Escritura. Witsius ensinava a superioridade da fé sobre a razão para proteger a pureza da Escritura. Ele dizia que a razão perdeu sua pureza na queda. Ainda que a razão seja uma faculdade crítica, ela permanece imperfeita, mesmo nos regenerados. Ela não é um juiz autônomo, e sim uma serva da fé.

Evidentemente, a compreensão de Witsius sobre quem é Deus afetou sua compreensão de como conhecemos o que conhecemos, e que a Escritura é o padrão final da verdade, e não nossa razão. Seu conhecimento de Deus, através das Escrituras, moldou todo seu pensamento. Quão evidente isto é em sua defesa da substituição penal de Cristo contra o racionalista Socino.[17]

Subsequentemente, Witsius se opôs ao racionalismo nos ensinos de Balthasar Bekker, bem como as ideias populares e separatistas de Jean de Labadie. Ele admitia que as igrejas reformadas estavam seriamente fendidas, porém se opunha energicamente em separar-se da igreja.

Em Utrecht, Witsius publicou três volumes de *Exercitatinones Sacrae* (Exercícios Sagrados), dois sobre o Credo dos Apóstolos (1681) e um sobre a Ceia do Senhor (1689). Segundo em importância somente ao seu *Economy of the Covenants* [Economia dos Pactos], estes livros enfatizam as verdades do evangelho de uma maneira pura e clara. As três obras, nascidas no cenário de um seminário, são conhecidas como trilogia de Witsius.

Em meio aos seus agitados anos em Utrecht (184), morreu a esposa de Witsius. Sua filha Petronella, que nunca se casou, permaneceu com seu pai, cuidando dele com toda fidelidade, ao longo de vinte e quatro anos de viuvez.

Ao atingir seus sessenta e dois anos de idade, Witsius aceitou o chamado

---

16 Cornelis Pronk, "The Second Reformation in the Netherlands", *The Messenger* 48 (abril de 2001), 10.
17 *The Economy of the Covenants Between God and Man* (1736; reimpresso em Phillipsburg, N.J.: Presbyterian and Reformed, 1990), 1.2.16; 2.5.8.

para servir na universidade de Leiden como professor. Seu discurso inaugural foi sobre "o teólogo modesto". Em Leiden, ele preparou homens desde a Europa, Grã-Bretanha e América, incluindo diversos americanos nativos que se converteram através da obra de John Eliot (1604-90).[18]

Dentro de um ano (1699), a Holanda e a Frísia Ocidental designaram a Witsius inspetor do colégio teológico da Universidade. Era uma posição que ele manteve até sua retirada em 1707 em virtude de insalubridade. Em seus últimos seis anos, ele sofreu dolorosos males de gotas, vertigem e falta de memória.[19] Depois de um sério acesso em outubro de 1708, ele disse aos amigos que a ida para seu lar estava próxima. Quatro dias depois, ele morreu com a idade de setenta e dois anos, depois de quase cinquenta e dois anos de ministério. Durante sua hora final, ele disse ao seu amigo íntimo, Johannes à Marck, que estava perseverando na fé que tanto desfrutara em Cristo.

Ao longo de sua vida, Witsius foi um humilde teólogo bíblico e sistemático, dependente das Escrituras. Ele foi também um fiel pregador. Para ele, Cristo – na universidade, no púlpito e no viver diário – assumira a preeminência. "A livre e soberana graça, reinando através da pessoa e justiça do grande Emanuel, considerava cordial e imediatamente como a fonte de toda nossa esperança e um grande incitamento a uma santa prática", escreveu Fraser acerca de Witsius.[20]

A despeito de toda sua erudição, Witsius continuou preocupado com a integridade e piedade da igreja. Tudo o que escreveu e ensinou foi empregado na promoção do bem-estar da igreja. Depois de sua morte, seus escritos foram coligidos em seis volumes. Visualizaremos sucintamente os livros mais influentes de Witsius.

TWIST DES HEEREN [A CONTROVÉRSIA DO SENHOR]

Em *Twist des Heeren* (1669), Witsius conclama "uma santa reforma". Baseando sua obra em Isaías 5.4, Witsius equipara os Países Baixos com uma

---

18 Ella, *Mountain Movers*, 158.
19 William Crookshank, prefácio biográfico a Herman Witsius, *The Economy of the Covenants*, 1:39.
20 Fraser, *Apostles' Creed*, xxxvii.

segunda Canaã. Precisamente como Deus cuidou de Israel como um viticultor, provendo inúmeros meios de graça, porém Israel correspondeu a uvas silvestres (holandês: *stinkende druiven*, "uvas fétidas") de pecaminosa indulgência, e não boas uvas de gratidão, assim Deus ainda despende de muito cuidado por Seu povo e Sua igreja nos Países Baixos, a despeito da resposta pecaminosa do povo.

Deus havia tirado uma centena de milhares de antepassados holandeses reformados da servidão à tirania do papado e da fúria dos espanhóis e os plantara como uma nobre vinha. O machado da inquisição não pôde destruir essa vinha, pois Deus mesmo protegia as igrejas holandesas. Ele lhas concedeu paz, edificou-as e multiplicou-as, e as capacitou a andar no temor do Senhor e no conforto do Espírito Santo. O Sínodo de Dort destronou a heresia e entronizou a verdade. Às igrejas foram dados "eloquentes e poderosos expositores das Escrituras", como Apolo (At 18.23,24), muito embora agora fossem raros na terra, disse Witsius.

Acaso Deus não mais esperava boas uvas das igrejas holandesas? Se não, onde se podia encontrar piedade espiritual e vital? Só se podiam ver uns poucos cachos das uvas de Canaã. Witsius, como Willem Teellinck antes dele, se queixava de que "o primeiro amor" da Reforma havia se dissipado grandemente em razão da falta de pregação capacitada pelo Espírito, falta de piedade e falta de disciplina eclesiástica. Em vez disso, opiniões novas e perigosas estavam começando a vicejar na vinha de Deus, disse Witsius. Tais opiniões incluíam facetas da filosofia de Descartes que promoviam a razão como intérprete da Escritura, o conceito de Cocceius sobre o Dia do Senhor, o qual via o quarto mandamento como cerimonial para os israelitas, e não moral para todos os tempos, e uma multidão de outras inovações errôneas.[21]

Outra Reforma se fazia necessária, disse Witsius. A Reforma do século dezesseis não avançou muito em razão da desobediência, mundanismo e do coração empedernido do povo. "Que borrão existe na Reforma, que nos

---

21 Ver Thomas Arthur McGahagan, "Cartesianism in the Netherlands, 1639-1676: The New Science and the Calvinist Counter-Reformation" (Ph.D. dissertation, University of Pennsylvania, 1976); H. B. Visser, *Geschiedenis van den Sabbatstrijd onder de Gereformeerden in de Zeventiende Eeuw* (Utrecht: Kemink en Zoon, 1939).

faz viver tão deformados?", escreveu Witsius.²² Através de desastres naturais, guerras e disputas – inclusive entre os ministros –, Deus está declarando que se deve iniciar uma nova reforma.

A segunda reforma conclamava a renovação da genuína piedade e o abandono da injustiça. Para promover um tipo de idealismo teocrático, Witsius dizia que os líderes devem levar seus súditos a uma renovação de sua aliança com o Senhor. Os ministros, em particular, devem viver uma vida temente a Deus. Não poderiam reformar o povo até que hajam reformado a si próprios, suas consciências, conduta, companheiros e lares. Todos devem examinar-se, arrepender-se do pecado e volver-se para o Senhor, usando a Palavra de Deus como seu guia para a vida. Witsius escreveu: "Apelo para vocês, leitores, que se volvam sinceramente para o Senhor. ... Comecem aquela santa reforma de sua vida imunda, a qual tem persistido em vocês por tanto tempo, mas na qual, até agora, vocês têm postergado obstinadamente. Comecem essa reforma agora, neste exato momento. Hoje, se ouvirem a voz do Senhor, não endureçam seu coração."²³

Witsius explicou que a reforma pessoal começa com um conhecimento experiencial do pecado, do ego e de Deus. A vontade espiritualmente consciente só acha descanso em Jesus Cristo. Os realmente pios amam a Deus mais do que a si próprios, à honra d'Ele mais do que sua própria salvação. Anelam agradar a Deus e se rendem a Ele. Veem sua própria pecaminosidade e, à luz da santidade divina, passam a ver-se como menos que nada. Buscam esconder-se atrás de Cristo, de modo que Deus só os veja através de Cristo. Querem a graça para viver somente para Deus, de modo que possam dizer com Paulo: "Logo, já não sou eu quem vive, mas Cristo vive em mim" (Gl 2.20).

Essas pessoas irradiam Cristo. Neles, a mente também está em Cristo Jesus (Fp 2.5). Um crente renovado se conduz como um "pequeno Cristo" sobre a terra. Ele vê Cristo nos outros e ama os outros em Cristo. Sua vida irradia a santidade e glória de Deus.

---

22 *Twist des Heeren met syn Wijngaert* (Utrecht, 1710), 393.
23 Citado por Van Genderen, *De Nadere Reformatie*, 200.

Witsius lamenta que poucas pessoas nos Países Baixos creem em tal verdade pela própria experiência. O cristianismo está muito abaixo da norma. Poucos morrem para sua própria injustiça, vivem para a glória de Cristo e exibem um amor sincero para com os irmãos.

Witsius ensinava que uma reforma renovada poderia guardar o titubeante estado e a igreja de se destruírem. Somente quando a pureza da doutrina for acompanhada pela pureza da vida é que o estado e a igreja podem esperar a benção de Deus. Então Deus aprovaria as boas uvas e não Se queixaria das uvas silvestres que os Países Baixos têm produzido.

A ECONOMIA DOS PACTOS

Witsius escreveu seu *magnum opus* sobre os pactos com vistas a promover a paz entre os teólogos holandeses que estavam divididos sobre a teologia do pacto. Witsius procurava ser um teólogo de síntese; esforçou-se por diminuir a tensão entre os seguidores de Voetius e os de Cocceius. Em sua introdução, ele escreveu que "os inimigos de nossa igreja... se regozijam secretamente que há entre nós tantas e infindáveis disputas como há entre eles. E isto, não tão secretamente; pois eles não cessam nem cessarão de lançar sobre nós este opróbrio, o qual, concordo em dizer, não é tão facilmente eliminado. Oh! quão melhor seria usar nosso máximo empenho em diminuir e tudo fazer, caso fosse possível, para pôr fim a toda controvérsia!"[24]

Economia dos Pactos não é uma teologia sistemática completa, ainda que seu título alegue que a obra compreende "um corpo completo de teologia". Diversas doutrinas maiores não são abordadas aqui, tais como a Trindade, a criação e a providência, as quais são tratadas mais adiante na exposição que Witsius faz do Credo dos Apóstolos.

Para Witsiuns, a doutrina dos pactos é a melhor maneira de ler a Escritura. Para ele, os pactos são o que J. I. Packer chama "uma hermenêutica bem sucedida", ou um consistente procedimento interpretativo de apresentar a

---

[24] *Economy of the Covenants*, 1:22-23.

compreensão própria da Escritura, tanto a lei como o evangelho.[25] A obra de Witsius se divide em quatro livros:

- Livro I: O Pacto das obras (120 páginas)
- Livro II: O Pacto da Redenção, ou o Pacto da Graça desde a Eternidade entre o Pai e o Filho (118 páginas)
- Livro III: O Pacto da Graça no Tempo (295 páginas)
- Livro IV: O Pacto das Ordenanças em Todas as Escrituras (356 páginas)

Em toda sua exposição da teologia do pacto, Witsius corrigiu as inadequações do conteúdo de Cocceius e rejeitou o de Voetius. Ele tratou cada tópico de forma analítica, extraindo de outras temáticas reformadas e puritanas com vistas a levar o leitor a uma clareza mental, a um coração ardente e à piedade da vida.

No Livro I, Witsius discute os pactos divinos em geral, focalizando considerações etimológicas e exegéticas relacionadas com eles (*berîth* e *kiathēkē*). Ele nota promessa, juramento, penhor e mandamento, bem como um pacto mútuo que combina promessa e lei. Ele conclui que o pacto, em seu sentido próprio, "significa um acordo mútuo entre as partes com respeito a algo".[26] Então define pacto como "um acordo entre Deus e o homem, acerca do método de obter bem-aventurança última, com a adição de uma ameaça de destruição eterna, contra todo aquele que menospreze esta bem-aventurança".[27] A essência do pacto, então, é a relação de amor entre Deus e o homem.

Os pactos entre Deus e o homem são essencialmente pactos monopolísticos (um só lado) no sentido que podem ser iniciados por Deus e estão fundamentados em "a suprema majestade do Deus altíssimo". Ainda que iniciado por Deus, esses pactos evocam o consenso humano ao pacto, a exercitar a responsabilidade de obediência dentro dele e aquiescência na punição em caso de violação. No pacto

---

25 Ibid., primeira página do prefácio de Packer, sem número.
26 Ibid., Book 1, Chapter 1, Paragraphs 3-5 [doravante, 1.1.3-5].
27 Ibid., 1.1.9.

das obras, essa responsabilidade é, em parte, graciosa e, em parte, meritória, conquanto no pacto da graça, ele é totalmente gracioso em resposta à eleição divina e o cumprimento de Cristo de todas as condições do pacto.[28]

Não obstante, todos os pactos entre Deus e o homem são bipolísticos (dois lados) em administração. Ambos os aspectos são importantes. Sem a ênfase monopolística da parte de Deus, a iniciação e o cumprimento do pacto não seriam exclusivamente pela graça; sem a ênfase bipolística da iniciação divina e da responsabilidade humana, o homem seria passivo na administração pactual. A tentativa feita pelos estudiosos contemporâneos de forçar os teólogos federais do século dezessete, em ambos os conceitos, monopolístico e bipolístico, do pacto, erra o alvo, como o demonstrou Richard Muller, tanto com Witsius como com seu mais jovem contemporâneo e mais popular, Willelmus à Brakel (1635-1711), cujo *De Redelijke Godsdienst* [O Culto Racional dos Cristãos] foi impresso pela primeira vez, em holandês, em 1700.[29] Muller conclui: "Não é o caso, como alguns têm argumentado, que a linguagem pactual interrompe o fluxo da eleição e da graça, e que a doutrina do pacto, ou relaxa a doutrina estrita dos decretos, ou em si mesma é insensibilizada pelo contato com a doutrina da predestinação, durante a era escolástica da teologia reformada."[30]

De acordo com Witsius, o pacto das obras consiste das partes contratantes (Deus e Adão), a lei e condição (perfeita obediência), as promessas (vida eterna no céu para a veneração incondicional da lei divina), a sanção penal (a morte) e os sacramentos (Paraíso, a árvore da vida, a árvore do conhecimento do bem e do mal, o sábado).[31] Em todas as partes, Witsius enfatizou a relação das partes pactuais em termos do conceito reformado de aliança. Ele dizia que negar o pacto das obras causa sérios erros cristológicos e soteriológicos.[32]

---

28 Ibid., 1.1.15; 1.4.
29 Willelmus à Brakel, *The Christian's Reasonable Service*, trans. Bartel Elshout, ed. Joel R. Beeke, 4 vols. (Grand Rapids: Reformation Heritage Books, 1999-2001).
30 "O Pacto das Obras e a Estabilidade da Lei Divina na Ortodoxia Reformada do Século Dezessete: Um Estudo na Teologia de Herman Witsius e Willelmus à Brakel", *Calvin Theological Jourjal* 29 (1994), 86-87.
31 Stephen Strehle, *Calvinism, Federalism, and Scholasticism: A Stady of the Reformed Doctrine of Covenant* (Nova York: Peter Lang, 1988), 288.
32 *The Economy of the Covenant*, 1.2.13-15; 1.3.9-10; 1.4.4-7.

Por exemplo, a violação do pacto das obras, por Adão e Eva, tornou as promessas do pacto inacessíveis aos seus descendentes. Essas promessas foram canceladas por Deus, o qual não pode aviltar Seu padrão da lei, redistribuindo o pacto das obras para creditar a injustiça do homem caído. Entretanto, o cancelamento divino não anula a demanda de Deus por obediência perfeita. Antes, em razão da estabilidade da promessa de Deus e de Sua lei, o pacto das obras se torna efetivo em Cristo, o perfeito cumpridor da lei. Ao cumprir todas as condições do pacto da graça, Cristo cumpriu todas as condições do pacto das obras. Assim, "o pacto da graça não é a abolição, e sim a confirmação do pacto das obras, conquanto o Mediador já satisfez todas as condições desse pacto, de modo que todos os crentes podem ser justificados e salvos em conformidade com o pacto das obras, ao qual o Mediador já fez satisfação", escreveu Witsius.[33]

Witsius, em seu segundo livro, delineou a relação do pacto das obras com o pacto da graça. Ele discutiu o pacto da graça [feito] desde a eternidade; ou, o pacto da redenção como o *pactum salutis* entre Deus o Pai e Deus o Filho.[34] No *pactum* eterno, o Pai solicitou do Filho atos de obediência pelos eleitos, enquanto garantiu ao Filho a propriedade dos eleitos. Witsius disse que este "acordo entre Deus e o Mediador" faz possível o pacto da graça entre Deus e Seus eleitos. O pacto da graça "pressupõe" o pacto da graça [feito] desde a eternidade e "está fundado nele".[35]

O pacto da redenção estabeleceu o remédio de Deus para o problema do pecado. O pacto da redenção é a resposta para o pacto das obras anulado pelo pecado. O Filho Se obriga a efetuar essa resposta, cumprindo as promessas e condições, e suportando as penalidades do pacto em favor dos eleitos. Witsius explicou que, ratificadas pelo pacto da redenção, "as condições são oferecidas, às quais a salvação eterna está anexa; as condições não podem ser cumpridas por nós outra vez, o que poderia lançar a mente no

---

33 Ibid., 1.11.23.
34 Ibid., 2.2-4.
35 Ibid., 2.2.1.

desespero; mas, por meio daquele que não poderia entregar sua vida antes que realmente pudesse dizer: "Está consumado!"[36]

Este pacto da graça efetuado no tempo (Livro 3) é o cerne da obra de Witsius, e cobre toda a esfera da soteriologia. Ao tratar da *ordo salutis* dentro da estrutura do pacto da graça, Vitsius asseverou que as apresentações anteriores da doutrina do pacto eram superiores às mais recentes. Ele mostrou como a teologia do pacto une os teólogos, em vez de separá-los.

A eleição é a tela de fundo do pacto. Ela, como o decreto ou conselho de Deus, é a solução unilateral e imutável de Deus que não depende das condições humanas. Aqui, o pacto da graça se bifurca com o pacto das obras. No pacto das obras, Deus prometeu vida ao homem sob a condição de completa obediência sem prometer que operaria no homem essa obediência. No pacto da graça, Deus prometeu dar tudo aos eleitos – vida eterna e os meios para sua obtenção: fé, arrependimento, santificação e perseverança. Cada condição de salvação se acha inclusa nas promessas de Deus a Seus eleitos. A fé não é, propriamente falando, uma condição, e sim a via e meio através do qual os crentes recebem as promessas de vida eterna.[37]

Ainda que a *"comunhão interna,* mística e espiritual" do pacto esteja estabelecida no interior dos eleitos, há também uma economia ou administração externa do pacto. Aqueles que são batizados e edificados com os meios de graça estão no pacto externamente, ainda que muitos deles "não estejam no testamento de Deus" em termos de serem salvos.[38]

A vocação eficaz é o primeiro fruto da eleição, a qual, por sua vez, opera a regeneração. Esta é a infusão de nova vida na pessoa espiritualmente morta. E assim a semente incorruptível da Palavra se faz frutífera pelo poder do Espírito Santo. Witsius argumentou que as assim chamadas "preparações" para a regeneração, tal como o quebranto da vontade, a consideração séria da lei e a convicção de pecado, o temor do inferno e a desesperança da salvação são

---

36 Ibid., 2.1.4; cf. Gerald Hamstra, "Membership in the Covenant of Grace", pesquisa não publicada para o Calvin Theological Seminary (1986), 10.
37 *The Economy of the Covenants*, 3.1-4; 3.8.6.
38 Ibid., 3.1.5.

todos frutos da regeneração, em vez de serem preparações, quando o Espírito os usa para levar pecadores a Cristo.[39]

O primeiro ato desta nova vida é a fé. Esta, por sua vez, produz vários atos: (1) conhecer a Cristo; (2) assentir ao evangelho; (3) amar a verdade; (4) sentir fome e sede por Cristo; (5) receber Cristo para a salvação; (6) reclinar-se sobre Cristo; (7) receber Cristo como Senhor; e (8) apropriar-se das promessas do evangelho. Os primeiros três atos são chamados atos precedentes; os três seguintes, atos essenciais; os dois últimos, atos seguintes.[40]

Nos últimos dois atos, o crente promete viver na obediência da fé e obter certeza através do ato reflexo da fé que arrazoa silogisticamente mais ou menos assim: "[Premissa maior:] Cristo Se oferece como um Salvador pleno e completo a todos quanto se acham cansados, famintos, sedentos, a todos quanto o receberem e estejam prontos a se doarem a Ele. [Premissa menor:] Mas, eu estou cansado, faminto etc. [Conclusão:] Portanto, Cristo já Se ofereceu a mim, agora Se torna meu e eu, d'Ele, por isso nada jamais me separará de Seu amor."[41]

Witsius se referia a esta conclusão de fé, mais tarde chamada o silogismo prático ou místico, sempre que discutia a certeza da fé. Nisto, ele seguiu o pensamento puritano e da segunda reforma holandesa.[42] Cônscio dos perigos de confiar na santificação pessoal para a certeza – particularmente, as objeções do antinomianismo de que os silogismos não podem prover conforto certo e podem conduzir à crença do "livre-arbítrio", Witsius tudo fez para manter o silogismo dentro dos limites das doutrinas da graça. Como os puritanos, ele ensinava que o silogismo está atrelado às Escrituras, flui de Jesus Cristo e é ratificado pelo Espírito Santo. O Espírito testifica com o espírito do crente, não só pelo testemunho direto da Palavra, mas também incitando o crente a observar as marcas bíblicas da graça, em sua própria alma, e nos frutos de sua

---

39 Ibid., 3.6.11-15.

40 Cornelis Graafland, *De Zekerheid van het Geloof: Een onderzoek naar de geloofsbeschouwing van enige vertegenuwoordigers van reformatie en nadere reformatie* (Wageningen: H. Veeman & Zonen, 1961), 162-63.

41 *The Economy of the Covenants*, 3.7.24.

42 Joel R. Beeke, *Assurance of Faith: Calvin, English Puritanism, and the Dutch Second Reformation* (Nova York: Peter Lang, 1991), 113-15, 124-26, 159-69, 247-48.

vida. Essas marcas da graça conduzem a Jesus Cristo. O silogismo é sempre bíblico, cristológico e pneumatológico.

Para Witsius, a certeza por meio de silogismo é mais comum do que a certeza por meio do testemunho direto do Espírito. Em consequência, cuidadoso autoexame quanto a se alguém está na fé e Cristo nele é crítico (2Co 13.5). Se a justificação resulta na santificação, o crente deve arrazoar silogisticamente da santificação de volta à justificação – isto é, do efeito para a causa. É isso que o apóstolo João faz em sua Primeira Epístola Geral (2.2,3,5; 3.14,19; 5.2).[43]

Witsius é solidamente reformado sobre a justificação pela fé somente. Ele fala dos eleitos sendo justificados não somente na morte e ressurreição de Cristo, mas já na doação da primeira promessa evangélica em Gênesis 3.15. Aplicações da justificação ao crente individual ocorrem em sua regeneração, no tribunal da consciência, na comunhão diária com Deus, após a morte, e no Dia do Juízo.[44]

Witsius continuou discutindo os resultados imediatos da justificação: a graça espiritual e a adoção de filho. Esses capítulos se sobressaem, mostrando a fraternidade e intimidade entre o crente e o Deus Trino. Colocam uma grande medida de responsabilidade sobre o crente de ser ativo em preservar a paz espiritual e a consciência de sua graciosa adoção.[45]

Típico dos teólogos puritanos e da segunda reforma holandesa, Witsius dedicou o capítulo mais longo, em sua *ordo salutis*, à santificação. Esta é a obra de Deus pela qual o pecador justificado é crescentemente "transformado da torpeza do pecado à pureza da imagem divina".[46] A mortificação e a vivificação mostram a extensão da santificação. A graça, a fé e o amor são motivos de crescimento em santidade. Os alvos e meios da santificação são explanados detalhadamente. Não obstante, porque os crentes não atingem a perfeição nesta vida, Witsius concluiu, examinando a doutrina do perfeccionismo. Deus não nos concede a

---

43 Para os pontos de vista de Calvino e os puritanos sobre os silogismos na certeza, ver Beeke, *Quest for Full Assurance*, 65-72, 130-42.
44 *Economy of the Covenants*, 3.8.57-64.
45 Ibid., 3.9-11.
46 Ibid., 3.12.11.

perfeição, nesta vida, por quatro razões: para exibir a diferença entre a terra e o céu, guerra e triunfo, labuta e descanso; para ensinar-nos a paciência, a humildade e a simpatia; para ensinar-nos que a salvação é pela graça somente; e para demonstrar a sabedoria de Deus em aperfeiçoar-nos gradualmente.[47]

Após explanar a doutrina da perseverança, Witsius terminou seu terceiro livro com um relato detalhado da glorificação. Esta começa nesta vida com as primícias da graça: santidade, visão de Deus apreendida pela fé e um senso experiencial da bondade de Deus, o gracioso desfruto de Deus, a plena certeza de fé e a alegria inexprimível. Ela é consumada na vida por vir.

No dizer de Witsius, o foco da glorificação é o desfruto de Deus. Por exemplo, a alegria no estado intermediário é a alegria de estar com Deus e Cristo, a alegria de amar a Deus e a alegria de morar na glória.[48]

O Livro 4 apresenta a teologia da aliança a partir da perspectiva da teologia bíblica. Witsius ofereceu alguns aspectos do que mais tarde seria chamado redenção progressiva, a enfatizar a fé de Abraão, a natureza do pacto mosaico, o papel da lei, os sacramentos veterotestamentários e as bênçãos e as deficiências do Antigo Testamento. Algumas de suas mais fascinantes seções tratam do Decálogo como um pacto nacional com Israel, mais que um pacto formal das obras ou pacto da graça;[49] sua defesa do Antigo Testamento contra falsas acusações; sua explanação da anulação da lei cerimonial e a relação entre o pacto das obras e o pacto da graça. Então explanou a relação entre os testamentos e os sacramentos da era neotestamentária. Sustentou fortemente a restauração de Israel de acordo com Romanos 11.25-27.[50] Ele pôs a liberdade cristã no contexto da liberdade da tirania do diabo, o poder reinante e condenatório do pecado, o rigor da lei, as leis dos homens, as coisas indiferentes e a própria morte. Ao incluir as coisas indiferentes, ele dissipou a acusação de

---

47 Ibid., 3.12.121-24.
48 Ibid., 3.14.
49 Aqui, Witsius segue a minoria dos puritanos ingleses do século dezessete, por exemplo, Samuel Bolton (*True Bounds of Christian Freedom* [Edinburgh: Banner of Truth Trust, 1994], 99) e John Owen (Sinclair Ferguson, *John Owen on the Christian Life* [Edinburgh: Banner of Truth Trust, 1987], 28).
50 *Economy of the Covenants*, 4.15.7.

que o purismo dos teólogos puritanos e da segunda reforma holandesa não admitia espaço à adiáfora.

Em suma, Witsius foi um dos primeiros teólogos, entre os doutores da segunda reforma holandesa, que mantiveram laços mais estreitos entre as doutrinas da eleição e do pacto. Ele almejava uma conciliação entre a ortodoxia e o federalismo, enquanto punha ênfase na teologia bíblica como um estudo próprio em si mesmo.

Os seguidores de Coccecius não corresponderam afetuosamente aos esforços de Witsius para reconciliá-los com os seguidores de Voetius. Eles o acusaram de retroceder o pacto da graça à eternidade, com isso corroborando a ortodoxia reformada em sua negação do princípio de Coccecius do desenvolvimento histórico da redenção.[51]

A obra de Witsius sobre a teologia do pacto veio a ser uma obra padrão nos Países Baixos, Escócia e Nova Inglaterra. Em toda esta obra, ele enfatizou que o moto, "a Igreja Reformada necessita de estar sempre se reformando" (*ecclesia reformata, semper reformanda*), deve aplicar-se à vida eclesiástica, e não à doutrina, uma vez que a doutrina da Reforma tinha por fundamento a própria verdade. Sua ênfase estava em experimentar a realidade do pacto com Deus, pela fé, e sobre a necessidade de um viver piedoso e preciso – às vezes chamado "purismo", [termo] um tanto pejorativo por muitos historiadores. Poucos compreendem, contudo, que o purismo evita o ideal medieval de perfeição e o ideal farisaico de legalismo. A ênfase de Witsius sobre o viver preciso é caracterizada pelo que segue:

- O purismo enfatiza o que a lei de Deus enfatiza; a lei serve como seu padrão de santidade.
- O purismo é acompanhado de liberdade espiritual, radicado no amor de Cristo.
- O purismo trata os outros com brandura, mas é radical para consigo mesmo.
- O purismo focaliza primordialmente as motivações do coração e só secundariamente as ações externas.

---

51 Charles Fred Lincoln, "The Development of the Covenant Theory", *Bibliotheca Sacra*, §397 (Jan. 1943): 161-62.

- O purismo humilha os piedosos, mesmo quando crescem em santidade.
- O alvo do purismo é a glória de Deus.[52]

Para Witsius, o purismo era essencialmente a prática da piedade experiencial, pois seu núcleo estava oculto, sentia íntima comunhão com os fiéis que guardam a aliança de Deus. Em Witsius temos a teologia que em si mesma é pia, em vez da teologia à qual se agrega piedade.[53]

Witsius realçava a Escritura, a fé, a experiência e a obra salvífica do Espírito Santo. A Escritura era a norma para toda a fé religiosa. O crente genuíno é um humilde estudante da Escritura; ele lê as Escrituras através dos óculos da fé e sujeita todas as suas experiências à pedra de toque da Escritura para confirmação. A verdadeira experiência flui da "luz estelar" da Escritura e da "luz solar" do Espírito Santo, ambas as quais iluminam a alma.[54] Estes dois elementos são inseparáveis um do outro e ambos são recebidos pela fé. Os estudantes da Escritura são também estudantes do Espírito Santo.[55] Experimentam na academia celestial do Espírito o perdão de pecado, a adoção de filhos, a comunhão íntima com Deus, o amor de Deus derramado na alma, o maná oculto, os ósculos dos lábios de Jesus e a certeza da bem-aventurança em Cristo. O Espírito conduz Seus alunos à festa com Deus e a conhecerem, na casa do banquete, que Sua bandeira hasteada sobre eles é o amor.[56]

O CREDO DOS APÓSTOLOS E A ORAÇÃO DO SENHOR

Mais de um século após a morte de Witsius, duas de suas mais importantes obras foram traduzidas para o inglês: *Sacred Dissertations on what is commonly called The Apostles' Creed* [Dissertações Sacras Sobre o que Comumente se Chama o Credo dos Apóstolos], traduzido por Donald Fraser,

---

52 Adaptado de Van Genderen, *De Nadere Reformatie*, 206.
53 I. van Dijk, *Gezamenlijke Geschriften* (Groningen, 1972), 1:314.
54 *Twist des Heeren*, 167.
55 Witsius, *On the character of a true thelogian*, 35-38.
56 Herman Witsius, *Miscelleanorum Sacrorum tomus alter* (Lugd. Bat., 1736), 671-72.

2 vols. (Glasgow, 1823), e *Sacred Dissertations on the Lord's Prayer* [Dissertações Sacras sobre a Oração do Senhor], traduzido pelo Rev. William Pringle (Edinburgh, 1839). Ambas estas obras são judiciosas, práticas, oportunas e edificantes. São alimento para a alma.

A obra em dois volumes de Witsius sobre o Credo dos Apóstolos, publicadas originalmente em latim, em Franeker, em 1681, se originaram das preleções que ele ministrou aos seus alunos da Universidade de Franeker, ao que ele chamou "os principais artigos de nossa religião". Essas preleções afirmavam a máxima de Witsius: "O único teólogo genuíno é aquele que anexa a prática à parte teórica da religião." Como todos os escritos de Witsius, esses volumes combinam intelecto profundo com paixão espiritual.[57]

A exposição de Witsius começa com estudos que discutem o título, autoria e autoridade do credo; o papel dos artigos fundamentais; e a natureza da fé salvífica. Witsius disse que a autoridade do credo é grande, porém não suprema. Ele contém artigos fundamentais que se limitam àquelas verdades "sem as quais nem a fé nem o arrependimento podem existir", e "à rejeição dos quais Deus anexou uma ameaça de destruições". É dificilmente possível determinar o número de artigos fundamentais. Alguns não estão contidos no credo, porém são elaborados em padrões doutrinais mais extensos.[58]

Witsius abordou outra vez os atos da fé salvífica, afirmando que o "ato principal" da fé é a "recepção de Cristo para a justificação, santificação e salvação completa". Ele ressaltou que a fé recebe "um Cristo integral", e que "Ele não pode ser Salvador, a menos que seja também Senhor".[59] Ele reafirmou a validade da obtenção da certeza de fé por meio de conclusões silogísticas e distinguiu a fé temporária da fé salvífica. Porque a fé temporária pode permanecer até o fim da vida de uma pessoa, Witsius preferiu chamá-la de fé presunçosa. Esses tipos de fé diferem em seu conhecimento da verdade, sua aplicação do evangelho, seu regozijo e seus frutos.[60]

---

57 Sinclair Ferguson, preface to *Apostles' Creed*, iv.
58 Witsius, *Apostles' Creed*, 1:16-33.
59 Ibid., 1:49, 51.
60 Ibid., 1:56-60.

O restante da obra segue, frase por frase, uma exposição do credo de 800 páginas, acompanhada de mais de 200 páginas de notas acrescidas pelo tradutor. No geral, Witsius excele em exegese, permanece fiel à dogmática reformada sem tornar-se excessivamente escolástico, aplica cada artigo do credo à alma do crente e, quando ocasiona justificativas, expõe várias heresias. Seu capítulo final sobre a vida eterna talvez seja o mais sublime. Suas aplicações conclusivas sumariam sua abordagem:

- Com base nesta doutrina sublime, aprendamos a origem divina do evangelho.
- Indaguemos criteriosamente se nós mesmos temos uma sólida esperança desta gloriosa felicidade.
- Labutemos diligentemente para que não sejamos privados dela.
- Confortemo-nos com a esperança dela em meio a todas as nossas adversidades.
- Andemos de modo digno dela, vivendo a vida celestial neste mundo.[61]

Como a obra de Witsius sobre o Credo dos Apóstolos, o *Sacred Dissertations on the Lord's Prayer* foi baseado em preleções enunciadas aos seus alunos de teologia. Como tal, o livro se acha um pouco saturado de palavras hebraicas e gregas; não obstante, a tradução de Pringle inclui uma interpretação de muitas palavras do idioma original na versão inglesa.

The Lord's Prayer contém mais do que seu título revela. Em seu prefácio à exposição das 230 páginas da Oração do Senhor, Witsius dedicou 150 páginas ao tema da oração: "Primeiro, para explicar o que é oração; em seguida, em que consiste nossa obrigação em relação a ela; e, por último, de que maneira ela deve ser vivenciada."[62] Ainda que as partes desta introdução pareçam um tanto antiquadas (especialmente o capítulo 4), a maior parte dela é prática e perspicaz. Por exemplo, a dissertação de Witsius "Sobre a Preparação da Mente para a Oração Correta" contém valiosa orientação sobre um tema raramente abordado hoje.

---

61 Ibid., 2:xvi, 470-83.
62 Herman Witsius, *The Lord's Prayer* (1839; reprint Phillipsburg, N.J.: Presbyterian and Reformed, 1994), 1. O sumário seguinte é uma adaptação de meu prefácio nesta reimpressão.

Em toda esta introdução, Witsius estabeleceu que a oração genuína é o pulso da alma renovada. A constância de sua pulsação é o teste da vida espiritual. Para Witsius, a oração é corretamente considerada, nas palavras de John Bunyan, "um escudo da alma, um sacrifício a Deus e um azorrague de Satanás".

Witsius ressaltou o canal de parte dupla da oração: aqueles que querem que Deus os ouça quando oram deveriam ouvi-Lo quando Ele fala. A oração e o trabalho devem estar engajados um no outro. Orar sem trabalhar é zombar de Deus; trabalhar sem orar é usurpá-Lo de Sua glória.

A exposição que Witsius faz das petições individuais da Oração do Senhor é uma obra prima. Em muitos casos, as questões recebem maior instrução da pena de Witsius do que qualquer outro até hoje. Por exemplo, onde se encontraria outra intuição desse tipo, seja no crente imaturo, seja no não-regenerado, que usaria o título *Pai* ao dirigir-se a Deus?[63]

DONS E INFLUÊNCIA

Witsius era possuidor de muitos dons, como inclusive este esboço de *Economy of the Covenants* [Economia dos Pactos] revela. Como exegese, ele exibiu simplicidade e precisão bíblicas, ainda que, às vezes, ele se inclinasse para interpretações tipológicas e místicas questionáveis.[64] Como historiador, ele calculou os movimentos contra o ideal, a igreja apostólica, extraindo a história e a teologia das numerosas fontes para corroborar seu raciocínio. Como teólogo, ele fundamentou a vida espiritual na regeneração e aplicou, pactualmente, toda a *ordo salutis* ao viver prático e experiencial. Como ético, ele apresentou Cristo como o perfeito exemplo em provar o coração e guiar o crente na jornada de sua vida. Como polemista, ele se opôs ao cartesianismo, ao labadismo, ao anti-nomianismo, ao neo-nomianismo e aos excessos dos

---

63 Ibid., 168-70.

64 J. van Genderen mostra como Witsius revelou algumas tendências místicas em seu entusiasmo ao falar de contemplação, e casamento místico com Cristo, o que surge especialmente em sua exegese dos Cânticos de Salomão e em alguns dos Salmos (Herman Witsius, 119-23, 173-76, 262). Ver também a discussão de Witsius sobre o "mistério" do maná (*Economy of the Covenants*, 4.10.48).

adeptos de Coccecius. Como homileta, ele, como William Perkins, realçou as marcas da graça para encorajar os crentes e convencer os cristãos nominais.[65]

Em toda sua vida como pastor e professor, Witsius mediou disputas. Formalmente um cocceciano, e materialmente um voetiano, ele conseguiu manter-se amigo de ambos os lados. Seu moto, tomado de Agostinho, era: "Nos essenciais, unidade; nos não-essenciais, liberdade; em todas as coisas, prudência e caridade." Ele era notável pela mansidão e paciência, e enfatizava que, a despeito da condição da igreja, o crente não tinha o direito de afastar-se da igreja. Um biógrafo escreveu sobre Witsius: "Ele tinha uma máxima fundamental: que Cristo, 'em todas as coisas, tenha a preeminência'; e a livre e soberana graça, reinando através da pessoa e justiça do grande Emanuel, cordialmente considerava como a fonte imediata de toda nossa esperança e o grande incitamento a uma prática santa."[66]

Witsius influenciou muitos teólogos em sua época: Campegius Vitringa e Bernardus Smytegelt, nos Países Baixos; Friedrich Lampe, na Alemanha; Thomas Boston e os irmãos Erskine (Ralph e Ebenezer), na Escócia. James Hervey o enalteceu como "um autor mui excelente, sendo todas as suas obras de uma tal delicadeza de composição, e um tão suave aroma de santidade, [como] o vaso de ouro que guardava o maná, e era externamente brilhante como o ouro polido, interiormente rico com o alimento celestial". John Gill descreveu Witsius como "um escritor não só eminente por seus grandes talentos e particularmente sólido juízo, rica imaginação e elegância de composição, mas por uma profunda, poderosa e evangélica espiritualidade e sabor de piedade".[67]

No século dezenove, a Igreja Livre da Escócia traduziu, publicou e distribuiu 1.000 cópias de *On the Caracter of a True Theologian* [Sobre o Caráter de um Verdadeiro Teólogo], livre de ônus para seus alunos de teologia.[68] William Cunningham disse em uma nota preambular a essa obra: "Há muito que ele [Witsius] tem sido considerado por todos os juízes competentes como

---

65 Ibid., 261-63.
66 Fraser, *Apostles' Creed*, xxvii.
67 Ibid., ii; Thomas K. AScol, "Preface", *Economy of the Covenants*.
68 Michael W. Honeycutt, introduction to *On the character of a true theologian*, 7.

que apresentando uma mui excelente e notável combinação das mais elevadas qualidades que constituem um 'genuíno' e consumado teólogo – talento, juízo íntegro, erudição, ortodoxia, piedade e unção."[69] O tradutor de Witsius, William Pringle, escreveu que seus escritos "são destinados a manter um lugar duradouro entre os repertórios da teologia cristã. Em extensa e profunda familiaridade com as doutrinas da Escritura, poderosa defesa da verdade contra os ataques dos adversários, e ardorosas exortações a uma vida santa e devota, ele tem poucos iguais".[70]

O Rabino John Duncan descreveu Witsius como "talvez o mais terno e espiritualmente equilibrado e ricamente evangélico, bem como o mais erudito dos teólogos holandeses da velha escola". Ele disse que Witsius exerceu influência especial sobre ele. Os biógrafos de Duncan afirmaram "que a atração foi tão forte que por algum tempo dificilmente ele conseguia ensinar teologia ou pregar sem recorrer àquele homem".[71]

A influência de Witsius continua ainda hoje. "J.I. Packer escreveu em 1990: "Erudito, prático e 'experiente', [Witsius] foi um homem cuja obra está em comparação, pela substância e força propulsora, com a de seu contemporâneo John Owen, e este escritor, para alguém, não conhece um louvor mais elevado do que esse!"[72]

A trilogia de Witsius é a nata da teologia reformada. Aí se proliferam uma exegese solidamente bíblica e uma substância doutrinal prática. Oh! que sejamos mais centrados na aliança de nosso próprio Senhor – confessando Sua verdade, santificando Seu nome, suspirando pela vinda de Seu reino, fazendo Sua vontade!

---

69 Ibid., 19.
70 *The Lord's Prayer*, frontispício.
71 Pronk, "The Second Reformation in tsdhe Netherlands", *The Messenger* 48 (Abril de 2001), 10.
72 *The Economy of the Covenants*, contra capa.

CAPÍTULO 16

THEOTORUS JACOBUS FRELINGHUYSEN (1691-1747) PRECURSOR DO GRANDE DESPERTAMENTO

Os principais movimentos históricos, sejam religiosos, políticos, ou sociais, são o produto de um período de fermentação. Os protagonistas desses movimentos às vezes parecem entrar em cena de repente, mas, na maioria dos casos, indivíduos de pouquíssima notoriedade pavimentam a estrada para os grandes líderes. Daí, Martinho Lutero e a Reforma não podem ser entendidos separadamente dos precursores como John Wycliffe e Jan Hus. De modo semelhante, o Grande Despertamento, enquanto associado com grandes líderes tais como Jonathan Edwards e George Whitefield, teve seus precursores. Um deles foi Theodorus Jacobus Frelinghuysen, a quem Whitefield se referiu como "o iniciador da grande obra". Quem foi este arauto relativamente desconhecido, cujo ministério causou tal impacto e a quem muitos historiadores eclesiásticos computam as sementes dos avivamentos da década de 1740? Por que Frelinghuysen gerou tanta controvérsia? O que podemos aprender dele hoje?

FAMÍLIA E CENÁRIO EDUCACIONAL

A família Frelinghuysen sustentou a Reforma desde o século dezesseis. O avô de Theodorus foi pioneiro da reforma luterana no vilarejo alemão de

Ergste. Seu avô introduziu a família na tradição reformada em 1669; uniram-se a uma pequena igreja reformada nas proximidades de Schwerte. Seu pai, Johan Henrich, se tornou pastor de uma recém-estabelecida igreja reformada alemã em 1683, em Hagen, Wesphalia, uma área adjacente à parte oriental dos Países Baixos. Logo depois que Johan foi ordenado, ele casou-se com Anna Margaretha Bruggemann, filha de um pastor reformado. Ele batizou seu quinto filho, Theodorus Jacobus, em 6 de novembro de 1692.

Deus abençoou a sólida educação reformada que Theodorus recebeu no lar e na escola, e o conduziu à conversão. Depois que Theodorus se tornou membro comungante da congregação de seu pai, com a idade de dezessete anos, ele assistiu o *gymnasium* reformado em Hamm por dois anos, estudando filosofia e teologia. A faculdade de Hamm incorporou os ensinos de Johannes Cocceius (1603-1669), um teólogo linguista e bíblico nascido em Bremen, o qual ensinou em Franeker e Leiden, e cuja teologia do pacto enfatizava o caráter histórico e contextual de épocas específicas. Quando completou sua educação pré-seminário em Hamm, Theodorus se inscreveu na Universidade de Lingen para o estudo teológico. A faculdade dali aderiu à teologia de Gisbertus Voetius (1589-1676), um professor de Utrecht que promoveu a tendência reformada do conhecimento e piedade. Voetius representa o fruto sazonado da segunda reforma holandesa. Em Lingen, Theodorus se tornou plenamente comprometido com a piedade reformada e a teologia experiencial do método voetiano, e não do cocceiano. Também ali ele dominou o idioma e a cultura holandesas para pregar em holandês.

ORDENAÇÃO E ÚLTIMOS ANOS NO VELHO MUNDO

Após seu exame clássico, Frelinghuysen foi ordenado ao ministério em 1717, em Loegumer Voorwerk, na Frísia oriental, próxima a Emden. Naquele tempo a *Nadere Reformatie* havia assumido um sólido controle da comunidade reformada ao oriente da Frísia, através da pregação e escrito de Jacobus Koelman, Eduard Meiners e Johan Verschuir. Esses pietistas reformados enfatizavam a necessidade do novo nascimento e de um viver santo, ou da piedade prática, como seu fruto inevitável. Aquela teologia experiencial exerceu um profundo e permanente impacto em Frelinghuysen.

O pastorado de Frelinghuysen em Loegumer Voorwerk só durou quatorze meses. Na véspera de Natal, uma enchente varreu a área e devastou grande parte da Frísia oriental, reduzindo seus paroquianos a tal pobreza que já não podiam sustentar um ministro. O jovem pastor aceitou uma posição, em Enkhuizen, Holanda do norte, de co-regente da escola de latim. Mas somente uns poucos meses depois de assumir a posição que ele foi procurado pelo presbitério da Igreja Reformada de Amsterdam e indagado se desejava aceitar o pastorado em Rarethans. Sua resposta foi afirmativa, porém imaginava que Rarethans (Raritan) estivesse em uma das províncias holandesas adjacentes, e não na América. Quando compreendeu que realmente estava sendo chamado por quatro pequenas congregações reformadas holandesas no Vale Raritan de New Jersey (Raritan, Six Mile Run, Three Mile Run, e North Branch), Frelinghuysen sentiu-se convencido pelo Salmo 15.4 a manter sua palavra de aceitação: "o que, a seus olhos, tem por desprezível ao réprobo, mas honra aos que temem ao SENHOR; o que jura com dano próprio e não se retrata." Também se viu influenciado pelo que sentia ser um encontro providente com Sicco Tjadde (1693-1736), um ministro pietista que estava à procura de jovens ministros adeptos da teologia reformada experiencial para recomendar ao serviço na América. Sentindo-se profundamente impressionado com a ortodoxia e piedade de Frelinghuysen, Tjadde o encorajou "a renunciar o prospecto de uma carreira bem sucedida no Velho Mundo a fim de disseminar a religião vital no Novo". Depois de dar adeus aos parentes e amigos, Frelinghuysen partiu de navio para Nova York e o Novo Mundo em setembro de 1719.

A IGREJA REFORMADA HOLANDESA NA AMÉRICA DO NORTE

Diferente dos peregrinos e puritanos ingleses que vieram ao Novo Mundo primordialmente por razões religiosas, os holandeses que se radicaram na

América do Norte foram grandemente motivados por fatores econômicos. No início do século dezessete, a Companhia Holandesa na Índia Ocidental estabelecera postos comerciais na Ilha de Manhattan e em outras localizações estratégicas nas proximidades dos rios Hudson e Delaware. A população da colônia holandesa cresceu bem depressa, mas pouco foi feito para promover sua vida religiosa. Em 1623, quando a colonização de Manhattan aumentara para 200, dois *ziekentroosters* (consoladores de enfermos) chegaram e empreenderam alguns deveres pastorais. Dois anos depois, a colônia recebeu seu próprio pastor, Jonas Michaelius, o qual organizou a primeira igreja reformada de fala holandesa no Novo Mundo. Em 1633, um segundo pastor, Everard Bogardus, chegava da Holanda.

A escassez crônica de ministros gerou um problema para as novas igrejas holandesas na América do Norte. A escassez refletia a miopia da igreja-mãe, a qual insistia que os ministros para o Novo Mundo fossem educados e ordenados nos Países Baixos, sob os auspícios do Consistório [Presbitério] de Amsterdam. Em consequência disso, a vida espiritual e o caráter moral da colônia foram adversamente afetados.

Doutrinariamente, essas igrejas americanas eram consistentes com sua igreja-mãe nos Países Baixos. Seus padrões eram as Três Formas de Unidade

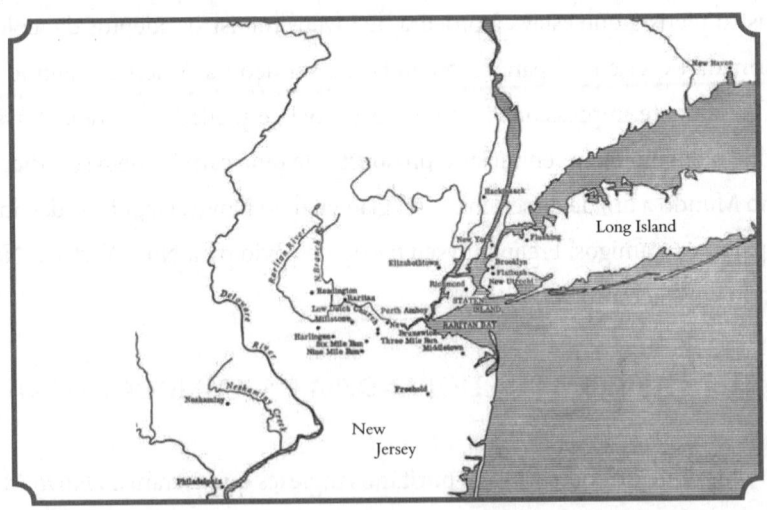

O Novo Mundo de Frelinghuysen

adotadas pelo Sínodo de Dort: a Confissão de Fé Bélgica (1561), o Catecismo de Heidelberg (1563) e os Cânones de Dort (1618-19). Em termos práticos, no entanto, a maioria dos membros vivia em um baixo plano espiritual. Ortodoxia morta fora um sério problema desde o início, e só veio a tornar-se pior no século dezoito. Abraham Messler, o qual traduziu diversos sermões de Frelinghuysen e eventualmente se tornou um de seus sucessores, observou: "A necessidade de um coração novo quase se perdera de vista inteiramente... o formalismo e a auto-justiça prevaleciam quase universalmente. Os cristãos não se envergonhavam de ridicularizar a experiência cristã, e muitos estavam determinados a fazer-lhe oposição."

O tempo estava maduro para as ondas do avivamento que invadiram as colônias holandesas e britânicas. E o ministro que exerceu um papel-chave no ponto de partida desses avivamentos foi Theodorus Frelinghuysen.

CHEGADA EM NOVA YORK

Quando Dominie Frelinghuysen, de apenas vinte e oito anos de idade, chegou em Nova York, em janeiro de 1720, sua lua-de-mel de adaptação na América teve vida curta. Ele e um jovem auxiliar, Jacobus Schureman, que viera para servir como professor e *voorlezer* (leitor leigo) na igreja, receberam as boas-vindas por dois proeminentes ministros da Igreja Reformada Holandesa na cidade de Nova York, Gualtherus DuBois (1671-1751) e Henricus Boel (1692-1754). Eles convidaram o novo ministro a conduzir a liturgia no domingo seguinte. A reação dos paroquianos, que há muito se acostumaram com os sermões insensíveis e impessoais, foi desanimadora. Muitos deles fizeram objeção à ênfase de Frelinghuysen sobre a regeneração, seu estilo experiencial de pregar e o que alguns chamavam "orações uivantes". Além do mais, quando Boel perguntou a Frelinghuysen por que ele omitiu a Oração do Senhor da liturgia, este respondeu que estava disposto a seguir a prática da Igreja Reformada, porém não se preocupava em usar orações formais no culto congregacional. Já desde o início de seu ministério no Novo Mundo, o estilo

Henricus Boel   Gualtherus DuBois

de pregação de Frelinghuysen, e sua preferência por orações livres, como forma de orações, se tornaram pontos cruciais que mais tarde se desenvolveriam em questões de maior amplitude.

Frelinghuysen nem ainda se afeiçoara ao Pastor DuBois, quando foi convidado a adentrar o lar do decano pastor. Ao entrar, Frelinghuysen perguntou ao seu colega por que afixara um espelho tão grande na parede, e observou que isso não justificava "nem mesmo uma necessidade mui forçada". Esta tendência ascética também causaria considerável atrito entre Frelinghuysen e as outras pessoas da igreja.

ESTABELECIMENTO NO VALE RARITAN

A área do Vale Raritan, em Nova Jersey, em grande parte foi colonizada por fazendeiros reformados holandeses que se viram atraídos por seu rico solo. Ainda que a maioria deles mostrasse mais interesse em melhorar sua condição econômica do que em buscar crescimento espiritual, todavia os fazendeiros esperavam pela chegada de seu novo ministro. No entanto, logo perceberam que não estavam recebendo um pregador reformado comum. Frelinghuysen pregou seu sermão inaugural em 31 de janeiro de 1720, baseado em 2 Coríntios 5.21: "De sorte que somos embaixadores em nome de Cristo, como se Deus exortasse por nosso intermédio. Em nome de Cristo, pois, rogamos que vos reconcilieis com Deus." O sermão causou espanto quando o novo ministro deixou bem claro que sua intenção era trabalhar entre eles "no lugar de Cristo" – isto é, com solicitude e exame pessoal, como se Cristo mesmo estivesse entre eles.

Se os paroquianos reformados holandeses do Vale Raritan de Nova Jersey ficaram surpresos por seu ministro prover sermões e intenso labor pastoral, Frelinghuysen não ficou menos surpreso com seus plácidos paroquianos. Ainda que já houvera antecipado o baixo nível de espiritualidade deles, em virtude dos rumores que ouvira nos Países Baixos, logo descobriu que a situação era muito pior do que imaginara. Eis a nota de Messler:

> Ele descobriu que a grande lassidão dos costumes prevalecia em todo seu rebanho... que, enquanto corrida de cavalo, jogatina, dissipação e grosseria de vários tipos eram comuns, a [igreja] era assistida por conveniência, e a religião consistia da mera busca formal da rotina do dever.

Expressando-o com mais clareza, Frelinghuysen compreendeu que muitos de seus paroquianos não exibiam os frutos da conversão. A espiritualidade prática – "a vida de Deus na alma do homem" – era grandemente ausente. Proliferavam-se a ignorância geral e gritante impiedade. William Tennent, Jr. mais tarde escreveu sobre a dolorosa condição do povo do Vale Raritan durante os primeiros anos do ministério de Frelinghuysen ali:

> A oração doméstica não era praticada por todos, com a exceção de uns poucos; a ignorância de tal modo ofuscava suas mentes, que a doutrina do novo nascimento, quando claramente explanada, e a tomar posse poderosamente delas, tão absolutamente necessária para a salvação, [era ensinada] por esse fiel pregador da Palavra de Deus, senhor Theodorus Jacobus Frelinghuysen. ... [O novo nascimento] era motivo de brincadeira; de modo que não só os pregadores, mas também os confessores da verdade eram chamados, com

zombaria, "nascidos de novos" e eram vistos como os anunciadores de alguma nova e falsa doutrina. E, de fato, sua prática era tão ruim quanto seus princípios, isto é, liberais e profanos.

Em consequência disso, a pregação de Frelinghuysen focalizava a conversão dos pecadores mais que a maturidade dos crentes. Ele ensinava que uma confissão externa e uma vida reta não eram suficientes para a salvação. O Espírito Santo precisa revelar a um pecador seu pecaminoso estado e condição perdida diante de Deus, o que, por sua vez, conduz a Cristo o pecador convicto para [receber] misericórdia e salvação. Em um sermão sobre Isaías 66.2, "O Pobre e o Contrito São o Templo de Deus", ele disse:

> Em um espírito contrito se encontram: um profundo senso e clara percepção do pecado. ... Inquietação e tristeza sinceras. ... Uma confissão pública e franca do pecado. Por razão de um senso da grandeza de seus pecados, ele não sabe para onde olhar ou volver. Mas, não obstante, deposita sua dependência da graça que Deus pode exercer através de Seu Filho. Daí, o espírito contrito foge da maldição da lei para o evangelho. ... Assim, ele é arrebatado de si mesmo para a soberana graça de Deus em Cristo, para a reconciliação, o perdão, a santificação e a salvação.

Frelinghuysen ensinava que só são realmente salvos os que experimentam a conversão, a qual inclui, de acordo com o Catecismo de Heidelberg, não só o conhecimento do pecado e da miséria, mas também a experiência do livramento em Cristo, resultando em um viver de gratidão a Deus. Em seu sermão, "O Caminho de Deus com Seu Povo no Santuário", Frelinghuysen convidou os pecadores a irem a Cristo de um modo tão veemente, quando os advertiu contra o pecado: "Se acaso estiveres cansado do pecado, se sinceramente desejas aproximar-te de Deus e andar no caminho reto, o que se dá somente através de Cristo, então que venhas." Depois, no mesmo sermão, ele apresentou Deus como a correr ao encontro dos que se arrependem, precisamente como o pai do pródigo correu ao encontro de seu filho que regressava. Em outro sermão, ele disse: "Jesus continua com os braços estendidos para reunir-vos." Ele insistia com os ouvintes "que se dispusessem e se erguessem e fossem a Jesus". No entanto, ele disse que uma genuína experiência de jubilosa salvação em Cristo, necessariamente cumulará de gratidão a vida de um cristão, uma vida de total submissão à Palavra de Deus, "marcada por um novo e cordial serviço". O progresso em graciosa santificação só é possível quando o crente busca continuamente asilo em Cristo, para achar força em sua guerra contra o pecado insistente e se esforça para regular sua vida pela Palavra de Deus. Os temas voetianos da porta estreita e do caminho áspero, a vida de precisão e a escassez de salvação, a prioridade dos motivos internos que efetuam a observância externa – tudo isso e muito mais reaparece consistentemente nos sermões de Frelinghuysen como frutos inevitáveis da vida de gratidão cristã.

Ainda que os membros da igreja de Frelinghuysen, em si mesmos, não fizessem objeção a essas doutrinas bíblicas e reformadas, muitos se ressentiam da maneira brusca em que o pastor aplicava esta teologia experiencial. Houvera ele aludido às pessoas fora da igreja como não regeneradas, os hipócritas que se justificavam, os membros da igreja poderiam ter feito coro. Mas Frelinghuysen deixou bem claro que ele estava falando aos seus próprios paroquianos. Em um sermão, ele aplicou a lição de um terremoto, não em termos indefinidos:

> Chegai para perto, vós, displicentes, à vontade no pecado, vós, de mente carnal e terrena, vós, homens devassos, profanos, adúlteros, vós, homens e mulheres orgulhosos, arrogantes, vós, devotos dos prazeres, ébrios, jogadores, vós, desobedientes, vós, que rejeitais perversamente o evangelho, vós hipócritas e dissimuladores, o que presumais que vos sucederá? ... Enchei-vos de horror, vós, suínos impuros, adúlteros e amantes dos bordéis, e considerai que sem o verdadeiro arrependimento logo estareis com os demônios imundos; porquanto vos anuncio um fogo mais ardente do que o de Sodoma e Gomorra, a todos os que vos abrasais em vossas luxúrias.

Ele se dirigiu aos ricos com admoestações extras, com base em Tiago 5.1-6:

> Atendei, agora, ricos, chorai lamentando, por causa de vossas desventuras, que vos sobrevirão. Vossas riquezas estão corruptas, e vossas roupagens, comidas de traça; vosso ouro e vossa prata foram gastos de ferrugens, e sua ferrugem há de ser por testemunho contra vós mesmos e há de devorar, como fogo, vossas carnes. Tesouros acumulastes nos últimos dias. Eis que o salário dos trabalhadores que ceifaram vossos campos está clamando; e os clamores dos ceifeiros penetraram até os ouvidos do Senhor dos Exércitos. Tendes vivido regaladamente sobre a terra; tendes vivido nos prazeres; tendes engordado vosso coração, em dia de matança; tendes condenado e matado o justo, sem que ele vos faça resistência.

Frelinghuysen via claramente a maioria dos membros de sua igreja como ainda não regenerados e atados ao inferno. Esta era uma pílula amarga demais para eles engolirem, especialmente quando ele dirigia advertência contra sua casual participação na Ceia do Senhor. Em seu sermão, "O Comungante Aceitável", ele disse:

> Mui amados ouvintes, que tão frequentemente vos tendes acercado da Mesa do Senhor, acaso sabeis que os não-convertidos não podem participar? Acaso vos tendes, com o máximo cuidado, examinado se já nascestes de novo? ... Portanto, refleti bem sobre isso, e tendes em mente esta verdade; e lembrai-vos que, embora moral e externamente sois religiosos, se continuardes sem a regeneração e destituídos de vida espiritual, não tendes o direito de vos aproximardes da Mesa da graça.

Para Frelinghuysen, as evidências de uma genuína e pessoal conversão – que são o arrependimento, a fé e a santidade – são testes para a admissão à Ceia do Senhor. Posto que, em seu juízo, a falta dos frutos da piedade revelava que a maioria de seus membros ainda não havia sido regenerada, ele se sentiu obrigado a adverti-los contra a aproximação da mesa da comunhão. Em uns poucos casos, ele inclusive os proibia de tentá-lo. Para ele, isso tinha de ser acompanhado pelo ministro e pelos presbíteros, para que houvesse um fiel e solene exame dos membros da igreja antes de cada celebração da Ceia do Senhor. Se tais membros haviam se afastado da fé ou se comportado indignamente, "tinham de ser repreendidos ou admoestados e, se necessário [fosse], suspenso do privilégio da Mesa do Senhor" (*A Constituição da Igreja Reformada da América*, seção 70).

Frelinghuysen cria que havia boas razões para manter-se tal exame. Os participantes indignos desonravam a Cabeça da Igreja, profanavam a aliança de Deus, inflamavam a ira de Deus contra toda a congregação e se tornavam passíveis de severa condenação. Em consequência, durante um culto de comunhão, quando Frelinghuysen viu alguns se aproximarem da mesa, aos quais admoestara que não participassem, ele exclamou: "Vede! Vede! Até mesmo as pessoas do mundo e os impenitentes estão vindo para comer e beber juízo para si mesmos!" Diversas pessoas que estavam se aproximando pensaram que o ministro queria que voltassem para seus assentos.

O prognóstico é que as medidas disciplinares de Frelinghuysen e seu conselho desconcertavam muitos na congregação, particularmente os ricos. Queixavam-se aos ministros reformados influentes de Nova York, cujos conceitos diferiam dos de Frelinghuysen. Alguns dos ministros tomavam o partido dos queixosos – mui notavelmente, DuBois e Boel – que passaram a nutrir impressões negativas de Frelinghuysen desde o início. Moveram sérias acusações contra Frelinghuysen, o qual respondeu com complacência. As questões se tornaram extremamente tensas quando Frelinghuysen fez menção pública dos colegas que se lhe opunham, inclusive DuBois e Boel, como sendo "ministros ainda não convertidos".

O PATROCÍNIO DE COLEGAS E FAMÍLIA

Outros pastores toleravam Frelinghuysen, embora o acautelassem que não fosse incisivo demais em julgar as vidas espirituais de seu povo. Entre os que apoiavam Frelinghuysen estava Guiliam Bartholf (1656-1726), um pastor pioneiro e itinerante que era responsável por organizar ao todo duas das igrejas de Nova Jersey, ao norte de Raritan, antes de 1702, incluindo as quatro congregações às quais Frelinghuysen fora chamado. Bartholf havia crescido na vila holandesa de Sluis, perto de Middelburg, na Província de Zeeland, e fora grandemente influenciado por seu ministro da infância, Jacobus Koelman (1632-1695), que hoje é considerado pelos historiadores da *Nadere Reformatie* como sendo um dos primeiros representantes daquele movimento. Depois que Bartholf veio para o Novo Mundo, de tal modo promoveu os conceitos de seu mentor, que, à época da chegada de Frelinghuysen, as raízes do calvinismo experiencial holandês ficaram bem plantadas. Como Frelinghuysen fora também influenciado pelos escritos de Koelman, a obra preparatória feita por Bartholf provou ser de grande proveito. Ambos os homens permaneceram na tradição da *Nadere Reformatie* e partilharam suas ênfases, mas Bartholf tinha uma disposição mais conciliatória e habilidosa do que Frelinghuysen.

Outros dois ministros de Nova York que também mantinham os conceitos reformados experienciais, e eventualmente publicariam livretos em defesa de Frelinghuysen, foram Bernardus Freeman (1660-1743), de Long Island, e Cornelius Van Santvoord (1687-1752), de Staten Island. Frelinghuysen desenvolveu uma calorosa amizade com Freeman, um pietista alemão, que partilhava de suas convicções evangelísticas e efetuaram um efetivo ministério entre os índios Mohawk, durante o tempo de seu ministério entre as igrejas reformadas. Van Santvoord fora um aluno favorito de Johannes à Marck (1656-1731), um habilidoso teólogo voetiano em Leiden, e permaneceram amigos no Novo Mundo.

Logo depois de sua chegada no Novo Mundo, Frelinghuysen casou com Eva Terhune. Filha órfã de um abastado fazendeiro de Long Island, Eva fora cuidada por Freeman após a morte de seus pais. Sua união os fez felizes e foram abençoados com cinco filhos e duas filhas. Os cinco filhos vieram a ser ministros, e ambas as filhas casaram com ministros.

CRESCE A OPOSIÇÃO

A maioria dos pastores reformados das Colônias Centrais decididamente mantinham conceitos anti-pietistas. Viam os membros de suas congregações como regenerados e rejeitaram a ênfase experiencial da segunda reforma holandesa como sendo subjetiva e introspectiva demais.

No final da primeira primavera, a situação no Vale Raritan se tornara tão tensa, que inclusive Freeman, embora basicamente solidário com Frelinghuysen, ficou alarmado e passou a questionar as ações de seus colegas. Por exemplo, quando Frelinghuysen barrou a esposa de um proeminente membro [da congregação de participar] da Ceia do Senhor, Freeman ficou alarmado. Ele cria que ela era um membro da igreja temente a Deus. Outras questões logo surgem que confirmaram Freeman e outros em suas opiniões de que Frelinghuysen era carente de tato e demasiadamente irrealista sobre seus padrões de admissão à Ceia do Senhor.

À medida que os ataques foram crescendo, Frelinghuysen tomou medidas em sua defesa. Em um gesto de desafio, ele compôs o seguinte poema sobre o dorso de seu trenó:

> *A língua de ninguém e a pena de ninguém*
> *Podem converter-me além do que sou.*
> *Os difamadores falam! Falam sem fim;*
> *Todas as calúnias que me lançais se tornam vãs.*

Ele publicou três sermões que contraditavam as notícias de que ele era "um causador de divisões e um mestre de falsas doutrinas". Em um sermão, ele escreveu: "Os homens tagarelam muito sobre meu modo de servir a Ceia do Senhor; aqui, porém, qualquer pessoa destituída de preconceito pode ver claramente que nada ensino diferente do que a Igreja Reformada sempre ensinou." É importante notar que esses sermões foram publicados com a aprovação dos amigos de Frelinghuysen, Bartholf e Freeman, que os consideravam como sermões que penetram a alma em plena harmonia com a Escritura e o Catecismo de Heidelberg. Os sermões de Relinghuysen só intensificavam o conflito que gravitava em torno de seu ministério. Boel e seus apoiadores viam os sermões como um ataque, mais que uma defesa, e discordavam incisivamente de Bartholf e Freeman por endossá-los.

Outra fonte de contenda foi o uso que Frelinghuysen fez do Catecismo Frísio, escrito por seguidores de Koelman como um suplemento ao Catecismo de Heidelberg. Koelman foi deposto de sua congregação em Sluis, em parte por sua oposição aos dias de festas cristãs e o uso de formas litúrgicas prescritas, mas também por sua crítica fulminante de colegas a quem ele via como não convertidos. Os oponentes de Frelinghuysen, que sofriam semelhantes aspersões do pastor do Vale Raritan, viam Koelman como o real instigador e o mencionavam como "o arco herético". O que havia neste pequeno livro que perturbasse tanto os oponentes de Frelinghuyser? Basicamente, se irritavam com a ênfase que fazia Frelinghuysen sobre a necessidade de experiência cristã vital. Em sua ótica, o Catecismo de Heidelberg aborda esta necessidade de uma maneira mais balanceada. Não obstante, para os compositores do Catecismo Frísio, a experiência pessoal do que foi ensinado doutrinariamente era crítica, e qualquer escrito que intensificasse essa ênfase era bem-vindo. Para Frelinghuysen e seus simpatizantes, a oposição ao Catecismo Frísio só aumentava sua suspeita de que a maioria de seus oponentes não teve experiência cristã vital.

AS LINHAS DE BATALHA SÃO DELINEADAS

Em 12 de março de 1723, diversos membros da congregação de Frelinghuysen se indispuseram e solicitaram o apoio de Freeman contra seu pastor. Acusaram-no de pregar falsas doutrinas. Freeman recusou-se a ficar do lado deles. Embora concordasse que Frelinghuysen tinha suas falhas, isso não fazia dele um pregador de falsas doutrinas. Após ouvir suas queixas, ele respondeu: "Percebo que nem todos vos deixastes afetar pelo espírito de ódio e vingança. Só porque ele expõe incisivamente o pecado, tentais ajudar o diabo e levá-lo a pisotear a Igreja de Cristo." Ele os aconselhou que elaborassem uma lista de queixas e as apresentassem ao seu presbitério, advertindo-os que, se levassem suas queixas longe demais, seriam considerados cismáticos.

Os *Klagers* (Queixosos), como vieram a ser chamados, ignoraram o conselho de Freeman e recorreram ao Pastor Boel e seu irmão Tobias, um procurador, em busca de ajuda e conselho. Em vez de aconselhar os *Klagers* a seguirem os princípios de Mateus 18.15-17 e à Ordem da Igreja que trata das queixas, os irmãos Boel mostraram simpatia, o que provocou a ira dos concílios de Frelinghuysen. Os concílios elaboraram uma convocação (*daagbrief*), enviando-a aos *Klagers*. Nesta convocação, os *Dagers* (oficiais de justiça), como vieram a ser conhecidos, catalogaram os erros de seus oponentes e advertiram que, se não retirassem suas acusações, seriam excomungados. Depois da primavera de 1723, os concílios de Felinghuysen emitiram duas convocações adicionais aos agitadores. Cada convocação ameaçava de excomunhão os que não se arrependessem e voltassem para a igreja. Quando nenhuma réplica foi recebida até setembro, os concílios, controlados pelos *Dagers*, sem qualquer unanimidade, excomungaram quatro amotinadores da oposição: Peter DuMont, Simon Wyckoff, Hendrick Vroom e Daniel Sebring.

Esta ação abalou toda a comunidade reformada holandesa. O Concílio de Amsterdam, que tinha de lidar cautelosamente como árbitro, percorreu milhares de quilômetros. O Concílio enviou a Frelinghuysen uma cautelosa carta de advertência, a que ele respondeu detalhadamente. O Concílio replicou:

> Já nos referimos às ásperas expressões que usaste em tua réplica. ... Também, em tua maneira de exercer a disciplina, inclusive excomunhão, a determinadas pessoas culpadas, acaso agiste tão prudentemente como convém a um ministro, em questão de tamanha importância? ... Acaso teria sido mais seguro, numa questão de tal importância, agir sem primeiro consultar o Concílio?

Em 1725, os *Klagers* finalmente responderam à convocação em uma *Klagte* (Queixa) – um documento de 146 páginas dirigido ao Concílio de Amsterdam. A *Klagte* foi escrita, presumivelmente, pelos irmãos Boel e assinada por sessenta e quatro chefes de famílias, os quais representavam aproximadamente um quarto das quatro congregações de Frelinghuysen. A *Klagte* detalha cada crítica concebível de Frelinghuysen a fim de suscitar o desafeto do Concílio e levar à sua demissão. Muitas das acusações são pueris ou baseadas em falso rumor e revelam o amargo estado mental das *Klagers*. Frelinghuysen é apresentado como um tirano com tendências homossexuais. As Klagers declaram que Frelinghuysen não admitiria à Ceia do Senhor quem não desse uma satisfatória conta de sua conversão, que ele insistia veementemente numa mudança experiencial do coração como resultado da convicção de pecado, que ele violava a Ordem da Igreja, reservando o direito de nomear presbíteros e diáconos ao conselho, no lugar da congregação, e excomungando membros sem a anuência do Concílio, e que pregava doutrinas pietistas que eram contrárias às Três Formas de Unidade. A *Klagte* acusa Frelinghuysen de "desviar-se da pura doutrina e disciplina, não totalmente diferente do que fizeram Labadie, Koelman e outros cismáticos".

Para adicionar combustível ao fogo, as *Klagers* decidiram frustrar os esforços de Frelinghuysen, exonerando-o de duas igrejas. Ele respondeu, qualificando as Klagers de "ímpios" e "a escória dessas quatro congregações". Ele e seus apoiadores mantiveram que só estavam tentando conservar a igreja pura, exercendo as chaves da disciplina – ambas as chaves: a pregação e a excomunhão – como a questão 31, o Dia do Senhor, do Catecismo de Heidelberg, os orientava a fazer. Disseram que mais da metade dos signatários da Klagte nunca haviam feito uma profissão de fé, e advertiam que "a ira de Deus e a eterna condenação recairiam sobre eles". Em consequência, mesmo quando o Artigo 76 da Ordem da Igreja declara que, "nenhuma pessoa seja excomungada sem o aviso prévio do Concílio", Frelinghuysen defendeu suas ações, apelando para o Artigo 86, o qual declara que podem-se fazer mudanças na Ordem da Igreja se o bem-estar da igreja o requerer.

A furiosa oposição desferiu seu toque fúnebre sobre a saúde mental de Frelinghuysen. Ele sofria do que seu maior biógrafo, James Tanis, descreve como "psicose benigna". Em um sermão sobre "o espinho na carne" de Paulo, Frelinghuysen sugeriu que a aflição do apóstolo poderia ter sido *morbus hypochondriacus*, um colapso mental oriundo de estresse emocional, o mesmo que afligia Frelinghuysen periodicamente durante vários anos. Os colapsos, os quais ocorriam mais frequentemente no início da década de 1730, às vezes o deixava incapacitado por vários meses.

Entre os colapsos, Frelinghuysen continuava a disseminar seus ensinos experienciais e controversiais, pela palavra impressa e falada. Um livreto que causou muita tensão foi *Een Spiegel die niet vleyt* [Um Espelho que Não Ilude], baseado em Provérbios 14.12: "Há caminho que ao homem parece direito, mas ao cabo dá em caminhos de morte." Ainda que não se mencionasse nenhum nome, as *Klagers* teriam entendido que este sermão os alvejava. Notavelmente, o Concílio de Amsterdam, o qual geralmente apoiava as *Klagers*, aprovou a publicação deste panfleto. Depois de acurado exame de *Een Spiegel*, o consistório nada encontrou nele que conflitasse com a Palavra de Deus e as Três Formas de Unidade.

A controvérsia entre as *Dagers* e as *Klagers* seguiu furiosa, intermitentemente, até que, através da pressão do Concílio de Amsterdam, chegaram a um compromisso. Em 18 de novembro de 1733, as igrejas pastoreadas por Frelinghuysen adotaram onze "Artigos de Paz", os quais foram lidos dos púlpitos nos primeiros três domingos de 1734, então expedidos a Amsterdam para aprovação final. Os artigos, aos quais as *Klagers* subscreveram, declaravam que os consistórios perdoassem as inconveniências das *Klagers* e rescindissem sua excomunhão, provendo que as *Klagers* aceitassem Frelinghuysen como um ministro reformado ortodoxo e regressassem à igreja. Muito embora a oposição de Boel a Frelinghuysen e os avivamentos continuassem, DuBois inaugurou um movimento para unir o partido de renovação, em uma petição por independência do Concílio de Amsterdam. Surgiram dois partidos em meados do século: os Coetus e os Conferentie. O partido Coetus era grandemente composto de ministros que representavam a piedade progressiva pró-renovação de Frelinghuysen. O partido Conferentie representava a ortodoxia tradicional anti-renovação, e consistia dos que desejavam permanecer "em conferência" com o Concílio de Amsterdam. Durante décadas, os dois partidos permutaram uma série de panfletos. Ao final, as metas de Frelinghuysen e dos Coetus foram atingidas: sancionou-se a pregação em inglês, treinaram e ordenaram-se ministros na América e a igreja americana concedeu-se autonomia plena.

INFLUÊNCIA EM E ALÉM DA COMUNIDADE REFORMADA HOLANDESA

A despeito da implacável crítica, Frelinghuysen deu fiel curso aos seus labores. Enquanto alguns se sentiam ofendidos por sua pregação inquiridora, outros eram convencidos por ela e chegaram a um conhecimento salvífico de Cristo. Abraham Messler, um dos sucessores de Frelinghuysen, escreveu que os principais anos de seu antecessor foram 1726, 1729, 1734, 1739 e 1741, durante os quais, de 16 a 122 pessoas fizeram profissão de fé. Tudo indica que mais de 300 pessoas foram convertidas sob o ministério de Frelinghuysen em Nova Jersey. Isso não inclui o efeito da pregação de Frelinghuysen, além de suas próprias congregações. Esses números se tornam mais significativos quando se considera que o número total de comungantes, em 1726, era aproximadamente vinte. Messler exagerou quando disse que os números evidenciam "um grande avivamento", embora possamos concluir que houve ao menos vários mini-avivamentos sob o ministério de Frelinghuysen que pavimentaram a estrada para o Grande Despertamento.

Embora Frelinghuysen permanecesse firmemente comprometido com a fé reformada holandesa na qual ele fora nutrido, ele se aventurou livremente fora dos limites de seu eleitorado holandês. Desde os primórdios de seu ministério na América do Norte, ele buscou contato com cristãos de outras agremiações. Entre seus associados mais íntimos estavam os pastores de convicção presbiteriana, reformados alemães e anglicanos. Devido a esses contatos, ele foi capaz de influenciar a comunidade de língua inglesa nas Colônias Centrais e assim aumentar sua contribuição para o Grande Despertamento.

Em 1726, um ano após a publicação da *Klagte*, Tennent, um jovem ministro presbiteriano, veio para New Brunswick para trabalhar entre os colonos de língua inglesa. Ele fora treinado para o ministério por seu pai, William Tennent, um episcopal que se tornou presbiteriano. Convicto da necessidade da sólida pregação bíblica e experiencial, William Tennent começou um programa de preparação para o ministério de jovens piedosos. Uma casa de madeira foi construída em Neshaminy, Nova Jersey, para acomodar os ávidos estudantes, incluindo três dos filhos de Tennent. Esta pequena e despretensiosa instituição teológica, mencionada desdenhosamente por seus oponentes como o "Log College" [Colégio de Madeira], produziu vinte pregadores que exerceram papéis-chave no Grande Despertamento.

O filho mais velho de William Tennent, Gilbert, entusiasticamente empreendeu seus deveres pastorais em New Brunswick. O jovem pregador logo conquistou a admiração e amizade de seu vizinho, o Pastor Frelinghuysen. Tennent ficou impressionado com o efeito das numerosas conversões que foram ocorrendo sob a pregação de seu colega holandês, e sentiu-se desanimado com sua própria pregação, aparentando esforços infrutíferos. Em seu periódico, ele escreveu:

> Quando cheguei aqui, tive o privilégio de ver muito dos frutos do ministério de Frelinghuysen. ... Isto, juntamente com a bondosa carta que ele me enviou acerca da necessidade de dividir a Palavra com justiça e assim dar a cada pessoa sua porção no devido tempo através da benção divina, despertou em mim grande solicitude pelos labores ministeriais.

A amizade de Tennent com Frelinghuysen provou-se benéfica como uma repreenda e uma inspiração. Tennent implementou o conselho de seu colega mais experiente sobre como pregar, e logo começou a testemunhar significativos números de conversões. O despertamento começou sob Frelinghuysen na comunidade holandesa que agora se estende aos colonos de língua inglesa sob o ministério de Tennent.

Qual era o estilo de pregação de Frelinghuysen que levou, com a benção do Espírito, a tantas conversões? Hendrik Visscher, amigo e assistente de Frelinghuysen, o descreveu como "seu grande talento de extrair uma questão da outra, e assim desvendar o estado e condição de seus auditórios para eles mesmos". Em outras palavras, Frelinghuysen excelia em *pregação discriminatória*. Como ele declarou em um sermão na ordenação de um colega:

> A pregação deve ser estruturada às diferentes condições de nossos ouvintes. Na igreja há pessoas ímpias e não convertidas; cristãos civilizados, falsos e pretensos. ... Há também na igreja pessoas convertidas, criancinhas e os mais idosos. É preciso falar e lidar com cada um... segundo seu estado e estrutura.

Tennent era um rápido aprendiz e logo exceleu na pregação discriminatória. Enfatizando a necessidade de regeneração, ele desafiava seus ouvintes a se examinarem, se porventura possuíam a evidência bíblica do novo nascimento.

O ministério de Tennent se tornou cada vez mais jungido ao de Frelinghuysen. Ocasionalmente, eles combinavam as liturgias do culto nos idiomas inglês e holandês. As *Klagers* acusavam que, ao admitir que "este dissidente inglês" (i.e., Tennent) pregasse e ministrasse os sacramentos em sua igreja, Frelinghuysen estava violando a Ordem da Igreja e a liturgia, e assim estava minando a autoridade do Concílio de Amsterdam. Vendo-se como guardiães da ortodoxia holandesa, eles deploravam seu ecumenismo como inimigo da verdadeira religião reformada holandesa. Como tradicionalistas ortodoxos, apelaram para o Concílio de Amsterdam, dizendo: "Devemos ter o cuidado de manter as coisas em nossas igrejas segundo os costumes holandeses."

Em contrapartida, o alvo de Frelinghuysen era a conversão de pecadores. Quem quer que partilhasse desta visão era seu amigo, sem levar em conta ligações denominacionais, ética e antecedentes idiomáticos, fronteiras paroquiais e distinções sociais.

Em junho de 1729, o Concílio de Amsterdam acusou Frelinghuysen de abrir profunda fenda nas igrejas, se movendo para além das fronteiras denominacionais e antecedente idiomático:

> Admitiste um candidato dissidente [Gilbert Tennent], em uma das igrejas em que pregaste, à comunhão, a fazer oração em inglês diante da congregação holandesa. ... De igual modo, não fizeste objeção em permitir que ele pregue em nossas igrejas holandesas. ... Porventura não se deve levar isso em conta diante dos tribunais teológicos e eclesiásticos? ... Então há também aquilo que se fez contra a ordem do Consistório estabelecido de Navesink, e contra o desejo do Rev. Morgen, seu pastor. Acaso não foste lá e pregaste em um estábulo? E também não foste e pregaste na congregação do Rev. Coen em Joris Ryerson, onde há um Consistório estabelecido e pastor?

Não obstante as críticas e o Concílio, Frelinghuysen continuou a aceitar convites para pregar em estábulos e igrejas, em Nova York, Staten Island, Long Island e no remoto ocidente como Neshaminy, Pensilvânia. Ele não podia desvencilhar-se de todas as procuras para seus serviços, porém respondia como um homem de visão. Ele publicou uma série de seus sermões a fim de alcançar um auditório mais amplo. Para fomentar a comunhão dos santos e manter um nível mais elevado de espiritualidade, ele manteve reuniões devocionais privadas de fraternidade (conventículos ou *gezelschappen*) para aqueles a quem considerava como sendo povo de Deus. Ele transformou "auxiliares" (*voorlezers*) em pregadores leigos, muitos dos quais ele treinou para assumir os plenos deveres de pastores, com a exceção da ministração dos sacramentos. Durante suas ausências para pregar em outros lugares, esses pregadores leigos guiariam os cultos e presidiriam as *gezelschappen*. Mui notável entre eles foi o primeiro tradutor dos sermões de Frelinghuysen, Hendrik Visscher. Esses sermões foram publicados e fomentados durante anos pelos pietistas reformados no Vale Raritan.

Frelinghuysen também preparou diversos homens para o ministério ordenado (inclusive Samuel Verbryck, John Goetachius e Thomas Romeyn), advogou o estabelecimento de um seminário teológico colonial e ajudou a lançar o fundamento que finalmente levou à independência eclesiástica das igrejas americanas da jurisdição do Concílio de Amsterdam.

O resultado da pregação de Frelinghuysen e dos contatos com ministros e pessoas leigas de espíritos consanguíneos foi que os avivamentos gradualmente se espalharam até grande parte de Nova Jersey, e Nova York foi alcançada pelo que mais tarde foi chamado "O Grande Despertamento". Quando este avivamento estava a pleno vapor, George Whitefield veio pregar em New Brunswick e encontrou-se com Frelinghuysen. Mais tarde ele escreveu em seus *Periódicos*:

> Entre os que vieram para ouvir a Palavra estavam diversos ministros a quem o Senhor aprouve honrar fazendo-os instrumentos para a condução de muitos filhos para a glória. Um deles era um ministro calvinista holandês, chamado Freeling Housen, pastor de uma congregação cerca de seis quilômetros de New Brunswick. Ele é um digno e velho soldado de Jesus Cristo, e foi o iniciador da grande obra que, confio, o Senhor está levando à concretude por estes lados. Ele recebeu forte oposição de seus irmãos carnais, porém Deus sempre se manifestou a ele de uma maneira surpreendente, e fez dele mais que vencedor, através de Seu amor. Desde o início ele aprendeu a temer somente Aquele que pode destruir no inferno tanto o corpo como a alma.

Whitefield não só reconheceu Frelinghuysen como instrumento de Deus para dar início aos avivamentos da década de 1740, mas também foi influenciado pelo método de pregação de Frelinghuysen com o qual ele se tornou familiarizado através de Gilbert Tennent.

O LUGAR DE FRELINGHUYSEN NA HISTÓRIA DA IGREJA AMERICANA

Frelinghuysen foi chamado o pai do pietismo americano, mas este título carece uma explanação adicional. As palavras *pietista* e *pietismo* significam diferentes coisas a diferentes pessoas. Para muitos, esses termos são negativos. De fato, originalmente foram usados como termos pejorativos, justamente como *puritano*, originalmente, denegria aqueles que desejavam reformar e "purificar" a Igreja da Inglaterra, e pastoralmente se preocupavam com vivenciar uma vida bíblica e piedosa, dentro do escopo das doutrinas reformadas da graça. Todos esses termos evocam imagens, reais ou imaginárias, de pessoas santarronas e hipócritas que iam longe demais em seu zelo religioso. No entanto, pessoas como Frelinghuysen usaram termos como piedade no sentido de *vroomheid* ou santidade.

Temos que distinguir historicamente entre luteranos reformados, moravianos e outras formas de pietismo. Todas essas formas de pietismo enfatizam a religião pessoal e experiencial. O pietismo com "P" maiúsculo surgiu nos círculos luteranos alemães como um protesto contra a ortodoxia morta e o formalismo na igreja estabelecida. Semelhantes movimentos e protestos pietistas (*Nadere Reformatie* e puritanismo) surgiram contra os mesmos abusos nas igrejas nacionais dos Países Baixos e Inglaterra. A despeito dessas similaridades, havia importantes diferenças nesses movimentos, especialmente com respeito às doutrinas da graça. Frelinghuysen era calvinista; seu pietismo era de uma variedade distintamente reformada. O pietismo reformado holandês que ele defendia era relacionado muito mais estreitamente com o puritanismo inglês do que com o pietismo alemão. Os holandeses aprenderam muito dos ingleses sobre a santificação prática e diária. Um dos primeiros tratados puritanos traduzidos para o holandês foi *The Practice of Piety* [A Prática da Piedade], de Lewis Bayly. Mas os pietistas holandeses contribuíram também para os puritanos ingleses e seus sucessores, especialmente em sua compreensão da pregação. Como já mostramos, Frelinghuysen influenciou a pregação de Tennent, e a pregação de Tennent impactou a de Whitefield. Ainda que Tennent e Whitefield fossem moldados por gerações de teólogos puritanos, cuja reputação se baseava grandemente em sua obra de púlpito, eles descobriram em Frelinghuysen a habilidade para pregar a diferentes classes de ouvintes que foram além da maioria puritana. Este tipo de pregação tem sido designado pelos historiadores como "o método por classificação".

O MÉTODO DE PREGAÇÃO POR CLASSIFICAÇÃO

Frelinghuysen exceleu em fazer distinção entre a verdadeira e falsa religião. Ele desenvolveu esta habilidade com a assistência de mentores pietistas holandeses, os quais dividiam uma congregação em vários estados e condições de alma e então faziam aplicações pessoais quando pregavam a cada grupo. Os pioneiros deste método de classificação no pietismo holandês foram Jean Taffin (1528-1602), Godefridus Udermans (1581-1649) e Willem Teellinck (1579-1629). Esta prática de classificação se expandiu e se desenvolveu sob o círculo voetiano de pregadores, tais como Jodocus VanLodenstein (1620-1677), Wilhelmus à Brakel (1635-1711) e Bernardus Smytegelt (1665-1739). Os teólogos da *Nadere Reformatie* representavam a nata do pietismo holandês. O mentor máximo de Frelinghuysen, Johannes Verschuir (1680-1737), pertenceu a este círculo voetiano de pregadores. Verschuir nasceu e apareceu em Groningen e gastou todo seu ministério naquela província nortista. Ele é conhecido principalmente por seu *Waarheit in het Binnenste, of Bevindelyke godtgeleertheit* [Verdade nas Partes Íntimas, ou Teologia Experiencial]. Nesse tratado, Verschuir argumentou que o verdadeiro cristianismo é algo raro; muitos dos que pensam ser crentes estão se enganando. Posto que os ministros devem ser capazes de distinguir entre o que é verdadeiro e falso na religião, Verschuir escreveu especialmente aos jovens pastores para ajudá-los a tratar das almas que são confiadas aos seus cuidados. Verschuir fez distinção entre diversas categorias de frequentadores de igreja, todos eles carentes de ser contemplados pelo pregador: (1) o cristão forte (*sterk Christen*), que é convertido e já alcançou um grau de maturidade na vida espiritual; (2) o crente preocupado (*bekommerde Christen*), que é também convertido, porém se digladia com muitas dúvidas e carece da certeza de fé; (3) os "sábios segundo a letra" (*letterwyse*), os quais não se converteram, porém são instruídos e versados na verdade, ainda que não conheçam sua experiência ou poder; (4) os ignorantes (*onkunde*), que não se converteram e são iletrados, porém podem ainda ser persuadidos de aprender, porque possuem inteligência natural. São feitas distinções adicionais entre os vários tipos de ímpios.

Os sermões de Frelinghuysen mostram que ele seguia em linhas gerais o método de classificação de Verschuir. Dedica-se mais pregação ao aconselhamento de cristão preocupado do que de cristão forte. Em razão do tempo que ele gastou em estimular esta classe de ouvintes, podemos concluir que Frelinghuysen cria que a maioria dos crentes genuínos de sua congregação pertencia a esta categoria. Muitas de suas advertências são dirigidas aos "sábios segundo a letra". São vistos como vivendo em grande perigo, porquanto são "quase cristãos", não muito longe do reino de Deus. Andam com cristãos e falam como cristãos, porém não possuem o novo nascimento. A despeito de sua moralidade externa e de sua profissão da verdade, perecerão se a morte os surpreender.

A convicção de Frelinghuysen de que a coisa indispensável é que a regeneração constitui o cerne de sua teologia e a da *Nadere Reformatie*. Em um sermão típico, ele exorta seus ouvintes a que examinem se de fato possuem as evidências do novo nascimento. Estreitamente relacionado a isto está o chamado à conversão, pelo qual Frelinghuysen geralmente não tem vista a conversão diária do crente, e sim a conversão inicial do não-salvo. Nesse sentido, ele usava a conversão intercambiavelmente com a regeneração ou o novo nascimento.

Frelinghuysen pregava que o novo nascimento tem de ser experiencial. Equivale dizer, um converso tinha de saber como passaria da morte para a vida e se esperava que ele fosse capaz de relatar o que Deus fizera por sua alma. Particularmente estas duas coisas – uma forte ênfase sobre a necessidade do novo nascimento e sobre classificar os frequentadores de igreja em várias categorias – impressionaram Tennent, Whitefield e outros pregadores de avivamento.

Tudo isso é consistente com a filosofia de Frelinghuy de pregação. Na aplicação a um sermão, "Os Deveres dos Vigias sobre os Muros de Sião", ele pondera sobre seu dever de pregador:

> Ainda que eu não prescreva um método de pregar a ninguém, contudo sou da opinião que a aplicação seja discriminatória, adaptada aos diversos estados de todos os ouvintes (Jd 20,21; Jr 15). Na igreja vivem pessoas perversas e não convertidas, pessoas morais, cristãos aparentes e professos: e estes constituem

o maior número, pois muitos são chamados, porém poucos são os escolhidos. Também há na igreja pessoas convertidas: criancinhas e os de idade mais avançada. Cada um suspira e clama, cada um tem de ser abordado e tratado segundo seu estado e estrutura (Jr 15.19). Quão perniciosas são as aplicações gerais, já mostrado pelos teólogos zelosos (Ez 13.19,20).

Segundo Teunis Brienen, que escreveu sua dissertação doutoral sobre o tema do método de classificação usado pelos pregadores da *Nadere Reformatie* (*The prediking van de Nadere Reformatie*), esta abordagem varia do método de Calvino e de outros Reformadores antigos, que simplesmente dividiam os membros da igreja em duas categorias: crentes e descrentes. Não que Calvino não fosse ciente das diferenças entre crentes fortes e fracos, e que há vários tipos e graus de incredulidade, mas que não traçou distinções tão detalhadas como fizeram os últimos representantes da *Nadere Reformatie*. A diferença entre os primeiros Reformadores, como Calvino, e os teólogos da pós-reforma, como Frelinghuysen, em parte se deve aos diferentes cenários em que pregaram. Os Reformadores pregaram, como ressaltou John Macleod, a "uma geração de crentes sobre a qual o evangelho da livre graça de Deus, na justificação, explode em todo seu esplendor como algo totalmente novo". Os pós-reformadores, como Frelinghuysen, pregaram em um cenário no qual o mero assentimento a dadas verdades bíblicas, sem uma resposta crente da alma, era considerado como suficiente para a salvação. Contra esta tela de fundo, tornou-se essencial distinguir claramente entre fé salvífica e fé histórica, colocando uma ênfase mais pesada no autoexame, nas marcas da graça e na classificação de ouvintes em vários grupos.

Brienen disse que os puritanos ingleses não foram muito além de suas contrapartes holandesas em fazer distinções entre os vários ouvintes. Isso explica por que Tennent e Whitefield ficaram impressionados com a pregação de Frelinghuysen. Seu método de classificar os ouvintes e suas aplicações de perscrutar a alma foi muito além do que estavam acostumados a ouvir. Tanis concluiu:

A pregação de Tennent era o método aperfeiçoado de Frelinghuysen. ... O próprio método de Whitefield de pregar foi grandemente afetado por esta instrução, e assim a tocha que Frelinghuysen portou da Frísia Oriental passada para Tennent, continuou com Whitefield.

O método de classificação de Frelinghuysen, de pregar, era bíblico em todos os aspectos? Brienen vai longe demais ao rejeitar o método de classificação, porém não está certo em ressaltar o perigo de ir além da Escritura? *Em linhas gerais*, a Bíblia traça somente uma distinção entre os ouvintes; ela diz que a pessoa responde ou com fé ou sem fé. Enquanto as Escrituras reconhecem diferentes estágios na vida de fé, da mesma forma variantes graus de incredulidade, elas não endossam um sistema detalhado pelo qual alguém é *habitualmente* colocado numa categoria separada.

Em contrapartida, não devemos esquecer que os propósitos bíblicos e positivos de categorizar eram focar na necessidade do novo nascimento; fomentar o crescimento na graça através de instrução específica, estímulo e advertência, e ressaltar o perigo de alguém enganar-se eternamente. O método de classificação tem seu lugar, provando não ser exagerado, fazendo uma exposição do texto sem forçar o mesmo. Se o pregador é controlado por seu texto, o método de classificação produz especificidade e uma rica colheita de diversas aplicações. Quando na pregação, as aplicações não são controladas pelo texto, o método de classificação tende a produzir repetição ou, ainda pior, promove o critério do pregador para o auto-exame, em vez do critério da Escritura.

CALVINO E FRELINGHUYSEN SOBRE O NOVO NASCIMENTO E O PACTO DA GRAÇA

O método de classificação da pregação traz à luz outra diferença em ênfase entre Frelinghuysen e Calvino: a maneira na qual pregavam sobre o novo nascimento. Ambos concordam que a regeneração era essencial à salvação.

Porém, enquanto Frelinghuysen enfatizava a necessidade de buscar evidências do novo nascimento, através de autoexame centrado na Palavra e dirigido pelo Espírito, Calvino enfatizava a fé nas promessas do evangelho. Ele dizia que tais promessas se dirigem a toda a congregação ou a comunidade do pacto.

Calvino via o pacto da graça como estabelecido por Deus com os crentes e seus filhos. Ele ensinava que todos estão sob a promessa de salvação. Ainda que distinguisse dois tipos de filhos do pacto – os que foram unidos salvificamente a Cristo pela fé e os que foram apenas conectados a Ele exteriormente –, ambos estão com Deus no pacto, tanto os Isaques quanto os Ismaeis.

A visão do pacto adotada por Frelinghuysen tinha um foco bastante diferente. Para ele e para a maioria dos teólogos da *Nadere Reformatie*, o pacto da graça foi estabelecido somente para os eleitos e, portanto, as promessas do pacto eram significadas somente para eles. Para esses teólogos, a ênfase sobre as marcas da graça como evidências do novo nascimento e a eleição exerceram um papel mais importante do que para Calvino. Frelinghuysen dizia que uma pessoa só podia apropriar-se das promessas do evangelho e nutrir esperança de que estava no estado de graça quando ela, pela luz do Espírito, fosse apta a concluir dessas marcas que fazem parte dos eleitos de Deus.

O ponto de vista que Frelinghuysen mantinha do pacto, naturalmente teve consequências para seu ponto de vista da igreja e dos sacramentos. Frelinghuysen cria que a igreja era essencialmente uma congregação de crentes, à qual só devem ser admitidos os que puderem dar conta de sua conversão. Este foi o ponto de vista de Jean de Labadie, por quem Frelinghuysen sentia alguma simpatia, ainda que compreendesse que não se pode esperar uma igreja perfeita em um mundo imperfeito. Mas, se é impossível alcançar uma igreja pura, ao menos deve buscar-se uma mesa de comunhão pura. Eis por que Frelinghuysen estabeleceu padrões muito elevados para a admissão à Ceia do Senhor.

Podemos apreciar a preocupação de Frelinghuysen pela santidade do sacramento. Em um ambiente em que muitos dos membros da igreja viviam vidas imorais, ele tinha de aplicar medidas rígidas. O problema é que ele também queria que fossem afastados da Ceia do Senhor alguns cujas vidas eram exemplares, mas que, em sua avaliação, não possuíam as marcas da graça. Aqui, também, ele foi longe demais, porquanto assumiu o direito de julgar o coração, prerrogativa exclusiva de Deus, e isto aumentou a tensão na congregação em que ele servia.

OBSERVAÇÕES FINAIS

O Grande Despertamento e movimentos de renovação similares têm sido usados poderosamente por Deus para conduzir pecadores a Cristo e ao Seu reino. Mas tiveram também suas reviravoltas, em razão das tendências pecaminosas da natureza humana. Em alguns casos, eles têm levado ao individualismo extravagante e têm contribuído para divisões nas congregações e denominações. Não é difícil ver por que isto foi assim. A ênfase dos avivalistas sobre o novo nascimento e conversão repentina tem levado alguns que experimentaram mudança tão radical a pensar em si mesmos como sendo a verdadeira igreja. Isso leva ao desejo de organizar comunidades exclusivas de santos visíveis, fomentando conventículos (*gezelschappen*). Enquanto esses conventículos ajudaram os crentes a edificar uns aos outros e a experimentar a comunhão dos santos, também tendiam, se não fossem cuidadosamente monitorados, a fender congregações em várias facções ou "igrejas dentro da igreja" (*ecclesiolae in ecclesia*). Em seus últimos anos, em 1745, Frelinghuysen se apercebeu desse perigo de exclusivismo, abrindo seus conventículos a todos quantos quisessem participar.

A despeito de suas fraquezas e inconvenientes, Frelinghuysen foi usado poderosamente pelo Senhor na edificação de sua igreja na América. Heinrich Melchior Mühlenberg, um pietista luterano que percorreu as Colônias Centrais em 1759, se referiu a Frelinghuysen como "um pregador holandês convertido, que foi o primeiro, nestas regiões, a insistir sobre o verdadeiro arrependimento, a fé viva e a santificação, e que teve muito sucesso". Deus é soberano e realiza Seus propósitos através de uma grande variedade de instrumentos. Ainda que Frelinghuysen não possuísse um caráter sereno, ele foi um homem de profunda convicção espiritual e de tremenda coragem. Ele personificou as palavras finais do prefácio a uma coleção de seus sermões: "*Laudem non quaero; culpam non tiemo*" [Não busco louvor; não temo a vergonha]. Quando as questões dizem respeito à verdade, não devo vacilar: "no mesmo instante, eu morreria mil mortes", ele declarou ao seu rebanho, "caso eu não pregue a verdade". Ele foi um orador eloquente, um escritor vigoroso, um teólogo capaz e um pregador zeloso e experiente. "Pelo fervor de sua pregação", escreveu Leonard Bacon, "ele se destinava a conquistar a magistral glória de introduzir o Grande Despertamento". Jonathans Edwards o considerou como sendo um dos maiores teólogos da igreja americana, e, sob Deus, atribuiu o sucesso do avivamento em Nova Jersey à sua instrumentalidade. Em todos os seus longos combates em Nova Jersey, ele serviu como homem de Deus pronto a anunciar as imensas e generosas colheitas que promoveram a piedade reformada e espiritual. Tanis concluiu:

> Sua influência nas estruturas progressivas da teologia americana foi enorme. Seu papel foi o de um transmissor entre o Velho Mundo e o Novo; sua grande contribuição foi sua infusão nas Colônias Centrais que o pietismo evangélico holandês e ele mesmo levava dentro de si.

A idade às vezes sazona, amadurece e santifica a pessoa. Em seus últimos anos, Frelinghuysen se tornou mais cônscio de seu caráter imperfeito. Ele se tornou menos juiz de outros e compreendeu que às vezes ele tornou a vida desnecessariamente difícil para si mesmo e para outros. Atribulava-o crescentemente que tratara alguns de seus colegas com desdém e se desculpou por chamar alguns deles de não convertidos. Os esforços de reconciliação entre Frelinghuysen e DuBois foram bem sucedidos; numa reunião de avivamento em 1741, quando pregou Whitefield, ambos os pastores se assentaram juntos na plataforma. Em nosso dia decisivo, podemos experimentar mais unidade espiritual com todos os que amam ao Senhor Jesus Cristo com sinceridade e os que anelam por avivamentos como aqueles dados por Deus nos dias de Frelinghuysen, Tennent e Whitefield.

Poucos poderiam permanecer neutros com Frelinghuysen; sua rigorosa teologia da regeneração, sua demanda para que o convertido viva de maneira santa e precisa e seu zelo para manter a igreja pura, tudo isso produziu muitos amigos e muitos inimigos. Entretanto, no fim a obra indefensável de Frelinghuysen, seu zelo e piedade venceram a batalha; mesmo muitos dentre seus primeiros inimigos chegaram a aceitá-lo, pois não poderiam negar os frutos de seu ministério. Seu ministério nos comunicou a importância da dificuldade duradoura como bons soldados de Jesus Cristo e de manter nossa mão no cabo do arado na obra do reino.

CAPÍTULO 17

JUSTIFICAÇÃO *PELA* FÉ SOMENTE: A RELAÇÃO DA FÉ COM A JUSTIFICAÇÃO

O conceito de justificação somente pela fé causou uma grande ruptura espiritual e teológica em Martinho Lutero. Entretanto, compreender esta verdade não é algo que vem com facilidade. Lutero tentou de tudo para encontrar a paz com Deus, desde dormir em ladrilhos duros e jejuar enquanto sob escadas em Roma, arrastando-se de joelhos em oração. Monastérios, disciplinas, confissões, missas, absolvições, boas obras, tudo isso provou-se infrutífero: a paz com Deus escapava ao monge. Todavia, o pensamento da justiça de Deus o perseguia. Lutero odiava a palavra *justiça*, a qual, cria ele, indicava um mandado divino para o condenar.

Finalmente, a luz raiou para Lutero enquanto meditava sobre Romanos 1.17: "visto que a justiça de Deus se revela no evangelho, de fé em fé, como está escrito: O justo viverá por fé." Ele viu, pela primeira vez, que a justiça que Paulo tinha em mente não era uma justiça punitiva, que condena os pecadores, e sim uma justiça perfeita que Deus concede gratuitamente aos pecadores sobre a base dos méritos de Cristo, e a qual os pecadores recebem pela fé. Lutero viu que a doutrina da justificação, pela graça somente (*sola gratia*), através da fé somente (*per solam fidem*), por causa de Cristo somente (*solus Christus*), era o cerne do evangelho. Para ele, ela [a justificação pela fé] veio a ser "uma porta aberta para o paraíso... um portão para o céu".

Martinho Lutero descobrindo a justificação pela fé

A frase, *justificação pela fé somente*, foi a chave que abriu toda a Bíblia para Lutero.¹ Ele passou a entender cada uma dessas quatro palavras em relação aos outros, pelo prisma da Escritura e do Espírito. A palavra *por* pode parecer, à primeira vista, elementar, contudo, em torno desta preposição simples, deflagrou-se o grande debate entre os católicos romanos e os protestantes. Saudemos os diversos resultados com respeito a esta preposição crítica, focalizando a relação de fé e justificação. Consideraremos a preposição *por* a partir de quatro perspectivas:

1. *Biblicamente*. O ensino básico da justificação pela fé, juntamente com implicações exegéticas e etimológicas da preposição.

2. *Teologicamente*. A consequência da fé como uma condição possível da justificação.

3. *Experiencialmente*. Como um pecador se apropria de Cristo pela fé.

---

1 D. *Martin Luthers Werke* (doravante, WA), ed. J. C. Knaake, et al. (Weimar: Herman Bohlaus, 1883ff.), 401, 33, 7-9. Para o desenvolvimento da teologia de Lutero sobre a Justificação, ver Johann Heinz, *Justification and Merit: Luther VS. Catholicism* (Berrien Springs, Mich.: Andrews University Press, 1981), 45-81; Alister E. McGrath, *Iustitia Dei: A History of the Christian Doctrine of Justification* (Cambridge University Press, 1986), 2:3ff.

4. *Polemicamente*. Uma defesa do conceito protestante de justificação pela fé em contraste com os conceitos católico-romanos, arminianos e antinomianos.

O QUE A BÍBLIA ENSINA SOBRE A JUSTIFICAÇÃO *PELA* FÉ?

O Antigo Testamento afirma que a justificação é "por fé". Gênesis 15.6 afirma no tocante à fé de Abraão: "Ele creu no SENHOR, e isso lhe foi imputado para justiça." Tradicionalmente, os católico-romanos têm usado este versículo em apoio da doutrina da justificação pelas obras capacitadas pela graça; aqui, porém, não se menciona nenhuma palavra de obra ou mérito. Ao contrário, em Gênesis 15.6, Deus concede justiça a Abraão como um dom gratuito. Paulo, em Romanos 4 e Gálatas 3.6-14, confirma que a justiça imputada (i.e., computada) de Gênesis 15.6 deve ser entendida em termos de *"por meio de* ou *através* da fé". O verbo hebraico, em Gênesis 15.6, é também interpretado como "foi contado", em Romanos 4.3 (cf. Gl 3.6, o qual usa "contado" no texto e "imputado" nas notas marginais). Com muita frequência, este verbo indica "o que a pessoa, *considerada em si mesma*, não é, ou não possui, mas é reputada, tida ou considerada como sendo ou possuindo".[2] É óbvio, pois, que, quando Abraão foi justificado pela fé, a justiça que foi computada ou "lançada em sua conta" não era propriamente sua, e sim de outro – a saber, a justiça de Cristo (Gl 3.16).

Você pode indagar: Se "a fé de Abraão é contada *para* justiça... a fé foi computada a Abraão *para* justiça... foi-lhe imputada *para* justiça", a preposição grega *eis*, usada em Romanos 4.5,9,22, implica que o ato de crer é imputado ao crente *para* justiça? Nestes versículos, *eis* não significa "no lugar de", mas significa "com vistas a" ou "a fim de". Ela poderia ser traduzida "em direção a" ou "para". À luz de Romanos 10.10, seu significado é óbvio: "com o coração se crê *para* [*eis*] justiça." Portanto, a fé se move rumo a e se apodera do próprio Cristo.[3] J. I. Packer sumaria isto muito bem: "Quando Paulo parafraseia este

---

2 William Hendriksen, *Romans* (Grand Rapids: Baker, 1982), 147.
3 Arthur Pink, *The Doctrines of Election and Justification* (Grand Rapids: Baker, 1974), 234. Ao notar a precisão do Espírito Santo em usar preposições gregas, Pink agrega: "Nunca O encontramos empregando eis em conexão com a satisfação e o sacrifício de Cristo em nosso lugar e proveito, mas somente 'anti' ou 'huper', que significa *em lugar de*.

versículo [Gn 15.6], ao ensinar que a fé de Abraão foi computada para justiça (Rm 4.5,9,22), tudo o que ele pretende que entendamos é que a fé – decisiva, confiante de todo o coração na graciosa promessa de Deus (vv.18ss.) – foi a ocasião e meio de a justiça ser-lhe imputada. Aqui não existe sugestão de que a fé seja a base da justificação."[4]

A explanar Romanos 4, Theodore Beza comenta: "Abraão não foi justificado e feito o pai dos fiéis por alguma de suas obras pessoais, ou precedendo de sua fé em Cristo ou a seguindo, como lhe prometera; mas meramente pela fé em Cristo, ou o mérito de Cristo por fé lhe foi imputado para justiça. Portanto, todos os filhos dele se tornaram seus filhos e são justificados, não por suas obras, ou precedendo de sua fé ou a seguindo; mas por fé somente no mesmo Cristo."[5]

Do mesmo modo, Habacuque 22.4 endossa a justificação pela fé, dizendo: "O justo viverá por fé", ou, como alguns estudiosos diriam: "O justo pela fé viverá." Paulo deixa claro que este versículo citado em Romanos 1.17, Gálatas 3.11 e Hebreus 10.38, finalmente se cumpriu na justiça que vem pela fé no evangelho de Cristo, para o qual a própria lei nos ensina olhar (Rm 3.21,22; 10.4). A explanação que Paulo faz de Habacuque inspirou Martinho Lutero, e outros crentes, a depositar sua fé em uma justiça não propriamente sua, e sim em Jesus Cristo, que é chamado SENHOR, JUSTIÇA NOSSA (Jr 23.6).

O Novo Testamento também ensina claramente a justificação pela fé: "justiça de Deus mediante a fé em Jesus Cristo, para todos [e sobre todos] os que creem; porque não há distinção... visto que Deus é um só, o qual justificará, por fé, o circunciso e, mediante a fé, o incircunciso" (Rm 3.22,30). Romanos 11.20, diz: "tu, porém, mediante a fé, estás firme." E Gálatas 3.24, diz: "De maneira que a lei nos serviu de aio para nos conduzir a Cristo, a fim de que fôssemos justificados por fé."

Em contrapartida, 'anti' e 'huper' *nunca* são usados em conexão com nosso crer, pois a fé *não* é aceita por Deus *em lugar de* obediência perfeita. A fé deve ser ou a base de nossa aceitação junta a Deus, ou o meio ou instrumento de fazer-nos interessados na justiça de Cristo; ela não pode estar em ambas as relações para nossa justificação (ibid., 235).

4 "Justification", *Evangelical Dictionary of Theology*, ed. Walter A. Elwell (Grand Rapids: Baker, 1984), 596.

5 Citado por Wm. S. Plumer, *The Grace of Christ, or Sinners Saved by Unmerited Kindness* (1853; repr. Keyser, West Virginia: Odom, n.d.), 244.

Se a Escritura afirma claramente a justificação pela fé, então, qual é a relação da fé com a justificação? Como a fé causa a justificação do crente? A resposta está na preposição *por*. "Poucas coisas são mais necessárias para uma compreensão correta do Novo Testamento do que uma familiaridade precisa com as preposições comuns", escreveu J. Gresham Machen.[6] Os escritores neotestamentários comumente empregam três preposições: *pistei*, *ek pisteos* e *dia pisteos*. O cristão é justificado "por fé" (*pistei* ou *ek pisteos*) ou "através da fé" (*dia pisteos*). *Pistei* (o caso dativo do substantivo *pistis*) é usado em Romanos 3.28: "Concluímos, pois, que o homem é justificado pela fé, independentemente das obras da lei." *Ek pisteos* é usado em Romanos 5.1: "Justificados, pois, *mediante a fé*, temos paz com Deus por meio de nosso Senhor Jesus Cristo." *Dia pisteos* é usado em Efésios 2.8: "Porque pela graça sois salvos, *mediante a fé*; e isto não vem de vós; é dom de Deus" (ênfase acrescida).

Cada uma dessas preposições tem sua ênfase própria. O dativo simples (*pistei*) chama a atenção para a necessidade e importância da fé. A preposição *dia* ("através de" ou "por meio de") descreve a fé como o *instrumento* da justificação, ou meio pelo qual a justiça de Cristo é recebida e apropriada pelo pecador para a justificação. A preposição *ek* ("de", "fora de" ou "por") descreve a fé como a *ocasião* da justificação, ainda que nunca como a causa eficiente ou a causa última da justificação.[7]

Note-se que em nenhum desses casos, nem em qualquer outro lugar da Escritura, a fé (ou qualquer outra graça) granjeia a justificação. Isso é ainda mais notável quando alguém considera que *dia*, com o acusativo, significaria "sobre a base de" ou "por conta de". Assim, *dia ten pistin* comunicaria a noção de "sobre a base de ou por conta da fé", e assim fazendo da fé a base para a aceitação de um crente junto a Deus. Todavia, tal é a precisão da supervisão do Espírito nas Escrituras neotestamentárias que, em parte alguma um escritor vacila em usar esta frase preposicional. Em cada ocasião, a fé é apresentada como o *meio* de justificação. A justificação por fé somente nunca é justificação por conta da fé

---

6 *New Testament Greek for Beginners* (Nova York: MacMillan, 1923), par. 88.
7 Alguns textos empregam *ek pisteos* e *dia pisteos* em uma única sentença (Rm 3.30).

(*propter fidem*), mas é sempre justificação por conta de Cristo (*propter Christum*). É em razão da satisfação [oriunda] do sangue do Cordeiro de Deus que é graciosamente imputada a e recebida por um pecador sem merecimento (Gl 3.6; Tg 2.23). Finalmente, a única base da justificação é Cristo e Sua justiça.[8]

Na tradição reformada, vários termos ou expressões teológicas foram usadas para captar esta relação bíblica da fé com a justificação. Por exemplo, a *Confissão de Fé Bélgica* (1561, Art. 22) e a *Confissão de Fé Westminster* (1647, cap. 11.2) apresentam a fé como "apenas um *instrumento*" e "o único *instrumento* da justificação".[9] A fé não é um agente (uma causa eficiente), e sim um instrumento (um meio) da justificação. Ela é o único meio do crente pelo qual ele recebe a justificação. O meio não é mecânico, como "instrumento" implica; antes, o meio é uma obra salvífica do Espírito Santo através da Palavra, pela qual um pecador é introduzido numa relação viva e pessoal com o Deus Trino.

O Catecismo de Heidelberg (1563, Questão 61) declara que a justiça de Cristo se torna nossa por "nenhum outro meio" (*nicht anders*) senão a fé. Deus não ordenou a fé para ser o instrumento da justificação por causa de alguma virtude peculiar na fé, mas porque a fé é em si mesma vazia e em si mesma não possui mérito: "Essa é a razão por que provém da fé, para que seja segundo a graça", reza Romanos 4.16.

João Calvino compara a fé a um recipiente vazio. "Comparamos a fé a um tipo de vaso; pois a menos que nos esvaziemos e estejamos com a boca de nossas almas aberta para buscar a graça de Deus, não somos aptos a receber Cristo".[10] O vaso não pode ser comparado, em valor, ao tesouro que ele contém (2Co 4.7).

O puritano Thomas Goodwin usa linguagem forte para descrever fé. Ele diz que fé é "olhos, e mãos, e pés, sim, e boca, e estômago, e tudo mais".[11] E o

---

8 Cf. G. Abbott-Smith, *A Manual Greek Lexicon of the New Testament*, 3rd ed. (Edinburgh: T. & T. Clark, 1937), 105, 492.

9 Cf. também o *Catecismo Maior Westminster*, Questão 73 (ênfase acrescida).

10 *Institutes of the Christian Religion*, ed. J. T. McNeill, trans. Ford Lewis Battles (Filadélfia: Westminster Press, 1960), 3.11.7.

11 *The Works of Thomas Goodwin*, ed. John C. Miller (Edinburgh: James Nichol, 1864), 8:147.

bispo J. C. Ryle, no século dezenove, escreve: "Fé salvífica é a mão... o olho... e o pé da alma."[12] Todavia, a fé vive unicamente pelo Pão Vivo, não pela boca que se alimenta do pão (Jo 6.35-58). O pecador é justificado unicamente pelo sacrifício de Cristo, não pelo ato de jejuar ou de crer nesse sacrifício pela fé.

É A FÉ UMA CONDIÇÃO DA JUSTIFICAÇÃO?

Dado o significado de "por fé" no original grego, é mais acurado falar de fé como um *instrumento*, em vez de uma *condição* da justificação e salvação, pois uma condição geralmente denota um mérito, pela busca do qual se confere um benefício. Somos justificados por fé em Cristo – não por causa do que a fé é, mas por causa do que a fé se apodera e recebe. Não somos salvos *para* crer, e sim *por* crer. Na aplicação da justificação, a fé não é um construtor, e sim um espectador; ela não tem nada para dar ou concluir, mas tem tudo para receber. A fé não é a base nem a substância de nossa justificação, e sim a mão, o instrumento, o recipiente que recebe o dom divino que nos é oferecido no evangelho. Como escreveu Herman Kuiper: "Justamente como um pedinte, que estende sua mão para receber um pedaço de pão, não se pode dizer que ele conquistou a dádiva que lhe é dada, muito menos podem os crentes alegar que possuem a merecida justificação, só porque abraçaram a justiça de Cristo, que lhes é graciosamente oferecida no evangelho."[13]

A distinção entre estes dois conceitos é crítica. É fatal considerar a fé como um pré-requisito que um pecador pode cumprir por um ato de sua própria vontade a fim de ser salvo. Em tal caso, o homem se torna seu próprio salvador. Pior ainda, então tudo dependeria da pureza e força ou perfeição da fé do pecador. Em vez disso, a Escritura ensina que o próprio caráter da fé está em jogo. É a fé uma obra do homem, ou é o dom de Deus? A resposta do apóstolo Paulo é decisiva: "Porque vos foi concedida a graça de padecerdes por Cristo e não somente de crerdes nele" (Fp 1.29; ver também Efésios 2.8;

---

12 *Home Truths*, Second Series (repr. Keyser, West Virginia, n.d.), 102.
13 *By Grace Alone: A Study in Soteriology* (Grand Rapids: Eerdmans, 1955), 109.

ênfase acrescida). A justificação é recebida em fé, porque apraz a Deus justificar um pecador por *dar-lhe* a fé.[14]

Ainda que a fé seja o meio pelo qual Deus opera a salvação, ela não é uma condição humana – isto é, se condição implica mais do que a ordem necessária da salvação. Se a fé fosse a base condicional da justificação, a salvação em parte seria devida ao mérito humano. Isso desonraria a graça divina e subverteria o evangelho, reduzindo-o mais a uma versão da justificação por meio de obras (Gl 4.21–5.12). Além do mais, visto que não podemos ser aceitos por Deus com menos do que uma justiça perfeita, nossa fé teria de ser perfeita. Nenhuma fé é perfeita; ela é prejudicada pelo pecado. Nada em nós, incluindo nossa fé, poderia, possivelmente, ter êxito como condição para a salvação. A fé não conhece nenhum mérito humano, e nem necessita de mérito humano (Ef 2.8), pois a própria natureza da fé é confiar totalmente no mérito e na justiça de Cristo, e isso "é mais que suficiente para absolver-nos de nossos pecados" (*Confissão Bélgica*, Art. 22). Não somos justificados por nossa fé imperfeita, e sim pela justiça perfeita de Cristo. Todas as condições da salvação devem ser preenchidas por Jesus, através de Sua obediência no estado de Sua humilhação (Rm 5.19). Não se pode impor ao homem nenhuma condição para a salvação, porquanto a salvação é inteiramente de Deus. "Assim, pois, não depende de quem quer ou de quem corre, mas de usar Deus sua misericórdia" (Rm 9.16).

Como A. A. Hodge escreve sucintamente, "A fé justificadora termina sobre ou em Cristo, em Seu sangue e sacrifício, e nas promessas de Deus; portanto, em sua própria essência, ela envolve confiança e, negando seu próprio valor justificador, afirma o exclusivo mérito daquilo ou em que confia" (Rm 3.25,26; 4.20,22; Gl 3.26; Ef 1.12,13; 1Jo 5.10)."[15]

Alguns teólogos têm chamado a fé uma condição em um senso não meritório. A resposta de Robert Shaw a isso é: "Alguns eminentes teólogos têm chamado a fé uma condição, os quais estavam longe de ser da opinião de que ela é uma condição propriamente assim chamada, pelo desempenho da qual

---

14 Cf. Peter Toon's exposition of Luter's view, *Justification and Sanctification* (Westchester, Illinois: Crossway Books, 1983), 58.

15 *Outlines of Theology* (Chicago: Bible Institute Colportage Ass'n., 1878), 504.

os homens, segundo a graciosa aliança de Deus, teriam o direito à justificação como seu galardão. Sua intenção era meramente que, sem a fé, não podemos ser justificados – aquela fé que deve preceder a justificação na ordem do tempo ou da natureza. Mas, como o termo 'condição' é muito ambíguo, e pode levar o ignorante a uma compreensão errônea, o termo deve ser evitado."[16]

Robert Traill é ainda mais forte. Ele escreve: "Fé em Jesus Cristo... no ofício da justificação, não é condição nem qualificação... mas, em seu próprio ato, uma renúncia de todas essas pretensões."[17] A fé pela qual recebemos a Cristo é um ato de total renúncia de todas as nossas obras e justiça pessoais, como condição ou base de salvação. Como observa Horatius Bonar, "A fé não é obra, nem mérito, nem esforço; mas a cessação de tudo isso e a aceitação, em lugar deles, do que outro tem feito – fez completamente e para sempre."[18] John Girardeau também observa: "A fé é fatuidade preenchida com a plenitude de Cristo; impotência que se lança sobre a força de Cristo."[19]

Mas, se a fé é essencial para unir um pecador a Cristo, mas de modo algum um mérito condicional para a salvação, então é próprio considerar a fé como a "mão" que recebe a Cristo? Acaso o homem natural não tem alguma mão nesse processo? Posto que a fé é tanto o dom de Deus (Ef 2.8) como a obra de Deus ("A obra de Deus é esta: que creiais naquele que por ele foi enviado" [Jo 6.29]), como pode a fé ser descrita como uma mão?

De fato o homem não tem a habilidade de estender a mão para a salvação em Cristo. Ele está tão morto em delitos e pecados (Ef 2.1), que jamais aceitará Cristo movido por seu próprio livre-arbítrio (Mt 23.37; Jo 5.40). A Escritura ensina que o pecador não é o primeiro a mover-se na direção de

---

16 *The Reformed Faith: An Exposition of the Westminster Confession of Faith* (1845; repr. Inverness: Christian Focus, 1974), 131. Para um "teólogo digno de confiança", veja-se Francis Turretin, *Institutes of Elenctic Theology*, trans. George Musgrave Giver, ed. James t. Dennison, Jr. (Phillipsburg, N.J.: Presbyterian and Reformed, 1994), 2:675. Cf. *The Works of John Owen* (1851; repr. Londres: Banner of Truth Trust, 1965), 5:113; Thomas Ridgley, *A Body of Divinity... on the Assembly's Larger Catechism* (Filadélfia: William Woodward, 1815), 3:108-109.

17 "A Vindication of the Protestant Doctrine Concerning Justification... frome the Unjust Charge of Antinominanism", *The Works of Robert Traill* (1810; repr. Edinburgh: Banner of Truth Trust, 1975), 1:252-96.

18 *The Everlasting Righteousness* (1874; repr. Edinburgh: Banner of Truth Trust, 1993), 75.

19 *Calvinism and Evangelical Arminianism: Compared as to Election, Reprobation, Justification, and Related Doctrines* (1890; repr. Harrisonburg, Va.: Sprinkle, 1984), 522-66.

Deus, mas Deus é o primeiro a mover-Se na direção do pecador para uni-lo com Cristo mediante a fé, pois um pecador jamais, movido por seu próprio livre-arbítrio, se volverá para Cristo em fé (Rm 9.16). Mesmo quando atormentado pelo terror do juízo divino, o homem natural não pode persuadir-se de fugir para Deus, pela fé salvífica para a salvação (Pv 1.24-27).

Na regeneração, contudo, o Espírito Santo concede o dom de uma mão viva e vazia que não pode volver-se para parte alguma senão para Jesus. "Mas, a todos quantos o receberam, deu-lhes o poder de serem feitos filhos de Deus, a saber, aos que creem em seu nome; os quais não nasceram do sangue, nem da vontade da carne, nem da vontade do homem, mas de Deus" (Jo 1.12,13; cf. Sl 110.3).

A fé não é chamada uma mão por merecer a Justificação de alguma maneira, mas porque recebe, abraça e se apropria de Cristo por imputação divina. A fé não é uma mão criativa, e sim uma mão receptiva. Como Abraham Booth nota, "Na justificação, lemos da preciosa fé na justiça de nosso Deus e Salvador Jesus Cristo (2Pe 1) e de 'a fé em Seu sangue' (Rm 3.25), e os crentes são descritos como 'a receberem a expiação' e a receberem 'o dom da justiça' (Rm 5.11,17)."[20]

Na justificação, a fé é passiva, mas se torna ativa ao aceitar a Cristo assim que Ele é oferecido ao pecador.[21] Aliás, quando Cristo é dado, a fé não pode retrair-se de ser ativa, levando o crente a regozijar-se na justiça imputada de Cristo com profundo deleite. Não obstante, este júbilo não pode gloriar-se no mérito humano, porque não é a mão que produz alegria, e sim o dom recebido pela mão da fé, Jesus Cristo.

A mão da fé repousa graciosa e incondicionalmente unicamente em Cristo e em Sua justiça. A fé vive de Cristo, em quem se deve achar toda nossa salvação (Jo 15.1-7). B. B. Warfield explica: "É de seu *objeto* [Jesus Cristo] que a fé deriva seu valor. ... E assim o *poder salvífico* da fé reside não em si mesma,

---

20 *The Reign of Grace from Its Rise to Its Consummation* (Boston: Lincoln & Edmands, 1820), 180-81.
21 Heinrich Heppe, *Reformed Dogmatics*, traduzido por G. T. Thomson (Londres: George Allen and Unwin, 1950), citando Guililmus Bucanus (XXXI, 34): "em que sentido se diz que somos justificados por fé? Não no sentido da própria dignidade ou mérito de alguém, nem como obra ou uma nova qualidade em nós, nem em sua força e eficácia menos amor; nem porque lhe seja acrescido amor ou obras através do amor; nem porque a fé comunique o Espírito de Cristo, por meio de quem o crente se torna justo porque somos convidados a buscar a justiça, não em nós mesmos, mas em Cristo; mas porque ela busca e abraça a justiça oferecida no evangelho" (554).

mas no Onipotente Salvador em quem ela repousa. ... Não é a fé que salva, e sim a fé em Jesus Cristo. ... Estritamente falando, nem mesmo é a fé em Cristo que salva, e sim Cristo que salva através da fé."[22]

COMO A FÉ SE APROPRIA DE CRISTO E DE SUA JUSTIÇA?

O conceito de receber Cristo pela fé, hoje usurpado pelo arminianismo, precisa ser recuperado. Muitos cristãos reformados sinceros sentem receio de falar de "receber Cristo", simplesmente por causa da falsa maneira que os evangelistas modernos a definem como um ato do "livre-arbítrio" do pecador de satisfazer a condição para a salvação. Crer que receber Cristo parece errôneo e "arminiano" equivale inibir sua liberdade de responder ao evangelho.

Negar a fé como o fundamento da justificação não minimiza a fé nem a necessidade de receber pessoalmente Cristo pela fé. Ainda que a Escritura nunca atribua mérito à própria fé, ela estabelece claramente a necessidade da fé (Hb 11.6). A justiça imputada de Cristo deve ser recebida pessoalmente pela fé, caso o pecador tenha de ser enxertado em Cristo (Jo 3.36; Rm 5.11,17). O Espírito Santo usa a fé para operar a graça soberana. G. C. Berkouwer declara: "O caminho da salvação é o caminho da fé, justamente porque é somente em fé que a exclusividade da graça divina é reconhecida e honrada. ... A fé não é competidora da *sola gratia* [pela graça somente], mas a graça soberana é confirmada pela fé. Assim, *sola gratia* e *sola fide* [pela fé somente] permanece sendo a totalidade e o fim da relação entre fé e justificação."[23]

Fé é um santo mandamento, uma necessidade pessoal e uma premente urgência (2Rs 17.14,18,21). Só existe fé ou condenação (Mc 16.16; Jo 3.18). Fé é indispensável. Como John Flavel escreve: "A alma é a vida do corpo; a fé é a vida da alma; Cristo é a vida da fé."

Pelo Espírito e pela Palavra de Deus, a fé justificadora é graça salvífica que, antes de tudo, nos convence do pecado e da miséria; segundo, assente

---

22 *Biblical and Theological Studies* (Filadélfia: Presbyterian and Reformed, 1968), 423-25.
23 *Faith and Justification* (Grand Rapids: Eerdmans, 1954), 185-89, 200.

ao evangelho a partir do coração; terceiro, recebe e repousa em Cristo e em Sua justiça para o perdão e salvação; e, quarto, ela vive de Cristo, que é a marca registrada da fé que se apropria (Hb 10.43; Rm 10.14,17; Jo 16.8,9; Rm 10.8-10; At 10.43; Fp 3.9; Gl 3.11; cf. *Catecismo Maior Westminster*, Questões 72-73). Examinemos estas marcas da fé para que possamos entender mais claramente as dimensões experienciais de "por" na *justificação por fé somente*.

1. *A fé é uma graça experiencial que convence a fatuidade da alma*. Para apoderar-me de Cristo e entesourar Sua justiça, tenho que perder minha justiça pessoal. A fé ensina humildade total, vacuidade total de tudo o que o pecador tem dentro de si, quando visto fora de Cristo.[24] Fé significa a total desesperança de tudo, exceto de Cristo. Para esse fim, a fé faz o pecador cônscio da desesperada situação em que se encontra e o trágico juízo que ele merece. Pecado se tornaria pecado se a graça há de tornar-se graça. Longe de ser uma obra meritória, a fé me faz compreender meu demérito, nega toda a esperança de mérito e faz-me aderir à esperança da mercê divina. O caráter espiritual da lei que demanda amor perfeito para com Deus e para com o semelhante me condenaria se eu fosse avaliar bem a beleza de meu Salvador que, pelo ímpio, obedeceu perfeitamente à lei e suportou a pena que o pecado merece (Rm 5.6-10). Minha injustiça seria desmascarada se a justiça de Cristo fosse desvendada (Sl 71.16).

2. *A fé assente plenamente à verdade do evangelho* (Catecismo Maior Westminster, Questão 73). Fé não é um mero assentimento intelectual. Antes, a fé crê de todo o coração o que as Escrituras ensinam sobre ela, a santidade de Deus e a natureza salvífica de Cristo. Diante da santidade de Deus, a fé repudia a autojustiça e leva o pecador a necessitar de Cristo como revelado nas Escrituras e dado pelo Espírito Santo. A fé abandona todo o mérito próprio quando se deixa atrair cada vez mais a Cristo e aos Seus méritos (Rm 7.24,25). A fé se rende ao evangelho e cai de braços estendidos diante de Deus. No dizer de Berkouwer, "O ato de fé é, respectivamente, ser retido por Deus e guardado por Ele; o poder da fé é exercido tanto na

---

24 Ibid., 172-75.

rendição quanto na conquista – a fé que vence o mundo é rendição à grande vitória de Cristo."[25] A fé tira os olhos de si mesma e os põe em Cristo, movendo-se inteiramente da graça e na graça.[26] A fé foge com toda a pobreza da alma para as riquezas de Cristo. Ela vai a Cristo, como reconciliador, com a culpa da alma; para Cristo, como libertador, com toda a servidão da alma. A fé confessa com Augustus Toplady:

> *Nada trago em minhas mãos,*
>
> *Simplesmente à Tua cruz me apego;*
>
> *Nu, vou a Ti para vestir-me;*
>
> *Desamparado, olho para Ti para obter a graça;*
>
> *Imundo, vou para a fonte;*
>
> *Lava-me, Salvador, senão morro!*

3. *A fé justificadora se apodera de Cristo e de Sua justiça e experimenta o perdão e a paz que excede a todo o entendimento* (Fp 4.7). A fé nada mais é do que o meio que une um pecador com seu Salvador. No dizer de Calvino, "A fé justifica de nenhuma outra maneira senão quando nos introduz à participação da justiça de Cristo." Ela apreende (*fides apprehensiva*), encerra com e se apodera de Cristo em um abraço crente, rendendo-se tudo de si mesmo, aderindo à Sua Palavra e confiando em Suas promessas. Cristo é não só o objeto da fé, mas Ele mesmo está presente na fé. A fé repousa na pessoa de Cristo – vindo, ouvindo, vendo, confiando, abraçando, conhecendo, regozijando-se, amando e triunfando. Ela deixa seus cuidados nas mãos de Cristo como o grande Médico, tomando Suas prescrições, seguindo Suas diretrizes e confiando em Sua obra consumada e apresentando intercessões. Como escreve Lutero: "A fé incrusta Cristo como um anel incrusta sua jóia." A fé envolve a alma na justiça de Cristo. Ela se apropria com um coração crente a perfeita justiça, a satisfação e a santidade de Cristo. Ela degusta a eficácia

---

25 Ibid., 190.
26 John Calvin, *Commentary on Romans* (Edinburgh: Calvin Translation Society, 1943), 147-49.

da justiça produzida pelo sangue de Cristo como a justiça de Deus mesmo (Rm 3.21-25; 5.9; 6.7; 2Co 5.18-21). Ela une a alma a Cristo, experimenta o perdão e a aceitação divinos no Amado e faz a alma partícipe de cada mercê pactual. Na justificação, a fé e Cristo se tornam inseparáveis. Como Daniel Cawdray explica, "Como um ato de cura através dos olhos dos israelitas e a serpente de bronze estavam associados, assim, no ato de justificar, estes dois, fé e Cristo, têm uma relação mútua e devem sempre coincidir – a fé como a ação que apreende, Cristo como o objeto que é apreendido; de modo que nem a paixão de Cristo salva sem a fé, nem a fé ajuda, a menos que esteja em Cristo, seu objeto."[27]

William Gurnall o expressa desta maneira: "Com uma mão, a fé se despe de sua própria justiça e a lança fora; com a outra, ela se veste de Cristo." O Catecismo de Heidelberg explica mais claramente a apropriação pessoal da justiça de Cristo:

> *Pergunta 60: Como você é justo diante de Deus?*
>
> *Resposta*: Somente pela verdadeira fé em Jesus Cristo (Rm 3.22; Gl 2.16). Mesmo que minha consciência me acuse de ter pecado gravemente contra todos os mandamentos de Deus, de não ter guardado nenhum deles (Rm 3.9) e de ser ainda inclinado a todo mal (Rm 7.23), todavia Deus me dá (Rm 4.4,5; 2Co 5.19), sem nenhum mérito meu (Rm 3.24), por pura graça (Tt 3.5; Ef 2.8,9), a perfeita satisfação, a justiça e a santidade de Cristo Rm 3.24,25). Deus me trata como se eu nunca tivesse cometido pecado algum ou jamais tivesse sido pecador (2Co 5.21); como se eu tivesse cumprido pessoalmente toda a obediência que Cristo cumpriu por mim Rm 3.28; Jo 3.18).
>
> *Pergunta 61: Por que você diz que é justo?*
>
> *Resposta*: Eu o digo não porque sou agradável a Deus graças ao valor de minha fé (Sl 16.2; Ef 2.8,9), mas porque somente a satisfação por Cristo e a justiça e santidade dele me justificam perante Deus (1Co 1.30; 2.2). Somente pela fé posso aceitar e possuir a justificação (1Jo 5.10).

---

27 *Selfe-examinantion required in everyone for the Worthy Receiving of the Lord's Supper*, 1843), 147-49.

4. A fé que vive de Cristo. Estando unido a Cristo pela fé, o crente possui todos os benefícios de Cristo e os experimenta fartamente como o Espírito os aplica. Visto que a graça e a fé são dadas em Cristo, a justiça essencial do crente lhe permanece exterior mesmo quando Cristo está presente nele, efetuando diariamente a conversão. "Cristo fora" é a base da justificação; "Cristo dentro" é o fruto da justificação e a evidência da união vital com Cristo.[28] Para a fé – seja em glória, quando o Senhor subiu, seja na alma do crente –, alvo e rosado, Ele é o mais distinguido entre dez mil, totalmente desejável (Ct 5.10,16). A fé pode dizer, como a rainha de Sabá, quando viu e se alegrou em sua bendita pessoa e seus benefícios: "Eis que não me contaram a metade da grandeza de tua sabedoria; sobrepujas a fama que ouvi" (2Cr 9.6). A fé, pois, exclama: "Cristo é tudo em todos" (Cl 3.11)!

Esta centralidade em Cristo é o ponto máximo da fé. É a própria natureza e fonte da fé. A fé não olha para si mesma. Muitos hoje se preocupam demais em mirar sua fé no lugar do objeto da fé. Os Reformadores falaram muito sobre a fé, mas sua preocupação estava centrada no objeto, e não no sujeito. Ela era cristocêntrica, e não antropocêntrica; era teológica mais que psicológica. Não era fé em nossa fé, nem fé na fé, nem fé em nossa justificação, mas fé em Cristo. Os puritanos compreenderam isto muito bem. Como escreve George Swinnock, "Primeiro, a fé deve prestar atenção em Cristo; segundo, a fé deve subir a Cristo em busca da graça; terceiro, a fé deve descer a Cristo, ou receber a Ele e a graça."[29]

Thomas Manton escreve que "a fé tem duas mãos: com uma, ela estende a Cristo; com a outra, ela rechaça tudo o que interfere entre Cristo e a alma." A fé não só arrisca a Cristo com as demandas da lei em seus calcanhares e sobre Cristo com toda a culpa da alma, mas também por Cristo, a despeito das dificuldades e desânimos.

---

28 Joel Beeke, *Assurance of Faith: Calvin, English Puritanism, and the Dutch Second Reformation* (Nova York: Peter Lang, 1991), 158ff. Grave perigo resulta de alterar a base e o fruto da justificação, como ressalta William Gurnall (*The Christian in Complete Armour* [1655-62; repr. Edinburgh: Banner of Truth Trust, 1974], 2:145). Cf. James Ussher, *A Body of Divinity* (1645; repr. Londres: R. B. Seeley and W. Burnside, 1841), 244.
29 *The Works of George Swinnock* (1868; repr. Edinburgh: Banner of Truth Trust, 1992), 1:203.

Thomas Manton

"Sem fé é impossível agradar a Deus" (Hb 11.6). Deus Se deleita com a fé porque ela se deleita com Cristo. A fé busca refúgio continuamente, como declara a Confissão Belga: "no sangue, na morte, paixão e obediência de nosso Senhor Jesus Cristo" (Art. 29).

Cristo é o único objeto e expectativa da fé. A fé capacita a alma a desfrutar toda a salvação de Cristo, pois pela fé Cristo se torna a sabedoria, justiça, santificação e redenção da alma (1Co 1.30). A fé entrega a pessoa total à pessoa total de Cristo. Esta centralidade de Cristo, mais que tudo o que existe, faz a fé inseparável da justificação e superior a todas as demais graças na justificação.[30]

Causa pouco espanto, pois, que a fé seja chamada o capitão de todas as graças espirituais. Como escreve Thomas Watson: "O amor é a graça máxima no céu, mas a fé é a graça vencedora na terra. ... A fé é a roda mestra; ela põe todas as outras graças a funcionar. As outras graças nos fazem parecer com Cristo; a fé nos faz membros de Cristo."[31] George Swinnock acrescenta: "Convoque primeiro aquele comandante em chefe, e então todos os soldados privados, as demais graças, seguirão."[32]

---

30 James Buchanan, *The Doctrine of Justification* (Edinburgh: T. & T. Clark, 1867), 385.
31 *The Select Works of the Rev. Thomas Watson* (Nova York: Robert Carter & Brothers, 1856), 150-51.
32 *The Works of George Swinnock*, 1:202.

COMO O CONCEITO PROTESTANTE DE JUSTIFICAÇÃO POR FÉ CONTRADIZ O ENSINO CATÓLICO-ROMANO?

Quando os líderes da Igreja Católica Romana se reuniram para combater o protestantismo no Concílio de Trento (1545-1563), um de seus mais importantes propósitos foi tratar da doutrina da justificação pela fé. Queriam condenar o novo protestantismo e os ensinos distintivos de Lutero,[33] particularmente a doutrina da justificação. O Decreto Tridentino (Sexta Sessão, finalizada em 13 de janeiro de 1547) contém uma exposição detalhada do ensino romanista em dezesseis "capítulos" (cada um contendo um ou dois parágrafos extensos), seguido de trinta e três opiniões específicas, chamadas "cânones" (um curto parágrafo cada um).[34] A parte final do Sexto Decreto explica a noção romanista de três estados da justificação: o primeiro estado (caps. 1-9) descreve a transição do pecador de um estado de pecado para um estado de justiça; o segundo estado (caps. 10-13), como o pecador justificado pode crescer em justiça; e o terceiro (caps. 14-16), a recuperação da justificação através do sacramento da penitência por aqueles que tiverem caído da graça. Os trinta e três cânones apensos, que condenam as opiniões específicas heréticas, tratam largamente do protestantismo. Infelizmente, os ensinos protestantes são tão severamente caricaturados nesses cânones, que a maioria deles é irreconhecível como doutrina protestante. Ou são confundidos com heresias reais, as quais os próprios protestantes condenariam tão severamente como Roma. Entretanto, Trento deixou claro que os romanistas e protestantes diferem substancialmente sobre a doutrina da justificação nos seguintes termos.

Primeiro, o ensino tradicional católico-romano considera a justificação como o processo no qual um pecador é feito justo. Roma alega que o verbo "justificar" significa fazer justo. A justificação segue a santificação; ela é dependente de uma mudança interior na natureza do pecador que o faz uma pessoa

---

33 Hubert Jedin, *A History of the Council of Trent*, trans. Dom Ernest Graf (St. Louis: B. Herder, 1961), 2:309. A obra de Jedin é o estudo definitivo do Concílio por um católico-romano.

34 Philip Schaff, *The Creeds of Christendom* (Nova York: Harper & Brothers, 1878), 2:77-206, fornece colunas paralelas em latim e ingles.

justa. Teologicamente, isso resulta na confusão de justificação e santificação. A justificação resulta de ser *feito* justo; a justificação é justiça *infundida* (*iustitia infusa*, cap. 7). Portanto, justiça é efetuada, em vez de imputada. O crente é justificado sobre a base de justiça interna (*iustitia in nobis*), e assim a justificação é concedida ao justo, e não ao pecador. Segundo Trento, a fé é o início da salvação humana, o fundamento e raiz de toda a justificação (cap. 8). A fé justifica quando é animada pelo amor; daí a fé nunca está sozinha, mas "é operada pelo amor" (Gl 5.6). Por isso, suas virtudes próprias merecem algum grau de aceitação divina (cap. 7). O cânone 11 declara: "Se alguém disser que os homens são justificados, ou exclusivamente pela imputação da justiça de Cristo, ou exclusivamente pela remissão de pecados, à exclusão da graça e da caridade que é derramada em seus corações pelo Espírito Santo, e permanece neles, ou também que a graça pela qual foram justificados vem exclusivamente pelo beneplácito de Deus, que o mesmo seja anátema."

Recentemente, um estudioso jesuíta, John Bligh, se associou a outros estudiosos católico-romanos em afirmar que "justificar" às vezes ocorre em contextos judiciais e pode significar absolver, como um ato declarativo da parte de Deus. No entanto, Bligh continua confundindo justificação com santificação, ao afirmar que "justificação é mais que perdão; é perdão mais transformação".[35] Esta mistura é também evidente na afirmação sobre a justificação pela fé publicada pela Comissão Internacional Anglo Católico-Romana: "Justificação e santificação são dois aspectos do mesmo ato divino."[36]

Contrária a Trento, a Escritura e a teologia protestante ensinam que, na justificação, imputa-se a justiça (*iustitia imputata*) ou é computada à conta do pecador unicamente pelo beneplácito de Deus. Justificação é uma declaração de que um pecador é tido por Deus como justo. Ela justifica o ímpio "não de nossa própria parte" (*iustitia extra nos*), isto é, pela justiça de Cristo, que nos é externa ou alheia (Is 45.24,25; At 13.39; 1Co 6.11; Ef 1.7). O pecado do pecador já não é computado; e, sim, a justiça de Cristo (Rm 4.5-8), e é recebida

---

35 *Galatians: A Discussion of St. Paul's Epistle* (Londres, St. Paul Publications, 1969), 42.
36 *Salvation and the Church* (1987), para. 15.

unicamente pela fé. Justificação e santificação não são confundidas; e justificação, mediante transformação interior, não é o caminho para a salvação. Como declara Lutero em seu comentário de Gálatas, "Somos justificados, não pela fé suprida com a caridade, e sim pela fé única e exclusivamente."

A fé não justifica por produzir o fruto do amor para com Cristo, e sim porque ela recebe o fruto do amor de Cristo. Como Tiago o ensina (2.14-17), esse tipo de tipo de fé de fato produz frutos de amor, boas obras e cada graça cristã. Uma boa árvore produz bom fruto, o qual testifica sua boa natureza, porém não é a causa dele.

"As obras não são levadas em consideração quando a questão diz respeito à justificação", continua Lutero. "Mas a verdadeira fé nunca mais deixará de produzi-las, como o sol não pode cessar de produzir luz." Justificação sem santificação é impossível, pois esta confirma que aquela assumiu seu lugar. Invertendo, se as obras não seguem a fé, tal fé não é uma fé viva em Cristo.[37]

Para a fé protestante histórica, a justificação e a santificação, que são os ingredientes-chave na salvação do crente, são distintas, ainda que inseparáveis. Ambas procedem da livre graça, porque ambas estão radicadas no soberano beneplácito do Deus Trino. Ambas só se tornam possíveis através da Cabeça do pacto eterno, Jesus Cristo. Ambas são necessárias para a salvação e são evidentes a partir do momento da regeneração.

Não obstante, há distinções: a justificação é extrínseca ao pecador salvo, enquanto a santificação é intrínseca. A justificação declara o pecador justo e santo em Cristo, enquanto a santificação, que trata da condição espiritual, subjuga o amor e o poder do pecado. A justificação restaura o pecador ao favor de Deus, enquanto a santificação restaura a imagem de Deus no pecador. A justificação é ato completo, perfeito e definitivo; a santificação é um processo progressivo que não é aperfeiçoado até a morte. A justificação concede ao redimido um ingresso para o céu e a ousadia de entrar nele; a santificação lhe dá a preparação necessária para desfrutá-lo. A justificação dá o direito de salvação; a santificação concede o princípio da salvação. Pela

---

37 WA 69, 254, 27-30; 69, 46, 20.

graça o justificado é o que é na santificação; pela graça faz o que quiser na santificação. A justificação é o criminoso perdoado; a santificação, o paciente curado. A união de ambas constitui a salvação. Como escreve John Angel James: "Pense em um homem na prisão sob a sentença de morte e, ao mesmo tempo, perigosamente doente [com] febre no cárcere. Se o monarca o perdoa, isto não basta para sua segurança e felicidade, pois logo morrerá em sua doença, a menos que seja curado. Em contrapartida, se o médico cura sua doença, isso é de pouca importância, a menos que o monarca lhe dê uma comutação da pena; porque, ainda que sua doença seja revertida, logo enfrentará a penalidade da lei; mas, se ele for, respectivamente, perdoado e curado, então será *plenamente salvo*."[38]

O católico romano é ensinado a recorrer à fé por meio de boas obras; o protestante, a recorrer às boas obras por meio da fé. Trento arrazoa que, se a salvação é dada gratuitamente, sem levar em conta as boas obras, a justificação mediante a fé colherá complacência. A virtude e as boas obras não servirão a nenhum propósito.

Em resposta, o argumento dos Reformadores protestantes é que o crente, uma vez justificado pela livre graça, renasce com a vontade inclinada ao bem e à glória de Deus. O fim da fé é produzir fruto. Como escreve Lutero: "Concluamos que somente a fé justifica e somente essa fé cumpre a lei. ... A fé é algo vivo e incansável. Ela não pode ser inoperante."[39] Os Reformadores e seus sucessores insistem que, embora sejamos justificados mediante a fé, nossa fé deve ser validada por nossas obras (Tg 2.17). Daí falarem tantas vezes de "a obediência da fé" (Rm 16.26), ressaltando que a fé conduz à obediência. "Pela fé Abraão... obedeceu" (Hb 11.8). No dizer de Thomas Watson, "A fé crê como se não praticasse nenhuma obra, e age como se não cresse."[40]

A *Confissão de Fé Westminster* (11.1-2) sumaria sucintamente a posição protestante no que segue:

---

38 *Pastoral Address* (Nova York: Robert Carter, 1853), 309.
39 WA 69, 46, 20.
40 *A Body of Divinity*, 151. Cf. Berkouwer, *Faith and Justification*, 195-96.

Os que Deus chama eficazmente, também livremente justifica (Rm 8.30; 3.24). Esta justificação não consiste em Deus infundir neles a justiça, mas em perdoar seus pecados e em considerar e aceitar suas pessoas como justas. Deus não os justifica em razão de qualquer coisa neles operada ou por eles feita, mas somente em consideração da obra de Cristo; não lhes imputando como justiça a própria fé, o ato de crer, ou qualquer outro ato de obediência evangélica, mas imputando-lhes a obediência e a satisfação de Cristo (Rm 3.22-28; 4.5-8; 5.17-19; 2Co 5.19, 21), quando eles o recebem e se firmam nele pela fé, fé esta que possuem não como oriunda de si mesmos, mas como dom de Deus (At 10.44; Gl 2.16; Fp 3.9; Ef 2.7,8).

A fé, assim recebendo e assim repousando em Cristo e em sua justiça, é o único instrumento da justificação (Jo 1.12; Rm 3.28; 5.1); ela, contudo, não está sozinha na pessoa justificada, mas sempre anda acompanhada de todas as demais graças salvíficas; não é uma fé morta, mas a fé que age através do amor (Tg 2.17,22,26; Gl 5.6).

A justificação é irmã da imputação. Como um termo judicial, a justificação é o ato da soberana graça de Deus pela qual Ele imputa ao pecador culpado e condenado a perfeita justiça de Cristo. O pecador é absolvido de toda culpa e punição com base nos méritos de Cristo, é-lhe concedido o direito à vida eterna e é capacitado a apropriar-se de Cristo e de seus benefícios. A imputação credita algo à conta de alguém; Deus transfere a perfeita justiça de Cristo ao pecador eleito como um dom gracioso e transfere para Cristo toda a injustiça do pecador, o qual já quitou o preço total da satisfação por aquela injustiça.[41] Por meio dessa transferência mútua, Deus vê o pecador como se "jamais tivesse cometido algum pecado", mas como se ele mesmo "houvesse cumprido plenamente toda aquela obediência que Cristo já cumpriu" (*Catecismo de Heidelberg*, P. 60; cf. Rm 4.4-6; 5.12-19; 2Co 5.21).[42]

---

41 Wilhelmus à brakel, *The Christian's Reasonable Service*, trans. Bartel Elshout, ed. Joel R. Beeke (Lognier, Pa.: Soli Deo Gloria, 1993), 2:375.

42 Para numerosas provas bíblicas da imputação divina, ver John Bunyan, "Justification by an Imputed Righteousness", *The Works of John Bunyan* (Marschallton, Delaware: National Foundation for Christian Education, 1968),

Segundo, o catolicismo romano ensina que, na justificação, a justiça de Cristo deve ser corroborada pela própria justiça do pecador. O capítulo 16 de Trento, sobre a justificação, assevera que o crente, por cooperar com a graça, na justificação é habilitado ao mérito. Se ele perseverar até o fim, então será galardoado com o dom divino outorgado aos crentes que perseveram. Mas esse foi justamente o erro dos judeus em Romanos 10.3,4, os quais criam que encontravam em si mesmos algo que pudesse ajudá-los a estabelecer a justiça diante de Deus. Como reza Romanos 10.3,4: "Porquanto, desconhecendo a justiça de Deus e procurando estabelecer a sua própria, não se sujeitaram à que vem de Deus. Porque o fim da lei é Cristo, para justiça de todo aquele que crê."

A teologia protestante ensina que a merecida justiça de Cristo não tolerará adição humana. "Mas todos nós somos como o imundo, e todas as nossas justiças, como trapo de imundícia" (Is 64.6). Nenhuma de nossas mais doces experiências do amor e graça de Deus, nem nossa própria fé, concedida pelo Espírito Santo, pode acrescentar uma porção ínfima de mérito ao alvo manto da justiça de Cristo. Nada satisfará a justiça de Deus, exceto a justiça de Jesus Cristo. Somente somos "justificados pela graça através da redenção que há em Cristo Jesus" (Rm 3.24; cf. Jó 25.4-6).

Na justificação, o catolicismo romano confunde graça e obras. Ambas são requeridas na preparação para a justificação. O Concílio de Trento ressalta o papel da graça nos méritos do crente e diz que esses méritos devem ser considerados os próprios e verdadeiros méritos dos crentes devidos ao livre--arbítrio e graça inerentes. A Escritura e o protestantismo asseveram que a justificação é pela soberana graça, somente através da fé, sem qualquer mérito da parte do crente (Jo 2.9). O fundamento último de nossa justificação é a soberana eleição de Deus. Como reza 2 Timóteo 2.19, "Entretanto, o firme fundamento de Deus permanece, tendo este selo: O Senhor conhece os que lhe pertencem." Na justificação, o decreto eterno de Deus tem por fundamento a satisfação meritória de Cristo. Essa é a satisfação que o pecador eleito recebe através da graça e mediante a fé (Rm 9–10).

382-414.

Terceiro, o catolicismo romano advoga graus na justificação e fé implícita no ensino da igreja. A Escritura e o protestantismo, não. Ou somos justificados, ou não: ou totalmente sob a graça ou totalmente sob a ira. Em Lucas 18, o publicano volta para casa justificado, enquanto o fariseu permanece sem justificação. Como reza o versículo 14, "Digo-vos que este homem desceu justificado para sua casa, e não aquele." A fé que justifica o publicano não é fé implícita no ensino da igreja, e sim confiança pessoal e repouso na mera mercê de Deus (Lc 18.13). Tal justificação se funda no absoluto favor de Deus [outorgado] a um pecador, e não a uma qualidade em ação no interior de sua alma, como advoga Trento (Cap. 16).

Finalmente, o catolicismo romano conecta a recepção da graça de Deus com a recepção dos sacramentos. Na terminologia escolástica, o Concílio de Trento ensina que o batismo (em vez da fé) é a causa instrumental da justificação, e a justiça pessoal (em vez da justiça imputada), a causa formal.[43] Assim, é impossível, segundo Trento, ser justificado fora da igreja visível, ou sem ser batizado. Isso é não só contrário ao exemplo bíblico (Lc 23.39-43), mas também priva o crente de sua relação direta com Cristo mediante a fé, porque a admissão aos sacramentos é algo entre ele e Cristo. Com seus rituais cerimoniais, as comunicações automáticas da graça e a confiança na igreja, o sistema sacramental pode facilmente transformar-se em um salvador substituto. Todas as formas de sacramentalismo obscurecem a honra de Cristo, transformando-se numa condição de salvação.

O protestantismo, em contrapartida, mantém que a fé é a causa instrumental da justificação, enquanto a justiça alheia de Cristo, externa ao crente e a ele imputada, é a causa formal e a base sobre a qual Deus justifica os pecadores: "Àquele que não conheceu pecado, ele o fez pecado por nós; para que, nele, fôssemos feitos justiça de Deus" (2Co 5.21; cf. Rm 3.26). É crítico manter que esta causa formal da justificação está unicamente na justiça de Cristo, pois todas as Escrituras deixam claro, com base na natureza depravada

---

43 Capítulo 7. Para os pontos de vista católico-romanos e protestantes, sobre o quádruplo esquema de causalidade na salvação, ver Richard A. Muller, *Dicitionary of Latin and Greek Theological Terms* (Grand Rapids: Baker, 1985), 61.

do homem, que não há justiça inerente no homem natural, sobre a qual se possa basear um veredicto divino de justificação. O Salmo 14.3 reza: "Todos se extraviaram e juntamente se corromperam; não há quem faça o bem, não há nem um sequer." Para os Reformadores, a fé é cônscia, pessoal, imediata confiança de um pecador unicamente em Cristo. Tal fé leva o pecador à igreja de Cristo e faz dele um membro do corpo, ainda quando nunca haja ouvido falar de igreja visível. Os sacramentos não são essenciais à salvação, a não ser para a consumação do discipulado.[44] Os sacramentos são sinais e selos da graça que é recebida pela fé; não são parte da fé justificadora.

Se a igreja é a despenseira dos sacramentos, e os sacramentos são necessários à salvação, a igreja se torna a despenseira da salvação. E assim chegamos ao último erro do catolicismo romano: a igreja substitui Cristo na salvação. Essa é uma das mais inevitáveis consequências de seus conceitos defeituosos da justificação. Caso se leve em conta o Vaticano II, Roma tem ainda de repudiar os erros do Concílio de Trento sobre a doutrina da justificação pela fé. Até que isso aconteça, segundo a conclusão de Martin Smyth, não pode haver "compromisso honesto entre a doutrina romana e a reformada da justificação".[45] Só pode haver cooperação com base em evasiva, e não em explanação, como tem sido testificado ainda outra vez no documento de 29 de março de 1994, *Evangelical and Catholics Together: The Christian Mission in the Third Millenium* [Evangélicos e Católicos juntos, a Missão Cristã do Terceiro Milênio], assinado por quarenta evangélicos protestantes e os católicos romanos.

COMO O ARMINIANISMO E O ANTINOMIANISMO SÃO REFUTADOS MEDIANTE A JUSTIFICAÇÃO PELA FÉ SOMENTE?

Os arminianos erram em afirmar que a fé é parte do fundamento da justificação.[46] Ao advogar a predestinação condicional e a fé condicional na

---

44 John Murray, *Christian Baptism* (Grand Rapids: Baker, 1974), 45.
45 "Differences between the Roman and Reformed Doctrines of Justification", *Evangelical Quarterly* 36 (1964): 47.
46 Cf. *The Works of James Arminius*, trans. James Nichols e W. R. Bagnall, 3 vols. (1825-28; repr. Grand Rapids: Baker, 1956).

justificação (Deus elege e salva àqueles que creem), o arminianismo é um embuste cruel. John Owen ridiculariza a condição arminiana de salvação pela fé como uma impossibilidade, dizendo: "como se um homem prometesse a um cego mil libras Esterlinas sob a condição de que ele veja." Owen vê o Cristo do arminiano como "apenas um semi-mediador", porque conquista o fim da salvação, porém não o meio para ela.[47]

Charles Spurgeon é mais contundente. Ele compara o arminianismo e o calvinismo a duas pontes. A ponte arminiana é larga e fácil, porém não leva o viajante em segurança à margem oposta do rio. Ele interrompe a eterna comunhão com Deus, porque algo é deixado à vontade depravada do homem natural sem se completar – exercer fé em Cristo. A ponte calvinista é estreita, porém atravessa todo o rio, pois Jesus Cristo é o alfa e o ômega da salvação e da justificação. O arminianismo *gosta de* prometer, porém não pode cumprir suas promessas, porquanto depende da ação da humanidade depravada. Ao agir assim, ele engana miríades de almas que acreditam que aceitaram a Cristo por um simples ato de sua própria vontade, porém não se curva sob o senhorio de Cristo. Imaginam que possuem a fé salvífica, enquanto suas vidas evidenciam que permanecem espiritualmente mortos. O calvinismo *realmente* promete, pois coloca todo o peso da justificação e salvação sobre a suficiência de Cristo e sobre a operação de Seu Espírito que outorga e sustenta a fé salvífica.

Em última análise, se basearmos nossa justificação na fé e obras humanas, ou em tudo mais, os próprios fundamentos da justificação se desfazem. Pois, inevitavelmente, as questões agonizantes, perplexivas e sem a esperança de ter tudo o que nos basta, viriam à tona: minha fé é suficientemente forte? Os frutos da graça em minha vida bastam? Minhas experiências são suficientemente profundas, claras, persistentes? Toda a inadequação da minha fé abalará todos os fundamentos de minha vida espiritual. Meu crer mais excelente é sempre defectivo. Sou demasiadamente ímpio, mesmo em minha fé. À parte de Cristo, o melhor de meu melhor é "trapo de imundícia" (Is 64.6).

---

[47] *The Works of John Owen*, 5:323. Cf. Confissão Bélgica, Art. 22.

Tantos cristãos se desesperam porque não podem distinguir entre a rocha sobre a qual estão e a fé pela qual se acham sobre ela [a rocha]. A fé não é nossa rocha; Cristo é nossa rocha. Não obtemos a fé por termos fé em nossa fé, nem por olharmos para a fé, e sim por olharmos para Cristo. Olhar para Cristo é fé.

Fé perfeita, fé grande, fé frutífera ou fé forte não justifica. Se o ponto de partida for qualificando nossa fé, destruímos o evangelho. Nossa fé pode ser fraca, imatura, tímida, inclusive às vezes indiscernível, mas se for fé real, então é fé justificadora (Mt 6.30). Nosso grau de fé afeta a santificação e a certeza, mas não a justificação. Na justificação, o valor da fé não está em qualquer grau, e sim em unir-nos a Cristo e ao Seu empreendimento. No dizer de George Downame: "Uma pequena e frágil mão, se for capaz de levar o alimento à boca, bem como de cumprir seu dever para a nutrição do corpo, como uma força maior, porque não é a força da mão que nutre o corpo, e sim a rica composição do alimento."[48]

Com mais frequência olhamos para a qualidade de nossa fé, a qualidade de nossa convicção de pecado, a qualidade de nosso arrependimento evangélico, ou a qualidade de nosso amor para com os irmãos para a confirmação de nossa justificação, esquecendo que somente Cristo salva, unicamente pela graciosa fé. Horácio Bonar declara: "O que salva não é a força da fé, e sim a perfeição do sacrifício; e nenhuma fragilidade da fé, nem o obscurecimento dos olhos, nem o tremor da mão pode mudar a eficácia de nosso holocausto."[49]

Cristo é a sólida rocha que é a mesma ontem, hoje e para sempre (Hb 13.8). Como reza o antigo hino:

> *Minha esperança está edificada em nada menos*
> *Do que no sangue e justiça de Jesus;*
> *Não ouso confiar na mais doce imagem,*
> *Mas me inclino totalmente no nome de Jesus.*
> *Ponho-me em Jesus Cristo, a sólida rocha;*
> *Todas as demais bases não passam de areia movediça.*

---

48 *A Treatise of Justification* (Londres: Felix Kyngston, 1633), 142.
49 *The Everlasting Righteousness*, 23.

Devemos rejeitar também o antinomianismo ou as tendências hiper-calvinistas que negam a necessidade de uma justificação real, no tempo, tornando-nos participantes pessoais de Cristo pela fé.[50] Por exemplo, Abraham Kuyper foi além do Sínodo de Dort, descrevendo a justificação como meramente "tornar-se cônscio" de que já fomos justificados por Deus desde a eternidade e na ressurreição de Cristo. William Gadsby, J. C. Philpot, e a maioria dos batistas radicais, semelhantemente, afirmam que o crente está justificado, no tempo, somente com respeito à sua própria consciência, pelo testemunho do Espírito. Este conceito errôneo já existia nos tempos puritanos. Thomas Goodwin respondeu aos antinomianos de seus dias, escrevendo: "É fútil dizer que só estou justificado com respeito ao tribunal de minha própria consciência. A fé pela qual Paulo e os outros apóstolos foram justificados, foi seu crer em Cristo de que *poderiam ser* justificados (Gl 2.15,16), e não um crer que já estavam justificados."[51]

O conceito de que a justificação atual, no tempo, não existe para o crente, enfrenta três obstáculos adicionais: primeiro, é contrário a Romanos 4.6-8, que claramente afirma a imputação da justiça de Cristo no tempo. Segundo, então, no próprio tempo, ela seria um mero parêntese, pois o povo de Deus não seria visto, anteriormente à regeneração, como sendo "filhos da ira, justamente como os demais" (Ef 2.3). Se a justificação pela fé não transfere um pecador, do estado de ira para a graça, e é mero reconhecimento da justificação desde a eternidade, toda a relevância histórica da justificação pela fé somente é apagada. Terceiro, se a justificação pela fé não é uma necessidade pessoal e histórica, os frutos da justificação do entorpecimento do pecado para a vida em Cristo do mesmo modo seria sem importância. Então, alguém poderia indagar com toda seriedade: "Continuaremos em pecado, para que a graça sobressaia?" (Rm 6.2). Energicamente, Paulo se opõe a isto em Romanos 6.

Já mostramos que a ausência de obras é impossível no verdadeiro cristão. A fé que justifica é uma fé operante. "A fé sem as obras é morta" (Tg 2.21) –

---

50 Ver Peter Toon, *The Emergence of Hyper-Calvinism* (Londres: The Olive Tree, 1967).

51 *The Object and Acts of Justifying Faith* (repr. Marshallton, Delaware: National Foundation for Christian Education, n.d.), 325.

sim, *morta*, não apenas doente ou moribunda. A fé salvífica não existe, a menos que seja acompanhada de boas obras. Onde Cristo salva, Ele também exercerá Seu senhorio. Isto é contrário ao dogma primário do antinomianismo, de que o crente pode desconsiderar totalmente a lei (*anti*=contra; *nomos*=lei), porque ele está livre de suas demandas como meio de salvação. Ao contrário, a Escritura ensina que Cristo remete o crente salvo, o qual estava condenado pela lei antes de ser justificado pela fé, de volta à lei para viver com gratidão sob Seu senhorio e obediência à Sua Palavra. No dizer de Lutero, a lei é como uma vara que Deus usa previamente para levar-nos a Cristo; mas, depois, a usamos como uma bengala a ajudar-nos a caminhar na vida cristã.

Hoje, quando os cristãos confrontam várias formas de catolicismo romano, antinomianismo, arminianismo e modernismo, a doutrina da justificação pela fé tão frequentemente deixa de receber seu espaço bíblico e justo. Alister McGrath nota: "O presente século tem testemunhado uma crescente tendência de relacionar a doutrina da justificação com a questão do significado da existência humana, em vez da esfera mais restrita do *coram Deo* [diante de Deus] da justificação do homem. É esta tendência que sublinha a interpretação existencialista da doutrina."[52] Mas quando a justificação pela fé somente é apresentada em toda a liberdade do evangelho, acaso alguns não se veem obrigados a dizer: "Este é um ensino perigoso"?

Naturalmente, eles querem e, num sentido, estão certos. Corretamente entendida e corretamente pregada, a doutrina da justificação pela fé somente expõe o inimigo natural do homem carnal à exclusividade e liberdade do evangelho. Portanto, esta doutrina é distorcida e confundida para a destruição das almas, tanto pelo arminianismo do "posso fazer" como do antinomianismo do "quero fazer". A fé é hiper-enfatizada quando vista como uma condição da salvação (arminianismo), porém sub-enfatizada quando negada como um fruto necessário da salvação (antinomianismo). Não somos transferidos da morte para a vida pela fé, como um esforço conjunto com as obras (romanistas), pela fé como um ato da graça em nós (arminianos), pela fé quando ela recebe o

---

52 *Iustitia Dei*, 2:185.

testemunho do Espírito (antinomianos), nem pela fé quando se relaciona com o significado da existência humana (existencialistas modernos), mas somente pela justiça de Cristo recebida pela fé.

A doutrina da justificação pela fé somente, quando biblicamente pregada e corretamente equilibrada, não é uma peculiaridade denominacional ou sectária. É o cerne do evangelho, a semente do glorioso evangelho do bendito Deus Trino e a chave para o reino do céu. Como escreve John Murray, "a justificação pela fé é a trombeta do jubileu do evangelho, porque ela proclama o evangelho aos pobres e destituídos cuja única porta da esperança se revolve em total desamparo sobre a graça e poder e justiça do Redentor dos perdidos."[53]

Em nossa época decadente e desesperadora, há uma clamorosa necessidade de defender a proclamação bíblica desta doutrina. A relevância desta doutrina é crítica para a identidade da igreja, a essência da teologia cristã e a proclamação do evangelho, tanto quanto os fundamentos bíblicos e experienciais da fé cristã. A justificação pela fé não é só, nas palavras de Lutero, "ainda o artigo pelo qual a igreja fica em pé ou cai" (*articulus stantis et cadentis ecclesiae*), mas, por esta doutrina, cada um de nós, pessoalmente, ficará de pé ou cairá diante de Deus.[54] *A justificação pela fé somente* deve ser confessada e experimentada por você e por mim; é uma questão de vida eterna ou de morte eterna.

---

53 *Collected Writings of John Murray* (Edinburgh: Banner of Truth Trust, 1977), 2:217.
54 Johann Heinrich Alsted, *Theologia scholastica didactica* (Hanover, 1618), 711; John H. Gerstner, *A Primer on Justification* (Phillipsburg, N.J.: Presbyterian and Reformed, 1983), 1.

CAPÍTULO 18

CULTIVANDO A SANTIDADE

O agricultor piedoso que ara seu campo, semeia a semente, fertiliza e cultiva é vivamente cônscio de que, em última análise, ele é totalmente dependente das forças externas para uma safra garantida. Ele sabe que não pode fazer a semente germinar, a chuva cair ou o sol brilhar. No entanto, ele continua sua tarefa com incansável diligência, buscando de Deus a benção e a compreensão de que, se ele não fertilizar e cultivar, sua safra será, no melhor dos casos, insuficiente.

De modo semelhante, a vida cristã é como uma horta que deve ser cultivada a fim de produzir para Deus os frutos de um viver santo. "Teologia é a doutrina ou ensino do viver para Deus", escreveu William Ames, nas palavras de abertura de seu clássico, *The Marrow of Theology* [O Âmago da Teologia].[1] Deus exorta pessoalmente Seus filhos: "Sede santos, porque eu sou santo" (1Pe 1.16). Paulo instrui os tessalonicenses: "porquanto Deus não nos chamou para a impureza, e sim para a santificação" (1Ts 4.7). E o autor de Hebreus escreve: "Segui a paz com todos e a santificação, sem a qual ninguém verá o Senhor" (Hb 12.14). O crente que não cultiva diligentemente a santidade não terá muita certeza genuína de sua própria salvação, nem será obediente à intimação de Pedro de buscá-la (2Pe 1.10).[2] Neste capítulo, focalizarei a inti-

---
1 *The Marrow of Theology*, trad. e ed. John D. Eusden (1629; Boston: Pilgrim Press, 1968), 77.
2 Jerry Bridges, *The Pursuit of Holiness* (Colorado Springs: Navpress, 1978), 13-14.

mação bíblica ao cristão de cultivar a santidade operada pelo Espírito, usando diligentemente os meios que Deus tem fornecido para assisti-lo.

A INTIMAÇÃO AO CULTIVO DA SANTIDADE

Santidade é um substantivo que se relaciona com o adjetivo *santo* e o verbo *santificar*, o qual significa "fazer santo".[3] Em ambos os idiomas bíblicos, *santo* significa separado e posto à parte para Deus. Para o cristão, ser posto à parte significa, negativamente, ser separado do pecado, e, positivamente, ser consagrado (i.e., dedicado) a Deus e conformado a Cristo. Não há disparidade entre os conceitos veterotestamentários e neotestamentários de santidade, ainda que haja certa mudança de ênfase sobre o que santidade envolve. O Antigo Testamento põe em relevo a santidade ritual e moral; o Novo Testamento ressalta a santidade interior e transformadora (Lv 10.10,11; 19.2; Hb 10.10; 1Ts 5.23).[4]

A Escritura apresenta a essência da santidade primariamente em relação com Deus. O foco da esfera sacra da Escritura é Deus mesmo. A santidade de Deus é a própria essência de Seu ser (Is 57.15);[5] ela é a tela de fundo de tudo o que a Bíblia declara sobre Deus. Sua justiça é justiça santa; Sua sabedoria é sabedoria santa; Seu poder é poder santo; Sua graça é graça santa. Nenhum outro atributo de Deus é celebrado diante do trono celestial como o é Sua santidade: "Santo, santo, santo é o SENHOR dos Exércitos" (Is 6.3). "Santo" é prefixado ao nome de Deus mais de que qualquer outro atributo.[6] Somente Isaías denomina Deus de "O Santo" vinte e seis vezes. John Howe escreveu que "se pode dizer que a santidade de Deus é um atributo transcendental porque, por assim dizer, ela ultrapassa todos os demais e lança luzes sobre eles. Ela é o atributo dos atributos, ... e assim ela é o próprio fulgor da glória de Suas de-

---

3 Isto é evidente da palavra holandesa para santificação, *heiligmaking* (literalmente, "fazer-santo").
4 Cf. Lawrence O. Richards, *Exposition Dicitionary of Bible Words* (Grand Rapids: Zondervan, 1985), 339-40.
5 Ver especialmente Rudolf Otto, *The Idea of the Holy*, trad. por J. W. Harvey (Londres: Oxford University Press, 1946).
6 Stephen Charnock, *The Existence and Attributes of God* (repr. Evansville, Ind.: Sovereign Grace, 1958), 449.

Jonathan Edwards

mais perfeições".⁷ Deus manifesta Sua majestosa santidade em Suas obras (Sl 145.17), em Sua lei (Sl 19.8,9) e, especialmente, na cruz de Cristo (Mt 27.46). A santidade é Sua coroa permanente, Sua glória e Sua beleza. Ela é "mais que um mero atributo de Deus", diz Jonathans Edwards. "Ela é a suma de todos os Seus atributos, a excelência de tudo o que Deus é."⁸

A santidade de Deus denota duas verdades críticas sobre Si mesma: primeira, ela denota a "independência" de Deus de toda Sua criação e de tudo o que é imundo ou mal. A santidade de Deus testifica de Sua pureza, Sua perfeição ou excelência moral absoluta, Sua independência de tudo o que Lhe é exterior e Sua completa ausência de pecado (Jó 34.10; Is 5.16; 40.18; Hc 1.13).⁹

Segunda, visto que Deus é santo e separado de todo pecado, os pecadores não podem aproximar-se d'Ele sem a presença de um sacrifico santo (Lv 17.11; Hb 9.22). Ele não pode ser o Santo e permanecer indiferente ao pecado (Jr 44.4); Ele deve puni-lo (Ex 34.6,7). Visto que toda a humanidade é pecadora através tanto de nossa trágica queda em Adão como em nossas transgressões diárias, Deus nunca pode ser apaziguado por nossos esforços. Nós, criaturas,

---

7 *The Works of the Rev. John Howe* (1848; repr. Ligonier, Pa.: Soli Deo Gloria, 1990), 2:59.

8 *The Works of Jonathan Edwards* (1834; repr. Edinburgh: Banner of Truth Trust, 1974), 1:101; cf. R. C. Sproul, *The Holiness of God* (Wheaton, Ill.: Tyndale House, 1985), 4.

9 R. A. Finlayson, *The Holiness of God* (Glasgow: Pickering and Inglis, 1955), 4.

uma vez criadas à imagem de nosso santo Criador, preferimos voluntariamente a Adão, nossa cabeça pactual, o qual se tornou impuro e inaceitável à vista de nosso Criador. Sangue expiatório tem de ser derramado, caso se queira que se conceda a remissão do pecado (Hb 9.22). Somente a obediência perfeita e expiatória de um Mediador suficiente, o Deus-homem, Cristo Jesus, pode satisfazer as demandas da santidade de Deus em favor dos pecadores (1Tm 2.5). E, louvado seja Deus, Cristo concordou em realizar essa expiação pela iniciativa de Seu Pai e a consumou com Sua plena aquiescência (Sl 40.7,8; Mc 15.37-39). "Àquele que não conheceu pecado, ele o fez pecado por nós; para que, nele, fôssemos feitos justiça de Deus" (2Co 5.21). Como a Forma Reformada Holandesa da Ceia do Senhor reza: "A ira de Deus contra o pecado é tão imensa que (em vez de deixar impune) Ele puniu o mesmo pecado em Seu amado Filho Jesus Cristo com amarga e vilipendiosa morte de cruz."[10]

Por livre graça, Deus regenera os pecadores e os faz crer somente em Cristo como sua justiça e salvação. Aqueles dentre nós que são crentes abençoados, são feitos também participantes da santidade de Cristo por meio da disciplina divina (Hb 12.10). Como discípulos de Cristo, somos chamados por Deus para sermos mais santos do que jamais seríamos, por nós mesmos, durante esta vida (1Jo 1.10).[11] Ele nos chama a fim de nos separar do pecado e de consagrar-nos e assimilar-nos a Si, movidos de gratidão por Sua grande salvação. Estes conceitos – separação do pecado, consagração a Deus e conformidade com Cristo – fazem a santidade abrangente. Paulo, em 1 Timóteo 4.4,5, afirma que tudo deve ser santificado, isto é, tornado santo.

Em primeiro lugar, a santidade pessoal demanda total consagração. Deus nunca nos chama para Lhe darmos somente uma parte de nossos corações. O chamado à santidade é um chamado para a totalidade de nosso coração: "Filho meu, dá-me o teu coração" (Pv 23.26).

Segundo, a santidade do coração deve ser cultivada em cada esfera da vida: na privacidade com Deus, na confidencialidade de nossos lares, na com-

---

10 *The Psalter* (Grand Rapids: Eerdmans, 1991), 136.
11 Stephen C. Neill, *Christian Holiness* (Guildford, England: Lutterworth, 1960), 35.

petitividade de nossa ocupação, nos prazeres da comunhão social, na relação com nossos vizinhos não evangelizados e na fome e desemprego do mundo, tanto quanto no culto dominical. Horatius Bonar escreve:

> A santidade... se estende a cada parte de nossas pessoas, preenche todo nosso ser, se difunde em nossa vida, influencia tudo o que somos ou fazemos ou pensamos ou falamos ou planejamos, pequeno ou grande, por fora ou por dentro, negativo ou positivo, nosso amor, nossa ira, nosso pesar, nossa alegria, nossas recreações, nossos negócios, nossas amizades, nossas relações, nosso silêncio, nosso diálogo, nossa leitura, nossa escrita, nosso sair e nosso entrar – nosso ser inteiro, em cada movimento do espírito, alma e corpo.[12]

O chamado à santidade é uma tarefa diária e um chamado absoluto e radical que envolve o âmago da fé e prática religiosas. João Calvino o expressa assim: "Já que foram chamados à santidade, a vida integral de todos os cristãos deve ser um exercício na piedade."[13] Em suma, a santidade é o comprometimento de toda uma vida de viver "em direção a Deus" (2Co 3.4), de ser separado para o senhorio de Jesus Cristo.

Assim, a santidade deve ser interior, permeando todo nosso coração, e exterior, cobrindo toda nossa vida. "O mesmo Deus da paz vos santifique em tudo; e o vosso espírito, alma e corpo sejam conservados íntegros e irrepreensíveis na vinda de nosso Senhor Jesus Cristo" (1Ts 5.23). Thomas Boston mantinha que "santidade "é uma constelação de graças".[14] Em gratidão a Deus, o crente cultiva os frutos da santidade, tais como mansidão, gentileza, amor, alegria, paz, longanimidade, benignidade, bondade, misericórdia, contentamento, gratidão, pureza de coração, fidelidade, temor de Deus, humildade, mentalidade espiritual, domínio próprio e renúncia (Gl 5.22).[15]

---

12 Horatius Bonar, *God's Way of Holiness* (repr. Pensacola, Fla.: Mt. Zion Publications, 1994), 16.
13 Citado em Donald G. Bloesch, *Essentials of Evangelical Theology* (Nova York: Harper & Row, 1979), 2:31.
14 Citado em John Blanchard, *Gathered Gold* (Wlwyn, England: Evangelical Press, 1984), 144.
15 Cf. George Bethune, *The Fruit of the Spirit* (1839; repr. Swengel, Pa.: Reiner, 1972); W. E. Sangster, *The Pure in Heart: A Study of Christian Sanctity* (Londres: Epworth Press, 1954); John W. Sanderson, *The Fruit of the Spirit*

Este chamado à santidade não é um chamado a merecer aceitação junto a Deus. O Novo Testamento declara que todo crente é santificado pelo sacrifício de Cristo: "Nessa vontade é que temos sido santificados, mediante a oferta do corpo de Jesus Cristo, uma vez por todas" (Hb 10.10). Cristo é a nossa santificação (1Co 1.30); portanto, a igreja, como a noiva de Cristo, é santificada (Ef 5.25,26). O *status* do crente diante de Deus é o de santidade em Cristo, em razão de Sua perfeita obediência que satisfez plenamente a justiça de Deus por todo pecado.

Não obstante, o status do crente não infere que ele já atingiu uma *condição* totalmente santificada (1Co 1.2). Diversas tentativas se têm feito para expressar a relação entre o status do crente e sua condição diante de Deus, sobretudo entre elas estando aquela bem conhecida de Lutero, *simul Justus et peccator* ("ao mesmo tempo justo e pecador"). Equivale dizer, o crente é, respectivamente, justo aos olhos de Deus por causa de Cristo, e permanece pecador quando medido em conformidade com seus méritos pessoais.[16] Ainda que desde o início da experiência cristã (que coincide com a regeneração) o status do crente cause um impacto com sua condição, ele nunca está numa condição perfeitamente santificada nesta vida. Paulo ora para que os tessalonicenses fossem completamente santificados, algo que ainda não fora concretizado (1Ts 5.23). A santificação recebida é santificação bem e plenamente iniciada, mesmo que ainda não aperfeiçoada.

Isto explica a ênfase neotestamentária sobre a santidade como algo a ser cultivado e perseguido. A linguagem neotestamentária enfatiza santificação vital e progressiva. O crente deve lutar pela santidade, pela integridade (Hb 12.14). Crescer em santidade deve e tem que seguir a regeneração (Ef 1.4; Fp 3.12). E assim, crente genuíno, você é santo diante de Deus em Cristo, e, contudo, você deve cultivar a santidade na força de Cristo. Seu status em santidade é conferido; sua condição em santidade deve ser buscada. Através de Cristo você é feito santo em sua permanência diante de Deus, e através

---

(Grand Rapids: Zondervan, 1972); Jerry Bridges, *The Practice of Holiness* (Colorado Springs: NavPress, 1983); Roger Roberts, *Holiness: Every Christian's Calling* (Nashville: Broadman Press, 1985).

16 Cf. Catecismo de Heidelberg, Pergunta 1 (o status do crente) e Pergunta 114 (a condição do crente).

d'Ele você é chamado a refletir essa condição, sendo santo na vida diária. Seu contexto de santidade é a justificação por intermédio de Cristo; seu percurso de santidade é ser crucificado e ressurgido com Ele, o que envolve a contínua "mortificação do velho homem e a vivificação do novo" (Catecismo de Heidelberg, Pergunta 88). Você é chamado a ser, em vida, o que você já é, em princípio, pela graça.

O CULTIVO DA SANTIDADE

Em termos concretos, pois, o que você deve cultivar? Três coisas:

1. *Imitação do caráter de Javé*. Deus diz: "Sede santos, porque eu sou santo" (1Pe 1.16). A santidade do próprio Deus deve ser seu estímulo máximo ao cultivo do viver santo. Busque ser como seu Pai celestial, em justiça, santidade e integridade. No Espírito, esforce-se por ter pensamentos de Deus via Sua Palavra, ter uma só mente com Ele e viver e agir como Deus mesmo quer que você faça.[17] Como Stephen Charnock conclui: "Este é o modo supremo de honrar a Deus. Não tanto glorificamos a Deus através de admirações elevadas, ou expressões eloquentes, ou cultos pomposos prestados a Ele, e, sim, quando aspiramos manter um diálogo com Ele com espíritos impolutos, e vivermos *para Ele*, a vida *como* Ele vive."[18]

2. *Conformidade com a imagem de Cristo*. Este é um tema paulino favorito, do qual é suficiente apenas um exemplo: "Tende em vós o mesmo sentimento que houve também em Cristo Jesus, pois ele, subsistindo em forma de Deus, não julgou como usurpação o ser igual a Deus; antes, a si mesmo se esvaziou, assumindo a forma de servo, tornando-se em semelhança de homens; e, reconhecido em figura humana, a si mesmo se humilhou, tornando-se obediente até a morte, e morte de cruz" (Ef 2.5-8). Cristo era humilde; Ele quis renunciar Seus direitos a fim de obedecer a Deus e servir aos pecadores. Paulo está dizendo: Se você deseja ser santo, então seja da mesma opinião.

---

17 A. W. Pink, *The Doctrine of Sanctification* (Swengel, Pa.: Bible Truth Depot, 1955), 25.
18 Charnock, *The Existence and Attributes of God*, 453.

Stephen Charnock

Entretanto, não almeje a conformidade com Cristo como uma condição de salvação, mas, ao contrário, como um fruto da salvação recebido pela fé. Devemos olhar para Cristo como o modelo de santidade, pois Ele é a fonte e caminho da santidade. Não busque nenhum outro caminho. Siga o conselho de Agostinho, o qual afirmou ser preferível manquejar no caminho do que correr fora dele.[19] Como ensinou Calvino, "Ponha Cristo diante de você como o espelho da santificação e busque graça para ver-se em Sua imagem".[20] Pergunte em cada situação encontrada: "O que Cristo pensaria, diria e faria?" Então, confie a Ele sua santidade. Ele não o frustrará (Tg 1.2-7).

Há infindável espaço para crescer em santidade, porque Jesus é o insondável poço da salvação. Você não tem que ir a Ele continuamente em busca de santidade, pois Ele é a santidade *por excelência*. Ele viveu a santidade; Ele mereceu a santidade; Ele envia Seu Espírito para aplicar a santidade. "Cristo é tudo e em todos" (Cl 3.11) – santidade inclusiva. Como Lutero observou com profundidade, "Nós em Cristo = justificação; Cristo em nós = santificação."[21]

---

19 Aurelius Augustine, *Against Two Letters of the Pelagians*, 3.5.14, in *A Select Library of the Nicene and Post-Nicene Fathers*, primeira série, ed. P. Schaff (repr. Grand Rapids: Eerdmans, 1982), 5:404.

20 John Calvin, *Institutes of the Christian Religion*, ed. John T. McNeill, trans. Ford Lewis Battles (Filadélfia: Westminster Press, 1960), 3.14.4ff.; cf. Thomas Goodwin, *The Works of Thomas Goodwin*, ed. John C. Miller (Edinburgh: James Nichol, 1864), 6:220.

21 Citado em John Blanchard, *More Gathered Gold* (Welwyn, England: Evangelical Press, 1986), 147.

3. *Submissão à mente do Espírito Santo*. Em Romanos 8.6, Paulo divide o povo em duas categorias – os que se deixam controlar por suas naturezas pecaminosas (i.e., os carnalmente dispostos que seguem os desejos carnais) e os que vão após o Espírito (i.e., os que *meditam* "nas coisas do Espírito", Rm 8.5).

O Espírito Santo foi enviado para trazer a mente do crente em submissão à mente d'Ele (1Co 2). Ele foi dado para fazer santos os pecadores; o mais santo se curva cada vez mais como servo voluntário sob Seu controle. Roguemos a graça de servos espontâneos mais plenamente e mais consistentemente.

Como o Espírito opera esta santa graça de submissão à Sua mente, com isso fazendo-nos santos?

- Ele nos mostra a necessidade de santidade através da convicção de pecado, de justiça e de juízo (Jo 16.8).
- Ele implanta o desejo por santidade. Sua obra salvífica nunca leva ao desespero, mas sempre à santificação em Cristo.
- Ele concede semelhança com Cristo em santidade. Ele opera em toda nossa natureza, moldando-nos segundo a imagem de Cristo.
- Ele provê força para vivermos uma vida santa, habitando e influenciando nossa alma. Se vivemos pelo Espírito, então não satisfaremos os desejos de nossa natureza pecaminosa (Gl 5.16); antes, viveremos em obediência e dependência desse Espírito.
- Através da humilde nutrição da Escritura e do exercício da oração, o Espírito nos ensina Sua mente e estabelece uma compreensão progressiva de que a santidade permanece essencial para sermos dignos de Deus e de Seu reino (1Ts 2.12; Ef 4.1) e bem preparados para o Seu serviço (1Co 9.24,25; Fp 3.13).

Efésios 5.18 reza: "Não vos embriagueis com vinho, no qual há dissolução, mas enchei-vos do Espírito." Thomas Watson escreve: "O Espírito grava no coração a impressão de Sua própria santidade, como o selo imprime sua semelhança na cera. O Espírito de Deus, em uma pessoa, a perfuma com santidade e faz em seu coração o mapa do céu."[22]

---
22 Thomas Watson, *A Body of Divinity* (1856; repr. Grand Rapids: Sovereingn Grace Publishers, 1970), 173.

COMO CULTIVAR A SANTIDADE

Que os crentes são chamados à santidade, é indiscutivelmente óbvio. Mas a questão cardinal permanece: Como o crente cultiva a santidade? Aqui temos sete diretrizes a assistir-nos.

1. *Conheça e ame a Escritura.* Este é o principal caminho de Deus para a santidade e o crescimento espiritual – o Espírito como Senhor e Mestre abençoando a leitura e exame da Palavra de Deus. Jesus orou: "Santifica-os em tua verdade; a tua palavra é a verdade" (Jo 17.17). E Pedro aconselhou: "Desejai ardentemente, como crianças recém-nascidas, o genuíno leite espiritual, para que, por ele, vos seja dado crescimento para salvação" (1Pe 2.2).

Se você não quer permanecer espiritualmente ignorante e empobrecido, então leia toda a Bíblia ao menos anualmente. Ainda mais importante é memorizar as Escrituras (Sl 119.11), examinar (Jo 5.39) e meditar nelas (Sl 1.2), viva-as e ame-as (Sl 119; 19.10). Compare a Escritura com a Escritura; separe tempo para estudar a Palavra. Provérbios 2.1-5 põe diante de nós os seguintes princípios que envolvem sério estudo pessoal da Bíblia: acessibilidade (receber as palavras de Deus); obediência (entesourar os mandamentos de Deus); disciplina (buscar o tesouro escondido).[23] Não espere crescer em santidade se você gasta pouco tempo sozinho com Deus e não leva a sério Sua Palavra. Quando importunado com um coração propenso a desviá-lo da santidade, que a Escritura o ensine a viver uma vida santa em um mundo ímpio.

Desenvolva uma fórmula bíblica para um viver santo. Eis uma possibilidade extraída de 1 Coríntios. Quando hesitante sobre que curso de ação seguir, pergunte a si mesmo:

- Isto glorifica a Deus? (1Co 10.31)
- Isto é consistente com o senhorio de Cristo? (1Co 7.23)
- Isto é consistente com os exemplos bíblicos? (1Co 11.1)
- Isto me é lícito e benéfico – espiritual, mental e fisicamente? (1Co 6.9-12)

---

23 Bridges, *Practice of Holiness*, 52.

- Isto ajuda outros positivamente, e não prejudica outros desnecessariamente? (1Co 10.33; 8.13)
- Isto me mantém sob algum poder escravizante? (1Co 6.12)

Que a Escritura seja sua bússola a guiá-lo no cultivo da santidade, a tomar decisões da vida e a enfrentar as ondas altas da aflição pessoal.

2. *Use os sacramentos do batismo e da Ceia do Senhor com diligência, como meios de graça para fortalecer sua fé em Cristo*. Os sacramentos de Deus complementam Sua Palavra. Eles apontam para fora de nós mesmos. Cada sinal – a água, o pão e o vinho – nos leva a crer em Cristo e em Seu sacrifício na cruz. Os sacramentos são meios visíveis através dos quais Ele Se comunica invisivelmente conosco e nós com Ele. Eles são incentivos à semelhança com Cristo e, portanto, à santidade.

A graça recebida através dos sacramentos não é diferente daquela recebida através da Palavra. Ambas comunicam o mesmo Cristo. Mas, na expressão de Robert Bruce, "Embora não percebamos um Cristo mais excelente nos sacramentos do que o que recebemos na Palavra, há momentos em que percebemos um Cristo superior."[24]

Busque refúgio em Cristo por meio da Palavra e os sacramentos. Fé em Cristo é um poderoso motivador à santidade, visto que a fé e o amor pelo pecado não podem misturar-se. Entretanto, acautele-se em não buscar sua santidade em suas experiências de Cristo, e sim em Cristo mesmo. Como William Gurnall admoesta: "Quando confias em Cristo *dentro* de ti, em vez de Cristo *fora* de ti, estás pondo Cristo contra Cristo. A esposa faz bem em atentar para o quadro de seu esposo, mas, seria ridículo se ela amasse mais ao quadro do que a ele mesmo, muito mais se ela se dirigisse ao quadro, *em vez de ao próprio esposo para suprir suas carências*. No entanto, tu ages assim quando és mais afeiçoado à imagem de Cristo em tua alma do que a ele mesmo que a pintou ali."[25]

---

24 Robert Bruce, *The Mystery of the Lord's Supper*, trad. e ed. por Thomas F. Torrance (Richmond: John Knox Press, 1958), 82.

25 Citado por Joel R. Beek, *Holiness: God's Call to Sanctification* (Edinburgh: Banner of Truth Trust, 1994), 18-19.

3. *Com respeito a si mesmo como morto para o domínio do pecado e como vivo para Deus em Cristo* (Rm 6.11). O Dr. Martyn Lloyd-Jones escreve que, "para compreendermos isto, removamos de nós aquele velho senso de desesperança que todos nós temos conhecido e sentido em razão do terrível poder do pecado. ... Posso dizer a mim mesmo não só que já não estou sob o domínio do pecado, mas que estou sob o domínio de outro poder ao qual nada pode frustrar."[26] Isso não implica que, em razão de o pecado já não reinar em nós, como crentes, temos a licença de renunciar nosso dever de lutar contra o pecado. Bridges nos admoesta corretamente: "Confundir o *potencial* de resistir o pecado (provido por Deus) com a *responsabilidade* de resistir (que é nossa) é cortejar o desastre em nossa busca da santidade."[27] O Breve Catecismo Westminster equilibra o dom de Deus com nossa responsabilidade, quando declara: "Santificação é a obra da livre graça de Deus, pela qual somos renovados em todo nosso ser, segundo a imagem de Deus, habilitados a morrer cada vez mais para o pecado e a viver para a retidão" (P. 35).

Busque cultivar um crescente ódio ao pecado *como tal*, pois esse é o tipo de ódio contra o pecado que Deus possui. Reconheça que Deus é digno de obediência não só como o Juiz, mas especialmente como um Pai amoroso. Diga com José na tentação: "Como, pois, posso cometer tão grande perversidade e pecar contra Deus?" (Gn 39.9).

Olhe para os ídolos do coração. Ore por força, a fim de erradicá-los. Ataque todo pecado, toda injustiça e todas as maquinações de Satanás.

Exercite diariamente o arrependimento diante de Deus. Nunca esteja acima da petição do publicano: "Ó Deus, sê propício a mim, pecador" (Lc 18.13). Lembre-se do conselho de Lutero de que Deus quer que Seu povo exercite "arrependimento perene".

Creia que Cristo é poderoso para preservá-lo vivo pela ação de Seu Espírito. Você vive pela união com Cristo, por isso viva para Sua justiça. A justiça de Cristo é maior do que sua injustiça. Seu poder de salvar é maior do que

---

26 D. Martyn Lloyd-Jones, Romans: An Exposition of Chapter 6 – The New Man (Edinburgh: Banner of Truth Trust, 1972), 144.
27 Bridges, *Pursuit of Holiness*, 60.

sua pecaminosidade. Seu Espírito está dentro de você: "Filhinhos, vós sois de Deus e tendes vencido os falsos profetas, porque maior é aquele que está em vós do que aquele que está no mundo" (1Jo 4.4). Não se desespere: você é forte n'Ele, é vivo n'Ele e vitorioso n'Ele. Satanás pode vencer muitas escaramuças, mas a guerra é sua; a vitória é sua (1Co 15.57; Rm 8.37). Em Cristo, o otimismo da graça divina reina sobre o pessimismo da natureza humana.

4. *Ore e trabalhe em dependência de Deus para a santidade.* Ninguém, senão Deus, é suficiente para tirar uma coisa limpa de uma suja (Jó 14.4). Por isso, ore com Davi: "Cria em mim, ó Deus, um coração puro" (Sl 51.10). E enquanto você ora, trabalhe.

O Catecismo de Heidelberg (P. 116) ressalta que a oração e o trabalho estão irmanados. São como dois remos que, quando utilizados em sincronia, cooperam para impelir o barco para frente. Se você usa apenas um deles – se você ora sem trabalhar, ou trabalha sem orar –, seu barco se moverá em círculos.

Santidade e oração têm muito em comum. Ambas são centrais na vida cristã e na fé; são obrigatórias, não opcionais. Ambas têm sua origem em Deus e O focalizam. Ambas são ativadas, às vezes simultaneamente, pelo Espírito de Deus. Uma não pode sobreviver sem a outra. Ambas são aprendidas pela experiência e através de batalhas espirituais.[28] Ambas são imperfeitas nesta vida, mas devem ser cultivadas durante a vida toda; são mais fáceis de serem discutidas e descritas com letras do que com ação. A maioria dos que oram costumam sentir-se impotentes para a oração; a maioria dos santos costuma olhar para si como ímpios.

Santidade e trabalho também se relacionam intimamente, especialmente o trabalho de nutrição e perseverança na disciplina pessoal. A disciplina requer tempo e esforço. Paulo exortou a Timóteo: "exercita-te, pessoalmente, na piedade" (1Tm 4.7). A santidade não é conquistada com desleixo ou instantaneamente.[29] A santidade é uma vocação para uma vida disciplinada; não pode ser produto do que Dietrich Bonhoeffer chamou gra-

---

28 James I. Packer, *Rediscovering Holiness* (Ann Arbor: Servant, 1992), 15.
29 Cf. Jay Adams, *Godliness Through Discipline* (Grand Rapids: Baker, 1973), 3.

ça barata – isto é, graça que perdoa sem exigir arrependimento e obediência. Santidade é graça que exige um custo muito alto – graça que custou a Deus o sangue de Seu Filho, custou ao Filho Sua própria vida e custa ao crente mortificação diária, de modo que, como Paulo, ele morre diariamente (1Co 15.31).[30] Santidade graciosa evoca comprometimento contínuo, diligência contínua, prática contínua e arrependimento contínuo.[31] "Se algumas vezes, em decorrência de fraqueza, caímos em pecado, nem por isso devemos perder a esperança da mercê de Deus, nem continuar em pecado, visto que... termos uma eterna aliança de graça com Deus" (*Forma de Batismo*).[32] Ao contrário, Jonathans Edwards tem a solução: "Nunca desisto, nem afrouxo sequer um mínimo em minha luta contra minhas corrupções, por mais que eu não tenha sucesso."[33]

Estas duas coisas, luta contra o pecado e a ausência de sucesso, parecem contraditórias, porém não são. Falhar e vir a ser um fracasso são duas questões distintas. O crente está ciente de que às vezes falhará. Lutero disse que o homem justo, na luta contra o pecado, às vezes se sente mais um "perdedor do que ganhador, pois o Senhor lhe permite ser testado e assaltado aos seus limites extremos, como o ouro é testado numa fornalha."[34] Este também é um importante componente do discipulado. Não obstante, o homem piedoso perseverará mesmo através dos fracassos. O fracasso não o desobriga; leva-o a arrepender-se ainda com maior ardor e o impele na força do Espírito. "Porque sete vezes cairá o justo e se levantará; mas os perversos são derribados pela calamidade" (Pv 24.16). Segundo escreveu John Owen: "Deus opera em nós e conosco, não contra nós ou sem nós; de modo que Sua assistência é um estímulo para que o trabalho seja facilitado e não haja nenhuma ocasião de negligência no tocante ao próprio trabalho."[35]

---

30 Dietrich Bonhoeffer, *The Cost of Discipleship*, trans. R. H. Fuller (Londres: SCM Press, 1959).
31 Bridges, *Practice of Holiness*, 41-56.
32 *The Psalter*, 126.
33 Para as setenta resoluções de Edwards para promover a santidade, elaboradas aos dezenove anos de idade, ver *The Works of Jonathans Edwards*, 1:xx-xxii.
34 *Luther: Lectures on Romans*, trad. e ed. por William Pauck (Filadélfia: Westminster Press, 1961), 189.
35 Owen, *Works*, 6:20.

Nunca esqueçamos que o Deus a quem amamos, ama a santidade. Daí a intensidade de Sua paternidade explicar a disciplina punitiva (Hb 12.5,6). Possivelmente, William Gurnall o explique melhor: "Deus não esfregaria com tanta força, se não tivesse que remover a sujeira que está tão incrustada em nossas naturezas. Deus ama a pureza de tal modo, que preferiria ver um furo do que uma mancha nas roupas de Seu filho."[36]

5. *Fuja do mundanismo*. Temos que labutar contra o primeiro surgimento do orgulho em nossa vida, as luxúrias da carne e dos olhos e todas as formas de mundanismo pecaminoso, quando batem à porta de nossos corações e mentes. Se abrirmos a porta e permitirmos que perambulem por nossas mentes e tomem pé em nossas vidas, já nos tornamos sua presa. "Resolveu Daniel, *firmemente* [ou, em seu coração], não contaminar-se com as finas iguarias do rei, nem com o vinho que ele bebia; *então*, pediu ao chefe dos eunucos que lhe permitisse não contaminar-se" (Dn 1.8, ênfase acrescida). O material que lemos, a recreação e entretenimento em que nos envolvemos, a música que ouvimos, as amizades que formamos e as conversações que temos, tudo isso afeta nossas mentes e tem de ser julgado no contexto de Filipenses 4.8: "Finalmente, irmãos, tudo o que é verdadeiro, tudo o que é respeitável, tudo o que é justo, tudo o que é puro, tudo o que é amável, tudo o que é de boa fama, se alguma virtude há e se algum louvor existe, *seja isso o que ocupe o vosso pensamento*" [ênfase acrescida]. Devemos viver *acima* do mundo, e não ser *do* mundo, embora estejamos *no* mundo (Rm 12.1,2).

6. *Busque a comunhão da igreja; associe-se com mentores na santidade* (Ef 4.12,13; 1Co 11.1).[37] A igreja deve ser um colegiado de cuidado mútuo e uma comunidade de oração (1Co 12.7; At 2.42). Converse e ore com colegas crentes, cujo andar piedoso você admira (Cl 3.16). "Aquele que anda com o sábio será sábio" (Pv 13.20). Associação promove assimilação. Uma vida cristã vivida em isolamento dos demais crentes será defectiva; em geral, esse tipo de crente permanecerá espiritualmente imaturo.

---

36 Citado em I. D. E. Thomas, *The Golden Treasury of Puritan Quotations* (Chicago: Moody Press, 1975), 140.
37 Ver *Confissão de Fé Belga*, Art. 28.

Um encontro secreto numa colina

Entretanto, tal conversação não deve excluir a leitura de tratados piedosos de épocas antigas, os quais promovem a santidade. Lutero dizia que alguns dentre seus melhores amigos eram os mortos. Por exemplo, ele questionava se alguém que possuísse vida espiritual, não sentisse alguma familiaridade com Davi, derramando seu coração nos salmos. Leia os clássicos que falam veementemente contra o pecado. Que Thomas Watson seja seu mentor em *The Mischief of Sin* [A Malvadeza do Pecado], ou Jeremiah Burroughs em *The Evil of Evils* [O Demônio dos Demônios].[38] Mas leia também o *Holiness* [Santidade], de J. C. Ryle, e o *Personal Declension and Revival of Religion in the Soul* [Declínio Pessoal e a Renovação da Religião na Alma], de Octavius Winslow.[39] Que estes teólogos de outrora se tornem seus mentores e amigos espirituais.

---

38 Thomas Watson, *The Mischief of Sin* (1671; Pittsburgh: Soli Deo Gloria, 1994); Jeremiah Burroughs, *The Evil of Evils*; ou *The Excceding Sinfulness of Sin* (1654; Pittsburgh: Soli Deo Gloria, 1992).

39 John Charles Ryle, *Holiness: Its Nature, Hindrances, Difficulties, and Roots* (repr. Greensboro, N.C.: Homiletic Press, 1956); Octavius Winslow, *Personal Declension and Revival of Religion in the Soul* (1841; repr. Londres: Banner of Truth Trust, 1960).

7. *Viva o presente em total comprometimento com Deus.* Forme hábitos de santidade. Busque harmonia e simetria no viver santo. Pela graça do Espírito, erradique todas as inconsistências e cultive atividades piedosas. Comprometa-se em não macular-se pelas tentações do mundo e em permanecer limpo mediante o perdão e a consagração do seu Salvador perfeito.

Não caia como presa da síndrome "só mais uma vez". Obediência adiada equivale desobediência. A santidade de amanhã equivale impureza *agora*. A fé de amanhã equivale incredulidade *agora*. De modo algum, aspire o pecado (1Jo 2.1); suplique a força divina para levar cativo a Cristo todo pensamento (2Co 10.5), pois a Escritura indica que os nossos "pensamentos livres" finalmente determinam nosso caráter: "Porque, como imagina em sua alma, assim ele é" (Pv 23.7a). E o velho provérbio reza assim:

> *Semeia-se um pensamento, colhe-se um ato;*
> *Semeia-se um ato, colhe-se um hábito;*
> *Semeia-se um hábito, colhe-se um caráter;*
> *Semeia-se um caráter, colhe-se um destino.*

INCENTIVOS PARA O CULTIVO DA SANTIDADE

Demanda-se o cultivo da santidade. Thomas Watson o chamou "trabalho suado". Felizmente, em Sua Palavra, Deus nos mune com diversas motivações para a santidade. Para incentivar-nos na perseguição da santidade, temos que manter nossos olhos focados nas seguintes verdades bíblicas.

1. *Deus o chamou à santidade, para seu bem e a glória d'Ele.* "Porquanto Deus não nos chamou para a impureza e sim para a santificação" (1Ts 4.7). Tudo aquilo para o quê Deus nos chama é necessário. Seu próprio chamado, tanto quanto os benefícios que experimentamos do santo viver como descrito abaixo, deve induzir-nos a buscar e a praticar a santidade.

A santidade aumenta nosso bem-estar espiritual. Deus nos assegura que "é sol e escudo; nenhum bem sonega aos que andam retamente" (Sl 84.11). John

Flavel observou: "O que a saúde é para o coração, a santidade é para a alma."[40] Na rara obra de Richard Baxter sobre a santidade, os próprios títulos dos capítulos são iluminadores: "A santidade é o único caminho da segurança. A santidade é o único caminho honesto. A santidade é o caminho mais lucrativo. A santidade é o caminho mais honroso. A santidade é o caminho mais prazenteiro."[41]

Mas, ainda mais importante, a santidade glorifica o Deus a quem você ama (Is 43.21). Como Thomas Brooks afirmou, "a santidade promove a honra de Deus".[42]

2. *A santidade o faz semelhante a Deus e preserva sua integridade.* Watson escreveu: "Temos de lutar para sermos como Deus em santidade. Ela é um espelho translúcido no qual podemos ver um rosto; é um coração santo no qual se pode ver algo de Deus."[43] Aqui, Cristo serve de padrão de nossa santidade – um padrão de santa humildade (Fp 2.5-13), de santa compaixão (Mc 1.41); de santo perdão (Cl 3.13), de santo altruísmo (Rm 15.3), de santa indignação contra o pecado (Mt 23) e de santa oração (Hb 5.7). A santidade cultivada, para nos assemelharmos a Deus e sermos conformados à imagem de Cristo, nos salva de muita hipocrisia e de pertencermos ao cristianismo "somente no domingo". Ela nos comunica vitalidade, propósito, significado e diretriz para o viver diário.

3. *A santidade fornece evidência de sua justificação e eleição, e fomenta a certeza.* A santificação é o fruto inevitável da justificação (1Co 6.11). As duas podem ser distinguidas, porém nunca separadas; Deus mesmo casou as duas. A justificação é organicamente unida à santificação; o novo nascimento resulta, infalivelmente, em nova vida. O justificado andará no "caminho da santidade do Rei".[44] Em e através de Cristo, a justificação lhe dá o *ingresso* para o céu e a preparação necessária para desfrutá-lo. A santificação é a apropriação pessoal dos frutos da justificação. B. B. Warfield nota: "A santificação é

---

40 Blanchard, *Gathered Gold*, 144.

41 "The Spiritual and Carnal Man Comparado e Contrastado; ou, The Absolute Necessity and Excellency of Holiness", *The Select Practical Works of Richard Baxter* (Glasgow: Blackie & Son, 1840), 115-29.

42 Blanchard, *More Gathered Gold*, 149.

43 Watson, *A Body of Divinity*, 172.

44 Owen, *Works*, 11:254ff.; Joel R. Beeke, *Jehovah Shepherding His Sheep* (Grand Rapids: Reformation Heritage Books, 1997), 186-88.

apenas a execução do decreto de justificação. Pois seu fracasso resultaria que a pessoa absolvida não viveria livre em conformidade com sua absolvição."[45] Consequentemente, o decreto justificador de Cristo, em João 8, "nem eu te condenarei", é seguido imediatamente do chamado à santidade, "Vai, e não peques mais" (v. 11).

A eleição é também inseparável da santidade: "Entretanto, devemos sempre dar graças a Deus por vós, irmãos amados pelo Senhor, porque Deus vos escolheu desde o princípio para a salvação, pela santificação do Espírito e fé na verdade" (2Ts 2.13). A santificação é a marca de propriedade da ovelha eleita de Cristo. Eis por que a eleição é sempre para o crente uma doutrina confortadora, pois ela é o fundamento inabalável que explica a graça de Deus operando em seu interior. Não surpreende que nossos antepassados reformados considerassem a eleição como sendo um dos confortos mais profundos do crente.[46] Calvino insistia que a eleição a ninguém desencoraja, pois o crente recebe dela conforto e o incrédulo não é chamado a ponderar sobre ela – antes, ele é chamado ao arrependimento. Todos quantos se sentem desestimulados pela eleição ou confiam nela sem um viver santo caem com presa satânica do mau uso desta preciosa e estimulante doutrina (cf. Dt 29.29). Como Ryle assevera, "Enquanto neste mundo, não nos é dado estudar as páginas do livro da vida e a ver se nossos nomes estão lá. Mas se há uma coisa clara e nitidamente estabelecida sobre a eleição, é isto – que os homens e mulheres eleitos sejam conhecidos e distinguidos por vidas santas."[47] A santidade é o lado visível de sua salvação. "Pelos seus frutos os conhecereis" (Mt 7.16).

Consequentemente, a santidade fomenta a certeza (1Jo 2.3; 3.19). "Cada um pode estar certo, em si mesmo, de sua fé pelos frutos que ela produz" (*Catecismo de Heidelberg*, P. 86). Os teólogos reformados concordam que a maioria das formas e decretos da certeza experienciadas pelos crentes ge-

---

45 B. B. Warfield, *Perfectionism* (Phillipsburg, N.J.: Presbyterian and Reformed, 1958), 100.
46 Cf. Walter Marshall, *The Gospel Mystery of Sanctification* (repr. Grand Rapids: Reformation Heritage Books, 2000), 220-221.
47 Ryle, *Holiness*, 27.

nuínos – especialmente a certeza diária – é alcançada gradualmente na vereda da santificação através de cuidadoso cultivo da Palavra de Deus, os meios de graça e a obediência correspondente.[48] Uma crescente aversão ao pecado, por meio de mortificação, e um crescente amor pela obediência a Deus, por meio de renovação, acompanham o progresso da fé quando esta cresce para a certeza. A santidade cristocêntrica e operada pelo Espírito é a melhor e mais sólida evidência da filiação divina (Rm 8.1-16).

O caminho para a perda do senso diário da certeza deve intensificar a busca diária da santidade. Muitos crentes vivem com demasiada displicência. Tratam o pecado levianamente ou negligenciam as devoções diárias e o estudo da Palavra. Outros vivem demasiadamente inativos. Não cultivam a santidade, mas assumem a postura de que nada se pode fazer para fomentar a santificação, como se a santidade fosse algo *fora* de nós, exceto em raras ocasiões quando algo muito especial "ocorre" *dentro*. Viver displicente ou inativamente é buscar diariamente trevas, inércia e esterilidade espirituais.

4. *Como crente, somente a santidade pode purificá-lo*. Inversamente, "para os que são impuros, nada é puro" (Tt 1.15). A santidade não pode ser exercida onde o coração não foi fundamentalmente transformado pela regeneração divina. Através do novo nascimento, Satanás é deposto, a lei de Deus é escrita no coração do crente, Cristo é coroado como Senhor e Rei e o crente é feito "disposto e pronto, doravante, a viver para Ele" (*Catecismo de Heidelberg*, P. 1). Cristo em nós (*Christus in nobis*) é um suplemento essencial para Cristo por nós (*Christus pro nobis*).[49] O Espírito de Deus não só ensina o crente o que Cristo já fez, mas realiza a santidade e a obra de Cristo em sua vida pessoal. Através de Cristo, Deus santifica Seu filho e torna suas orações e ações de graças aceitáveis. No dizer de Thomas Watson, "um coração santo é o altar que santifica a oferta, se não para satisfação, para aceitação".[50]

---

48 Joel R. Beeke, *Assurance of Faith: Calvin, English Puritanism, and the Duch Second Reformation* (Nova York: Peter Lang, 1991), 160ff.; cf. *Confissão Westminster*, cap. 18, e os Cânones de Dort, Tópico 5, para uma apreciação do entretecimento de santidade e certeza.
49 Cf. Bonar, *God's Way of Holiness*, cap. 2.
50 Watson, *A Body of Divinity*, 167.

5. *A santidade é essencial ao seu serviço efetivo prestado a Deus.* Paulo associa santificação com utilidade: "Assim, pois, se alguém a si mesmo se purificar destes erros, será utensílio para honra, santificado e útil ao seu possuidor, estando preparado para toda boa obra" (2Tm 2.21). Deus usa a santidade para assistir a pregação do evangelho e erigir o crédito da fé cristã, o qual é desonrado pela displicência dos cristãos e hipócritas que frequentemente servem melhor como aliados de Satanás.[51] Nossas vidas estão sempre fazendo bem ou dano; são uma carta aberta para todos lerem (2Co 3.2). O viver santo prega a realidade. Ele influencia e imprime como nada mais pode fazer; nenhum argumento pode rivalizá-lo. Ele exibe a beleza da religião; dá credibilidade ao testemunho e à evangelização (Fp 2.15).[52] Hugh Morgan escreve que "a santidade é o modo mais eficaz de influenciar pessoas não convertidas e gerar nelas a disposição de ouvir a pregação do evangelho" (Mt 5.16; 1Pe 3.1,2).[53]

A santidade se manifesta na humildade e reverência para com Deus. Esses são aqueles a quem Deus busca e usa (Is 66.2). Como observa Andrew Murray:

> O grande teste de se a santidade que professamos buscar ou alcançar é verdade e vida será *se ela se manifesta na crescente humildade que produz*. Na criatura, a humildade é algo necessário para permitir que a santidade de Deus habite nela e brilhe através dela. Em Jesus, o santo de Deus que nos faz santos, uma humildade divina foi o segredo de Sua vida, de Sua morte e de Sua exaltação; o teste infalível de nossa santidade será a humildade diante de Deus e dos homens, a qual nos caracteriza. A humildade é o botão e a beleza da santidade.[54]

6. *A santidade nos qualifica para o céu* (Ap 21.27). Hebreus 12.14 reza: "Segui [literalmente, persegui]... a santificação, sem a qual ninguém verá o Senhor." Como escreveu John Owen:

---

51 Ryle, *Holiness*, 62.
52 Leonard J. Coppes, *Are Five Ponts Enough? Ten Points of Calvinism* (Manassas, Va.: Reformation Educational Foundation, 1980), 94-96.
53 Hugh D. Morgan, *The Holiness of God and of His People* (Bridgend, Wales: Evangelical Press of Wales, 1979), 9.
54 Andrew Murray, *Humility: The Beauty of Holiness* (Old Tappan, N.J.: Revell, n.d), 40.

Não há imaginação com que o homem mais se inebria e se embrutece, nenhuma tão perniciosa do que esta: que as pessoas não purificadas, não santificadas, de uma vida não piedosa, mais tarde são introduzidas naquele estado de bem-aventurança que consiste no desfruto de Deus. Tampouco tais pessoas podem desfrutar de Deus, nem Deus lhes seria um galardão. É verdade que a santidade é aperfeiçoada no céu. Mas o início dela se confina invariavelmente a este mundo. Deus a ninguém leva para o céu senão a quem Ele santifica na terra. Esta Cabeça viva não admitirá membros mortos.[55]

OBSTÁCULOS AO CULTIVO DA SANTIDADE

O cultivo, inevitavelmente, se deparará com numerosos obstáculos. A santidade conta com muitos impedimentos. Cinco problemas comuns contra os quais temos de estar em guarda são estes:

1. Nossa atitude para com o pecado e nossa própria vida propende a ser mais *egocêntrica* do que *teocêntrica*. Frequentemente nos preocupamos mais com as consequências do pecado ou a vitória sobre o pecado do que com o como nossos pecados entristecem a Deus. O cultivo da santidade necessita incluir aversão pelo pecado, da mesma forma como Deus odeia o pecado. A santidade não é meramente amar a Deus e a nossos semelhantes; envolve também aversão. Esta aversão pelo pecado é elemento básico para a santidade. Os que amam a Deus sentem aversão pelo pecado (Pv 8.36). Devemos cultivar uma atitude que vê o pecado como sendo sempre preeminentemente contra Deus (Sl 51.4).[56]

Conceitos inferiores e distorcidos do pecado colhem conceitos inferiores e distorcidos da santidade. "Conceitos errôneos sobre a santidade em geral são identificáveis com conceitos errôneos sobre a corrupção humana", asseverou J. C. Ryle. "Se uma pessoa não compreende a perigosa natureza das enfermidades de sua alma, não carece surpresa se ela contentar-se com remédios falsos

---

55 Thomas, *Puritan Quotations*, 141.
56 William S. Plumer, *Psalms* (1867; repr, Edinburgh: Banner of Truth Trust, 1975), 557.

ou imperfeitos."⁵⁷ Cultivar a santidade demanda a rejeição do orgulho da vida e das concupiscências da carne, e da mesma forma da oração, "Dá-me o único olho para o Teu Nome glorificar" (Psalter 236, estrofe 2).

Falhamos quando não vivemos com nossas prioridades conscientemente centradas na Palavra de Deus, na vontade e na glória. Nas palavras do teólogo escocês, John Brown, "a santidade não consiste em especulações místicas, fervores entusiásticos, ou austeridades não ordenadas; ela consiste em pensar como Deus pensa e querer como Deus quer".⁵⁸

2. Nosso progresso é barrado quando entendemos mal "viver pela fé" (Gl 2.20) como que implicando: *não se requer de nós nenhum esforço para a santidade*. Algumas vezes somos até mesmo propensos a considerar o esforço humano como pecaminoso ou "carnal". Aqui, o bispo Ryle nos fornece um corretivo:

> Acaso é sábio proclamar de uma maneira tão insultuosa, desnuda e inqualificável, como tantos fazem, que a santidade da pessoa convertida é somente pela fé, e não também pelo exercício pessoal? Acaso isto está de acordo com a proporção da Palavra de Deus? Tenho dúvida. Que a fé em Cristo é a raiz de toda a santidade, nenhum cristão bem instruído jamais pensará em negar. Mas, seguramente, as Escrituras nos ensinam que, ao seguir a santidade, o verdadeiro cristão necessita de exercício e obra pessoais, tanto quanto da fé.⁵⁹

Somos responsáveis pela santidade. De quem é a culpa, senão unicamente nossa, se não somos santos? O conselho de Ralph Erskine é que precisamos implementar a atitude de *lutar ou fugir* com respeito às tentações pecaminosas. Algumas vezes precisamos simplesmente ouvir a clara injunção de Pedro: "Amados, exorto-vos, como peregrino e forasteiro que sois, a vos absterdes das paixões carnais, que fazem guerra contra a alma" (1Pe 2.11). *Abstenção* – eis o que é simples.

---

57 Ryle, *Holiness*, 1-2.
58 John Brown, *Expository Discourses on 1 Peter* (1848; repr. Edinburgh: Banner of Truth Trust, 1978), 1:106.
59 Ryle, *Holiness*, viii.

Se você já se despiu do velho homem e já se vestiu do novo (Ef 4.22-32), viva em conformidade com isso (Cl 3.9,10). Mortifique seus membros (i.e., hábitos impuros) e busque aquelas coisas que são do alto (Cl 3.1-5) – não como uma forma de legalismo, e sim como uma repercussão da benção divina (Cl 2.9-23).[60] Faça um pacto com seus olhos e pés e mãos para se afastarem da iniquidade (Jó 31.1). Visualize outro caminho; ande por outro caminho. Descarte a ira descontrolada, o mexerico e a amargura. Mate o pecado (Rm 8.13) pelo sangue de Cristo. Owen escreveu: "Põe a fé em ação, em Cristo, para a morte de teu pecado, e viverás... para ver tuas concupiscências mortas a teus pés."[61]

3. Em contrapartida, falhamos miseravelmente quando *nos orgulhamos de nossa santidade e pensamos que nossos exercícios valem muito para produzir a santidade* à parte da fé. Do início ao fim, a santidade é obra de Deus e de Sua livre graça (*Confissão de Fé Westminster*, cap. 13). No dizer de Richard Sibbes, "Pela graça somos o que somos, na justificação; e operamos o que operamos, na santificação."[62] A santidade não é parcialmente obra de Deus e parcialmente obra nossa. Santidade manufaturada por nosso coração não é santidade segundo o coração de Deus. Toda a elaboração da vida cristã, de nossa parte, é fruto do operar de Deus em nós e através de nós: "Assim, pois, amados meus, como sempre obedecestes, não só em minha presença, porém, muito mais agora, em minha ausência, desenvolvei a vossa salvação com temor e tremor; porque Deus é quem efetua em vós tanto o querer como o realizar, segundo a sua boa vontade" (Fp 2.12,13). A. W. Pink escreveu: "Os regenerados têm uma natureza espiritual interior que os capacita a ação santa, do contrário não haveria diferença entre eles e os não-regenerados."[63] Não obstante, a auto santificação, estritamente falando, não existe.[64] Fazemos boas obras, porém não levamos mérito por elas (pois, o que pode-

---

60 Sinclair Ferguson, "the Reformed View", in *Christian Spirituality: Five Views of Sanctification*, ed. Donald L. Alexander (Downers Grove, Ill.: InterVarsity Press, 1988), 64.
61 Owen, *Works*, 6:76.
62 Blanchard, *More Gathered Gold*, 152.
63 Ibid., 149.
64 Peter Toon, *Justification and Sanctification* (Westchester, Ill.: Crossway, 1983), p. 40.

mos merecer?); mais ainda, somos devedores a Deus pelas boas obras que fazemos, e não Ele a nós" (*Confissão de Fé Belga*, Art. 24). Como Calvino explicou, "a santidade não é um mérito pelo qual podemos alcançar comunhão com Deus, e sim um dom de Cristo que nos capacita a aderirmos a Ele e o seguirmos".[65] John Murray o expressa desta maneira: "A ação de Deus em nós não é suspensa porque agimos, nem nossa ação é suspensa porque Deus age. Nem é a relação estritamente a de cooperação como se Deus fizesse Sua parte e nós, a nossa. ... Deus age em nós e nós também agimos. Mas a relação é aquela, *porque* Deus age, nós agimos."[66]

> *E toda virtude que possuímos,*
> *E toda vitória que conquistamos,*
> *E todo pensamento de santidade*
> *São unicamente d'Ele.*

Kenneth Prior adverte: "Há um perigo sutil de falarmos de santificação como vinda essencialmente de nosso próprio esforço e iniciativa. Podemos fazer isso conscientemente mesmo quando reconhecemos nossa necessidade do poder do Espírito Santo, fazendo a operação daquele poder dependente de nossa rendição e consagração."[67]

Nossa dependência de Deus para a santidade deveria humilhar-nos. Santidade e humildade são inseparáveis.[68] Um dos traços mais comuns que compartilham é que nem um nem o outro se reconhece. A maioria dos santos se queixa de sua impureza; a maioria se humilha de seu orgulho. Aqueles de nós que evocamos para serem mestres e exemplos de santidade devem acautelarem-se do sutil e insidioso orgulho de introduzir seu curso em nossa suposta santidade.

---

65 Blanchard, *More Gathered Gold*, 148.
66 John Murray, *Redemption Accomplished and Applied* (Grand Rapids: Eerdmans, 1955), 184-85.
67 Kenneth Prior, *The Way of Holiness: A Study in Christian Growth* (Downers Grove, Ill.: InterVarsity Press, 1982), 42.
68 Cf. G. C. Berkouwer, *Faith and Sanctification*, trans. John Vriend (Grand Rapids: Eerdmans, 1952), cap. 6.

A santidade é grandemente impedida por qualquer número de conceitos errôneos de santidade em sua relação com a humildade; por exemplo:

- Tão logo pensamos, falamos ou agimos, como se nossa própria santidade fosse suficiente sem ser vestida com a humildade de Cristo, já estamos desenvolvendo o orgulho espiritual.
- Quando começamos a sentir complacência de nossa santidade, estamos longe de ambas: santidade e humildade.
- Quando o auto aviltamento está ausente, então a santidade também está ausente.
- Quando o auto aviltamento não nos leva a buscar asilo em Cristo e em Sua santidade, então a santidade está ausente.
- Sem uma vida dependente de Cristo, significa que não possuímos a santidade.

4. *Abraçar conceitos anti-bíblicos e errôneos sobre a santidade* pode interferir grandemente em nossa santidade. A necessidade de experimentarmos "a segunda benção", ou vários dons carismáticos, tais como falar em línguas ou fé curadora, a ansiosa busca de nosso próprio dom especial do Espírito, e a aceitação de Jesus como Salvador, mas não como o Senhor – estes são apenas umas poucas das muitas interpretações errôneas da Escritura que podem inclinar-nos a uma compreensão própria da santidade em nossas vidas pessoais. Ainda que abordar estas questões esteja além do escopo deste capítulo, que me seja permitido fornecer três afirmações sucintas. Concernente ao primeiro erro supramencionado, não é só *da* segunda benção que o crente necessita, mas ele necessita, sim, de *uma* segunda benção, mas também de uma terceira, quarta e quinta – sim, ele necessita da benção contínua do Espírito Santo a fim de avançar em santidade, de modo que Cristo cresça nele e ele em Cristo (Jo 3.30). Concernente ao segundo erro supramencionado, John Scott sabiamente comenta que "quando Paulo escreveu aos Coríntios, que eram carentes dos dons espirituais (1Co 1.7), ele deixa claro que a evidência do enchimento do Espírito não é o exercício de Seus dons (dos quais eles possuíam em

abundância), e sim o sazonamento de seus frutos (dos quais eles possuíam pouco)."[69] E com respeito ao terceiro erro, de separar o Salvador de Seu senhorio, o Catecismo de Heidelberg fornece um corretivo sucinto na Questão 30: "Uma destas duas coisas deve ser verdadeira: ou que Jesus não é um Salvador completo, ou que aqueles que, por uma fé genuína, recebem este Salvador deveriam descobrir n'Ele todas as coisas que são necessárias para sua salvação."

5. Somos propensos a *esquivar-nos da batalha da guerra espiritual diária*. Ninguém gosta de guerra. Com frequência o crente se faz cego para seus próprios inimigos reais – a um Satanás sutil, a um mundo tentador e, especialmente, à realidade de sua própria poluição progressiva, a qual Paulo tão pungentemente expressa em Romanos 7.14-25. Ser santo entre santos é receber graça; ser santo entre ímpios é uma grande graça! Manter a santidade pessoal em um mundo ímpio, com um coração propenso à apostasia, requer uma luta perpétua. Envolverá conflito, guerra santa, luta contra Satanás, batalha entre a carne e o espírito (Gl 5.17). O crente não só tem paz de consciência, mas também guerra interior (Rm 7.24–8.1). Como assevera Samuel Rutherford, "A guerra do diabo é preferível à paz do diabo."[70] Daí os remédios da santidade de Cristo (Hb 7.25-28) e da armadura cristã fornecida pelo Espírito (Ef 6.10-20) serem ignorados em nossos perigos. A verdadeira santidade tem de ser buscada contra a tela de fundo de uma consciência viva do pecado permanente que continua a viver em nossos corações e a enganar nosso entendimento. O homem santo, diferente dos demais, nunca está em paz com o pecado reinante. Ainda que esteja longe da apostasia, ele, repetidas vezes, se sente humilhado e envergonhado em razão de seu pecado.

CULTIVADA A ALEGRIA DA SANTIDADE

Uma vida santa tem de ser uma de alegria no Senhor, não de labuta negativa (Ne 8.10). A ideia de que santidade requer uma disposição melancólica

---

69 John Scott, *The Baptism and Fullness of the Holy Spirit*, 2nd ed. (Downers Grove, Ill.: InterVarsity Press, 1975), 50.
70 Samuel Rutherford, *The Trial and Triumph of Faith* (Edinburgh: William Collins, 1845), 403.

é uma trágica distorção da Escritura. Ao contrário, a Escritura assevera que os que cultivam a santidade experimentam um verdadeiro contentamento. Disse Jesus: "Se guardardes os meus mandamentos, permanecereis em meu amor, assim como também eu tenho guardado os mandamentos de meu Pai e em seu amor permaneço. Tenho-vos dito estas coisas para que meu gozo esteja em vós, e o vosso gozo seja completo" (Jo 15.10,11). Os que são obedientes – que vão após a santidade como um meio de vida – saberão que a alegria que flui da comunhão com Deus é uma alegria suprema, uma alegria que está em curso, e uma alegria antecipada.

1. *A alegria suprema: comunhão com Deus.* Não pode haver alegria maior do que a de comunhão com Deus. "Em tua presença há plenitude de alegria" (Sl 16.10). A verdadeira alegria emana de Deus quando somos capacitados a andar em comunhão com Ele. Quando interrompemos nossa comunhão com Deus, em decorrência do pecado, temos que retroceder, como fez Davi, quando Lhe apresentou sua oração penitencial: "Restitui-me a alegria de tua salvação e sustenta-me com um espírito voluntário" (Sl 51.12). As palavras que Jesus disse ao bandido na cruz representam o principal deleite de todo filho de Deus: "Hoje mesmo estarás comigo no paraíso" (Lc 23.43).

2. *Alegria contínua: certeza permanente.* A verdadeira santidade obedece a Deus, e a obediência sempre confia em Deus. Ela crê: "E sabemos que todas as coisas cooperam para o bem daqueles que amam a Deus" (Rm 8.28) – mesmo quando ela não pode ser vista. Como os fiéis tecelões de um tapete persa, que às cegas entrelaçam todas as cores do filamento para o supervisor elaborar o modelo que se encontra acima deles, os santos íntimos de Deus são aqueles que Lhe entregam até mesmo os fios negros que Ele demanda, sabendo que Seu modelo tem uma perfeição vinda do alto, não obstante a confusão retorcida debaixo desse [tapete]. Você conhece esta profunda confiança infantil ao crer nas palavras de Jesus: "O que eu faço não o sabes agora, compreendê-lo-ás depois" (Jo 13.7)? Essa alegria contínua e estável excede toda compreensão. A santidade colhe jubiloso contentamento; "grande fonte de lucro é a piedade com contentamento" (1Tm 6.6).

3. *A alegria antecipada: eterno e gracioso galardão*. Jesus foi motivado a suportar Seus sofrimentos pela antecipação da alegria de Seu galardão (Hb 12.1,2). Os crentes também podem contemplar a alegria de seu Senhor quando buscarem a santidade, na força de Cristo, por toda sua vida. Pela graça, podem antecipar jubilosamente seu galardão eterno: "Bem está, servo bom e fiel... entra no gozo de teu senhor" (Mt 25.21,23). John Whitlock notou: "Eis o caminho do cristão e seu propósito – seu caminho é a santidade; seu propósito, a felicidade."[71]

A santidade é seu próprio galardão, pois a glória eterna é a santidade aperfeiçoada. "As almas dos crentes são, em sua morte, aperfeiçoadas em santidade (*Breve Catecismo Westminster*, Questão 37). Igualmente, seus corpos ressuscitarão imortais e incorruptíveis, perfeitos em santidade e completos em glorificação (1Co 15.49,53). O crente será, finalmente, o que sempre desejou ser desde sua regeneração – perfeitamente santo no Deus Trino. Ele entrará na glória eterna como filho de Deus e co-herdeiro com Cristo (Fp 3.20,21; Rm 8.17). Finalmente, será semelhante a Cristo, santo e sem mácula (Ef 5.25-27), eternamente magnificando e exaltando as insondáveis generosidades da soberana graça de Deus. Realmente, como o expressou Calvino, "O pensamento da grande nobreza que Deus nos tem conferido deveria aguçar nosso desejo por santidade."[72]

APLICAÇÃO FINAL

Certa vez li de um missionário que tinha em seu jardim um arbusto que produzia folhas venenosas. Naquele tempo, ele tinha um filho que era inclinado pôr em sua boca qualquer coisa que tivesse ao alcance. Naturalmente, ele arrancou o arbusto e o jogou fora. No entanto, as raízes do arbusto eram bem profundas. Logo o arbusto brotou de novo. Repetidamente, o missionário tinha que arrancá-lo. Não havia solução, senão inspecionar o solo todos os dias e arrancar o arbusto toda vez que vinha à superfície. O pecado habitante é

---

71 Thomas, *Puritan Quotations*, 140.
72 Blanchard, *More Gathered Gold*, 153.

como aquele arbusto. Tem de ser constantemente arrancado. Nossos corações necessitam de contínua mortificação. Como John Owen nos adverte:

> Temos de exercitar [a mortificação] todos os dias, e com toda submissão. O pecado não morrerá, a menos que seja constantemente enfraquecido. Se for poupado, ele sarará suas feridas e recuperará suas forças. Devemos velar continuamente contra as operações deste princípio do pecado: em nossas obrigações, em nossa vocação, na conversação, no isolamento, em nossas aperturas, em nossos folguedos e em tudo o que fazemos. Se formos negligentes em qualquer ocasião, ele nos fará sofrer; todo equívoco, toda negligência é perigosa.[73]

Prossiga a erradicar o pecado e a cultivar a santidade. Prossiga combatendo o bom combate da fé sob o melhor dos generais, Jesus Cristo; com o melhor dos advogados, o Espírito Santo; pelas melhores seguranças, as promessas de Deus; para o melhor dos resultados, a glória eterna.

Acaso você tem sido persuadido de que o cultivo da santidade vale o preço de dizer "não" ao pecado e "sim" a Deus? Você conhece a alegria de andar os caminhos de Deus? A alegria de experimentar o brando jugo de Jesus e a leveza de seu fardo? A alegria de não pertencer a si mesmo, mas pertencer ao "fiel Salvador Jesus Cristo", que o faz "sinceramente disposto e pronto a doravante viver para Ele" (*Catecismo de Heidelberg*, Questão 1)? Você é santo? Thomas Brooks nos fornece sessenta marcas sobre "como sabermos se possuímos a santidade real", as quais incluem marcas como estas: o crente santo "admira a santidade de Deus... possui santidade difusa que se espalha sobre a cabeça e coração, lábios e vida, interior e exterior, ... sobe os mais elevados degraus de santidade, ... odeia e detesta toda impiedade e perversidade, ... se entristece ante sua própria vileza e conspurcação."[74] É uma lista exaustiva, no entanto,

---

73 Owen, *Works*, 3:310.
74 "The Crown and Glory of Christianity: or Holiness, The Only Way to Happiness", in *The Works of Thomas Brooks* (1864; repr. Edinburgh: Banner of Truth Trust, 1980), 4:103-150. Eu sumariei as marcas de Brooks. Todo seu tratado sobre a santidade (446 paginas) constitui um valioso clássico, mas tem sido estranhamente negligenciado nos estudos contemporâneos sobre a santidade.

bíblica. Sem dúvida, todos nós falhamos, no entanto paira a pergunta: Acaso nos diligenciamos na aquisição dessas marcas da santidade?

Talvez você responda: "Quem é suficiente para estas coisas" (2Co 2.16)? A pronta resposta de Paulo é: "não que, por nós mesmos, sejamos capazes de pensar alguma coisa, como se partisse de nós; pelo contrário, nossa suficiência vem de Deus" (2Co 3.5). "Você quer ser santo? ... então deve *começar com Cristo*. ... Você quer continuar santo? ... então *permaneça em Cristo*."[75] "A santidade não é o caminho para Cristo; é Cristo que é o caminho para a santidade."[76] Fora d'Ele não há santidade. Então, toda a lista das marcas da santidade nos condenaria ao inferno. Em última análise, naturalmente, a santidade não é uma lista; é muito mais – é uma vida, uma vida em Jesus Cristo. A santidade nos crentes prova que eles estão unidos a Cristo, pois obediência santificada é impossível sem Ele. Em Cristo, porém, o chamado à santidade permanece dentro do contexto de *sola gratia* (graça somente) e *sola fide* (fé somente).[77] "Se observares, SENHOR, iniquidades, quem, Senhor, subsistirá? Contigo, porém, está o perdão, para que te temam" (Sl 130.3,4).

Calvino escreve que, "visto que Cristo não pode ser conhecido à parte da santificação do Espírito, segue-se que a fé de modo algum pode ser separada de uma disposição devota".[78] Cristo, o Espírito Santo, a Palavra de Deus, a santidade, a graça e a fé são inseparáveis. Faça sua esta oração: "Senhor, concede que eu cultive a santidade hoje – não por mérito meu, mas por gratidão, por Tua graça através da fé em Jesus Cristo. Santifica-me pelo sangue de Cristo, o Espírito de Cristo e a Palavra de Deus." Ore com Robert Murray M'Cheyne: "Senhor, faze-me tão santo quanto é possível a um pecador perdoado."[79]

---

75 Ryle, *Holiness*, 71-72.
76 Blanchard, *Gathered Gold*, 146.
77 Cf. Berkouwer, *Faith and Sanctification*, cap. 2.
78 *Institutes*, 3.2.8.
79 Blanchard, *Gathered Gold*, 146.

CAPÍTULO 19

O PODER PERENE DA PREGAÇÃO EXPERIENCIAL REFORMADA

Enquanto eu estava engajado nas Reservas do Exército Americano, certo dia um sargento enorme, negro, pôs sua mão sobre meu ombro e disse: "Filho, se um dia você tiver que ir à guerra, há três coisas na batalha que precisa lembrar: quais as táticas que você tem de usar, como a luta prossegue (que geralmente é muito diferente de como ela termina) e qual a meta da batalha."

Aquele sargento me deu abordagem experiencial para lutar. Seus três pontos fornecem também a percepção de como a religião experiencial e a pregação devem terminar. Há cinco questões que gostaria de considerar quando abordamos o importante tema da pregação experiencial reformada:

- O que é religião e pregação experienciais?
- Por que o aspecto experiencial da pregação é necessário?
- Quais são as características essenciais da pregação experiencial?
- Por que o ministro deve estar preparado, em termos de experiência, para o ministério?
- Quais as lições práticas sobre o viver cristão podemos aprender da pregação experiencial de nossos antecessores?

DEFINIÇÃO DE RELIGIÃO E PREGAÇÃO EXPERIENCIAIS

O termo *experiencial* vem do latim *experimentum*, que significa prova. Ele se deriva do verbo *experior*, que significa testar, provar ou expor a teste. Esse mesmo verbo pode significar também achar ou conhecer por meio da experiência, levando assim à palavra *experientia*, que significa conhecimento adquirido por experimento. Calvino usava experiencial e experimental, intercambiavelmente, já que ambas as palavras, no ensino bíblico, indicam a necessidade de medir o conhecimento experienciado contra a pedra de toque da Escritura.

A pregação experiencial ou experimental aborda a vital questão de como um cristão experimenta em sua vida a verdade bíblica, a doutrina cristã. Uma definição funcional de pregação experimental pode ser: a pregação experimental busca explicar, em termos de verdade bíblica, como as questões devem prosseguir, como prosseguem e qual é a meta da vida cristã. Seu alvo é aplicar a verdade divina a todo o âmbito da experiência pessoal do crente, inclusive suas relações com a família, a igreja e o mundo que o cerca.

Paul Helm escreveu sobre esse tipo de pregação: "A situação [hoje] requer que a pregação cubra todo o âmbito da experiência cristã e uma teologia experiencial desenvolvida. A pregação deve dar diretriz e instrução aos cristãos em termos de sua experiência concreta. Ela não deve lidar com as irrealidades ou tratar as congregações como se vivessem em um século diferente ou circunstâncias completamente diferentes. Isto envolve tomar a plena medida de nossa situação moderna e amoldar-se, com plena simpatia, às experiências concretas, as esperanças e temores, do povo cristão."[1]

A pregação experimental é pregação discriminatória, significando que ela define claramente a diferença entre um cristão e um não-cristão, abrindo o reino do céu a um e fechando-o contra o outro. A pregação discriminatória oferece o perdão de pecados e a vida eterna a todos os que, com uma fé genuína, abraçam Cristo como Salvador e Senhor, mas igualmente proclama a ira

---

1 "Christian Experience", *Banner of Truth Trust*, no. 139 (abril de 1975): 6.

de Deus e Sua eterna condenação sobre os que são incrédulos, impenitentes e não convertidos. Tal pregação ensina que, a menos que nossa religião seja experienciada, pereceremos, não porque a experiência em si mesma salva, mas porque o Cristo que salva pecadores tem de ser experienciado pessoalmente como o fundamento sobre o qual nossa eterna esperança é edificada (Mt 7.22-27; 1Co 1.30; 2.2).

A pregação experimental é aplicativa. Ela aplica o texto a cada aspecto da vida do ouvinte, promovendo uma religião que é realmente um poder, e não mera forma (2Tm 3.5). Robert Burns definiu tal religião como "o cristianismo trouxe meta à atividade e desejos aos homens", e disse que o princípio sobre o qual ela repousa é "aquele cristianismo que não só deve ser conhecido, e assimilado, e crido, mas também sentido, e desfrutado, e praticamente aplicado."[2]

A pregação experimental, pois, ensina que a fé cristã deve ser experienciada, provada e vivida através do poder salvífico do Espírito Santo. Ela realça o conhecimento da verdade bíblica "que é apta para tornar-nos sábios para a salvação pela fé em Cristo Jesus" (2Tm 3.15). Especificamente, tal pregação ensina que Cristo, a Palavra viva (Jo 1.1) e a própria incorporação da verdade, deve ser experiencialmente conhecido e abraçado. Ela proclama a necessidade que o pecador tem de experimentar quem é Deus em Seu Filho. Como reza João 17.3, "E a vida eterna é esta: que te conheçam a ti, o único Deus verdadeiro, e a Jesus Cristo, a quem enviaste." Neste texto, bem como nos demais usos bíblicos, a palavra *conhecer* não indica familiaridade casual, e sim uma relação profunda e permanente. Por exemplo, Gênesis 4.1 usa a palavra *conhecer* para insinuar intimidade conjugal: "E Adão *conheceu* a Eva, sua esposa; e ela concebeu e deu à luz Caim." A pregação experimental põe em relevo o conhecimento íntimo e pessoal de Deus em Cristo.

Tal conhecimento nunca se divorcia da Escritura. Em conformidade com Isaías 8.20, todas as nossas convicções, inclusive nossas experiências, têm de ser testadas pela Santa Escritura. Certa vez, Martinho Lutero disse: "Se não posso remontar minhas experiências à Bíblia, então não

---

2 *Works of Thomas Halyburton* (Londres: Thomas Tegg, 1835), xiv-xv.

procedem do Senhor, e sim do diabo." De fato, é isso que a palavra *experimental*, derivada do experimento, pretende comunicar. Justamente como o experimento científico significa testar uma hipótese contra um corpo de evidência, assim pregação experimental envolve o exame da experiência à luz do ensino da Palavra de Deus.

A pregação experimental reformada, baseada na Palavra de Deus, é teocêntrica, antes que antropocêntrica. Há os que acusam os puritanos de fazerem o homem centrado em sua paixão pela experiência piedosa. Mas, como argumenta J. I. Packer, os puritanos não estavam interessados em traçar a experiência da obra do Espírito às suas almas para promoverem sua própria experiência, mas em serem arrancados de si mesmos para Cristo, em quem podiam então entrar em comunhão com o Deus Trino.

Esta paixão pela comunhão com o Deus Trino significa que a pregação experimental não só se dirigia à consciência do crente, mas também à sua relação com os outros, na igreja e no mundo. Se a pregação experimental me levou apenas a examinar minhas experiências e minha relação com Deus, dificilmente ela afetaria minha interação com a família, os membros da igreja e a sociedade. Ela permaneceria autocentrada. Em vez disso, a verdadeira pregação experimental leva o crente à esfera da experiência cristã vital, inspirando o amor para com Deus e Sua glória, bem como uma ardente paixão em declarar esse amor para com aqueles que o cercam. Um crente assim instruído não pode deixar de ser evangelista, posto que a experiência vital e um coração posto em missões são inseparáveis.

Em suma, a pregação experimental reformada abrange todo o âmbito do viver cristão. Com a benção do Espírito, sua missão é transformar o crente em tudo o que ele é e faz, de modo que se torne, mais e mais, semelhante ao Salvador.

Até o início do século 19, muitos ministros reformados se utilizaram da pregação experimental. Francis Wayland escreveu, em 1857, em suas *Notes on the Principles and Practices of the Baptist Churches* [Notas sobre os Princípios e Práticas das Igrejas Batistas]:

Da maneira como nossos ministros assumem o trabalho, fica evidente que o proeminente objetivo de suas vidas era a conversão dos homens a Deus. Foram notáveis pelo que foi chamado "pregação experimental". Disseram muito dos exercícios da alma humana sob a influência da verdade do evangelho. O sentimento de um pecador, enquanto sob o poder convincente da verdade; os vários subterfúgios a que ele recorreu quando cônscio de seu perigo; as sucessivas aplicações da verdade pela qual ele foi afastado de todas elas; o desespero da alma quando se encontra totalmente sem um refúgio; sua final submissão a Deus e a simples confiança em Cristo; as alegrias do novo nascimento e a solicitude da alma a introduzir outros na felicidade que ela pela primeira vez agora experimenta; as provações da alma quando se torna o objeto de opróbrio e perseguição entre aqueles a quem mais ama; o processo de santificação; as maquinações de Satanás para levar-nos a pecar; o modo como os ataques do adversário podem ser resistidos; o perigo da apostasia, com suas evidências, e o meio de recuperar-se dela. ... Estas observações mostram a tendência da classe de pregadores que hoje parece estar desaparecendo.[3]

Quão diferente é a pregação experimental da que costumamos ouvir hoje. Com tanta frequência a Palavra de Deus é pregada de uma maneira que não transformará os ouvintes, porque ela falha em discriminar e falha em aplicar. Tal pregação é reduzida a uma preleção, uma demonstração, um bajulador a quem as pessoas querem ouvir, ou o tipo de subjetivismo que é divorciado do fundamento da Escritura. Ela falha em explicar biblicamente o que é a chamada religião reformada vital: como um pecador deve ser despido de sua justiça, impelido a Cristo exclusivamente para a salvação, e conduzido à alegria da simples confiança em Cristo. Ela falha em mostrar como um pecador se depara com a praga do pecado habitante, batalha contra a apostasia e ganha a vitória pela fé em Cristo.

Por contraste, quando a Palavra de Deus é pregada em termos de experiência, ela "é o poder de Deus para a salvação" (Rm 1.16) que transforma

---

3 Citado em Iain Murray, *Revival and Revivalism* (Edinburgh: Banner of Truth Trust, 1986), 321-22.

os homens e nações. Tal pregação proclama diante dos portões do inferno, por assim dizer, que os que não nascerem de novo entrarão por esses portões para habitar ali eternamente, a menos que se arrependam (Lc 13.1-9). E tal pregação proclama diante dos portões do céu que os que, pela graça de Deus, perseverarem em santidade ultrapassarão esses portões para a glória eterna, onde habitarão em incessante comunhão com o Deus Trino.

Tal pregação é transformadora, porque ela reflete com exatidão a experiência vital dos filhos de Deus (cf. Rm 5.1-11), explica claramente que as marcas e frutos da graça salvífica são necessárias para o crente (Mt 5.3-12; Gl 5.22,23) e põe diante do crente e incrédulo, igualmente, suas características eternas (Ap 21.1-9).

A NECESSIDADE DA PREGAÇÃO EXPERIENCIAL

A pregação tem de ser hoje experiencial, pelas seguintes razões:

1 *A Escritura a ordena*. A pregação está calcada na exegese gramatical e histórica, mas envolve também a prática espiritual e aplicação experiencial. Em 1 Coríntios 2.10-16, Paulo diz que a boa exegese é espiritual. Visto que o Espírito sempre testifica de Jesus Cristo, a exegese sólida encontra Cristo não só na nova aliança, mas também na antiga. Como todas as estradas, no mundo antigo, levavam a Roma, assim a pregação de todos os textos deve hoje, em última análise, levar a Cristo. Jesus mesmo disse: "Examinai as Escrituras, porque julgais ter nelas a vida eterna, e são elas mesmas que testificam de mim" (Jo 5.39). De modo semelhante, quando Jesus falou com os que caminhavam para Emaús, Ele disse: "São estas as palavras que eu vos falei, estando ainda convosco: importava que se cumprisse tudo o que de mim está escrito na Lei de Moisés, nos Profetas e nos Salmos. Então, lhes abriu o entendimento para compreenderem as Escrituras" (Lc 24.44,45). Portanto, exegese espiritual é exegese cristológica e, através de Cristo, ela será exegese teológica, dando toda a glória ao Deus Trino.

A exegese oferece análise sólida das palavras, gramática, sintaxe e cenário histórico da Escritura. A pregação experimental não minimiza esses aspectos da interpretação, mas tampouco se contenta com eles. Palavras, gramática, sintaxe e cenário histórico servem a Deus na análise da Palavra de Deus, porém não são suficientes.

Pregação não é simplesmente exposição. Um ministro que apenas apresenta o significado gramatical e histórico da Palavra de Deus pode ser preletor ou orador, porém não está pregando. A Palavra tem de ser também aplicada. Esta aplicação é um característico essencial da pregação reformada. Sem ele, a vitalidade é extinta.

No Sermão do Monte, Jesus nos mostra como pregar em termos de experiência. Ele começa o sermão descrevendo os verdadeiros cidadãos do reino do céu através das beatitudes, as quais são também um belo sumário da experiência cristã. As três primeiras beatitudes (pobreza espiritual, choro e mansidão) focalizam a disposição interior do crente; a quarta (fome e sede de justiça) revela a pulsação da fé experiencial; e as últimas quatro (misericordioso, puro de coração, pacífico e perseguido) mostram a fé no seio do mundo. E assim as beatitudes revelam as marcas da piedade genuína. O resto do sermão de Jesus mostra os frutos da graça na vida do crente.

2. *A verdadeira religião é mais que conceito.* Porque a verdadeira religião é experiencial, a pregação deve relacionar-se com a experiência vital dos filhos de Deus. Considere a experiência da aflição. Romanos 4.3-5 reza: "E não somente isto, mas também nos gloriamos nas próprias tribulações, sabendo que a tribulação produz perseverança; e a perseverança, experiência; e a experiência, esperança. Ora, a esperança não confunde. Nesta passagem, Paulo considera a experiência como um importante elo das bênçãos que fluem da aflição santificada.

As epístolas de Paulo estão saturadas da verdade experiencial. Romanos 7, por exemplo, mostra que a depravação humana força o crente a gemer: "Miserável homem que sou!" E Romanos 8 leva o crente aos píncaros das riquezas divinas em Cristo, reveladas pelo Espírito em todo seu conforto e glória. Paulo conclui dizendo que nada do que experimentamos pode separar o crente do amor de Deus em Jesus Cristo.

A pregação experiencial mostra o conforto da igreja viva e a glória de Deus. Como poderia um ministro pregar as palavras iniciais de Isaías 40 sem uma ênfase experiencial? "Consolai, consolai o meu povo, diz o vosso Deus. Falai ao coração de Jerusalém, bradai-lhe que já é findo o tempo de sua milícia, que sua iniquidade está perdoada e que já recebeu em dobro das mãos do SENHOR por todos os seus pecados" (vs. 1,2). Um sermão que não está nos moldes da experiência falha em oferecer ao crente vida, poder e conforto. Também falha em glorificar a Deus como faz Isaías com tanta eloquência no restante do capítulo.

3. *Sem esse tipo de pregação, pereceríamos eternamente.* Não podemos ter fé em nossa experiência ou fé em nossa fé. Nossa fé se radica unicamente em Cristo, mas essa fé é experiencial. A não ser que edifiquemos sobre a Rocha de Jesus Cristo (Mt 7.22-27), nossa casa da esperança ruirá. É possível que alguns pregadores não saibam o que significa pessoal, vital e experiencialmente edificar sobre essa Rocha. Contudo, caso desejem conduzir outros a Cristo, acima de tudo têm que entender experiencialmente o que Paulo declara em 1 Coríntios: "Mas vós sois dele, em Cristo Jesus, o qual se nos tornou, da parte de Deus, sabedoria, e justiça, e santificação, e redenção. ... Porque decidi nada saber entre vós, senão a Jesus Cristo e este crucificado" (1Co 1.30; 2.2).

AS CARACTERÍSTICAS DA PREGAÇÃO EXPERIENCIAL

A pregação experiencial inclui as seguintes características:

1. *A Palavra de Deus nela.* A pregação flui da passagem bíblica, explanando-a de acordo com os sólidos princípios exegéticos e hermenêuticos. Como Jeremias 3.15 diz que Deus deu à Sua igreja pregadores "que vos apascentem com conhecimento e com inteligência." A pregação legítima não adiciona uma parte experiencial ao texto a ser explanado; ao contrário, com a luz do Espírito, ela extrai do texto a genuína experiência dos crentes. O ministro deve levar o sincero leite da Palavra a fim de que, pela benção do Espírito, a pregação experiencial fomentará o verdadeiro crescimento (1Pe 2.2; Rm 10.14).

O PODER PERENE DA PREGAÇÃO REFORMADA EXPERIENCIAL – 559

John Knox pregando

A centralização na Palavra preserva a pregação experiencial do misticismo anti-bíblico. O misticismo separa a experiência da Palavra de Deus, enquanto que a convicção reformada histórica demanda um cristianismo experiencial centrado em Deus, que glorifique a Deus e que é operado pelo Espírito. Esse tipo de pregação é essencial à saúde e prosperidade da igreja. No dizer de Calvino, Deus cerca e multiplica Sua igreja unicamente por meio de Sua Palavra (Tg 1.18).

2. *Ela é discernente*. Um ministro fiel ministra corretamente a Palavra da verdade com o intuito de separar o precioso do vil (Jr 15.19), enfatizando a lei e o evangelho, tanto quanto a morte em Adão e a vida em Cristo para tal propósito. Deve-se oferecer a graça a todos indiscriminadamente (Mt 13.24-30); entretanto, os atos divinos, as marcas e os frutos da graça que Deus opera em Seu povo devem ser explanados para encorajar os eleitos e expor as falsas esperanças dos hipócritas.

A pregação bíblica experiencial enfatiza o que Deus faz em, para e através de Seus eleitos. Como o expressa Filipenses 2.13, "Porque Deus é quem efetua em vós tanto o querer como o realizar, segundo sua boa vontade." Expor os atos divinos, as marcas e os frutos do graça é algo crítico em nossos dias, quando tanto passar por cristianismo genuíno, e que na verdade glorifica o homem. Devemos pregar acerca dos frutos da graça que distingue a fé genuína do cristianismo forjado. Devemos ser obedientes a 2 Coríntios 13.5, que reza assim: "Examinai-vos a vós mesmos se realmente estais na fé; provai-vos a vós mesmos"; e igualmente Tiago 2.17: "Assim, também a fé, se não tiver obras, por si só está morta."

3. *Ela explica como vão as coisas na vida do povo de Deus e como devem prosseguir* (Rm 7–8). Informar como as coisas vão sem indicar como deveriam ir acalenta o crente a cessar seu avanço em sua peregrinação espiritual. Ele não se apressa em crescer na graça e conhecimento de Cristo (2Pe 3.18). Apenas informar como as coisas deveriam estar, e não como realmente estão, desalenta o crente de assegurar-se de que o Senhor está sempre operando em seu coração. Ele pode temer que as marcas e frutos da graça são elevados demais para ele os reivindicar. E assim o verdadeiro crente necessita ouvir

ambos: deve ser estimulado, a despeito de todas as suas fragilidades, a não se desesperar por causa de Cristo (Hb 4.15). Deve também ser advertido contra a presunção de que já alcançou o fim de sua peregrinação espiritual e ser impelido a "prosseguir rumo ao alvo, ao prêmio da soberana vocação de Deus em Cristo Jesus" (Fp 3.14).

Cada cristão é um soldado. Para vencer a guerra contra o mal, um crente tem de vestir a armadura completa de Deus (Ef 6.10-20). A pregação experiencial conduz o crente ao campo de batalha, mostra-lhe como lutar, informa-o como vencer a escaramuça e lembra-o da vitória que o aguarda quando Deus o receber na glória. "Porque dele, e por meio dele, e para ele são todas as coisas. A ele, pois, a glória eternamente. Amém."

4. *Ela enfatiza o conhecimento interior*. Os teólogos antigos deleitavam-se enfatizar a diferença entre o conhecimento intelectivo e o conhecimento emotivo na fé Cristã. Para a verdadeira religião, o conhecimento intelectivo não basta; esta demanda também o conhecimento emotivo, como reza Provérbios 4.23. E Romanos 10.10 adiciona: "Porque com o coração se crê para justiça."

Para ilustrar, pondere sobre o ministro que foi a uma livraria cristã onde certo livro que fora escrito estava sendo vendido. O livreiro perguntou ao ministro se conhecia o autor do livro. Quando o homem disse sim, então o livreiro disse que ele também estava familiarizado com o autor. O ministro questionou isso; o livreiro olhou pasmo e perguntou por que estava sendo questionado. O ministro respondeu: "Senhor, se você conhecesse o autor, então me teria saudado como tal quando entrei em sua loja!"

A familiaridade do livreiro com o autor não passava de um conhecimento intelectivo. A despeito de suas alegações, na realidade ele não conhecia o autor; ele nem mesmo reconheceu o homem quando este se pôs à sua frente. Seu conhecimento do autor não era experiencial; não era o fruto de comunhão pessoal com o autor. Faltava-lhe o tipo de conhecimento emotivo que o teria tornado autêntico.

O conhecimento emotivo de Deus em Cristo resulta de um encontro pessoal e experiencial com Cristo através da maravilhosa obra do Espírito. Tal conhecimento transforma o coração e produz os frutos celestiais. Ele saboreia o Senhor e se deleita n'Ele (Jó 34.9; Sl 34.7; Is 58.14). Ele prova e vê que Deus em Cristo ama pecadores perdidos, depravados e dignos do inferno (Sl 34.8). O conhecimento emotivo inclui o apetite que degusta e digere a verdade de Deus. No dizer de Jeremias, "Achadas as tuas palavras, logo as comi; as tuas palavras me foram gozo e alegria com o coração" (Jr 15.16). O conhecimento emotivo se alegra em Deus, em Sua Palavra, em Sua verdade e em Seu Filho (Sl 144.15; 146.5).

O conhecimento emotivo não exclui o conhecimento intelectivo, porém o conhecimento intelectivo não exclui o conhecimento emotivo (Rm 10.8-21). Algumas pessoas buscam religião como um estudo objetivo ou para apaziguar sua consciência sem nem mesmo permitir que ela penetre seu coração. Nunca se sentem culpadas e condenadas diante da santa justiça de Deus. Elas não têm experienciado o livramento em Cristo, portanto não têm consciência do tipo de gratidão por aquele livramento que assenhoreia a alma, a mente e a força do crente. Por contraste, os que experimentam o conhecimento emotivo salvífico, descobrem que o pecado é tão insuportável, que Cristo Se faz plenamente necessário. Portanto, a graça do livramento, através do Salvador, é tão irresistível, que suas vidas fulguram com gratidão.

O conhecimento intelectivo não é mau em si e por si mesmo. A maioria de nossos antepassados reformados e puritanos eram altamente educados; nunca se cansavam de ressaltar o valor da educação cristã. Mas tal educação tinha de ser capacitada pelo Espírito Santo e aplicada ao coração. O conhecimento intelectivo é insuficiente sem a aplicação do Espírito ao homem interior.

5. *Deve estar centrada em Jesus Cristo* (Jo 1.29,36). De acordo com 1 Coríntios 2.2, um pregador genuíno deve ser "decidi nada saber entre vós, senão a Jesus Cristo, e este crucificado". Ou, como disse William Perkins certa vez, o coração de toda pregação é "pregar a Cristo, por meio de Cristo, para o louvor de Cristo".[4]

Cristo deve ser o começo, o meio e o fim de todo sermão (Is 61.1-3; 1Jo 1.1-4). A pregação deve exaltar a Cristo para o despertamento, a justificação, a

---

4 *Works of William Perkins* (Londres: John Legatt, 1613), 2:762.

santificação e o conforto dos pecadores (Ef 5.4; 1Co 1.30; Is 61.2). No dizer de João, "A vida estava nele e a vida era a luz dos homens. E o Verbo se fez carne e habitou entre nós, cheio de graça e de verdade, e vimos sua glória, glória como o unigênito do Pai" (Jo 1.4,14; cf. Sl 36.9; Ef 5.1,2).

A pregação experiencial deve enfatizar o que Rowland Hill chama a "árvore dos 3 Rs" da pregação: Ruína pela queda, Retidão [justiça] por meio de Cristo e Regeneração pelo Espírito. A experiência não salva o pecador, porém Cristo salva de uma maneira experiencial (Fp 1.6). Cristo é o divino suporte sobre o qual gira a genuína experiência.

A pregação experiencial ensina que um cristão não deve separar-se de Cristo. Muito embora a convicção de pecado não nos salve, não obstante, ela é crítica. Sob a tutela do Espírito, a convicção de pecado e miséria nos leva ao Salvador, na qual clamamos: "Dá-me Jesus, senão eu morro!" Como Martinho Lutero disse certa vez: "Ser salvo é lançar-se aos pés de Jesus."

6. *Seu alvo é glorificar o Deus Trino*: o amor eterno e o beneplácito do Pai, a obra redentora e mediadora de Cristo e o ministério santificador e preservador do Espírito. Na pregação, o alvo do ministro é ajudar pessoas a apaixonarem-se por cada pessoa da Trindade. No dizer de Samuel Rutherdord, "Não sei que pessoa divina eu amo mais, mas disto eu sei: eu necessito e amo cada uma delas."

A pregação experiencial enfatiza a natureza centrada em Deus de cada benefício da salvação: vocação interna, regeneração, fé, justificação, santificação e perseverança. Ela diferencia entre o que é do homem e o que é de Deus. Ela exalta o que é de Deus e avilta o que é do homem (Jo 3.30).

Busquemos graça diariamente, para que experimentemos a obra salvífica do Deus Trino. Não podemos oferecer melhor petição do que a oração simples de Moisés: "rogo-te que me faças saber neste momento o teu caminho, para que eu te conheça e ache graça aos teus olhos" (Ex 33.13). Segundo a oração de Sukey Harley, "Faze-me, ó Senhor, conhecer a mim mesmo; faze-me conhecer a Ti mesmo." Conhecer Deus é o âmago da experiência cristã genuína (cf. Jr 9.23,24; Jo 17.3).

Partidários do culto em campo aberto

PREPARAÇÃO PARA O MINISTÉRIO

É impossível separar o viver piedoso e experiencial do verdadeiro ministério experiencial. A santificação do coração de um ministro não é meramente ideal; é absolutamente necessária, seja pessoalmente, seja para sua vocação como ministro do evangelho.

A Escritura afirma que não deve haver disparidade entre o coração, o caráter e a vida de um homem que é chamado para proclamar a Palavra de Deus e conteúdo de sua mensagem. "Tem cuidado de ti mesmo e da doutrina. Continua nestes deveres; porque, fazendo assim, salvarás tanto a ti mesmo como aos seus ouvintes" (1Tm 4.16).

Jesus condenou os fariseus e escribas por não praticarem o que proclamavam. Ele os culpou pela diferença existente entre suas palavras e seus atos; entre o que proclamavam professamente e como agiam em sua vida diária. Os ministros confessionais, mais que quaisquer outros, deveriam considerar bem as palavras contundentes de Cristo: "Na cadeira de Moisés, se assentaram os escribas e os fariseus. Fazei e guardai, pois, tudo quanto eles vos disserem, porém não os imiteis em suas obras; porque dizem e não fazem" (Mt 23.2,3). Como ministros, somos chamados para sermos santos em nossa relação pessoal com Deus, em nossa função de maridos e pais em nossos lares, bem como de pastores entre nosso povo quando subimos ao nosso púlpito. Não deve haver distinção entre nossa vocação e nosso viver, nossa confissão e nossa prática.

A Escritura diz que há uma relação de causa e efeito entre o caráter da vida de um homem como cristão e sua produtividade como ministro (Mt 7.17-20). A obra de um ministro costuma ser abençoada em proporção à santificação de seu coração diante de Deus. Portanto, os ministros devem buscar a graça de edificar a casa de Deus com a sólida pregação experiencial e a doutrina, tanto quanto com uma vida santificada. Nossa pregação deve moldar nossa vida; e nossa vida deve adornar nossa pregação. Como escreveu John Boys, "Prega mais quem vive melhor."

Deveríamos ser o que pregamos, não só aplicando-nos aos nossos textos, mas também aplicando os nossos textos a nós mesmos. Nossos corações deveriam ser os traslados de nossos sermões.[5] De igual modo, como advertiu John Owen, "Se um homem ensina corretamente e anda tortuosamente, mais ruína haverá na noite de sua vida do que edificação no dia de sua doutrina."

LIÇÕES DOS PREGADORES EXPERIENCIAIS

Os velhos pregadores experienciais foram mestres na aplicação da verdade aos seus próprios corações, tanto quanto aos dos outros. Eis algumas lições da parte dos teólogos que nos servirão bem hoje.

1. *Viva em intimidade com Deus.* Você não pode imitar o viver reformado e experiencial, da mesma forma que não pode imitar a pregação reformada e experiencial. Como as pessoas veem através dos ministros que não vivem o que pregam, assim devemos viver em comunhão com Deus a fim de mostrarmos aos outros que o Cristianismo é real e experiencial. Para que nossas

---

5 Gardiner Spring, *The Power of the Pulpit* (reprint Edinbnurgh: Banner of Truth Trust, 1986), 154.

palavras e ações comuniquem santa piedade, nossos próprios pensamentos têm que pulsar com aquela piedade que só flui de uma vida íntima com Deus. Como um homem pensa, assim ele é.

2. *Busque ardorosamente a piedade em dependência do Espírito Santo.* O caminho para o viver santo é surpreendentemente simples: devemos andar com Deus como Ele mesmo determinou (Mq 6.8). Fazendo uso diligente dos meios de graça e as disciplinas espirituais, e esperando sempre pela benção do Espírito Santo. Note que o viver piedoso envolve, respectivamente, disciplina e graça. Esta ênfase sobre dever e graça é fundamental à perspectiva reformada e experiencial sobre dever e graça.[6] Como escreveu John Flavel, "O dever é nosso, ainda que o poder seja de Deus. Um homem natural não possui poder; um homem agraciado possui algum, ainda que não seja suficiente; e esse poder que ele tem depende da força assistente de Cristo."[7]

De igual modo, escreveu John Owen: "O Espírito Santo é o santificador peculiar e imediato de todos os crentes, bem como o autor de toda a santidade neles." O Espírito aplica o que não temos, de modo a prosseguirmos rumo ao alvo da santidade, capacitando-nos, como crentes, a "render obediência a Deus... pela virtude da vida e morte de Jesus Cristo".[8]

O crente, pois, é capacitado, no dizer de Flavel, com "um constante e diligente uso e melhoramento de todos os meios e deveres santos, a preservar do pecado a alma, e manter sua doce e livre comunhão com Deus".[9] Podemos ainda ser encorajados pelo conselho de Owen: "Se pretendes expandir tua religião, então expanda mais tuas devoções ordinárias do que as extraordinárias."

Os pregadores reformados e experienciais advertiam frequentemente os ouvintes a exercitarem as disciplinas experienciais a fim de promoverem o viver cristão experiencial e prático. Especificamente, davam estes conselhos:

---

6 Daniel Webber, "Sanctifying the Inner Life", in *Aspects of Sanctification*, 1981, Westminster Conference Papers (Hertfordshire: Evangelical Press, 1982), 44-45.
7 *The Works of John Flavel* (reprint London: Banner of Truth Trust, 1968), 5:424.
8 *The Works of John Owen* (reprint Edinburgh: Banner of Truth Trust, 1976), 3:385-86.
9 *Works of Flavel*, 5:423.

- *Leia a Escritura diligente e meditativamente* (1Tm 4.13). Richard Greenham dizia que devemos ler nossas Bíblias com mais diligência do que os homens cavam em busca de tesouros ocultos. A diligência aplana os lugares escarpados, amaina as dificuldades e degusta o que é insípido.[10]

Após a leitura da Escritura, devemos rogar a Deus por mais luz a perscrutar nossos corações e vidas, e então meditemos na Palavra. A meditação disciplinada na Escritura nos ajuda a focar em Deus. A meditação nos ajuda a considerar o culto como uma disciplina. Ela envolve nossa mente e entendimento, tanto quanto nosso coração e afetos; ela aplica a Escritura através da textura da alma. A meditação ajuda a prevenir pensamentos vãos e pecaminosos (Mt 12.35) e provê recursos donde extrair (Sl 77.10-12) inclusive diretrizes para a vida diária (Pv 6.21,22). Ela foge da tentação (Sl 119.11,15), provê alívio nas aflições (Is 49.15-17), beneficia outros (Sl 145.7) e glorifica a Deus (Sl 49.3).

- *Ore sem cessar.* Devemos manter o hábito da oração secreta, caso queiramos viver experiencialmente diante de Deus. O único modo de aprender a arte do santo argumento junto a Deus é orar. A oração nos ajuda a nos apegarmos ao altar das promessas de Deus pelas quais nos apossamos de Deus mesmo.

O fracasso na oração é a ruína de muitos cristãos hoje. "Uma família sem oração é como uma casa sem teto, aberta e exposta a todos os vendavais do céu", escreveu Thomas Brooks. Se os gigantes da história da igreja nos excedem hoje, talvez não seja porque fossem mais educados, mais devotos, ou mais fiéis, e sim porque foram homens de oração. Eles eram dominados pelo Espírito de súplica. Eram Daniéis no templo de Deus.

Apoderemo-nos do refúgio do recinto secreto de oração, pois ali o Cristianismo experiencial ou é estabelecido, ou derribado. Recusemo-nos a contentar-nos com a casca da religião sem o núcleo interior da oração. Ao nos tornarmos sonolentos na oração, oremos em voz alta, ou escrevamos nossas orações, ou achemos um lugar tranquilo ao relento para andarmos e orarmos. Acima de tudo, continuemos a orar.

---

10 *The Works of the Reverend and Faithfull Servant of Jesus Christ*, M. Richard Greenham, ed. H[enry] H[olland] (Londres: Felix Kingston for Robert Dexter, 1599), 390.

Não reservemos apenas momentos regulares de oração, mas também estejamos abertos aos impulsos mais leves de orar. Conversar com Deus através de Cristo é o nosso mais eficaz antídoto contra os deslizes e desânimos espirituais. Desânimo sem oração é um furúnculo propício à infecção, enquanto que, desânimo com oração, é um furúnculo que vai em busca do bálsamo de Gileade.

Tenha a oração como prioridade em sua vida pessoal e familiar. Como disse John Bunyan, "Você pode fazer mais do que orar após haver orado, mas não pode fazer mais do que orar até que haja orado. ... Ore com frequência, pois a oração é um escudo para a alma, um sacrifício para Deus e um azorrague para Satanás."[11]

• *Estude a literatura reformada e experiencial.* Os livros que promovem um viver piedoso são um poderoso auxílio ao viver experiencial. Leia os clássicos, convide os grandes escritores para que sejam seus mentores e amigos espirituais. Os puritanos excelem em tais escritos. Raramente haveria um sermão, um tratado, um panfleto, um diário, uma história ou uma biografia de uma pena puritana que, de uma maneira ou de outra, não almejasse fomentar a vida espiritual, disse Maurice Roberts.[12]

Leia livros experienciais sólidos sobre diversos tópicos que satisfaçam uma variedade de necessidades. Para fomentar o viver experiencial, permanecendo sensível ao pecado, leia *The Plague of Plagues* [A praga das Pragas], de Ralph Venning. Caso você queira ser atraído para mais perto de Cristo, leia *Looking Unto Jesus* [Olhando para Jesus], de Isaac Ambrose. Para encontrar paz na aflição, leia *Letters* [Correspondências], de Samuel Rutherford. Para livrar-se da tentação, leia *Temptation and Sin* [Tentação e Pecado], de John Owen. Para o crescimento em santidade, leia *Keeping the Heart* [Guardando o Coração], de John Flavel.

Leia como um ato de culto. Leia para ser elevado às grandes verdades de Deus, de modo que possa cultuar a Trindade, em espírito e em verdade. Não obstante, selecione o que quer ler. Meça toda sua leitura pelo padrão da Escri-

---

11 *Prayer* (reprint Edinburgh: Banner of Truth Trust, 1999), 23ff.
12 "Visible Saints: the Puritans as a Godly People", in *Aspects of Sanctification*, 1981 Westminster Conference Papers (Hertfordshire: Evangelical Press, 1982), 1-2.

tura. Muito da literatura cristã moderna é frívola, atrelada à teologia arminiana ou ao pensamento secular. O tempo é também precioso para ser gasto com questões sem sentido. Leia mais o que aponta para a eternidade do que para o tempo, mais o que fomenta o crescimento espiritual do que o avanço profissional. Pense na advertência de John Trapp, "Como a água saboreia o solo pelo qual corre, assim a alma saboreia os autores que um homem lê."

Antes de compulsar um livro, pergunte a si mesmo: Cristo aprovaria este livro? Este aumentará meu amor pela Palavra de Deus, me ajudará a vencer o pecado, propiciará sabedoria permanente e me preparará para a vida por vir? Ou eu poderia gastar melhor meu tempo lendo outro livro?

Converse com outros sobre os bons livros que você lê. O diálogo sobre leitura experiencial promove viver experiencial.

• *Mantenha um diário*. Manter um registro reflexivo de seu diário espiritual pode promover a piedade. Ele pode ajudar-nos em nossa meditação e oração. Pode lembrar-nos da fidelidade e obra do Senhor. Pode ajudar-nos a entender-nos e a avaliar-nos. Pode ajudar-nos a monitorar nossas metas e prioridades, tanto quanto a manter outras disciplinas espirituais.[13]

• *Guarde santo o Dia do Senhor*. Devemos ver o Sabbath como um jubiloso privilégio, não como um tedioso fardo. Este é o dia em que podemos cultuar a Deus e praticar as disciplinas espirituais sem interrupção. Como diz J. I. Packer, "Devemos descansar das atividades de nossa vocação terrena a fim de dar curso às atividades de nossa vocação celestial."[14]

• *Sirva a outros e fala-lhes sobre Cristo*. Jesus espera que evangelizemos e sirvamos a outros (Mt 28.19,20; Hb 9.14). Devemos agir assim em obediência (Dt 13.4), gratidão (1Sm 12.24), prazer (Sl 100.2), humildade (Jo 13.15,16) e amor (Gl 5.13). Servir a outros às vezes pode ser difícil, mas somos chamados a agir assim, usando cada dom espiritual que Deus nos tem concedido (cf. Rm 12.4-8; 1Co 12.6-11; Ef 4.7-13). Um de nossos maiores

---

13 Donald S. Whitney, *Spiritual Disciplines for the Christian Life* (Colorado Springs: NavPress, 1991), 196-210.
14 *A Quest for Godliness: The Puritan Vision of the Christian Life* (Wheaton, Ill.: Crossway Books, 1990), 239; Errol Hulse, "Sanctifying the Lord's Day: Reformed and Puritan Attitudes", in *Aspects of Sanctification*, 1981 Westminster Conference Papers (Hertfordshire: Evangelical Press, 1982), 78-102.

galardões, como cristãos, é servir às pessoas. Se isso nos permite vê-las se achegando para mais perto de Cristo, pela benção do Espírito sobre a Palavra de Deus e nossos esforços, que mais poderíamos desejar? É uma experiência profundamente humilhante o fato de só podermos chegar mais perto de Deus.

3. *Almeje um pensamento balanceado*. Os grandes pregadores reformados experienciais almejaram um equilíbrio no viver cristão de três importantes maneiras:

- *Entre as dimensões objetivas e subjetivas do Cristianismo*. O objetivo é o alimento para o subjetivo; e assim o subjetivo está sempre radicado no objetivo. Por exemplo, os puritanos afirmavam que a base primária da certeza está radicada nas promessas de Deus, mas essas promessas devem tornar-se crescentemente reais ao crente através das evidências objetivas da graça e do testemunho interior do Espírito Santo. Sem a aplicação do Espírito, as promessas de Deus levam ao engodo pessoal e à presunção carnal. Em contrapartida, sem as promessas de Deus e a iluminação do Espírito, o autoexame tende à introspecção, servidão e legalismo. O Cristianismo objetivo e subjetivo não deve separarem-se um do outro.

Devemos buscar viver de uma maneira que revele a presença interior de Cristo baseada em Sua obra objetiva de obediência ativa e passiva. O evangelho de Cristo deve ser proclamado como verdade objetiva, mas deve também ser aplicado pelo Espírito Santo e interiormente apropriado pela fé. Portanto, rejeitemos dois tipos de religião: aquela que separa a experiência da Palavra objetiva, com isso levando ao misticismo; e aquela que pressupõe a salvação sobre as falsas bases da fé histórica ou temporal.[15]

- *Entre a soberania de Deus e a responsabilidade humana*. Quase todos os nossos pais reformados enfatizaram que Deus é plenamente soberano e o homem é plenamente responsável. Como isso pode ser resolvido logicamente, está além de nossas mentes finitas. Quando certa vez Spurgeon foi interrogado sobre como estas duas grandes doutrinas bíblicas poderiam ser conciliadas, ele respondeu: "Eu não sabia que amigos necessitam de reconciliação."

---

15 Joel R. Beeke, *Quest for Full Assurance: The Legacy of Calvin and His Successors* (Edinburgh: Banner of Truth Trust, 1999), 125, 130, 146.

Ele continuou comparando estas duas doutrinas aos corrimões de uma trilha a qual o Cristianismo percorre. Justamente como os trilhos de um trem, os quais correm paralelos, parecem emergir à distância, assim as doutrinas da soberania de Deus e a responsabilidade humana, as quais parecem separadas uma da outra nesta vida, emergirão na eternidade. Nossa tarefa não é forçar sua fusão nesta vida, e sim mantê-las em equilíbrio e viver de acordo com elas. E assim devemos labutar pelo Cristianismo experiencial que faça justiça, respectivamente, à soberania de Deus e à nossa responsabilidade.

• *Entre um Cristianismo doutrinal, experiencial e prático.* Justamente como os pregadores reformados ensinaram que a pregação experiencial deve oferecer equilíbro de doutrina e aplicação, o viver cristão envolve também mais que experiência. O viver cristão bíblico tem por base a sã doutrina, a sã experiência e a prática sã.

4. *Comunique a outros a verdade experiencial.* Os pregadores experienciais reformados e puritanos aplicavam seus sermões a cada parte da vida, toda a Escritura ao homem integral. Eram destemidamente doutrinários. Podemos aprender muito deles sobre como evangelizar. Por exemplo:

• *Fale a verdade sobre Deus.* Isso parece óbvio. Mas, quão frequentemente falamos aos outros sobre o ser majestoso de Deus, Sua personalidade trinitária e seus atributos gloriosos? Quão frequentemente informamos outros acerca de Sua santidade, soberania, misericórdia e amor? Radicamos nossa evangelização em um robusto teísmo bíblico, ou seguimos os exemplos do evangelismo moderno que aborda Deus como se Ele fosse um vizinho junto à porta que ajusta Seus atributos às nossas necessidades e desejos? Quão frequentemente falamos aos outros sobre como Deus e Seus majestosos atributos têm se tornado experiencialmente reais para nós?

• *Fale a verdade sobre o homem.* Acaso você fala aos outros sobre nossa natureza depravada e nossa desesperadora necessidade da salvação em Jesus Cristo? Acaso você diz que, por natureza, você não é melhor do que eles; que todos nós, à parte da graça, somos pecadores com um registro terrível, o qual é um problema legal, bem como um coração mau, o qual é um problema moral?

Acaso você lhes fala sobre o terrível caráter do pecado; que o pecado é algo que nos conduz à origem de nossa trágica queda em Adão e afeta cada parte de nosso ser, de modo a dominar nossa mente, coração, vontade e consciência, e que somos escravos dele? Acaso você descreve o pecado como rebelião moral contra Deus? Acaso você diz que o salário do pecado é a morte, agora e para toda a eternidade?

• *Fale a verdade sobre Cristo.* Acaso apresentamos Cristo aos pecadores, sem separar Seus benefícios de Sua pessoa, ou oferecendo-O como Salvador, enquanto ignoramos Suas reivindicações como Senhor? Acaso oferecemos Cristo como o grande remédio para a grande mazela do pecado, e declaramos reiteradamente Sua capacidade e disposição de salvar, e preciosidade como o Redentor exclusivo dos pecadores perdidos?

Acaso você exibe o caminho da salvação em Cristo, em sua fé e arrependimento? Paulo disse: "jamais deixando de vos anunciar coisa alguma proveitosa e de vo-la ensinar publicamente e também de casa em casa, testificando tanto a judeus como a gregos o arrependimento para com Deus e a fé em nosso Senhor Jesus [Cristo]" (At 20.20,21). Acaso também evangeliza seus amigos e vizinhos quando Deus propicia uma oportunidade? Acaso você lhes explica o que significam fé e arrependimento em um pecador renascido?

• *Fale a verdade sobre a santificação.* Acaso você fala a outros como um cristão deve andar na estrada do Rei, em santidade, gratidão, serviço, obediência, amor e renúncia? Acaso você conta como ele deve aprender a arte da meditação, do temor a Deus e da oração infantil? Como deve continuar na graça de Deus, buscando tornar concretas sua vocação e eleição? Acaso você discipula seus companheiros quanto à necessidade de fé experiencial, de arrependimento e de piedade?[16]

• *Fale a verdade sobre as consequências eternas.* Não tema em falar sobre as consequências de desprezar o sangue de Jesus Cristo. Não recue de descrever a condenação e o inferno. Como escreveu certo puritano, "Devemos ir com a

---

16 Joel R. Beeke, *Puritan Evangelism: A Biblical Approach* (Grand Rapids: Reformation Heritage Books, 1999), 15-16.

vara da verdade divina e bater em cada moita atrás da qual um pecador pode estar escondido, até que, como Adão que se escondeu, ele se ponha diante de Deus em sua nudez."

Devemos falar urgentemente às pessoas que nos cercam, porque muitas já estão de caminho para o inferno. Devemos confrontar os pecadores com a lei e o evangelho, com a morte em Adão e a vida em Cristo. Usemos toda arma que pudermos para converter pecadores da estrada da destruição, de modo que, pela graça, experimentem uma viva e experiencial relação com Deus em Jesus Cristo. À luz da Escritura e da experiência sabemos que o Cristo onipotente pode abençoar seus esforços e resgatar um pecador morto, separá-lo de seus anelos pecaminosos e fazê-lo disposto a abandonar seus caminhos perversos e volver-se para Deus, plenamente resolvido a fazer de Deus seu alvo e seu louvor. Atos 5.31 reza assim: "Deus, porém, com sua destra, o exaltou a Príncipe e Salvador, a fim de conceder a Israel o arrependimento e a remissão de pecados." Louve a Deus pela experiência de Sua espantosa graça para conosco em Cristo.

BIBLIOGRAFIAS EM CAPÍTULOS SELECIONADOS

CAPÍTULO 1: CALVINO SOBRE A PIEDADE

Fontes Primárias

Calvin, John. *Commentaries of Calvin*, 46 vols. Vários tradutores. Edinburgh: Calvin Translation Society, 1843-55; reprint ed. in 22 vols., Grand Rapids: Baker, 1979.

-----. *Concerning the Eternal Predestination of God.* Trans. J. K. S. Reid. Londres: James Clarke, 1961.

-----. *Institutes of the Christian Religion.* Ed. John T. McNeill. Trans. Ford Lewis Battles. 2 vols. Library of Christian Classics, no. 20-21. Filadélfia: Westminster Press, 1960.

-----. *Joannis Calvini Opera Selecta.* Ed. Peter Barth, Willhelm Niesel, and Dora Schuner. Munique: Chr. Kaiser, 1926-52.

-----. *Letters of John Calvin.* Ed. Jules Bonnet; trans. David Constable and Marcus Robert Gilchrist. 4 vols. Filadélfia: Presbyterian Board, 1858.

-----. *New Testament Commentaries.* Ed. David W. Torrance and Thomas F. Torrance. 12 vols. Grand Rapids: Eerdmans, 1960-72.

-----. *Opera quae supersunt omnia.* Ed. Guilielmus Baum, Eduardus Cunitz, and Eduardus Reuss. 59 vols. *Corpus Reformatorum: Volumen XXIX-LXXX-VII.* Brunsvigac: C. A. Schwetschke ET filium, 1863-1900.

-----. *Sermons from Job*. Trans. Harold Dekker. Grand Rapids: Eerdmans, 1952.

-----. *Sermons of M. John Calvin, on the Epistles of S. Paule to Timothie and Titus*. Trans. L. T. London: Imprinted for G. Bishop and T. Woodcoke, 1579; reprint ed., Edinburgh: Banner of Truth Trust, 1973.

-----. *Sermons of Master John Calvin upon the Fifthe Book of Moses called Deuteronomie*. Trans. Arthur Golding. Londres, 1583; reprint ed., Edinburgh: Banner of Truth Trust, 1987.

-----. *Sermons on the Epistle to the Ephesians*. Trans. Arthur Golding. Londres, 1577; reprint ed., Edinburgh: Banner of Truth Trust, 1973.

-----. *Sermons on Isaiah's Prophecy of the Death and Passion of Jesus Christ*. Trans. T. H. L. Parker. Londres: James Clarke, 1956.

-----. *Sermons on the Ten Commandments*. Ed. and trans. Benjamin W. Farley. Grand Rapids: Baker, 1980.

-----. *Sermons on the Saving Work of Christ*. Trans. Leroy Nixon. Grand Rapids: Eerdmans, 1950.

-----. *Tracts and Treatises*. Trans. Henry Beveridge. 3 vols. Grand Rapids: Eerdmans, 1958.

Fontes Secundárias

Armstrong, Brian. "The Nature and Structure of Calvin's Thought According to the Institutes: Another Look." In *John Calvin's Magnum Opus*, 55-82. Potchefstroom, South Africa: Institute for Reformational Studies, 1986.

-----. "The Role of the Holy Spirit in Calvin's Teaching on the Ministry." In *Calvin and the Holy Spirit*, ed. by P. Deklerk, 99-111. Grand Rapids: Calvin Studies Society, 1989.

Battles, Ford Lewis. *The Piety of John Calvin*. Grand Rapids: Baker, 1978.

-----. "True Piety According to Calvin." In *Interpreting John Calvin*, ed. R. Benedetto, 289-306. Grand Rapids: Baker, 1996.

Beeke, Joel R. "Making Sense of Calvin's Paradoxes on Assurance of Faith." In *Calvin Studies Society Papers*, ed. David Foxgrover, 13-30. Grand Rapids: CRC, 1998.

-----. *The Quest for Full Assurance: The Legacy of Calvin and His Successors*. Edinburgh: The Banner of Truth Trust, 1999.

Benoît, Jean-Daniel. "The Pastoral Care of the Prophet." In *John Calvin: Contemporary Prophet*, ed. J.T. Hoogstra, 51-67. Grand Rapids: Baker, 1959.

Bouwsma, William. "The Spirituality of John Calvin." In *Christian Spirituality: High Middle Ages and Reformation*, ed. Jill Raitt, 318-33, Nova York: Crossroad, 1987.DeJong, James A. "'An Anatomy of All Parts of the Soul': Insights into Calvin's Spirituality from His Psalms Commentary." In *Calvinus Sacrae Scripturae Professor*, ed. Wilhelm H. Neuser, 1-14. Grand Rapids: Eerdmans, 1994.

DeKlerk, Peter, ed. *Calvin and Christian Ethics*. Grand Rapids: Calvin Studies Society, 1987.

-----. *Calvin and the Holy Spirit*. Grand Rapids: Calvin Studies Society, 1989.

-----. *Renaissance, Reformation, Resurgence*. Grand Rapids: Calvin Theological Seminary, 1976.

DeKoster, Lester R. "Living Themes in the Thought of John Calvin: A Bibliographical Study." Ph.D. dissertation, University of Michigan, 1964.

Evans, William Borden. "Imputation and Impartation: The Problem of Union with Christ in Nineteenth-Century American Reformed Theology." Ph.D. dissertation Vanderbilt University, 1996.

Foxgrover, David. "John Calvin's Understanding of Conscience." Ph.D. dissertation, Claremont, 1978.

-----. ed. *Calvin Studies Society Papers, 1995-1997*. Grand Rapids: CRC, 1998.

-----. *The Legacy of John Calvin: Calvin Studies Society Papers, 1999*. Grand Rapids: CRC, 2000.

Gamble, Richard C. "Calvin and Sixteenth-Century Spirituality." In *Calvin Studies Society Papers, 1995-1997*, ed. David Foxgrover, 31-51. Grand Rapids: CRC, 1998.

-----. ed. *Articles on Calvin and Calvinism*, vol. 1, The Biography of Calvin. Nova York: Garland, 1992.

-----. *Articles on Calvin and Calvinism*, vol. 4, Influences upon Calvin and Discussion of the 1559 Institutes. Nova York: Garland, 1992.

Garside, Charles. *The Origins of Calvin's Theology of Music: 1536-1543*. Filadélfia: American Philosophical Society, 1979.

George, Timothy, ed. *John Calvin and the Church: A Prism of Reform*. Lousvile: Westminster/John Knox Press, 1990.

Gerrish, Brian A. "Calvin's Eucharistic Piety." In *Calvin Studies Society Papers, 1995-1997*, ed. David Foxgrover, 52-65. Grand Rapids: CRC, 1998.

-----. *Grace and Gratitude: The Eucharistic Theology of John Calvin*. Minneapolis: Fortress Press, 1993.

Gleason, Randall C. *John Calvin and John Owen on Mortification: A Comparative Study in Reformed Spirituality*. Nova York: Peter Lang, 1995.

Greve, lionel. "Freedom and Discipline in the Theology of John Calvin, William Perkins and John Wesley: An Examination of the Origin and Nature of Pietism." Ph.D. dissertation, The Hartfod Seminary Foundation, 1976.

Gründler, Otto. "John Calvin: Ingrafting in Christ." In *The Spirituality of Western Christendom*, ed. E. Rosanne Elder, 172-87. Kalamazoo, Mich.: Cistercian Hall, T. Hartley. "The Shape of Reformed Piety." In *Spiritual Traditions for the Contemporary Church*, ed. Robin Maas and Gabriel O'Donnell. Nashville: Abindon Press, 1990.

Harman, Allan. "The Psalms and Reformed Spirituality." *The Reformed Theological Review* [Austrália] 53:2 (1994): 53-62.

Haterman, Howard G. "Reformed Spirituality." In *Protestant Spiritual Traditions*, ed. F.C. Senn, 55-79. Mahwah, N.J.: Paulist Press, 1986.

Hesselink, I. John. *Calvin's Concept of the Law*. Allison Park, Pa.: Pickwick, 1992.

-----. "Governed and Guided by the Spirit: A Key Issue in Calvin's Doctrine of the Holy Spirit." In *Das Reformierte Erbe: Festschrift für Gottsried W. Locher*, ed. Heiko A. Oberman et al., Part 2:161-71. Zürich: TVZ, 1992.

Hoogstra, Jacob T., ed. *John Calvin, Contemporary Prophet*. Grand Rapids: Baker, 1959.

Hulse, Erroll. "The Preacher and Piety." In *The Preacher and Preaching*, ed. Samuel T. Logan, Jr. Phillipsburg, N.J.: Presbyterian and Reformed, 1986.

Johnson, Merwyn S. "Calvin's Ethical Legacy." In *The Legacy of John Calvin*, ed. David Foxgrover. Grand Rapids: CRC 2000.

Jones, Serene. *Calvin and the Rhetoric of Piety*. Louisville: Westminster/John Knox, 1995.

Kingdon, Robert M. "The Genevan Revolution in Public Worship." *Princeton Seminary Bulletin* 20:3 (1999): 264-80.

Kolfhaus, Wilhelm. *Christusgemeinschaft bei Johannes Calvin*. Neukierchen Kreis Moers: Buchhandlung der Erziehungsvereings, 1939.

Krusche, Werner. *Das Wirken des Heiligen Geistes nach Calvin*. Göttingen: Vandenhoeck & Ruprecht, 1957.

Lambert, Thomas A. "Preaching, Praying, and Policing the Reform in Sixteenth Century Geneva." Ph.D. dissertation, University of Wisconsin-Madison, 1998.

Leith, John. *John Calvin's Doctrine of the Christian Life*. Louisville: Westminster/John Knox, 1989.

-----. ed. *John Calvin: The Christian Life*. San Franscio: Harper & row, 1984.

Loggie, R.D. "Chief Exercise of Faith: An Exposition of Calvin's Doctrine of Prayer." *Hartford Quarterly* 5 (1965-81).

Maurer, H.W. "An Examination of Form and Content in John Calvin's Prayer." Ph.D. dissertation, Edinburgh, 1960.

McKee, Elsie Anne. "Contexts, Contours, Contents: Towards a Description of Calvin's Understanding of Worship." In *Calvin Studies Society Papers*, 1995-1997, ed. David Foxgrover, 66-92. Grand Rapids: CRC, 1998.

-----. *Diakonia in the Classical Reformed Tradition and Today*. Grand Rapids: Eerdmans, 1989.

-----. *John Calvin on the Diaconate and Liturgical Almsgiving*. Geneva: Droz, 1984.

-----. ed. and trans. *John Calvin: Writings on Pastoral Piety*. Nova York: Paulist Press, 2001.

Muller, Richard A. *The Unaccommodated Calvin: Studies in the Foundation of a Theological Tradition.* Nova York: Oxford University Press, 2000.

Neuser, Willhelm H., ed. *Calvinus Sacrae Scripturae Professor: Calvin as Confessor of Holy Scripture.* Grand Rapids: Eerdmans, 1994.

Neuser, Wilhelm H. & Armstrong, Brian G. *Calvinus Sincerioris Religionis Vindex: Calvin as Protector of the Purer Religion.* Kirksville, Mo.: Sixteenth Century Journal, 1997.

Oberman, Heiko A. "The Pursuit of Happiness: Calvin Between Humanism and Reformation." In *Humanity and Divinity in Renaissance and Reformation*, ed. J.W. O'Malley, T. Izbicki, and G. Christianson, 251-83. Leiden: E.J. Brill, 1993.

Old, H.O. *The Shaping of the Reformed Baptismal Rite in the Sixteenth Century.* Grand Rapids: Eerdmans, 1992.

-----. "What is Reformed Spirituality? Played Over Again Lightly." In *Calvin Studies VII*, ed. J.H. Leith, 61-68. Davidson, N.C., 1994.

Parker, T.H.L. Calvin's Preaching. Louisville: Westminster/John Knox, 1992.

Partee, Charles. "Calvin's Central Dogma Again." *Sixteenth Century Journal* 18, 2 (1987): 19-28.

-----. "Prayer as the Practice of Predestination." In *Calvinus Servus Christi*, ed. Wilhelm H. Neuser, 241-56. Budapest: Pressabteilung des Raday-Kollegiums 1988.

Pitkin, Barbara. "Imitation of David: David as a Paradigm for Faith in Calvin's Exegesis of the Psalms." *The Sixteenth Century Journal* 24.4 (1993): 843-63.

-----. *What Pure Eyes Could See: Calvin's Doctrine of Faith in Its Exegetical Context.* Nova York: Oxford University Press, 1999.

Raitt, Jill, ed. *Christian Spirituality: High Middle Ages and Reformation.* Nova York: Crossroad, 1988.

Reid, W. Stanford. "The Battle Hymns of the Lord: Calvinist Psalmody of the Sixteenth Century." In *Sixteenth Century Essays and Studies*, ed. C.S. Meyer, 2:36-54. St. Louis: Foundation for Reformation Research, 1971.

Richard, Lucien. *The Spirituality of John Calvin*. Pittsburgh: Pickwick Press, 1974.
Senn, Frank, ed. *Protestant Spiritual Traditions*. Nova York: Paulist, 1986.
Simpson, H.W. "Pietas in the Institutes of Calvin." In *Reformational Tradition: A Rich Heritage and Lasting Vocation*, 179-91. Potchfstroom: Potchfstroom University for Christian Higher Education, 1984.
Amburello, Dennis. *Union with Christ: John Calvin and the Mysticism of St. Bernard*. Louisville: Westminster/John Knox, 1994.
Tripp, Diante Karay. "Daily Prayer in the Reformed Tradition: An Initial Survey." *Studia Liturgica* 21 (1996): 76-107, 190-219.
VanderWilt, Jeffrey T. "John Calvin's Theolgy of Liturgical Song." *Christian Scholar's Review* 25 (1996): 63-82.
Walchenbach, John. "The Influence of David and the Psalms on the Life and Thought of John Calvin." Th.M. thesis, Pittsburgh Theological Seminary, 1969.
Wallace, Ronald S. *Calvin's Doctrine of the Christian Life*. Londres: Oliver and Boyd, 1959.
-----. *Calvin's Doctrine of the Word and Sacrament*, Londres: Oliver and Boyd, 1959.
Willis-Watkins, David. "Calvin's Theology of Pastoral Care." In *Calvin Studies VI*, ed. J.H. Leith, 36-46. Davidson, N.C., 1992.
-----. "The Third Part of Christian Freedom Misplaced." In *Later Calvinism: International Perspectives*, ed. W. Fred Graham, 471-88 (Kirksville, Mo: Sixteenth Century Journal, 1994).
-----. "The unio Mystica and the Assurance of Faith According to Calvin." In *Calvin Erbe und Auftrag: Festschrift für Wilhelm Heinrich Neuser zum 65. Geburtstag*, ed. Willem van't Spijker. Kampen: Kok, 1991.
Witvliet, John. "The Spirituality of the Psalter: Metrical Psalms in liturgy and Life in Calvin's Geneva." In *Calvin Studies Society Papers, 1995-1997*, ed. David Foxgrover, 93-117. Grand Rapids: CRC, 1998.
Zachman, Randall C. *The Assurance of Faith: Conscience in the Theology of Martin Luther and John Calvin*. Minneapolis: Fortress Press, 1993.

CAPÍTULO 4: A PRÁTICA PURITANA DA MEDITAÇÃO

Fontes Primárias

Alleine, Richard. *Vindiciae Pietatis. A Vindication of Gollinesse.* Londres, 1663.

Ambrose, Isaac. "Of the Nature and Kinds of Meditations." In *The Compleat Works of the Eminent Minister of God's Word Mr. Isaac Ambrose.* Londres: para R. Chiswel, B. Tooke, T. Sawbridge, 1689, 135-155.

Ball, John. *Treatise of Divine Meditation.* Londres: Printed for Tho. Parkhurst, 1650.

Bates, William. "On Divine Meditation." In *The Works of William Bates.* Harrisonburg, Va.: Sprinkle, 1990, 3:113-65.

Baxter, Richard. *The Saints' Everlasting Rest.* Ross-shire, Escócia: Christian Focus unabridged reprint, 1998, 547-658.

Bayly, Lewis. *The Practice of Piety.* Morgan, Pa.: Soli Deo Gloria, 1996.

Boston, Thomas. "Duty and Advantage of Solemn Meditation." In *The Complete Works of the Late Rev. Thomas Boston.* Wheaton, Ill.: Richard Owen Roberts, 1980, 4:453-57.

Bridge, William. "The Sweetness and Profitableness of Meditation" (Sermon #7) and "The Work and Way of Meditation" (Sermon #8). In *The Works of William Bridge.* Beaver Falls, Pa.: Soli Deo Gloria, 1989, 3:124-60.

Bunyan, John. *Complete Works.* 3 vols. Marshallton, Del.: National Foundation for Christian Education, 1968.

Bury, Edward. *The Husbandmans Companion: Containing One Hundred Occasional Meditations, Reflections, and Ejaculations, Especially Suited to Men of the Employment Directing them how they may be Heavenly-minded While about their Ordinary Calling.* London: for Tho. Parkhurst, 1677.

Calamy, Edmund. *The Art of Divine Meditation. Or, A Discourse of the Nature, Necessity, and Excellency thereof. With Motives to, and Rules for the better performance of that most Important Christian Duty. In Several Sermons on Gen. 24.63.* London: Printed for Tho. Parkhurst, 1680.

Case, Thomas. "Mount Pisgah: or A Prdospect of Heaven", o segundo livro em *The Select Works of Thomas Case*. Ligoniers, Pa.: Soli Deo Gloria, 1993.

Culverwell, Ezekiel. *Time Well Spent in Sacred Meditation*. London: for Tho. Parkhurst, 1634.

Fenner, William. *Christs Alarm to Drovvie Saints*. London: ford John Rothwell, 1650.

-----. *The Use and Beneft of Divine Meditation*. London: E.T. for John Stafford, 1657.

Flavel, John. "The Mystery of Providence." In *The Works of John Flavel*. London: Banner of Truth Trust, 1968, 4:336-497.

Gouge, Thomas. *Christian Directions, shewing How to walk with God All the Day long*. London: R. Ibbitson and M. Wright, 1661, 63-73.

Greenham, Richard. "Grave Covnsels and Godlyt Observations." In *The Works of the Rerevend and Faithfvll Servant of Iesvs Christ M. Richard Greenham*, ed. H. H. London: Felix Kingston for Robert Dexter, 1599, 37-42.

Heywood, Oliver. "Concerning Meditation, with some Helps to Furnish the Thoughts with Suitable and Profitable Subjects." In *The Works of Oliver Hywood*. Morgan, Pa.: Soli Deo Gloria, 1997, 2:246-82.

Hooker, Thomas. *The Application of Redemption. The Ninth and Tenbth Books*. London: Peter Cole, 1657.

Horneck, Anthony. *The Fire of the Altar: or, Certain directions how to raise the soul int holy flames before, at, an after the receiving the blessed sacrament of the Lord's Supper*. London: J. Dawks for Sam. Lownds, 1702.

Howe, John. "Delighting in God." In *The Works of John Howe*. Ligoniers, Pa.: Soli Deo Gloria, 1990, 1:474-664.

Huntley, Frank Livinsgtone. *Bishop Joseph Hall and |Protestant Meditation in Seventeehth-Century England: A Study With the texts of* The Art of Divine Meditations *(1606) and* Occasional Meditations *(1633)*. Binghamton, N.Y.: Center for Medieval & Early Renaissance Studies, 1981.

Lukin, Henry. *An Introduction to the Holy Scriptures*. London, 1669.

Manton, Thomas. "Sermons Upon Genesis XXIV.63." In *The Works of Thomas Manton*. London: James Nisbert & Co., 1874, 17:253-348. Ver também em vols. 6-9, sermões sobre o Salmo 119 no. 16, 54, 87, 102, 105 e 166.

Owen, John. "The Grace and Duty of Being Spirituality Minded." In *The Works of John Owen*. London: Banner of Truth Trust, 1965, 7:262-497.

Ranew, Nathanael. *Solitude Improved by Divine Meditation*. Morgan, Pa.: Soli Deo Gloria reimpr, 1995.

Reynolds, Edward. *Meditations on the Holy Sacramento f the Lord's Last Supper, vol. 3 of the Works*. Morgan, Pa.: Soli Deo Gloria, 1999.

Rogers, Richard. *Seven Treatises Containing Such Direction As Is Gathered Out of The Holy Scriptures*. London: Felix Kyngston for Thomas Man, 1603.

Scougal, Henry. *The Works of Henry Scougal*. Morgan, Pa.: Soli Deo Gloria, 2002, 256-77.

Scudder, Henry. "On Meditation." In *The Christian Man's Calling*. Filadélfia: Presbyterian Board of Publication, n.d., 102-109.

Sibbes, Richard. "Divine Meditations and Holy Contemplations." In *The Works of Richard Sibbes*. Edinburgh: Banner of Truth Trust, 2001, 7:179-228.

Spurstowe, William. *The Spiritual Chymist: or, Six Decads Of Divine Meditations*. London: n.p. 1666.

Swinnock, George. "The Christian Man's Calling." In *The Works of George Swinnock*. Edinburgh: Banner of Truth Trust, 1992, 2:417-29.

Taylor, Thomas. *Meditations from the Creatures*. London, 1629.

Ussher, James. *A Method for Meditation: or, A Manuall of Divine Duties, fit for every Christian Practice*. London: for Joseph Nevill, 1656.

Watson, Thomas. "A Christian on the Mount; Or, A Treatise Concerning Meditation." In *The Sermons of Thomas Watson*. Ligonier, Pa.: Soli Deo Gloria, 1990, 197-291.

-----. *Heaven Taken by Storm*. Morgan, Pa.: Soli Deo Gloria, 2000, 23-29.

-----. "Meditation." In *Gleanings from Thomas Watson*. Morgan, Pa.: Soli Deo Gloria, 1995, 103-113.

White, Thomas. *A Method and Instructions for the Art of Divine Meditation with Instances of the several Kinders of Solemn Meditation*. London: for Tho. Parkhurst, 1672.

Fontes Secundárias

Chan, Simon. "The Puritan Meditative Tradition, 1599-1691: A Study of Ascetical Piety." Ph.D. dissertation, Cambridge University, 1986.

Dabney, Robert. L. "Meditation A Means of Grace." In *Discussions: Evangelical and Theological*. London: Banner of Truth Trust, 1967, 1:643-53.

Foster, Richard J. "The Discipline of Meditation", chap. 2. In *Celebration of Discipline*. San Francisco: Harper & Row, 1978, 13-29.

Huntley, Frank Livingstone. *Bishop Joseph Hall 1574-1656: A biographical and critical study*. Cambridge: D. S. Brewer, 1979, chap. 6.

Kaufmann, U. Milo. *The Pilgrim's Progress and Traditions in Puritan Meditation*. New Haven: Yale University Press, 1966.

Martz, Louis. "Problems in Puritan Meditation." In *The Poetry of Meditation*. New Haven: Yale, 1954, chap. 4.

Shedd, William G. T. "Religious Meditation" (sermon no. 1). *Sermons to the Spiritual Man*. London: Banner of Truth Trust, 1972, 1-18.

Smith, Edmond. *A Tree by a Stream: Unlock the Secrets of Active Meditation*. Ross-shire, Scotland: Christian Focus, 1995.

Toon, Peter. *From Mind to Heart: Christian Meditation Today*. Grand Rapids: Baker, 1987.

-----. *Meditating as a Christian*. London: Collins Religious Division, 1991.

CAPÍTULOS 11-12: AS VIDAS E MINISTÉRIOS DE EBENEZER E RALPH ERSKINE

Addison, William. *The Life and Writings of Thomas Boston of Ettrick*. Edinburgh: Oliver and Boyd, 1936.

Baker, Frank. "The Erskines and the Methodists." *The London Quarterly and Holborn Review* 27 (1958): 36-45.

Barnett, T. Ratcliffe. *The Makers of the Kirk*. Boston: T.N. Foulis, 1913, 243-55.

Bavinck, Herman. *Introduction to Levengeschiedenis en Werken van Ralph en Ebenezer Erskine*, 1-13. Doesburg: J.C. van Schenk Brill, 1904.

Beaton, Donald. "'The Marrow of Modern Divinity' and the Marrow Controversy." *The Princeton Theological Review* IV, 3 (1906): 317-338.

Bell, M. Charles. *Calvin and Scottish Theology: The Doctrine of Assurance*. Edinburgh: Handsel Press, 1985.

Blaikie, W.G. *The Preachers of Scotland from the sixth to the nineteenth century*. Edinburgh: T. & T. Clark, 1888.

Boorman, David. "Ebenezer Erskine and Secession." In *Diversities of Gifts*, 86-101. The Westminster Conference, 1980. Swansea: Howard Jones, 1981.

Boston, Thomas. *The Complete Works of the Late Rev. Thomas Boston, Ettrick*. 12 vols. Ed. Samuel M'Millan. London: William Tegg, 1855; reprint, Wheaton, Ill.: Richard Owen Roberts, 1980. (Ver especialmente, "The Marrow of Modern Divinity, with notes by Thomas Boston", vol. 7.)

Brienen, Teunis. "Het Avondmaal in de Gereformeerde Schotse Kerken, especial in de preken van de Erskines." In *Bij Brood en Beker*, ed. Willem van't Spijker. Kampen: De Groot Goudriaan, 1980, 226-47.

Brown, James Campbell. *The Annals of Portmoak during the Ministry of the Rev. Ebenezer Erskine from 1703 to 1731, gathered from the Session Book*, publishedin Kinross-shire Advertiser, 1889.

Brown, John (de Whitburn), ed. *Gospel Truth Acfurately Stated and Illustrated, by the Rev. Mess. James Hog, Thomas Boston, Ebenezer and Ralph Erskine, and Others. Occasioned by the Republication of the Marrow of Modern Divinity*. Edinburgh: J. Pillans and Sons, 1817.

Bruggink, Donald J. "The Theology of Thomas Boston, 1676-1732." Ph.D. dissertation, University of Edinburgh, 1956.

Burleigh, J. H. S. *A Church History of Scotland*. Edinburgh: Hope Trust, 1988.

Cowan, Henry. "Erskine, Ebenezer." In *The New Schaff-Herzog Encyclopedia of Religious Knowledge*, ed. Samuel Macauley Jackson, IV:171. Reprint, Grand Rapids: Baker, 1977.

Cunningham, John. *The Church History of Scotland, from the Commencement of the Christian era to the present century*, vol. II. Edinburgh: Adam & Charles Black, 1882.

Drummond, A. L., and Bulloch, J. *The Scottish Church 1688-1843. The Age of the Moderates*. Edinburgh: The Saint Andrew Press, 1973.

Erskine, Ebenezer. *God's Little Remnant Keeping their Garments Clean in an Evil Day*. Edinburgh: Patrick Walker, 1725.

-----. *The Whole Works of Ebenezer Erskine*. 3 vols. Filadélfia: Wm. S. & A. Young, 1836. (Includes memoir by Donald Fraser, iii-xxx.

Erskene, Ralph. *Faith no Fancy, or Treatise of Mental Images*. Edinburgh, 1745.

-----. *The Sermons and Other Practical Works of Ralph Erskine*. 7 vols. Aberdeen: George and Robert King, 1862; reprint vols. 1-6, Glasgow: Free Presbyterian, 1991. (Vol. 7, which contains Erskine's Poetical Works, includes memoir by John Brown of Whitburn, v-xxxvi.)

Fawcett, Arthur. *The Cambuslang Revival, the Scottish Evangelical Revival of the Eighteenth Century*, London: Banner of Truth Trust, 1971.

Fraser, Donald. *The Life and Diary of the Reverend Ebenezer Erskine*. Edinburgh: William Oliphant, 1831.

-----. *The Life and Diary of the Reverend Ralph Erskine*. Edinburgh: William Oliphant, 1834.

Gentleman, Ebenezer. "Memorials of Erskine Church." In *Stirling Natural History and Arch. Soc. Transactions* XXX-XXXI (1907-1908).

Bib, Adam. *The Present Truth: A Display of the Secession-Testimony in the three periods of the rise, state and maintenance of that Testimony*. 2 vols. Edinburgh, 1774.

Gordon, Alexander. "Erskine, Ebenezer" and "Erskine, Ralph." In *Dicitionary of National Biography*, ed. Leslie Stephen and Sidney Lee, Vi:822-25, 851-52. London: Oxford, 1921.

Graafland, Cornelis. "De spiritualiteit van de Puriteinen (inzonderheid van Ebenezer en Ralph Erskine en haar invloed in Nederland)." In *Spiritualiteit*, ed. Willem van't Spijker. Kampen: De Groot Goudriaan, 1993, 209-229.

-----. *Van Calvijn tot Comrie. Oorsprong en ontwikkeling van de leer van het verbond in het Gereformeerd Protestantisme*. Zoetermeer, 1993.

Grier, W.J. "Erskine, Ebenezer" and "Erskine, Ralph." In *The Encyclopedia of Christianity*, IV: 89-90. Ed. Philip E. Hughes. Marshallton, Del.: National Foundation for Christian Education, 1972.

Harper, James, et al. *Lives of Ebenezer Erskine, William Wilson, and Thomas Gillespie, Fathers of the United Presbyterian Church*. Edinburgh: A. Fullarton, 1849. (On Ebenezer Erskine, 1-88.)

Hetherington, W.M. *History of the Church of Scotland frdom the introduction of Christianity, to the period of the Disruption, May 18, 1843*. Edinburgh: Johnstone and Hunter, 1852.

Jenkins, Gordon, F.C. "Establishment and Dissent in the Dunfermline Area 1733-1883." Ph.D. dissertation, University of Edinburgh, 1988.

Ker, John. "The Erskines: Ebenezer and Ralph." In *Scottish Nationality and other Papers*. Edinburgh: Andrew Elliot, 1887, 64-108.

Lachman, David. "Erskine, Ebenezer" and "Erskine, Ralph." In *Dictionary of Scottish Church Histoy & Theology*, ed. Nigel M. de S. Cameron. Downers Grove, Ill.: InterVarsity Press, 1993, 298-302.

-----. *The Marrow Controversy, 1718-1723: An Historical and Theological Analysis*. Rutherford Studies One: Historical Theology. Edinburgh: Rutherford House, 1988.

-----. "The Marrow Controversy: An Historical Survey with special reference to the Free Offer of the Gospel, the Extent of the Atonement, and Assurance and Saving Faith." Th.M. thesis, Westminster Theological Seminary, 1973.

Leckie, J.H. *Secession Memories, the United Presbyterian Contribution to the Scottish Church*. Edinburgh: T. & T. Clark, 1926.

McCain, Charles Rodgers. "Preaching in Eighteenth Century Scotland: A Comparative Study of the Extant Sermons of Ralph Erskine, John Erskine, and Hugh Blair." Ph.D. dissertation, Edinburgh, 1949.

M'Clintock, John, and Strong, James, eds. "Erskine, Ebenezer" and "Erskine, Ralph." In *Cyclopedia of Biblical, Theological, and Ecclesiastical Literature*, III: 282-83. Nova York: Harper & Brothers, 1894.

M'Crie, C.G. *The Church of Scotland her Divisions and her Reunions*, Edinburgh: Mac-Niven & Wallace, 1901.

-----. *The Confessions of the Church of Scotland, their Revolution in History*. Edinburgh: MacNiven & Wallace, 1907.

M'Crie, Thomas, Jr. "Account of the Controversy respecting the Marrow of Modern Divinity." *The Edinburgh Christian Instructor* XXX (August, October, December 1831); New Series, I, (February 1832).

-----. "The Marrow' Controversy: with Notices of the State of Scottish Theology in the Beginning of last Century." *The British and Foreign Evangelical Review* II (June 1853): 411-40.

-----. *The Story of the Scottish Church from the Reformation to the Disruption*. Glasgow: Bell and Bain Ltd., 1875.

MacEwen, A.R. The Erskines. Edinburgh: Oliphant Anderson & Ferrier, 1900.

McIntyre, D.M. "First Strictures on 'The Marrow of Modern Divinity'." *The Evangelical Quarterly* X (January 1938): 61-70.

MacKenzie, Robert. *John Brown of Haddington*, London: Hodder and Stoughton, 1964.

M'Kerrow, John. *History of the Secession Church*. 2 vols. Edinburgh: William Oliphant and Son, 1839.

Macleod, John. *Scottish Theology*. Reprint, London: Banner of Truth Trust, 1974.

M'Millan, Samuel, ed. *The Beauties of the Rev. Ebenezer Erskine, being a Selection of the Most Striking Illustrations of Gospel Doctrine Contained in His Whole Works*. Glasgow: Blackie & Son, 1850. (Includes memoir, ix-xxiv.)

M'Millan, Samuel, ed. *The Beauties of the Rev. Ralph Erskine, being a Selection of the Most Striking Illustrations of Gospel Doctrine Contained in His Whole Works.* 2 Vols. Edinburgh: A. Fullarton, 1850. Includes momoir, xiii-xxxvi.)

Mathieson, William Law. *The Awakening of Scotland: A History from 1747 to 1797.* Glasgow, 1910.

Mechie, Stewart. "The Marrow Controversy Reviewed." *The Evangelical Quarterly* XXII (January 1950): 20-31.

Mitchell, James. "Ebenezer Erskine." In *Scottish Divines 1505-1872*, 149-88. Edinburgh: Macniven and Wallace, 1883.

Muirhead, Andrew T. N. "Religion, Politics and Society in Stirling during the ministry of Ebenezer Erskine, 1731-1754." M.Litt. thesis, University of Stirling, 1983.

-----. "A Secession Congregation in its Community: The Stirling Congregation of the Rev. Ebenezer Erskine, 1731-1754." *Records of the Scottish Church History Society*, XXII (1989): 211-223.

-----. "Stirling 1734." *Forth Naturalist and Historian*, 11 (1986): 105-120.

Murray, John J. "The Marrow Controversy – Thomas Boston and the Free Offer." In *Preaching and Revival*, 34-56. The Westminster Conference. London, 1984. Colchester, Essex: Christian Design & Print, 1985.

Philip, Adam. *The Devotional Literature of Scotland*, London: James Clarke & Co., n.d. Philpot, J.C. Reviews, 2:483-91. London: Frederick Kirby, 1901.

Scott, David. *Annals and Statistics of the Original Secession Church: till its disruption and union with the Free Church of Scotland in 1852.* Edinburgh: Andrew Elliot, 1886.

Scott, E. Erskine. The Erskine-Halcro Genealogy. *The Ancestors and descendants of Henry Erskine, minister of Chirnside, his wife, Margaret Halcro of Orkney, and their sons, Ebenezer and Ralph Eerskine.* Edinburgh, 1895.

Scott, Hew. *Fasti Ecclesiae Scoticanae. The Sucession of Ministers in the Church of Scotland from the Reformation.* 7 vols. Edinburgh, 1915-1928.

Scott, Kenneth B. *Ebenezer Erskine, the Secession of 1733, and the Churches of Stirling.* Edinburgh, n.d.

Sell, Alan. "The Message of the Erskines for Today." *Evangelical Quarterly* 60, 4 (1988): 299-316.

Small, Robert. *History of the Congregations of the United Presbyterian Church.* 2 vols. Edinburgh, 1904.

Smeaton, George. "The suitableness of Erskine's writings to a period of religious revivals." In *The Beauties of Ralph Erskine*, ed. Samuel M'Millan. Edinburgh: A Fullarton, 1829, xxxi-xxxviii.

Stewart, Alexander. *Reminiscences of Dunfermline and neighbourhood.* Edinburgh, 1886.

Taylor, William M. *The Scottish Pulpit from the Reformation to the Present Day.* London: Harper and Brothers, 1887.

Thomson, Andrew. *Historical Sketch of the Origin of the Secession Church.* Edinburgh: A. Fullarton, 1848.

-----. "On the Characteristics of Ralph Erskine's ministry." In *The Beauties of Ralph Erskine*, ed. S. M'Millan. Edinburgh: A. Fullarton, 1829, xv-xxx. Reprinted in Free Presbyterian Magazine XXXVIII, 11-12 (1934): 459-64, 493-99.

-----. *Thomas Boston of Ettrick: His life and Times.* Edinburgh: T. Nelson and Sons, 1895.

Tyerman, Luke. *The Life of the Rev. George Whitefield.* 2 vols. London: Hodder and Stoughton, 1890.

Van der Groe, Theodorus. "Voorreede, handelende over het schadelijke misbruik van cene algemcene overtuiging, tot een valschen grond van rust voor de ziel." In *Al de werken van R. en E. Erskine*, deel 8, stuk 1. Amsterdam, 1855, iii-xxiv.

-----. "Voorrede aan den christelijken lezer." In *Al de werken van R. en E. Erskine*, deel 7, stuk 1. Amsterdam 1855, iii-xxix.

-----. "Voorrede, waarin omstandig gehandeld wordt over de noodige voorbereidselen, wezenlijke eigenschappen en onafscheidelijke gevolgen van het ware zaligmakende geloof." In *Al de weken van R. en E. Erskine*, deel 5, stuk 1. Amsterdam, 1854, iii.llxxxvi.

-----. Van der Linde, Simon. "Ebenezer en Ralph Erskine." In *Christelijke Encyclopedie*, 2:630-31. Kampen: J.H. Kok, 1957.

Van Harten, Pieter Hendrik. *De Prediking van Ebenezer en Ralph Erskine: Evangeliever-kondiging in het spanningsveld van verkiezing en belofte*. 's-Gravenhage: Boekencentrum, 1986.

Van Valen, L.J. *Herauten van het kruis: Leven en werk van Ralph en Ebenezer Erskine*. Houten: DenHertog, 1995.

-----. *Thomas Boston: een visser der mensen*. Houten: Den Hertog, 1990.

Walker, James. *The Theology and Theologians of Scotland*. Edinburgh: T. & T. Clark, 1888.

Watson, Jean L. *Life of Ralph Erskine*. Edinburgh: James Gemmell, 1881.

Watt, Hugh. "Ebenezer Erskine, 1680-1754." In *Fathers of the Kirk: Some Leaders of the Church in Scotland from the Reformation to the Reunion*, ed. R. S. White. Oxford: University Press, 1960, 106-118.

Webber, F. *A History of Preaching in Britain and America*, 2:168-76. Milwaukee: North-western Publishing House, 1952.

Woodside, D. *The Soul of a Scottish Church, of the Contribution of the United Presbyterian Church to Scottish Life and Religion*. Edinburgh, n.d.

Young, D., and Brown, J. *Memorials of Alexander Moncrieff, M.A., and James Fisher, Fathers of the United Presbyterian Church*. Edinburgh, 1849.

CAPÍTULO 16: THEODORUS JACOBUS FRELINGHUYSEN: PRECURSOR DO GRANDE DESPERTAMENTO

Bibliografia Anotada

Fontes Primárias

Beeke, Joel R. *Forerunner of the Great Awakening: Sermons by Theodorus Jacobus Frelinghuysen*. Série histórica da Igreja Reformada na América, No. 36. Grand Rapids: Eerdmans, 2000. Contém uma tradução atualizada de todos os vinte e dois sermões existentes de Frelinghuysen.

Boel, Tobias. *Boel's Complaint Against Frelinghuysen.* Traduzido e editado por Joseph Anthony Loux, Jr. Rensselaer, Nova York: Hamilton, 1979. Inclusive a primeira tradução completa de *Klagte van Eenige Leeden der Nederdytse Hervormde Kerk...* (Nova York: William Bradford e J. Peter Zenger, 1725). A tendência do ensaio introdutório de Loux é ser contra Frelinghuysen.

Frelinghuysen, Theodorus Jacobus. *A Clear Demonstration of a Righeous and Ungodly Man, in Their Frame, Way and End.* Tradução de Hendrick Fischer. Nova York: John Peter, 1731. Contém cinco sermões, todos estão inclusos nos *Sermões* traduzidos por Demarest, com a exceção de um sermão em Provérbios 14.12 (o qual está impresso como Apêndice 1 em James Tanis, *Dutch Calvinistic Pietism*).

-----. Sermons, editado e traduzido por William Demarest. Nova York: Board of Publication of the Reformed Protestant Dutch Church, 1856. Esta obra rara contém vinte e um dos sermões de Frelinghuysen, traduzidos do holandês em um inglês meio vitoriano. Inclui *Drie Predicatien* (Nova York: William Bradford, 1721); *een Trouwbertig Vertoog van Een waare Rechtveerdige, in Tegenstellinge van Een Godloose Sondaar* (Nova York: John Peter Zenger, 1729); *Een Bundelken Leer-redenen* (Amsterdam, 1736); *Versamelinge van Eenige Keur-Texten* (Filadélfia: W. Bradford, 1748).

Hasting, Hugh. *Ecclesiastical Records of the State of New York.* 7 vols. Albany, Nova York: James B. Lyon, 1901-1916. Volumes III e IV contêm considerável material de fonte primária que trata do ministério controverso de Frelinghuysen; uma fonte valiosa.

Messler, Abraham. *Forty Years atd Raritan: Eight Memorial Sermons, with Notes for a History of the Reformed Dutch Churches in Somerset County,* New Jersey. Nova York: A. Lloyd, 1873. Escrito por uma igreja reformada histórica e um sucessor e defensor de Frelinghuysen. Contém oito dos próprios sermões memoriais de Messler, pregados em intervalos de cinco anos, de seu ministério de quarenta anos em Raritan, bem como 175 páginas de notas históricas sobre as igrejas reformadas holandesas de Somerset County, New Jersey. Para um valioso material sobre o ministério de Frelinghuysen, ver o segundo sermão memorial e as páginas 162-212 das notas históricas.

Roberts, Richard Owen. *Salvation in Full Color: Twenty Sermons by Great Awakening Preachers*. Wheaton, Ill.: International Awakening Press, 1994. Contém sermão de Frelinghuysen. "The Righteous Are Scarcely Saved" (pp. 77-94).

Fontes Secundárias

Balmer, Randall H. *A Perfect Babel of Confusion: Dutch Religion and English Cuture in the Middle Colonies*. Nova York: Oxford University Press, 1989. Capítulo 5, "Flames of Contention: The Raritan Dispute and the Spread of Pietism", descrédito no ministério e motivos de Frelinghuysen.

-----. "The Social Roots of Dutch Pietism in the Middle Colonies." Church History 53 (1984): 187-99. As displicentes ênfases experienciais de Frelinghuysen motivadas por raízes sociais.

Beardslee, John W., III. "Orthodoxy and Piety: Two Styles of Faith in the Colonial Period", in *Word and World: Reformed Theology in America*, ed. James W. Van Hoeven. Grand Rapids: Eerdmans, 1986, páginas 1-14. Contrasta os estilos da fé de Gisbertus Voetius e Johannes Cocceius. Confirma que Frelinghuysen era voetiano em sua teologia e pregação.

Brienen, Teunis. *De prediking van de Nadere Reformatie*. Amsterdam: Ton Bolland, 1974. Examina e critica o método de classificação pregação da *Nadere Reformatie* que Frelinghuysen popularizou na América.

Chambers, Talbot W. *Memoir of the Life and Character of the late Hon. Theo. Frelinghuysen, LL.D*. Nova York: Harper & Brothers, 1863. Capítulo 1 lança luzes sobre os filhos e netos do Rev. Frelinghuysen.

Coalter, Milton, Jr. *Gilbert Tennent, Son of Thunder: A Case Study of Continental Pietism's Impacto n the Fierst Great Awakening in the Middle Colonies*. Westport, Connecticur: Greenwood Press, 1986, páginas 12-25. Sublinha a influência de Frelinghuysen sobre Tennent.

DeJong, Gerald F. The Dutch Reformed Church in the American Colonies. Ed. Donald J. Bruggink. *The Historical Series of the Reformed in America*, No. 5. Grand Rapids: Eerdmans, 1978. Focaliza a discórdia interna e a controvérsia em torno do ministério de Frelinghuysen (pp. 170-179).

Frelinghuysen, Joseph S. "The Church in the Raritan Valley." In *Tercentenary Studies, 1928: Reformed Church in America, A Record of Beginings*. Nova York: General Synod, 1928, páginas 209-226. Forte apoio de Frelinghuysen.

Frelinghuysen, Peter Hood Ballantine, Jr. *Theodorus Jacobus Frelinghuysen*. Princeton: impressão particular, 1938. A 90-page, prod-Frelinguysen work. Relies on English Sources.

Hardman, K. "Theodore Jacob Frelinghuysen in the Middle Colonies." *Christian History* 8, 3, 23 (1989): 10-11. Pontos de vista de Frelinghuysen como uma importante fonte do Great Awakening.

Harmelink III, Herman. "Another Look at Frelinghuysen and His 'Awakening.'" *Church History* 37 (1968): 423-38. Argumentos em prol do desafeto, e não de um despertamento sob o ministério de Frelinghuysen.

Lodge, Martin Ellsworth. "The Great Awakening in Middle Colonies." Ph.D. dissertation, University of California, Berkeley, 1964, capítulos 8-9. Proveitoso, porém lança pouca luz nova.

Klonder, Jack Douglas. "The Application of Holy Things: A Study of the Covenant Preaching in the Eighteenth Century Dutch Colonial Church." Th.D. dissertation, Westminster Theological Seminary, 1984. Baseado nos sermões existentes de quatro ministros holandeses representativos: Theodorus Frelinghuysen, Archibald Laidlie, John H. Livingston e William Linn. Os argumentos são muito fortes em prol de uma estrutura pactual nos sermões de Frelinghuysen. Excursus II examina o contexto histórico e teológico para as queixas suscitadas contra Frelinghuysen.

Luidens, John Pershing. "The Americanization of the Dutch Reformed Church." Ph.D. dissertation, University of Oklahoma, 1969. O capítulo 3 contém um excelente sumário do ministério de Frelinghuysen e do subsequente desenvolvimento dos partidos Coetus e Conferentie na Igreja Reformada Holandesa.

Maxson, Charles Hartshorn. The Great Awakening in the Middle Colonies. Chicago: University of Chicago Press, 1920, capítulo 2. Um capítulo condensado, de suporte e proveito sobre Frelinghuysen; apoia-se grandemente em Messler e o *Ecclesiastical Records of the State of New York*.

MacFarland, George Kennedy. "Clergy, Lay Leaders, and the People: An Analysis of 'Faith and Works' in Albany e Boston, 1630-1750." Manuscrito não publicado. As páginas 287-93 apresentam um útil sumário dos conflitos que agitaram Frelinghuysen. Extraído de *Ecclesiastical Records of the State of New York*.

Messler, Abraham. "Theodorus Jacobus Frelinghuysen", in *Annals of the America. Reformed Dutch Pulpit* by William Sprague. Nova York: Robert Carter & Brothers, 1869, páginas 8-15. Quadro geral; contido também em *Forty Years at Raritan*.

Osterhaven, M. Eugene. "Experiential Theology of Early Dutch Calvinism." *Reformed Review* 27 (1974): 180-89. Focaliza William Ames e Frelinghuysen para a obtenção do cerne da teologia experiencial reformada holandesa.

Pals, Daniel L. "Several Christologies of the Great Awakening", *Anglican Theological Review* 72 (1990); 412-27. Examina as cristologias de Frelinghuysen, Tennent, Edwards e Whitefield; argumenta que a cristológica de Frelinghuysen equilibra a ênfase reformada do dogma e devoção.

Pointer, Richard W. Protestant Pluralism and the New York Experience: A Study of Eighteenth-Century Religious Diversity. Indianapolis: Indiana University Press, 1988. Vê Frelinghuysen como um "um pietista radical", porém reconhece que os despertamentos sob seu ministério redundaram no Grande Despertamento.

Rollins, John William. "Frederick Theodore Frelinghuysen, 1817-1885: The Politics and Diplomacy of Stewardship." 2 vols. Ph.D. dissertation, University of Wisconsin, 1974. Capítulo 1, "The Garden of the Dutch Church", concorda com o compromisso holandês de piedade que Theodorus Frelinghuysen levou para a América (pp. 25-59).

Schrag, F.J. "Theodorus Jacobus Frelinghuysen, the Father of American Pietism." *Church History* 14 (1945): 201-216. De todos, o melhor artigo de Frelinghuysen; enfatiza a influência do pietismo alemão.

Swanson, Thomas Lee. "A Critical Analysis of the Reformed Piety of Theodore Frelinghuysen." Th.M. thesis, Dallas Theological Seminary, 1983. Examina as doutrinas de Frelinghuysen sobre soteriologia e eclesiologia, e conclui que ele era um ministro ortodoxo reformado, não obstante suas devoções a partir de uma observância estrita da ordem da igreja.

Tanis, James. *Dutch Calvinistic Pietism in the Middle Colonies: A Study in the Life and Theology of Theodorus Jacobus Frelinghuysen.* The Hague: Martinus Nijhoff, 1967. A obra primordial sobre a vida e teologia de Frelinghuysen; contém considerável estudo novo. Isento de hagiografia e caricatura.

-----. "Frelinghuysen, the Dutch Clergy, and the Great Awakening in the Middle Colonies." *Reformed Review* 28 (1985): 109-118. Prova que Frelinghuysen se deixara influenciar pelos teólogos da *Nadere Reformatie*.

-----. "Reformed Pietism in Colonial America", in *Continental Pietism and Early American Christianity*, ed. F. Ernest Stoeffler. Grand Rapids: Eerdmans, 1976, páginas 34-74. Examina a influência dos huguenotes, labadismos, a Nadere Reformatie, e o Pietismo Alemão na América Colonial. Frelinghuysen é posto no contexto dos teólogos experienciais reformados.

Trinterud, Leonard J. *The Forming of an American Tradition: A Re-examination of Colonial Presbyterianism.* Filadélfia: Westminster Press, 1949, páginas 54-56. Argumenta que Frelinghuysen se deixou influenciar pelos teólogos reformados e pela Nadere Reformatie, e não pelos pietistas alemães.

Vincent, Lorena Cole. *Readington Reformed Church, Realington, New Jersey, 1719-1969.* Somerville, N.J.: Somerville Press, 1969. Uma discussão equilibrada de Frelinghuysen (pp. 5-18).

FIEL MINISTÉRIO

O Ministério Fiel visa apoiar a igreja de Deus, fornecendo conteúdo fiel às Escrituras através de conferências, cursos teológicos, literatura, ministério Adote um Pastor e conteúdo online gratuito.

Disponibilizamos em nosso site centenas de recursos, como vídeos de pregações e conferências, artigos, e-books, audiolivros, blog e muito mais. Lá também é possível assinar nosso informativo e se tornar parte da comunidade Fiel, recebendo acesso a esses e outros materiais, além de promoções exclusivas.

Visite nosso site

www.ministeriofiel.com.br

Esta obra foi composta em Arno Pro Regular 11.7, e impressa na
Promove Artes Gráficas sobre o papel Apergaminhado 70g/m²,
para Editora Fiel, em Julho de 2022